Caro aluno, seja bem-vindo!

A partir de agora, você tem a oportunidade de estudar com uma coleção didática da SM que integra um conjunto de recursos educacionais impressos e digitais desenhados especialmente para auxiliar os seus estudos.

Para acessar os recursos digitais integrantes deste projeto, cadastre-se no *site* da SM e ative sua conta.

Veja como ativar sua conta SM:

1. Acesse o *site* <www.edicoessm.com.br>.
2. Se você não possui um cadastro, basta clicar em "Login/Cadastre-se" e, depois, clicar em "Quero me cadastrar" e seguir as instruções.
3. Se você já possui um cadastro, digite seu *e-mail* e sua senha para acessar.
4. Após acessar o *site* da SM, entre na área "Ativar recursos digitais" e insira o código indicado abaixo:

SPMAT-A2RFB-KYEAW-FVW24

Você terá acesso aos recursos digitais por 12 meses, a partir da data de ativação desse código.

Ressaltamos que o código de ativação somente poderá ser utilizado uma vez, conforme descrito no "Termo de Responsabilidade do Usuário dos Recursos Digitais SM", localizado na área de ativação do código no *site* da SM.

Em caso de dúvida, entre em contato com nosso **Atendimento,** pelo telefone **0800 72 54876** ou pelo *e-mail* **atendimento@grupo-sm.com** ou pela internet <www.edicoessm.com.br>.

Desejamos muito sucesso nos seus estudos!

Requisitos mínimos recomendados para uso dos conteúdos digitais SM

Computador	Tablet	Navegador
PC Windows • Windows XP ou superior • Processador dual-core • 1 GB de memória RAM **PC Linux** • Ubuntu 9.x, Fedora Core 12 ou OpenSUSE 11.x • 1 GB de memória RAM **Macintosh** • MAC OS 10.x • Processador dual-core • 1 GB de memória RAM	**Tablet IPAD IOS** • IOS versão 7.x ou mais recente • Armazenamento mínimo: 8GB • Tela com tamanho de 10" **Outros fabricantes** • Sistema operacional Android versão 3.0 (Honeycomb) ou mais recente • Armazenamento mínimo: 8GB • 512 MB de memória RAM • Processador dual-core	Internet Explorer 10 Google Chrome 20 ou mais recente Mozilla Firefox 20 ou mais recente Recomendado o uso do Google Chrome Você precisará ter o programa Adobe Acrobat instalado, *kit* multimídia e conexão à internet com, no mínimo, 1Mb

ser Protagonista

MATEMÁTICA 2

ENSINO MÉDIO 2º ANO

ORGANIZADORA EDIÇÕES SM
Obra coletiva concebida, desenvolvida
e produzida por Edições SM.

EDITORA RESPONSÁVEL
Ana Paula Souza Nani

Felipe Fugita
Mestrando Profissional em Matemática pela Universidade do ABC (UFABC).
Licenciado em Matemática pelo Instituto de Matemática e Estatística da Universidade de São Paulo (USP).
Professor de Matemática na rede particular de ensino.

Marco Antonio Martins Fernandes
Licenciado em Matemática pela Fundação Instituto de Ensino para Osasco (FIEO).
Coordenador em curso de Educação de Jovens e Adultos.
Professor de Matemática na rede particular de ensino.

Milena Soldá Policastro
Mestra em Ensino de Ciências e Matemática pela Faculdade de Educação da USP.
Licenciada em Matemática pelo Instituto de Matemática e Estatística da USP.
Coordenadora Pedagógica na rede particular de ensino.
Professora de Matemática na rede particular de ensino.

Willian Seigui Tamashiro
Mestre em Engenharia Civil pela Escola Politécnica da USP.
Engenheiro Civil pela Escola Politécnica da USP.
Professor em Curso Pré-vestibular e Superior na rede particular de ensino.

São Paulo,
3ª edição 2015

***Ser Protagonista* Matemática – Volume 2**
© Edições SM Ltda.
Todos os direitos reservados

Direção editorial	Juliane Matsubara Barroso
Gerência editorial	Roberta Lombardi Martins
Gerência de processos editoriais	Marisa Iniesta Martin
Coordenação de área	Ana Paula Souza Nani
Edição	Adriana Ayami Takimoto, Daniela Beatriz Benites de Paula, Isabella Semaan, Larissa Calazans, Marcelo Augusto Barbosa Medeiros, Marcelo de Holanda Wolff, Simone Politi, Tomas Masatsugui Hirayama Manual do Professor: Clayton Bazani, Fernanda Festa, Roberto Paulo de Jesus Silva
Apoio editorial	Ronan Carbone Petean Junior
Colaboração técnico-pedagógica	Adriana Soares Netto
Assistência de produção editorial	Alzira Aparecida Bertholim Meana, Camila Cunha, Flavia Casellato, Silvana Siqueira
Preparação e revisão	Cláudia Rodrigues do Espírito Santo (Coord.), Ana Paula Ribeiro Migiyama, Angélica Lau P. Soares, Eliane Santoro, Fernanda Oliveira Souza, Izilda de Oliveira Pereira, Nancy Helena Dias, Rosinei Aparecida Rodrigues Araujo, Sandra Regina Fernandes, Valéria Cristina Borsanelli, Marco Aurélio Feltran (apoio de equipe)
Coordenação de *design*	Erika Tiemi Yamauchi Asato
Coordenação de arte	Ulisses Pires
Projeto gráfico	Erika Tiemi Yamauchi Asato, Catherine Ishihara
Capa	Adilson Casarotti. Ilustração: Natasha Molotkova
Edição de arte	Daniel Campos Souza, Elizabeth Kamazuka Santos, Felipe Repiso, Melissa Steiner Rocha Antunes, Vitor Trevelin
Editoração eletrônica	Setup Bureau
Iconografia	Josiane Laurentino (Coord.), Bianca Fanelli, Susan Eiko Diaz
Tratamento de imagem	Marcelo Casaro
Fabricação	Alexander Maeda
Impressão	Corprint

Dados Internacionais de Catalogação na Publicação (CIP)
(Câmara Brasileira do Livro, SP, Brasil)

Ser protagonista : Matemática, 2º ano : ensino médio /
Felipe Fugita...[et al.] ; organizadora Edições SM ;
obra coletiva concebida, desenvolvida e produzida por
Edições SM. — 3. ed. — São Paulo : Edições SM, 2015.
— (Coleção ser protagonista)

Outros autores: Marco Antonio Martins Fernandes,
Milena Soldá Policastro, Willian Seigui Tamashiro
Bibliografia.
ISBN 978-85-418-0983-2 (aluno)
ISBN 978-85-418-0984-9 (professor)

1. Matemática (Ensino médio) I. Fugita, Felipe.
II. Fernandes, Marco Antonio Martins. III. Policastro,
Milena Soldá. IV. Tamashiro, William Seigui.

15-04264 CDD-510.7

Índices para catálogo sistemático:
1. Matemática : Ensino médio 510.7

3ª edição, 2015
1ª reimpressão, 2015

 Edições SM Ltda.
Rua Tenente Lycurgo Lopes da Cruz, 55
Água Branca 05036-120 São Paulo SP Brasil
Tel. 11 2111-7400
edicoessm@grupo-sm.com
www.edicoessm.com.br

Apresentação

A necessidade de contar sempre esteve presente na vida das pessoas. Isso teve início, provavelmente, quando os seres humanos eram simples coletores-caçadores e, para contar, se utilizavam dos dedos das mãos ou de pequenas marcas feitas em ossos, pedras, etc. Com o tempo, foi preciso mais do que os dedos das mãos e as marcas em ossos para resolver os problemas de contagem.

Conforme os grupos humanos elaboravam modos mais complexos e diversos de viver em sociedade, novas necessidades surgiam, exigindo soluções igualmente inovadoras. E, para atender a muitas dessas necessidades, foram utilizadas ideias matemáticas. A expansão do comércio, por exemplo, incentivou a criação de sistemas de peso e medidas e de sistemas de numeração. Isso evidencia que a Matemática é uma construção humana em um processo histórico, com possibilidades de aplicação em nosso cotidiano, que nos proporciona condições de vida cada vez melhores. Ela reúne métodos e técnicas que colaboram para o desenvolvimento de outras áreas, como a economia, a engenharia, a agronomia, e, ainda, de tecnologias nas áreas de informática, automação bancária, medicina, etc. Além de tudo isso, a Matemática é ferramenta fundamental para o entendimento dos fenômenos naturais, humanos e sociais. Com ela, tais fenômenos podem ser descritos, mensurados e relacionados.

Para que a Matemática continue sendo aprendida e continue transformando o mundo, é preciso que seu estudo contemple questionamentos e reflexões para que os alunos possam atribuir significados às ideias e aos procedimentos matemáticos.

Esta coleção foi elaborada considerando que, além de aprender Matemática, os alunos devem saber utilizá-la da melhor maneira possível, de modo ético, exercendo, assim, uma cidadania ativa, que faz diferença no dia a dia.

Esperamos poder contribuir para o aprender com prazer.

Equipe editorial

A organização do livro

» Desenvolvimento das unidades e dos capítulos

As unidades são divididas em capítulos.

Os capítulos são divididos em módulos.

Abertura de unidade

Apresenta imagem em página dupla relacionada a algum conteúdo da unidade.

Abertura de capítulo

Imagem relacionada ao conteúdo que será trabalhado no capítulo. O **Para começar** traz questões que buscam levantar os conhecimentos prévios dos alunos e ajudam a introduzir o que será abordado no capítulo.

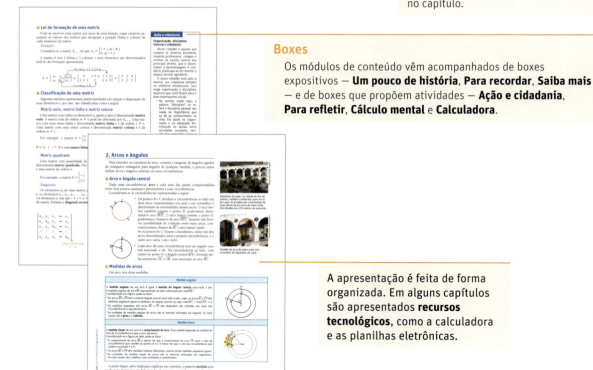

Boxes

Os módulos de conteúdo vêm acompanhados de boxes expositivos — **Um pouco de história**, **Para recordar**, **Saiba mais** — e de boxes que propõem atividades — **Ação e cidadania**, **Para refletir**, **Cálculo mental** e **Calculadora**.

A apresentação é feita de forma organizada. Em alguns capítulos são apresentados **recursos tecnológicos**, como a calculadora e as planilhas eletrônicas.

Exercícios resolvidos

Apresenta a resolução de alguns exercícios com estratégias que ajudarão na resolução dos **Exercícios propostos**.

Exercícios propostos

Exercícios com diferentes níveis de dificuldade e de aplicação do conhecimento.

Esse ícone sinaliza o uso da calculadora na resolução do exercício.

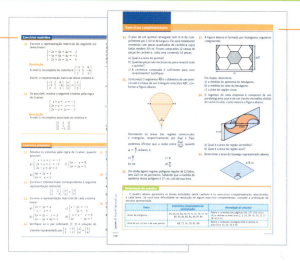

Exercícios complementares

A consolidação se faz na seção **Exercícios complementares**, ao final de cada capítulo, junto com a *Orientação de estudos*.

» Seções

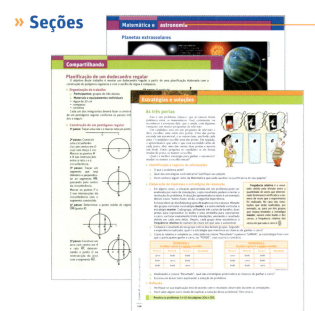

Matemática e...
Traz textos sobre o processo histórico da construção do conhecimento e da Matemática ou veiculados pela mídia e que relacionam conteúdos da Matemática a outras disciplinas ou a situações do dia a dia.
Ao final, traz questões sobre o assunto.

Compartilhando
Experimentos que envolvem coleta, organização e análise de dados. Promovem a comunicação dos resultados e reflexão sobre o experimento.

Estratégias e soluções
Para desenvolver habilidades de resolução de situações-problema. No fim do livro há mais sugestões de problemas.

Projeto
Atividade para incentivar o protagonismo juvenil pela tomada de decisão e busca de resultados para situações vividas na comunidade escolar, em seu entorno e no cotidiano extraescolar.

Vestibular e Enem
Exercícios de vestibulares de todo o país, e do Enem, sobre os conteúdos estudados na unidade.

Para explorar
Sugestões de livros, revistas e *sites* que contribuem para o aprendizado dos conteúdos da unidade.

No final das contas
São abordados temas para você refletir sobre a organização de suas finanças.

5

Sumário

Unidade 1 – Trigonometria 8

Capítulo 1   Circunferência trigonométrica 10
1. Razões trigonométricas em um triângulo retângulo 11
2. Arcos e ângulos 12
3. Circunferência trigonométrica 17
- **Exercícios complementares** 36
- **Estratégias e soluções:** Um desafio para a amiga 40

Capítulo 2   Funções trigonométricas 41
1. Função periódica 42
2. Função seno 46
3. Função cosseno 55
4. Função tangente 59
5. Movimentos modelados por funções trigonométricas 61
- **Exercícios complementares** 63
- **Estratégias e soluções:** Subindo e descendo a montanha 65

Capítulo 3   Relações e transformações trigonométricas 66
1. Identidade 67
2. Identidade trigonométrica 67
3. Equação trigonométrica 69
4. Inequação trigonométrica 74
5. Adição e subtração de arcos 77
- **Exercícios complementares** 81
- **Matemática e astronomia:** Planetas extrassolares 83

- **Vestibular e Enem** 84
- **No final das contas:** Consumo e sustentabilidade 86

Unidade 2 – Matriz, determinante e sistema linear 88

Capítulo 4   Matriz 90
1. Matriz 91
2. Operações com matrizes 96
3. Matriz inversa 103
4. Equação matricial 104
- **Exercícios complementares** 106
- **Matemática e Ciências:** Conversa com ETs 109

Capítulo 5   Determinante 110
1. Determinante de uma matriz de ordem até 3 111
2. Determinante de uma matriz de ordem maior do que 3 114
3. Propriedades dos determinantes 116
4. Determinante da matriz inversa 119
- **Exercícios complementares** 120
- **Matemática e História:** A libertação da Álgebra 122
- **Estratégias e soluções:** *Pizza* aos pedaços 123

Capítulo 6   Sistema linear 124
1. Equação linear 125
2. Sistema linear 126
3. Classificação de um sistema linear .. 129
4. Resolução de um sistema linear 2 × 2 129
5. Resolução de um sistema linear qualquer 134
- **Exercícios complementares** 144
- **Compartilhando:** Regra de Cramer 146

- **Vestibular e Enem** 147
- **Para explorar** 149
- **Projeto 1:** Espaços da escola 150

Unidade 3 – Geometria 152

Capítulo 7   Área de figuras planas 154
1. Unidades de área 155
2. Áreas de polígonos 156
3. Área de um círculo e de suas partes 166
- **Exercícios complementares** 169
- **Matemática e Geografia:** Maiores países do mundo 173

Capítulo 8 **Geometria espacial de posição** 174

1. Conceitos primitivos e postulados 175
2. Posição relativa de elementos do espaço 179
3. Paralelismo 184
4. Perpendicularismo 185
5. Distâncias e ângulos 191
- **Exercícios complementares** 195
- **Estratégias e soluções:** As três portas 198

Capítulo 9 **Sólidos** 199

1. Sólidos 200
2. Prisma 205
3. Cilindro 212
4. Pirâmide 215
5. Cone 219
6. Esfera 223
7. Semelhança de sólidos 228
- **Exercícios complementares** 231
- **Matemática e História:** Poliedros de Platão 236
- **Compartilhando:** Planificação de um dodecaedro regular 237

- **Vestibular e Enem** 238
- **Para explorar** 242
- **No final das contas:** Dos réis ao real: as moedas do Brasil 243

Unidade 4 – Análise combinatória e probabilidade 246

Capítulo 10 **Análise combinatória** 248

1. Problemas de contagem 249
2. Coeficiente binomial 261
3. Binômio de Newton 265
- **Exercícios complementares** 268
- **Compartilhando:** Contagem e análise combinatória 270
- **Estratégias e soluções:** Os cortes de um cubo 271

Capítulo 11 **Probabilidade** 272

1. Experimentos aleatórios 273
2. Probabilidade 278
3. Método binomial 290
- **Exercícios complementares** 293
- **Matemática e História:** O problema dos pontos 296
- **Compartilhando:** O número π e o problema da agulha 297

- **Vestibular e Enem** 298
- **Para explorar** 301
- **Projeto 2:** Orçamento doméstico 302

- **Estratégias e soluções – Mais problemas** 304
- **Apêndice** 306
- **Respostas dos exercícios** 309
- **Siglas de universidades** 348
- **Referências bibliográficas** 349

UNIDADE 1

Trigonometria

Capítulos

1. Circunferência trigonométrica
2. Funções trigonométricas
3. Relações e transformações trigonométricas

Braço robotizado Canadarm2, que dá suporte ao astronauta David A. Wolf na construção da Estação Espacial Internacional (ISS) em 2002.

Na Estação Espacial Internacional (ISS), em órbita a cerca de 350 km da superfície da Terra, o braço robotizado Canadarm2 auxilia na movimentação de equipamentos e de astronautas ao redor da estação para eventuais manutenções e reparos.

O Canadarm2 é um guindaste de 17,6 metros de comprimento, composto de sete articulações que permitem diversos movimentos, incluindo rotações de até 270°.

Fonte de pesquisa: <http://science.nasa.gov/science-news/science-at-nasa/2001/ast18apr_1/>. Acesso em: 12 jun. 2015.

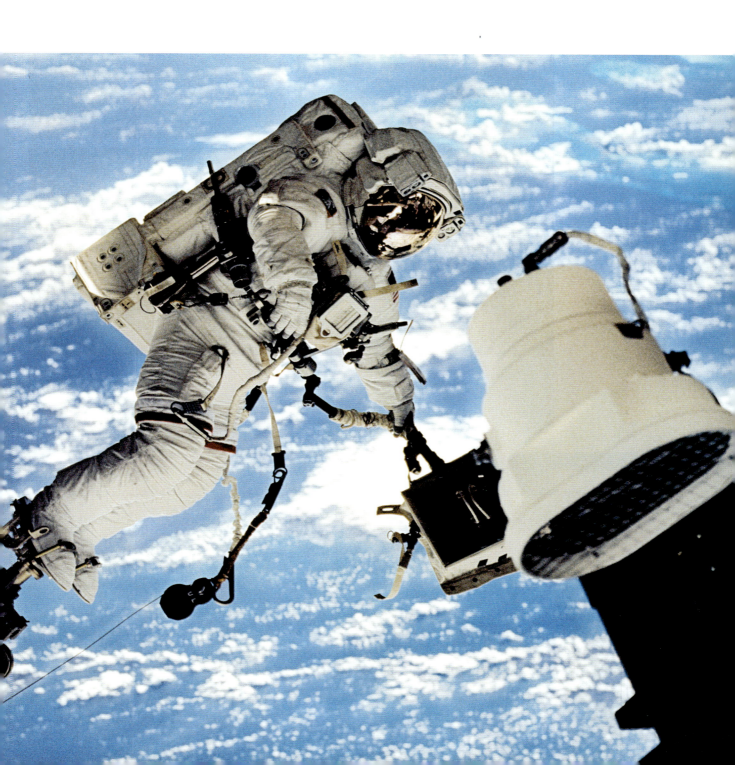

CAPÍTULO 1
Circunferência trigonométrica

Módulos

1. Razões trigonométricas em um triângulo retângulo
2. Arcos e ângulos
3. Circunferência trigonométrica

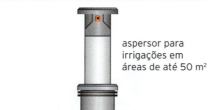
aspersor para irrigações em áreas de até 50 m²

raio de alcance 5 m a 7,5 m

setor ajustável

25° a 360°

Para começar

Aspersores são equipamentos de irrigação utilizados para lançar jatos de água em várias direções, com efeito similar ao de chuva. Em sua trajetória circular, emitem jatos de água de maneira contínua, em ângulos pré-ajustados.

Considere um aspersor ajustado para emitir um jato a cada 25°, sendo seu ajuste máximo de 360°. A emissão do primeiro jato de água ocorre na posição inicial, 0°.

1. Na primeira volta, quantas vezes o aspersor lançará água?
2. Após quantas voltas ele emitirá um jato na direção da posição inicial 0°?
3. Entre os ajustes possíveis, quais permitem que as direções dos jatos sejam sempre coincidentes depois da primeira volta?

1. Razões trigonométricas em um triângulo retângulo

Nesta coleção já foram apresentados os conceitos de seno, cosseno e tangente de ângulos agudos no triângulo retângulo. Para o prosseguimento do estudo de trigonometria, aqui são retomados alguns conteúdos.

■ Seno, cosseno e tangente de ângulos agudos

Considera-se o seguinte triângulo ABC, retângulo em C:

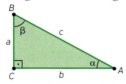

Calculando as razões entre as medidas dos lados desse triângulo, obtêm-se constantes denominadas **razões trigonométricas**.

> O **seno** de um ângulo agudo de um triângulo retângulo é a razão entre a medida do cateto oposto a esse ângulo e a medida da hipotenusa.

O seno de um ângulo de medida α é denotado por sen α.

$$\operatorname{sen} \alpha = \frac{\text{med (cateto oposto a } \alpha)}{\text{med (hipotenusa)}}$$

Considerando o ângulo agudo $\hat{A}$ da figura acima, tem-se: $\operatorname{sen} \alpha = \frac{BC}{AB} = \frac{a}{c}$

> O **cosseno** de um ângulo agudo de um triângulo retângulo é a razão entre a medida do cateto adjacente a esse ângulo e a medida da hipotenusa.

O cosseno de um ângulo de medida α é denotado por cos α.

$$\cos \alpha = \frac{\text{med (cateto adjacente a } \alpha)}{\text{med (hipotenusa)}}$$

Considerando o ângulo agudo $\hat{A}$ da figura, tem-se: $\cos \alpha = \frac{AC}{AB} = \frac{b}{c}$

> A **tangente** de um ângulo agudo de um triângulo retângulo é a razão entre a medida do cateto oposto e a medida do cateto adjacente a esse ângulo.

A tangente de um ângulo de medida α é denotada por tg α.

$$\operatorname{tg} \alpha = \frac{\text{med (cateto oposto a } \alpha)}{\text{med (cateto adjacente a } \alpha)}$$

Considerando o ângulo agudo $\hat{A}$ da figura, tem-se: $\operatorname{tg} \alpha = \frac{BC}{AC} = \frac{a}{b}$

■ Relações entre seno, cosseno e tangente de ângulos complementares

Também é possível calcular as razões trigonométricas para o ângulo agudo $\hat{B}$:

$\operatorname{sen} \beta = \frac{AC}{AB} = \frac{b}{c}$ $\cos \beta = \frac{BC}{AB} = \frac{a}{c}$ $\operatorname{tg} \beta = \frac{AC}{BC} = \frac{b}{a}$

Os ângulos $\hat{A}$ e $\hat{B}$ desse triângulo são **complementares**: $\alpha + \beta = 90°$. Assim, é possível observar as seguintes relações:

$$\operatorname{sen} \alpha = \cos \beta \quad \text{e} \quad \cos \alpha = \operatorname{sen} \beta$$

$$\operatorname{tg} \alpha = \frac{1}{\operatorname{tg} \beta} \quad \text{e} \quad \operatorname{tg} \beta = \frac{1}{\operatorname{tg} \alpha}$$

$$\operatorname{tg} \alpha = \frac{\operatorname{sen} \alpha}{\cos \alpha} \quad \text{e} \quad \operatorname{tg} \beta = \frac{\operatorname{sen} \beta}{\cos \beta}$$

Para recordar

Teorema de Pitágoras

Em um triângulo retângulo de hipotenusa cuja medida é a e cujos catetos medem b e c, pelo teorema de Pitágoras, tem-se:
$$a^2 = b^2 + c^2$$

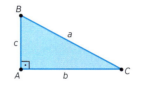

Saiba mais

Nomenclaturas

Neste livro, são adotadas as notações sen α, cos α e tg α para representar, respectivamente, o seno, o cosseno e a tangente de um ângulo de medida α.

Existem, porém, outras notações que também são usuais, como sin α para o seno e tan α para a tangente.

2. Arcos e ângulos

Para estender os conceitos de seno, cosseno e tangente de ângulos agudos de triângulos retângulos para ângulos de qualquer medida, é preciso antes definir arcos e ângulos centrais em uma circunferência.

■ Arco e ângulo central

Dada uma circunferência, **arco** é cada uma das partes compreendidas entre dois pontos quaisquer pertencentes a essa circunferência.

Consideram-se as circunferências representadas a seguir.

Aqueduto da Lapa, na cidade do Rio de Janeiro, também conhecido como Arcos da Lapa. As arcadas são constituídas de duas séries de 42 arcos de meia-volta, distribuídos em 270 metros de extensão.

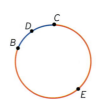

- Os pontos B e C dividem a circunferência ao lado em dois arcos (representados em azul e em vermelho) e determinam as extremidades desses arcos. O arco menor também contém o ponto D; poderíamos denominá-lo arco $\widehat{BDC}$. O arco maior contém o ponto E; poderíamos chamá-lo de arco $\widehat{BEC}$. Quando não houver possibilidade de confusão entre esses arcos, convencionamos chamar de $\widehat{BC}$ o arco menor (azul).

Se os pontos B e C fossem coincidentes, então um dos arcos determinados seria a própria circunferência, e o outro arco seria o arco nulo.

Detalhe do arco de meia-volta (em vermelho) do Aqueduto da Lapa.

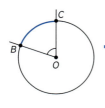

- Cada arco de uma circunferência tem um ângulo central associado a ele. Na circunferência ao lado, com centro no ponto O, o ângulo central $B\hat{O}C$, formado pelas semirretas $\overrightarrow{OC}$ e $\overrightarrow{OB}$, está associado ao arco $\widehat{BC}$.

■ Medidas de arcos

Um arco tem duas medidas:

Medida angular

A **medida angular** de um arco é igual à **medida do ângulo central** associado a ele. A medida angular do arco $\widehat{BC}$ representado ao lado é denotada por med($\widehat{BC}$).
Considerando-se a figura, pode-se dizer:
- Os arcos $\widehat{BC}$ e $\widehat{FH}$ têm o mesmo ângulo central associado a eles. Logo, os arcos $\widehat{BC}$ e $\widehat{FH}$ têm medidas angulares iguais à medida α do ângulo central, ou seja: med($\widehat{BC}$) = med($\widehat{FH}$) = α
- As medidas angulares dos arcos $\widehat{BC}$ e $\widehat{FH}$ não dependem das medidas dos raios das circunferências a que pertencem.
- As unidades de medida angular de arcos são as mesmas utilizadas em ângulos. As mais usuais são o **grau** e o **radiano**.

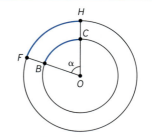

Medida linear

A **medida linear** de um arco é o **comprimento do arco**. Essa medida depende da medida do raio da circunferência a que o arco pertence.
Considerando-se a figura ao lado, pode-se dizer:
- O comprimento do arco $\widehat{BC}$ é menor do que o comprimento do arco $\widehat{FH}$, pois o raio da circunferência que contém os pontos B e C é menor do que o raio da circunferência que contém os pontos F e H.
- Os arcos $\widehat{BC}$ e $\widehat{FH}$ têm medidas lineares diferentes, mesmo tendo medidas angulares iguais.
- As unidades de medida linear de arcos são as mesmas utilizadas em segmentos. As mais usuais são o **metro** e seus múltiplos e submúltiplos.

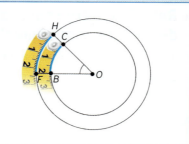

A partir daqui, salvo indicação explícita em contrário, a palavra **medida** será usada para designar a medida angular de um arco, e a palavra **comprimento**, para designar a medida linear de um arco.

Unidades de medida de arcos e ângulos

O **grau**, representado pelo símbolo °, é a unidade definida pela divisão da circunferência em 360 partes congruentes, de modo que cada uma dessas partes é um arco de medida 1°. A circunferência inteira mede 360°.

O **radiano**, representado por rad, é a unidade correspondente à medida de um arco cujo comprimento é igual ao comprimento do raio da circunferência que o contém.

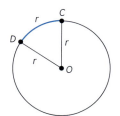

med($\widehat{CD}$) = 1 rad, pois o comprimento do arco $\widehat{CD}$ é igual ao comprimento do raio da circunferência.

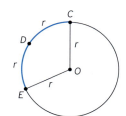

med($\widehat{CE}$) = 2 rad, pois o comprimento do arco $\widehat{CE}$ é igual a duas vezes o comprimento do raio da circunferência.

Cálculo mental

O grau tem como submúltiplos o **minuto** e o **segundo**, que se relacionam da seguinte maneira:
- O minuto equivale a $\frac{1}{60}$ do grau, ou seja: $1' = \left(\frac{1}{60}\right)°$
- O segundo equivale a $\frac{1}{60}$ do minuto, ou seja: $1'' = \left(\frac{1}{60}\right)'$

Transforme 9° em minutos.

Relação entre grau e radiano

Para compreender a relação de proporcionalidade entre o grau e o radiano, é necessário relembrar que o comprimento C de uma circunferência qualquer de raio medindo r é $C = 2\pi \cdot r$. Isso significa que a medida do raio de uma circunferência cabe 2π vezes na medida do comprimento da circunferência, pois $\frac{2\pi r}{r} = 2\pi$ e, assim, 2π rad equivalem a 360°.

Chamando de α a medida em radiano de um arco de comprimento ℓ, pertencente à circunferência de raio de medida r, podemos verificar que $\alpha = \frac{\ell}{r}$, ou seja, α indica a quantidade de medidas do raio contidas em ℓ.

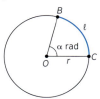

A tabela abaixo apresenta algumas relações entre medidas de arcos, em grau e em radiano, de uma circunferência de raio unitário.

Medida do arco em radiano	2π	π	$\frac{\pi}{2}$	$\frac{\pi}{4}$
Medida do arco em grau	360	180	90	45

Com isso, conclui-se que as medidas de arcos de circunferência em grau são diretamente proporcionais às medidas de arcos de circunferência em radiano, ou seja: $\frac{2\pi}{360} = \frac{\pi}{180} = \frac{\frac{\pi}{2}}{90} = \frac{\frac{\pi}{4}}{45} = ...$

Nessas condições, para converter uma medida α, em radiano, em uma medida x, em grau, e vice-versa, pode-se usar uma regra de três simples:

Medida em grau → Medida em radiano
180 → π
x → α

$$\frac{x}{180} = \frac{\alpha}{\pi}$$

Para recordar

O comprimento da circunferência

A determinação do comprimento de uma circunferência pode ser feita de maneira prática, utilizando-se um objeto com forma cilíndrica, um pedaço de barbante, uma régua e uma calculadora.

Escolhe-se um objeto com forma cilíndrica, por exemplo, um copo, e corta-se um pedaço de barbante de modo que este pedaço dê exatamente uma volta completa na parte cilíndrica do objeto escolhido.

Fotografias: Sérgio Dotta Jr./ID/BR

Em seguida, estica-se o barbante e, utilizando a régua, determina-se seu comprimento.

O comprimento do barbante é o comprimento da circunferência.

Ao realizar esse experimento com diferentes objetos, verifica-se que a razão entre o comprimento C do barbante e a medida d do diâmetro do objeto (que é o diâmetro da circunferência) é sempre muito próxima de 3,14. Essa razão é uma aproximação racional da constante irracional π.

Assim, conhecendo a medida r do raio de uma circunferência (metade do diâmetro da circunferência), seu comprimento C é: $C = 2\pi r$

Comprimento ℓ de um arco

O comprimento ℓ de um arco é dado em função da medida r do raio da circunferência que o contém e da medida α do ângulo central associado a ele, em radiano. Como a medida α é dada em radiano: $\alpha = \frac{\ell}{r} \Rightarrow \boxed{\ell = \alpha \cdot r}$, em que ℓ é dado na mesma unidade de medida de r.

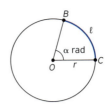

Um pouco de história

Outra unidade de medida: o grado

Em 1792, durante a Revolução Francesa, houve na França uma reforma de pesos e medidas que culminou na adoção de uma nova medida de ângulos, que dividia o ângulo reto em cem partes iguais, chamadas **grados**. Um grado (1 gr) é a unidade que divide o ângulo reto em cem partes iguais, e o minuto divide o grado em cem partes [iguais], bem como o segundo divide o minuto em cem partes iguais. Tudo isso para que a medição de unidades de ângulos ficasse em conformidade com o sistema métrico. A ideia não foi muito bem-sucedida, mas até hoje encontramos na maioria das calculadoras científicas as três unidades: grau, radiano e grado.

Disponível em: <http://www.conexaoprofessor.rj.gov.br/downloads/matematica_EM_v4.pdf>. Acesso em: 26 jun. 2015.

Exercícios resolvidos

1. Transforme $\frac{17\pi}{36}$ radiano em grau.

   Resolução

   Há dois modos de resolver esse problema.
   - Utilizando a regra de três simples:

Medida em grau	Medida em radiano
180	π
x	$\frac{17\pi}{36}$

   $$x = \frac{180 \cdot \frac{17\pi}{36}}{\pi} = \frac{180 \cdot 17}{36} = 85$$

   - Fazendo a substituição de π por 180 em $\frac{17\pi}{36}$:

   $$\frac{17\pi}{36} = \frac{17 \cdot 180}{36} = 17 \cdot 5 = 85$$

   Logo, $\frac{17\pi}{36}$ rad é equivalente a 85°.

2. Determine a medida em radiano do arco $\widehat{AB}$, de comprimento $\ell = 10$ cm, pertencente à circunferência de raio medindo 5 cm.

   Resolução

   Chamando de α a medida em radiano do arco $\widehat{AB}$, é possível calcular α por: $\alpha = \frac{\ell}{r} = \frac{10}{5} = 2$

   Logo, o arco $\widehat{AB}$ mede 2 rad.

3. Um relógio, com mostrador circular, marca 7 h 20 min. Calcule a medida do menor ângulo formado pelos ponteiros do relógio nesse instante.

   Resolução

   Dividindo a circunferência em 12 partes iguais, obtemos 12 arcos de medida 30°.

   Se o relógio marca 7 h 20 min, então o ponteiro dos minutos está exatamente na marcação dos 20 minutos, porém o ponteiro das horas já percorreu um pequeno arco e se localiza entre as marcações 7 e 8 do relógio.

   Para determinar a medida do arco percorrido pelo ponteiro das horas, desde as 7 horas, comparamos seu percurso com o do ponteiro dos minutos. Enquanto o ponteiro dos minutos percorre 360°, o ponteiro das horas percorre apenas um arco de 30°. Além disso, se o ponteiro dos minutos está sobre a marcação equivalente a 20 minutos, então ele percorreu 120° em relação ao início da hora (ponteiro dos minutos sobre o 12) pois $4 \cdot 30 = 120$. Dessa maneira, utilizando a regra de três simples, o ponteiro das horas terá percorrido:

Ponteiro das horas (em grau)	Ponteiro dos minutos (em grau)
30	360
x	120

   $$x = \frac{30 \cdot 120}{360} = 10$$

   Portanto, o menor ângulo formado pelo ponteiro das horas e o dos minutos, quando o relógio marca 7 h 20 min, mede $3 \cdot 30° + 10° = 100°$.

Exercícios propostos

4. Um arco mede π rad e tem comprimento 3,14 cm. Qual é, aproximadamente, a medida do raio da circunferência a que esse arco pertence?

5. Em uma circunferência de diâmetro igual a 28 cm, um arco $\widehat{AB}$ tem comprimento igual a 14π cm. Qual é a medida do ângulo central que define esse arco?
a) 120°   c) 150°   e) 210°
b) 135°   d) 180°

6. Determine a medida, em radiano, de um arco de comprimento 30 m, pertencente a uma circunferência de 20 m de diâmetro.

7. O relógio a seguir foi acertado exatamente à meia-noite.

Qual horário esse relógio marcará após o ponteiro das horas ter percorrido, a partir das 12 h, um ângulo de 37°?

8. Determine a medida, em radiano, do ângulo descrito pelo ponteiro dos minutos de um relógio em um período de 25 minutos.

9. Qual é a medida do menor ângulo formado pelos ponteiros de um relógio que marca 1 h 12 min? E qual é a medida do maior ângulo?

10. (FGV-SP) O relógio indicado na figura marca 6 horas e:

a) $55\frac{7}{13}$ minutos   d) $54\frac{3}{11}$ minutos
b) $55\frac{5}{11}$ minutos   e) $54\frac{2}{11}$ minutos
c) $55\frac{5}{13}$ minutos

11. (ITA-SP) Entre duas superposições consecutivas dos ponteiros das horas e dos minutos de um relógio, o ponteiro dos minutos varre um ângulo cuja medida, em radianos, é igual a:
a) $\frac{23\pi}{11}$ c) $\frac{24\pi}{11}$ e) $\frac{7\pi}{3}$
b) $\frac{13\pi}{6}$ d) $\frac{25\pi}{11}$

12. Represente em uma mesma circunferência (sugestão: use raio 2 cm) as extremidades dos arcos com as medidas indicadas a seguir. Se julgar necessário, utilize o transferidor para a construção.
a) 2 rad   c) 3,5 rad
b) $\frac{2\pi}{3}$ rad   d) $\frac{7\pi}{6}$ rad

13. Um arco está associado a um ângulo central $A\widehat{O}B$, de medida 3 rad, e pertence a uma circunferência de raio medindo $r = 6$ cm. Determine o comprimento desse arco em centímetro.

14. Calcule a medida do maior arco formado pelos ponteiros de um relógio às 23 h 45 min.

15. Considere que as cidades de São Luís (MA) e Taubaté (SP) possuem a mesma longitude. Sabe-se que suas latitudes são, respectivamente, −02°31′ e −23°01′, aproximadamente. Considere, ainda, que o formato da Terra se aproxima de uma esfera e que a linha do Equador mede, aproximadamente, 40 000 km. Nessas condições, determine, aproximadamente, a distância em linha reta, em quilômetros, entre as duas cidades.

16. Com uma leve aproximação, a Terra pode ser representada por uma esfera cujo raio mede cerca de 6 400 km. Na figura abaixo, há uma representação plana do trajeto de um navio que parte do ponto A em direção ao ponto C, passando por B.

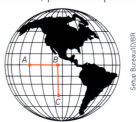

Qualquer ponto da superfície da Terra pode ser expresso por coordenadas (x, y), em que x representa a longitude e y representa a latitude. As coordenadas dos pontos A, B e C estão indicadas na tabela a seguir.

Ponto	A	B	C
Coordenada x	135°	90°	90°
Coordenada y	0°	0°	60°

Considerando π igual a 3, qual é a distância mínima, em quilômetro, a ser percorrida pelo navio no trajeto ABC?

17. Usain St. Leo Bolt é um velocista jamaicano que acumula recordes e medalhas em jogos olímpicos e em outros torneios mundiais de atletismo. Ele é recordista mundial dos 100 e 200 metros rasos, além do revezamento 4 × 100 metros, como integrante da equipe da Jamaica.

Usain Bolt competindo no desafio Mano a Mano realizado no Rio de Janeiro em 2015.

É considerado por muitos como o maior velocista de todos os tempos, uma verdadeira lenda viva.

Bolt conseguiu estabelecer recordes mundiais nos 100 metros rasos, por três vezes:
- No Grand Prix de Atletismo de Nova York, em 2008, marcou 9,72 s.
- Na final olímpica em Pequim, em 2008, alcançou 9,69 s.
- No Campeonato Mundial de Atletismo de Berlim, em 2009, atingiu os 9,58 s.

Suponha que um atleta tenha desafiado Bolt a disputar uma corrida de 100 metros rasos. A figura abaixo representa um momento da corrida, num trecho em curva, no qual os atletas estão lado a lado.

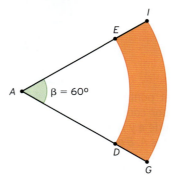

O arco $\widehat{DE}$ é percorrido por Usain Bolt, e o adversário do jamaicano percorre o arco $\widehat{GI}$. Nessa corrida, Bolt está atingindo a marca que conquistou em 2009, em Berlim.

Sabe-se que o segmento $AD = 60$ m e $DG = 20$ m.

a) Para que, ao longo do percurso destacado, os atletas estejam sempre lado a lado, qual deve ser a velocidade média do atleta adversário de Bolt? (Use $\pi = 3{,}14$.)

b) A velocidade do adversário de Bolt é, em porcentagem, aproximadamente quanto maior que a velocidade do jamaicano?

(**Nota:** Lembre-se de que $V_{\text{média}} = \dfrac{\text{Distância}}{\text{Tempo}}$. Além disso, observe que, para que os atletas permaneçam lado a lado ao longo do trecho destacado, os tempos de percurso de ambos devem ser iguais).

18. Matemático grego do século III a.C., Eratóstenes nasceu em Cirene, na costa sul do mar Mediterrâneo, e passou grande parte de sua vida em Atenas, na Grécia, e em Alexandria, no Egito. Distinguia-se como matemático, astrônomo, geógrafo, historiador, filósofo, poeta e atleta.

Fonte de pesquisa: EVES, H. *Introdução à história da Matemática*. Trad. Domingues, H. H. Campinas: Ed. da Unicamp, 2004. p. 161, 196, 197.

Eratóstenes foi quem primeiro calculou o comprimento da circunferência terrestre com precisão. Nesse processo, foi necessário calcular o comprimento do arco representado pela distância entre duas cidades do Egito Antigo: Alexandria e Siena (atual Assuan ou Aswan, em inglês).

Pesquise sobre o procedimento utilizado por Eratóstenes e registre o comprimento da circunferência da Terra que foi obtido. Será que essa medida está próxima da medida que se conhece hoje? Levante hipóteses para as eventuais diferenças encontradas.

3. Circunferência trigonométrica

Denomina-se **circunferência trigonométrica** a circunferência de raio unitário ($r = 1$) cujo centro coincide com a origem $O(0, 0)$ do plano cartesiano. O plano cartesiano divide a circunferência trigonométrica em quatro partes iguais, denominadas **quadrantes**.

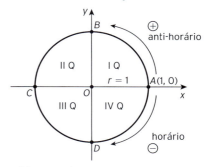

Circunferência trigonométrica

I Q: 1º quadrante
II Q: 2º quadrante
III Q: 3º quadrante
IV Q: 4º quadrante

O ponto $A(1, 0)$ é a intersecção da circunferência com o semieixo positivo das abscissas. Por convenção, adota-se o percurso dos arcos que serão medidos a partir do ponto A como **positivo** no sentido anti-horário e **negativo** no sentido horário. Os quadrantes do plano são numerados no sentido anti-horário, conforme indicado na figura ao lado. Os pontos A, B, C e D não pertencem aos quadrantes, pois estão localizados sobre os eixos coordenados.

Como a circunferência trigonométrica tem raio de medida 1 e, portanto, comprimento 2π, é possível associar um ponto E qualquer da circunferência – ponto que é a extremidade do arco $\widehat{AE}$ de medida α – a um número real pertencente ao intervalo $[0, 2\pi[$. Da mesma maneira, para cada número real pertencente ao intervalo $[0, 2\pi[$, existe um único ponto E na circunferência trigonométrica, que é a extremidade do arco $\widehat{AE}$ de medida α.

Sabendo que para cada arco, cuja medida é dada em radiano, há uma medida correspondente em grau, a circunferência trigonométrica percorrida no sentido anti-horário apresenta a seguinte divisão em quadrantes:

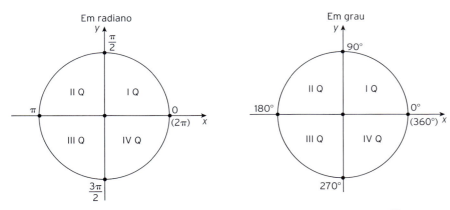

O quadro abaixo mostra como determinar a extremidade E de um arco $\widehat{AE}$ associado ao ângulo de medida α tal que $0 \leq |\alpha| < 2\pi$.

$\alpha = 0$	$0 < \alpha < 2\pi$	$-2\pi < \alpha < 0$
O ponto E, que é uma extremidade do arco $\widehat{AE}$, coincide com o ponto A.	Determina-se o ponto E, que é uma extremidade do arco $\widehat{AE}$, percorrendo-se no sentido anti-horário um ângulo de medida α.	Determina-se o ponto E, que é uma extremidade do arco $\widehat{AE}$, percorrendo-se no sentido horário um ângulo de medida $-\alpha$.
	Exemplo: $\alpha = \dfrac{\pi}{6}$	Exemplo: $\alpha = -\dfrac{\pi}{6}$

Exercício resolvido

19. Determine a que quadrante da circunferência trigonométrica pertence a extremidade B de cada arco indicado, sendo A(1, 0).

a) med($\widehat{AB}$) = 280°

b) med($\widehat{AB}$) = −110°

c) med($\widehat{AB}$) = $\frac{4\pi}{5}$ rad

Resolução

a) Como a medida do arco $\widehat{AB}$ é 280°, que está entre 270° e 360°, a extremidade B do arco $\widehat{AB}$ está no 4º quadrante.

b) Saindo do ponto inicial dos arcos, A(1, 0), percorremos no sentido horário 110°. Como 110° = 90° + 20°, devemos percorrer todo o 4º quadrante e mais 20°. Então, a extremidade B do arco $\widehat{AB}$ está no 3º quadrante.

c) Para determinar a posição da extremidade B do arco $\widehat{AB}$, cuja medida é $\frac{4\pi}{5}$ rad, transformamos a medida do arco em grau. Fazendo a substituição de π por 180 em $\frac{4\pi}{5}$, temos $\frac{4\pi}{5} = \frac{4 \cdot 180}{5} = 144$. Como 144° está entre 90° e 180°, a extremidade B do arco $\widehat{AB}$ está no 2º quadrante.

Exercícios propostos

20. Em cada item, é dada a medida de um arco $\widehat{AB}$. Determine a que quadrante da circunferência trigonométrica pertence a extremidade B de cada arco, sendo A(1, 0).

a) 200°
b) 96°
c) $\frac{15\pi}{8}$ rad
d) 1,5 rad
e) 3 rad
f) $-\frac{3\pi}{5}$ rad
g) −80°
h) −330°
i) −2,5 rad

21. Considere os arcos cujas medidas são dadas por $\frac{(3n + 2)\pi}{6}$, em que n = 0, 1, 2 e 3. Represente a extremidade diferente de A(1, 0) de cada um desses arcos em uma mesma circunferência trigonométrica.

22. Dividindo a circunferência trigonométrica em 10 partes iguais, a partir do ponto A(1, 0), determinam-se os pontos B, C, D, E, F, G, H, I e J, extremidades dos arcos $\widehat{AB}, \widehat{AC}, \widehat{AD}, \widehat{AE}, \widehat{AF}, \widehat{AG}, \widehat{AH}, \widehat{AI}$ e $\widehat{AJ}$. Calcule a medida α de cada arco, em que $0 \leq \alpha < 2\pi$, α em radiano.

23. Desenhe uma circunferência trigonométrica e indique nela um arco $\widehat{AB}$, tal que A(1, 0), cuja medida pertença ao intervalo $\left[\frac{2\pi}{3}, \frac{5\pi}{3}\right[$. Compare sua resposta com a de um colega. Os arcos representados são iguais?

24. Os polígonos regulares a seguir estão inscritos em circunferências trigonométricas. Determine, em grau, a medida de cada arco cujas extremidades são o ponto A(1, 0) e um vértice do polígono.

a)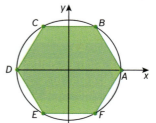

b)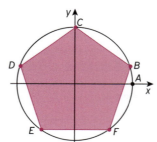

c)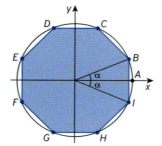

Arcos côngruos

Considera-se um arco $\overset{\frown}{AC}$ na circunferência trigonométrica, de medida α em radiano, com $\alpha \geq 2\pi$. Para determinar a posição da extremidade C desse arco na circunferência, imagina-se o ponto C como um ponto móvel que percorre a circunferência trigonométrica no sentido anti-horário, como mostra o exemplo a seguir.

Se $2\pi \leq \alpha < 4\pi$ (ou $360° \leq \alpha < 720°$), então o ponto C percorre uma volta completa na circunferência trigonométrica, pois cada volta corresponde à medida 2π rad, e sua localização está na volta seguinte.

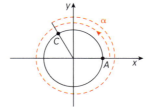

A extremidade C do arco $\overset{\frown}{AC}$ é coincidente com a extremidade B de um arco $\overset{\frown}{AB}$ de medida β em radiano, com $0 \leq \beta < 2\pi$.
Então, os arcos $\overset{\frown}{AB}$ e $\overset{\frown}{AC}$ são **arcos côngruos**.

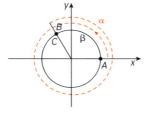

Esse procedimento pode ser repetido para quaisquer $\alpha \geq 2\pi$. Para isso, basta determinar o número inteiro n de voltas contidas na medida α.
Assim, define-se:

> **Arcos côngruos** são aqueles cujas medidas angulares diferem em um número inteiro de voltas dadas na circunferência trigonométrica.

Exemplos
- Os arcos de medidas $\dfrac{13\pi}{2}$ rad e $\dfrac{\pi}{2}$ rad são côngruos.
De fato:

$$\dfrac{13\pi}{2} = \dfrac{12\pi}{2} + \dfrac{\pi}{2} = 6\pi + \dfrac{\pi}{2} = 3 \cdot 2\pi + \dfrac{\pi}{2}$$

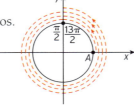

Então, o arco de medida $\dfrac{13\pi}{2}$ rad corresponde a três voltas completas na circunferência, mais $\dfrac{\pi}{2}$ rad. Assim, os arcos de medidas $\dfrac{13\pi}{2}$ rad e $\dfrac{\pi}{2}$ rad têm extremidades coincidentes, ou seja, são arcos côngruos, e a diferença de comprimento entre eles é 6π rad. Nesse caso, diz-se que $\dfrac{\pi}{2}$ rad é a **primeira determinação positiva** do arco de medida $\dfrac{13\pi}{2}$ rad.

- Os arcos de medidas $735°$ e $375°$ são côngruos, e a primeira determinação positiva desses arcos é $15°$ ($735° = 720° + 15° = 2 \cdot 360° + 15°$).

Os arcos côngruos a um arco de medida α são representados pelas seguintes expressões.
- $\alpha = \beta + k \cdot 360°$, com $k \in \mathbb{Z}$, em que β é a primeira determinação positiva do arco de medida α (para α e β em grau).
- $\alpha = \beta + k \cdot 2\pi$, com $k \in \mathbb{Z}$, em que β é a primeira determinação positiva do arco de medida α (para α e β em radiano).

Ao considerar $k = -1$ em uma dessas expressões, obtém-se a **primeira determinação negativa** do arco de medida α.

Um pouco de história
O círculo de 360 graus

Deve-se lembrar que desde os dias de Hiparco [de Niceia, c. 180-125 a.C.] até os tempos modernos não havia coisas como razões trigonométricas. Os gregos, e depois deles os hindus e os árabes, usaram linhas trigonométricas. Essas a princípio tiveram a forma de cordas num círculo [...] e coube a Ptolomeu [de Alexandria, c. 90-168 d.C.] associar valores numéricos (ou aproximações) às cordas. Para isso, duas convenções eram necessárias: 1) algum esquema para subdividir a circunferência de um círculo e 2) alguma regra para subdividir o diâmetro.

A divisão de uma circunferência em 360 graus parece ter estado em uso na Grécia desde os dias de Hiparco, embora não se saiba bem como a convenção surgiu. Não é improvável que a medida de 360 graus tenha sido tomada da astronomia, onde o zodíaco fora dividido em doze "signos" ou 36 "decanatos". Um ciclo de estações, de aproximadamente 360 dias, podia ser facilmente posto em correspondência com o sistema de signos zodiacais e decanatos, subdividindo cada signo em trinta partes e cada decanato em dez partes. Nosso sistema comum de medida de ângulos pode derivar dessa correspondência.

BOYER, C. B. *História da Matemática*. 3. ed. São Paulo: Edgard Blücher, 2012. p. 127.

Exercícios resolvidos

25. Verifique se os arcos de medidas 150° e $\frac{29\pi}{6}$ rad são côngruos.

Resolução
Podemos representar o arco de medida $\frac{29\pi}{6}$ rad da seguinte maneira:

$\frac{29\pi}{6} = \frac{12\pi}{6} + \frac{12\pi}{6} + \frac{5\pi}{6} = 2 \cdot 2\pi + \frac{5\pi}{6}$

Logo, $\frac{5\pi}{6}$ rad é a primeira determinação positiva de $\frac{29\pi}{6}$ rad, ou seja, os arcos de medidas $\frac{29\pi}{6}$ e $\frac{5\pi}{6}$ têm extremidades coincidentes. Portanto, são côngruos.

Substituindo π por 180 em $\frac{5\pi}{6}$ rad, para determinar esse valor em graus:

$\frac{5\pi}{6} = \frac{5 \cdot 180}{6} = 150$

Portanto, os arcos de medidas $\frac{29\pi}{6}$ rad e 150° são côngruos.

26. Calcule a primeira determinação positiva, a expressão geral das medidas dos arcos côngruos e a primeira determinação negativa para cada um dos arcos com as seguintes medidas:

a) 1 225°   b) $\frac{17\pi}{3}$ rad

Resolução

a) Para calcular a primeira determinação positiva de 1 225°, dividimos 1 225 por 360. O quociente dessa divisão corresponde ao número de voltas completas, e o resto da divisão, à primeira determinação positiva. Dividindo 1 225 por 360, obtemos quociente 3 e resto 145. Logo, 1 225° = 3 · 360° + 145°, e 145° é a primeira determinação positiva do arco de 1 225°.
A expressão das medidas dos arcos côngruos a esse arco é: $\alpha = 145° + k \cdot 360°$, com $k \in \mathbb{Z}$
A primeira determinação negativa ocorre quando $k = -1$. Então: $\alpha = 145° - 360° = -215°$

b) Podemos representar o arco de medida $\frac{17\pi}{3}$ rad por: $\frac{17\pi}{3} = \frac{6\pi}{3} + \frac{6\pi}{3} + \frac{5\pi}{3} = 2 \cdot 2\pi + \frac{5\pi}{3}$
Então, a primeira determinação positiva do arco de $\frac{17\pi}{3}$ rad é $\frac{5\pi}{3}$ rad.
A expressão das medidas dos arcos côngruos a esse arco é: $\alpha = \frac{5\pi}{3} + 2k\pi$, com $k \in \mathbb{Z}$
Para $k = -1$, temos a primeira determinação negativa do arco: $\frac{5\pi}{3}$ rad $- 2\pi$ rad $= -\frac{\pi}{3}$ rad

Exercícios propostos

27. Verifique se os arcos cujas medidas são dadas a seguir são côngruos.

a) $\frac{7\pi}{3}$ rad e $\frac{19\pi}{3}$ rad   b) $\frac{18\pi}{5}$ rad e 1 008°

28. Determine a expressão geral das medidas dos arcos côngruos para cada arco cuja medida é dada a seguir.

a) 40°
b) 527°
c) $\frac{35\pi}{4}$ rad
d) $-\frac{38\pi}{6}$ rad

29. Calcule a primeira determinação positiva e a primeira determinação negativa de cada arco cuja medida é dada a seguir.

a) 4 260°
b) $\frac{52\pi}{3}$ rad
c) $-3 840°$
d) $-\frac{47\pi}{4}$ rad
e) 750°
f) $\frac{95\pi}{6}$ rad

30. Represente em uma circunferência trigonométrica as extremidades de cada arco cuja expressão das medidas dos arcos côngruos é dada a seguir.

a) $120° + k \cdot 360°, k \in \mathbb{Z}$ b) $-\frac{3\pi}{4} + 2k\pi, k \in \mathbb{Z}$

31. Sejam A, B, C, D, E, F, G e H os vértices de um octógono regular inscrito em uma circunferência trigonométrica, com os vértices percorridos no sentido anti-horário a partir de A, localizado na origem dos arcos. Determine a expressão geral das medidas dos arcos côngruos aos arcos com uma extremidade em A e a outra extremidade em cada vértice do octógono.

32. Se um arco na circunferência trigonométrica tem, no sentido horário, medida equivalente a 11 voltas inteiras mais $\frac{1}{3}$ de volta, então qual é a expressão geral das medidas dos arcos côngruos a ele?

33. A figura ao lado mostra duas engrenagens perfeitamente acopladas. Calcule o menor número inteiro de voltas completas que a engrenagem menor deve dar para que a engrenagem maior também gire um número inteiro de vezes.

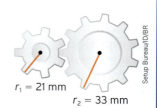

$r_1 = 21$ mm $r_2 = 33$ mm

Seno de um arco

Para facilitar a linguagem, daqui por diante, um **arco $\widehat{AB}$ com extremidade B localizada no 1º quadrante** da circunferência trigonométrica será chamado de **arco $\widehat{AB}$ do 1º quadrante**; o mesmo vale para arcos com extremidades nos demais quadrantes. O quadro abaixo mostra como obter o valor do seno de um arco do 1º quadrante da circunferência trigonométrica.

Arco do 1º quadrante
Na figura ao lado: • o ponto B pertence ao 1º quadrante; • o arco $\widehat{AB}$ mede α; • o triângulo OCB é retângulo em C, pois C(u, 0) é a projeção do ponto B sobre o eixo Ox; • o ponto D(0, v) é a projeção do ponto B no eixo Oy. Utilizando a definição de seno de um ângulo agudo de um triângulo retângulo, obtém-se: $\text{sen } \alpha = \dfrac{BC}{OB} = \dfrac{BC}{1} = BC = OD = v$ Como a medida de um arco é igual à medida do ângulo central associado a ele, o seno de um arco é igual ao seno do ângulo central associado a ele. Assim, como α é a medida do arco $\widehat{AB}$: sen $\widehat{AB}$ = sen α = v, em que v é a **ordenada** do ponto B e é também a medida do segmento $\overline{OD}$. 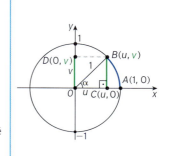

Para arcos de qualquer quadrante, define-se:

> O **seno de um arco** na circunferência trigonométrica é a **ordenada** do ponto que é a extremidade desse arco.

Relações entre senos de arcos

Considera-se um arco $\widehat{AB}$ do 1º quadrante da circunferência trigonométrica tal que o ponto B tem coordenadas (u, v) e med($\widehat{AB}$) = α. Pela definição: sen $\widehat{AB}$ = v

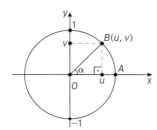

- Existe um ponto Q no **2º quadrante** que é simétrico ao ponto B em relação ao eixo Oy. Assim, esse ponto Q tem coordenadas $(-u, v)$, e sua ordenada é igual à ordenada de B.

  Pela definição, sen $\widehat{AQ}$ = v. Então: sen $\widehat{AQ}$ = sen $\widehat{AB}$

  Mas, med($\widehat{AQ}$) = $\pi - \alpha$ e sen $\widehat{AB}$ = sen α. Logo: $\boxed{\text{sen } (\pi - \alpha) = \text{sen } \alpha}$

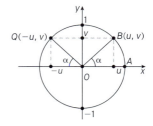

- Analogamente, existe um ponto R do **3º quadrante** que é simétrico ao ponto B em relação à origem O(0, 0). Assim, esse ponto R tem coordenadas $(-u, -v)$, e sua ordenada é oposta à ordenada de B.

  Pela definição, sen $\widehat{AR}$ = $-v$. Então: sen $\widehat{AR}$ = $-$sen $\widehat{AB}$

  Mas, med($\widehat{AR}$) = $\pi + \alpha$ e sen $\widehat{AB}$ = sen α. Logo: $\boxed{\text{sen } (\pi + \alpha) = -\text{sen } \alpha}$

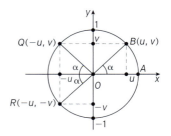

- Existe também um ponto S do **4º quadrante** que é simétrico ao ponto B em relação ao eixo Ox. Assim, esse ponto S tem coordenadas $(u, -v)$, e sua ordenada é oposta à ordenada de B.
Pela definição, sen $\widehat{AS} = -v$. Então: sen $\widehat{AS} = -$ sen $\widehat{AB}$

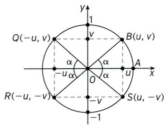

Mas, med$(\widehat{AS}) = 2\pi - \alpha$ e sen $\widehat{AB}$ = sen α. Logo: $\boxed{\text{sen}\,(2\pi - \alpha) = -\text{sen}\,\alpha}$

Do estudo de seno, cosseno e tangente de ângulos agudos de um triângulo retângulo, têm-se alguns valores:

	α		
	30°	45°	60°
sen α	$\frac{1}{2}$	$\frac{\sqrt{2}}{2}$	$\frac{\sqrt{3}}{2}$
cos α	$\frac{\sqrt{3}}{2}$	$\frac{\sqrt{2}}{2}$	$\frac{1}{2}$
tg α	$\frac{\sqrt{3}}{3}$	1	$\sqrt{3}$

Utilizando os valores dos senos de ângulos agudos, relacionam-se os senos de alguns arcos menores do que 360°. A seguir tem-se a tabela com as medidas em grau.

α (em grau)	0	30	45	60	90	120	135	150	180	210	225	240	270	300	315	330
sen α	0	$\frac{1}{2}$	$\frac{\sqrt{2}}{2}$	$\frac{\sqrt{3}}{2}$	1	$\frac{\sqrt{3}}{2}$	$\frac{\sqrt{2}}{2}$	$\frac{1}{2}$	0	$-\frac{1}{2}$	$-\frac{\sqrt{2}}{2}$	$-\frac{\sqrt{3}}{2}$	-1	$-\frac{\sqrt{3}}{2}$	$-\frac{\sqrt{2}}{2}$	$-\frac{1}{2}$

Abaixo, tem-se a tabela com as medidas dos arcos em radiano:

α (em radiano)	0	$\frac{\pi}{6}$	$\frac{\pi}{4}$	$\frac{\pi}{3}$	$\frac{\pi}{2}$	$\frac{2\pi}{3}$	$\frac{3\pi}{4}$	$\frac{5\pi}{6}$	π	$\frac{7\pi}{6}$	$\frac{5\pi}{4}$	$\frac{4\pi}{3}$	$\frac{3\pi}{2}$	$\frac{5\pi}{3}$	$\frac{7\pi}{4}$	$\frac{11\pi}{6}$
sen α	0	$\frac{1}{2}$	$\frac{\sqrt{2}}{2}$	$\frac{\sqrt{3}}{2}$	1	$\frac{\sqrt{3}}{2}$	$\frac{\sqrt{2}}{2}$	$\frac{1}{2}$	0	$-\frac{1}{2}$	$-\frac{\sqrt{2}}{2}$	$-\frac{\sqrt{3}}{2}$	-1	$-\frac{\sqrt{3}}{2}$	$-\frac{\sqrt{2}}{2}$	$-\frac{1}{2}$

Observações

- Como a circunferência trigonométrica tem raio unitário, os valores do seno variam no intervalo $[-1, 1]$, mesmo para arcos com medidas maiores do que ou iguais a 360° (ou 2π rad).
- Para arcos nos quadrantes I e II, o seno é sempre **positivo**. Para arcos nos quadrantes III e IV, o seno é sempre **negativo**.
- Para calcular o seno de um arco com medida α maior do que 360° (ou 2π rad), basta encontrar a primeira determinação positiva β de α; assim: sen α = sen β.

Exercícios resolvidos

34. Calcule o valor aproximado de cada expressão, com duas casas decimais, utilizando os valores do quadro de senos.

a) $\text{sen}\left(\frac{\pi}{4}\right) + \text{sen}\left(\frac{\pi}{6}\right)$

b) $\frac{\text{sen}\,225° - \text{sen}\,300°}{\text{sen}\,45° + \text{sen}\,90°}$

Resolução

a) $\text{sen}\left(\frac{\pi}{4}\right) + \text{sen}\left(\frac{\pi}{6}\right) = \frac{\sqrt{2}}{2} + \frac{1}{2} = \frac{\sqrt{2}+1}{2} \cong 1{,}21$

b) $\frac{\text{sen}\,225° - \text{sen}\,300°}{\text{sen}\,90°} = \frac{-\frac{\sqrt{2}}{2} - \left(-\frac{\sqrt{3}}{2}\right)}{1} =$

$= -\frac{\sqrt{2} - \sqrt{3}}{2} \cong 0{,}16$

35. Determine sen 1485°.

Resolução
Dividindo 1485 por 360, obtemos 4 como quociente e 45 como resto. Então,
1485° = 4 · 360° + 45°, sendo 45° a primeira determinação positiva de 1 485°.

Portanto: sen 1485° = sen 45° = $\frac{\sqrt{2}}{2}$

36. Seja α a medida em radiano de um arco na circunferência trigonométrica. Determine os valores reais de m para que exista sen α = 2m + 3.

Resolução
Para qualquer arco de medida α, temos
−1 ⩽ sen α ⩽ 1. Então:
sen α = 2m + 3 ⇒ −1 ⩽ 2m + 3 ⩽ 1 ⇒
⇒ 2m + 3 ⩾ −1 e 2m + 3 ⩽ 1

Resolvemos essas equações:
2m + 3 ⩾ −1 ⇒ m ⩾ −2
2m + 3 ⩽ 1 ⇒ m ⩽ −1

Fazendo a intersecção das soluções, obtemos:
−2 ⩽ m ⩽ −1

Portanto: $m \in [-2, -1]$

37. Seja α a medida de um arco em radiano. Determine os possíveis valores de α, para que sen α = $\frac{\sqrt{2}}{2}$.

Resolução
Na circunferência trigonométrica, há dois arcos no intervalo 0 ⩽ α < 2π que satisfazem sen α = $\frac{\sqrt{2}}{2}$; são os arcos de medidas α = $\frac{\pi}{4}$ e α = $\frac{3\pi}{4}$.

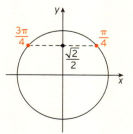

Porém, todos os arcos côngruos a $\frac{\pi}{4}$ e $\frac{3\pi}{4}$ também satisfazem sen α = $\frac{\sqrt{2}}{2}$.

Portanto:
α = $\frac{\pi}{4}$ + 2kπ ou α = $\frac{3\pi}{4}$ + 2kπ, k ∈ ℤ

Exercícios propostos

38. Calcule o valor de cada expressão, com aproximação de duas casas decimais. Utilize os valores do quadro de senos mostrado na página anterior.

a) sen 60° + 3 · sen 120° − sen 150°

b) $\frac{(\text{sen } 30°)^2}{\text{sen } 60° - \text{sen } 240°}$

c) sen$\left(\frac{3\pi}{2}\right)$ − sen$\left(\frac{5\pi}{3}\right)$ + 2 · sen$\left(\frac{\pi}{2}\right)$

d) $\frac{-4 \cdot \text{sen}\left(\frac{\pi}{3}\right) + 3 \cdot \text{sen}\left(\frac{7\pi}{4}\right)}{-\text{sen}\left(\frac{11\pi}{6}\right) - \frac{\text{sen}\left(\frac{3\pi}{4}\right)}{2}}$

39. Calcule os seguintes valores:
a) sen 390°
b) sen 4 200°
c) sen (−945°)
d) sen 1 080°

40. Seja A = sen 91° · sen 92° · sen 93° · ... · sen 269°. Então, pode-se afirmar que:
a) A = 1
b) A < −1
c) A > 1
d) A = 0
e) $-\frac{1}{2}$ < A < 0

41. Determine o intervalo real a que pertence k para que exista sen α = 3k − 5, com α em grau.

42. Calcule o valor aproximado de cada expressão com duas casas decimais:

a) sen 0° + sen 405° − sen 390° + 3 · sen 855°

b) $\frac{\sqrt{2} \cdot (\text{sen } 585° + 4 \cdot \text{sen } 315°)}{\sqrt{3} \cdot (2 \cdot \text{sen } 1140° - \text{sen } 960°)}$

c) sen$\left(\frac{19\pi}{6}\right)$ + 5 · sen$\left(\frac{19\pi}{4}\right)$ − 2 · sen$\left(\frac{23\pi}{6}\right)$

43. Calcule os valores de α, em radiano, que satisfazem a igualdade de cada item no conjunto dos reais:

a) sen α = $\frac{1}{2}$
b) sen α = $-\frac{\sqrt{3}}{2}$

44. A população de animais de certa espécie que vive em uma reserva variou durante um ano conforme a expressão 1050 + 50t · sen 30°, t ∈ ℕ (em que t é o tempo em mês e t = 1 corresponde ao mês de janeiro de determinado ano), segundo alguns biólogos.

a) Qual foi o número de indivíduos dessa espécie no mês de julho desse ano?

b) Qual é a diferença entre o número de indivíduos no mês de junho e o número de indivíduos no mês de dezembro desse ano?

c) Qual é a variação no número de indivíduos entre o primeiro e o último mês desse ano?

Cosseno de um arco

O quadro abaixo mostra como obter o valor do cosseno de um arco do 1º quadrante da circunferência trigonométrica.

Arco do 1º quadrante
Na figura ao lado: • o ponto B pertence ao 1º quadrante; • o arco $\widehat{AB}$ mede α; • o triângulo OCB é retângulo em C, pois C(u, 0) é a projeção do ponto B sobre o eixo Ox. Utilizando a definição de cosseno de um ângulo agudo de um triângulo retângulo, obtém-se: $\cos \alpha = \dfrac{OC}{OB} = \dfrac{OC}{1} = OC = u$ Como a medida de um arco é igual à medida do ângulo central associado a ele, o cosseno de um arco é igual ao cosseno do ângulo central associado a ele. Assim, como α é a medida do arco $\widehat{AB}$: $\cos \widehat{AB} = \cos \alpha = u$, em que u é a **abscissa** do ponto B e é também a medida do segmento $\overline{OC}$. 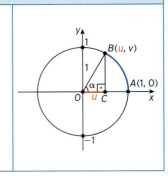

Para arcos de qualquer quadrante, define-se:

> O **cosseno de um arco** na circunferência trigonométrica é a **abscissa** do ponto que é a extremidade desse arco.

Relações entre cossenos de arcos

Considera-se um arco $\widehat{AB}$ do 1º quadrante da circunferência trigonométrica tal que o ponto B tem coordenadas (u, v) e med($\widehat{AB}$) = α. Pela definição: $\cos \widehat{AB} = u$

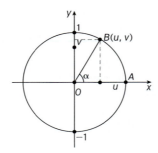

- Existe um ponto Q no **2º quadrante** que é simétrico ao ponto B em relação ao eixo Oy. Assim, esse ponto Q tem coordenadas (−u, v), e sua abscissa é oposta à abscissa de B.
Pela definição, $\cos \widehat{AQ} = -u$. Então: $\cos \widehat{AQ} = -\cos \widehat{AB}$

  Mas, med($\widehat{AQ}$) = $\pi - \alpha$ e $\cos \widehat{AB} = \cos \alpha$. Logo: $\cos(\pi - \alpha) = -\cos \alpha$

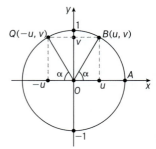

- Analogamente, existe um ponto R do **3º quadrante** que é simétrico ao ponto B em relação à origem O(0, 0). Assim, esse ponto R tem coordenadas (−u, −v), e sua abscissa é oposta à abscissa de B.
Pela definição, $\cos \widehat{AR} = -u$. Então: $\cos \widehat{AR} = -\cos \widehat{AB}$

  Mas, med($\widehat{AR}$) = $\pi + \alpha$ e $\cos \widehat{AB} = \cos \alpha$. Logo: $\cos(\pi + \alpha) = -\cos \alpha$

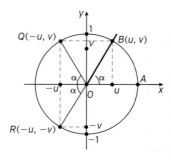

- Existe também um ponto S do **4º quadrante** que é simétrico ao ponto B em relação ao eixo Ox. Assim, esse ponto S tem coordenadas $(u, -v)$, e sua abscissa é igual à abscissa de B. Pela definição, $\cos \widehat{AS} = u$. Então: $\cos \widehat{AS} = \cos \widehat{AB}$

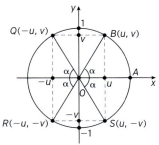

Mas, $\text{med}(\widehat{AS}) = 2\pi - \alpha$ e $\cos \widehat{AB} = \cos \alpha$. Logo: $\boxed{\cos(2\pi - \alpha) = \cos \alpha}$

Utilizando os valores dos cossenos de ângulos agudos apresentados anteriormente, relacionam-se os cossenos de alguns arcos menores do que 360°. A seguir tem-se a tabela com as medidas em grau.

α (em grau)	0	30	45	60	90	120	135	150	180	210	225	240	270	300	315	330
cos α	1	$\frac{\sqrt{3}}{2}$	$\frac{\sqrt{2}}{2}$	$\frac{1}{2}$	0	$-\frac{1}{2}$	$-\frac{\sqrt{2}}{2}$	$-\frac{\sqrt{3}}{2}$	−1	$-\frac{\sqrt{3}}{2}$	$-\frac{\sqrt{2}}{2}$	$-\frac{1}{2}$	0	$\frac{1}{2}$	$\frac{\sqrt{2}}{2}$	$\frac{\sqrt{3}}{2}$

Abaixo, tem-se a tabela com as medidas dos arcos em radiano:

α (em grau)	0	$\frac{\pi}{6}$	$\frac{\pi}{4}$	$\frac{\pi}{3}$	$\frac{\pi}{2}$	$\frac{2\pi}{3}$	$\frac{3\pi}{4}$	$\frac{5\pi}{6}$	π	$\frac{7\pi}{6}$	$\frac{5\pi}{4}$	$\frac{4\pi}{3}$	$\frac{3\pi}{2}$	$\frac{5\pi}{3}$	$\frac{7\pi}{4}$	$\frac{11\pi}{6}$
cos α	1	$\frac{\sqrt{3}}{2}$	$\frac{\sqrt{2}}{2}$	$\frac{1}{2}$	0	$-\frac{1}{2}$	$-\frac{\sqrt{2}}{2}$	$-\frac{\sqrt{3}}{2}$	−1	$-\frac{\sqrt{3}}{2}$	$-\frac{\sqrt{2}}{2}$	$-\frac{1}{2}$	0	$\frac{1}{2}$	$\frac{\sqrt{2}}{2}$	$\frac{\sqrt{3}}{2}$

Observações
- Como a circunferência trigonométrica tem raio unitário, os valores do cosseno variam no intervalo $[-1, 1]$, mesmo para arcos com medidas maiores do que ou iguais a 360° (ou 2π rad).
- Para arcos nos quadrantes I e IV, o cosseno é sempre **positivo**. Para arcos nos quadrantes II e III, o cosseno é sempre **negativo**.
- Para calcular o cosseno de um arco com medida α maior do que 360° (ou 2π rad), basta encontrar a primeira determinação positiva β de α; assim: $\cos \alpha = \cos \beta$.

Exercícios resolvidos

45. Calcule o valor de cada expressão, com aproximação de duas casas decimais. Utilize os valores do quadro de cossenos.

a) $\dfrac{\cos\left(\frac{\pi}{6}\right) + 3 \cdot \cos\left(\frac{5\pi}{4}\right)}{\cos\left(\frac{3\pi}{2}\right) - 2 \cdot \cos \pi}$

b) $5 \cdot \cos 210° - 3 \cdot \cos 60° + (\cos 120°)^2$

Resolução

a) $\dfrac{\cos\left(\frac{\pi}{6}\right) + 3 \cdot \cos\left(\frac{5\pi}{4}\right)}{\cos\left(\frac{3\pi}{2}\right) - 2 \cdot \cos \pi} = \dfrac{\frac{\sqrt{3}}{2} + 3 \cdot \left(-\frac{\sqrt{2}}{2}\right)}{0 - 2 \cdot (-1)} \cong -0{,}63$

b) $5 \cdot \cos 210° - 3 \cdot \cos 60° + (\cos 120°)^2 = 5 \cdot \left(-\frac{\sqrt{3}}{2}\right) - 3 \cdot \frac{1}{2} + \left(-\frac{1}{2}\right)^2 \cong 5 \cdot (-0{,}87) - 3 \cdot 0{,}5 + (-0{,}5)^2 =$
$= -4{,}35 - 1{,}5 + 0{,}25 = -5{,}58$

46. Determine cos 1 305°.

Resolução
Dividindo 1 305 por 360, obtemos 3 como quociente e 225 como resto. Então, $1\,305° = 3 \cdot 360° + 225°$, sendo 225° a primeira determinação positiva de 1 305°.

Portanto: $\cos 1\,305° = \cos 225° = -\dfrac{\sqrt{2}}{2}$

47. Seja α a medida em radiano de um arco na circunferência trigonométrica. Determine os valores reais de k para que exista $\cos \alpha = \dfrac{3k}{5} + 2$.

Resolução
Para qualquer arco de medida α, $-1 \leq \cos \alpha \leq 1$.
Então: $\cos \alpha = \dfrac{3k}{5} + 2 \Rightarrow -1 \leq \dfrac{3k}{5} + 2 \leq 1$

Podemos resolver essa inequação simultaneamente:

$-1 \leq \dfrac{3k}{5} + 2 \leq 1 \Rightarrow -1 - 2 \leq \dfrac{3k}{5} \leq 1 - 2 \Rightarrow$

$\Rightarrow \dfrac{-3 \cdot 5}{3} \leq k \leq \dfrac{-1 \cdot 5}{3} \Rightarrow -5 \leq k \leq -\dfrac{5}{3}$

Portanto: $k \in \left[-5, -\dfrac{5}{3}\right]$

48. Seja α a medida de um arco em radiano. Determine os possíveis valores de α, com $0 \leq \alpha < 2\pi$, para que $\cos \alpha = \dfrac{1}{2}$.

Resolução
Na circunferência trigonométrica, há dois arcos com medidas no intervalo $0 \leq \alpha < 2\pi$ que satisfazem $\cos \alpha = \dfrac{1}{2}$; são os arcos de medidas $\alpha = \dfrac{\pi}{3}$ e $\alpha = \dfrac{5\pi}{3}$.

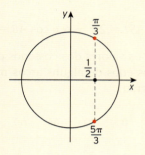

Assim: $\alpha = \dfrac{\pi}{3}$ ou $\alpha = \dfrac{5\pi}{3}$

Exercícios propostos

49. Calcule o valor de cada expressão com aproximação de duas casas decimais. Utilize os valores do quadro de cossenos.

a) $\cos 60° - 2 \cdot \cos 210° - \cos 150°$

b) $\dfrac{(\cos 30°)^2 + \cos 225°}{\cos 180° + \cos 330°}$

c) $\cos\left(\dfrac{2\pi}{3}\right) + 2 \cdot \cos\left(\dfrac{11\pi}{6}\right) - 4 \cdot \cos 2\pi$

d) $\dfrac{-\cos\left(\dfrac{3\pi}{4}\right) + 3 \cdot \text{sen}\left(\dfrac{7\pi}{4}\right)}{-\cos\left(\dfrac{\pi}{6}\right) - \dfrac{\cos\left(\dfrac{3\pi}{4}\right)}{3}}$

50. Determine os seguintes valores:

a) $\cos 720°$
b) $\cos(-765°)$
c) $\cos 11\pi$
d) $\cos\left(-\dfrac{15\pi}{4}\right)$

51. Calcule os valores reais de m para que exista $\cos \alpha = -5 + 2m$.

52. Determine os valores reais de k para que exista $\cos \alpha = k^2 - 2k - 2$.

53. Determine os valores reais de α para que as igualdades sejam verdadeiras no intervalo indicado.

a) $\cos \alpha = \dfrac{\sqrt{2}}{2}$, $0 \leq \alpha < 4\pi$

b) $\cos \alpha = -0{,}5$, $2\pi \leq \alpha < 4\pi$

54. Calcule o valor de cada expressão a seguir.

a) $\dfrac{\cos\left(\dfrac{7\pi}{3}\right)}{\text{sen}\left(\dfrac{7\pi}{3}\right)} + 3 \cdot \cos \pi - \cos 6\pi$

b) $\cos 420° + \cos 750° - 3 \cdot \cos 600°$

c) $\cos\left(\dfrac{7\pi}{2}\right) + 4 \cdot \cos\left(\dfrac{13\pi}{4}\right) - 3 \cdot \cos\left(\dfrac{7\pi}{3}\right)$

55. Determine os valores reais de α, em radiano, para que cada igualdade seja válida.

a) $\cos \alpha = \dfrac{1}{2}$
b) $\cos \alpha = -\dfrac{\sqrt{3}}{2}$

56. Calcule o valor de $\cos\left(\dfrac{\pi}{2} + \dfrac{\pi}{4} + \dfrac{\pi}{8} + \ldots\right)$.

57. O valor de cos 2 940° é equivalente a:

a) $-\cos 300°$
b) $\text{sen } 30°$
c) $-\dfrac{1}{2}$
d) $\cos 240°$
e) $-\dfrac{\sqrt{3}}{2}$

58. Uma indústria de cosméticos tem produção diária de p centenas de frascos de creme hidratante. O custo da produção dessas unidades é $5 + 2p \cdot \cos\left(\dfrac{\pi}{3}\right)$, e seu valor de venda é $8p\sqrt{2} \cdot \cos\left(\dfrac{7\pi}{4}\right)$, ambos em milhares de reais, em que $0 < p < 8$.
Sabendo que o lucro em reais é dado pela diferença entre o valor de venda e o valor de custo, verifique se haverá lucro na produção de quatro centenas de frascos do creme hidratante. Justifique.

Tangente de um arco

O quadro abaixo mostra como obter o valor da tangente de um arco do 1º quadrante da circunferência trigonométrica.

Arco do 1º quadrante

Na figura ao lado:
- a reta $\overleftrightarrow{AT}$ é perpendicular ao eixo Ox no ponto $A(1, 0)$;
- T é o ponto de intersecção entre a reta $\overleftrightarrow{AT}$ e a semirreta $\overrightarrow{OB}$;
- os triângulos OCB e OAT são retângulos;
- $\text{med}(B\hat{O}C) = \text{med}(T\hat{O}A) = \text{med}(\widehat{AB}) = \alpha$

Utilizando a definição de tangente de um ângulo agudo de um triângulo retângulo, obtém-se:

$\text{tg } \alpha = \dfrac{(AT)}{(OA)} = \dfrac{(AT)}{1} = t$

Como a medida de um arco é igual à medida do ângulo central associado a ele, a tangente de um arco é igual à tangente do ângulo central associado a ele.

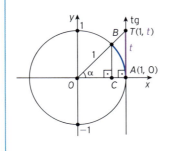

Assim, como α é a medida do arco $\widehat{AB}$: $\text{tg } \widehat{AB} = \text{tg } \alpha = t$, em que t é a **ordenada** do ponto T, e é também a medida do segmento $\overline{AT}$. A reta $\overleftrightarrow{AT}$ é denominada **eixo das tangentes**, denotada por tg, com origem no ponto $A(1, 0)$ e com a mesma unidade de medida do eixo Oy.

Para arcos de qualquer quadrante, define-se:

A **tangente de um arco** $\widehat{AB}$ na circunferência trigonométrica é a **ordenada** do ponto de intersecção do eixo das tangentes com a reta que passa pelo centro da circunferência e pelo ponto B que é a extremidade desse arco.

Relações entre tangentes de arcos

Considera-se um arco $\widehat{AB}$ do 1º quadrante da circunferência trigonométrica tal que o ponto B tem coordenadas (u, v) e $\text{med}(\widehat{AB}) = \alpha$. Pela definição: $\text{tg } \widehat{AB} = t$, em que t é a ordenada do ponto T, intersecção do eixo das tangentes com a reta $\overleftrightarrow{OB}$. Assim, o ponto T tem coordenadas $(1, t)$.

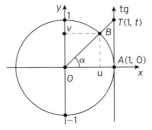

- Existe um ponto Q no **2º quadrante** que é simétrico ao ponto B em relação ao eixo Oy. A intersecção da reta $\overleftrightarrow{OQ}$ com o eixo das tangentes é um ponto T' que é simétrico ao ponto T em relação ao eixo Ox. Assim, T' tem coordenadas $(1, -t)$, e sua ordenada é oposta à ordenada de T.
Pela definição, $\text{tg } \widehat{AQ} = -t$. Então:
$\text{tg } \widehat{AQ} = -\text{tg } \widehat{AB}$
Mas, $\text{med}(\widehat{AQ}) = \pi - \alpha$ e $\text{tg } \widehat{AB} = \text{tg } \alpha$.

Logo: $\boxed{\text{tg } (\pi - \alpha) = -\text{tg } \alpha}$

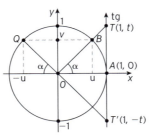

- Analogamente, existe um ponto R do **3º quadrante** que é simétrico ao ponto B em relação à origem $O(0, 0)$. As retas $\overleftrightarrow{OB}$ e $\overleftrightarrow{OR}$ são coincidentes e, então, a intersecção da reta $\overleftrightarrow{OR}$ com o eixo das tangentes é o ponto T de coordenadas $(1, t)$.
Pela definição, $\text{tg } \widehat{AR} = t$. Então:
$\text{tg } \widehat{AR} = \text{tg } \widehat{AB}$
Mas, $\text{med}(\widehat{AR}) = \pi + \alpha$ e $\text{tg } \widehat{AB} = \text{tg } \alpha$.

Logo: $\boxed{\text{tg } (\pi + \alpha) = \text{tg } \alpha}$

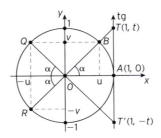

Ação e cidadania

"Sair pela tangente", conhece essa expressão?

Em português, temos a expressão: "Sair pela tangente", que significa evadir-se ou recorrer a uma resposta vaga para fugir do problema, desconversar. Em vez de ir direto ao assunto, a pessoa não se compromete, não encara a situação, mas sai dela com evasivas. Em ocasiões em que a abordagem direta é desagradável, "sair pela tangente" pode ser recomendável. Por exemplo, alguém com um novo corte de cabelo pergunta se você gostou; mesmo sem ter gostado, o mais educado às vezes é "sair pela tangente" dizendo "o estilo é interessante", "está na moda", "combina com seu jeito", etc.

- Em sua sala de aula, na escola ou em sua comunidade está ocorrendo algum fato que pede seu posicionamento direto? Explique sem "sair pela tangente".
- Compare a expressão popular "sair pela tangente" com o conceito matemático de tangente.

- Existe também um ponto S do **4º quadrante** que é simétrico ao ponto B em relação ao eixo Ox. A intersecção da reta $\overleftrightarrow{OS}$ com o eixo das tangentes é o ponto T', simétrico ao ponto T em relação ao eixo Ox. Assim, T' tem coordenadas $(1, -t)$, e sua ordenada é oposta à ordenada de T.
Pela definição, tg $\widehat{AS} = -t$. Então: tg $\widehat{AS} = -$tg $\widehat{AB}$

Mas, med$(\widehat{AS}) = 2\pi - \alpha$ e tg $\widehat{AB} = $ tg α. Logo: $\boxed{\text{tg }(2\pi - \alpha) = -\text{tg }\alpha}$

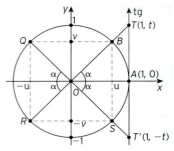

Utilizando os valores das tangentes de ângulos agudos apresentados anteriormente, relacionam-se as tangentes de alguns arcos menores do que 360°. A seguir tem-se a tabela com as medidas em grau.

α (em grau)	0	30	45	60	90	120	135	150	180	210	225	240	270	300	315	330
tg α	0	$\frac{\sqrt{3}}{3}$	1	$\sqrt{3}$	não existe	$-\sqrt{3}$	-1	$-\frac{\sqrt{3}}{3}$	0	$\frac{\sqrt{3}}{3}$	1	$\sqrt{3}$	não existe	$-\sqrt{3}$	-1	$-\frac{\sqrt{3}}{3}$

Abaixo, tem-se a tabela com as medidas dos arcos em radiano.

α (em radiano)	0	$\frac{\pi}{6}$	$\frac{\pi}{4}$	$\frac{\pi}{3}$	$\frac{\pi}{2}$	$\frac{2\pi}{3}$	$\frac{3\pi}{4}$	$\frac{5\pi}{6}$	π	$\frac{7\pi}{6}$	$\frac{5\pi}{4}$	$\frac{4\pi}{3}$	$\frac{3\pi}{2}$	$\frac{5\pi}{3}$	$\frac{7\pi}{4}$	$\frac{11\pi}{6}$
tg α	0	$\frac{\sqrt{3}}{3}$	1	$\sqrt{3}$	não existe	$-\sqrt{3}$	-1	$-\frac{\sqrt{3}}{3}$	0	$\frac{\sqrt{3}}{3}$	1	$\sqrt{3}$	não existe	$-\sqrt{3}$	-1	$-\frac{\sqrt{3}}{3}$

Observações

- Para arcos $\widehat{AB}$ côngruos aos arcos de medida $\alpha = \frac{\pi}{2} + k\pi, k \in \mathbb{Z}$ (isto é, arcos de medidas $\frac{\pi}{2}$, $\frac{3\pi}{2}$, ...), a tangente não existe. Geometricamente, quando o ponto B pertence ao eixo Oy, as retas $\overleftrightarrow{OB}$ nunca intersectam o eixo das tangentes.

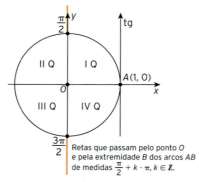

Retas que passam pelo ponto O e pela extremidade B dos arcos AB de medidas $\frac{\pi}{2} + k \cdot \pi, k \in \mathbb{Z}$.

- Para arcos nos quadrantes I e III, a tangente é sempre **positiva**. Para arcos nos quadrantes II e IV, a tangente é sempre **negativa**.
- Para determinar a tangente de um arco com medida α maior do que 360° (ou 2π rad), basta encontrar a primeira determinação positiva β de α; assim: tg α = tg β

Exercícios propostos

59. Calcule o valor de cada expressão com aproximação de duas casas decimais. Utilize os valores do quadro de tangentes.
a) tg 30° + tg 300°
b) tg$\left(\frac{3\pi}{4}\right)$ − tg$\left(\frac{5\pi}{3}\right)$

60. Calcule os seguintes valores:
a) tg 450°
b) tg 2400°
c) tg$\left(\frac{43\pi}{4}\right)$
d) tg (−510°)
e) tg (−900°)
f) −tg$\left(\frac{7\pi}{4}\right)$

■ Relações trigonométricas

Seja α a medida de um arco $\overset{\frown}{AP}$ do 1º quadrante. Pelas definições de seno, cosseno e tangente de um arco na circunferência trigonométrica, obtêm-se algumas relações trigonométricas, apresentadas a seguir.

Relação fundamental da trigonometria: sen² α + cos² α = 1

Na figura a seguir, consideram-se:

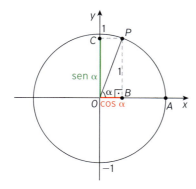

- o ponto P, uma das extremidade do arco $\overset{\frown}{AP}$, de medida α;
- o ponto B, projeção ortogonal do ponto P sobre o eixo Ox;
- o ponto C, projeção ortogonal do ponto P sobre o eixo Oy;
- sen α, ordenada do ponto P e igual às medidas dos segmentos $\overline{BP}$ e $\overline{OC}$;
- cos α, abscissa do ponto P e igual às medidas dos segmentos $\overline{CP}$ e $\overline{OB}$.

Pelo teorema de Pitágoras no triângulo OPB, obtém-se: $BP^2 + OB^2 = OP^2$
Como $OP = 1$, $BP = \operatorname{sen} \alpha$ e $OB = \cos \alpha$, tem-se: $(\operatorname{sen} \alpha)^2 + (\cos \alpha)^2 = 1$
Para facilitar a escrita, adota-se a notação $\operatorname{sen}^2 \alpha$ para $(\operatorname{sen} \alpha)^2$, e $\cos^2 \alpha$ para $(\cos \alpha)^2$. Assim:

$$\operatorname{sen}^2 \alpha + \cos^2 \alpha = 1$$

Observação

Embora tenha sido mostrada para arcos do 1º quadrante, a relação fundamental é válida para arcos dos demais quadrantes ou quando o ponto P está sobre os eixos Ox e Oy e não se configura o triângulo OPB. Logo, essa relação é válida para quaisquer arcos de medida α.

Tangente de um arco: tg α = $\dfrac{\operatorname{sen} \alpha}{\cos \alpha}$

Na figura ao lado, consideram-se:
- o ponto P, uma das extremidades do arco $\overset{\frown}{AP}$, de medida α;
- o ponto B, projeção ortogonal do ponto P sobre o eixo Ox;
- o ponto C, projeção ortogonal do ponto P sobre o eixo Oy;
- o ponto T, intersecção do eixo das tangentes e da reta $\overleftrightarrow{OP}$;
- sen α, ordenada do ponto P e igual às medidas dos segmentos $\overline{BP}$ e $\overline{OC}$;
- cos α, abscissa do ponto P e igual às medidas dos segmentos $\overline{CP}$ e $\overline{OB}$;
- tag α, ordenada do ponto T e igual à medida do segmento $\overline{AT}$.

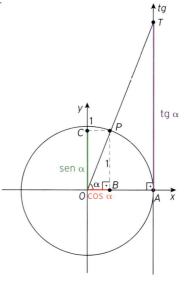

Os triângulos OBP e OAT são semelhantes, pois têm um ângulo interno comum e um ângulo correspondente congruente. Assim: $\dfrac{AT}{OA} = \dfrac{BP}{OB}$

Como $OA = 1$, $AT = \operatorname{tg} \alpha$, $BP = \operatorname{sen} \alpha$ e $OB = \cos \alpha$, tem-se:

$$\operatorname{tg} \alpha = \dfrac{\operatorname{sen} \alpha}{\cos \alpha}$$

Também é possível demonstrar que a relação da tangente é válida para quaisquer arcos de medida α, sendo que $\cos \alpha \neq 0$.

Secante de um arco: $\sec \alpha = \dfrac{1}{\cos \alpha}$

Na figura a seguir, consideram-se:
- o ponto P, uma das extremidades do arco $\widehat{AP}$, de medida α;
- o ponto B, projeção ortogonal do ponto P sobre o eixo Ox;
- a reta t, reta tangente à circunferência trigonométrica no ponto P;
- o ponto D, intersecção da reta t e do eixo Ox;
- $\cos \alpha$, abscissa do ponto P e igual à medida do segmento $\overline{OB}$.

A **secante** do arco $\widehat{AP}$, denotada por $\sec \widehat{AP}$ ou por sec, é a abscissa do ponto D e é igual à medida do segmento $\overline{OD}$.

> **Saiba mais**
>
> **Nomenclaturas**
>
> Neste livro, são adotadas as notações sec α, cossec α e cotg α para representar a secante, a cossecante e a cotangente de um ângulo de medida α.
>
> Existem, porém, outras notações que também são usuais, como csc α ou cosec α para a cossecante e cot α, cotang α ou cotan α para a cotangente.

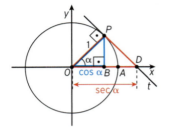
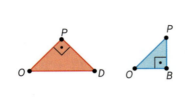

Os triângulos OPD e OBP são semelhantes, pois têm o ângulo $\hat{O}$ comum e os ângulos $\hat{P}$ e $\hat{B}$ são retos, por construção. Assim: $\dfrac{OD}{OP} = \dfrac{OP}{OB}$

Como $OP = 1$, $OB = \cos \alpha$ e $OD = \sec \alpha$, tem-se:

$$\sec \alpha = \dfrac{1}{\cos \alpha}$$

A secante de um arco só está definida se o cosseno desse arco for diferente de zero. Para esses casos, observe que sec a > 1.

Cossecante de um arco: $\operatorname{cossec} \alpha = \dfrac{1}{\operatorname{sen} \alpha}$

Na figura a seguir, consideram-se:
- o ponto P, uma das extremidades do arco $\widehat{AP}$, de medida α;
- o ponto C, projeção ortogonal do ponto P sobre o eixo Oy;
- a reta t, reta tangente à circunferência trigonométrica no ponto P;
- o ponto E, intersecção da reta t e do eixo Oy;
- sen α, ordenada do ponto P e igual à medida do segmento $\overline{OC}$.

A **cossecante** do arco $\widehat{AP}$, denotada por cossec $\widehat{AP}$ ou por cossec α, é a ordenada do ponto E e é igual à medida do segmento $\overline{OE}$.

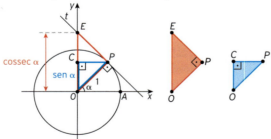

Os triângulos OPE e OCP são semelhantes, pois têm o ângulo $\hat{O}$ comum e os ângulos $\hat{P}$ e $\hat{C}$ são retos, por construção. Assim: $\dfrac{OE}{OP} = \dfrac{PO}{CO}$

Como $PO = 1$, sen $\alpha = CO$ e cossec $\alpha = OE$, tem-se:

$$\operatorname{cossec} \alpha = \dfrac{1}{\operatorname{sen} \alpha}$$

A cossecante de um arco só está definida se o seno desse mesmo arco for diferente de zero. Para esses casos, observe que cossec $\alpha \geqslant 1$.

Cotangente de um arco: cotg $\alpha = \dfrac{\cos \alpha}{\text{sen } \alpha}$

Na figura a seguir, consideram-se:
- o ponto P, uma das extremidades do arco $\widehat{AP}$, de medida α;
- o ponto B, projeção ortogonal do ponto P sobre o eixo Ox;
- o ponto C, projeção ortogonal do ponto P sobre o eixo Oy;
- a reta t, reta tangente à circunferência trigonométrica no ponto $A'(0, 1)$ e paralela ao eixo Ox;
- o ponto F, intersecção da reta t e da reta $\overleftrightarrow{OP}$;
- sen α, ordenada do ponto P e igual às medidas dos segmentos $\overline{BP}$ e $\overline{OC}$;
- cos α, abscissa do ponto P e igual às medidas dos segmentos $\overline{CP}$ e $\overline{OB}$.

A **cotangente** do arco $\widehat{AP}$, denotada por cotg $\widehat{AP}$ ou por cotg α, é a abscissa do ponto F e é igual à medida do segmento $A'F$.

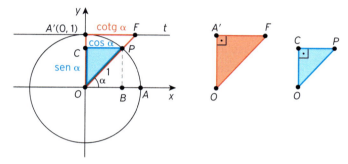

Os triângulos $OA'F$ e OCP são semelhantes, pois têm o ângulo $\hat{O}$ comum e os ângulos $\hat{A'}$ e $\hat{C}$ são retos, por construção. Assim: $\dfrac{A'F}{A'O} = \dfrac{CP}{OC}$

Como $A'O = 1$, sen $\alpha = OC$, cos $\alpha = CP$ e cotg $\alpha = A'F$, tem-se:

$$\text{cotg } \alpha = \dfrac{\cos \alpha}{\text{sen } \alpha}$$

Observação

Também é possível demonstrar que a relação da cotangente é válida para quaisquer arcos de medida α, sendo sen $\alpha \neq 0$.

Saiba mais

Trigonometria na Física

Situações estudadas pela Física ou aplicadas na engenharia podem ser trabalhadas a partir de relações trigonométricas, como os estudos da refração da luz e de movimentos sob ação da gravidade (lançamentos, pêndulos), o fenômeno das marés, as forças elétricas e o movimento harmônico simples (oscilações de sistema massa-mola).

Exemplo

Quando um jogador de futebol bate uma falta, a bola parte com velocidade V_0 e sobe, ao mesmo tempo que avança ao longo do campo. Como a bola está sob ação da gravidade, ela subirá até certo ponto e depois deverá cair, descrevendo uma trajetória aproximadamente parabólica. Um movimento desse tipo pode ser analisado decompondo as forças ou a velocidade em componentes horizontais (para prever o alcance, por exemplo) e verticais (para prever a altura que a bola atinge, por exemplo).

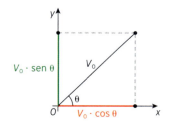

Exercícios resolvidos

61. Sabendo que tg $\alpha = \sqrt{15}$ e $0 < \alpha < \frac{\pi}{2}$, calcule o valor de cos α, com α em radiano.

Resolução

Pela relação da tangente de um arco, obtemos: tg $\alpha = \sqrt{15} \Rightarrow \frac{\text{sen } \alpha}{\cos \alpha} = \sqrt{15} \Rightarrow \text{sen } \alpha = \sqrt{15} \cdot \cos \alpha$

Substituindo o valor determinado na relação fundamental da trigonometria, obtemos:

$(\sqrt{15} \cdot \cos \alpha)^2 + \cos^2 \alpha = 1 \Rightarrow 15 \cdot \cos^2 \alpha + \cos^2 \alpha = 1 \Rightarrow 16 \cdot \cos^2 \alpha = 1 \Rightarrow \cos^2 \alpha = \frac{1}{16} \Rightarrow$

$\Rightarrow \cos \alpha = \pm \sqrt{\frac{1}{16}} = \pm \frac{1}{4}$

Como $0 < \alpha < \frac{\pi}{2}$ e o cosseno é positivo no 1º quadrante, portanto: $\cos \alpha = \frac{1}{4}$

62. Calcule o valor de cos α, tg α, sec α, cossec α e cotg α com α em radiano, sabendo que:

$$\text{sen } \alpha = 0{,}6 \text{ e } 0 < \alpha < \frac{\pi}{2}$$

Resolução

Podemos utilizar as seguintes relações:

- fundamental da trigonometria, para obter o valor de cos α:

  $\text{sen}^2 \alpha + \cos^2 \alpha = 1 \Rightarrow (0{,}6)^2 + \cos^2 \alpha = 1 \Rightarrow$
  $\Rightarrow 0{,}36 + \cos^2 \alpha = 1 \Rightarrow \cos^2 \alpha = 0{,}64 \Rightarrow$
  $\Rightarrow \cos \alpha = \pm \sqrt{0{,}64} = \pm 0{,}8$

  Como $0 < \alpha < \frac{\pi}{2}$ e o cosseno é positivo no 1º quadrante, portanto: $\cos \alpha = 0{,}8$

- da tangente de um arco, obtendo o valor de tg α:

  tg $\alpha = \frac{\text{sen } \alpha}{\cos \alpha} = \frac{0{,}6}{0{,}8} = \frac{6}{8} = \frac{3}{4}$

- da secante, para obter o valor de sec α:

  sec $\alpha = \frac{1}{\cos \alpha} = \frac{1}{0{,}8} = \frac{10}{8} = \frac{5}{4}$

- da cossecante, para obter o valor de cossec α:

  cossec $\alpha = \frac{1}{\text{sen } \alpha} = \frac{1}{0{,}6} = \frac{10}{6} = \frac{5}{3}$

- da cotangente, para obter o valor de cot α:

  cotg $\alpha = \frac{\cos \alpha}{\text{sen } \alpha} = \frac{0{,}8}{0{,}6} = \frac{8}{6} = \frac{4}{3}$

63. Determine os possíveis valores de cos α e sen α que tornam a igualdade a seguir verdadeira.

$$3 \cdot \cos \alpha + \text{sen } \alpha = 1$$

Resolução

Isolamos sen α na equação dada:

$3 \cdot \cos \alpha + \text{sen } \alpha = 1 \Rightarrow \text{sen } \alpha = 1 - 3 \cdot \cos \alpha$ (I)

Substituindo (I) na relação fundamental da trigonometria, obtemos:

$(1 - 3 \cdot \cos \alpha)^2 + \cos^2 \alpha = 1$
$1 - 6 \cdot \cos \alpha + 9 \cdot \cos^2 \alpha + \cos^2 \alpha = 1$
$10 \cdot \cos^2 \alpha - 6 \cdot \cos \alpha = 0$

Colocamos cos α em evidência e resolvemos a equação obtida:

$\cos \alpha \cdot (10 \cdot \cos \alpha - 6) = 0 \Rightarrow \cos \alpha = 0$ ou
$\cos \alpha = \frac{6}{10} = \frac{3}{5}$

Substituindo esses valores na equação (I), determinamos os valores de sen α:

- para $\cos \alpha = 0$, obtemos: $\text{sen } \alpha = 1 - 3 \cdot 0 = 1$
- para $\cos \alpha = \frac{3}{5}$, obtemos: $\text{sen } \alpha = 1 - 3 \cdot \frac{3}{5} = -\frac{4}{5}$

Portanto, os valores que satisfazem a igualdade são:
$\cos \alpha = 0$ e $\text{sen } \alpha = 1$ ou $\cos \alpha = \frac{3}{5}$ e $\text{sen } \alpha = -\frac{4}{5}$

Exercícios propostos

64. Calcule o valor de cada expressão com aproximação de duas casas decimais. Utilize os valores dos quadros de senos, cossenos e tangentes.

a) sec 330°

b) cotg 210°

c) cossec 240° + tg 210°

65. Considerando um arco do 1º quadrante tal que $\cos \alpha = \frac{2}{3}$, determine o valor de:

a) sen α

b) sec α

c) tg α

d) cossec α

66. Sabendo que sen $\alpha = \frac{2}{5}$ e $\frac{\pi}{2} < \alpha < \pi$, com α em radiano, calcule o valor de:

$$\cos^2 \alpha + 2 \cdot \cos \alpha$$

67. Sabendo que sen $\alpha = -\frac{2}{3}$ e $0° < \alpha < 360°$, com α em grau, determine os possíveis valores de cos α.

68. Dado $\cos \alpha = -\frac{2}{3}$ e $\frac{\pi}{2} \leq \alpha \leq \pi$, com α em radiano, calcule o valor de sen α.

69. Dado sen $\alpha = -\frac{\sqrt{3}}{2}$ e $\frac{3\pi}{2} < \alpha < 2\pi$, com α em grau, determine o valor de sec α + cossec α.

70. Determine o valor de $\text{tg}\,\alpha \cdot \dfrac{1}{\text{sen}\,\alpha}$ sabendo que $\cos\alpha = \dfrac{3}{5}$.

71. Determine o valor de:

$$\dfrac{\text{sen}\left(\dfrac{3\pi}{2}\right) \cdot \cos\left(\dfrac{5\pi}{4}\right) \cdot \text{tg}\left(\dfrac{\pi}{3}\right)}{\sec(2\pi) \cdot \text{cossec}\left(\dfrac{\pi}{2}\right) \cdot \text{cotg}\left(\dfrac{2\pi}{3}\right)}$$

72. Sabendo que $\cos\alpha + 2\cdot\text{sen}\,\alpha = 1$, determine os possíveis valores de $\cos\alpha$.

73. O valor do cosseno de um arco sempre está no intervalo $[-1, 1]$. Pode-se afirmar que o valor da secante sempre está nesse intervalo? Explique.

Das relações vistas anteriormente, decorrem as três relações a seguir.
Seja α a medida de um arco. Das relações trigonométricas apresentadas ao longo do capítulo, decorrem outras três relações, enunciadas a seguir.

- $\text{tg}^2\,\alpha + 1 = \sec^2\alpha$, quando $\cos\alpha \neq 0$

  Essa relação é obtida multiplicando-se cada membro da relação fundamental da trigonometria por $\dfrac{1}{\cos^2\alpha}$:

  $\dfrac{\text{sen}^2\,\alpha + \cos^2\alpha}{\cos^2\alpha} = \dfrac{1}{\cos^2\alpha} \Rightarrow \dfrac{\text{sen}^2\,\alpha}{\cos^2\alpha} + \dfrac{\cos^2\alpha}{\cos^2\alpha} = \dfrac{1}{\cos^2\alpha} \Rightarrow \left(\dfrac{\text{sen}\,\alpha}{\cos\alpha}\right)^2 + 1 = \left(\dfrac{1}{\cos\alpha}\right)^2 \Rightarrow$

  $\Rightarrow \boxed{\text{tg}^2\,\alpha + 1 = \sec^2\alpha}$

- $\text{cotg}^2\,\alpha + 1 = \text{cossec}^2\,\alpha$, quando $\text{sen}\,\alpha \neq 0$

  Essa relação é obtida multiplicando-se cada membro da relação fundamental da trigonometria por $\dfrac{1}{\text{sen}^2\,\alpha}$:

  $\dfrac{\text{sen}^2\,\alpha + \cos^2\alpha}{\text{sen}^2\,\alpha} = \dfrac{1}{\text{sen}^2\,\alpha} \Rightarrow \dfrac{\text{sen}^2\,\alpha}{\text{sen}^2\,\alpha} + \dfrac{\cos^2\alpha}{\text{sen}^2\,\alpha} = \dfrac{1}{\text{sen}^2\,\alpha} \Rightarrow 1 + \left(\dfrac{\cos\alpha}{\text{sen}\,\alpha}\right)^2 = \left(\dfrac{1}{\text{sen}\,\alpha}\right)^2 \Rightarrow$

  $\Rightarrow \boxed{\text{cotg}^2\,\alpha + 1 = \text{cossec}^2\,\alpha}$

- $\text{cotg}\,\alpha = \dfrac{1}{\text{tg}\,\alpha}$ ou $\text{tg}\,\alpha \cdot \text{cotg}\,\alpha = 1$, quando $\text{sen}\,\alpha \neq 0$ e $\cos\alpha \neq 0$

  Essa relação é obtida multiplicando-se $\text{tg}\,\alpha$ por $\text{cotg}\,\alpha$:

  $\text{tg}\,\alpha \cdot \text{cotg}\,\alpha = \dfrac{\text{sen}\,\alpha}{\cos\alpha} \cdot \dfrac{\cos\alpha}{\text{sen}\,\alpha} = 1 \Rightarrow \boxed{\text{tg}\,\alpha \cdot \text{cotg}\,\alpha = 1}$ ou $\boxed{\text{cotg}\,\alpha = \dfrac{1}{\text{tg}\,\alpha}}$

Exercícios resolvidos

74. Calcule o valor de $\sec^2\alpha$ sabendo que $\text{tg}^2\,\alpha = 1$.

Resolução
Pela relação $\text{tg}^2\,\alpha + 1 = \sec^2\alpha$, concluímos que: $\sec^2\alpha = 1 + 1 = 2$

75. Determine o valor de $\dfrac{1}{\cos^2\alpha} + \dfrac{1}{\text{sen}^2\,\alpha} - \text{tg}^2\,\alpha - \text{cotg}^2\,\alpha$, com $\text{sen}\,\alpha \neq 0$ e $\cos\alpha \neq 0$.

Resolução
Substituímos $\dfrac{1}{\cos\alpha}$ por $\sec\alpha$ e $\dfrac{1}{\text{sen}\,\alpha}$ por $\text{cossec}\,\alpha$.

$\dfrac{1}{\cos^2\alpha} + \dfrac{1}{\text{sen}^2\,\alpha} - \text{tg}^2\,\alpha - \text{cotg}^2\,\alpha = \sec^2\alpha + \text{cossec}^2\,\alpha - \text{tg}^2\,\alpha - \text{cotg}^2\,\alpha$

Substituímos $\sec^2\alpha$ por $\text{tg}^2\,\alpha + 1$ e $\text{cossec}^2\,\alpha$ por $\text{cotg}^2\,\alpha + 1$, determinando o valor da expressão:
$\sec^2\alpha + \text{cossec}^2\,\alpha - \text{tg}^2\,\alpha - \text{cotg}^2\,\alpha = \cancel{\text{tg}^2\,\alpha} + 1 + \cancel{\text{cotg}^2\,\alpha} + 1 - \cancel{\text{tg}^2\,\alpha} - \cancel{\text{cotg}^2\,\alpha} = 2$

Exercícios propostos

76. Sabendo que $\text{tg}^2\alpha = \dfrac{25}{9}$, calcule o valor de:
   a) $\sec^2\alpha$
   b) $\cotg^2\alpha$
   c) $\cossec^2\alpha$
   d) $\sen^2\alpha$

77. Considerando $\sen\alpha = \dfrac{3}{4}$, determine o valor de:
$$\dfrac{1}{\cotg^2\alpha} - 3 \cdot \cotg^2\alpha + \sec^2\alpha$$

78. Dado $\sec^2\alpha = \dfrac{9}{4}$, calcule o valor de:
$$(\text{tg}^2\alpha - \cotg^2\alpha) \cdot \dfrac{1}{\cossec^2\alpha}$$

79. Sabendo que $\sec^2\alpha = 3$, calcule o valor de:
$$\sen^2\alpha - \dfrac{3 \cdot \text{tg}^2\alpha}{2 + 2 \cdot \text{tg}^2\alpha}$$

80. Determine o valor de cada expressão a seguir, sendo $\sen\alpha \neq 0$ e $\cos\alpha \neq 0$.
   a) $\sec^2\alpha \cdot \cos^2\alpha$
   b) $2 \cdot \cossec^2\alpha \cdot \sen^2\alpha$
   c) $\dfrac{\cotg^2\alpha + 1}{2 \cdot \cossec^2\alpha}$
   d) $3 \cdot (\sec^2\alpha - 1) \cdot (\cossec^2\alpha - 1)$

81. Qual é o valor real de a que satisfaz simultaneamente as igualdades $\text{tg}\,\alpha = a + 1$ e $\sec^2\alpha = a^2 + 3$?

82. Sabendo que $\sec\alpha = \dfrac{2\sqrt{3}}{3}$, determine o valor de $3 \cdot \cotg^2\alpha - 2 \cdot \text{tg}^2\alpha$.

83. Sabendo que $\text{tg}\,\alpha = \dfrac{\sqrt{2}}{2}$ e $0 < \alpha < \dfrac{\pi}{2}$, com α em radiano, calcule o valor de: $\dfrac{\cotg\alpha \cdot \sen\alpha}{(1 - \sen\alpha) \cdot (1 + \sen\alpha)}$

84. Analise as afirmações a seguir:
   I) Considerando que x se encontra no 3º quadrante, a expressão $\cos x = 3m + 5$ é verdadeira se m pertence ao intervalo $\left[-2, \dfrac{5}{3}\right]$.
   II) Se x pertence ao 2º quadrante e $\cossec x = 1{,}333...$, então, $\cotg x = \dfrac{3\sqrt{7}}{7}$.
   III) Se $\dfrac{3\pi}{2} < x < 2\pi$ e $\sen x = \cotg x$, então $\cos x = \dfrac{\sqrt{3}-1}{2}$.
   IV) $\cos \dfrac{23\pi}{6} > \sen \dfrac{5\pi}{6}$

   Estão corretas as afirmativas:
   a) I e II.
   b) II, III e IV.
   c) I, II e III.
   d) somente IV.
   e) n. d. a.

85. Sabe-se que $\cos\alpha = \dfrac{1}{2}$ e $0 < \alpha < \dfrac{\pi}{2}$. Nessas condições, determine o valor da expressão
$$A = \cos\left(\dfrac{\pi}{2} - a\right) \cdot \text{tg}\,\dfrac{\alpha}{\cossec}(\pi + a)$$

86. (UFSJ) Considerando os valores de θ, para os quais a expressão $\dfrac{\sen\theta}{\cossec\theta} + \dfrac{\cos\theta}{\sec\theta}$ é definida, é CORRETO afirmar que ela está sempre igual a:
   a) 1
   b) 2
   c) $\sen\theta$
   d) $\cos\theta$

87. Na circunferência trigonométrica abaixo, $\overline{AB}$ é o diâmetro. Sendo assim, determine a razão entre os segmentos $\overline{OE}$ e $\overline{OF}$.

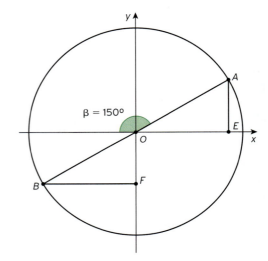

88. Considere α, tal que $\sen\alpha = \dfrac{8}{17}$.
   I) Se $0 < \alpha < \dfrac{\pi}{2}$, então $\cos\alpha = -\dfrac{15}{17}$
   II) Se $\dfrac{\pi}{2} < \alpha < \pi$, então $\text{tg}\,\alpha = -\dfrac{8}{15}$
   III) Se $\dfrac{\pi}{2} < \alpha < \pi$, então $\sec\alpha = -\dfrac{17}{15}$

   A respeito das afirmativas I, II e III acima, pode-se afirmar que elas estão, respectivamente:
   a) incorreta, incorreta e correta.
   b) correta, correta e correta.
   c) incorreta, incorreta e correta.
   d) correta, incorreta e correta.
   e) incorreta, correta e correta.

Exercícios complementares

91. Observe os relógios analógicos abaixo, que mostram dois instantes diferentes:

16 h 30 min

17 h 10 min

Das 16 h 30 min até as 17 h 10 min, o ponteiro das horas do relógio percorre um arco de qual medida?

92. A localização de um ponto qualquer na superfície da Terra (considerada por aproximação com a forma de uma esfera) é feita, em geral, a partir de duas coordenadas, sendo uma delas a latitude – que é a medida do ângulo (em grau) entre o plano que contém a linha do Equador e o segmento que une o centro da esfera ao ponto em questão.

Sabe-se que as cidades de Porto Alegre e de Macapá se situam praticamente no mesmo meridiano. Considere que Macapá (ponto M) se localiza bem perto da linha do Equador (latitude: 0° 02′ 20″ norte), que a latitude de Porto Alegre (ponto P) é 30° 01′ 59″ sul, e que o diâmetro da Terra mede 12 750 quilômetros. Uma representação possível da posição das duas cidades é dada a seguir.

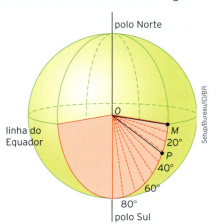

Tendo em vista tais considerações, qual é a distância aproximada, em quilômetro, entre Macapá e Porto Alegre? (Adote: $\pi \cong 3{,}14$)

93. Classifique cada alternativa a seguir como verdadeira ou falsa e justifique.

a) $\cos 225° < \cos 215°$

b) $\operatorname{sen} 160° > \operatorname{sen} 172°$

c) $\operatorname{sen} 495° = \operatorname{sen}\left(\dfrac{\pi}{4}\right)$

d) $\operatorname{tg}\left(\dfrac{8\pi}{7}\right) < 0$

e) $\operatorname{sen}\left(\dfrac{\pi}{5}\right) + \operatorname{sen}\left(\dfrac{\pi}{5}\right) = \operatorname{sen}\left(\dfrac{2\pi}{5}\right)$

f) Se $0 \leqslant \alpha \leqslant \dfrac{\pi}{4}$, α em radiano, então $\cos \alpha < \operatorname{sen} \alpha$.

94. Um relógio analógico foi ajustado à 1 hora da tarde. Após esse horário, aproximadamente, em que horário o ponteiro dos minutos coincidirá pela primeira vez com o ponteiro das horas?

95. Quais são os valores reais que m pode assumir para que exista o arco de medida x tal que $\operatorname{sen} x = m - 4$?

96. Determine se os valores de cada item são iguais ou opostos um ao outro.

a) $\operatorname{sen} 25°$ e $\operatorname{sen} 155°$

b) $\cos 40°$ e $\cos 220°$

c) $\cos\left(\dfrac{\pi}{6}\right)$ e $\cos\left(\dfrac{5\pi}{6}\right)$

d) $\operatorname{tg} 50°$ e $\operatorname{tg} 230°$

e) $\operatorname{tg}\left(\dfrac{\pi}{6}\right)$ e $\operatorname{tg}\left(\dfrac{7\pi}{6}\right)$

f) $\operatorname{sen}\left(\dfrac{\pi}{3}\right)$ e $\operatorname{sen}\left(-\dfrac{2\pi}{3}\right)$

97. Determine com aproximação de 3 casas decimais o valor de:

$$\dfrac{\operatorname{sen} 2\,820° \cdot \cos 1\,830°}{\operatorname{tg} 1\,665°}$$

98. Paulo fabricou uma bicicleta com rodas de tamanhos distintos. O raio da roda maior (dianteira) mede 3 dm, e o raio da menor mede 2 dm. A distância entre os centros A e B das rodas é 7 dm.

As rodas da bicicleta, quando apoiadas na horizontal, podem ser representadas no plano (desprezando-se os pneus) como duas circunferências, de centros A e B, que tangenciam a reta r nos pontos P e Q.

Calculadora

As calculadoras científicas também podem ser utilizadas para determinar o valor da secante, da cossecante e da cotangente de quaisquer ângulos. Para isso, utilizam-se as teclas de seno (sin), cosseno (cos) e tangente (tan).

As calculadoras apresentam diferentes unidades de medida de ângulo: grau, radiano e grado. Nos cálculos apresentados a seguir, a calculadora deve estar configurada para entrada das medidas em grau.

Exemplos

Calcular os seguintes valores:

- sec 395°

  digita-se 1 → tecla-se ÷ cos → digita-se 395 → tecla-se = → 1.220774589

- cossec 556°

  digita-se 1 → tecla-se ÷ sen → digita-se 556 → tecla-se = → −3.627955279

- cotg 726°

  digita-se 1 → tecla-se ÷ tan → digita-se 756 → tecla-se = → 9.514364454

Logo, com aproximação de duas casas decimais, tem-se: sec 395° ≅ 1,22; cossec 556° ≅ −3,63 e cotg 726° ≅ 9,51

Exercícios propostos

89. Determine os seguintes valores, com aproximação de duas casas decimais:

a) sec 108°   c) cotg 812°   e) cossec 1 187°
b) cossec 341°   d) sec 423°   f) cotg 702°

90. Para responder às questões, considere as seguintes medidas de arcos:

I. 67°   III. 246°   V. 491°
II. 132°   IV. 305°   VI. 636°

a) A que quadrante cada arco pertence?
b) Quais são os sinais da secante, da cossecante e da cotangente de cada arco?
c) Há alguma relação entre os sinais da secante e do cosseno de um arco? E da cossecante e do seno de um arco? E da cotangente e da tangente de um arco? Se existirem, descreva essas relações.

A figura abaixo ilustra essa situação.

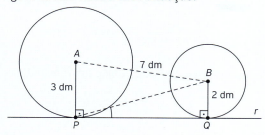

a) Calcule a distância entre os pontos P e Q e também o seno do ângulo $B\hat{P}Q$.

b) Quando a bicicleta avança e os aros da roda maior descrevem um ângulo de 60°, qual é a medida, em grau, do ângulo descrito pelos aros da roda menor?

c) Calcule quantas voltas terá dado a roda menor quando a maior tiver dado 80 voltas completas.

99. Expresse, em grau e em radiano, as medidas dos arcos que correspondem a:

a) $\frac{1}{8}$ do comprimento da circunferência trigonométrica;

b) $\frac{3}{5}$ do comprimento da circunferência trigonométrica.

100. Um técnico de ginástica artística descreveu assim a abertura das pernas de uma ginasta durante um salto:

"Era como se os dedos de seus pés descrevessem no espaço um arco de circunferência de 124 cm de comprimento."

Se estivessem esticados e em linha reta, as pernas e os pés dessa ginasta teriam 90 cm de comprimento. Determine o cosseno do ângulo de abertura das pernas da ginasta nesse salto.

101. Resolva a seguinte situação.

Maria trabalha em uma empresa no perímetro de uma praça circular, circundada por uma calçada. Doze alamedas levam da calçada ao centro da praça, dividindo-a em partes iguais. Conforme o esquema abaixo, a empresa fica no ponto E. Os pontos R, C e L indicam a localização de um restaurante, de uma agência dos Correios e de uma lanchonete, respectivamente.

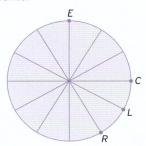

Quando Maria e os colegas saem para almoçar, sempre percorrem os mesmos caminhos: Maria se desloca pela calçada que circunda a praça; Carmem passa pelo centro da praça e vai olhar o cardápio do restaurante – se este não estiver do seu agrado, almoça na lanchonete, na mesma calçada; Sérgio vai pelo centro da praça até o correio e, de lá, pela calçada, vai à lanchonete ou ao restaurante.

Sabendo que essas pessoas sempre percorrem o menor arco possível enquanto caminham na calçada, avalie as afirmações a seguir.

I. Quando Carmem e Sérgio vão almoçar na lanchonete, ambos percorrem a mesma distância.

II. Quando Maria e Sérgio vão almoçar na lanchonete, Maria percorre a menor distância.

III. Quando os três vão almoçar no restaurante, Carmem percorre a menor distância.

Quais são as afirmações corretas? Justifique.

102. Em uma circunferência trigonométrica, localize os seguintes números reais:

a) $\sec\left(\frac{\pi}{3}\right)$ b) $\text{cossec}\left(\frac{\pi}{6}\right)$

103. Identifique se cada relação trigonométrica a seguir é positiva ou negativa.

a) sec 960°

b) cotg 2 490°

c) $\sec\left(\frac{3\pi}{2}\right)$

d) $\text{cossec}\left(\frac{17\pi}{7}\right)$

104. Verifique se a expressão de cada item é positiva ou negativa. Justifique.

a) $\dfrac{\text{cossec } 3\,015° \cdot \text{cotg } 45° \cdot \sec 200°}{\sec 30°}$

b) sec 4 050° · cotg 105° · cossec 1 022°

105. Os ponteiros das horas e dos minutos de um relógio que marca meio-dia estão sobrepostos. Determine qual é o próximo horário em que os ponteiros formarão ângulos com as seguintes medidas:

a) 11°

b) 132°

c) 143°

d) 198°

Exercícios complementares

106. Sabendo que sen α < sen β e α, $\beta \in \left]0, \frac{\pi}{2}\right[$, α e β em radiano, classifique cada expressão a seguir de verdadeira ou falsa e corrija as falsas.
a) cos α > cos β
b) cos α · sen β > 0
c) $\alpha > \beta$
d) sen α < cos α, se $\alpha < \frac{\pi}{4}$

107. Se $\alpha = \frac{\pi}{3}$ rad, calcule o valor aproximado de:

$$\frac{\cos(2\alpha) - \operatorname{sen}\left(\frac{9}{4}\alpha\right)}{\operatorname{sen}\left(\frac{\alpha}{2}\right) - \cos\left(\frac{9}{4}\alpha\right)}$$

108. Coloque os valores em ordem crescente (as medidas estão em radiano):

sen 1   cos 1   tg 1

109. Calcule o valor da seguinte expressão sabendo que cos $\alpha = -\frac{1}{4}$ e $\alpha \in \left[\frac{\pi}{2}, \pi\right]$, α em radiano.

$$\frac{\operatorname{cotg} \alpha + \operatorname{cossec} \alpha}{\sec \alpha}$$

110. Escreva a expressão a seguir em função de k sabendo que cotg $\alpha = k$.

$$\frac{\cos \alpha \cdot (\operatorname{sen} \alpha - \cos \alpha)}{\operatorname{sen}^2 \alpha - \cos^2 \alpha}$$

111. Considerando que as rodas de um veículo em movimento giram a 600 rotações por minuto (rpm), ou seja, completam 600 voltas em 1 minuto, e que elas têm 60 cm de diâmetro, calcule a velocidade dessas rodas em km/h.

112. Supondo que a Terra seja uma esfera de raio medindo 6 375 km, calcule a distância aproximada (com apenas 1 decimal) da linha do Equador a um ponto situado à latitude de 45° norte.
(Adote: $\pi \cong 3{,}14$)

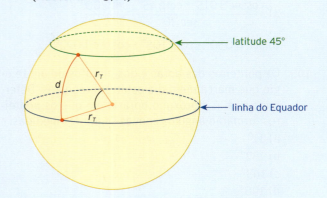

113. Sabendo que $\frac{1}{\cos \alpha} = \frac{5}{2}$, α em radiano, calcule:

$$\left(\frac{\operatorname{sen} \alpha}{\operatorname{cotg} \alpha} + \cos \alpha\right) \cdot \sec \alpha$$

114. Escreva a expressão abaixo em função de cos α.

$$\frac{\operatorname{tg} \alpha + \operatorname{sen} \alpha}{\operatorname{cossec} \alpha}$$

115. Sabendo que cos $\alpha = \frac{3}{5}$ e 270° < α < 360°, α em grau, calcule o valor de:

$$\operatorname{sen} \alpha + 5 \cdot \operatorname{sen}^2 \alpha$$

116. Sendo α a medida de um arco do 1º quadrante e sec $\alpha = \frac{4}{3}$, determine o valor de cossec α.

117. Determine os valores reais de a que satisfazem simultaneamente as seguintes igualdades:

sen $\alpha = a + 2$
cos $\alpha = a + 1$

118. Considere a seguinte situação.
- Um homem inicia uma viagem quando os ponteiros do relógio estão juntos entre 8 e 9 horas.
- Esse homem termina a viagem quando o ponteiro das horas está entre 14 e 15 horas.
- Quando esse homem termina a viagem, o ponteiro dos minutos forma um ângulo de 180° com o ponteiro das horas.

Quanto tempo durou a viagem?

119. Sejam $\overset{\frown}{AB}$ um arco de 110° em uma circunferência de 10 cm de raio, e $\overset{\frown}{A'B'}$ um arco de 60° em uma circunferência de 5 cm de raio.

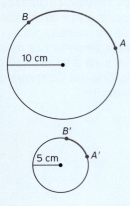

Qual é a razão entre o comprimento de $\overset{\frown}{AB}$ e o comprimento de $\overset{\frown}{A'B'}$ (ambos medidos em cm)?

Estratégias e soluções

Um desafio para a amiga

Selma viajou para a Inglaterra porque ganhou uma bolsa de estudos. Júlia, uma amiga da faculdade, pediu a ela que trouxesse de lá alguns livros. Para isso, deu a Selma uma certa quantia em dinheiro. Após consultar o preço dos livros, Selma percebeu que ainda faltaria dinheiro para adquirir todos os livros encomendados por Júlia. Como sabe que sua amiga adora um desafio, Selma resolveu pedir a quantia que faltava enviando a Júlia o seguinte problema alfanumérico:

$$\begin{array}{r} SEND \\ + MORE \\ \hline MONEY \end{array}$$

Querida Júlia, vamos ver se você é boa mesmo em decifrar desafios!
Na frase acima, cada letra corresponde a um único algarismo, e vice-versa. Decifre o mistério e descubra quanto dinheiro falta para eu comprar os livros que você encomendou.
beijos, Selma

Júlia se divertiu ao decifrar o desafio. E você, sabe dizer qual é a resposta e o que ela significa?

» Identificação e registro de informações

1. Você sabe o que significa a expressão em inglês *Send more money*?
2. Em um problema alfanumérico, a mesma letra pode corresponder a algarismos diferentes?
3. É possível que duas letras diferentes correspondam a um mesmo algarismo?
4. O que o problema pede?
5. Em uma adição com números de dois algarismos, qual é o menor resultado possível? E qual é o maior?
6. No algoritmo usual da adição, o que ocorre quando o resultado parcial de uma coluna é maior do que 10?

» Elaboração de hipóteses e estratégias de resolução

1. Qual é o valor máximo da adição de dois números de quatro algarismos? Explique sua resposta.
2. No problema apresentado, quanto vale a letra *M*? Justifique.
3. Levando-se em conta o valor de *M*, quais são os possíveis valores de *S*?
4. Para decidir o valor de *S*, que outras informações precisam ser analisadas e consideradas?
5. Continue procedendo conforme sugerem as questões acima e responda à pergunta do problema. Justifique cada descoberta.

» Reflexão

1. Verifique se você de fato solucionou a questão efetuando a adição com os algarismos encontrados.
2. Qual foi o momento mais difícil na resolução desse problema? Como você fez para superá-lo?
3. Você já conhecia problemas parecidos com esse que acabou de resolver? Se conhecia, descreva um deles.
4. Invente um problema semelhante ao apresentado aqui e resolva-o. Depois, registre quais foram as dificuldades no processo de criação.

Resolva os problemas 1 e 6 das páginas 304 e 305.

120. Determine o valor de cossec α, α em radiano, que satisfaz simultaneamente as seguintes condições:

$$\alpha \in \left[\pi, \frac{3\pi}{2}\right] \text{ e } \cos \alpha = -\frac{4}{5}$$

121. Considerando $\cotg \alpha = \frac{2}{5}$, determine o valor de:

$$(\sec^2 \alpha - 1) \cdot (\cotg^2 \alpha + \cossec^2 \alpha)$$

122. Escreva a seguinte expressão em função de t sabendo que $\sec \alpha \cdot \cossec \alpha = t$.

$$\frac{1 + \cotg^2 \alpha}{\cotg \alpha} + \frac{1 + \tg^2 \alpha}{\tg \alpha}$$

123. (Udesc) O relógio Tower Clock, localizado em Londres, Inglaterra, é muito conhecido pela sua precisão e tamanho.

O ângulo interno formado entre os ponteiros das horas e dos minutos desse relógio, desprezando a largura deles, às 15 horas e 20 minutos é:

a) $\frac{\pi}{12}$ d) $\frac{\pi}{18}$

b) $\frac{\pi}{36}$ e) $\frac{\pi}{9}$

c) $\frac{\pi}{6}$

124. (UEM-PR) Um brinquedo eletrônico tem um disco de 10 cm de raio, e esse disco possui 5 pontos igualmente distribuídos em seu bordo e numerados de 1 a 5 no sentido horário.

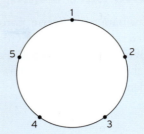

Uma esfera magnética movimenta-se na borda desse disco. Quando posicionada em um ponto de número ímpar, movimenta-se para o próximo número em sentido horário; e quando posicionada em um ponto de número par, movimenta-se dois números também em sentido horário.

Em relação ao exposto, assinale o que for correto:

01. Se a esfera é inicialmente colocada no ponto de número 5, com 1 000 movimentos a esfera irá parar no ponto de número 2.

02. Se a esfera começa na posição 1, com dois movimentos, o ângulo do maior arco compreendido entre a posição 1 e a posição final em relação ao centro do disco, em radianos, mede $\frac{6\pi}{5}$.

04. Se a esfera começa na posição 2, com 3 movimentos, o caminho total que a esfera percorre mede 10π cm.

08. Se a esfera não inicia na posição 5, então ela nunca passará por essa posição.

16. Qualquer que seja a posição em que a esfera seja inicialmente colocada, ela sempre passará pela posição 4.

Orientação de estudos

O quadro abaixo apresenta os temas estudados neste capítulo e os exercícios complementares relacionados a cada tema. Se você teve dificuldade na resolução de algum exercício complementar, consulte a orientação de estudos apresentada.

Tema	Exercícios complementares relacionados	Orientação de estudos
Arcos e ângulos	91, 92, 94, 98, 99, 101, 105, 111, 112, 118, 119 e 123	Releia o conteúdo das páginas 12 a 14 e retome os exercícios 4, 5, 6 e 9.
Circunferência trigonométrica	93, 95, 96, 97, 100, 102 a 104, 106 a 110, 113 a 117, 120 a 122 e 124	Releia o conteúdo das páginas 17, 18, 20 e 21 a 33 e retome os exercícios 16, 17, 20, 25 a 27, 35, 36, 38, 39, 45 a 47, 49, 58, 59, 63 a 65, 75, 76 e 79.

Funções trigonométricas

CAPÍTULO 2

Módulos
1. Função periódica
2. Função seno
3. Função cosseno
4. Função tangente
5. Movimentos modelados por funções trigonométricas

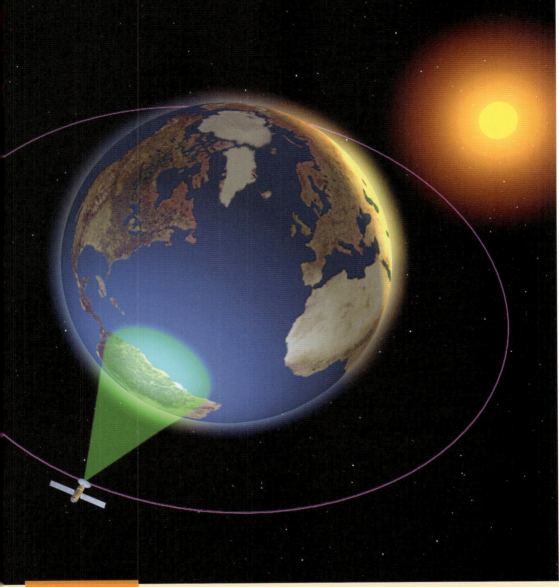

Concepção artística da trajetória de um satélite artificial ao redor da Terra.

Para começar

A altitude e a órbita em que um satélite artificial é posicionado no espaço dependem principalmente da sua finalidade. Por exemplo, um satélite de comunicação geralmente é posicionado acima da linha do Equador, a aproximadamente 36 000 km de altitude, em uma órbita denominada geoestacionária (pois ele sempre se encontra na mesma posição em relação a um ponto fixo da superfície da Terra, acompanhando o seu movimento).

Fonte de pesquisa: BONANATO, T. J. H. Sistemas de satélites. Disponível em: <http://www2.dc.uel.br/nourau/document/?view=234>. Acesso em: 5 jan. 2013.

1. Qual é o período orbital da Lua?
2. Qual é o período orbital de um satélite de comunicação em órbita geoestacionária?
3. Pesquise e cite algumas das diferentes aplicações dos satélites. Dê exemplos de serviços que dependem dessa tecnologia.

1. Função periódica

Fenômenos de natureza periódica são aqueles que se repetem em intervalos de tempo determinados sem sofrer alterações; por exemplo, os movimentos de rotação e translação de um planeta, o movimento de um pêndulo, a propagação do som e a corrente elétrica alternada.

Fenômenos como esses podem ser modelados por uma **função periódica**, assim definida:

> Uma função $f: \mathbb{R} \to \mathbb{R}$ é **periódica** se existe um número real p, $p > 0$, tal que $f(x + p) = f(x)$ para todo $x \in \mathbb{R}$.

Para recordar

Gráfico de uma função

O **gráfico** de uma função f é o conjunto de pares ordenados (x, y) que tem x pertencente ao domínio de f e $y = f(x)$.

O gráfico de uma função pode ter mais de uma representação gráfica. Para simplificar a linguagem, é comum se referir à **representação gráfica no plano cartesiano** como sendo o **gráfico** da função. Nesta coleção, essa nomenclatura é adotada.

O **período** de uma função periódica é o menor valor que p pode assumir tal que $f(x + p) = f(x)$, para todo $x \in \mathbb{R}$.

As funções trigonométricas seno, cosseno e tangente são exemplos de funções periódicas e serão estudadas neste capítulo. No entanto, existem outras funções periódicas que não são trigonométricas.

A análise da representação gráfica de uma função no plano cartesiano é uma das maneiras de identificar se ela é periódica ou não.

Exemplos

- A função $f: \mathbb{R} \to \mathbb{R}$ representada abaixo é **periódica**.

Gráfico da função f

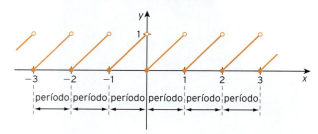

Pelo gráfico, observa-se que os valores da função se repetem periodicamente. Para determinar o período p dessa função, pode-se identificar graficamente a menor distância entre dois valores x_1 e x_2, em que $f(x_1) = f(x_2)$. Por exemplo, para $x_1 = 1$ e $x_2 = 2$, tem-se $f(1) = f(2) = 0$. Logo, o período dessa função é $p = x_2 - x_1 = 1$.

- A função representada abaixo também é **periódica**, de período $p = 2$.

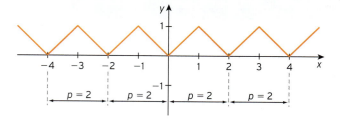

Por exemplo, para $x_1 = -3$ e $x_2 = -1$, tem-se $f(-3) = f(-1) = 1$.
Para $x_3 = 2$ e $x_4 = 4$, tem-se $f(2) = f(4) = 0$

Logo, o período dessa função é $p = x_2 - x_1 = x_4 - x_3 = 2$.

Podemos verificar para quaisquer pares de pontos onde $f(x_1) = f(x_2)$ que o período de fato vale 2.

- Já a função representada a seguir não é periódica, pois os valores da função não se repetem periodicamente.

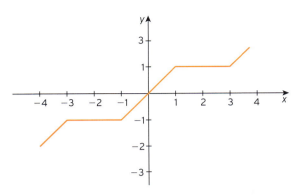

Não é possível encontrar um p tal que $f(x + p) = f(x)$ seja válido para todo o domínio de definição desta função.

■ Função de Euler

As razões trigonométricas estudadas anteriormente (seno, cosseno, tangente, etc.) podem ser definidas como funções reais de uma variável real.

Para definir as funções trigonométricas seno e cosseno, de $\mathbb{R}$ em $\mathbb{R}$, é necessário associar cada número da reta dos números reais a um ponto P da circunferência trigonométrica C.

Essa correspondência é obtida por meio da **função de Euler** $E\colon \mathbb{R} \to C$.

Define-se a função de Euler $E\colon \mathbb{R} \to C$ como aquela que associa cada número real x a um ponto P da circunferência trigonométrica C.

> **Para refletir**
>
> Em astronomia, **período** é o tempo que um corpo leva para realizar determinado ciclo orbital.
>
> O período de **rotação** é relativo ao tempo que o corpo leva para dar um giro completo em torno de seu próprio eixo. Por exemplo, o período de rotação da Terra é aproximadamente 24 horas.
>
> O período de **translação** é relativo ao tempo que o corpo leva para orbitar outro corpo. Por exemplo, o período de translação da Lua em relação à Terra, ou o período de cada planeta em relação ao Sol.
>
> Pesquise e responda: no Sistema Solar, qual planeta tem maior período de translação? E qual tem o menor período de translação?

Circunferência trigonométrica

Função de Euler $E\colon \mathbb{R} \to C$

Comprimento do intervalo $[0, x]$: $|x|$

Comprimento do arco AP: $|x|$

$A(1, 0)$

Sempre que o número real x descreve na reta dos números reais um intervalo de comprimento $|x|$, sua imagem percorre, pela função de Euler, um arco de extremidades A e P e de comprimento $|x|$ na circunferência trigonométrica.

Essa associação é feita da seguinte maneira:

x = 0	x > 0	x < 0
Se x = 0, então: E(0) = A(1, 0)	Se x > 0, então, a partir do ponto A(1, 0), percorre-se sobre a circunferência C um arco de comprimento x no sentido anti-horário (positivo), e sua outra extremidade é o ponto P.	Se x < 0, então, a partir do ponto A(1, 0), percorre-se sobre a circunferência C um arco de medida −x no sentido horário (negativo), e sua outra extremidade é o ponto P.

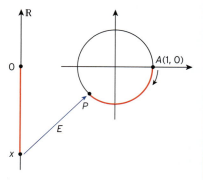

A função de Euler pode ser imaginada como uma maneira de "enrolar" a reta dos números reais na circunferência trigonométrica de comprimento 2π. Isso porque, para valores de x maiores do que 2π ou menores do que -2π, o ponto P é a extremidade de um arco de mais de uma volta na circunferência trigonométrica. Assim, se um ponto P da circunferência trigonométrica é imagem do número real x_0, ele também é imagem dos números reais $x_0 \pm 2k\pi$, $k \in \mathbb{N}$.

Portanto, a função de Euler $E: \mathbb{R} \to C$ é uma função periódica com período $p = 2\pi$, em que $E(x + 2\pi) = E(x)$.

Exercício resolvido

1. Represente na mesma circunferência trigonométrica os números reais $\frac{\pi}{2}$, $-\frac{\pi}{2}$, 2π e -3π, pela função de Euler.

Resolução

Sabemos que a medida angular em radiano da circunferência trigonométrica é 2π. Portanto, podemos concluir que metade desse arco mede $\frac{2\pi}{2} = \pi$ e que a quarta parte mede $\frac{2\pi}{4} = \frac{\pi}{2}$.

Começando pelo ponto A(1, 0), o número real 2π corresponde a uma volta completa na circunferência no sentido anti-horário; o número real $\frac{\pi}{2}$, a um quarto de volta no sentido anti-horário; o número real $-\frac{\pi}{2}$, a um quarto de volta no sentido horário; e o número real $-3\pi = -2\pi - \pi$, a uma volta e meia no sentido horário.

Assim, na circunferência trigonométrica abaixo, os pontos B, C, D e E representam os números reais $\frac{\pi}{2}$, $-\frac{\pi}{2}$, 2π e -3π, respectivamente.

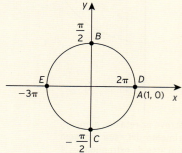

Exercícios propostos

2. Identifique cada função representada a seguir como periódica ou não periódica e determine seu período quando houver.

a)
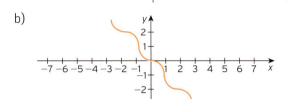

b)
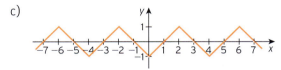

c)
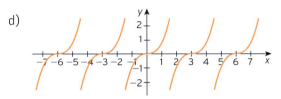

d)
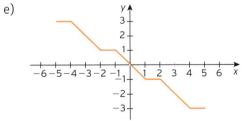

e)
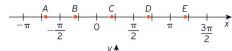

3. Considere a função $f: \mathbb{R} \to \mathbb{R}$ que associa qualquer número real x com a sua parte inteira. Por exemplo:
- $f(2,2) = 2$, pois 2 é a parte inteira de 2,2.
- $f(0,3) = 0$, pois 0 é a parte inteira de 0,3.
- $f(-1,2) = -1$, pois -1 é a parte inteira de $-1,2$.
- $f(3) = 3$, pois 3 é a parte inteira de 3.

Essa função é dada pela lei de correspondência:

$$f(x) = \begin{cases} x \text{ se } x \in \mathbb{Z} \\ a \text{ se } a < x < a+1, a \in \mathbb{Z} \text{ e } x \in \mathbb{R} \end{cases}$$

Represente graficamente essa função e verifique se ela é periódica.

4. Sejam A, B, C, D e E pontos da reta dos números reais e I, II, III, IV e V pontos da circunferência trigonométrica representados a seguir.

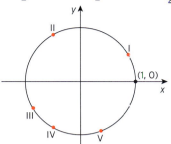

Associe, pela função de Euler, os pontos da reta dos números reais aos pontos da circunferência trigonométrica.

5. A função abaixo é ou não periódica?

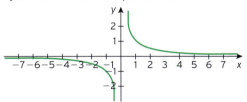

6. A partir da análise dos gráficos, determine o período das funções.

a)
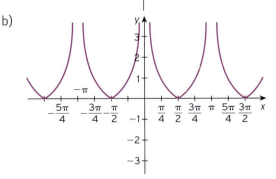

b)

c)
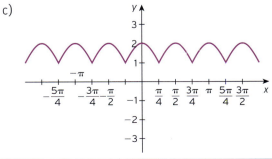

2. Função seno

A função de Euler e a definição de seno de um arco fundamentam a definição da função trigonométrica seno.

Função de Euler	Seno de um arco
A função de Euler $E: \mathbb{R} \to C$ associa um número real x a um ponto P da circunferência trigonométrica que é a extremidade do arco $\widehat{AP}$ de comprimento $|x|$.	O seno do arco $\widehat{AP}$ é a ordenada do ponto P.

A função de Euler associa, por exemplo, o número real $\frac{\pi}{4}$ ao ponto $P\left(\frac{\sqrt{2}}{2}, \frac{\sqrt{2}}{2}\right)$ na circunferência trigonométrica tal que o arco $\widehat{AP}$ tem comprimento $\frac{\pi}{4}$. Como a circunferência trigonométrica tem raio unitário, esse arco $\widehat{AP}$ tem medida $\frac{\pi}{4}$ rad (ou 45°). Pela definição de seno de um arco, $\operatorname{sen} \widehat{AP} = \operatorname{sen}\left(\frac{\pi}{4}\right) = \frac{\sqrt{2}}{2}$ (ou $\operatorname{sen} \widehat{AP} = \operatorname{sen} 45° = \frac{\sqrt{2}}{2}$), que é a ordenada do ponto P.

Define-se:

> A função **seno** é a função $f: \mathbb{R} \to \mathbb{R}$ que associa a cada número real x o número real sen x.

Assim, tem-se a função seno $f: \mathbb{R} \to \mathbb{R}$ tal que $f(x) = \operatorname{sen} x$.

Exemplo
A função seno associa o número real $\frac{\pi}{3}$ ao número real $\operatorname{sen} \frac{\pi}{3}$.

$$f\left(\frac{\pi}{3}\right) = \operatorname{sen}\left(\frac{\pi}{3}\right) = \frac{\sqrt{3}}{2}$$

■ Representação gráfica da função seno

A representação gráfica da função seno pode ser obtida determinando-se alguns de seus pontos. Na tabela a seguir, tem-se alguns valores reais de x até completar a primeira volta na circunferência trigonométrica. Observa-se que os valores de sen x aumentam até 1 e, em seguida, diminuem até -1.

x	0	$\frac{\pi}{18}$	$\frac{\pi}{10}$	$\frac{\pi}{6}$	$\frac{\pi}{4}$	$\frac{\pi}{3}$	$\frac{\pi}{2}$
sen x	0	$\cong 0{,}17$	$\cong 0{,}31$	$\frac{1}{2} = 0{,}5$	$\frac{\sqrt{2}}{2} \cong 0{,}71$	$\frac{\sqrt{3}}{2} \cong 0{,}87$	1

x	$\frac{2\pi}{3}$	$\frac{3\pi}{4}$	$\frac{5\pi}{6}$	$\frac{9\pi}{10}$	$\frac{17\pi}{18}$	π	$\frac{7\pi}{6}$
sen x	$\frac{\sqrt{3}}{2} \cong 0{,}87$	$\frac{\sqrt{2}}{2} \cong 0{,}71$	$\frac{1}{2} = 0{,}5$	$\cong 0{,}31$	$\cong 0{,}17$	0	$-\frac{1}{2} = -0{,}5$

x	$\frac{5\pi}{4}$	$\frac{4\pi}{3}$	$\frac{3\pi}{2}$	$\frac{5\pi}{3}$	$\frac{7\pi}{4}$	$\frac{11\pi}{6}$	2π
sen x	$-\frac{\sqrt{2}}{2} \cong -0{,}71$	$-\frac{\sqrt{3}}{2} \cong -0{,}87$	-1	$-\frac{\sqrt{3}}{2} \cong -0{,}87$	$-\frac{\sqrt{2}}{2} \cong -0{,}71$	$-\frac{1}{2} = -0{,}5$	0

Marcando esses pontos no plano cartesiano e adotando o raio da circunferência trigonométrica como unidade de medida, tem-se a seguinte curva:

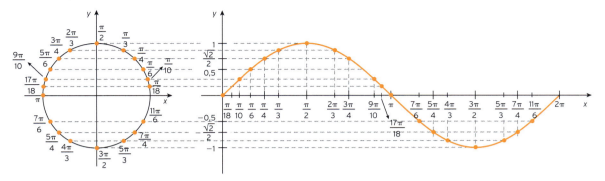

Lembre que os arcos maiores que 2π rad são côngruos a arcos da 1ª volta na circunferência trigonométrica; assim, seus valores do seno serão iguais.

Ao considerar os infinitos pontos das infinitas voltas da circunferência trigonométrica, obtêm-se infinitas repetições dessa curva, ou seja, o gráfico da função $f(x) = \text{sen } x$ se repete periodicamente e a função seno é periódica.

Gráfico da função seno

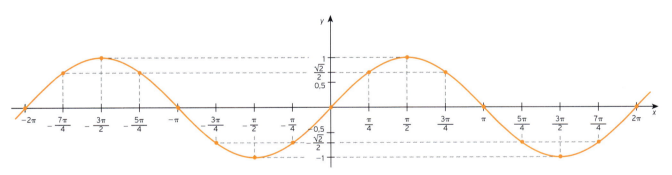

Observe que os valores negativos de x correspondem a percorrer a circunferência trigonométrica no sentido horário – eles acabam sendo côngruos a arcos positivos da primeira volta no sentido anti-horário.

Analisando esse gráfico, têm-se as seguintes informações:

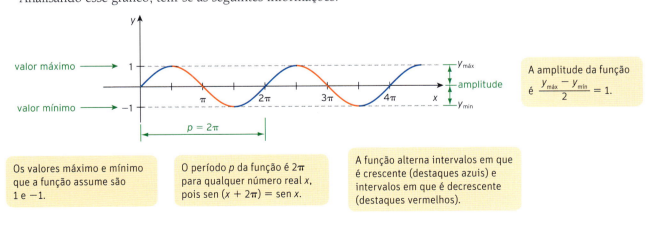

A amplitude da função é $\dfrac{y_{máx} - y_{mín}}{2} = 1$.

Os valores máximo e mínimo que a função assume são 1 e -1.

O período p da função é 2π para qualquer número real x, pois $\text{sen}(x + 2\pi) = \text{sen } x$.

A função alterna intervalos em que é crescente (destaques azuis) e intervalos em que é decrescente (destaques vermelhos).

Observações

- A amplitude desse gráfico é metade da diferença entre os valores máximo e mínimo da função seno.

- A curva descrita no plano cartesiano pela função seno é denominada **senoide**.

Características da função seno

- A função seno é periódica, e seu período vale 2π.

- Existem valores distintos de x que têm imagens iguais. Por exemplo: $f(0) = f(\pi) = 0$. Logo, a função seno não é injetora e, consequentemente, não é bijetora.

- Como o conjunto imagem $Im(f) = [-1, 1]$ é diferente do contradomínio $\mathbb{R}$, a função seno não é sobrejetora.

- A função seno é ímpar, pois, para qualquer número real x e seu simétrico $-x$, tem-se $f(x) = -f(-x)$. Por exemplo: $f\left(\dfrac{\pi}{2}\right) = -f\left(-\dfrac{\pi}{2}\right) = 1$

> **Para refletir**
>
> Se o contradomínio da função seno for restrito ao intervalo $[-1, 1]$, ela será sobrejetora?

Exercícios resolvidos

7. Com uma calculadora científica, determine o valor aproximado de sen 5 e de $\text{sen}\left(\dfrac{\pi}{3}\right)$ com precisão de duas casas decimais.

Resolução

Pelas definições da função seno e da função de Euler, o seno do número real 5 é igual ao seno do arco de medida 5 rad, e o seno do número real $\dfrac{\pi}{3}$ é igual ao seno do arco de medida $\dfrac{\pi}{3}$ rad.

Utilizamos a calculadora científica com a tecla RAD pressionada (para medidas em radianos):

sen $5 \cong -0{,}96$

$\text{sen}\left(\dfrac{\pi}{3}\right) \cong 0{,}87$

Portanto: sen $5 \cong -0{,}96$ e $\text{sen}\left(\dfrac{\pi}{3}\right) \cong 0{,}87$.

8. Determine para quais valores reais de m a expressão sen $x = \dfrac{2m}{7} - 3$ é válida.

Resolução

Podemos associar sen x a uma função f tal que $f(x) = \text{sen } x$. O conjunto imagem dessa função é $[-1, 1]$. Assim: $-1 \leqslant \text{sen } x \leqslant 1$

Então, para determinar os valores de m, consideramos a solução das inequações $\dfrac{2m}{7} - 3 \geqslant -1$ e $\dfrac{2m}{7} - 3 \leqslant 1$. Resolvemos essas inequações:

$\dfrac{2m}{7} - 3 \geqslant -1 \Rightarrow \dfrac{2m}{7} \geqslant 2 \Rightarrow m \geqslant 7$

$\dfrac{2m}{7} - 3 \leqslant 1 \Rightarrow \dfrac{2m}{7} \leqslant 4 \Rightarrow m \leqslant 14$

A intersecção dessas soluções é $7 \leqslant m \leqslant 14$. Portanto, a expressão dada é válida para $7 \leqslant m \leqslant 14$.

Exercícios propostos

9. Com uma calculadora científica, determine o valor aproximado com duas casas decimais de:
a) sen 1
b) sen 10
c) sen π
d) sen 7

10. Dada a função $f(x) = \text{sen } x$, calcule o valor de $f(x)$ para os seguintes números reais:
a) $x = \dfrac{5\pi}{2}$
b) $x = \dfrac{\pi}{3}$
c) $x = \dfrac{7\pi}{2}$
d) $x = \dfrac{13\pi}{4}$
e) $x = -\dfrac{5\pi}{6}$
f) $x = -\dfrac{7\pi}{6}$

11. Esboce o gráfico da função f, $f(x) = \text{sen } x$, para $x \in [2\pi, 4\pi]$. Depois, determine os intervalos em que a função é crescente e em que é decrescente.

12. Determine os valores reais de m para que cada equação possa ser definida.
a) sen $x = 4m - 1$
b) sen $x = 0{,}25m + 1$
c) sen $x = -m^2 + m + 1$
d) sen $x = m^2 - 2m$

Translação, dilatação, contração e reflexão do gráfico da função seno

Da composição de funções com a função seno, $f(x) = \text{sen } x$, é possível obter funções da forma $g(x) = a + \text{sen } x$, $h(x) = \text{sen}(x + d)$, $j(x) = b \cdot \text{sen } x$ e $k(x) = \text{sen}(c \cdot x)$, com $a, b, c, d \in \mathbb{R}^*$. Os gráficos dessas funções podem ser obtidos pela translação, dilatação, contração e/ou reflexão do gráfico da função seno f.

Gráfico de g

O gráfico da função $g(x) = a + \text{sen } x$ é obtido transladando-se o gráfico da função seno em $|a|$ unidades para cima ou para baixo. Se a é positivo, então a translação é para cima; se a é negativo, então a translação é para baixo.

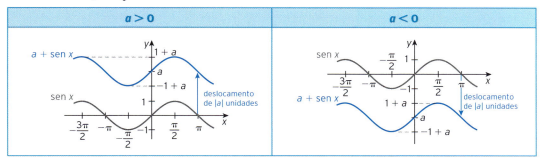

A análise dos gráficos fornece as seguintes informações:

- O domínio da função g é o conjunto dos números reais.
- O período de g é 2π.
- A função g admite valor máximo $1 + a$ e valor mínimo $-1 + a$. De fato, adicionando o número real a a cada termo da desigualdade $-1 \leq \text{sen } x \leq 1$, obtém-se: $-1 + a \leq a + \text{sen } x \leq 1 + a$
- O conjunto imagem de g é $[-1 + a, 1 + a]$.
- A amplitude de g é 1. De fato: $\dfrac{y_{\text{máx}} - y_{\text{mín}}}{2} = \dfrac{1 + a - (-1 + a)}{2} = \dfrac{2}{2} = 1$

Gráfico de h

O gráfico da função $h(x) = \text{sen}(x + d)$ é obtido transladando-se o gráfico da função seno em $|d|$ unidades para a esquerda ou para a direita. Se d é positivo, então a translação é para a esquerda; se d é negativo, então a translação é para a direita.

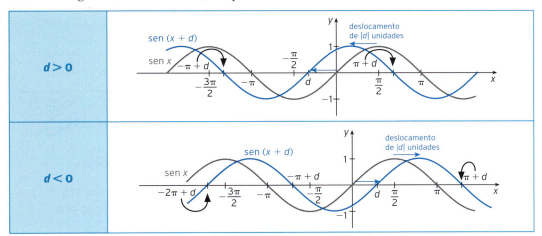

Ao analisar os gráficos, verifica-se que a função h tem domínio, período, valores máximo e mínimo, conjunto imagem e amplitude iguais aos da função seno.

Observação

As translações horizontais e verticais do gráfico da função seno não provocam deformações em sua curva. Assim, os gráficos obtidos por meio dessas translações representam funções com domínio, período e amplitude iguais aos da função seno.

Exercício resolvido

13. Construa o gráfico da função f definida por $f(x) = 2 + \text{sen}\left(x - \frac{\pi}{2}\right)$ e determine o conjunto imagem, o período e os valores máximo e mínimo dessa função.

Resolução

Sendo $f(x) = a + \text{sen}(x + d)$, temos $a = 2$ e $d = -\frac{\pi}{2}$. Para obter o gráfico da função f, transladamos o gráfico da função seno em $\frac{\pi}{2}$ unidades para a direita e em 2 unidades para cima.

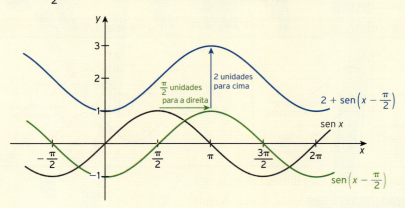

Como o gráfico da função f foi obtido apenas por translações do gráfico da função seno, seu período é 2π, seu valor máximo é $y_{\text{máx}} = 1 + a = 1 + 2 = 3$, seu valor mínimo é $y_{\text{mín}} = -1 + a = -1 + 2 = 1$ e o conjunto imagem é o intervalo $[1, 3]$.

Exercícios propostos

14. Verifique qual dos gráficos abaixo corresponde à função de cada item.

a) $f(x) = 4 + \text{sen}\left(x + \frac{\pi}{2}\right)$

b) $f(x) = 4 + \text{sen}\, x$

c) $f(x) = \text{sen}\, x$

d) $f(x) = \text{sen}(x - \pi)$

I.
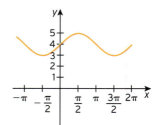

II.
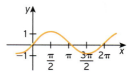

III.
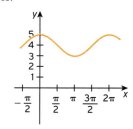

IV.
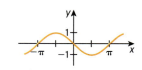

15. A seguir, o gráfico laranja representa a função seno e o gráfico azul representa a função definida por $g(x) = \text{sen}(x + a)$.

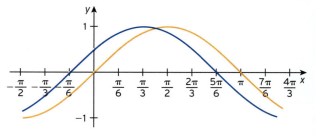

Determine o menor valor positivo de a.

16. Esboce o gráfico de cada função dada abaixo realizando translações do gráfico da função seno.

a) $f(x) = \text{sen}\left(x - \frac{3\pi}{4}\right)$

b) $f(x) = 4{,}5 + \text{sen}\, x$

c) $f(x) = -4{,}5 + \text{sen}\left(x + \frac{\pi}{2}\right)$

d) $f(x) = -2 + \text{sen}\left(x + \frac{3\pi}{2}\right)$

Gráfico de j

O gráfico da função $j(x) = b \cdot \text{sen } x$ é obtido pela dilatação ou contração vertical do gráfico seno, seguida de reflexão em relação ao eixo Ox se b for negativo. Se $|b|$ é maior do que 1, então há dilatação vertical; se $|b|$ é menor do que 1 e maior do que 0, então há contração vertical.

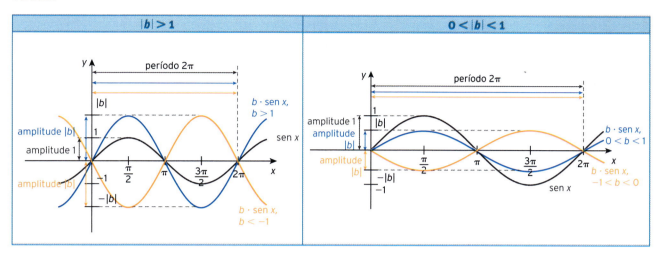

A análise dos gráficos fornece as seguintes informações:
- O domínio da função j é $\mathbb{R}$, e o período é 2π.
- A função j admite valor máximo $|b|$ e valor mínimo igual a $-|b|$. Logo, o conjunto imagem é o intervalo $[-|b|, |b|]$. A amplitude de j é $|b|$. De fato: $\dfrac{(|b|) - (-|b|)}{2} = \dfrac{2|b|}{2} = |b|$
- Os zeros de j são iguais aos zeros da função seno.

Exercício resolvido

17. Construa o gráfico da função f dada por $f(x) = -\dfrac{2}{5} \cdot \text{sen } x$.

Resolução

Sendo $f(x) = b \cdot \text{sen } x$, temos $b = -\dfrac{2}{5}$. Para obter o gráfico da função f, refletimos o gráfico da função g, dada por $g(x) = \dfrac{2}{5} \cdot \text{sen } x$, em relação ao eixo Ox. Como $0 < |b| < 1$, para construir o gráfico da função g fazemos uma contração vertical do gráfico da função seno de modo que o conjunto imagem seja $\left[-\dfrac{2}{5}, \dfrac{2}{5}\right]$ e que o período seja 2π.

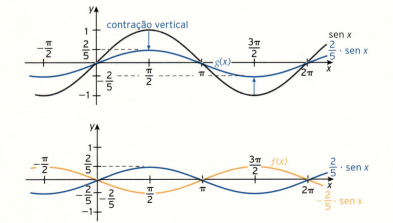

Fazemos uma contração vertical do gráfico da função seno para que a amplitude de g seja $\dfrac{2}{5}$.

O gráfico da função g intersecta o eixo Ox nos mesmos pontos que o gráfico da função seno, mantendo o período 2π da função.

Para construir o gráfico da função f, refletimos o gráfico da função g em relação ao eixo Ox.

Gráfico de k

O gráfico da função $k(x) = \text{sen}\,(c \cdot x)$ é obtido pela dilatação ou contração horizontal do gráfico da função seno, seguida de reflexão em relação ao eixo Oy se c for negativo. Se $|c|$ é maior do que 1, então há contração horizontal; se $|c|$ é menor do que 1 e maior do que 0, então há dilatação horizontal.

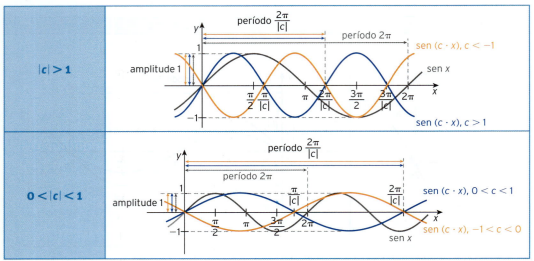

A análise dos gráficos fornece as seguintes informações.
- O domínio da função k é $\mathbb{R}$.
- O período de k é $\dfrac{2\pi}{|c|}$, pois o período da função seno é 2π, e a função k completa um período quando $|c| \cdot x = 2\pi$. Logo: $x = \dfrac{2\pi}{|c|}$
- A função k admite valor máximo 1 e valor mínimo -1. Logo, o conjunto imagem é o intervalo $[-1, 1]$.
- A amplitude de k é 1.
- Como a função seno é ímpar: $\text{sen}\,(c \cdot x) = -\text{sen}\,[c \cdot (-x)]$ ou, ainda, $-\text{sen}\,(c \cdot x) = \text{sen}\,[c \cdot (-x)]$.

Exercícios resolvidos

18. Construa o gráfico da função f dada por $f(x) = 1 + \text{sen}\,(2x - \pi)$.

Resolução

Sendo $f(x) = a + b \cdot \text{sen}\,(cx + d)$, temos $a = 1$, $b = 1$, $c = 2$ e $d = -\pi$. O valor de cada parâmetro indica a transformação que deve ser feita no gráfico da função seno para se obter o gráfico da função f:
- $a = 1$: há deslocamento em 1 unidade para cima;
- $b = 1$: não ocorre dilatação vertical; então, a amplitude de f é 1 e o conjunto imagem é $[0, 2]$;
- $c = 2$: há contração horizontal; então, o período de f é $\dfrac{2\pi}{2} = \pi$;
- $d = -\pi$: há deslocamento em π unidades para a direita.

As translações feitas no gráfico da função seno resultam no gráfico da função g definida por $g(x) = 1 + \text{sen}\,(x - \pi)$.

Ajustando o período para π, com uma contração horizontal no gráfico da função g, obtemos o gráfico da função f.

19. Identifique a lei de correspondência da função f representada a seguir.

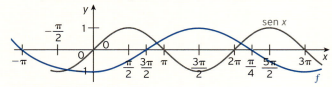

Resolução

Comparando os gráficos acima, percebemos que, para obter o gráfico da função f, submeteu-se o gráfico da função seno a uma dilatação horizontal, e depois um deslocamento horizontal para a direita.

Da observação do gráfico, temos que a função f tem período $p = \frac{9\pi}{4} - \left(-\frac{3\pi}{4}\right) = \frac{12\pi}{4} = 3\pi$. Assim, considerando a função f dada por $f(x) = a + b \cdot \operatorname{sen}(cx + d)$, temos $\frac{2\pi}{c} = 3\pi$ e, portanto, $c = \frac{2}{3}$. Como $0 < c < 1$, ocorreu uma dilatação do gráfico na direção horizontal. Observando o gráfico dado no enunciado podemos concluir que não houve translação na vertical, logo $a = 0$; e que não houve dilatação na vertical, portanto $b = 1$. Falta apenas definir, então, o parâmetro d na expressão de $f(x)$. Considere em verde na imagem abaixo a função g dada por $g(x) = \operatorname{sen}\left(\frac{2}{3}x\right)$:

O gráfico da função $g(x)$ precisa ser deslocado para a direita em $\frac{3\pi}{4}$ unidades. Assim, $d = \frac{2}{3} \cdot \left(-\frac{3\pi}{4}\right) = -\frac{\pi}{2}$.

Logo, uma possível lei de correspondência da função f é:

$$f(x) = -\operatorname{sen}\left(\frac{2}{3}x - \frac{\pi}{2}\right)$$

Como a função seno é ímpar, também sabemos que

$$\operatorname{sen}\left(\frac{2}{3}x - \frac{\pi}{2}\right) = -\operatorname{sen}\left[-\left(\frac{2}{3}x + \frac{\pi}{2}\right)\right]$$

Então, outra possível lei de correspondência da função f é: $f(x) = -\operatorname{sen}\left(-\frac{2}{3}x - \frac{\pi}{2}\right)$

20. Em uma fábrica, a pressão na tubulação de água quente varia com o tempo de acordo com a função $P: \mathbb{R}_+ \to \mathbb{R}$ tal que $P(t) = 10 + 5 \cdot \operatorname{sen}\left(t - \frac{\pi}{2}\right)$, em que a pressão é dada em atm e o tempo em hora. Determine o valor mínimo e o valor máximo da pressão nessa tubulação de água.

Resolução

A função P tem valor máximo quando $\operatorname{sen}\left(t - \frac{\pi}{2}\right) = 1$ e valor mínimo quando $\operatorname{sen}\left(t - \frac{\pi}{2}\right) = -1$.

$P_{máx} = 10 + 5 \cdot 1 = 15$ e $P_{mín} = 10 + 5 \cdot (-1) = 5$

Portanto, $P_{máx} = 15$ atm e $P_{mín} = 5$ atm.

Exercícios propostos

21. A partir do gráfico da função seno, construa o gráfico das funções trigonométricas dadas a seguir.

a) $f(x) = -3 \cdot \operatorname{sen} x$
b) $h(x) = \operatorname{sen}\left(\frac{1}{2}x\right)$
c) $g(x) = \frac{1}{2} + \operatorname{sen}\left(-x + \frac{\pi}{2}\right)$
d) $t(x) = 2 - 2 \cdot \operatorname{sen}\left(4x - \frac{\pi}{6}\right)$

22. Uma fábrica determina o custo de seus produtos de acordo com o tempo gasto para sua confecção. O custo unitário de um dos itens fabricados, em real, é dado por $C(t) = 80 + 20 \cdot \operatorname{sen}\left(\frac{\pi}{3} \cdot t\right)$, com t em hora. Calcule os custos máximo e mínimo desse produto.

23. Determine o período e a amplitude das funções definidas a seguir.

a) $f(x) = \operatorname{sen}\left(\frac{3}{4}x\right)$

b) $g(x) = \operatorname{sen}\left(x - \frac{3\pi}{4}\right)$

24. Em cada representação a seguir, tem-se o gráfico da função f (laranja) e o gráfico da função seno (cinza). Determine o período, a amplitude e uma possível lei de correspondência da função f em cada caso.

a)

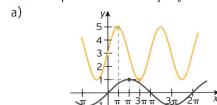

b)

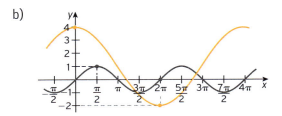

25. Escreva a representação algébrica de cada função representada pelos gráficos.

a)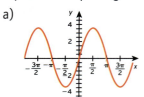

b)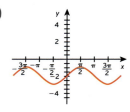

26. O gráfico a seguir é a representação de uma função do tipo $f(x) = a \cdot \operatorname{sen} x$. Determine o período, a amplitude e o valor de a.

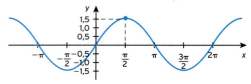

27. Faça o esboço dos gráficos de cada uma das funções a seguir.

a) $f(x) = \pi \cdot \operatorname{sen} x$
b) $f(x) = 2 + \operatorname{sen} x$
c) $f(x) = \dfrac{4}{3} \cdot \operatorname{sen} x$
d) $f(x) = -2 + \operatorname{sen} x$
e) $f(x) = -\pi \cdot \operatorname{sen} x$
f) $f(x) = \dfrac{2}{3} \cdot \operatorname{sen} x$

28. Considerando que, em cada um dos gráficos abaixo, a curva em cinza é a representação da função $g(x) = \operatorname{sen} x$, relacione cada uma das curvas em laranja com a sua respectiva representação algébrica.

a)

b)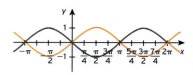

c)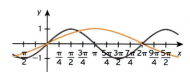

d)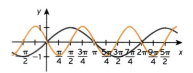

I. $f(x) = \operatorname{sen}(-x)$
II. $f(x) = \operatorname{sen}\left(\dfrac{x}{2}\right)$
III. $f(x) = \operatorname{sen}(2x)$
IV. $f(x) = \operatorname{sen}(-2x)$

29. Associe cada uma das funções apresentadas nos itens com um dos gráficos traçados em verde. A curva traçada em cinza é a representação da função $f(x) = \operatorname{sen} x$.

a) $g(x) = \operatorname{sen}\left(x + \dfrac{3\pi}{4}\right)$
b) $g(x) = \operatorname{sen}\left(x - \dfrac{3\pi}{4}\right)$

I.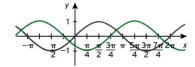

II.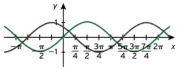

30. No gráfico a seguir, a curva em azul representa a função $f(x) = \operatorname{sen}(x)$, e a curva vermelha, a função $g(x) = \operatorname{sen}(x + a)$. Determine a.

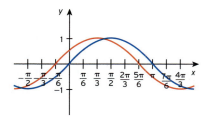

31. Faça o esboço dos gráficos de cada uma das funções a seguir. Determine seu período e sua amplitude.

a) $f(x) = \operatorname{sen}(0,75x)$
b) $f(x) = \operatorname{sen}(-3x)$
c) $f(x) = \left(x + \dfrac{3\pi}{2}\right)$
d) $f(x) = \left(2x + \dfrac{3\pi}{4}\right)$

32. Verifique em qual das alternativas a seguir está a representação gráfica da função $f(x) = -\dfrac{1}{2} + \operatorname{sen} x$.

a)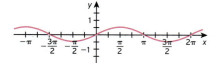

b)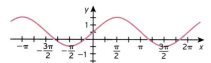

c)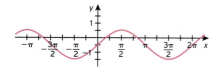

d)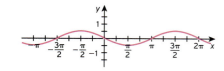

3. Função cosseno

De modo similar à definição da função seno, a definição da função cosseno é fundamentada na função de Euler e na definição do cosseno de um arco.

> A função **cosseno** é a função $g: \mathbb{R} \to \mathbb{R}$ que associa a cada número real x o número real $\cos x$.

Assim, tem-se a função cosseno $g: \mathbb{R} \to \mathbb{R}$ tal que $g(x) = \cos x$.

Calculadora

Com uma calculadora científica, determine o valor aproximado (com precisão de duas casas decimais) de:
- cos 1
- cos π
- cos 10
- cos 7

■ Representação gráfica da função cosseno

Os gráficos das funções seno e cosseno têm características comuns. Na tabela a seguir, observa-se que os valores de $\cos x$ variam entre -1 e 1.

x	0	$\frac{\pi}{18}$	$\frac{\pi}{10}$	$\frac{\pi}{6}$	$\frac{\pi}{4}$	$\frac{\pi}{3}$	$\frac{\pi}{2}$
$\cos x$	1	$\cong 0{,}98$	$\cong 0{,}95$	$\frac{\sqrt{3}}{2} \cong 0{,}87$	$\frac{\sqrt{2}}{2} \cong 0{,}71$	$\frac{1}{2} = 0{,}5$	0

x	$\frac{2\pi}{3}$	$\frac{3\pi}{4}$	$\frac{5\pi}{6}$	$\frac{9\pi}{10}$	$\frac{17\pi}{18}$	π	$\frac{7\pi}{6}$
$\cos x$	$-\frac{1}{2} = -0{,}5$	$-\frac{\sqrt{2}}{2} \cong -0{,}71$	$-\frac{\sqrt{3}}{2} \cong -0{,}87$	$\cong -0{,}95$	$\cong -0{,}98$	-1	$-\frac{\sqrt{3}}{2} \cong -0{,}87$

x	$\frac{5\pi}{4}$	$\frac{4\pi}{3}$	$\frac{3\pi}{2}$	$\frac{5\pi}{3}$	$\frac{7\pi}{4}$	$\frac{11\pi}{6}$	2π
$\cos x$	$-\frac{\sqrt{2}}{2} \cong -0{,}71$	$-\frac{1}{2} = -0{,}5$	0	$\frac{1}{2} = 0{,}5$	$\frac{\sqrt{2}}{2} \cong 0{,}71$	$\frac{\sqrt{3}}{2} \cong 0{,}87$	1

Marcando esses pontos no plano cartesiano e adotando o raio da circunferência trigonométrica como unidade de medida, tem-se a seguinte curva:

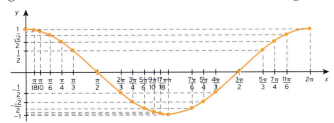

Lembre que os arcos maiores que 2π rad são côngruos a arcos da 1ª volta na circunferência trigonométrica; assim, seus valores do cosseno são iguais.

Ao considerar os infinitos pontos das infinitas voltas da circunferência trigonométrica, obtêm-se infinitas repetições dessa curva, ou seja, o gráfico da função $g(x) = \cos x$ se repete periodicamente, e a função cosseno é periódica.

A função cosseno tem período, amplitude e conjunto imagem iguais aos da função seno.

Saiba mais

Gráficos: seno e cosseno

Pode-se obter o gráfico da função cosseno construindo o gráfico de $\operatorname{sen}\left(\frac{\pi}{2} - x\right)$. Isso porque o cosseno de um arco é igual ao seno de seu arco complementar.

$$\cos x = \operatorname{sen}\left(\frac{\pi}{2} - x\right)$$

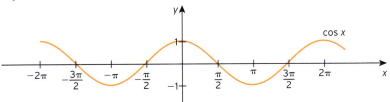

Um outro modo de construir o gráfico da função cosseno $g(x) = \cos x$ é por meio do gráfico da função f, $f(x) = \operatorname{sen} x$; para isso, basta transladar o gráfico da função f, em $\frac{\pi}{2}$ unidades para a esquerda. Logo, o gráfico da função cosseno é equivalente ao gráfico da função h dada por $h(x) = \operatorname{sen}\left(x + \frac{\pi}{2}\right)$.

Assim: $g(x) = \cos x = \operatorname{sen}\left(x + \frac{\pi}{2}\right)$.

Analisando o gráfico da função cosseno, têm-se as seguintes informações:

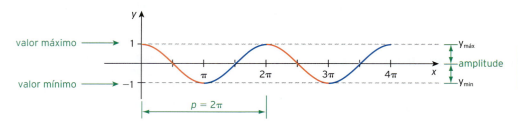

Os valores máximo e mínimo que a função assume são 1 e −1.

O período da função é 2π para qualquer número real x, pois $\cos(x + 2\pi) = \cos x$.

A função alterna intervalos em que é crescente (destaques azuis) e intervalos em que é descrescente (destaques vermelhos).

Características da função cosseno

- A função cosseno não é injetora, pois $g(x + 2\pi k) = g(x)$, com $k \in \mathbb{Z}$. Consequentemente, a função cosseno também não é bijetora.
- Como o conjunto imagem $Im(g) = [-1, 1]$ é diferente do contradomínio $\mathbb{R}$, a função cosseno não é sobrejetora.
- A função cosseno é par, pois, para qualquer número real x e seu simétrico $-x$, tem-se $g(x) = g(-x)$. Por exemplo: $g(\pi) = g(-\pi) = -1$.

Exercício resolvido

33. Determine para quais valores reais de m a equação $\cos x = m + 1$ adquire validade.

Resolução

Podemos associar $\cos x$ a uma função g tal que $g(x) = \cos x$. O conjunto imagem dessa função é $[-1, 1]$. Assim: $-1 \leq \cos x \leq 1$

Então, para determinar os valores de m, consideramos a solução das inequações $m + 1 \geq -1$ e $m + 1 \leq 1$. Resolvemos essas inequações:

$m + 1 \geq -1 \Rightarrow m \geq -1 - 1 \Rightarrow m \geq -2$
$m + 1 \leq 1 \Rightarrow m \leq 1 - 1 \Rightarrow m \leq 0$

A intersecção dessas soluções é $-2 \leq m \leq 0$. Portanto, a equação dada é válida para $-2 \leq m \leq 0$.

Exercícios propostos

34. Dado $f(x) = \cos x$, calcule o valor de $f(x)$ para os seguintes números reais:

a) $\dfrac{3\pi}{4}$
b) $\dfrac{\pi}{2}$
c) $\dfrac{11\pi}{4}$
d) $-\dfrac{5\pi}{2}$
e) $-\dfrac{3\pi}{4}$
f) 7π
g) $-\dfrac{8\pi}{3}$
h) $\dfrac{15\pi}{4}$
i) 0

35. Analise o gráfico da função cosseno quando $x \in [0, 2\pi]$ e determine os intervalos nos quais ela assume valores negativos e os intervalos nos quais ela assume valores positivos.

36. Determine os valores reais de m para que cada equação possa estar definida.

a) $\cos x = 2m + 1$
b) $\cos x = \dfrac{2m}{3} - 3$
c) $\cos x = -m^2 + 1$
d) $\cos x = m^2 - 5m + 5$

37. Esboce o gráfico da função $f(x) = \cos x$, no intervalo $2\pi \leq x \leq 4\pi$. Em seguida, determine o período e a amplitude da função e os valores de x para os quais a função é crescente e para os quais é decrescente.

Translação, dilatação, contração e reflexão do gráfico da função cosseno

A curva descrita pela função cosseno também é uma **senoide**, pois é obtida da translação horizontal do gráfico da função seno em $\frac{\pi}{2}$ unidades para a esquerda. Assim, as translações, dilatações, contrações e reflexões estudadas para o gráfico da função seno são válidas para o gráfico da função cosseno, com a diferença de que, como a função cosseno é par: $\cos(c \cdot x) = \cos[c \cdot (-x)]$.

Exercício resolvido

38. Em certa região, o nível médio da água do mar é igual a 1,2 m. As alterações em relação a esse nível foram medidas ao longo de um dia. A função $f:[0, 24] \to \mathbb{R}$ descreve as variações em relação ao nível médio em função do tempo. Essa função é dada por $f(t) = 0,9 \cdot \cos\left(\frac{\pi}{6} \cdot t\right)$, em que t é dado em hora e $f(t)$ em metro.
a) Qual é o nível do mar quando $t = 6$?
b) Determine o nível máximo e o nível mínimo da água do mar nesse dia.
c) Determine o período da função f.
d) Esboce o gráfico da função que expressa o nível da água do mar ao longo de 24 horas.

Resolução

a) A variação do nível do mar quando $t = 6$ é dada por: $f(6) = 0,9 \cdot \cos\left(\frac{\pi}{6} \cdot 6\right) = 0,9 \cdot \cos \pi = -0,9$

Ou seja, o nível do mar diminuiu 0,9 m em relação ao nível médio. Portanto, o nível no instante $t = 6$ é:
1,2 m − 0,9 m = 0,3 m

b) A função assume valor máximo quando $\cos\left(\frac{\pi}{6} \cdot t\right) = 1$ e valor mínimo quando $\cos\left(\frac{\pi}{6} \cdot t\right) = -1$.

Nível máximo: $1,2 + 0,9 \cdot 1 = 2,1$ \hspace{2cm} Nível mínimo: $1,2 + 0,9 \cdot (-1) = 0,3$

Portanto, o nível máximo da água do mar nesse dia foi 2,1 m e o nível mínimo foi 0,3 m.

c) O período da função f é: $p = \dfrac{2\pi}{\frac{\pi}{6}} = 12$

d) A função que expressa o nível da água do mar é dada por $g(t) = 1,2 + 0,9 \cdot \cos\left(\frac{\pi}{6} \cdot t\right)$. Para construir o gráfico dessa função, podemos utilizar transformações do gráfico da função cosseno ou uma tabela de pontos.

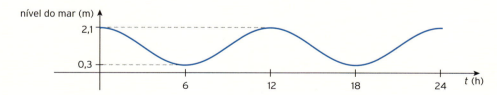

Exercícios propostos

39. Construa o gráfico de cada função dada a seguir.
a) $\frac{1}{2} \cdot \cos x$
b) $f(x) = -1 + \cos\left(x + \frac{\pi}{2}\right)$
c) $f(x) = \frac{1}{2} + \cos(2x)$
d) $f(x) = -3 \cdot \cos\left(\frac{1}{2} \cdot x + \frac{3\pi}{2}\right)$

40. No plano cartesiano abaixo está representada uma função do tipo $f(x) = b \cdot \cos x$. Identifique seu conjunto imagem, seu período, sua amplitude e o valor de b.

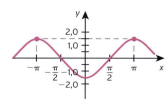

41. Associe cada função ao gráfico correspondente.
a) $f(x) = -2 \cdot \cos x$
b) $f(x) = 1 + \cos x$
c) $f(x) = \frac{1}{2} \cdot \cos x$
d) $f(x) = -1 + \cos x$

I.
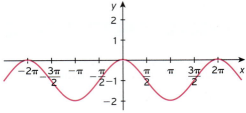

II.
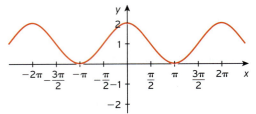

III.
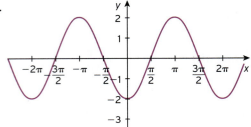

IV.
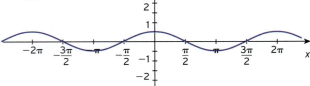

42. Em relação a um observador, a posição S de um móvel em função do tempo t é dada por $S(t) = 5 + 3 \cdot \cos\left(2\pi t - \frac{\pi}{2}\right)$, em que t é dado em segundo e $S(t)$ em metro.
a) Determine a posição do móvel no instante $t = 3$.
b) Qual é a distância máxima entre o móvel e o observador?

43. Escreva uma possível lei de correspondência para a função representada em cada gráfico, construído a partir do gráfico da função cosseno.
a)
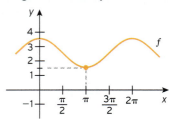

b)
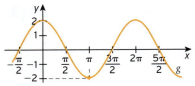

44. Faça o esboço dos gráficos de cada uma das funções a seguir.
a) $f(x) = 2 \cdot \cos x$
b) $f(x) = 2 + \cos x$
c) $f(x) = \frac{4}{3} \cdot \cos x$
d) $f(x) = -2 + \cos x$
e) $f(x) = -1 \cdot \cos x$
f) $f(x) = \frac{2}{3} \cdot \cos x$

45. Verifique em qual dos itens a seguir está a representação gráfica da função $f(x) = \cos(-2x)$.

a)
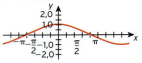

b)
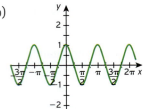

c)
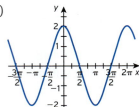

d)
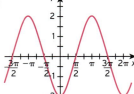

46. Considerando que os valores mínimo e máximo da função $f(x) = \cos x$ são, respectivamente, -1 e 1, determine o valor mínimo e o valor máximo para a função $g(x) = \pi \cdot \cos x$.

47. O gráfico a seguir é uma representação da função $f(x) = b + a \cdot \cos(x - \pi)$. Observando o gráfico, determine os valores de a e b.

4. Função tangente

A função tangente é definida como o quociente entre a função seno e a função cosseno:

> A função **tangente** é a função que associa cada número real x do seu domínio ao número real $\operatorname{tg} x = \frac{\operatorname{sen} x}{\cos x}$.

O domínio da função tangente é restrito, pois a expressão que a define só é válida para $\cos x \neq 0$. Assim, o domínio da função tangente é $\mathbb{R} - \left\{\frac{\pi}{2} + k\pi, k \in \mathbb{Z}\right\}$.

Assim, tem-se a função tangente $h: \mathbb{R} - \left\{\frac{\pi}{2} + k\pi, k \in \mathbb{Z}\right\} \to \mathbb{R}$ tal que $h(x) = \operatorname{tg} x$.

Calculadora

Com uma calculadora científica, determine com precisão de duas casas decimais o valor aproximado de:
- tg 1
- tg 10
- tg π
- tg 7

■ Representação gráfica da função tangente

Analisando o gráfico da função tangente, têm-se as seguintes informações:

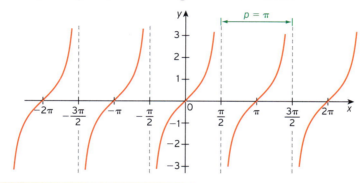

Não existem valores máximo e mínimo.

O período da função é π, pois para todo x vale que $\operatorname{tg}(x + \pi) = \operatorname{tg} x$.

A função é crescente nos intervalos $\left]\frac{\pi}{2} + k\pi, \frac{3\pi}{2} + k\pi\right[$, com $k \in \mathbb{Z}$.

A tangente não existe quando $x = \frac{\pi}{2} + k\pi, k \in \mathbb{Z}$.

■ Características da função tangente

- O conjunto imagem é o conjunto dos números reais. Como ele é igual ao contradomínio, a função tangente é sobrejetora.
- Existem valores distintos de x que têm imagens iguais. Por exemplo: $f(0) = f(\pi) = 0$. Logo, a função tangente não é injetora e, consequentemente, não é bijetora.
- Pode-se imaginar que, pelos pontos de abscissas $\frac{\pi}{2} + k\pi, k \in \mathbb{Z}$, em que a tangente não está definida, passam retas perpendiculares ao eixo Ox (no gráfico, as retas tracejadas em cinza). À medida que os valores de x se aproximam de tais pontos, a curva se aproxima dessas retas, que são denominadas assíntotas e não fazem parte do gráfico da função tangente.
- A função tangente é ímpar, pois, para todo número real x e seu simétrico $-x$, tem-se $f(x) = -f(-x)$. Por exemplo: $f\left(\frac{\pi}{4}\right) = -f\left(-\frac{\pi}{4}\right) = 1$

Exercícios propostos

48. Dado $f(x) = \operatorname{tg} x$, calcule o valor de $f(x)$ para os seguintes números reais:
a) $x = \frac{3\pi}{4}$
b) $x = \frac{7\pi}{6}$
c) $x = \frac{25\pi}{4}$
d) $x = \frac{17\pi}{4}$
e) $x = -\frac{4\pi}{6}$
f) $x = -\frac{11\pi}{3}$

49. Determine os valores reais de m, $0 \leq m \leq \pi$, para que cada equação possa estar definida.
a) $\operatorname{tg} m = \sqrt{3}$
b) $\operatorname{tg} m = \frac{\sqrt{3}}{3}$
c) $\operatorname{tg} m = -1$
d) $\operatorname{tg}\left(m + \frac{\pi}{4}\right) = 1$

50. Faça o esboço do gráfico da função $f(x) = \text{tg } x$ para $x \in [4\pi, 6\pi]$.

51. Considere a função $f(x) = \text{tg } x$, em que $x \in \left[\dfrac{3\pi}{2}, \dfrac{7\pi}{2}\right]$.

Determine os conjuntos: domínio, imagem e contradomínio dessa função.

52. Associe cada função ao seu respectivo gráfico.

a) $f(x) = 2 \cdot \text{tg } x$ d) $f(x) = -2 + \text{tg } x$

b) $f(x) = 1 + \text{tg } x$ e) $f(x) = 1,5 + \text{tg } x$

c) $f(x) = 0,5 \cdot \text{tg } x$ f) $f(x) = -1 \cdot \text{tg } x$

I.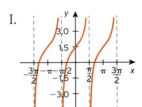

II.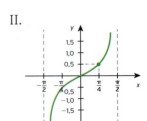

III.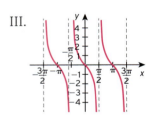

IV.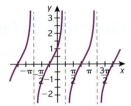

V.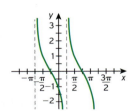

VI.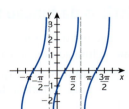

53. Represente algebricamente cada uma das funções a seguir.

a)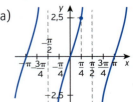

b)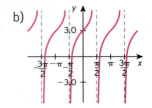

54. A função representada no gráfico é de qual tipo: $f(x) = c + \text{tg}(x)$ ou $f(x) = c \cdot \text{tg}(x)$? Determine seu domínio, seu período e o valor de c.

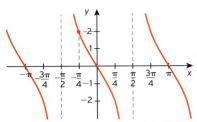

55. Verifique em qual dos itens a seguir está a representação gráfica da função $f(x) = \text{tg}\left(-x + \dfrac{\pi}{4}\right)$.

a)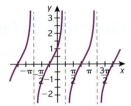

b)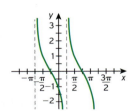

c)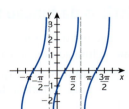

d)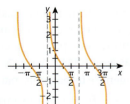

56. O gráfico ao lado é uma representação da função $f(x) = b + a \cdot \text{tg}(x)$. Observando o gráfico, determine os valores de a e b.

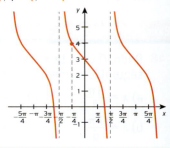

5. Movimentos modelados por funções trigonométricas

A seguir são apresentadas algumas situações em que as funções trigonométricas modelam movimentos ou fenômenos periódicos.

Exercícios resolvidos

57. Um corpo preso a uma mola está em equilíbrio no ponto O, como mostra a figura a seguir.

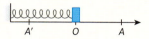

Após uma ação externa, desprezando-se as forças dissipativas, o corpo executa um movimento (conhecido como movimento harmônico simples e frequentemente estudado em Física) oscilando do ponto A ao ponto A' e retornando ao ponto A, sempre no mesmo intervalo de tempo.

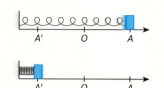

Para descrever o movimento em função do tempo, imagina-se um sistema cartesiano, com origem no ponto O; uma circunferência de raio OA, com centro também em O; e um ponto P sobre a circunferência.

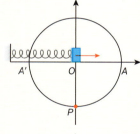

O ponto P desloca-se sobre a circunferência, com velocidade constante no sentido anti-horário, de modo que a posição do corpo é dada pela projeção do ponto P no eixo OA. Para simplificar: a posição do corpo coincide a todo instante com a abscissa do ponto P.

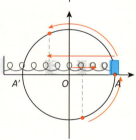

Uma função f pode descrever a oscilação do corpo pelo movimento do ponto P. No gráfico a seguir, $f(t)$ indica a posição do corpo em relação ao ponto de equilíbrio, em centímetro, no instante t, em segundo.

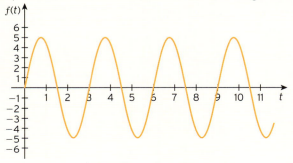

a) Qual é o período e a amplitude dessa função?

b) Em quantos segundos o corpo vai de A até A'?

c) Sabendo que a lei de correspondência da função f é da forma $f(t) = a \cdot \text{sen}(b \cdot t)$, com $a, b \in \mathbb{R}$, calcule os valores de a e b.

Resolução

a) Pelo gráfico, o período é 3 s e a amplitude é 5 cm.

b) Em um período completo (3 s), o corpo vai de A até A' e retorna até A. Logo, para ir de A até A', precisa de metade de um período: 1,5 s.

c) O valor a indica a amplitude da função, e o valor $\frac{2\pi}{b}$ indica o período.

$a = 5$

$\frac{2\pi}{b} = 3 \Rightarrow b = \frac{2\pi}{3}$

Portanto, $a = 5$ e $b = \frac{2\pi}{3}$, e a lei de correspondência da função é $f(t) = 5 \cdot \text{sen}\left(\frac{2\pi}{3} \cdot t\right)$.

58. Suponha que, no intervalo entre dois batimentos cardíacos, a pressão sanguínea P de um bebê de 11 meses, em milímetro de mercúrio (mmHg), é descrita aproximadamente por $P(t) = 80 + 10 \cdot \text{sen}(4\pi t)$, em que t indica o tempo em segundo. Determine:

a) o período dessa função;

b) a pressão sanguínea máxima e a mínima do bebê nesse intervalo.

Resolução

a) O período da função é $\frac{2\pi}{4\pi} = \frac{1}{2}$, o que indica um batimento a cada 0,5 segundo, ou 2 batimentos por segundo, ou 120 batimentos por minuto.

b) A pressão máxima ocorre quando $\text{sen}(4\pi t) = 1$ e a mínima ocorre quando $\text{sen}(4\pi t) = -1$.

$P_{máx} = 80 + 10 \cdot 1 = 90$

$P_{mín} = 80 + 10 \cdot (-1) = 70$

Portanto, a pressão máxima é 90 mmHg, e a mínima, 70 mmHg. Isso significa que a pressão sanguínea desse bebê no intervalo entre dois batimentos cardíacos é 90 por 70.

Exercícios propostos

59. (Unesp) Em situação normal, observa-se que os sucessivos períodos de aspiração e expiração de ar dos pulmões em um indivíduo são iguais em tempo, bem como na quantidade de ar inalada e expelida. A velocidade de aspiração e expiração de ar dos pulmões de um indivíduo está representada pela curva do gráfico, considerando apenas um ciclo do processo.

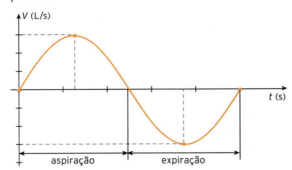

Sabendo-se que, em uma pessoa em estado de repouso, um ciclo de aspiração e expiração completo ocorre a cada 5 segundos e que a taxa máxima de inalação e exalação, em módulo, é 0,6 L/s, a expressão da função cujo gráfico mais se aproxima da curva representada na figura é:

a) $V(t) = \dfrac{2\pi}{5} \cdot \text{sen}\left(\dfrac{3}{5} t\right)$

b) $V(t) = \dfrac{3}{5} \cdot \text{sen}\left(\dfrac{5}{2\pi} t\right)$

c) $V(t) = 0{,}6 \cdot \cos\left(\dfrac{2\pi}{5} t\right)$

d) $V(t) = 0{,}6 \cdot \text{sen}\left(\dfrac{2\pi}{5} t\right)$

e) $V(t) = \dfrac{5}{2\pi} \cdot \cos 0{,}6 t$

60. O fenômeno das marés altas e baixas é regulado por vários fatores, entre eles a atração gravitacional entre a Terra e a Lua. Após a análise de uma grande quantidade de dados, concluiu-se que a altura A, em metro, das marés de uma região, t horas após o início de determinado dia, pode ser expressa por $A(t) = 2 + \cos\left(\dfrac{\pi}{6} t\right)$.

a) Calcule a altura máxima e a mínima das marés nesse dia.
b) Determine o menor intervalo de tempo entre duas marés altas.
c) As marés altas ocorreram em quais horários? E as marés baixas?

61. Desprezando as forças dissipativas, o conjunto a seguir, corpo e mola, executa um movimento harmônico simples cujo ponto de equilíbrio é O e cujos extremos de oscilação são os pontos A e B.

A distância entre A e B é 8 cm e, a cada 2 s, o corpo sai de um extremo e volta a ele. Considerando o início do movimento em A, identifique o gráfico que expressa a posição D do corpo em relação ao ponto de equilíbrio, em centímetro, no instante t, em segundo.

a)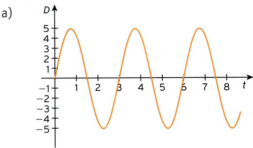

b)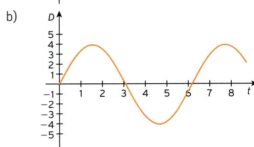

c)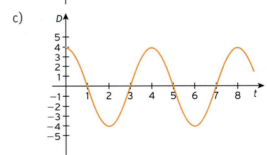

d)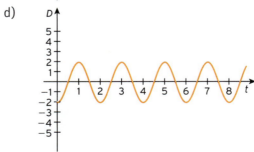

e)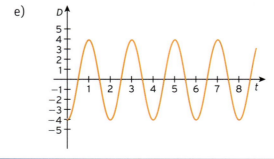

Exercícios complementares

62. Determine o período de cada função representada abaixo, considerando o intervalo [−6, 6] para análise.

a)
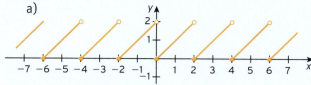

b)
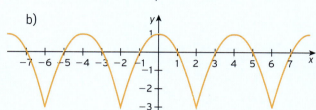

63. O volume V de água de um reservatório, em litro, varia em função do tempo t tal que:

$$V(t) = 40 + 10 \cdot \text{sen}\left(\frac{\pi}{4} \cdot t\right), \text{ com } t \text{ em hora}$$

a) Determine o volume de água nesse reservatório quando $t = 4$.
b) Qual é o volume mínimo de água nesse reservatório?

64. Associe a lei de correspondência de cada função a seu gráfico.

a) $f(x) = 1 + |\cos(2x)|$ c) $f(x) = 2 \cdot |\text{sen } x|$
b) $f(x) = |\text{tg } x|$ d) $f(x) = |\cos x|$

I.
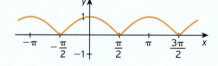

II.
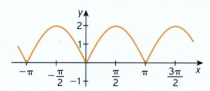

III.
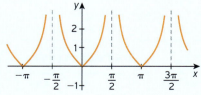

IV.
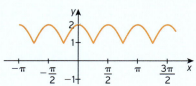

65. A seguir, tem-se a representação da função f dada por $f(x) = a + b \cdot \text{sen}\left(2x + \frac{\pi}{4}\right)$, com $a, b \in \mathbb{R}$.

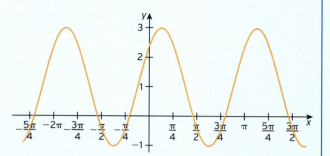

Determine os valores de a e b.

66. A variação da pressão em um vaso sanguíneo de um indivíduo obedece a um ciclo completo, que equivale a um batimento cardíaco, conforme descrito abaixo.
- Quando $t = 0$, a pressão assume valor mínimo de 80 mmHg.
- Quando $t = 0{,}375$ segundo, a pressão assume valor máximo de 120 mmHg.
- Quando $t = 0{,}75$ segundo, a pressão retorna ao valor mínimo e completa-se o ciclo.

Escreva uma possível lei de correspondência da função trigonométrica que descreve a relação entre a variação da pressão sanguínea e o tempo.

67. O gráfico a seguir foi obtido de transformações do gráfico da função cosseno. Escreva uma possível lei de correspondência para a função.

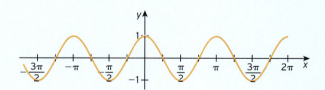

68. Considere o gráfico a seguir, da função f dada por $f(x) = a + b \cdot \text{tg } x$, com $a, b \in \mathbb{R}$.

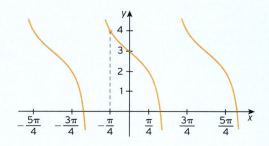

Determine os valores de a e b.

Exercícios complementares

69. Em dupla, resolva a seguinte situação.
Uma mola comprimida foi presa a uma superfície fixa, tendo um objeto na outra extremidade. Quando o objeto

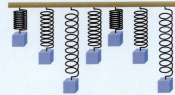

é solto, pode-se dizer que ele descreve um movimento oscilatório, conforme a imagem acima.
Sabe-se que:
- quando $t = 0$, a mola encontra-se em seu tamanho mínimo de 2 cm;
- quando $t = \frac{\pi}{2}$ segundos, a mola encontra-se em seu comprimento máximo de 4 cm;
- quando $t = \pi$ segundos, a mola retorna ao seu comprimento mínimo, e assim por diante.

Se não houvesse forças dissipativas, o objeto ficaria repetindo esse movimento periodicamente. Dessa maneira, seria possível estabelecer uma relação entre o tempo t e o comprimento c da mola.

a) Complete a tabela a seguir.

Tempo (s)	0	$\frac{\pi}{2}$	π	$\frac{3\pi}{2}$	2π
Comprimento da mola (cm)	2	4			

b) Escreva uma possível lei de correspondência da função trigonométrica que relaciona o comprimento C da mola e o tempo t. Para isso, determine antes o período e a amplitude da função.

70. A seguir tem-se o gráfico da função f dada por $f(x) = a + b \cdot \cos(x + d)$, com $a, b, d \in \mathbb{R}$.

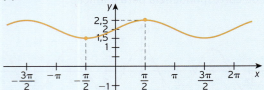

Determine os valores de a, b e d.

71. Para cada função dada a seguir, determine o conjunto imagem, a amplitude e o período.

a) $f(x) = \frac{1}{2} \cdot \text{sen}(3x + \pi)$

b) $f(x) = 1 + \cos\left(-x + \frac{\pi}{2}\right)$

72. Em um parque de diversões, o movimento de uma roda-gigante, que tem 20 m de raio e dista 30 cm do chão, é descrito pela função f representada abaixo.

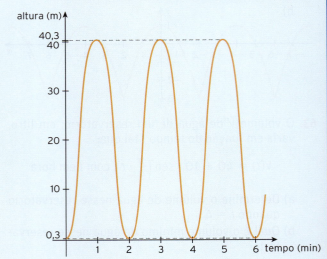

Determine:
a) a altura máxima, em relação ao solo, atingida por alguém na roda-gigante;
b) o tempo gasto para completar uma volta;
c) a amplitude e o período da função que descreve o movimento;
d) uma possível lei de correspondência dessa função.

73. (Mackenzie-SP) O maior valor que o número real $\dfrac{10}{2 - \dfrac{\text{sen } x}{3}}$ pode assumir é:

a) $\dfrac{20}{3}$ b) $\dfrac{7}{3}$ c) 10 d) 6 e) $\dfrac{20}{7}$

Orientação de estudos

O quadro abaixo apresenta os temas estudados neste capítulo e os exercícios complementares relacionados a cada tema. Se você teve dificuldade na resolução de algum exercício complementar, consulte a sugestão de estudos apresentada.

Tema	Exercícios complementares relacionados	Orientação de estudos
Função periódica	62	Releia o conteúdo das páginas 42 a 44 e retome os exercícios 2, 3, 5 e 6.
Função seno, função cosseno e função tangente	64, 65, 67, 68, 70, 71 e 73	Releia o conteúdo das páginas 46 a 49, 51, 52, 55 a 57, 59 e retome os exercícios 10, 12, 14, 21, 24, 34, 36, 41, 48 e 49.
Movimentos modelados por funções trigonométricas	63, 66, 69 e 72	Releia o conteúdo da página 61 e retome os exercícios 59 a 61.

Estratégias e soluções

Subindo e descendo a montanha

Em um dia ensolarado, João resolveu subir de bicicleta por uma trilha de uma bela montanha que há em sua cidade. Equipou-se com lanches, água, protetor solar, repelente, saco de dormir, acessórios de proteção e máquina fotográfica. Ele iniciou a subida às 8 horas e seguiu, sempre para cima, em ritmos variados, parando para comer ou fotografar conforme sua vontade. Chegando ao topo, decidiu pernoitar ali, pois assim poderia apreciar o nascer do Sol no outro dia.

Então, às 8 horas da manhã seguinte, João começou a descer a montanha, pela mesma trilha usada na subida, também em ritmos variados e parando conforme suas necessidades. Em dado ponto do trajeto, percebeu que no dia anterior esteve ali no mesmo horário.

Será que foi só uma coincidência ou, necessariamente, João teria de passar por algum ponto do percurso em ambos os dias no mesmo horário?

» Identificação e registro de informações

1. O que o problema pede?
2. No enunciado há muitas informações. Anote aquelas que você julga mais relevantes para a resolução.
3. Podemos dizer que esse é um problema fechado, pois ele já diz quais são as duas possíveis respostas, bastando decidir entre elas. Quais são as duas possíveis respostas?
4. Tente imaginar uma justificativa para cada possibilidade de resposta.
5. Qual das duas opções de resposta você considera ser a correta? Você consegue justificar sua escolha?
6. Quando se pode considerar que um problema foi respondido satisfatoriamente? Explique.

» Elaboração de hipóteses e estratégias de resolução

1. Para resolver um problema, pode ser muito útil imaginar outro semelhante, que mantenha as características essenciais do primeiro. Nesse caso poderíamos, por exemplo, imaginar duas personagens: Juca, que faz o papel de João na subida, e José, que faz o papel de João na descida. Mas, nesse novo problema, Juca e José iniciam seus trajetos no mesmo dia, às 8 horas: um subindo e o outro descendo. Fora isso, ambos se comportam exatamente como João.
   a) A situação proposta mantém quais características do problema original?
   b) Como ficaria a pergunta nesse novo problema?
   c) Você saberia responder a ela?
2. Procure fazer um paralelo entre o problema original e o problema proposto na questão anterior.
3. Responda à pergunta do problema. Justifique sua resposta.

» Reflexão

1. Verifique se a justificativa é satisfatória, testando, com seus colegas, sua capacidade de convencimento.
2. Ao longo da resolução desse problema, qual foi o momento de maior dificuldade? Como você fez para ultrapassá-lo?
3. É possível obter a solução do problema utilizando outra estratégia? Descreva-a.

Resolva os problemas 2 e 8 das páginas 304 e 305.

CAPÍTULO 3
Relações e transformações trigonométricas

Módulos

1. Identidade
2. Identidade trigonométrica
3. Equação trigonométrica
4. Inequação trigonométrica
5. Adição e subtração de arcos

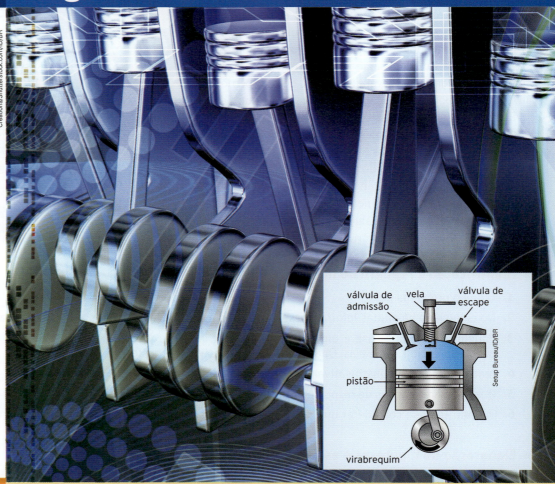

Para começar

O pistão e o virabrequim são peças internas do motor de um carro. O pistão, posicionado em um cilindro, descreve movimento retilíneo, e o virabrequim descreve movimento circular. Enquanto o pistão completa uma oscilação (vai e volta de um extremo ao outro), o virabrequim completa uma volta, no mesmo intervalo de tempo da oscilação do pistão. Assim, o pistão descreve um movimento conhecido como movimento harmônico simples, enquanto o virabrequim descreve um movimento circular uniforme — movimentos que são frequentemente estudados em Física.

A velocidade v de um ponto material que realiza um movimento harmônico simples, em função do tempo t, é dada por $v(t) = -\omega a \cdot \text{sen}\,(\omega t + \varphi_0)$, em que: a é a amplitude da oscilação; φ_0 é a fase inicial, cuja medida, em radiano, depende da posição do ponto material e do sentido do movimento no instante $t = 0$; ω é a frequência angular, que é a razão entre a medida angular do arco de uma volta completa na circunferência e o intervalo de tempo T de uma oscilação completa (o período de v), isto é, $\omega = \dfrac{2\pi}{T}$.

1. Supondo que o pistão do carro possa ser considerado como ponto material, e que complete uma oscilação em 0,1 segundo, em quanto tempo o virabrequim completa uma volta?
2. A velocidade de um corpo em movimento harmônico simples, em função do tempo, é dada por uma função da forma $f(x) = b \cdot \text{sen}\,(cx + d)$. Comparando as leis de correspondência das funções f e v, responda: Quando f e v têm períodos iguais?
3. Atualmente, a maioria dos carros comercializados no Brasil pode ser abastecida com gasolina ou etanol: são os veículos bicombustíveis ou *flex*. Pesquise e registre as vantagens e desvantagens desses dois combustíveis.

1. Identidade

Consideram-se as funções m, n e p, dadas pelas leis de correspondência a seguir, cujos domínios de validade U coincidem com o conjunto dos números reais, $U = \mathbb{R}$.

$$m(x) = 2(x + 1) \qquad n(x) = 2x + 1 \qquad p(x) = x + 3$$

A igualdade $2(x + 1) = 2x + 2$ **é uma identidade** no conjunto dos números reais, pois ela é verdadeira para qualquer valor de x pertencente ao domínio U da função m.

Já a igualdade $n(x) = p(x) \Rightarrow 2x + 1 = x + 3$ é verdadeira somente para $x = 2$ e falsa para números reais diferentes de 2. Logo, ela **não é uma identidade** no conjunto dos números reais.

Assim, dadas duas funções f e g na variável x, com domínio igual a U, define-se:

> A igualdade $f(x) = g(x)$ é uma **identidade** se $f(x') = g(x')$ para todo x' pertencente ao domínio U.

A seguir têm-se alguns exemplos de identidades em $U = \mathbb{R}$.

$$2x + x = 3x \qquad \operatorname{sen}^2 x + \cos^2 x = 1 \qquad (x + 2)^2 = x^2 + 4x + 4$$

Restrição do domínio das funções

Uma igualdade entre funções pode ser uma identidade em um domínio de validade e não ser em outro. Por exemplo:

- $\sqrt{x^2} = x$ é uma identidade no domínio $U = \mathbb{R}_+$, pois ela é verdadeira para qualquer número real não negativo.
- $\sqrt{x^2} = x$ não é uma identidade no domínio $U = \mathbb{R}$, pois, para valores negativos, como $x = -1$, a igualdade é falsa: $\sqrt{(-1)^2} \neq -1$

2. Identidade trigonométrica

Algumas das relações que você aprendeu são consideradas **identidades trigonométricas**, pois são igualdades entre funções trigonométricas válidas para todos os números reais pertencentes aos seus domínios. Veja algumas delas:

- $\operatorname{sen}^2 x + \cos^2 x = 1$
- $\operatorname{tg} x = \dfrac{\operatorname{sen} x}{\cos x}$, $\cos x \neq 0$
- $\sec x = \dfrac{1}{\cos x}$, $\cos x \neq 0$
- $\operatorname{cossec} x = \dfrac{1}{\operatorname{sen} x}$, $\operatorname{sen} x \neq 0$
- $\operatorname{cotg} x = \dfrac{\cos x}{\operatorname{sen} x}$, $\operatorname{sen} x \neq 0$
- $\sec^2 x = \operatorname{tg}^2 x + 1$, $\cos x \neq 0$
- $\operatorname{cossec}^2 x = \operatorname{cotg}^2 x + 1$, $\operatorname{sen} x \neq 0$
- $\operatorname{cotg} x = \dfrac{1}{\operatorname{tg} x}$, $\operatorname{tg} x \neq 0$

Essas identidades podem ser utilizadas na manipulação de igualdades trigonométricas, na demonstração de outras identidades trigonométricas, em simplificações de expressões e em resoluções de equações e inequações trigonométricas.

■ Demonstração de identidades

Existem alguns procedimentos para demonstrar identidades, sejam elas trigonométricas ou não. A seguir, são apresentados dois desses procedimentos, considerando-se duas funções f e g, e o domínio da validade de ambas, U.

Procedimento 1

I. Prova-se que as funções f e g estão definidas no mesmo domínio U.

II. Manipula-se um dos membros da igualdade (por exemplo $f(x)$) até a obtenção do outro membro (no caso, $g(x)$)

Exemplo

Demonstrar que $\cos x \cdot \text{cossec}\, x = \text{cotg}\, x$ é uma identidade no domínio:
$$U = \{x \in \mathbb{R} \mid \text{sen}\, x \neq 0\}$$

Consideram-se as funções f e g dadas por $f(x) = \cos x \cdot \text{cossec}\, x$ e $g(x) = \text{cotg}\, x$.

I. Para existir a igualdade $\cos x \cdot \text{cossec}\, x = \text{cotg}\, x$, tem-se $\text{sen}\, x \neq 0$, pois $\text{cossec}\, x = \dfrac{1}{\text{sen}\, x}$ e $\text{cotg}\, x = \dfrac{\cos x}{\text{sen}\, x}$. Logo, as funções f e g estão definidas para o mesmo domínio de validade U dado.

II. Manipula-se o 1º membro da igualdade, obtendo-se o 2º membro:
$$\cos x \cdot \text{cossec}\, x = \cos x \cdot \frac{1}{\text{sen}\, x} = \frac{\cos x}{\text{sen}\, x} = \text{cotg}\, x$$

Portanto, $\cos x \cdot \text{cossec}\, x = \text{cotg}\, x$ é uma identidade em $U = \{x \in \mathbb{R} \mid \text{sen}\, x \neq 0\}$.

Procedimento 2

I. Prova-se que as funções f e g estão definidas no mesmo domínio de validade U.

II. Manipula-se a diferença entre as leis de correspondências dessas funções até se obter zero, ou seja, demonstra-se que: $f(x) - g(x) = 0$.

Observação
Nota-se que: $f(x) - g(x) = 0 \Rightarrow f(x) = g(x)$

Exemplo

Demonstrar que a igualdade $\text{tg}\, x + \text{cotg}\, x = \sec x \cdot \text{cossec}\, x$ é uma identidade no domínio:
$$U = \{x \in \mathbb{R} \mid \text{sen}\, x \neq 0 \text{ e } \cos x \neq 0\}$$

Consideram-se as funções f e g dadas por $f(x) = \text{tg}\, x + \text{cotg}\, x$ e $g(x) = \sec x \cdot \text{cossec}\, x$.

I. Para existir a igualdade $\text{tg}\, x + \text{cotg}\, x = \sec x \cdot \text{cossec}\, x$, tem-se $\text{sen}\, x \neq 0$ e $\cos x \neq 0$, pois $\text{tg}\, x = \dfrac{\text{sen}\, x}{\cos x}$, $\text{cotg}\, x = \dfrac{\cos x}{\text{sen}\, x}$, $\sec x = \dfrac{1}{\cos x}$ e $\text{cossec}\, x = \dfrac{1}{\text{sen}\, x}$. Logo, as funções f e g estão definidas no domínio U dado.

II. Manipula-se $f(x) - g(x)$ até se obter zero como resultado.
$$f(x) - g(x) = \text{tg}\, x + \text{cotg}\, x - \sec x \cdot \text{cossec}\, x = \frac{\text{sen}\, x}{\cos x} + \frac{\cos x}{\text{sen}\, x} - \frac{1}{\cos x} \cdot \frac{1}{\text{sen}\, x} =$$
$$= \frac{\text{sen}^2 x + \cos^2 x}{\cos x \cdot \text{sen}\, x} - \frac{1}{\cos x \cdot \text{sen}\, x} = \frac{1}{\cos x \cdot \text{sen}\, x} - \frac{1}{\cos x \cdot \text{sen}\, x} = 0$$

Logo, $\text{tg}\, x + \text{cotg}\, x = \sec x \cdot \text{cossec}\, x$ é uma identidade em $U = \{x \in \mathbb{R} \mid \text{sen}\, x \neq 0 \text{ e } \cos x \neq 0\}$.

Exercício proposto

1. Demonstre que as igualdades abaixo são identidades trigonométricas nos respectivos domínios U.

a) $(\text{sen}\, x + \cos x)^2 + (\text{sen}\, x - \cos x)^2 = 2$, em $U = \mathbb{R}$

b) $\dfrac{1 + \text{cotg}^2 x}{\sec x \cdot (1 - \cos^2 x)} = \dfrac{\cos x}{\text{sen}^4 x}$, em $U = \{x \in \mathbb{R} \mid \cos x \neq 0, \cos^2 x \neq 1 \text{ e sen}\, x \neq 0\}$

c) $\text{cotg}\, x \cdot \sec x + \text{tg}\, x = \dfrac{\text{sen}\, x}{\cos x} + \text{cossec}\, x$, em $U = \{x \in \mathbb{R} \mid \text{sen}\, x \neq 0 \text{ e } \cos x \neq 0\}$

d) $\dfrac{\sec x \cdot \text{sen}\, x}{\text{cotg}\, x \cdot \text{cossec}\, x} = \text{tg}^2 x \cdot \text{sen}\, x$, em $U = \{x \in \mathbb{R} \mid \text{sen}\, x \neq 0 \text{ e } \cos x \neq 0\}$

e) $(\text{cotg}\, x + \text{tg}\, x) \cdot \text{sen}\, x \cdot \cos x = \dfrac{1}{\text{cossec}^2 x} + \dfrac{1}{\sec^2 x}$, em $U = \{x \in \mathbb{R} \mid \text{sen}\, x \neq 0 \text{ e } \cos x \neq 0\}$

3. Equação trigonométrica

Equações trigonométricas são equações que envolvem funções trigonométricas, em que a incógnita é a medida de um arco.

Exemplos

$$\operatorname{sen} x = 1 \qquad \cos x = \frac{1}{2} \qquad \operatorname{tg} 2x = \frac{\sqrt{3}}{3}$$

Não há uma regra ou procedimento que resolva todos os tipos de equações trigonométricas. Porém, a maioria das equações trigonométricas podem ser reduzidas a um dos três tipos de equação descritos a seguir.

- **1º tipo:** $\operatorname{sen} x = b$ ou $\operatorname{sen} x = \operatorname{sen} \alpha$
- **2º tipo:** $\cos x = b$ ou $\cos x = \cos \alpha$
- **3º tipo:** $\operatorname{tg} x = b$ ou $\operatorname{tg} x = \operatorname{tg} \alpha$

x é a incógnita
α e b são números reais

sen $x = b$, cos $x = b$ e tg $x = b$

Para resolver em $\mathbb{R}$ equações do tipo $\operatorname{sen} x = b$, utilizam-se os procedimentos a seguir.

I. Considerando-se uma circunferência trigonométrica, localiza-se o ponto $(0, b)$, que pertence ao eixo Oy.

II. Verificam-se quais valores reais de x, da 1ª volta da circunferência trigonométrica, satisfazem a equação trigonométrica $\operatorname{sen} x = b$. Observe que são os pontos cuja ordenada é b.

III. Consideram-se todas as soluções em $\mathbb{R}$, obtendo-se o conjunto solução da equação.

Exemplo

Resolver em $\mathbb{R}$ a equação trigonométrica $\operatorname{sen} x = -\frac{\sqrt{2}}{2}$.

I. Considerando-se a circunferência trigonométrica, localiza-se o ponto $\left(0, -\frac{\sqrt{2}}{2}\right)$, que pertence ao eixo Oy.

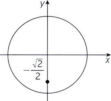

II. Verifica-se que $\frac{5\pi}{4}$ e $\frac{7\pi}{4}$ são os valores reais de x da 1ª volta que satisfazem a equação dada.

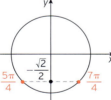

III. Considerando os arcos côngruos de outras voltas da circunferência trigonométrica, o conjunto solução dessa equação trigonométrica é:

$$S = \left\{ x \in \mathbb{R} \;\middle|\; x = \frac{5\pi}{4} + 2k\pi \text{ ou } x = \frac{7\pi}{4} + 2k\pi, k \in \mathbb{Z} \right\}$$

A resolução de equações do tipo $\cos x = b$ e $\operatorname{tg} x = b$ são semelhantes à resolução apresentada para $\operatorname{sen} x = b$.

- Em $\cos x = b$, considerando-se uma circunferência trigonométrica, localiza-se o ponto $(b, 0)$, que pertence ao eixo Ox. Os valores reais de x da 1ª volta que satisfazem a equação trigonométrica são os pontos cuja abscissa é b. Consideram-se todas as soluções em $\mathbb{R}$, obtendo-se o conjunto solução.

- Em $\operatorname{tg} x = b$, considerando-se uma circunferência trigonométrica, localiza-se o ponto $(1, b)$, que pertence ao eixo das tangentes. Os valores reais de x da 1ª volta que satisfazem a equação trigonométrica são os pontos de intersecção da circunferência trigonométrica com a reta que passa pelo centro dela e pelo ponto $(1, b)$. Consideram-se todas as soluções em $U = \{x \in \mathbb{R} \mid x \neq \text{de } \frac{\pi}{2} + k\pi, k \in \mathbb{Z}\}$, obtendo-se o conjunto solução.

sen x = sen α, cos x = cos α e tg x = tg α

Para resolver em **R** equações do tipo sen x = sen α, utilizam-se os procedimentos a seguir.

I. Considerando-se uma circunferência trigonométrica, localiza-se o ponto (0, sen α), que pertence ao eixo Oy.

II. Verificam-se quais valores reais de x da 1ª volta da circunferência trigonométrica satisfazem a equação trigonométrica sen x = sen α.
São os pontos cuja ordenada é sen α.

III. Consideram-se todas as soluções em **R**, obtendo-se o conjunto solução da equação.

Exemplo

Resolver em **R** a equação trigonométrica $\text{sen } x = \text{sen}\left(\frac{\pi}{3}\right)$.

I. Considerando-se uma circunferência trigonométrica, localiza-se o ponto $\left(0, \text{sen}\left(\frac{\pi}{3}\right)\right) = \left(0, \frac{\sqrt{3}}{2}\right)$, que pertence ao eixo Oy.

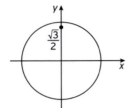

II. Verifica-se na tabela de valores notáveis de senos que $\frac{\pi}{3}$ e $\frac{2\pi}{3}$ são valores reais de x da 1ª volta que satisfazem a equação dada.

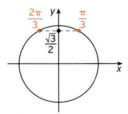

III. Logo, o conjunto solução dessa equação trigonométrica é:

$$S = \left\{x \in \mathbb{R} \mid x = \frac{\pi}{3} + 2k\pi \text{ ou } x = \frac{2\pi}{3} + 2k\pi, k \in \mathbb{Z}\right\}$$

A resolução de equações do tipo cos x = cos α e tg x = tg α são semelhantes à resolução apresentada para sen x = sen α.

- Em cos x = cos α, considerando-se uma circunferência trigonométrica, localiza-se o ponto (cos α, 0), que pertence ao eixo Ox.

Os valores reais de x da 1ª volta que satisfazem a equação trigonométrica são os pontos cuja abscissa é cos α. Consideram-se todas as soluções em **R**, obtendo-se o conjunto solução.

- Em tg x = tg α, considerando-se uma circunferência trigonométrica, localiza-se o ponto (1, tg α), que pertence ao eixo das tangentes. Os valores reais de x da 1ª volta que satisfazem a equação trigonométrica são os pontos de intersecção da circunferência trigonométrica com a reta que passa pelo centro dela e pelo ponto (1, tg α). Consideram-se todas as soluções em $U = \left\{x \in \mathbb{R} \mid x \neq \frac{\pi}{2} + k\pi, k \in \mathbb{Z}\right\}$, obtendo-se o conjunto solução.

Para refletir

- Usando uma calculadora, verifique (com precisão de três casas decimais) a relação fundamental da trigonometria, $\text{sen}^2 x + \cos^2 x = 1$, para os arcos de 30°, 45°, 60° e 90°.
- Apresente dois métodos para estimar qual é o valor de sen x para um arco cujo cosseno é 0,671.

Cálculo mental

Usando as relações trigonométricas, calcule mentalmente o valor de:
- sec 60°
- cossec 30°
- cotg 45°

Exercícios resolvidos

2. Resolva a equação trigonométrica a seguir no conjunto dos números reais.

$$\cos\left(x + \frac{\pi}{3}\right) = -1$$

Resolução

Para transformar a equação dada em uma equação trigonométrica da forma $\cos x = b$, fazemos uma troca de incógnitas considerando $w = x + \frac{\pi}{3}$.

Então, determinamos a solução da equação trigonométrica $\cos w = -1$.

I. Considerando uma circunferência trigonométrica, localizamos o ponto $(-1, 0)$, que pertence ao eixo Ox.

II. Verificamos que π é o valor real da 1ª volta que satisfaz a equação $\cos w = -1$.

III. As soluções em $\mathbb{R}$ são da forma $w = \pi + 2k\pi$, com $k \in \mathbb{Z}$.

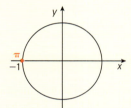

Como $w = x + \frac{\pi}{3}$, obtemos a solução da equação $\cos\left(x + \frac{\pi}{3}\right) = -1$:

$$\pi + 2k\pi = x + \frac{\pi}{3} \Rightarrow x = \pi - \frac{\pi}{3} + 2k\pi = \frac{2\pi}{3} + 2k\pi$$

Portanto: $S = \left\{x \in \mathbb{R} \,\middle|\, x = \frac{2\pi}{3} + 2k\pi, k \in \mathbb{Z}\right\}$

3. Resolva a equação trigonométrica $\text{sen}(2x) = \text{sen}\left(\frac{4\pi}{5}\right)$ no conjunto dos números reais.

Resolução

Para transformar a equação dada em uma equação da forma $\text{sen } x = \text{sen } \alpha$, fazemos uma troca de incógnitas considerando $w = 2x$. Então, determinamos a solução da equação $\text{sen } w = \text{sen}\left(\frac{4\pi}{5}\right)$.

I. Considerando uma circunferência trigonométrica, localizamos o ponto $\left(0, \text{sen}\left(\frac{4\pi}{5}\right)\right)$, que pertence ao eixo Oy.

II. Verificamos os valores reais da 1ª volta que satisfazem a equação $\text{sen } w = \text{sen}\left(\frac{4\pi}{5}\right)$. São eles: $\frac{4\pi}{5}$ e $\frac{\pi}{5} = \pi - \frac{4\pi}{5}$.

III. As soluções em $\mathbb{R}$ são da forma $w = \frac{\pi}{5} + 2k\pi$ ou $w = \frac{4\pi}{5} + 2k\pi$, com $k \in \mathbb{Z}$.

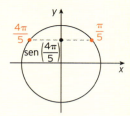

Como $w = 2x$, obtemos a solução da equação $\text{sen}(2x) = \text{sen}\left(\frac{4\pi}{5}\right)$.

- Para $w = \frac{\pi}{5} + 2k\pi$:

$$\frac{\pi}{5} + 2k\pi = 2x \Rightarrow x = \frac{\pi}{5 \cdot 2} + \frac{2k\pi}{2} = \frac{\pi}{10} + k\pi$$

- Para $= \frac{4\pi}{5} + 2k\pi$:

$$\frac{4\pi}{5} + 2k\pi = 2x \Rightarrow x = \frac{4\pi}{5 \cdot 2} + \frac{2k\pi}{2} = \frac{2\pi}{5} + k\pi$$

Portanto:

$$S = \left\{x \in \mathbb{R} \,\middle|\, x = \frac{\pi}{10} + k\pi \text{ ou } x = \frac{2\pi}{5} + k\pi, k \in \mathbb{Z}\right\}$$

4. Resolva as seguintes equações trigonométricas no conjunto dos números reais:

a) $\cos^2 x - \cos x - 2 = 0$

b) $\text{sen}^2 x - \cos^2 x = 0$

c) $\text{tg}^3 x - \text{tg}^2 x = 0$

Resolução

a) Fazendo a substituição $y = \cos x$ na equação $\cos^2 x - \cos x - 2 = 0$, obtemos a equação do 2º grau $y^2 - y - 2 = 0$. Resolvemos essa equação:

$$y^2 - y - 2 = 0 \Rightarrow y = -1 \text{ ou } y = 2$$

Substituindo os valores de y em $y = \cos x$, obtemos as soluções da equação trigonométrica dada.

- Para $y = 2$: $\cos x = -1 \Rightarrow x = \pi + 2k\pi$, com $k \in \mathbb{Z}$.

- Para $y = -1$: $\cos x = 2$ (não existe solução para essa equação trigonométrica no conjunto dos números reais).

Logo: $S = \{x \in \mathbb{R} \mid x = \pi + 2k\pi, k \in \mathbb{Z}\}$

b) Pela relação fundamental trigonométrica, temos: $\text{sen}^2 x + \cos^2 x = 1 \Rightarrow \text{sen}^2 x = 1 - \cos^2 x$

Substituindo $\text{sen}^2 x = 1 - \cos^2 x$ na equação $\text{sen}^2 x - \cos^2 x = 0$, obtemos sua solução:

$$1 - \cos^2 x - \cos^2 x = 0 \Rightarrow 2 \cdot \cos^2 x = 1 \Rightarrow$$

$$\Rightarrow \cos^2 x = \frac{1}{2} \Rightarrow \cos x = \pm\sqrt{\frac{1}{2}}$$

Racionalizando o segundo membro, obtemos:

$\cos x = \dfrac{\sqrt{2}}{2}$ ou $\cos x = -\dfrac{\sqrt{2}}{2}$

Valores da 1ª volta, que satisfazem a equação:

- para $\cos x = \dfrac{\sqrt{2}}{2}$: $x = \dfrac{\pi}{4}$ ou $x = \dfrac{7\pi}{4}$
- para $\cos x = -\dfrac{\sqrt{2}}{2}$: $x = \dfrac{3\pi}{4}$ ou $x = \dfrac{5\pi}{4}$

c) Colocamos $\operatorname{tg}^2 x$ em evidência:

$\operatorname{tg}^3 x - \operatorname{tg}^2 x = 0 \Rightarrow \operatorname{tg}^2 x \cdot (\operatorname{tg} x - 1) = 0 \Rightarrow$
$\Rightarrow \operatorname{tg}^2 x = 0$ ou $\operatorname{tg} x - 1 = 0$

Resolvemos as equações obtidas:

$\operatorname{tg}^2 x = 0 \Rightarrow \operatorname{tg} x = 0 \Rightarrow x = k\pi, k \in \mathbb{Z}$

$\operatorname{tg} x - 1 = 0 \Rightarrow \operatorname{tg} x = 1 \Rightarrow x = \dfrac{\pi}{4} + k\pi, k \in \mathbb{Z}$

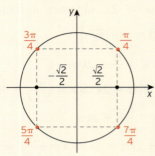
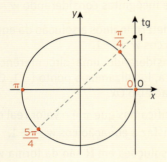

Logo: $S = \left\{ x \in \mathbb{R} \,\middle|\, x = \dfrac{\pi}{4} + k \cdot \dfrac{\pi}{2}, k \in \mathbb{Z} \right\}$

Logo: $S = \left\{ x \in \mathbb{R} \,\middle|\, x = k\pi \text{ ou } x = \dfrac{\pi}{4} + k\pi, k \in \mathbb{Z} \right\}$

Exercícios propostos

5. Resolva as equações a seguir, nos respectivos domínios U:

a) $-5 \cdot \operatorname{sen} x = 2,5$, em $U = [0, 2\pi[$

b) $-3 \cdot \operatorname{tg} x = 3\sqrt{3}$, em
$U = \left[0, \dfrac{\pi}{2}\right[\cup \left]\dfrac{\pi}{2}, \dfrac{3\pi}{2}\right[\cup \left]\dfrac{3\pi}{2}, 2\pi\right[$

c) $\operatorname{sen} x = \operatorname{sen}\left(-\dfrac{\pi}{4}\right)$, em $U = [0, 2\pi[$

d) $\cos x = \cos\left(\dfrac{5\pi}{6}\right)$, em $U = [0, 2\pi[$

e) $\operatorname{tg} x = \operatorname{tg}\left(\dfrac{4\pi}{3}\right)$, em
$U = \mathbb{R} - \left\{\dfrac{\pi}{2} + k\pi, k \in \mathbb{Z}\right\}$

f) $\operatorname{sen}(2x) = -1$, em $U = \mathbb{R}$

g) $\cos(0,5x) = -1$, em $U = \mathbb{R}$

h) $\cos\left(x + \dfrac{2\pi}{3}\right) = \cos\left(\dfrac{\pi}{2}\right)$, em $U = \mathbb{R}$

6. Considere a seguinte equação trigonométrica:

$$\cos^3 x + \cos x = 0$$

Determine o conjunto solução dessa equação nos seguintes casos:

a) para x pertencente ao intervalo $[0, 2\pi[$;

b) para $x \in \mathbb{R}$.

7. Considerando a equação trigonométrica $\cos^2 x - \operatorname{sen}^2 x - 0,5 = 0$, determine:

a) o conjunto solução dessa equação no intervalo $[0, \pi[$;

b) os valores reais de x, $x \in [\pi, 2\pi[$, que satisfazem essa equação;

c) os valores reais de x que satisfazem essa equação.

8. Resolva as equações nos domínios indicados.

a) $\operatorname{sen} x = \dfrac{\sqrt{2}}{2}$ em $U = \mathbb{R}$

b) $\cos x = -\dfrac{1}{2}$ em $U = \mathbb{R}$

c) $\operatorname{tg} x = \dfrac{\sqrt{3}}{3}$ em $U = \mathbb{R} - \left\{\dfrac{\pi}{2} + k\pi, k \in \mathbb{Z}\right\}$

d) $\operatorname{tg} x = 1$ em $U = \mathbb{R} - \left\{\dfrac{\pi}{2} + k\pi, k \in \mathbb{Z}\right\}$

9. Resolva em $\mathbb{R}$ as equações.

a) $\operatorname{sen}\left(x + \dfrac{\pi}{2}\right) = -\dfrac{\sqrt{3}}{2}$

b) $\cos\left(x + \dfrac{\pi}{3}\right) = -\dfrac{\sqrt{2}}{2}$

c) $\operatorname{tg}\,x - \dfrac{\pi}{4} = \sqrt{3}$ $\left(\text{com } x \neq \dfrac{3\pi}{4} + k\pi, k \in \mathbb{Z}\right)$

d) $2 \cdot \operatorname{sen}\left(x + \dfrac{\pi}{2}\right) = \sqrt{2}$

e) $\sqrt{2} \cdot \cos\left(x - \dfrac{\pi}{5}\right) = 1$

f) $\sqrt{3} \cdot \operatorname{tg}\left(x - \dfrac{\pi}{2}\right) = -1$ (com $x \neq k\pi, k \in \mathbb{Z}$)

10. Observe a circunferência trigonométrica a seguir e os pontos destacados em vermelho.

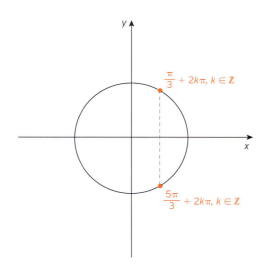

Determine uma equação trigonométrica cujas soluções são os pontos destacados na circunferência acima.

11. Resolva as equações dos itens abaixo. Para isso, considere $U = \mathbb{R}$.

a) $\operatorname{sen} x = \operatorname{sen}\left(\dfrac{\pi}{7}\right)$

b) $\operatorname{sen}\left(x + \dfrac{4\pi}{5}\right) = \operatorname{sen}\left(\dfrac{\pi}{2}\right)$

c) $\cos x = \cos\left(\dfrac{\pi}{9}\right)$

d) $\operatorname{tg}\left(x - \dfrac{\pi}{5}\right) = \operatorname{tg} \pi$ $\left(\text{com } x \neq \dfrac{7\pi}{10} + k\pi, k \in \mathbb{Z}\right)$

12. Encontre o conjunto solução das equações considerando os intervalos dados.

a) $\operatorname{sen} x = \cos\left(\dfrac{5\pi}{8}\right)$, para $\pi \leq x \leq 2\pi$.

b) $\cos x = \operatorname{sen}\left(\dfrac{2\pi}{5}\right)$, para $\dfrac{3\pi}{2} \leq x \leq \dfrac{5\pi}{2}$.

13. Considerando $U = [0, 2\pi]$, determine o conjunto solução das equações.

a) $\sec x = 2$ $\left(\text{com } x \neq \dfrac{\pi}{2} \text{ e } x \neq \dfrac{3\pi}{2}\right)$

b) $\operatorname{cossec} x = \dfrac{2\sqrt{3}}{3}$ (com $x \neq 0$ e $x \neq \pi$)

c) $\operatorname{cotg} x = 0$ (com $x \neq 0$ e $x \neq \pi$)

d) $\operatorname{cotg} x = -1$ (com $x \neq 0$ e $x \neq \pi$)

14. Considerando $0 \leq x \leq \pi$, resolva as equações dos itens a seguir.

a) $\operatorname{tg}^2 x - \operatorname{tg} x = 0$ $\left(\text{com } x \neq \dfrac{\pi}{2}\right)$

b) $\operatorname{sen}^2 x - \operatorname{sen} x = 0$

15. Encontre as raízes das equações, considerando $U = [0, 2\pi]$.

a) $\operatorname{sen} x \cdot \operatorname{tg} x - \operatorname{sen} x = 0$ $\left(\text{com } x \neq \dfrac{\pi}{2} \text{ e } x \neq \dfrac{3\pi}{2}\right)$

b) $\cos x \cdot \operatorname{tg} x + \cos x = 0$ $\left(\text{com } x \neq \dfrac{\pi}{2} \text{ e } x \neq \dfrac{3\pi}{2}\right)$

c) $\operatorname{tg} x - \cos x \cdot \operatorname{cossec} x = 0$

$\left(\text{com } x \neq \left\{0, \dfrac{\pi}{2}, \pi, \dfrac{3\pi}{2}, 2\pi\right\}\right)$

16. Determine o conjunto solução das equações.

a) $\sec^2 x - 1 = 3$

b) $\operatorname{sen}^2 x = \dfrac{1}{2}$

c) $\operatorname{tg}^2 x = 1$ $\left(\text{com } x \neq \dfrac{\pi}{2} + k\pi, k \in \mathbb{Z}\right)$

d) $\operatorname{sen}^3 x - \operatorname{sen} x = 0$

17. Na figura a seguir está representada uma circunferência trigonométrica. Considerando que os pontos indicados representam as raízes de uma equação trigonométrica, em que $0 \leq x \leq 2\pi$, responda:

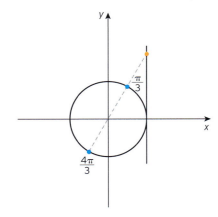

Qual das alternativas a seguir apresenta essa equação trigonométrica?

a) $\operatorname{tg} x = \dfrac{\sqrt{3}}{2}$

b) $\operatorname{tg} x = -\dfrac{\sqrt{3}}{2}$

c) $\operatorname{tg} x = \dfrac{\sqrt{3}}{3}$

d) $\operatorname{tg} x = \sqrt{3}$

4. Inequação trigonométrica

Inequações trigonométricas são inequações que envolvem funções trigonométricas em que a incógnita é a medida de um arco.

Exemplos

$$\operatorname{sen}(x + \pi) > \frac{1}{2} \qquad \cos x \leq \frac{\sqrt{2}}{2} \qquad \operatorname{tg} x \geq 1$$

Para determinar o conjunto solução de inequações trigonométricas no conjunto dos números reais, tais como sen $x > b$, cos $x \leq b$ e tg $x < b$, em que b é um número real, utilizam-se os procedimentos descritos a seguir.

I. Determinam-se os valores reais para os quais a expressão que apresenta a incógnita assume o valor b.

II. Considerando-se uma circunferência trigonométrica, localizam-se os valores reais de x e determina-se o intervalo que é solução da inequação na 1ª volta.

III. Consideram-se todas as soluções em $\mathbb{R}$, obtendo-se o conjunto solução da inequação.

Exemplo 1

Resolver em $\mathbb{R}$ a inequação trigonométrica sen $x > \frac{1}{2}$.

I. Resolvendo a equação sen $x = \frac{1}{2}$, obtém-se:

$$x = \frac{\pi}{6} + 2k\pi \text{ ou } x = \frac{5\pi}{6} + 2k\pi, k \in \mathbb{Z}$$

II. Considerando-se uma circunferência trigonométrica, localizam-se os valores reais de x da 1ª volta:

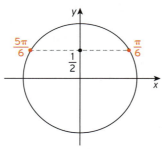

Analisando a representação na circunferência trigonométrica abaixo, observa-se que os arcos com medida entre $\frac{\pi}{6}$ e $\frac{5\pi}{6}$ (destacados em vermelho) têm seno maior do que $\frac{1}{2}$:

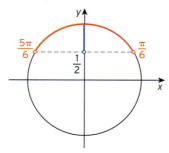

III. Logo, o conjunto solução da inequação sen $x > \frac{1}{2}$ é:

$$S = \left\{ x \in \mathbb{R} \;\middle|\; \frac{\pi}{6} + 2k\pi < x < \frac{5\pi}{6} + 2k\pi, k \in \mathbb{Z} \right\}$$

Exemplo 2

Resolver em $\mathbb{R}$ a inequação trigonométrica $\cos x \geq 0$.

I. Resolvendo a equação $\cos x = 0$, obtém-se: $x = \dfrac{\pi}{2} + 2k\pi$ ou $x = \dfrac{3\pi}{2} + 2k\pi$, $k \in \mathbb{Z}$

II. Considerando-se uma circunferência trigonométrica, localizam-se os valores reais de x da 1ª volta, como mostrado a seguir.

Analisando a representação dos arcos de medidas $\dfrac{\pi}{2}$ e $\dfrac{3\pi}{2}$ na circunferência trigonométrica (apenas os arcos da 1ª volta), observa-se que os arcos com medida entre 0 e $\dfrac{\pi}{2}$, incluindo 0, e entre $\dfrac{3\pi}{2}$ e 2π, incluindo $\dfrac{3\pi}{2}$ (destacados em vermelho), têm cosseno maior do que ou igual a zero:

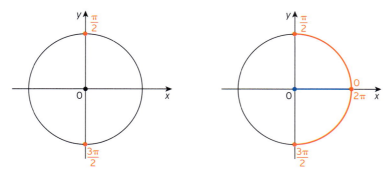

III. Logo, o conjunto solução da inequação $\cos x \geq 0$ é:

$$S = \left\{ x \in \mathbb{R} \;\middle|\; 2k\pi \leq x \leq \dfrac{\pi}{2} + 2k\pi \text{ ou } \dfrac{3\pi}{2} + 2k\pi \leq x < 2\pi + 2k\pi, k \in \mathbb{Z} \right\}$$

Exemplo 3

Resolver em $\mathbb{R}$ a inequação trigonométrica $\operatorname{tg} x < 1$.

I. Resolvendo a equação $\operatorname{tg} x = 1$, obtém-se: $x = \dfrac{\pi}{4} + 2k\pi$ ou $x = \dfrac{5\pi}{4} + 2k\pi$, $k \in \mathbb{Z}$

II. Considerando-se uma circunferência trigonométrica, localizam-se os valores reais de x da 1ª volta.

Analisando a representação na circunferência trigonométrica abaixo, observa-se que os arcos com medida entre 0 e $\dfrac{\pi}{4}$, incluindo 0, entre $\dfrac{\pi}{2}$ e $\dfrac{5\pi}{4}$ e entre $\dfrac{3\pi}{2}$ e 2π (destacados em vermelho) têm tangente menor do que 1:

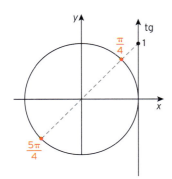 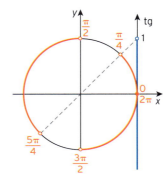

III. Logo, o conjunto solução da inequação $\operatorname{tg} x < 1$ é:

$$S = \left\{ x \in \mathbb{R} \;\middle|\; 2k\pi \leq x < \dfrac{\pi}{4} + 2k\pi \text{ ou } \dfrac{\pi}{2} + 2k\pi < x < \dfrac{5\pi}{4} + 2k\pi \text{ ou } \dfrac{3\pi}{2} + 2k\pi < x < 2\pi + 2k\pi, k \in \mathbb{Z} \right\}$$

Exercícios resolvidos

18. Determine em $\mathbb{R}$ o conjunto solução das inequações simultâneas $0 \leqslant \cos x \leqslant 1$.

Resolução

Para solucionar as inequações simultâneas, determinamos os arcos de medida x em que $\cos x = 0$ e em que $\cos x = 1$. Depois, analisamos as representações desses arcos na circunferência trigonométrica.

- Para $\cos x = 0$: $x = \frac{\pi}{2} + 2k\pi$ ou $x = \frac{3\pi}{2} + 2k\pi$, $k \in \mathbb{Z}$
- Para $\cos x = 1$: $x = 2k\pi$, $k \in \mathbb{Z}$

Representando os valores da 1ª volta da circunferência trigonométrica, concluímos que os arcos de medida entre 0 e $\frac{\pi}{2}$, incluindo esses valores, e os arcos entre $\frac{3\pi}{2}$ e 2π, incluindo $\frac{3\pi}{2}$, têm cosseno entre 0 e 1, incluindo esses valores.

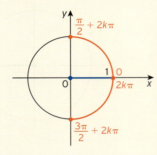

Logo, o conjunto solução da inequação é:

$S = \left\{ x \in \mathbb{R} \mid 2k\pi \leqslant x \leqslant \frac{\pi}{2} + 2k\pi \text{ ou } \frac{3\pi}{2} + 2k\pi \leqslant x < 2\pi + 2k\pi, k \in \mathbb{Z} \right\}$

19. Determine o conjunto solução das inequações trigonométricas, a seguir, no conjunto dos números reais.
a) $2 \cdot \text{tg } x - 2 \geqslant 0$
b) $\text{cossec } x - 1 > 0$

Resolução

a) Ao isolar tg x, obtemos: $2 \cdot \text{tg } x - 2 \geqslant 0 \Rightarrow \text{tg } x \geqslant 1$

No intervalo $[0, 2\pi[$, os valores de x em que tg $x = 1$ são $\frac{\pi}{4}$ e $\frac{5\pi}{4}$.

Representando os valores da 1ª volta da circunferência trigonométrica, concluímos que os arcos de medida entre $\frac{\pi}{4}$ e $\frac{\pi}{2}$, incluindo $\frac{\pi}{4}$, e entre $\frac{5\pi}{4}$ e $\frac{3\pi}{2}$, incluindo $\frac{5\pi}{4}$, têm tangente maior do que ou igual a 1.

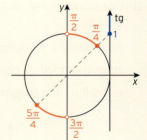

Logo, o conjunto solução da inequação é:

$S = \left\{ x \in \mathbb{R} \mid \frac{\pi}{4} + 2k\pi \leqslant x < \frac{\pi}{2} + 2k\pi \text{ ou } \frac{5\pi}{4} + 2k\pi \leqslant x < \frac{3\pi}{2} + 2k\pi, k \in \mathbb{Z} \right\}$

b) Como $\text{cossec } x = \frac{1}{\text{sen } x}$, ao manipular a inequação, obtemos:

$\text{cossec } x - 1 > 0 \Rightarrow \text{cossec } x > 1 \Rightarrow \frac{1}{\text{sen } x} > 1 \Rightarrow 0 < \text{sen } x < 1$

Determinando o valor de x da 1ª volta da circunferência trigonométrica em que sen $x = 1$, obtemos $x = \frac{\pi}{2}$. Como $0 < \text{sen } x < 1$, para qualquer $x \in \mathbb{R}$, o único valor de x da 1ª volta da circunferência trigonométrica que não satisfaz a inequação dada é $x = \frac{\pi}{2}$.

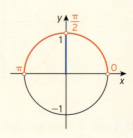

Logo, o conjunto solução da inequação é:

$S = \left\{ x \in \mathbb{R} \mid x \neq \frac{\pi}{2} + 2k\pi, k \in \mathbb{Z} \right\}$

Exercícios propostos

20. Resolva, em $\mathbb{R}$, as seguintes inequações:
a) $\operatorname{sen} x > \dfrac{\sqrt{3}}{2}$
b) $\operatorname{sen} x < -\dfrac{\sqrt{2}}{2}$
c) $\cos x > \dfrac{1}{2}$
d) $\cos x \leq -\dfrac{\sqrt{3}}{2}$
e) $\operatorname{tg} x \geq \dfrac{\sqrt{3}}{3}$
f) $\operatorname{tg} x < -\sqrt{3}$

21. Resolva as inequações sabendo que $0 \leq x < 2\pi$.
a) $2 \cdot \cos x - \sqrt{3} > 0$
b) $3 \cdot \operatorname{tg} x - 3 > 0$
c) $\operatorname{cossec} x < 0$
d) $\sec x < 0$
e) $\sqrt{2} \cdot \operatorname{sen} x + 1 \geq 0$
f) $\sqrt{3} \cdot \operatorname{tg} x + 1 \leq 0$

22. Dê o conjunto solução da inequação $\operatorname{cotg} x \geq 0$ no conjunto universo dos números reais.

23. Determine o conjunto solução das seguintes inequações no conjunto dos números reais.
a) $\cos\left(x + \dfrac{\pi}{2}\right) > -\dfrac{\sqrt{2}}{2}$
b) $\cos\left(x + \dfrac{\pi}{2}\right) \geq -\dfrac{\sqrt{2}}{2}$
c) $\operatorname{sen}\left(x - \dfrac{\pi}{4}\right) \leq \dfrac{\sqrt{3}}{2}$
d) $\operatorname{sen}\left(x - \dfrac{\pi}{4}\right) \geq \dfrac{\sqrt{3}}{2}$

24. Resolva, em $\mathbb{R}$, as inequações a seguir.
a) $\dfrac{1}{2} \leq \operatorname{sen} x \leq \dfrac{\sqrt{3}}{2}$
b) $-1 \leq \cos x \leq \dfrac{\sqrt{2}}{2}$
c) $-1 < \operatorname{tg} x < \sqrt{3}$
d) $-\dfrac{1}{2} \leq \operatorname{sen} x < \dfrac{\sqrt{2}}{2}$

5. Adição e subtração de arcos

As relações apresentadas a seguir permitem determinar o seno, o cosseno e a tangente da medida de um arco por meio da soma ou da diferença de dois outros arcos de seno, cosseno ou tangente conhecidos.

Seno da soma de dois arcos

Sejam a e b as medidas de dois arcos. É válida a seguinte relação:

$$\operatorname{sen}(a + b) = \operatorname{sen} a \cdot \cos b + \operatorname{sen} b \cdot \cos a$$

Demonstração

Para obter $\operatorname{sen}(a + b)$, considera-se a representação abaixo, que mostra os ângulos $A\hat{O}B$ e $B\hat{O}C$ na circunferência trigonométrica, de medidas a e b, respectivamente. Para facilitar a visualização, é ilustrado apenas o 1º quadrante da circunferência trigonométrica.

Como os triângulos OCM (azul) e OMN (laranja) da figura são retângulos em M e em N, respectivamente, verificam-se as seguintes igualdades:

- $\operatorname{sen} b = \dfrac{CM}{1} = CM$

- $\cos b = \dfrac{OM}{1} = OM$

- 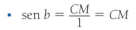 $\operatorname{sen} a = \dfrac{MN}{OM}$

- $MN = OY$, por construção.

Então: $\operatorname{sen} a = \dfrac{MN}{OM} = \dfrac{OY}{OM} = \dfrac{OY}{\cos b} \Rightarrow OY = \operatorname{sen} a \cdot \cos b$ (I)

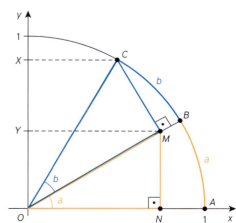

Traçando por C uma reta paralela ao segmento $\overline{YX}$, determina-se o triângulo CMZ (verde), retângulo em Z e semelhante ao triângulo OMN. Observe que $Y\hat{M}O = a$, pois é alterno interno de $N\hat{O}M$.

Como $a + c = 90°$, conclui-se que $Z\hat{M}C = c$ e, consequentemente, $M\hat{C}Z = a$.

Pelo triângulo CMZ, tem-se: $\cos a = \dfrac{CZ}{CM}$

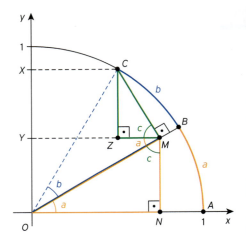

Substituindo CZ por YX e CM por sen b, obtém-se:

$\cos a = \dfrac{CZ}{CM} = \dfrac{YX}{\operatorname{sen} b} \Rightarrow YX = \operatorname{sen} b \cdot \cos a$ (II)

Pela circunferência trigonométrica, tem-se que $OX = \operatorname{sen}(a + b)$ e que $OX = OY + YX$. Então: $\operatorname{sen}(a + b) = OY + YX$ (III)

Substituindo (I) e (II) em (III), conclui-se que:
$$\operatorname{sen}(a + b) = \operatorname{sen} a \cdot \cos b + \operatorname{sen} b \cdot \cos a$$

Seno, cosseno e tangente da soma e da diferença de dois arcos

Também é possível demonstrar que são válidas as seguintes relações:

	Soma de dois arcos	Diferença de dois arcos
Seno	$\operatorname{sen}(a + b) = \operatorname{sen} a \cdot \cos b + \operatorname{sen} b \cdot \cos a$	$\operatorname{sen}(a - b) = \operatorname{sen} a \cdot \cos b - \operatorname{sen} b \cdot \cos a$
Cosseno	$\cos(a + b) = \cos a \cdot \cos b - \operatorname{sen} b \cdot \operatorname{sen} a$	$\cos(a - b) = \cos a \cdot \cos b + \operatorname{sen} b \cdot \operatorname{sen} a$
Tangente	$\operatorname{tg}(a + b) = \dfrac{\operatorname{tg} a + \operatorname{tg} b}{1 - \operatorname{tg} a \cdot \operatorname{tg} b}$ (para valores em que a tangente está definida)	$\operatorname{tg}(a - b) = \dfrac{\operatorname{tg} a - \operatorname{ta} b}{1 + \operatorname{tg} a \cdot \operatorname{tg} b}$ (para valores em que a tangente está definida)

Ação e cidadania

Lei ZMPP (Zona de Máxima Proteção ao Pedestre)

O Código de Trânsito Brasileiro estabelece **ao motorista**:

Infração gravíssima: não dar preferência ao pedestre sobre a faixa de segurança; avançar com o carro quando o pedestre não terminou de atravessar a rua [...] (7 pontos na carteira de habilitação, multa de R$ 191,53).

Infração grave: não dar preferência ao pedestre quando o veículo vira em uma rua transversal (5 pontos na carteira de habilitação, multa de R$ 127,69).

(Os valores são de 8 ago. 2011.)

O código também prevê normas **ao pedestre**: é proibido atravessar a faixa de segurança quando o semáforo estiver aberto aos carros; mas onde não houver farol a prioridade é do pedestre [...]

Disponível em: <http://www.cetsp.com.br/consultas/zona-de-maxima-protecao-ao-pedestre-zmpp/de-preferencia-a-vida.aspx>. Acesso em: 15 jan. 2013.

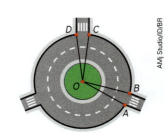

- Que outras atitudes contribuem para a segurança no trânsito?
- O acesso a uma rotatória é feito por três ruas, todas com faixa de pedestres:
  Os pontos A, B, C e D formam os arcos $\widehat{AD}$ e $\widehat{BC}$, de medidas 127° e 97°. Calcule o seno desses arcos sabendo que sen 37° = 0,6 e cos 37° = 0,8.

Exercícios resolvidos

25. Calcule o valor de tg 15° e valor de sec 75° · sen 105°.

Resolução

- O arco de 15° pode ser dado pela diferença dos arcos de 45° e de 30°. Assim: tg 15° = tg (45° − 30°)
Pela tangente da diferença de dois arcos, obtemos:

$$\text{tg } 15° = \text{tg }(45° - 30°) = \frac{\text{tg } 45° - \text{tg } 30°}{1 + \text{tg } 45° \cdot \text{tg } 30°} = \frac{1 - \frac{\sqrt{3}}{3}}{1 + 1 \cdot \frac{\sqrt{3}}{3}} = \frac{\frac{3 - \sqrt{3}}{3}}{\frac{3 + \sqrt{3}}{3}} = \frac{3 - \sqrt{3}}{3 + \sqrt{3}} \cdot \frac{3 - \sqrt{3}}{3 - \sqrt{3}} =$$

$$= \frac{12 - 6\sqrt{3}}{6} = 2 - \sqrt{3}$$

Portanto: tg 15° = 2 − √3

- $\sec 75° \cdot \text{sen } 105° = \frac{1}{\cos 75°} \cdot \text{sen } 105° = \frac{\text{sen } 105°}{\cos 75°} = \frac{\text{sen }(60° + 45°)}{\cos(30° + 45°)}$

Pelo seno da soma e pelo cosseno da soma de dois arcos, obtemos:

$$\frac{\text{sen}(60° + 45°)}{\cos(30° + 45°)} = \frac{\text{sen } 60° \cdot \cos 45° + \text{sen } 45° \cdot \cos 60°}{\cos 30° \cdot \cos 45° - \text{sen } 45° \cdot \text{sen } 30°} = \frac{\frac{\sqrt{3}}{2} \cdot \frac{\sqrt{2}}{2} + \frac{\sqrt{2}}{2} \cdot \frac{1}{2}}{\frac{\sqrt{3}}{2} \cdot \frac{\sqrt{2}}{2} - \frac{\sqrt{2}}{2} \cdot \frac{1}{2}} = \frac{\frac{\sqrt{2}(\sqrt{3} + 1)}{4}}{\frac{\sqrt{2}(\sqrt{3} - 1)}{4}} =$$

$$= \frac{\sqrt{3} + 1}{\sqrt{3} - 1} \cdot \frac{\sqrt{3} + 1}{\sqrt{3} + 1} = \frac{4 + 2\sqrt{3}}{2} = 2 + \sqrt{3}$$

Portanto: sec 75° · sen 105° = 2 + √3

26. Mostre que $\cos(2a) = \cos^2 a - \text{sen}^2 a$ e que $\cos^2\left(\frac{a}{2}\right) = \frac{1 + \cos a}{2}$

Resolução

- Adotando $b = a$ na expressão $\cos(a + b) = \cos a \cdot \cos b - \text{sen } b \cdot \text{sen } a$, obtemos:
$\cos(2a) = \cos(a + a) = \cos a \cdot \cos a - \text{sen } a \cdot \text{sen } a = \cos^2 a - \text{sen}^2 a$

- Seja c a medida de um arco. Pela relação fundamental trigonométrica, temos:
$\text{sen}^2 c + \cos^2 c = 1 \Rightarrow \text{sen}^2 c = 1 - \cos^2 c$ (I)

Substituindo a por c e $\text{sen}^2 a$ por (I) na expressão de $\cos(2a)$ obtemos:

$\cos(2c) = \cos^2 c - \text{sen}^2 c = \cos^2 c - (1 - \cos^2 c) = \cos^2 c - 1 + \cos^2 c = 2 \cdot \cos^2 c - 1 \Rightarrow$

$\Rightarrow \cos(2c) = 2 \cdot \cos^2 c - 1 \Rightarrow 2 \cdot \cos^2 c = 1 + \cos(2c) \Rightarrow \cos^2 c = \frac{1 + \cos(2c)}{2}$

Ao adotar $c = \frac{a}{2}$ nessa equação, obtemos: $\cos^2\left(\frac{a}{2}\right) = \frac{1 + \cos a}{2}$

Exercícios propostos

27. Determine os seguintes valores:
 a) sen 165°
 b) cos 195°
 c) cossec 165°
 d) cotg 195°

28. Calcule mediante operações com arcos notáveis da circunferência trigonométrica:
 a) sen 15°
 b) sen 75°
 c) cos 105°
 d) cos 75°
 e) tg 75°
 f) tg 105°
 g) sen (−15°)
 h) cos (−15°)

29. Considerando sen 53° = 0,8, calcule:
 a) sen 113°
 b) cos 23°
 c) tg 83°
 d) cossec (−7°)

30. Sendo A e B a medida dos arcos, tal que sen $A = 0,8$; cos $B = 0,7$; $0 < A < \frac{\pi}{2}$ e $0 < B < \frac{\pi}{2}$. Determine os valores de cada item.
 a) cos (A + B)
 b) tg (A + B)
 c) sen (A − B)
 d) tg (A − B)

31. Classifique cada umas das igualdades em verdadeira ou falsa. Depois, corrija os itens classificados como falso.

a) $\operatorname{sen}\left(\dfrac{5\pi}{6}\right) = \operatorname{sen} \pi \cdot \cos\left(\dfrac{\pi}{6}\right) - \operatorname{sen}\left(\dfrac{\pi}{6}\right) \cdot \cos \pi$

b) $\cos\left(\dfrac{\pi}{2}\right) = \cos\left(\dfrac{\pi}{4}\right) \cdot \cos\left(\dfrac{\pi}{2}\right) + \operatorname{sen}\left(\dfrac{\pi}{4}\right) \cdot \cos\left(\dfrac{\pi}{2}\right)$

c) $\operatorname{tg}\left(\dfrac{5\pi}{12}\right) = \dfrac{\operatorname{tg}\left(\dfrac{\pi}{6}\right) + \operatorname{tg}\left(\dfrac{\pi}{4}\right)}{1 - \operatorname{tg}\left(\dfrac{\pi}{6}\right) \cdot \operatorname{tg}\left(\dfrac{\pi}{4}\right)}$

32. Determine os seguintes valores:

a) $\operatorname{sen}\left(\dfrac{7\pi}{12}\right)$

b) $\cos\left(\dfrac{\pi}{12}\right)$

c) $\operatorname{tg}\left(\dfrac{5\pi}{12}\right)$

d) $\operatorname{sen} -\left(\dfrac{\pi}{12}\right)$

e) $\sec -\left(\dfrac{\pi}{12}\right)$

f) $\operatorname{cossec}\left(\dfrac{\pi}{12}\right)$

g) $\operatorname{cotg}\left(\dfrac{7\pi}{12}\right)$

h) $\operatorname{cossec}\left(\dfrac{5\pi}{12}\right)$

33. Determine a fórmula para calcular:

a) $\operatorname{sen}(a + b + c)$

b) $\cos(a + b + c)$

34. Mostre que calcular o valor de sen 105° é diferente de calcular o valor de (sen 60° + sen 45°).

35. Sabendo que $\cos\left(\dfrac{\pi}{7}\right) = 0{,}9$, determine:

a) $\cos\left(\dfrac{9\pi}{14}\right)$

b) $\cos\left(\dfrac{13\pi}{42}\right)$

c) $\operatorname{sen}\left(\dfrac{4\pi}{21}\right)$

d) $\operatorname{sen}\left(\dfrac{10\pi}{21}\right)$

36. Considerando $\operatorname{sen} x = \dfrac{\sqrt{3}}{4}$, $0 \leq x \leq \dfrac{\pi}{2}$, calcule o que se pede em cada item.

a) $\cos x$

b) $\operatorname{tg} x$

c) $\operatorname{sen}\left(x + \dfrac{\pi}{4}\right)$

d) $\cos\left(x - \dfrac{\pi}{2}\right)$

e) $\sec(x + \pi)$

f) $\operatorname{cossec}\left(x - \dfrac{\pi}{6}\right)$

37. Simplifique a expressão:

$$y = \cos\left(\dfrac{\pi}{3} + x\right) - \cos\left(\dfrac{\pi}{3} - x\right)$$

38. Reescreva a expressão a seguir de forma simplificada.

$$y = \operatorname{tg}\left(\dfrac{\pi}{4} - x\right) \cdot \operatorname{tg}\left(\dfrac{3\pi}{4} - x\right)$$

39. Calcule o valor da expressão:

$$(\operatorname{sen} 105° + \cos 105°)^2$$

40. Considerando $\cos x = \dfrac{3}{4}$, $0 \leq x \leq \dfrac{\pi}{2}$, calcule o que se pede em cada item.

a) $\operatorname{tg}\left(x + \dfrac{\pi}{4}\right)$

b) $\sec^2 x$

c) $\sec\left(x + \dfrac{\pi}{3}\right)$

d) $\operatorname{cotg} x$

e) $\operatorname{cotg}\left(x + \dfrac{\pi}{6}\right)$

f) $\operatorname{cossec}\left(x + \dfrac{\pi}{2}\right)$

41. Identifique a alternativa que apresenta o valor da tg y, considerando que $\operatorname{tg}(x + y) = 2 - \sqrt{3}$ e que $\operatorname{tg} x = \sqrt{3}$, $0 \leq x \leq \dfrac{\pi}{2}$ e $\dfrac{\pi}{2} \leq y \leq \pi$.

a) $\sqrt{3}$

b) 2

c) -1

d) -2

42. Dados $x + y = \dfrac{5\pi}{6}$ e $\cos y = \dfrac{1}{2}$, em que $0 \leq x \leq \dfrac{\pi}{2}$ e $0 \leq y \leq \dfrac{\pi}{2}$, verifique qual das alternativas apresenta o valor de cos x e de sen y, respectivamente.

a) 0 e $\dfrac{\sqrt{3}}{2}$

b) 0 e 1

c) $\dfrac{\sqrt{3}}{2}$ e 0

d) 1 e 0

43. Determine o valor numérico de a, sabendo que:

$$a = \operatorname{tg}^2 15° \cdot \operatorname{sen}^2 15°$$

44. Reescreva a expressão $y = \dfrac{\operatorname{sen} 2x}{\cos x} - \cos 2x$, onde $x \neq \dfrac{\pi}{2} + k\pi$, $k \in \mathbb{R}$ em função de sen x.

45. Demonstre que as seguintes igualdades são identidades nos respectivos conjuntos universos U.

a) $\operatorname{sen}(2a) = 2 \cdot \operatorname{sen} a \cdot \cos a$, em $U = \mathbb{R}$

b) $\operatorname{tg}(2a) = \dfrac{2 \cdot \operatorname{tg} a}{1 - \operatorname{tg}^2 a}$, em

$U = \{a \in \mathbb{R} \mid \cos(2a) \neq 0, \cos a \neq 0 \text{ e } \operatorname{tg} a \neq \pm 1\}$

c) $\operatorname{sen}^2\left(\dfrac{a}{2}\right) = \dfrac{1 - \cos a}{2}$, em $U = \mathbb{R}$

d) $\operatorname{tg}^2\left(\dfrac{a}{2}\right) = \dfrac{1 - \cos a}{1 + \cos a}$, em

$U = \left\{a \in \mathbb{R} \mid \cos\left(\dfrac{a}{2}\right) \neq 0 \text{ e } \cos a \neq -1\right\}$

46. Considerando $\operatorname{tg} x = t$, a sentença $y = \dfrac{\cos 2x}{1 + \operatorname{sen} 2x}$ pode ser representada por:

a) $\dfrac{1 + t}{t}$

b) $\dfrac{1 - t}{t}$

c) $\dfrac{1 + t}{1 - t}$

d) $\dfrac{1 - t}{1 + t}$

47. Demonstre a relação mostrada no quadro abaixo.

$$\operatorname{tg} 3a = \dfrac{3 \cdot \operatorname{tg} a - \operatorname{tg}^3 a}{1 - 3 \cdot \operatorname{tg}^2 a}$$

Exercícios complementares

48. (AFA-SP) Sendo $x \in [0, 2\pi]$, a interpretação gráfica no ciclo trigonométrico para o conjunto solução da inequação $-8 \cdot \text{sen}^4 x + 10 \cdot \text{sen}^2 x - 3 < 0$ é dada por:

a)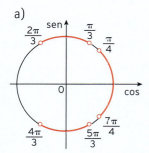

c)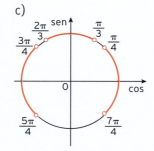

b)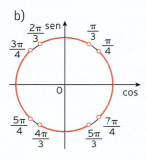

d)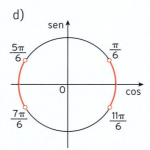

49. Resolva as equações, sendo $x \in \mathbb{R}$.

a) $\text{sen } x = \frac{\sqrt{3}}{2}$

b) $\cos x = \frac{\sqrt{3}}{2}$

c) $\sec x = -\sqrt{2}$

d) $\text{cossec } x = 1$

e) $\text{cotg } x = \sqrt{3}$

50. Resolva, em $\mathbb{R}$, as equações.

a) $\text{sen}\left(x + \frac{\pi}{3}\right) = 1$

b) $\cos\left(x - \frac{2\pi}{3}\right) = -\frac{\sqrt{3}}{2}$

c) $\text{tg}\left(x + \frac{\pi}{5}\right) = -\sqrt{3}$

d) $-\sqrt{2} \cdot \text{sen}\left(x + \frac{\pi}{4}\right) = 1$

51. Demonstre as identidades trigonométricas a seguir nos respectivos conjuntos universos.

a) $\dfrac{\text{tg } x + \text{cotg } x}{\text{cossec } x \cdot \sec x} = 1$, em $U = \{x \in \mathbb{R} \mid \cos x \neq 0\}$

b) $-2 + (1 - \cos x)^2 =$
$= (\text{cotg}^2 x + 1) \cdot (-\text{sen}^4 x) - 2\cos x$, em $U = \mathbb{R}$

c) $\dfrac{\sec x - \text{cossec } x}{1 - \text{cotg } x} = \sec x$, em $U = \{x \in \mathbb{R} \mid \text{sen } x \neq 0\}$

d) $\dfrac{\text{tg } x}{1 + \text{tg}^2 x} = \dfrac{\text{sen } x}{\sec x}$, em $U = \{x \in \mathbb{R} \mid \cos x \neq 0 \text{ e tg } x \neq \pm 1\}$

52. Resolva, em $\mathbb{R}$, as seguintes equações.

a) $2 \cdot \text{sen}^2 x - 3 \cdot \text{sen } x + 1 = 0$

b) $2 \cdot \cos^2 x - (\sqrt{2} + 1) \cdot \cos x + \frac{\sqrt{2}}{2} = 0$
(Dica: $3 - 2\sqrt{2} = (1 - \sqrt{2})^2$)

c) $\text{tg}^2 x - (\sqrt{3} + 1) \cdot \text{tg } x = -\sqrt{3}$
(Dica: $4 - 2\sqrt{3} = (1 - \sqrt{3})^2$)

53. Considere um ponto P localizado na borda de uma das rodas de um veículo em movimento, com velocidade constante. O gráfico abaixo representa a altura desse ponto em relação ao solo em função do tempo.

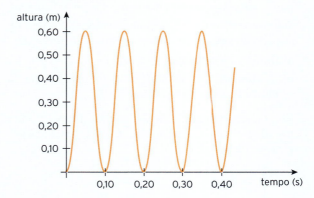

a) Determine a altura aproximada do ponto P quando $t = 0{,}13$.

b) Calcule os valores reais de t (com $0 < t < 0{,}10$) em que o ponto P está a $0{,}15$ m do chão.

54. Determine o valor de:

a) $\text{cossec } 105°$

b) $\sec 15°$

c) $\text{cotg } 75°$

d) $\text{cossec}(-75°)$

e) $\sec(-15°)$

f) $\text{cotg}(-105°)$

55. Dado $\cos 27° = 0{,}89$, determine:

a) $\cos 57°$

b) $\cos 87°$

c) $\cos(-3°)$

d) $\cos 102°$

56. Determine o valor numérico da expressão:
$$\text{tg } 75° + \text{sen } 75°$$

57. Determine o valor de $\text{tg}(x + y)$ considerando $\text{tg } x = \frac{1}{3}$ e $\text{tg } y = \frac{5}{6}$.

58. Resolva as inequações a seguir sabendo que $0 \leq x < 2\pi$.

a) $2 \cdot \cos x - \sqrt{3} > 0$

b) $\sqrt{3} \cdot \text{tg } x - 1 > 0$

c) $\text{cossec } x \leq 0$

d) $\sec x < 0$

e) $\sqrt{2} \cdot \text{sen } x + 1 \geq 0$

f) $\sqrt{3} \cdot \text{tg } x + 1 \leq 0$

Exercícios complementares

59. Sabendo que sen $2a = \dfrac{21}{50}$, verifique qual das alternativas apresenta o valor de $(\text{sen } a + \cos a)^2$:

a) $\dfrac{50}{21}$ c) $\dfrac{71}{50}$

b) $\dfrac{21}{50}$ d) $\dfrac{50}{71}$

60. A posição de um corpo em relação a um observador, em função do tempo, é comumente estudada em Física. Considere que, em determinada situação, a posição de um corpo é descrita pela função $S: \mathbb{R}_+ \to \mathbb{R}$ dada por $S(t) = 0,1 \cdot \cos\left(\dfrac{\pi}{6} \cdot t + \dfrac{\pi}{3}\right)$, em que t é o tempo, em segundo, e S é a posição, em metro, em que o corpo se encontra em relação a um observador. Valores positivos de S indicam que o corpo está à direita do observador, e valores negativos, à esquerda.

a) Determine a posição do corpo no instante $t = 1$.
b) Calcule os três primeiros instantes em que o móvel ocupa a posição $S = 0,05$.

61. No plano cartesiano a seguir, tem-se a função dada por $f(x) = \text{sen } x$, em laranja, e a função dada por $g(x) = \cos(2x)$, em azul.

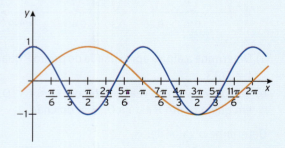

Apenas observando os gráficos, determine o conjunto solução da seguinte equação, no intervalo $0 \leq x < 2\pi$.

$$\text{sen } x = \cos(2x)$$

62. Calcule $\text{sen}(a - b)$ e $\cos(a + b)$, considerando $\text{sen } a = \dfrac{2}{3}$, $\cos b = \dfrac{1}{4}$, $\dfrac{\pi}{2} \leq a < \pi$ e $\dfrac{3\pi}{2} \leq b < 2\pi$.

63. Sejam a, b e c as medidas de arcos que estão, nessa ordem, em progressão aritmética. Determine essas medidas sabendo que: $a + b + c = \pi$ e $\text{sen } a + \text{sen } b + \text{sen } c = \dfrac{\sqrt{6} + \sqrt{3}}{2}$.

64. Sabendo que $\text{sen } x = \dfrac{3}{5}$ e $\cos x = \dfrac{4}{5}$, calcule:

a) $\text{sen}(2x)$ b) $\cos(4x)$ c) $\cos\left(\dfrac{x}{2}\right)$

65. Considere a seguinte igualdade:

$$\dfrac{1}{1 + \text{sen}^2 x} + \dfrac{1}{1 + \text{cossec}^2 x} = \dfrac{1}{1 + \cos^2 x} + \dfrac{1}{1 + \sec^2 x}$$

Demonstre que essa igualdade é uma identidade em $U = \{x \in \mathbb{R} \mid \text{sen } x \neq 0 \text{ e } \cos x \neq 0\}$.

66. Resolva, em $\mathbb{R}$, as inequações a seguir.

a) $\dfrac{\sqrt{2}}{2} \leq \text{sen } x \leq \dfrac{\sqrt{3}}{2}$ c) $-1 < \text{tg } x < \dfrac{\sqrt{3}}{3}$

b) $-\dfrac{\sqrt{2}}{2} \leq \cos x \leq \dfrac{\sqrt{2}}{2}$ d) $1 \leq \text{tg } x < \sqrt{3}$

67. (Fuvest-SP) Sejam x e y números reais positivos tais que $x + y = \dfrac{\pi}{2}$. Sabendo-se que $\text{sen}(y - x) = \dfrac{1}{3}$, o valor de $\text{tg}^2 y - \text{tg}^2 x$ é igual a:

a) $\dfrac{3}{2}$ b) $\dfrac{5}{4}$ c) $\dfrac{1}{2}$ d) $\dfrac{1}{4}$ e) $\dfrac{1}{8}$

Orientação de estudos

O quadro abaixo apresenta os temas estudados neste capítulo e os exercícios complementares relacionados a cada tema. Se você teve dificuldade na resolução de algum exercício complementar, consulte a orientação de estudos apresentada.

Tema	Exercícios complementares relacionados	Orientação de estudos
Identidade trigonométrica	53 e 67	Releia o conteúdo da página 67 e 68 e retome o exercício 1.
Equação trigonométrica	51, 52, 54, 55, 62, 63 e 64	Releia o conteúdo das páginas 69 e 70 e retome os exercícios 2, 3 e 4.
Inequação trigonométrica	58, 66 e 67	Releia o conteúdo das páginas 74 e 75 e retome os exercícios 18, 19 e 24.
Adição e subtração de arcos	56, 57, 59, 61 e 64	Releia o conteúdo das páginas 77 e 78 e retome os exercícios 25, 26, 28, 33 e 47.

Matemática e astronomia

Planetas extrassolares

Representação livre, fora de escala e com cores-fantasia.

Na Via Láctea existem centenas de milhões de estrelas. Estudos desenvolvidos pela astronomia comprovam que algumas dessas estrelas possuem um ou mais planetas orbitando ao seu redor, como acontece no Sistema Solar, em que os planetas orbitam em torno do Sol.

A procura de planetas fora do Sistema Solar que pudessem ter características semelhantes às do planeta Terra, como temperatura amena e a presença de água no estado líquido, é um dos grandes desafios científicos atuais. Uma das dificuldades enfrentadas pelos cientistas é a limitação dos instrumentos e métodos de pesquisa, que só permitem a localização de planetas com tamanho maior do que o da Terra.

Apesar dos obstáculos, os astrônomos têm encontrado os Superterras: planetas maiores do que a Terra com temperatura amena.

Fonte de pesquisa: *Superinteressante*, p. 67-71, ago. 2009.

» Sobre o texto

1. Cite uma das dificuldades dos cientistas para procurar planetas fora do Sistema Solar.
2. Sabendo que 1 ano-luz é a distância percorrida pela luz em 1 ano, calcule quanto tempo é necessário para que um feixe de luz emitido do planeta "vizinho" chegue à Terra.
3. Supondo que o trio formado por Superterras, Terra e Terra Gigante possa ficar alinhado, determine de quantas maneiras isso pode ocorrer e, para cada uma dessas maneiras, calcule a distância, em anos-luz, entre as Superterras e a Terra Gigante.
4. Por meio de mensagens, a humanidade tentou quatro vezes fazer contato com alguma forma inteligente de vida; a última, em 2003. Duas delas continham os últimos algarismos continuados de π e o maior número primo determinado até então.

Fonte de pesquisa: <http://super.abril.com.br/tecnologia/ets-nao-estamos-sozinhos-447657.shtml>. Acesso em: 7 jul. 2015.

Se você fosse elaborar essas mensagens, qual linguagem escolheria? O que escreveria?

Vestibular e Enem

1. (Enem) Um satélite de telecomunicações, *t* minutos após ter atingido sua órbita, está a *r* quilômetros de distância do centro da Terra. Quando *r* assume seus valores máximo e mínimo, diz-se que o satélite atingiu o apogeu e o perigeu, respectivamente. Suponha que, para esse satélite, o valor de *r* em função de *t* seja dado por:

$$r(t) = \frac{5\,865}{1 + 0{,}15 \cdot \cos(0{,}06t)}$$

Um cientista monitora o movimento desse satélite para controlar o seu afastamento do centro da Terra. Para isso, ele precisa calcular a soma dos valores de *r*, no apogeu e no perigeu, representada por *S*.

O cientista deveria concluir que, periodicamente, *S* atinge o valor de:

a) 12 765 km
b) 12 000 km
c) 11 730 km
d) 10 965 km
e) 5 865 km

2. (ITA-SP) A expressão

$$\frac{2\left[\operatorname{sen}\left(x + \frac{11}{2}\pi\right) + \operatorname{cotg}^2 x\right] \cdot \operatorname{tg}\left(\frac{x}{2}\right)}{1 + \operatorname{tg}^2\left(\frac{x}{2}\right)} \text{ é equivalente a:}$$

a) $[\cos x - \operatorname{sen}^2 x] \cdot \operatorname{cotg} x$
b) $[\operatorname{sen} x + \cos x] \cdot \operatorname{tg} x$
c) $[\cos^2 x - \operatorname{sen} x] \cdot \operatorname{cotg}^2 x$
d) $[1 - \operatorname{cotg}^2 x] \cdot \operatorname{sen} x$
e) $[1 + \operatorname{cotg}^2 x] \cdot [\operatorname{sen} x + \cos x]$

3. (ITA-SP) Seja $x \in [0, 2\pi]$ tal que $\operatorname{sen} x \cdot \cos x = \frac{2}{5}$. Então, o produto e a soma de todos os possíveis valores de tg *x* são, respectivamente:

a) 1 e 0
b) 1 e $\frac{5}{2}$
c) -1 e 0
d) 1 e 5
e) -1 e $-\frac{5}{2}$

4. (UCS-RS) Para colocar um objeto em movimento e deslocá-lo sobre uma trajetória retilínea por *x* metros, é necessário aplicar uma força de $20 + 10 \cdot \operatorname{sen} x$ newtons sobre ele.

Em qual dos gráficos a seguir, no intervalo [0, 3], está representada a relação entre a força aplicada e a distância, quando o objeto é deslocado até 3 metros?

a)
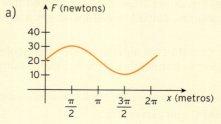

b)
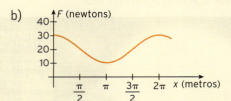

c)
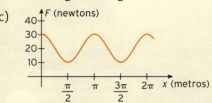

d)
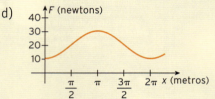

e)
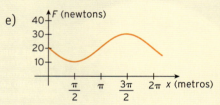

5. (Unifesp) A função

$$D(t) = 12 + (1{,}6) \cdot \cos\left(\frac{\beta}{180} \cdot (t + 10)\right)$$ fornece

uma aproximação da duração do dia (diferença em horas entre o horário do pôr do sol e o horário do nascer do sol) numa cidade do Sul do país, no dia *t* de 2010. A variável inteira *t*, que representa o dia, varia de 1 a 365, sendo $t = 1$ correspondente ao dia 1º de janeiro e $t = 365$ correspondente ao dia 31 de dezembro. O argumento da função cosseno é medido em radianos.

Com base nessa função, determine:

a) a duração do dia 19 fev. 2010, expressando o resultado em horas e minutos;
b) em quantos dias no ano de 2010 a duração do dia naquela cidade foi menor ou igual a doze horas.

6. (Uern) Um determinado inseto no período de reprodução emite sons cuja intensidade sonora oscila entre o valor mínimo de 20 decibéis até o máximo de 40 decibéis, sendo *t* a variável tempo em segundos. Entre as funções a seguir, aquela que melhor representa a variação da intensidade sonora com o tempo *I(t)* é:

a) $50 - 10 \cdot \cos\left(\frac{\pi}{6}t\right)$
b) $30 + 10 \cdot \cos\left(\frac{\pi}{6}t\right)$
c) $40 + 20 \cdot \cos\left(\frac{\pi}{6}t\right)$
d) $60 - 20 \cdot \cos\left(\frac{\pi}{6}t\right)$

7. (UEL-PR) Uma família viaja para Belém (PA) em seu automóvel. Em um dado instante, o GPS do veículo indica que ele se localiza nas seguintes coordenadas: latitude 21° 20′ sul e longitude 48° 30′ oeste. O motorista solicita a um dos passageiros que acesse a internet em seu celular e obtenha o raio médio da Terra, que é de 6 730 km, e as coordenadas geográficas de Belém, que são latitude 1° 20′ sul e longitude 48° 30′ oeste. A partir desses dados, supondo que a superfície da Terra é esférica, o motorista calcula a distância D, do veículo a Belém, sobre o meridiano 48° 30′ oeste.

Assinale a alternativa que apresenta, corretamente, o valor da distância D, em km.

a) $D = \dfrac{\pi}{9} \cdot 6\,730$

b) $D = \dfrac{\pi}{18} \cdot 6\,730^2$

c) $D = \dfrac{\pi}{9} \cdot \sqrt{6\,730}$

d) $D = \dfrac{\pi}{36} \cdot 6\,730$

e) $D = \left(\dfrac{\pi}{3}\right)^2 \cdot 6\,730$

8. (FGV-SP) Em certa cidade litorânea, verificou-se que a altura da água do mar em certo ponto era dada por $f(x) = 4 + 3 \cdot \cos\left(\dfrac{\pi x}{6}\right)$, em que x representa o número de horas decorridas a partir de zero hora de determinado dia, e a altura $f(x)$ é medida em metros.

Em que instantes, entre 0 e 12 horas, a maré atingiu a altura de 2,5 m naquele dia?

a) 5 e 9 horas
b) 7 e 12 horas
c) 4 e 8 horas
d) 3 e 7 horas
e) 6 e 10 horas

9. (UFPB) Um especialista, ao estudar a influência da variação da altura das marés na vida de várias espécies em certo manguezal, concluiu que a altura A das marés, dada em metros, em um espaço de tempo não muito grande, poderia ser modelada de acordo com a função:

$$A(t) = 1{,}6 - 1{,}4 \cdot \text{sen}\left(\dfrac{\pi}{6}t\right)$$

Nessa função, a variável t representa o tempo decorrido, em horas, a partir da meia-noite de certo dia. Nesse contexto, conclui-se que a função A, no intervalo [0, 12], está representada pelo gráfico:

a)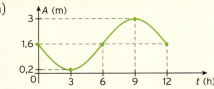

b)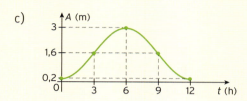

c)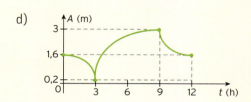

d)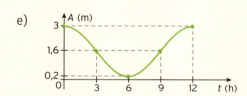

e)

10. (Ifsul-RS) Sabendo-se que sen $\alpha = \dfrac{1}{2}$ e que $\alpha \in 2^{\underline{\text{o}}}$ quadrante, o valor da expressão

$$y = \dfrac{\text{sen}(90° - \alpha) \cdot \text{tg}\,\alpha}{\sec(180° + \alpha)}\text{ é:}$$

a) $\dfrac{3\sqrt{3}}{4}$

b) $\dfrac{\sqrt{3}}{4}$

c) $\dfrac{-3\sqrt{3}}{4}$

d) $\dfrac{-\sqrt{3}}{4}$

11. (FGV-SP) A previsão de vendas mensais de uma empresa para 2011, em toneladas de um produto, é dada por $f(x) = 100 + 0{,}5x + 3 \cdot \text{sen}\left(\dfrac{\pi x}{6}\right)$, em que $x = 1$ corresponde a janeiro de 2011, $x = 2$ corresponde a fevereiro de 2011, e assim por diante.

A previsão de vendas (em toneladas) para o primeiro trimestre de 2011 é:

(Use a aproximação decimal: $\sqrt{3} = 1{,}7$)

a) 308,55
b) 309,05
c) 309,55
d) 310,05
e) 310,55

No final das contas

Consumo e sustentabilidade

Consumo consciente

É importante termos a consciência de que nossas decisões de consumo afetam os recursos naturais disponíveis no planeta. Considerando que os recursos naturais são imprescindíveis para a manutenção da vida na Terra, as consequências das decisões de consumo se ampliam, afetando a sobrevivência das presentes e gerações futuras. Não é difícil imaginar o impacto dessas decisões sobre a capacidade do planeta para fornecer alimentos, uma vez que a população humana atingiu sete bilhões.

> Consumir tendo em conta as consequências desse consumo, em médio e longo prazo, para as populações do planeta, é usualmente chamado de "consumo consciente".

O consumo consciente propicia, além das vantagens ambientais, benefícios sociais e econômicos para a sociedade como um todo, e individuais para aquele que consome conscientemente. Desse modo, consumo consciente amplia o conceito de educação financeira, ao incorporar às nossas escolhas de consumo considerações sociais e ambientais, tais como modo de produção, quantidade e qualidade das matérias-primas, tipo e qualidade de mão de obra, produção de resíduos e outros aspectos relevantes para o meio ambiente e para a sociedade.

Enfim, consumir conscientemente pode contribuir para o consumo sustentável nas dimensões ambiental, social e econômica, ou seja, adquirir produtos e serviços ambientalmente corretos, com o mínimo de impacto sobre o meio ambiente, que possam ajudar a construir uma sociedade mais justa e, claro, que sejam economicamente compatíveis com a situação financeira do consumidor.

Ao compararmos produtos e serviços semelhantes ofertados no mercado, podemos dar preferência aos produtos elaborados de modo socioambientalmente sustentável, por exemplo, consumindo frutas produzidas no local e da safra e, portanto, mais baratas, favorecendo produtos locais, que não consumiram energia para serem conservados e transportados. Ou seja, consumir de forma sustentável e, portanto, consciente, não traz prejuízos à qualidade do consumo.

Também podemos contribuir para a sustentabilidade ao:

- reduzir o consumo desnecessário, evitando desperdícios e a produção excessiva de lixo;
- diminuir o impacto negativo da atividade humana sobre o meio ambiente (extrativismo, agropecuária, urbanização, indústria, serviços, lixo);
- melhorar a qualidade de vida e o bem-estar pessoal e da sociedade, tanto das gerações atuais quanto das futuras;
- usar o dinheiro e o crédito a seu favor e, ao mesmo tempo, em favor da sociedade e do meio ambiente.

> Trata-se de buscar o equilíbrio entre ter aquilo de que você precisa e ser um consumidor social, ambiental e economicamente sustentável.

Disponível em: <http://www.bcb.gov.br/pre/pef/port/caderno_cidadania_financeira.pdf>. Acesso em: 26 jun. 2015.

» Hora do debate

Após a leitura do texto "Consumo consciente", converse com os colegas e com o professor sobre as questões a seguir.

1. O que um consumidor consciente deve levar em consideração antes de consumir um produto?
2. O texto apresenta algumas ações que contribuem para um consumo sustentável. Cite exemplos de atitudes em seu dia a dia que podem contribuir para um consumo mais sustentável.

3. Para consumir de maneira sustentável e consciente, devemos evitar as compras por impulso. Muitas vezes a facilidade de crédito, o *marketing* e muitos outros mecanismos de convencimento nos influenciam a adquirir um produto que, muito provavelmente, não era essencial naquele momento. Converse com seus colegas e relacione algumas atitudes que devemos tomar para evitar o consumo por impulso.

4. O quadro abaixo compara atitudes frequentes de um "consumidor consciente" e de um "consumidor consumista", que age sem planejar e por impulso. Usando este quadro como referência, elabore junto com os colegas algumas perguntas que servirão para entrevistar um consumidor e identificar se ele é consumista ou consciente. Um das perguntas poderia ser: "Você costuma jogar fora todas as embalagens dos produtos que você já utilizou?" Com essa pergunta, pode-se verificar se o consumidor se preocupa em reciclar as embalagens.

Consumidor consumista	Consumidor consciente
Gasta compulsivamente.	Pondera antes de comprar.
Pensa apenas em si próprio.	Pensa em si e no resto da sociedade, inclusive nas futuras, pensa no impacto sobre o meio ambiente antes de comprar.
Compra tudo o que deseja	Compra apenas o necessário.
Joga todas as embalagens no lixo.	Reutiliza as embalagens.
Qualquer tipo de resíduo é considerado lixo.	Separa o que é lixo orgânico do que é reciclável e dá a destinação correta.
Se estiver fácil para comprar e for barato não se preocupa se o produto é pirata ou contrabandeado.	Não compra produtos piratas e contrabandeados, mesmo os mais baratos.
Desperdiça. Deixa a torneira aberta sem usar a água, deixa a lâmpada acesa sem estar no ambiente, deixa os aparelhos elétricos e eletrônicos ligados sem estar em uso etc.	Evita desperdícios e utiliza efetivamente o que compra.
Orienta-se pelos *status*.	Orienta-se por um estilo de vida saudável.
Faz "*shopping* terapia".	Satisfaz necessidades.
É imediatista e não se preocupa com o futuro.	É previdente e sabe que o futuro é consequência das escolhas de hoje.

Fonte de pesquisa: <http://www.bcb.gov.br/pre/pef/port/caderno_cidadania_financeira.pdf>. Acesso em: 25 jun. 2015.

» Agora, é com vocês!

1. Responda ao questionário elaborado pela turma e, depois, peça para que cada membro de sua família também responda ao questionário.

2. Verifique se todos os membros de sua família estão colaborando para um consumo consciente e sustentável. Com base nas respostas, elabore uma lista de sugestões de atitudes para que sua família:
   - melhore o consumo de produtos e serviços;
   - contribua para um consumo sustentável com o mínimo de impacto ao meio ambiente à sociedade;
   - evite desperdícios e o consumo por impulso, proporcionando maior equilíbrio financeiro.

3. A turma será dividida em grupos de 4 integrantes. Cada grupo deverá entrevistar dez pessoas da comunidade em torno da escola utilizando a lista de perguntas elaborada. Depois, elaborem um relatório com as respostas de cada entrevistado.

4. O grupo deverá elaborar um gráfico de barras, apenas com as respostas que demonstram atitudes de um consumidor consciente. Cada barra deverá corresponder a uma das perguntas (identificar no eixo horizontal com a numeração da pergunta). A altura de cada barra corresponde ao número de respostas sustentáveis (por exemplo: se 5 pessoas responderam que reciclam as embalagens de produtos utilizados, a altura da barra dessa questão será de 5 unidades).

5. Para cada questão cuja barra tiver altura menor que 5, o grupo deve elaborar uma frase, referente ao assunto daquela pergunta, de conscientização para as pessoas agirem com responsabilidade socioambiental.

6. Cada grupo apresentará para a classe um cartaz com o gráfico e as frases elaboradas.

UNIDADE 2

Matriz, determinante e sistema linear

Capítulos

4 Matriz

5 Determinante

6 Sistema linear

Fotografia em diferentes resoluções.

Resolução de 1024 × 768 *pixels*.

Dizer que a tela do monitor de um computador está com resolução de 640× 480 *pixels* significa que, nessa configuração, a tela é formada por uma tabela com 640 pontos de largura e 480 pontos de altura, ou seja, com 307 200 pontos, denominados *pixels*. Em Matemática, tabelas desse tipo são denominadas **matrizes**, e nelas os números são organizados em linhas e colunas, de modo que um número da tabela pode ser localizado por um par (m, n), em que m representa a linha e n a coluna.

Nesses casos, pode-se dizer que quanto maior a matriz de *pixels* de uma tela, maior é a resolução dessa tela. Embora atualmente existam diferentes resoluções para a tela de um computador, proporcionais ao seu tamanho, são comuns a de 800 × 600 *pixels* e a de 1 024 × 768 *pixels*.

Na matriz de *pixels* de uma tela, cada posição guarda uma tonalidade de cor. Em uma tela configurada para 256 cores, cada *pixel* é capaz de exibir 256 tonalidades de cores distintas, isto é, 2^8 possibilidades de tonalidade em cada ponto. Para não perder detalhes, recomenda-se uma gama de 24 *bits* por *pixel*, isto é, 2^{24} possibilidades, que, combinadas, são capazes de exibir uma infinidade de cores.

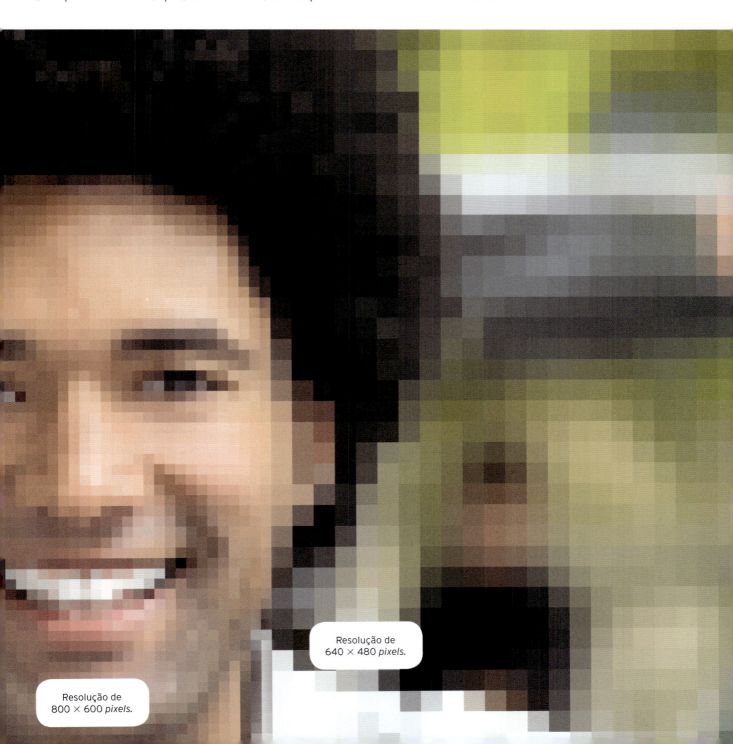

Resolução de 640 × 480 *pixels*.

Resolução de 800 × 600 *pixels*.

CAPÍTULO 4

Matriz

Módulos
1. Matriz
2. Operações com matrizes
3. Matriz inversa
4. Equação matricial

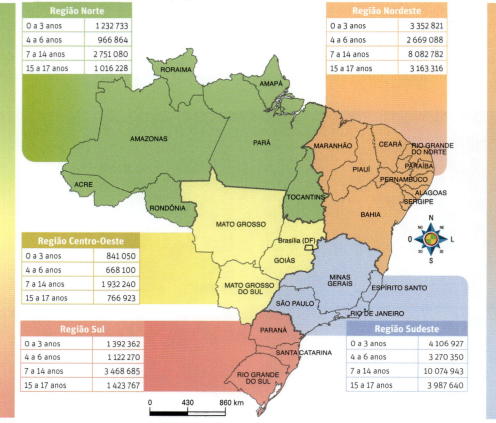

População em idade escolar por região (2010)

Região Norte	
0 a 3 anos	1 232 733
4 a 6 anos	966 864
7 a 14 anos	2 751 080
15 a 17 anos	1 016 228

Região Nordeste	
0 a 3 anos	3 352 821
4 a 6 anos	2 669 088
7 a 14 anos	8 082 782
15 a 17 anos	3 163 316

Região Centro-Oeste	
0 a 3 anos	841 050
4 a 6 anos	668 100
7 a 14 anos	1 932 240
15 a 17 anos	766 923

Região Sul	
0 a 3 anos	1 392 362
4 a 6 anos	1 122 270
7 a 14 anos	3 468 685
15 a 17 anos	1 423 767

Região Sudeste	
0 a 3 anos	4 106 927
4 a 6 anos	3 270 350
7 a 14 anos	10 074 943
15 a 17 anos	3 987 640

Fonte de pesquisa: Todos pela Educação. Disponível em: <http://www.todospelaeducacao.org.br/index.php?option=indicador_localidade&task=main>. Acesso em: 20 mar. 2015.

Para começar

O Todos pela Educação é um movimento da sociedade civil brasileira que tem por objetivo colaborar para que esteja assegurada, até 2022, a educação básica de qualidade. Para tanto, foram estipuladas as seguintes metas, cujo monitoramento é feito por meio de coleta de dados e da análise dos indicadores oficiais da educação.

> **Meta 1:** Toda criança e jovem de 4 a 17 anos de idade deve frequentar a escola.
> **Meta 2:** Toda criança deve estar plenamente alfabetizada até os 8 anos de idade.
> **Meta 3:** Todo aluno deve ter aprendizado adequado à sua série.
> **Meta 4:** Todo jovem de 19 anos deve ter concluído o Ensino Médio.
> **Meta 5:** Investimento em educação deve ser ampliado e bem gerido.

As tabelas acima, extraídas de um dos estudos de monitoramento, apresentam alguns resultados sobre a população em idade escolar em 2010, por regiões do Brasil.

1. Sem considerar os títulos das tabelas apresentadas, quantas linhas e quantas colunas há em cada uma?
2. Qual região do Brasil teve maior número de indivíduos em idade escolar, entre 7 e 14 anos?
3. Compare os dados da sua região com os das demais e, junto com um colega, elabore um texto ressaltando o que mais chamou a atenção de vocês.

1. Matriz

■ Definição de matriz

Em diversas áreas de estudo, como na matemática, física, engenharia, meteorologia, oceanografia, economia, entre outras, é comum o uso de tabelas e matrizes para organizar informações numéricas.

Exemplo

Sérgio, um professor de Educação Física de 27 anos de idade, tem 1,75 m de altura e 77 kg de massa. Para melhorar seu desempenho, ele adotou um programa de treinamento físico mais intenso. O programa foi organizado com base em uma tabela como esta abaixo, que relaciona os tipos de atividades físicas aos gastos calóricos no período de uma hora.

Gasto na realização de atividades físicas (kcal/hora)				
Massa	Caminhar	Correr a 8 km/h	Andar de bicicleta (lazer)	Jogar futebol
69 kg	241	552	276	483
73 kg	255	584	292	511
77 kg	269	616	308	539
81 kg	283	648	324	567

$$\begin{bmatrix} 241 & 552 & 276 & 483 \\ 255 & 584 & 292 & 511 \\ 269 & 616 & 308 & 539 \\ 283 & 648 & 324 & 567 \end{bmatrix}$$

Fonte de pesquisa: Portal do Coração. Disponível em: <portaldocoracao.uol.com.br/calculos-online/gasto-de-calorias-em-atividades-fisicas>. Acesso em: 20 mar. 2015.

Para saber, por exemplo, quantas calorias consumirá durante uma hora de caminhada, Sérgio considera o número que se encontra na casa correspondente ao cruzamento da 3ª linha, referente à massa que ele apresenta, com a 1ª coluna, relativa à atividade escolhida: 269 kcal/h.

Com os dados da tabela acima, o professor programou suas atividades físicas ao longo da semana da seguinte maneira:

Duração da atividade física por dia (minutos)				
Dia da semana	Caminhar	Correr a 8 km/h	Andar de bicicleta (lazer)	Jogar futebol
Segunda-feira	60	0	60	0
Terça-feira	0	0	0	120
Quarta-feira	24	30	0	0
Quinta-feira	0	0	30	0
Sexta-feira	24	30	0	120
Sábado	0	0	0	120

$$\begin{bmatrix} 60 & 0 & 60 & 0 \\ 0 & 0 & 0 & 120 \\ 24 & 30 & 0 & 0 \\ 0 & 0 & 30 & 0 \\ 24 & 30 & 0 & 120 \\ 0 & 0 & 0 & 120 \end{bmatrix}$$

Dados fictícios.

Assim, é possível calcular quantas calorias por semana Sérgio vai gastar ao praticar as diferentes atividades previstas.

Os principais dados numéricos de uma tabela podem ser organizados em uma **matriz**, como mostrado ao lado de cada tabela acima. Assim, define-se:

> Dados m e n números naturais não nulos, a **matriz** $m \times n$ (lê-se "matriz m por n") é a tabela com $m \cdot n$ números reais dispostos em m linhas e n colunas.

Considerando-se, na primeira tabela, apenas os valores numéricos relativos ao gasto calórico, tem-se uma matriz com quatro linhas e quatro colunas, isto é, uma matriz 4×4; na segunda tabela, tem-se uma matriz com seis linhas e quatro colunas, ou seja, uma matriz 6×4.

Representação de uma matriz

Uma matriz com m linhas e n colunas é da ordem $m \times n$ (m por n).

Geralmente, uma matriz é identificada por uma letra maiúscula. Os valores numéricos de uma matriz são denominados **elementos**, **termos** ou **entradas** da matriz. Os elementos costumam ser representados por letras minúsculas, acompanhadas por dois índices que indicam, respectivamente, a linha e a coluna que o elemento ocupa.

Por exemplo, dada uma matriz A de ordem $m \times n$, um elemento qualquer dessa matriz é identificado por a_{ij}, em que o índice i indica a posição da linha e o índice j indica a posição da coluna em que o elemento se encontra. A matriz A é identificada por $A = (a_{ij})_{m \times n}$, em que $1 \leq i \leq m$ e $1 \leq j \leq n$, com $i, j \in \mathbb{N}$, e é representada escrevendo-se seus elementos a_{ij} entre colchetes, parênteses ou barras duplas, como mostram os exemplos a seguir. Neste livro, será utilizada a representação com colchetes.

colchetes

$$A = \begin{bmatrix} a_{11} & a_{12} & a_{13} & \cdots & a_{1n} \\ a_{21} & a_{22} & a_{23} & \cdots & a_{2n} \\ a_{31} & a_{32} & a_{33} & \cdots & a_{3n} \\ \vdots & \vdots & \vdots & \cdots & \vdots \\ a_{m1} & a_{m2} & a_{m3} & \cdots & a_{mn} \end{bmatrix}$$

parênteses

$$A = \begin{pmatrix} a_{11} & a_{12} & a_{13} & \cdots & a_{1n} \\ a_{21} & a_{22} & a_{23} & \cdots & a_{2n} \\ a_{31} & a_{32} & a_{33} & \cdots & a_{3n} \\ \vdots & \vdots & \vdots & \cdots & \vdots \\ a_{m1} & a_{m2} & a_{m3} & \cdots & a_{mn} \end{pmatrix}$$

barras duplas

$$A = \begin{Vmatrix} a_{11} & a_{12} & a_{13} & \cdots & a_{1n} \\ a_{21} & a_{22} & a_{23} & \cdots & a_{2n} \\ a_{31} & a_{32} & a_{33} & \cdots & a_{3n} \\ \vdots & \vdots & \vdots & \cdots & \vdots \\ a_{m1} & a_{m2} & a_{m3} & \cdots & a_{mn} \end{Vmatrix}$$

Os elementos $a_{i1}, a_{i2}, a_{i3}, \ldots, a_{in}$ pertencem à i-ésima linha da matriz, e os elementos $a_{1j}, a_{2j}, a_{3j}, \ldots, a_{mj}$, à j-ésima coluna.

Exemplo

Matriz A de ordem 4×3:

$$A = \begin{bmatrix} 1 & \boxed{-4} & 2 \\ 0 & 2 & 3 \\ -8 & 2 & -5 \\ \boxed{6} & 12 & 10 \end{bmatrix}$$

$i = 1$ e $j = 2$: elemento a_{12}

$i = 4$ e $j = 1$: elemento a_{41}

$m = 4$ linhas

$n = 3$ colunas

Exercícios propostos

1. A tabela abaixo mostra a venda dos jornais **A**, **B**, **C** e **D** nos primeiros meses de um ano.

Quantidade de jornais vendidos				
Jornal \ Mês	Janeiro	Fevereiro	Março	Abril
A	12 000	12 600	13 000	11 000
B	8 750	9 800	10 050	9 200
C	6 400	6 600	6 850	6 200
D	11 000	11 250	10 800	10 400

Dados fictícios.

Organize os dados dessa tabela em uma matriz.

2. Uma rede de supermercados possui 6 lojas (numeradas de 1 a 6). A matriz a seguir mostra o faturamento (em real) de cada loja no período de 4 dias.

$$\begin{bmatrix} 52\,030 & 10\,250 & 85\,210 & 12\,036 & 10\,020 & 14\,785 \\ 55\,896 & 12\,488 & 32\,651 & 74\,123 & 78\,945 & 11\,123 \\ 45\,120 & 45\,870 & 12\,580 & 63\,255 & 85\,698 & 23\,211 \\ 12\,312 & 12\,512 & 63\,211 & 74\,521 & 78\,414 & 96\,512 \end{bmatrix}$$

Cada elemento a_{ij} da matriz representa o faturamento no dia i da loja j.

a) De que ordem é essa matriz?

b) Qual das 6 lojas teve maior faturamento no último dia?

c) Qual é a diferença entre o faturamento da loja 2 e o da loja 5 no 4º dia?

3. Manoela organizou em uma tabela suas notas em algumas disciplinas nos quatro bimestres de 2015. Essa tabela é apresentada a seguir.

Notas de Manoela em 2015				
Disciplinas \ Bimestre	1º bim.	2º bim.	3º bim.	4º bim.
Língua Portuguesa	6	7	7,5	6,5
Matemática	5	7,5	8,5	5
Inglês	3,5	4,5	5,5	6,5
Geografia	5	5,5	6	6,5
Espanhol	10	10	8,5	7,5

Dados fictícios.

a) Organize os dados da tabela em uma matriz N.

b) Qual é a disciplina e a nota referente ao elemento n_{34} dessa matriz? E aos elementos n_{41} e n_{14}?

c) A média anual M de cada disciplina é calculada pela média aritmética das notas bimestrais. Se $M \leq 6$, o aluno deverá fazer prova de recuperação da disciplina.
Manoela deve fazer prova de recuperação de alguma dessas disciplinas?

Lei de formação de uma matriz

Pode-se escrever uma matriz por meio de uma função, cujas variáveis assumem os valores dos índices que designam a posição (linha e coluna) de cada elemento da matriz.

Exemplo

Considera-se a matriz $A_{2 \times 3}$ tal que: $a_{ij} = \begin{cases} i + j, \text{ se } i \neq j \\ 0, \text{ se } i = j \end{cases}$

A matriz A tem 2 linhas e 3 colunas, e seus elementos são determinados pela lei de formação apresentada.

$$A = \begin{bmatrix} a_{11} & a_{12} & \boxed{a_{13}} \\ a_{21} & \boxed{a_{22}} & a_{23} \end{bmatrix} = \begin{bmatrix} 0 & 1+2 & 1+3 \\ 2+1 & 0 & 2+3 \end{bmatrix} = \begin{bmatrix} 0 & 3 & 4 \\ 3 & 0 & 5 \end{bmatrix}$$

$i \neq j \Rightarrow a_{13} = 1 + 3 = 4$
$i = j \Rightarrow a_{22} = 0$

Classificação de uma matriz

Algumas matrizes apresentam particularidades em relação à disposição de seus elementos e, por isso, são classificadas como a seguir.

Matriz nula, matriz linha e matriz coluna

Uma matriz com todos os elementos a_{ij} iguais a zero é denominada **matriz nula**. A matriz nula de ordem $m \times n$ pode ser denotada por $0_{m \times n}$. Uma matriz com uma única linha é denominada **matriz linha** e é da ordem $1 \times n$. Uma matriz com uma única coluna é denominada **matriz coluna** e é da ordem $m \times 1$.

Por exemplo, a matriz $A = \begin{bmatrix} 0 & 0 & 0 \\ 0 & 0 & 0 \end{bmatrix}$ é uma **matriz nula**, a matriz $B = \begin{bmatrix} 2 & 1 & -7 & 9 \end{bmatrix}$ é uma **matriz linha** e a matriz $C = \begin{bmatrix} -3 \\ 7,5 \end{bmatrix}$ é uma **matriz coluna**.

Matriz quadrada

Uma matriz com quantidade de linhas igual à quantidade de colunas é denominada **matriz quadrada**. Diz-se que a matriz quadrada de ordem $n \times n$ é uma matriz de ordem n.

Por exemplo, a matriz $D = \begin{bmatrix} -1 & \frac{1}{7} \\ 2,5 & -3 \end{bmatrix}$ é uma **matriz quadrada** de ordem 2.

Diagonais

Os elementos a_{ij} de uma matriz quadrada de ordem n, tais que $i = j$, isto é, os elementos $a_{11}, a_{22}, a_{33}, \ldots, a_{nn}$, formam a **diagonal principal** da matriz. Os elementos a_{ij} tais que $i + j = n + 1$, isto é, os elementos da outra diagonal da matriz, formam a **diagonal secundária**.

$$\begin{bmatrix} a_{11} & a_{12} & a_{13} & \cdots & a_{1n} \\ a_{21} & a_{22} & a_{23} & \cdots & a_{2n} \\ a_{31} & a_{32} & a_{33} & \cdots & a_{3n} \\ \vdots & \vdots & \vdots & \ddots & \vdots \\ a_{n1} & a_{n2} & a_{n3} & \cdots & a_{nn} \end{bmatrix} \quad \begin{bmatrix} a_{11} & a_{12} & a_{13} & \cdots & a_{1n} \\ a_{21} & a_{22} & a_{23} & \cdots & a_{2n} \\ a_{31} & a_{32} & a_{33} & \cdots & a_{3n} \\ \vdots & \vdots & \vdots & \ddots & \vdots \\ a_{n1} & a_{n2} & a_{n3} & \cdots & a_{nn} \end{bmatrix}$$

diagonal principal $(i = j)$

diagonal secundária $(i + j = n + 1)$

Ação e cidadania

Organização, disciplina interna e cidadania

Aluno cidadão é aquele que cumpre os deveres escolares; respeita professores, colegas e normas da escola; exerce seu principal direito, que é desenvolver a aprendizagem; é solidário; preocupa-se em manter o espaço escolar agradável.

O aluno cidadão está apto a exercer sua cidadania também no ambiente extraescolar. Isso exige organização e disciplina, aspectos que contribuem para o bom desempenho social.

- No sentido usado aqui, a palavra "disciplina" se refere à disciplina pessoal, baseada na importância que se dá ao conhecimento na vida. Ela ajuda na organização e na adequada distribuição do tempo entre atividades escolares, revisão dos conteúdos, lazer e descanso, itens necessários para a aprendizagem.
De 1 a 10, que nota você dá para sua organização como aluno? E para sua disciplina pessoal? Justifique.
- Construa uma tabela mostrando como você distribui seu tempo extraescolar em cada dia da semana. Depois, escreva a matriz $m \times n$ correspondente à tabela.

Matriz diagonal

Uma matriz quadrada com todos os elementos acima e abaixo da diagonal principal iguais a zero é denominada **matriz diagonal**.

Por exemplo, a matriz $A = \begin{bmatrix} 5 & 0 & 0 \\ 0 & 3 & 0 \\ 0 & 0 & 8 \end{bmatrix}$ é uma **matriz diagonal**.

Matriz identidade I_n

Uma matriz quadrada com todos os elementos da diagonal principal iguais a 1 e os demais elementos iguais a zero é denominada **matriz identidade**. A matriz identidade de ordem n é denotada por I_n.

Por exemplo, a matriz $I_3 = \begin{bmatrix} 1 & 0 & 0 \\ 0 & 1 & 0 \\ 0 & 0 & 1 \end{bmatrix}$ é uma **matriz identidade** de ordem 3.

■ Igualdade de matrizes

Consideram-se duas matrizes A e B de ordem 3×2:

$$A = \begin{bmatrix} a_{11} & a_{12} \\ a_{21} & a_{22} \\ a_{31} & a_{32} \end{bmatrix} \text{ e } B = \begin{bmatrix} b_{11} & b_{12} \\ b_{21} & b_{22} \\ b_{31} & b_{32} \end{bmatrix}$$

Os elementos de índices iguais, isto é, aqueles que ocupam uma posição equivalente em duas matrizes de mesma ordem, são denominados **elementos correspondentes**. Nas matrizes A e B acima, os elementos correspondentes são a_{11} e b_{11}, a_{12} e b_{12}, a_{21} e b_{21}, a_{22} e b_{22}, e assim por diante. Define-se:

> Duas matrizes são **iguais** quando são de ordens iguais e têm os elementos correspondentes iguais.

A igualdade de duas matrizes A e B é assim representada:

$A = B \Leftrightarrow a_{ij} = b_{ij}$, em que $A = (a_{ij})_{m \times n}$ e $B = (b_{ij})_{m \times n}$, com $1 \leq i \leq m$ e $1 \leq j \leq n$

Exercício resolvido

4. Determinar os valores de x, y, z e w de modo que se verifique a igualdade das matrizes a seguir.

$$\begin{bmatrix} 5 & 0 & -3 \\ 2x + 3y & -4 & -10 \\ 7 & 13 & z + 2w \end{bmatrix} = \begin{bmatrix} 5 & 0 & x - y \\ 4 & -4 & -10 \\ 7 & 2z - w & -1 \end{bmatrix}$$

Resolução

Como as matrizes têm ordens iguais, elas podem ser iguais. Para isso, pela definição, todos os elementos correspondentes devem ser iguais.

Assim, temos as seguintes equações:

$2x + 3y = 4$ \qquad $-3 = x - y$
$13 = 2z - w$ \qquad $z + 2w = -1$

Agrupamos as equações com incógnitas x e y em um sistema e as equações com incógnitas z e w em outro sistema:

(I) $\begin{cases} 2x + 3y = 4 \\ x - y = -3 \end{cases}$ \qquad (II) $\begin{cases} 2z - w = 13 \\ z + 2w = -1 \end{cases}$

Podemos resolver esses sistemas pelo método da adição. Multiplicamos por 3 a 2ª equação do sistema (I), para que a incógnita y desapareça ao adicionarmos as duas equações. Multiplicamos por 2 a 1ª equação do sistema (II), para que a incógnita w desapareça ao adicionarmos as duas equações. Depois, adicionamos as equações de cada sistema e resolvemos as equações obtidas.

(I) $\begin{cases} 2x + 3y = 4 \\ x - y = -3 \end{cases} \Rightarrow \begin{cases} 2x + 3y = 4 \\ 3x - 3y = -9 \end{cases} +$
$\overline{ 5x + 0y = -5} \Rightarrow x = -1$

(II) $\begin{cases} 2z - w = 13 \\ z + 2w = -1 \end{cases} \Rightarrow \begin{cases} 4z - 2w = 26 \\ z + 2w = -1 \end{cases} +$
$\overline{ 5z + 0w = 25} \Rightarrow z = 5$

Substituímos x por -1 na equação $x - y = -3$ e z por 5 na equação $z + 2w = -1$:

$-1 - y = -3 \Rightarrow -y = -3 + 1 \Rightarrow y = 2$
$5 + 2w = -1 \Rightarrow 2w = -1 - 5 \Rightarrow w = -3$

Portanto, para que as matrizes dadas sejam iguais, devemos ter: $x = -1$, $y = 2$, $z = 5$ e $w = -3$.

Exercícios propostos

5. Determine as matrizes descritas em cada item.

a) $A = (a_{ij})_{2 \times 2}$ tal que $A = \begin{bmatrix} 2i+j & i^2-2 \\ -2j & 3i+j \end{bmatrix}$

b) $D = (d_{ij})_{3 \times 5}$ tal que $d_{ij} = \begin{cases} 2, \text{ se } i \neq j \text{ e } i = 1 \\ 3, \text{ se } j = 1 \\ j^3 - i^2, \text{ se } i \neq j \neq 1 \end{cases}$

6. Escreva as matrizes descritas a seguir.
a) Uma matriz nula de ordem 3×2.
b) Uma matriz linha de ordem 1×5.
c) Uma matriz diagonal de ordem 3.
d) Uma matriz identidade de ordem 4.

7. Considere a seguinte matriz.

$$A = \begin{bmatrix} 1 & 3 & 0 & 0 \\ 2 & x & -1 & 3 \\ 6 & -1 & y & 2 \\ 0 & 0 & 2y & 0 \end{bmatrix}$$

Determine os valores de x e y, sabendo que a soma dos elementos da diagonal principal dessa matriz é igual a 32 e que o valor de y é igual ao dobro de x mais uma unidade.

8. Seja $B = (b_{ij})_{m \times n}$ uma matriz cujos elementos são da forma $b_{ij} = 2i + j$. Escreva a expressão que representa a soma dos elementos da diagonal principal dessa matriz.

9. Determine uma matriz diagonal A de ordem 5 de modo que os elementos não nulos sejam da seguinte forma:

$$a_{ij} = 3i + 2j - 4$$

10. O cronograma de reuniões mensais de uma empresa é descrito por uma matriz $R = (r_{ij})_{6 \times 4}$ tal que:
- a posição i indica o mês em que a reunião será realizada;
- a posição j indica a semana em que a reunião será realizada;
- o elemento $a_{ij} = 0$ indica que não haverá reunião na semana j do mês i;
- o elemento $a_{ij} = 1$ indica que haverá reunião na semana j do mês i.

Para o primeiro semestre de certo ano, a empresa apresentou a seguinte matriz:

$$R = \begin{bmatrix} 0 & 0 & 0 & 1 \\ 0 & 1 & 0 & 0 \\ 1 & 0 & 0 & 0 \\ 0 & 0 & 0 & 1 \\ 1 & 0 & 0 & 0 \\ 0 & 0 & 1 & 0 \end{bmatrix}$$

Sabendo que todas as reuniões ocorrem sempre às terças-feiras e que a primeira reunião aconteceu no dia 27 de janeiro, determine o dia em que será realizada a última reunião desse semestre. Considere que o ano não é bissexto.

11. Considere a matriz $A = (a_{ij})_{3 \times 3}$, cujos elementos são determinados por:

$$a_{ij} = -i^2 + 2j$$

a) Calcule a diferença entre o produto dos elementos da diagonal principal e o produto dos elementos da diagonal secundária.

b) Para calcular essa diferença foi necessário determinar todos os elementos da matriz A? Justifique.

12. Determine os números reais x e y para que a igualdade de matrizes apresentada em cada item seja verdadeira:

a) $\begin{bmatrix} 8 & 3x-2y \\ x+3y & 5 \end{bmatrix} = \begin{bmatrix} 8 & 1 \\ 4 & 5 \end{bmatrix}$

b) $\begin{bmatrix} \log_x 16 & 10 \\ -9 & 2^y \end{bmatrix} = \begin{bmatrix} 2 & 10 \\ -9 & 64 \end{bmatrix}$

c) $\begin{bmatrix} 2^x+1 & 1 \\ 1 & y^x \end{bmatrix} = \begin{bmatrix} 17 & 1 \\ 1 & 81 \end{bmatrix}$

13. Escreva, para cada item a seguir, uma matriz:
a) de ordem 1×6, cujos elementos $a_{11}, a_{12}, ..., a_{16}$ formem, nessa ordem, uma P.A.
b) de ordem 6×1, cujos elementos $a_{11}, a_{21}, ..., a_{61}$ formem, nessa ordem, uma P.G.
c) diagonal de ordem 5, cujos elementos da diagonal principal formem uma P.G. de razão $\frac{3}{4}$, a partir do elemento a_{11}.

14. Considere a seguinte igualdade de matrizes:

$$\begin{bmatrix} \cos x & \cos y \\ \sen y & \sen x \end{bmatrix} = \begin{bmatrix} -1 & 1 \\ 0 & 0 \end{bmatrix}$$

Determine o valor de x e y, sabendo que $0 \leq x < 2\pi$ e $0 \leq y < 2\pi$.

15. Determine os valores de a e b para que a seguinte igualdade de matrizes seja verdadeira:

$$\begin{bmatrix} 2^a+1 & 1 \\ 1 & b^a \end{bmatrix} = \begin{bmatrix} 17 & 1 \\ 1 & 81 \end{bmatrix}$$

2. Operações com matrizes

■ Adição de matrizes

Para calcular a nota final em uma escola adicionam-se as notas obtidas nos três trimestres letivos do ano. Para que o aluno seja aprovado, a nota final deve ser igual ou maior que 15. A seguir, está o registro das notas trimestrais de três alunos, nas disciplinas de Matemática e Geografia.

Aluno	1º trimestre		2º trimestre		3º trimestre	
	Matemática	Geografia	Matemática	Geografia	Matemática	Geografia
André	7,0	6,0	5,0	7,0	7,0	8,0
Bianca	6,0	6,0	4,0	5,0	5,0	4,0
Pedro	6,0	7,0	5,0	8,0	5,0	6,0

Dados fictícios.

Para determinar a nota final, adicionam-se as notas de cada disciplina nos três trimestres.

Aluno	Nota final	
	Matemática	Geografia
André	7,0 + 5,0 + 7,0 = 19,0	6,0 + 7,0 + 8,0 = 21,0
Bianca	6,0 + 4,0 + 5,0 = 15,0	6,0 + 5,0 + 4,0 = 15,0
Pedro	6,0 + 5,0 + 5,0 = 16,0	7,0 + 8,0 + 6,0 = 21,0

Dados fictícios.

Essa situação pode ser assim representada:

Notas no 1º trimestre   Notas no 2º trimestre   Notas no 3º trimestre   Nota final

$$\begin{bmatrix} 7,0 & 6,0 \\ 6,0 & 6,0 \\ 6,0 & 7,0 \end{bmatrix} + \begin{bmatrix} 5,0 & 7,0 \\ 4,0 & 5,0 \\ 5,0 & 8,0 \end{bmatrix} + \begin{bmatrix} 7,0 & 8,0 \\ 5,0 & 4,0 \\ 5,0 & 6,0 \end{bmatrix} = \begin{bmatrix} 7,0+5,0+7,0 & 6,0+7,0+8,0 \\ 6,0+4,0+5,0 & 6,0+5,0+4,0 \\ 6,0+5,0+5,0 & 7,0+8,0+6,0 \end{bmatrix} = \begin{bmatrix} 19,0 & 21,0 \\ 15,0 & 15,0 \\ 16,0 & 21,0 \end{bmatrix}$$

Portanto, os alunos foram aprovados nessas disciplinas, pois a soma das notas de cada um deles em cada uma das disciplinas é igual ou maior a 15,0.

> A **soma** das matrizes A e B de ordens iguais é a matriz C na qual cada elemento é obtido pela soma dos elementos correspondentes de A e de B.

Assim, dadas as matrizes $A = (a_{ij})$ e $B = (b_{ij})$ de ordem $m \times n$, a soma de A e B é a matriz $C = (c_{ij})$ de ordem $m \times n$, em que $(c_{ij}) = (a_{ij} + b_{ij})$, com $1 \leq i \leq m$ e $1 \leq j \leq n$. Denota-se: $A + B = C$

Observação: Não é possível a adição de matrizes de ordens diferentes.

Matriz oposta

Seja $A = (a_{ij})$ uma matriz de ordem $m \times n$. A **matriz oposta** de A é a matriz $-A$ de ordem $m \times n$ tal que: $A + (-A) = 0_{m \times n}$

Exemplo

Dada a matriz $A = \begin{bmatrix} 1 & 2 \\ -5 & -3 \end{bmatrix}$, sua matriz oposta é $-A = \begin{bmatrix} -1 & -2 \\ 5 & 3 \end{bmatrix}$, pois: $A + (-A) = 0_{2 \times 2}$

De fato: $\begin{bmatrix} 1 & 2 \\ -5 & -3 \end{bmatrix} + \begin{bmatrix} -1 & -2 \\ 5 & 3 \end{bmatrix} = \begin{bmatrix} 1-1 & 2-2 \\ -5+5 & -3+3 \end{bmatrix} = \begin{bmatrix} 0 & 0 \\ 0 & 0 \end{bmatrix}$

Ou seja, para se obter uma matriz oposta à matriz A devem-se multiplicar as entradas desta matriz por -1.

Propriedades da adição de matrizes

Sendo A, B e C matrizes de ordens $m \times n$, são válidas as seguintes propriedades:
- Comutativa: $A + B = B + A$
- Associativa: $A + (B + C) = (A + B) + C$
- Existência do elemento oposto (matriz oposta): $A + (-A) = 0_{m \times n}$
- Existência do elemento neutro (matriz nula): $A + 0_{m \times n} = 0_{m \times n} + A = A$

■ Subtração de matrizes

Define-se:

> A **diferença** entre duas matrizes A e B de ordens iguais é a matriz C na qual cada elemento é obtido pela diferença entre os elementos correspondentes de A e de B.

Assim, dadas as matrizes $A = (a_{ij})$ e $B = (b_{ij})$ de ordem $m \times n$, a diferença entre A e B é a matriz $C = (c_{ij})$ de ordem $m \times n$ tal que $(c_{ij}) = (a_{ij} - b_{ij})$, com $1 \leq i \leq m$ e $1 \leq j \leq n$. Denota-se: $A - B = C$

Observação

A diferença entre as matrizes A e B é igual à soma da matriz A com a matriz oposta de B, o que é denotado por: $A - B = A + (-B)$

Exemplo

Dadas as matrizes $A = \begin{bmatrix} 1 & 4 \\ 2 & 5 \\ 3 & 6 \end{bmatrix}$ e $B = \begin{bmatrix} 0 & -4 \\ 7 & 5 \\ 8 & 2 \end{bmatrix}$, a diferença entre A e B é a matriz $C = \begin{bmatrix} 1 & 8 \\ -5 & 0 \\ -5 & 4 \end{bmatrix}$.

De fato: $C = A - B = \begin{bmatrix} 1 & 4 \\ 2 & 5 \\ 3 & 6 \end{bmatrix} - \begin{bmatrix} 0 & -4 \\ 7 & 5 \\ 8 & 2 \end{bmatrix} = \begin{bmatrix} 1-0 & 4-(-4) \\ 2-7 & 5-5 \\ 3-8 & 6-2 \end{bmatrix} = \begin{bmatrix} 1 & 8 \\ -5 & 0 \\ -5 & 4 \end{bmatrix}$

Exercícios resolvidos

16. Determine os valores de x e y tal que:
$$\begin{bmatrix} x^2 + 2x & 3 \\ 4 & y^2 - 5 \end{bmatrix} - \begin{bmatrix} 3 & 5 \\ 8 & 4y \end{bmatrix} = \begin{bmatrix} 0 & -2 \\ -4 & 0 \end{bmatrix}$$

Resolução

Pela definição de subtração e de igualdade de matrizes, temos: $x^2 + 2x - 3 = 0$ e $y^2 - 5 - 4y = 0$

Resolvemos essas equações:

$x^2 + 2x - 3 = 0 \Rightarrow (x + 3) \cdot (x - 1) = 0 \Rightarrow$
$\Rightarrow x = -3$ ou $x = 1$

$y^2 - 5 - 4y = 0 \Rightarrow (y - 5) \cdot (y + 1) = 0 \Rightarrow$
$\Rightarrow y = -1$ ou $y = 5$

Assim: $x = -3$ ou $x = 1$, e $y = 5$ ou $y = -1$

17. Sejam $A = (a_{ij})_{3 \times 2}$ e $B = (b_{ij})_{3 \times 2}$ duas matrizes em que $a_{ij} = 3i - j$ e $b_{ij} = i^2 + j^2$. Determine o elemento c_{32} da matriz C tal que $C = A - B$.

Resolução

A matriz C é a diferença entre as matrizes A e B. Então: $c_{32} = a_{32} - b_{32}$

$a_{32} = 3 \cdot 3 - 2 = 7$
$b_{32} = 3^2 + 2^2 = 9 + 4 = 13$
$c_{32} = a_{32} - b_{32} = 7 - 13 = -6$
Portanto: $c_{32} = -6$

Exercícios propostos

18. Sejam A e B matrizes de ordem 3 tais que $a_{ij} = 2i + j$ e $b_{ij} = -2a_{ij}$, e seja C uma matriz tal que $C = B - A$.
a) Qual é a ordem da matriz C?
b) Escreva a lei de formação dos elementos c_{ij}.

19. Sabendo que $\begin{bmatrix} 5a - 2 & 1 \\ 0 & 3b \end{bmatrix} - \begin{bmatrix} 6 & -2 \\ 1 & b-2 \end{bmatrix} = \begin{bmatrix} 1 & 3 \\ -1 & 5 \end{bmatrix}$, determine os valores de a e b.

20. Sendo $A = (a_{ij})$ e $B = (b_{ij})$ matrizes de ordem 2, com $a_{ij} = i^2 - 2j$ e $b_{ij} = i^2 + 2j$, determine a matriz C tal que $C = A - B$.

21. Dada a matriz $A = (a_{ij})_{2 \times 2}$ tal que $a_{ij} = \begin{cases} 2^{i-j}, \text{ se } i < j \\ 0, \text{ se } i = j \\ \left(\dfrac{1}{2}\right)^{j-i}, \text{ se } i > j \end{cases}$

e sabendo que $A + B = \begin{bmatrix} 1 & \dfrac{1}{4} \\ -2 & -1 \end{bmatrix}$, determine a matriz B.

22. Segundo o estudo "O estado das cidades mundiais", realizado em 2001 pelo Programa de Habitação da Organização das Nações Unidas, as cidades que constam na tabela são as cinco cidades brasileiras cuja população crescerá mais até 2025.

A tabela a seguir apresenta a população aproximada dessas cidades em 1990 e a projeção para 2025.

Cidade	População aproximada em 1990	Projeção da população para 2025
Florianópolis	503 000	1 233 000
Brasília	1 863 000	4 474 000
Natal	692 000	1 545 000
Belém	1 129 000	2 460 000
Curitiba	1 829 000	3 953 000

Fonte de pesquisa: *Exame*. Disponível em: <http://exame.abril.com.br/brasil/noticias/as-metropoles-brasileiras-que-mais-crescem#1>. Acesso em: 24 mar. 2015.

Determine a matriz C que representa o aumento estimado para a população de 1990 a 2025.

■ Multiplicação de um número real por uma matriz

Para calcular a média bimestral dos alunos, um professor atribui pesos às avaliações realizadas durante o bimestre. No último bimestre ele aplicou, entre outras avaliações, uma prova e um trabalho, ambos com peso 2. A tabela ao lado apresenta as notas de alguns alunos.

Aluno	Prova	Trabalho
Aline	6	9,5
Bruno	5	8
Bianca	7,5	5,5
Lúcio	9	9

Dados fictícios.

Como as avaliações têm peso 2, cada uma das notas deve ser multiplicada por 2.

Essa situação pode ser representada da seguinte maneira:

$$2 \cdot \begin{bmatrix} 6 & 9,5 \\ 5 & 8 \\ 7,5 & 5,5 \\ 9 & 9 \end{bmatrix} = \begin{bmatrix} 2 \cdot 6 & 2 \cdot 9,5 \\ 2 \cdot 5 & 2 \cdot 8 \\ 2 \cdot 7,5 & 2 \cdot 5,5 \\ 2 \cdot 9 & 2 \cdot 9 \end{bmatrix} = \begin{bmatrix} 12 & 19 \\ 10 & 16 \\ 15 & 11 \\ 18 & 18 \end{bmatrix}$$

> O **produto** de um número real k por uma matriz A é uma matriz B na qual todos os elementos são obtidos pelo produto do número real k pelos elementos correspondentes de A.

Assim, dados uma matriz $A = (a_{ij})$ de ordem $m \times n$ e um número real k, o produto de k por A é a matriz $B = (b_{ij})$ de ordem $m \times n$ tal que $b_{ij} = k \cdot a_{ij}$. Denota-se: $B = k \cdot A$

Propriedades da multiplicação de um número real por uma matriz

Sendo k e r dois números reais e A e B duas matrizes de ordens iguais, são válidas as seguintes propriedades:

- $k \cdot (r \cdot A) = (kr) \cdot A$
- $k \cdot (A + B) = k \cdot A + k \cdot B$
- $(k + r) \cdot A = k \cdot A + r \cdot A$
- $1 \cdot A = A$

Exercícios propostos

23. Uma indústria fabrica dois modelos de bicicleta em três cores diferentes. A tabela abaixo apresenta a produção dessa indústria no mês de outubro de certo ano.

	Azul	Vermelho	Amarelo
Modelo A	630	840	460
Modelo B	810	530	720

Dados fictícios.

Supondo que a produção tenha triplicado no mês de novembro desse ano, represente essa produção por meio de uma matriz e determine a quantidade total de bicicletas fabricadas.

24. Considerando o número real $k = -\frac{1}{5}$ e a matriz $A = \begin{bmatrix} 5 & 0 & 10 \\ -15 & 1 & \frac{2}{5} \end{bmatrix}$, calcule $k \cdot A$.

25. Determine os valores de x e y, sabendo que:

$2 \cdot \begin{bmatrix} 2 & x & 3 \\ y & 0 & 0 \end{bmatrix} - 3 \cdot \begin{bmatrix} 5 & 2y & -4 \\ x & 3 & 8 \end{bmatrix} = \begin{bmatrix} -11 & -16 & 18 \\ -11 & -9 & -24 \end{bmatrix}$

26. Considere as seguintes matrizes: $A = \begin{bmatrix} 2 & 0 & 4 \\ -5 & 5 & 1 \\ 6 & 0 & 6 \end{bmatrix}$,

$B = \begin{bmatrix} \sqrt{32} & 6 & -8 \\ 7 & \frac{1}{2} & -3 \\ 8 & \sqrt{2} & -2 \end{bmatrix}$ e $C = \begin{bmatrix} \sqrt{18} & -4 & 1 \\ -9 & 8 & 2 \\ 3 & \sqrt{8} & 3 \end{bmatrix}$

Calcule o valor de cada expressão a seguir.

a) $2 \cdot A + 3 \cdot B - C$

b) $2 \cdot C - B + 3 \cdot A$

c) $4 \cdot (A + B - C)$

d) $\frac{1}{5} \cdot (A + B + C)$

27. Determine os valores de a e b, sabendo que:

$3 \cdot \begin{bmatrix} a + 3b & -3 \\ -2 & -2a + \frac{b}{2} \end{bmatrix} + 2 \cdot \begin{bmatrix} -a + 3 & -5 \\ 15 & 22 \end{bmatrix} = \begin{bmatrix} 20 & -19 \\ 24 & 71 \end{bmatrix}$

Matriz transposta

Define-se:

> A **transposta** de uma matriz A é a matriz A^t na qual os elementos que formam as linhas são, ordenadamente, os elementos que formam as colunas da matriz A.

Assim, uma matriz A de ordem $m \times n$ tem como transposta a matriz A^t de ordem $n \times m$, ou seja, uma matriz de ordem 3×2 tem como transposta a matriz A^t de ordem 2×3.

Exemplo

Dada a matriz $A = \begin{bmatrix} 1 & 7 & \sqrt{3} \\ 4 & 5 & -9 \end{bmatrix}$, sua transposta é: $A^t = \begin{bmatrix} 1 & 4 \\ 7 & 5 \\ \sqrt{3} & -9 \end{bmatrix}$

Propriedades da transposição de matrizes

Sendo A e B duas matrizes de ordens iguais, A^t e B^t suas transpostas e k um número real, são válidas as seguintes propriedades:

- $(A + B)^t = A^t + B^t$
- $(k \cdot A)^t = k \cdot A^t$
- $(A^t)^t = A$

Matriz simétrica

Define-se:

> Uma matriz é **simétrica** se for quadrada e igual a sua matriz transposta.

Assim, dada a matriz quadrada $A = (a_{ij})$ de ordem n, A é **simétrica** se, e somente se, $a_{ij} = a_{ji}$.

Exemplo

A matriz $A = \begin{bmatrix} 9 & 5 & 3 \\ 5 & 2 & 1 \\ 3 & 1 & 7 \end{bmatrix}$ é simétrica, pois $A^t = \begin{bmatrix} 9 & 5 & 3 \\ 5 & 2 & 1 \\ 3 & 1 & 7 \end{bmatrix} = A$.

Exercícios propostos

28. Considere as matrizes $A = (a_{ij})_{3 \times 2}$, $B = (b_{ij})_{2 \times 3}$ e $C = (c_{ij})_{3 \times 2}$ com $a_{ij} = i^j - 2$, $b_{ij} = j - i^2$ e $c_{ij} = 2i - j^2$.
   a) É possível calcular $A + B$? Justifique.
   b) Determine $A + B^t + C$ e $A^t + B + C^t$.

29. Escreva as matrizes M^t e $(-M^t)^t$, sendo a matriz $M = (m_{ij})_{2 \times 2}$ definida por:
$m_{ij} = \begin{cases} 2i + j, \text{ se } i = j \\ i^3 - j^3, \text{ se } i \neq j \end{cases}$

30. Sabendo que a matriz $A = \begin{bmatrix} 1 & 2 & y \\ x & 4 & 5 \\ 3 & z & 6 \end{bmatrix}$ é simétrica, determine o valor de $x + 2y + 3z$.

31. Determine a transposta da matriz $A = (a_{ij})_{2 \times 2}$ tal que:
$a_{ij} = \begin{cases} 3 \cdot \cos\left(\dfrac{\pi}{2} \cdot i\right), \text{ se } i < j \\ -2 \cdot \text{sen}(\pi \cdot j), \text{ se } i > j \\ 0, \text{ se } i = j \end{cases}$

Multiplicação de matrizes

De acordo com a Confederação Brasileira de Basketball (CBB), a pontuação em um jogo de basquete se dá da seguinte maneira: 1 ponto para cada lance livre, 2 pontos para cada lance cuja distância de lançamento for inferior a 6,75 m do cesto e 3 pontos para as bolas lançadas a distancia superior a 6,75 m do cesto. Essas informações estão organizadas na tabela ao lado.

Em uma rodada de um campeonato de basquete com quatro equipes, registrou-se em uma tabela a quantidade de cestas convertidas de cada tipo:

Cestas convertidas, por tipo, no campeonato		
Equipe	Lance livre	Cesta da área dos 2 pontos	Cesta da área dos 3 pontos
A	10	12	18
B	8	15	19
C	12	17	21
D	7	10	9

Pontuação no basquete	
Tipo de cesta	Pontos obtidos
Lance livre	1
Cesta da área dos 2 pontos	2
Cesta da área dos 3 pontos	3

Fonte de pesquisa: Confederação Brasileira de Basketball. Disponível em: <http://legado.cbb.com.br/arbitragem/Interpretacoes.pdf>. Acesso em: 24 mar. 2015.

Dados fictícios.

Lance do Jogo das Estrelas, do Novo Basquete Brasil – NBB, no Ginásio Nilson Nelson.

Para saber a pontuação total de cada equipe no campeonato, efetuam-se os seguintes cálculos:

Equipe A: $10 \cdot 1 + 12 \cdot 2 + 18 \cdot 3 = 88$
Equipe B: $8 \cdot 1 + 15 \cdot 2 + 19 \cdot 3 = 95$
Equipe C: $12 \cdot 1 + 17 \cdot 2 + 21 \cdot 3 = 109$
Equipe D: $7 \cdot 1 + 10 \cdot 2 + 9 \cdot 3 = 54$

Outra maneira de efetuar esses cálculos é representar os dados de cada tabela em duas matrizes A e B e calcular o produto $A \cdot B$:

$$A_{4 \times 3} = \begin{bmatrix} 10 & 12 & 18 \\ 8 & 15 & 19 \\ 12 & 17 & 21 \\ 7 & 10 & 9 \end{bmatrix} \text{ e } B_{3 \times 1} = \begin{bmatrix} 1 \\ 2 \\ 3 \end{bmatrix} \Rightarrow (A \cdot B)_{4 \times 1} = \begin{bmatrix} 10 \cdot 1 + 12 \cdot 2 + 18 \cdot 3 \\ 8 \cdot 1 + 15 \cdot 2 + 19 \cdot 3 \\ 12 \cdot 1 + 17 \cdot 2 + 21 \cdot 3 \\ 7 \cdot 1 + 10 \cdot 2 + 9 \cdot 3 \end{bmatrix} = \begin{bmatrix} 88 \\ 95 \\ 109 \\ 54 \end{bmatrix}$$

> Dadas as matrizes $A = (a_{ik})$ e $B = (b_{kj})$, o **produto** de A por B é a matriz C na qual os elementos c_{ij} são obtidos pela soma dos produtos ordenados dos elementos da linha i da matriz A pelos elementos da coluna j da matriz B.

Assim, para cada $i = 1, 2, 3, ..., m$ e para cada $j = 1, 2, 3, ..., p$, tem-se:
$$c_{ij} = a_{i1} \cdot b_{1j} + a_{i2} \cdot b_{2j} + a_{i3} \cdot b_{3j} + ... + a_{in} \cdot b_{nk}$$

O produto de uma matriz A por uma matriz B só pode ser definido quando a quantidade de colunas da matriz A é igual à quantidade de linhas da matriz B. Além disso, a matriz $A \cdot B$ tem a quantidade de linhas de A e a quantidade de colunas de B.

$$A_{m \times \underbrace{n} \text{ igual}} \cdot B_{\underbrace{n} \times p} = (A \cdot B)_{m \times p}$$

Assim, se a matriz A tem ordem $m \times n$ e a matriz B tem ordem $n \times p$, então a matriz $C = A \cdot B$ tem ordem $m \times p$.

Exemplo

$$A_{4 \times \underbrace{3}} \cdot B_{\underbrace{3} \times 1} = C_{4 \times 1}$$
ordem da matriz produto

Propriedades da multiplicação de matrizes

Sendo m, n, p e q quatro números reais, e A, B e C três matrizes, são válidas as seguintes propriedades.

- Associativa: $A_{m \times n}$, $B_{n \times p}$ e $C_{p \times q} \Rightarrow (A \cdot B) \cdot C = A \cdot (B \cdot C)$
- Distributiva à direita em relação à adição:
$A_{m \times n}$, $B_{m \times n}$ e $C_{n \times p} \Rightarrow (A + B) \cdot C = A \cdot C + B \cdot C$

- Distributiva à esquerda em relação à adição: $A_{m \times n}$, $B_{n \times p}$ e $C_{n \times p} \Rightarrow A \cdot (B + C) = A \cdot B + A \cdot C$
- Transposta do produto: $A_{m \times n}$, $B_{n \times p} \Rightarrow (A \cdot B)^t = B^t \cdot A^t$
- Sendo $A_{m \times n}$, $B_{n \times p}$, a propriedade comutativa $A \cdot B = B \cdot A$ nem sempre é válida na multiplicação. Quando válida, diz-se que as matrizes são comutáveis ou que comutam.
  - Veja um exemplo em que $A \cdot B \neq B \cdot A$:

  $A = \begin{bmatrix} 1 & -2 \\ 0 & 3 \end{bmatrix}$ e $B = \begin{bmatrix} 4 & 3 \\ 2 & 1 \end{bmatrix} \Rightarrow A \cdot B = \begin{bmatrix} 1 \cdot 4 + (-2) \cdot 2 & 1 \cdot 3 + (-2) \cdot 1 \\ 0 \cdot 4 + 3 \cdot 2 & 0 \cdot 3 + 3 \cdot 1 \end{bmatrix} = \begin{bmatrix} 0 & 1 \\ 6 & 3 \end{bmatrix}$

  e $B \cdot A = \begin{bmatrix} 4 \cdot 1 + 3 \cdot 0 & 4 \cdot (-2) + 3 \cdot 3 \\ 2 \cdot 1 + 2 \cdot 0 & 2 \cdot (-2) + 1 \cdot 3 \end{bmatrix} = \begin{bmatrix} 4 & 1 \\ 2 & -1 \end{bmatrix}$

  - Agora, um exemplo em que $A \cdot B = B \cdot A$ (matrizes comutáveis):

  $A = \begin{bmatrix} 2 & -1 \\ 3 & -4 \end{bmatrix}$ e $B = \begin{bmatrix} 1 & 1 \\ -3 & 7 \end{bmatrix} \Rightarrow A \cdot B = \begin{bmatrix} 2 \cdot 1 + (-1) \cdot (-3) & 2 \cdot 1 + (-1) \cdot 7 \\ 3 \cdot 1 + (-4) \cdot (-3) & 3 \cdot 1 + (-4) \cdot 7 \end{bmatrix} = \begin{bmatrix} 5 & -5 \\ 15 & -25 \end{bmatrix}$

  e $B \cdot A = \begin{bmatrix} 1 \cdot 2 + 1 \cdot 3 & 1 \cdot (-1) + 1 \cdot (-4) \\ (-3) \cdot 2 + 7 \cdot 3 & (-3) \cdot (-1) + 7 \cdot (-4) \end{bmatrix} = \begin{bmatrix} 5 & -5 \\ 15 & -25 \end{bmatrix}$

Exercício resolvido

32. Dadas as matrizes $A = \begin{bmatrix} 3 & 2 \\ 1 & 4 \end{bmatrix}$, $B = \begin{bmatrix} 1 & 6 \\ 9 & 1 \\ 4 & 0 \end{bmatrix}$ e $C = \begin{bmatrix} 3 & 1 \\ -8 & 5 \end{bmatrix}$, calcule os seguintes produtos, quando possível:

a) $A \cdot C$ b) $B \cdot C$ c) $A \cdot B$

Resolução

a) Como a quantidade de colunas da matriz $A_{2 \times 2}$ é igual à de linhas da matriz $C_{2 \times 2}$, podemos determinar $A \cdot C$.

$A \cdot C = \begin{bmatrix} 3 & 2 \\ 1 & 4 \end{bmatrix} \cdot \begin{bmatrix} 3 & 1 \\ -8 & 5 \end{bmatrix} = \begin{bmatrix} 3 \cdot 3 + 2 \cdot (-8) & 3 \cdot 1 + 2 \cdot 5 \\ 1 \cdot 3 + 4 \cdot (-8) & 1 \cdot 1 + 4 \cdot 5 \end{bmatrix} = \begin{bmatrix} -7 & 13 \\ -29 & 21 \end{bmatrix}$

b) O produto $B_{3 \times 2} \cdot C_{2 \times 2}$ é uma matriz de ordem 3×2.

$B \cdot C = \begin{bmatrix} 1 & 6 \\ 9 & 1 \\ 4 & 0 \end{bmatrix} \cdot \begin{bmatrix} 3 & 1 \\ -8 & 5 \end{bmatrix} = \begin{bmatrix} 1 \cdot 3 + 6 \cdot (-8) & 1 \cdot 1 + 6 \cdot 5 \\ 9 \cdot 3 + 1 \cdot (-8) & 9 \cdot 1 + 1 \cdot 5 \\ 4 \cdot 3 + 0 \cdot (-8) & 4 \cdot 1 + 0 \cdot 5 \end{bmatrix} = \begin{bmatrix} -45 & 31 \\ 19 & 14 \\ 12 & 4 \end{bmatrix}$

c) Não é possível determinar $A \cdot B$, pois a matriz A tem 2 colunas e a matriz B tem 3 linhas.

Exercícios propostos

33. Calcule, quando possível, os seguintes produtos:

a) $\begin{bmatrix} -5 & 0 & 3 \\ 4 & -1 & 9 \\ 1 & 0 & 7 \end{bmatrix} \cdot \begin{bmatrix} 2 & 6 \\ -11 & 12 \\ 0 & 1 \end{bmatrix}$

b) $\begin{bmatrix} 0,5 \\ -6 \\ 0,75 \end{bmatrix} \cdot \begin{bmatrix} 2 & -4 & 0,1 \end{bmatrix}$

c) $\begin{bmatrix} \sqrt{3} & 0,25 \\ -\pi & -\sqrt{5} \end{bmatrix} \cdot \begin{bmatrix} 0 & 3 & -9 & 1,25 \\ 1 & 3 & 9 & 0,3 \end{bmatrix}$

d) $\begin{bmatrix} -8 \\ 16 \end{bmatrix} \cdot \begin{bmatrix} 3 & -6 & -9 \\ 5 & 10 & 15 \end{bmatrix}$

34. Considere uma matriz A de ordem n. Sabendo que $A^2 = A \cdot A$, determine A^2 em cada item.

a) $A = \begin{bmatrix} 0 & 5 \\ 4 & 3 \end{bmatrix}$ b) $A = \begin{bmatrix} 8 & 4 & -3 \\ -7 & -1 & 0 \\ 2 & 3 & -4 \end{bmatrix}$

35. Determine os valores de x e y para que seja válida a igualdade $\begin{bmatrix} 3 & 2 \\ -4 & -5 \end{bmatrix} \cdot \begin{bmatrix} x \\ y \end{bmatrix} = \begin{bmatrix} 3 \\ -11 \end{bmatrix}$.

36. Em um campeonato de futebol, cada vitória obtida vale 3 pontos, cada empate vale 1 ponto, e a derrota não vale ponto. A tabela abaixo mostra as quantidades de vitórias, empates e derrotas das cinco equipes com maior quantidade de pontos.

Resultados por equipe			
Equipe	Vitória	Empate	Derrota
A	7	0	0
B	5	3	0
C	5	2	1
D	4	1	2
E	3	3	1

Dados fictícios.

a) Represente os dados da tabela em uma matriz.
b) Escreva a matriz 3×1 em que a 1ª linha representa os pontos obtidos em caso de vitória, a 2ª linha, em caso de empate e a 3ª linha, em caso de derrota.
c) Utilizando o produto de matrizes, escreva a matriz que representa a pontuação de cada equipe.

37. Em um colégio, as notas trimestrais são calculadas de acordo com os seguintes critérios:
- Avaliação trimestral (AT): 45% da média.
- Avaliação parcial 1 (AP1): 10% da média.
- Avaliação parcial 2 (AP2): 20% da média.
- Fichamento (F): 10% da média.
- Trabalho em grupo (TG): 5% da média.
- Laboratório/Oficinas (Lab/Of): 10% da média.

Abaixo, estão representadas na tabela as notas de 13 alunos em cada um dos quesitos de avaliação.

Notas do 1º trimestre						
Aluno	AT	AP1	AP2	F	TG	Lab/Of
Amanda	4,5	6,5	7,5	8	9,5	6,5
Bruno	7	8	5,4	8	9	7
Beatriz	8,4	5,5	8,5	8,5	9,5	6
Cecília	3,5	6	7,2	9,5	8,5	5,5
Clara	9,5	5,5	6,9	8,5	7	4,5
Daniel	6	7	7,3	7,5	7	9
Júlia	5,5	4,5	5,5	8,5	9	9
Juliano	6,5	3,5	4,5	8	8,5	6,5
Lucas	7,2	8	3,2	9	8,5	6,5
Mariana	5,8	6,2	8,5	9,5	7,5	7,5
Miguel	6,5	7,5	6,5	7	7,5	8,5
Nina	7	8	6,5	7,5	6,5	8
Valentina	6,8	7,8	7	8	6,5	9

Dados fictícios.

a) De acordo com os dados da tabela, escreva, a partir do produto de matrizes, a matriz que representa a média de cada um dos alunos.

b) A nota mínima que cada aluno deve atingir ao final do trimestre deve ser maior ou igual a 6,0, caso contrário, o aluno deverá realizar uma prova de recuperação. Nessas condições, dentre os alunos Amanda, Cecília, Juliano e Miguel, quais são os que precisarão fazer a prova de recuperação?

c) Bruno, Clara e Lucas desejam calcular a nota mínima que precisam obter em cada um dos quesitos de avaliação que estão faltando na tabela abaixo para que não precisem fazer a prova de recuperação. Escreva, como produto de matrizes, a matriz resultante que satisfaz tal condição.

Notas do 1º trimestre						
Aluno	AT	AP1	AP2	F	TG	Lab/Of
Bruno	7	8	5,4	x	9	7
Clara	9,5	y	6,9	8,5	7	4,5
Lucas	z	8	3,2	9	8,5	6,5

Dados fictícios.

3. Matriz inversa

Uma matriz A de ordem n admite a matriz inversa A^{-1} de ordem n se $A \cdot A^{-1} = A^{-1} \cdot A = I_n$.

Se uma matriz A admite matriz inversa, diz-se que a matriz A é **invertível**.

Como consequências da definição, nenhuma matriz nula admite matriz inversa e toda matriz identidade admite matriz inversa.

> **Saiba mais**
>
> **Matriz singular**
> Nem toda matriz quadrada admite uma matriz inversa. Se a matriz **não** tem inversa, ela é dita **matriz singular**.

Exemplo

Verificar se a matriz $X = \begin{bmatrix} -2 & 1,5 \\ 1 & -0,5 \end{bmatrix}$ é a inversa da matriz $A = \begin{bmatrix} 1 & 3 \\ 2 & 4 \end{bmatrix}$.

I. Calcula-se $A \cdot X$	Verifica-se se o produto de A por X é a matriz identidade, de ordem igual às das matrizes A e X.	$\begin{bmatrix} 1 & 3 \\ 2 & 4 \end{bmatrix} \cdot \begin{bmatrix} -2 & 1,5 \\ 1 & -0,5 \end{bmatrix} = \begin{bmatrix} 1 \cdot -2 + 3 \cdot 1 & 1 \cdot 1,5 + 3 \cdot (-0,5) \\ 2 \cdot -2 + 4 \cdot 1 & 2 \cdot 1,5 + 4 \cdot (-0,5) \end{bmatrix} = \begin{bmatrix} 1 & 0 \\ 0 & 1 \end{bmatrix}$
II. Calcula-se $X \cdot A$	Verifica-se se o produto de X por A é a matriz identidade, de ordem igual às das matrizes A e X.	$\begin{bmatrix} -2 & 1,5 \\ 1 & -0,5 \end{bmatrix} \cdot \begin{bmatrix} 1 & 3 \\ 2 & 4 \end{bmatrix} = \begin{bmatrix} (-2) \cdot 1 + 1,5 \cdot 2 & (-2) \cdot 3 + 1,5 \cdot 4 \\ 1 \cdot 1 + (-0,5) \cdot 2 & 1 \cdot 3 + (-0,5) \cdot 4 \end{bmatrix} = \begin{bmatrix} 1 & 0 \\ 0 & 1 \end{bmatrix}$

Como $A \cdot X = X \cdot A = I_2$, a matriz A é invertível, e sua inversa é a matriz X.

Observação

Dada uma matriz quadrada, é possível determinar sua inversa por meio da resolução de sistemas. Esse método, no entanto, não é muito prático para matrizes de ordens maiores do que 2.

Exercício resolvido

38. Determine a inversa, se existir, da seguinte matriz:

$$A = \begin{bmatrix} 2 & 6 \\ -4 & -12 \end{bmatrix}$$

Resolução

Consideramos que exista uma matriz $X = \begin{bmatrix} x & y \\ z & w \end{bmatrix}$ tal que $A \cdot X = I_2$.

Escrevendo essa igualdade na forma de matriz, temos:

$\begin{bmatrix} 2 & 6 \\ -4 & -12 \end{bmatrix} \cdot \begin{bmatrix} x & y \\ z & w \end{bmatrix} = \begin{bmatrix} 1 & 0 \\ 0 & 1 \end{bmatrix} \Rightarrow$

$\Rightarrow \begin{cases} 2x + 6z = 1 \\ -4x - 12z = 0 \end{cases}$ e $\begin{cases} 2y + 6w = 0 \\ -4y - 12w = 1 \end{cases}$

Resolvendo os sistemas, obtemos:

$\begin{cases} 2x + 6z = 1 \\ -4x - 12z = 0 \end{cases} \Rightarrow \begin{cases} 4x + 12z = 2 \\ -4x - 12z = 0 \end{cases} +$
$\overline{\ 0 = 2}$

Não é possível determinar as soluções desse sistema.

$\begin{cases} 2y + 6w = 0 \\ -4y - 12w = 1 \end{cases} \Rightarrow \begin{cases} 4y + 12w = 0 \\ -4y - 12w = 1 \end{cases} +$
$\overline{\ 0 = 1}$

Também não é possível determinar as soluções desse sistema.

Portanto, a matriz $A = \begin{bmatrix} 2 & 6 \\ -4 & -12 \end{bmatrix}$ não tem inversa.

Exercícios propostos

39. Dadas as matrizes $A = \begin{bmatrix} 5 & 2 \\ -3 & 1 \end{bmatrix}$ e $B = \begin{bmatrix} 9 & 10 \\ 0 & -5 \end{bmatrix}$, determine as seguintes matrizes:

a) A^{-1} b) B^{-1} c) $A^{-1} \cdot B^t$

40. Sabendo que $\begin{bmatrix} 3 & x \\ 5 & 2 \end{bmatrix}$ e $\begin{bmatrix} 2 & -1 \\ -5 & y \end{bmatrix}$ são matrizes inversas uma da outra, calcule os valores de x e y.

41. Determine, caso exista, a inversa da matriz abaixo:

$$A = \begin{bmatrix} 1 & 0 & 0 \\ 0 & -2 & 0 \\ 1 & 0 & 3 \end{bmatrix}$$

42. Dada a matriz $A = \begin{bmatrix} 1 & 0 \\ -2 & 2 \end{bmatrix}$, determine a matriz C tal que $C = -2 \cdot A^{-1}$.

4. Equação matricial

Equações matriciais são equações em que a incógnita é uma matriz. Para resolver esse tipo de equação, utilizam-se as operações com matrizes.

Exemplo

Dadas as matrizes $A = \begin{bmatrix} 2 & 8 & 4 \\ 1 & -5 & -3 \end{bmatrix}$ e $B = \begin{bmatrix} 0 & 15 & -9 \\ 3 & 9 & 4 \end{bmatrix}$, de ordem 2 × 3, determinar a matriz X tal que $A + X = B$.

Adicionando-se a matriz $-A$ aos dois membros da igualdade, obtém-se a expressão para determinar X:

$A + X = B \Rightarrow A + (-A) + X = B + (-A) \Rightarrow 0 + X = B - A \Rightarrow X = B - A$

Então: $X = \begin{bmatrix} 0 & 15 & -9 \\ 3 & 9 & 4 \end{bmatrix} - \begin{bmatrix} 2 & 8 & 4 \\ 1 & -7 & -3 \end{bmatrix} \Rightarrow X = \begin{bmatrix} -2 & 7 & -13 \\ 2 & 16 & 7 \end{bmatrix}$

Exercícios resolvidos

43. Determine a matriz X tal que:

$A \cdot X = B, A = \begin{bmatrix} -3 & 1 \\ 0 & 2 \end{bmatrix}$ e $B = \begin{bmatrix} 1 & 2 & -3 \\ 4 & 2 & 6 \end{bmatrix}$

Resolução

A ordem da matriz A é 2 × 2, e a ordem da matriz B é 2 × 3; logo, a matriz X deve ser de ordem 2 × 3 para que exista $A_{2 \times 2} \cdot X_{2 \times 3}$. Sendo $X = \begin{bmatrix} a & b & c \\ d & e & f \end{bmatrix}$, temos:

$\begin{bmatrix} -3 & 1 \\ 0 & 2 \end{bmatrix} \cdot \begin{bmatrix} a & b & c \\ d & e & f \end{bmatrix} = \begin{bmatrix} 1 & 2 & -3 \\ 4 & 2 & 6 \end{bmatrix} \Rightarrow$

$\Rightarrow \begin{bmatrix} -3a + d & -3b + e & -3c + f \\ 2d & 2e & 2f \end{bmatrix} = \begin{bmatrix} 1 & 2 & -3 \\ 4 & 2 & 6 \end{bmatrix}$

Da igualdade acima, obtemos três sistemas:

$\begin{cases} -3a + d = 1 \\ 2d = 4 \end{cases} \Rightarrow d = 2$ e $-3a = 1 - 2 \Rightarrow a = \frac{1}{3}$

$\begin{cases} -3b + e = 2 \\ 2e = 2 \end{cases} \Rightarrow e = 1$ e $-3b = 2 + 1 \Rightarrow b = -\frac{1}{3}$

$\begin{cases} -3c + f = -3 \\ 2f = 6 \end{cases} \Rightarrow f = 3$ e $-3c = -3 - 3 \Rightarrow c = 2$

Então: $X = \begin{bmatrix} \frac{1}{3} & -\frac{1}{3} & 2 \\ 2 & 1 & 3 \end{bmatrix}$

44. Dadas as matrizes $A = [1 \ 2]$ e $B = [0 \ -6]$, determine as matrizes X e Y que são soluções do sistema abaixo:

$\begin{cases} X + Y = A + 3B \\ X - Y = 3A - 2B \end{cases}$

Resolução

Substituímos as matrizes A e B nas equações do sistema:

$\begin{cases} X + Y = [1 \ 2] + 3 \cdot [0 \ -6] \\ X - Y = 3 \cdot [1 \ 2] - 2 \cdot [0 \ -6] \end{cases} \Rightarrow \begin{cases} X + Y = [1 \ -16] \\ X - Y = [3 \ 18] \end{cases}$

Adicionando as equações do sistema obtido, temos:

$2X + 0Y = [1 \ -16] + [3 \ 18] \Rightarrow 2X = [4 \ 2] \Rightarrow$

$\Rightarrow X = \frac{1}{2} \cdot [4 \ 2] = [2 \ 1]$

Substituímos a matriz X na primeira equação:

$[2 \ 1] + Y = [1 \ -16] \Rightarrow [2 \ 1] + Y - [2 \ 1] =$

$= [1 \ -16] - [2 \ 1] \Rightarrow Y = [-1 \ -17]$

Portanto: $X = [2 \ 1]$ e $Y = [-1 \ -17]$

Exercícios propostos

45. Determine a matriz X tal que:

$A \cdot X = B, A = \begin{bmatrix} 3 & -1 & 4 \\ 6 & 5 & 0 \\ -1 & 0 & 0 \end{bmatrix}$ e $B = \begin{bmatrix} 3 & 16 \\ -1 & 23 \\ -1 & -3 \end{bmatrix}$

46. Determine as matrizes X e Y que são soluções do sistema abaixo.

$\begin{cases} X + Y = \begin{bmatrix} 7 & -1 \\ 2 & 0 \end{bmatrix} + 2 \cdot \begin{bmatrix} 1 & -2 \\ 0 & 4 \end{bmatrix} \\ X - Y = 3 \cdot \begin{bmatrix} 4 & 5 \\ 1 & 2 \end{bmatrix} - \begin{bmatrix} 1 & 4 \\ -3 & 6 \end{bmatrix} \end{cases}$

47. Sendo $A = \begin{bmatrix} 1 & 2 \\ 6 & 5 \end{bmatrix}$, $B = \begin{bmatrix} 0 & 1 \\ 3 & 2 \end{bmatrix}$ e X matrizes tais que $2 \cdot A + 3 \cdot X = B$, determine X e X^{-1}, se existir.

48. Sabendo que $\begin{bmatrix} 3 & 5 \\ 4 & 2 \end{bmatrix} \cdot \begin{bmatrix} a \\ b \end{bmatrix} + \begin{bmatrix} 2 \\ -7 \end{bmatrix} = \begin{bmatrix} 1 \\ 1 \end{bmatrix}$, calcule os valores de a e b.

49. Sendo $A = \begin{bmatrix} -2 & 1 \\ 0 & 4 \end{bmatrix}$, $B = \begin{bmatrix} 1 & 2 \\ -3 & 0 \end{bmatrix}$ e $C = \begin{bmatrix} -4 & 2 \\ 3 & 1 \end{bmatrix}$.

Determine a matriz X que satisfaz a igualdade $2 \cdot (X - A) = 3 \cdot (B + X) - 4 \cdot C$.

50. Dadas as matrizes quadradas A e B de ordem 2 tal que $A = (a_{ij})_{2 \times 2}$, $a_{ij} = \frac{4i + 5j}{i}$ e $B = \begin{bmatrix} 1 & 1 \\ 0 & -1 \end{bmatrix}$, determine a matriz X tal que $B^2 + X = -3 \cdot A$.

51. (Unesp) Considere a equação matricial $A + BX = X + 2C$, cuja incógnita é a matriz X e todas as matrizes são quadradas de ordem n. A condição necessária e suficiente para que esta equação tenha solução única é que:
a) $B - I \neq O$, onde I é a matriz identidade de ordem n e O é a matriz nula de ordem n.
b) B seja invertível.
c) $B \neq O$, onde O é a matriz nula de ordem n.
d) $B - I$ seja invertível, onde I é a matriz identidade de ordem n.
e) A e C sejam invertíveis.

52. Seja $X_{n \times k}$ uma matriz que satisfaz a equação $X \cdot A = B$. Sabendo que $A = \begin{bmatrix} 1 & 2 \\ -1 & 3 \end{bmatrix}$ e $B = [-5 \quad 5]$, determine:
a) a ordem da matriz X.
b) a soma dos elementos da matriz X.

53. As matrizes $X = \begin{bmatrix} x \\ y^2 \end{bmatrix}$ e $Y = \begin{bmatrix} x^2 \\ y \end{bmatrix}$ são soluções da equação matricial $A \cdot X + B \cdot Y = \begin{bmatrix} 1 \\ -10 \end{bmatrix}$. Sabe-se que $A = \begin{bmatrix} 3 & 0 \\ 0 & -3 \end{bmatrix}$ e $B = \begin{bmatrix} 0 & 1 \\ 2 & 0 \end{bmatrix}$. Nessas condições, determine a soma dos valores positivos de x e y.

54. Sejam dadas as matrizes $A = \begin{bmatrix} 16^x & a \\ b+3 & 9^y \\ 125^z & c-1 \end{bmatrix}$, $B = \begin{bmatrix} -4^x & -b \\ 1 & -3^y \\ -5^{z+1} & 6^{-1} \end{bmatrix}$ e $C = \begin{bmatrix} -4 & 17 \\ 7 & 27 \\ -125 & 0 \end{bmatrix}$.
Determine todos os possíveis valores de x, y, z, a, b e c para os quais a equação $A + 6B = C$ é satisfeita.

55. (Fuvest) Sejam a e b números reais com $-\frac{\pi}{2} < \alpha < \frac{\pi}{2}$ e $0 < \beta < \pi$. Se o sistema de equações dado em notação matricial $\begin{bmatrix} 3 & 6 \\ 6 & 8 \end{bmatrix} \cdot \begin{bmatrix} \text{tg }\alpha \\ \cos\beta \end{bmatrix} = \begin{bmatrix} 0 \\ -2\sqrt{3} \end{bmatrix}$ for satisfeito, então $\alpha + \beta$ é igual a:
a) $-\frac{\pi}{3}$
b) $-\frac{\pi}{6}$
c) 0
d) $\frac{\pi}{6}$
e) $\frac{\pi}{3}$

56. Considere a matriz $A = \begin{bmatrix} 1 & 0 \\ 1 & 1 \end{bmatrix}$.
a) Calcule as matrizes A^2, A^3 e A^4. Em seguida, determine a regra para formação das matrizes do tipo A^n, em que $n \in \mathbb{N}^*$.
b) Calcule o valor da soma dos quadrados dos elementos que compõem a matriz X na equação $A^{15} \cdot X = B$, em que $B = \begin{bmatrix} 160 \\ 170 \end{bmatrix}$.

57. (ESPM) A rotação de um ponto $P(x, y)$ no plano cartesiano em torno da origem é um outro ponto $P'(x', y')$ obtido pela equação matricial:
$\begin{bmatrix} x' \\ y' \end{bmatrix} = \begin{bmatrix} \cos\alpha & -\text{sen }\alpha \\ \text{sen }\alpha & \cos\alpha \end{bmatrix} \cdot \begin{bmatrix} x \\ y \end{bmatrix}$, onde α é o ângulo de rotação, no sentido anti-horário. Nesse sentido, se $P(\sqrt{3}, 1)$ e $\alpha = 60°$, as coordenadas de P' serão:
a) $(-1, 2)$
b) $(-1, \sqrt{3})$
c) $(0, \sqrt{3})$
d) $(0, 2)$
e) $(1, 2)$

Exercícios complementares

58. As notas de Matemática obtidas por Alexandre, Bruna, Camila, Danilo e Eduardo nos quatro bimestres de certo ano foram organizadas, nessa ordem, na matriz abaixo.

$$\begin{bmatrix} 7 & 5 & 8 & 6 \\ 7 & 7 & 9 & 6 \\ 9 & 9 & 8 & 7 \\ 5 & 6 & 7 & 8 \\ 8 & 8 & 7 & 8 \end{bmatrix}$$

Sabendo que cada elemento a_{ij} corresponde à nota do aluno i no bimestre j, determine:
a) o bimestre em que Bruna obteve a maior nota;
b) a nota do 3º bimestre de cada aluno;
c) o aluno que obteve a maior nota no 2º bimestre;
d) a média das notas bimestrais dos cinco alunos.

59. Sabendo que a matriz $A = \begin{bmatrix} y & 36 & -7 \\ x^2 & 0 & 5x \\ 4-y & -30 & 3 \end{bmatrix}$ é igual à sua transposta, determine o valor de $2x + y$.

60. Determine, se existir, a inversa de cada matriz.

a) $\begin{bmatrix} 3 & 5 \\ 1 & 0 \end{bmatrix}$ b) $\begin{bmatrix} 0{,}25 & 2 \\ 2 & -1 \end{bmatrix}$ c) $\begin{bmatrix} -4 & -2 \\ 0 & 0 \end{bmatrix}$

61. As bermudas infantis de uma loja de roupas estão organizadas nas prateleiras A e B. Em dezembro, o estoque apresentava as quantidades mostradas a seguir.
- Prateleira A: 180 bermudas pequenas, 290 médias e 140 grandes.
- Prateleira B: 200 bermudas pequenas, 350 médias e 170 grandes.

O preço de cada bermuda varia de acordo com seu tamanho, da seguinte maneira:

Tamanho	Preço (em real)
P	19,50
M	20,00
G	20,50

Dados fictícios.

Qual é o valor total, em real, que a loja tem no estoque de bermudas? Resolva essa situação utilizando matrizes.

62. A tabela abaixo mostra a quantidade de ingressos vendidos durante o final de semana em um cinema.

Quantidade de ingressos vendidos		
Dia \ Tipo	Entrada inteira	Meia-entrada
sábado	4058	6520
domingo	5896	x

Dados fictícios.

Se a arrecadação desse final de semana foi R$ 2 279 608,00, a entrada inteira custa R$ 16,00 e a meia-entrada custa R$ 8,00, então qual foi a quantidade x de pagantes de meia-entrada no domingo?

63. Resolva, em dupla, a seguinte situação.
Em uma decodificação de mensagens feita por meio de multiplicação de matrizes, associa-se a cada letra do alfabeto um valor numérico de 1 a 26, como mostrado abaixo.

Letra	Número	Letra	Número
A	1	N	14
B	2	O	15
C	3	P	16
D	4	Q	17
E	5	R	18
F	6	S	19
G	7	T	20
H	8	U	21
I	9	V	22
J	10	W	23
K	11	X	24
L	12	Y	25
M	13	Z	26

Dados fictícios.

Para representar espaços entre palavras, usa-se o símbolo #, designado pelo número 27. Não são considerados acentos ou pontuações.
Considere a seguinte mensagem codificada:

87 47 92 82 35 60 89 33 123
69 42 73 66 30 51 69 28 96

Essa mensagem pode ser expressa pela matriz:

$C = \begin{bmatrix} 87 & 47 & 92 & 82 & 35 & 60 & 89 & 33 & 123 \\ 69 & 42 & 73 & 66 & 30 & 51 & 69 & 28 & 96 \end{bmatrix}$

Para decodificá-la, multiplica-se a matriz inversa da matriz $A = \begin{bmatrix} 4 & 1 \\ 3 & 1 \end{bmatrix}$ pela matriz C, obtendo-se a matriz D tal que $D = A^{-1} \cdot C$.
Decodifique a mensagem.

Exercícios complementares

73. Sabendo que $\begin{bmatrix} \log_3 x & 2^y \\ x+y & 8 \end{bmatrix} = \begin{bmatrix} 4 & 256 \\ 89 & 8 \end{bmatrix}$, determine os valores de x e y.

74. Dadas a matriz $A_{m \times n}$ e as matrizes identidade I_n e I_m, demonstre que $A \cdot I_n = A$ e $I_m \cdot A = A$.

75. Dadas as matrizes $A = (a_{ij})_{2 \times 3}$, $B = (b_{jk})_{3 \times 4}$ e C, tal que $a_{ij} = 3i - j^2$, $b_{ij} = 8i - j^3$ e $C = A \cdot B$, determine:
a) a ordem da matriz C e o elemento c_{13};
b) a soma dos elementos da última linha de C;
c) o produto dos elementos da penúltima coluna de C.

76. Considerando a matriz $M = \begin{bmatrix} 0 & 0 \\ 2 & -4 \end{bmatrix}$, determine:
a) a matriz $Y_{2 \times 2}$ tal que $3 \cdot Y - M = Y$;
b) a matriz Y^{-1}, se existir.

77. (UEL-PR) Atualmente, com a comunicação eletrônica, muitas atividades dependem do sigilo na troca de mensagens, principalmente as que envolvem transações financeiras. Os sistemas de envio e recepção de mensagens codificadas chamam-se criptografia.

Uma forma de codificar mensagens é trocar letras por números, como indicado na tabela-código a seguir.

	1	2	3	4	5
1	Z	Y	X	V	U
2	T	S	R	Q	P
3	O	N	M	L	K
4	J	I	H	G	F
5	E	D	C	B	A

Dados fictícios.

Nessa tabela-código, uma letra é identificada pelo número formado pela linha e pela coluna, nessa ordem. Assim, o número 32 corresponde à letra N.

A mensagem final M é dada por $A + B = M$, em que B é uma matriz fixada, que deve ser mantida em segredo, e A é uma matriz enviada ao receptor legal. Cada linha da matriz M corresponde a uma palavra da mensagem, sendo o 0 (zero) a ausência de letras ou o espaço entre as palavras.

José [...] recebeu uma mensagem do seu chefe, que continha uma matriz A. De posse da matriz B e da tabela-código, ele decodificou a mensagem.

Dados:

$$A = \begin{bmatrix} 12 & 20 & 13 & 8 & 50 & 25 & 1 \\ 0 & 0 & 34 & 32 & 3 & 4 & 0 \\ 45 & 26 & 13 & 24 & 0 & 0 & 0 \\ 30 & 45 & 16 & 20 & 11 & 17 & 0 \\ 1 & 50 & 21 & 3 & 35 & 42 & 11 \end{bmatrix}$$

$$B = \begin{bmatrix} 10 & 11 & 10 & -8 & 30 & -1 \\ 14 & 31 & 19 & -3 & -4 & 0 \\ 6 & -4 & 31 & 0 & 0 & 0 \\ -8 & 6 & 32 & 20 & -17 & 0 \\ 44 & -8 & 30 & 20 & 10 & 20 \end{bmatrix}$$

O que a chefia informou a José?
a) SORRIA VOCE ESTA SENDO ADVERTIDO
b) SORRIA VOCE ESTA SENDO FILMADO
c) SORRIA VOCE ESTA SENDO GRAVADO
d) SORRIA VOCE ESTA SENDO IMPRODUTIVO
e) SORRIA VOCE ESTA SENDO OBSERVADO

Orientação de estudos

O quadro abaixo apresenta os temas estudados neste capítulo e os exercícios complementares relacionados a cada tema. Se você teve dificuldade na resolução de algum exercício complementar, consulte a orientação de estudos apresentada.

Tema	Exercícios complementares relacionados	Orientação de estudos
Matriz	58, 64, 66, 73 e 75	Releia o conteúdo das páginas 91 a 94 e retome os exercícios 1, 2 e 12.
Operações com matrizes	59, 61, 62, 65, 67, 71, 72 e 74	Releia o conteúdo das páginas 96 a 101 e retome os exercícios 20, 21, 23, 28, 33 e 35.
Matriz inversa	60, 63, 69 e 70	Releia o conteúdo da página 103 e retome os exercícios 39 a 42.
Equação matricial	68, 76 e 77	Releia o conteúdo da página 104 e retome os exercícios 45 e 46.

64. Seja *N* uma matriz de ordem 6 tal que:
- os elementos da 1ª linha formam uma P.A. em que o 1º termo e a razão são iguais a 1;
- os elementos da 2ª linha formam outra P.A. em que o 1º termo é igual ao último elemento da 1ª linha da matriz e a razão é 2;
- os elementos da 3ª linha também formam uma P.A. em que o 1º termo é igual ao último elemento da linha anterior da matriz e a razão é 3; e assim sucessivamente.

Escreva essa matriz.

65. Para a confecção de três modelos de camisa (A, B e C), são usados botões pequenos (P) e grandes (G), conforme descrito a seguir.
- Modelo A: 4 botões P e 6 botões G
- Modelo B: 2 botões P e 5 botões G
- Modelo C: 2 botões P e 5 botões G

No mês de maio, foram confeccionadas 150 peças do modelo A, 80 peças do modelo B e 50 peças do modelo C. No mês de junho, foram confeccionadas 70 peças do modelo A, 100 peças do modelo B e 50 peças do modelo C. Com o auxílio de matrizes, calcule o total de botões utilizado nesses dois meses.

66. Determine a matriz $A = (a_{ij})_{2 \times 3}$ cuja lei de formação é: $a_{ij} = \begin{cases} 3i + j, \text{ se } i \neq j \\ 2i - 3j, \text{ se } i = j \end{cases}$

67. Considere as matrizes a seguir.
$$A = \begin{bmatrix} 2 & 0,5 & 3 \\ 3a - b + 2c & 1 & 6 \\ b + c - 3a & 0,5 & c - 2a + b \end{bmatrix} \text{ e } B = \begin{bmatrix} 2 & 14 & -1 \\ 0,5 & 1 & 0,5 \\ 3 & 6 & 9 \end{bmatrix}$$
a) Calcule os valores de *a*, *b* e *c* tal que $A = B^t$.
b) Determine a matriz $A^t \cdot B + A - 3 \cdot B$.

68. Sendo $A = \begin{bmatrix} 2 & 3 \\ -4 & 1 \end{bmatrix}$, $B = \begin{bmatrix} 4 & 0 \\ 2 & 7 \end{bmatrix}$ e $C = \begin{bmatrix} 1 & 1 \\ -1 & 2 \end{bmatrix}$, resolva o seguinte sistema:
$$\begin{cases} X + 2 \cdot Y = A - B + C \\ 2 \cdot X - Y = 3 \cdot A + 2 \cdot C \end{cases}$$

69. Dada a matriz $A = \begin{bmatrix} 2 & 0 \\ -4 & 1 \end{bmatrix}$, determine $(A^{-1})^t$.

70. Classifique a afirmação de cada item em verdadeira ou falsa e corrija as falsas.
a) Se $K = (k_{ij})$ é uma matriz quadrada de ordem 2, dada por $\begin{cases} 2^{2i+j}, \text{ se } i < j \\ i^2 + 1, \text{ se } i \geq j \end{cases}$, então *K* é uma matriz invertível.
b) Se *A* e *B* são matrizes tais que $A \cdot B$ é uma matriz nula, então *A* é a matriz nula ou *B* é a matriz nula.
c) A matriz $M_{5 \times 7} \cdot P_{7 \times 5}$ tem 625 elementos.
d) A soma dos elementos da diagonal principal de uma matriz quadrada é igual à soma dos elementos da diagonal principal de sua matriz transposta.

71. Uma editora pretende publicar uma coleção de livros de História do Brasil e de História Geral em duas versões: três volumes (1, 2 e 3) e volume único. A 1ª tabela mostra a quantidade de exemplares de cada volume a ser lançada, e a 2ª tabela apresenta os preços de custo e venda de cada exemplar (em real).

Quantidade de exemplares a serem lançados		
Tema / Volume	História do Brasil	História Geral
1	200	250
2	220	230
3	260	240
Único	300	310

Dados fictícios.

Tema	Preço de custo R$	Preço de venda R$
História do Brasil	32,00	40,00
História Geral	33,00	43,00

Dados fictícios.

a) Represente cada tabela por uma matriz. Usando a multiplicação de matrizes, escreva a matriz que representa os valores totais, de custo e de venda, para cada volume dos dois temas (História do Brasil e História Geral).
b) Supondo que todos os livros do volume 1 fossem vendidos para os dois temas, qual seria o lucro da editora?

72. Uma rede de lanchonetes tem duas lojas, A e B. Os resultados das vendas de dois novos tipos de sanduíche (1 e 2), nos quatro primeiros dias do mês de abril, foram organizados nas matrizes *A* e *B* abaixo.
$$A = \begin{bmatrix} 5 & 8 & 9 & 12 \\ 4 & 2 & 8 & 13 \end{bmatrix} \text{ e } B = \begin{bmatrix} 4 & 0 & 8 & 15 \\ 8 & 6 & 7 & 11 \end{bmatrix}$$
As matrizes *A* e *B* descrevem as vendas nas lojas de modo que cada elemento das matrizes corresponde à quantidade de sanduíches vendidos do tipo *i* no dia *j* na respectiva loja.
a) Quantos sanduíches do tipo 2 foram vendidos no dia 1º de abril pela loja A?
b) Quantos sanduíches do tipo 1 foram vendidos pela loja B no dia 2 de abril?
c) Construa uma matriz que descreva, no período considerado, as vendas diárias de cada tipo de sanduíche nas duas lojas juntas.
d) Construa uma matriz que compare, no período considerado, as vendas diárias de cada tipo de sanduíche da loja A em relação às da loja B.

Matemática e Ciências

Conversa com ETs

Talvez eles sejam um modelo do que podemos ser no nosso futuro.

Semana passada, reli o romance de ficção científica *Contato*, do famoso astrônomo e divulgador de ciência norte-americano Carl Sagan. [...]

[...] Ele foi um dos pioneiros do programa Seti, que busca inteligências extraterrestres (do inglês *Search for Extra-Terrestrial Intelligence*) usando antenas parabólicas gigantescas capazes de captar sinais de rádio de fontes extremamente distantes. A ideia é bem simples. Do mesmo modo que, ao sintonizarmos um rádio numa estação de FM, digamos 93,5 megahertz (93,5 milhões de ciclos por segundo), estamos captando ondas transmitidas de uma antena distante nessa frequência específica, poderíamos sintonizar nossos radiotelescópios para receber sinais emitidos por "rádios" alienígenas, ou seja, transmissões de ondas de rádio vindas de outros planetas.

Vale esclarecer que ondas de rádio não têm nada a ver com o som que sai dos alto-falantes de um rádio. Elas são **ondas eletromagnéticas** viajando à velocidade da luz, semelhantes à luz visível mas com frequências bem menores. O rádio é um aparelho capaz de transformar essas ondas eletromagnéticas invisíveis em ondas de som que podemos ouvir. Você está sempre rodeado de inúmeras ondas eletromagnéticas invisíveis aos olhos. Fora as diversas ondas de rádio de todas as estações de AM, FM e TV, existem também micro-ondas, e ondas no infravermelho e no ultravioleta. [...]

Sagan explora com maestria essa possibilidade de ouvirmos extraterrestres. A heroína da história (já algo de muita importância, uma mulher como protagonista em uma obra de ciência) capta sinais extraterrestres. [...] A mensagem, quando decifrada, tem informação de como construir uma máquina. [...]

Como nós reagiríamos numa situação dessas? Alguns argumentam que a máquina é uma bomba que destruirá a Terra. Outros que é uma espaçonave que trará os ETs aqui para nos escravizar. Por trás desses medos, reside uma questão importante: se recebêssemos uma mensagem de ETs, será que deveríamos responder? Afinal, somos uma civilização extremamente imatura tecnologicamente. Nossos primeiros rádios têm pouco mais de 80 anos. Certamente, outra civilização inteligente seria mais avançada. E se ela tivesse intenções destrutivas? [...] Sagan demonstra seu otimismo ao imaginar ETs muito mais avançados e sábios do que nós, capazes de criar realidades virtuais indistinguíveis do mundo real. Os ETs são essencialmente o que chamaríamos de deuses. Talvez um modelo do que poderemos vir a ser no futuro, se soubermos conter nossos instintos destrutivos.

GLEISER, M. Conversa com ETs. *Folha de S.Paulo*, 27 maio 2007. Caderno Ciência. Disponível em: <http://www1.folha.uol.com.br/fsp/ciencia/fe2705200703.htm>. Acesso em: 22 abr. 2015.

Antenas que compõem um radiotelescópio, localizado na cidade de Socorro, Novo México, EUA.
Os radiotelescópios podem ser compostos de uma única antena ou de várias, como é o caso da foto.

As **ondas eletromagnéticas** podem manifestar-se de diversas formas, dependendo de sua frequência de oscilação. Observa-se na tabela abaixo a variação da frequência dos tipos de onda eletromagnética.

Região	Frequência (Hz)
Rádio	menor do que $3 \cdot 10^9$
Micro-ondas	de $3 \cdot 10^9$ a $3 \cdot 10^{12}$
Infravermelho	de $3 \cdot 10^{12}$ a $4,3 \cdot 10^{14}$
Visível	de $4,3 \cdot 10^{14}$ a $7,5 \cdot 10^{14}$
Ultravioleta	de $7,5 \cdot 10^{14}$ a $3 \cdot 10^{17}$
Raios X	de $3 \cdot 10^{17}$ a $3 \cdot 10^{19}$
Raios gama	maiores do que $3 \cdot 10^{19}$

Fonte de pesquisa: Instituto de Física – UFRGS. Disponível em: <http://www.if.ufrgs.br/oei/cgu/espec/intro.htm>. Acesso em: 22 abr. 2015.

A linha destacada na tabela se refere à variação de frequência que o olho humano consegue visualizar.

Marcelo Gleiser nasceu no Rio de Janeiro, em 1959. Doutorou-se no King's College, na Inglaterra, e foi pesquisador do Ferni National Accelerator Laboratory, nos arredores de Chicago, e do Institute for Theoretical Physics na Universidade da Califórnia. Atualmente é professor de Física e Astronomia no Dartmouth College, em Hanover (EUA). É autor de mais de dez livros de divulgação científica, cosmologia e discussões sobre a ciência. Entre suas publicações mais recentes, estão *O fim da terra e do céu* e *Conversa sobre a fé e a ciência* (em coautoria com Frei Betto), ambos de 2011.

» Sobre o texto

1. De acordo com as ideias de Carl Sagan, como poderíamos captar emissões de rádio alienígenas?
2. No texto, uma estação de rádio FM é citada. Qual é sua frequência? É possível o ser humano ver essa onda se propagando? Justifique sua resposta com seus conhecimentos matemáticos.
3. Reúna-se a dois colegas e pesquisem (em livros, revistas especializadas e na internet) sobre como o ser humano utiliza as ondas eletromagnéticas para comunicação (por exemplo, em satélites, celulares, *bluetooth*, rádios de diferentes frequências). Registre as informações em um cartaz para apresentar à classe.
4. Qual é a sua opinião: se nós recebêssemos uma mensagem de ETs, deveríamos responder? Por quê?

CAPÍTULO 5
Determinante

Módulos

1. Determinante de uma matriz de ordem até 3
2. Determinante de uma matriz de ordem maior do que 3
3. Propriedades dos determinantes
4. Determinante da matriz inversa

Carro representado por um modelo do tipo "fio de arame".

Para começar

A computação gráfica emprega alguns modelos geométricos para produzir imagens de objetos em três dimensões. Um deles é o modelo poligonal, que consiste em descrever um objeto por meio de uma malha de faces poligonais.

As informações sobre os polígonos, como coordenadas dos vértices e orientação das arestas, são organizadas em uma matriz, e, por meio do cálculo de determinantes (conceito que será estudado neste capítulo), é possível obter informações sobre a orientação espacial dos componentes da superfície do objeto. Na imagem acima, a representação visual do tipo "fio de arame" ilustra o resultado desse processo.

1. Que polígono foi utilizado na construção da representação "fio de arame" da imagem?
2. Pesquise outras aplicações de imagens tridimensionais geradas por computador. Registre suas descobertas.
3. "A simulação de modelos por computador possibilita melhores resultados e custos mais baixos no desenvolvimento de projetos da indústria automobilística." Você concorda com essa afirmação? Discuta com os colegas e registre as vantagens dessas simulações.

1. Determinante de uma matriz de ordem até 3

É possível associar um número real a toda matriz quadrada $A = (a_{ij})$ de elementos reais de ordem n. Esse número recebe o nome de **determinante da matriz A**. Para obter o determinante, são efetuadas operações entre os elementos da matriz.

O determinante de uma matriz A é indicado por **det A** ou pelos elementos da matriz escritos entre barras simples.

■ Determinante de uma matriz de ordem 1

Define-se:

> O **determinante de uma matriz de ordem 1** é igual ao único elemento da matriz.

Sendo $A = [a_{11}]$ uma matriz de ordem 1, o determinante de A é igual ao único elemento da matriz: $\det A = a_{11}$ ou $|a_{11}| = a_{11}$

Por exemplo, o determinante da matriz $A = [5]$ é: $\det A = 5$ ou $|5| = 5$

■ Determinante de uma matriz de ordem 2

Define-se:

> O **determinante de uma matriz de ordem 2** é a diferença entre o produto dos elementos de sua diagonal principal e o produto dos elementos de sua diagonal secundária.

Assim, sendo $A = \begin{bmatrix} a_{11} & a_{12} \\ a_{21} & a_{22} \end{bmatrix}$ uma matriz de ordem 2, o determinante de A é:

$\det A = a_{11} \cdot a_{22} - a_{21} \cdot a_{12}$ ou $\begin{vmatrix} a_{11} & a_{12} \\ a_{21} & a_{22} \end{vmatrix} = a_{11} \cdot a_{22} - a_{21} \cdot a_{12}$

Diagonal secundária Diagonal principal

Por exemplo, o determinante da matriz $A = \begin{bmatrix} 5 & 3 \\ 4 & -2 \end{bmatrix}$ é:

$\det A = 5 \cdot (-2) - (4 \cdot 3) = -10 - 12 = -22$ ou $\begin{vmatrix} 5 & 3 \\ 4 & -2 \end{vmatrix} = -22$

▌Cálculo mental

Calcule o valor de cada determinante a seguir.

- $\begin{vmatrix} 3 & 0 \\ 1 & 9 \end{vmatrix}$
- $\begin{vmatrix} 10 & 5 \\ 8 & 9 \end{vmatrix}$
- $\begin{vmatrix} -6 & 2 \\ 8 & 5 \end{vmatrix}$
- $\begin{vmatrix} 7 & 2 \\ -15 & -5 \end{vmatrix}$

■ Determinante de uma matriz de ordem 3

Define-se:

> O **determinante de uma matriz A de ordem 3**, $A = \begin{bmatrix} a_{11} & a_{12} & a_{13} \\ a_{21} & a_{22} & a_{23} \\ a_{31} & a_{32} & a_{33} \end{bmatrix}$, é o
>
> seguinte número: $\det A = \begin{vmatrix} a_{11} & a_{12} & a_{13} \\ a_{21} & a_{22} & a_{23} \\ a_{31} & a_{32} & a_{33} \end{vmatrix} =$
>
> $= (a_{11} \cdot a_{22} \cdot a_{33} + a_{12} \cdot a_{23} \cdot a_{31} + a_{13} \cdot a_{21} \cdot a_{32}) - (a_{13} \cdot a_{22} \cdot a_{31} + a_{11} \cdot a_{23} \cdot a_{32} + a_{12} \cdot a_{21} \cdot a_{33})$

Por exemplo, o determinante da matriz $A = \begin{bmatrix} 1 & 2 & 0 \\ 4 & 0 & 3 \\ 1 & 3 & 1 \end{bmatrix}$ é:

$\det A = (1 \cdot 0 \cdot 1 + 2 \cdot 3 \cdot 1 + 0 \cdot 4 \cdot 3) - (0 \cdot 0 \cdot 1 + 1 \cdot 3 \cdot 3 + 2 \cdot 4 \cdot 1) =$

$= 6 - 17 = -11$ ou $\begin{vmatrix} 1 & 2 & 0 \\ 4 & 0 & 3 \\ 1 & 3 & 1 \end{vmatrix} = -11$

Regra de Sarrus

Também é possível calcular o determinante de uma matriz de ordem 3 utilizando um método prático chamado **regra de Sarrus**. A seguir são apresentadas as etapas desse método para o cálculo do determinante da matriz $A = \begin{bmatrix} a_{11} & a_{12} & a_{13} \\ a_{21} & a_{22} & a_{23} \\ a_{31} & a_{32} & a_{33} \end{bmatrix}$, representado por:

$\det A = \begin{vmatrix} a_{11} & a_{12} & a_{13} \\ a_{21} & a_{22} & a_{23} \\ a_{31} & a_{32} & a_{33} \end{vmatrix}$

> **Um pouco de história**
>
> **Regra de Sarrus**
>
> Pierre Frédéric Sarrus (1798--1861) – matemático francês [...]. Para além de ter proposto uma regra prática para o cálculo de determinantes de ordem 3, designada por regra de Sarrus [...], estudou aprofundadamente a resolução de equações numéricas de qualquer grau e a várias incógnitas [...].
>
> BARBOSA, J. A. T. *Noções sobre matrizes e sistemas de equações lineares.* Porto: Feup Edições, 2004. p. 429.

I. Repetem-se, à direita do determinante de A, suas duas primeiras colunas.

$\begin{vmatrix} a_{11} & a_{12} & a_{13} \\ a_{21} & a_{22} & a_{23} \\ a_{31} & a_{32} & a_{33} \end{vmatrix} \begin{matrix} a_{11} & a_{12} \\ a_{21} & a_{22} \\ a_{31} & a_{32} \end{matrix}$

II. Multiplicam-se os três elementos da diagonal principal. Repete-se o processo com os elementos das duas próximas diagonais paralelas à diagonal principal. Adicionam-se os produtos obtidos.

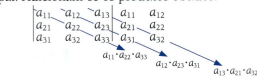

$a_{11} \cdot a_{22} \cdot a_{33} + a_{12} \cdot a_{23} \cdot a_{31} + a_{13} \cdot a_{21} \cdot a_{32}$

III. Multiplicam-se os três elementos da diagonal secundária. Repete-se o processo com os elementos das duas próximas diagonais paralelas à diagonal secundária. Adicionam-se os produtos obtidos.

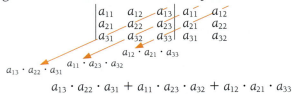

$a_{13} \cdot a_{22} \cdot a_{31} + a_{11} \cdot a_{23} \cdot a_{32} + a_{12} \cdot a_{21} \cdot a_{33}$

IV. Subtrai-se o resultado da etapa III do resultado da etapa II.
Na prática, os seis produtos são obtidos repetindo-se as duas primeiras colunas à direita da matriz e efetuando-se as multiplicações indicadas pelas setas abaixo. Multiplicam-se por -1 apenas os produtos obtidos na direção da diagonal secundária. O determinante é a soma dos valores obtidos.

Exemplo

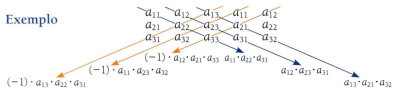

> **Cálculo mental**
>
> Calcule o determinante da matriz A abaixo. Note que os elementos a_{11}, a_{22} e a_{33} são nulos.
> $A = \begin{bmatrix} 0 & 1 & 1 \\ 1 & 0 & 1 \\ 1 & 1 & 0 \end{bmatrix}$

Para calcular o determinante da matriz $A = \begin{bmatrix} 1 & -2 & 3 \\ 4 & 5 & 7 \\ 1 & 2 & 1 \end{bmatrix}$ pela regra de Sarrus, repetem-se, à direita do determinante de A, as duas primeiras colunas da matriz e efetuam-se as multiplicações indicadas pelas setas abaixo. O determinante da matriz A é a soma dos produtos obtidos.

$\det A = 5 - 14 + 24 - 15 - 14 + 8 = -6$

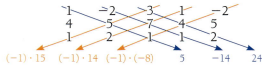

Exercício resolvido

1. Determine o valor de x para que a igualdade abaixo seja verdadeira.

$$\begin{vmatrix} 2 & -x & 0 \\ -1 & 4 & -4 \\ 1 & x & 2 \end{vmatrix} = 46$$

Resolução
Pela regra de Sarrus, obtemos uma equação com incógnita x. Resolvemos essa equação.

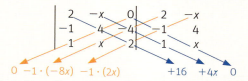

$16 + 4x + 8x - 2x = 46 \Rightarrow 10x = 30 \Rightarrow x = 3$

Portanto, o valor de x é 3.

Exercícios propostos

2. Calcule os seguintes determinantes:

a) $|-3|$ b) $\begin{vmatrix} -9 & 5 \\ 11 & -7 \end{vmatrix}$ c) $\begin{vmatrix} 3 & 1 & 2 \\ 1 & -1 & 2 \\ -2 & 1 & 3 \end{vmatrix}$

3. Utilizando a regra de Sarrus, calcule os seguintes determinantes:

a) $\begin{vmatrix} 1 & 2 & 2 \\ 0 & 2 & 2 \\ 0 & 0 & 3 \end{vmatrix}$ b) $\begin{vmatrix} 0 & 0 & -1 \\ 2 & 4 & 3 \\ 3 & -9 & 0 \end{vmatrix}$

4. Calcule os determinantes das matrizes identidades de ordens 1, 2 e 3.

5. Calcule o valor da seguinte expressão:

$$\begin{vmatrix} 11 & 7 \\ 8 & 6 \end{vmatrix} + 3 \cdot \begin{vmatrix} -4 & -2 \\ 5 & -3 \end{vmatrix} - \frac{8}{\begin{vmatrix} 9 & 8 \\ 5 & 4 \end{vmatrix}}$$

6. Dadas as matrizes $A = \begin{bmatrix} 1 & 2 \\ -1 & 1 \end{bmatrix}$ e $B = \begin{bmatrix} 2 & 2 \\ 1 & 2 \end{bmatrix}$, determine o valor de:

a) $\det A + \det B$ c) $\det (A \cdot B)$
b) $\det (A + B)$ d) $\det A \cdot \det B$

7. Calcule o determinante da matriz A dada abaixo.

$$A = \begin{bmatrix} 1 & \cos x \\ 1 + \cos x & 1 + \cos x \end{bmatrix}$$

8. Considerando a matriz $A = \begin{bmatrix} 1 & 1 & 4 \\ 3 & 2 & 6 \\ 2 & 4 & 3 \end{bmatrix}$, calcule os seguintes determinantes:

a) $\det A$ b) $\det (A^t)$

9. Dados os determinantes $m = \begin{vmatrix} 2 & 5 \\ 3 & 12 \end{vmatrix}$ e $n = \begin{vmatrix} 7 & -8 \\ -5 & 8 \end{vmatrix}$, determine o valor de $\frac{m \cdot n}{\sqrt{m \cdot n}}$.

10. Dadas as matrizes $M = \begin{bmatrix} 2 & 1 \\ 0 & 2 \\ 2 & 0 \end{bmatrix}$ e $N = \begin{bmatrix} 1 & 0 & 1 \\ 0 & 2 & 1 \end{bmatrix}$, calcule, se existirem, os determinantes a seguir:

a) $\det M$ c) $\det (M \cdot N)$
b) $\det N$ d) $\det (N \cdot M)$

11. Considere a matriz $A = (a_{ij})$ de ordem 3 tal que $a_{ij} = i^2 - 2ij + j^2$. Determine a matriz A e calcule seu determinante.

12. Resolva em $\mathbb{R}$ as equações abaixo.

a) $\begin{vmatrix} x & 2 \\ x+5 & 7 \end{vmatrix} = 0$

b) $\begin{vmatrix} \cos x & 3 \\ \frac{1}{4} & \cos x \end{vmatrix} = 0$, em que $0 \leq x \leq 2\pi$

c) $\begin{vmatrix} x & 4 \\ x+9 & x \end{vmatrix} = \begin{vmatrix} 1 & 3x \\ x & -4x \end{vmatrix}$

13. Determine o valor de t para que o determinante

$\begin{vmatrix} 8 & 0 & 1 \\ t & 3 & 1 \\ 4 & 3t & t \end{vmatrix}$ seja positivo.

14. Para quais valores de θ, $0 \leq \theta \leq 2\pi$, o determinante

$\begin{vmatrix} 1 & \cos \theta & 0 \\ 0 & \cos \theta & \cos \theta \\ 1 & \text{sen } \theta & \text{sen } \theta \end{vmatrix}$ é nulo?

15. Resolva em $\mathbb{R}$ a seguinte desigualdade:

$$\begin{vmatrix} x+1 & 1 & -1 \\ 2 & 1 & 1 \\ 1 & 0 & x+1 \end{vmatrix} \leq \begin{vmatrix} x+1 & x+1 \\ 2 & -3 \end{vmatrix}$$

16. Sendo D o determinante da matriz $A = (a_{ij})_{3 \times 3}$, em que $a_{ij} = \begin{cases} 1, \text{ se } i < j \\ 0, \text{ se } i = j \\ x, \text{ se } i > j \end{cases}$, calcule os valores de x para que ocorram as seguintes situações:

a) $D = 0$ b) $D \leq 0$ c) $D \geq 0$

113

2. Determinante de uma matriz de ordem maior do que 3

Antes de aprendermos como calcular o determinante de matrizes de ordens maiores do que 3, veremos as definições de menor complementar e de cofator.

Menor complementar

Seja A uma matriz de ordem n, $n \geq 2$. O **menor complementar** de A por a_{ij} é o determinante D_{ij} associado à matriz obtida quando é suprimida a linha i e a coluna j às quais pertence o elemento a_{ij}.

$$A_{n \times n} = \begin{bmatrix} a_{11} & a_{12} & a_{13} & \cdots & a_{1n} \\ a_{21} & a_{22} & a_{23} & \cdots & a_{2n} \\ a_{31} & a_{32} & a_{33} & \cdots & a_{3n} \\ \vdots & \vdots & \vdots & \vdots & \vdots \\ a_{n1} & a_{n2} & a_{n3} & \cdots & a_{nn} \end{bmatrix} \Rightarrow D_{22} = \begin{vmatrix} a_{11} & a_{13} & a_{14} & \cdots & a_{1n} \\ a_{31} & a_{33} & a_{34} & \cdots & a_{3n} \\ a_{41} & a_{43} & a_{44} & \cdots & a_{4n} \\ \vdots & \vdots & \vdots & \vdots & \vdots \\ a_{n1} & a_{n3} & a_{n4} & \cdots & a_{nn} \end{vmatrix}$$

(coluna a ser suprimida; linha a ser suprimida)

Por exemplo, considerando-se a matriz $A = \begin{bmatrix} 6 & 4 & 1 \\ -2 & 0 & 3 \\ 11 & 3 & 9 \end{bmatrix}$, o menor complementar de A por a_{32} é o determinante D_{32}, que pode ser obtido das etapas:

I. Identifica-se o elemento a_{32} e suprime-se a linha 3 e a coluna 2 da matriz A para obter D_{32}.	$A = \begin{bmatrix} 6 & 4 & 1 \\ -2 & 0 & 3 \\ 11 & 3 & 9 \end{bmatrix} \Rightarrow D_{32} = \begin{vmatrix} 6 & 1 \\ -2 & 3 \end{vmatrix}$
II. Calcula-se o determinante D_{32}.	$D_{32} = \begin{vmatrix} 6 & 1 \\ -2 & 3 \end{vmatrix} = 18 - (-2) = 20$

Portanto, o menor complementar de A por a_{32} é 20.

Cofator

Seja A uma matriz de ordem n, $n \geq 2$. O **cofator** de a_{ij} é o número real $C_{ij} = (-1)^{i+j} \cdot D_{ij}$, em que D_{ij} é o menor complementar de A por a_{ij}.

Por exemplo, dada a matriz $A = \begin{bmatrix} -6 & 0 & 1 \\ -4 & 6 & -8 \\ 3 & -5 & 3 \end{bmatrix}$, o cofator de a_{13} é o número real $C_{13} = (-1)^{1+3} \cdot D_{13}$. Para o cálculo de D_{13}, são suprimidas a 1ª linha e a 3ª coluna da matriz A. Assim:

$$C_{13} = (-1)^{1+3} \cdot D_{13} = (-1)^4 \cdot \begin{vmatrix} -4 & 6 \\ 3 & -5 \end{vmatrix} = 1 \cdot (20 - 18) = 2$$

Exercícios propostos

17. Considerando a matriz $A = \begin{bmatrix} 3 & -1 & 0 & 1 \\ -2 & 0 & 1 & -1 \\ 1 & 1 & 1 & 0 \\ -1 & 3 & 0 & 2 \end{bmatrix}$, determine os menores complementares a seguir:
a) D_{11}
b) D_{24} c) D_{33}
d) D_{42}

18. Calcule os cofatores C_{12}, C_{34} e C_{23} para a matriz abaixo:

$$A = \begin{bmatrix} 1 & 0 & 2 & -1 \\ -2 & 1 & 0 & 0 \\ 0 & 2 & 1 & -2 \\ -1 & -2 & 0 & 2 \end{bmatrix}$$

Teorema de Laplace

O teorema de Laplace é válido para calcular o determinante de matrizes quadradas de ordem $n \geq 2$ utilizando o cofator, especialmente para matrizes de ordem maior do que 3.

> Dada uma matriz A de ordem n, $n \geq 2$, o determinante de A é dado pela soma dos produtos dos elementos de uma linha (ou coluna) qualquer pelos respectivos cofatores.

Assim:

$$A = \begin{bmatrix} a_{11} & a_{12} & \cdots & a_{1j} & \cdots & a_{1n} \\ a_{21} & a_{22} & \cdots & a_{2j} & \cdots & a_{2n} \\ \vdots & \cdots & \cdots & \vdots & \cdots & \vdots \\ a_{i1} & a_{i2} & \cdots & a_{ij} & \cdots & a_{in} \\ \vdots & \vdots & \cdots & \vdots & \cdots & \vdots \\ a_{n1} & a_{n2} & \cdots & a_{nj} & \cdots & a_{nn} \end{bmatrix}$$

- Escolhendo a linha i: $\det A = a_{i1} \cdot C_{i1} + a_{i2} \cdot C_{i2} + \ldots + a_{in} \cdot C_{in}$, com $1 \leq i \leq n$

ou

- Escolhendo a coluna j: $\det A = a_{1j} \cdot C_{1j} + a_{2j} \cdot C_{2j} + \ldots + a_{nj} \cdot C_{nj}$, com $1 \leq i \leq n$ e $1 \leq j \leq n$

É possível demonstrar que esse cálculo é válido para qualquer linha ou coluna escolhida.

Exemplo

Para calcular o determinante da matriz $A = \begin{bmatrix} -3 & 0 & 0 & 2 \\ 2 & 3 & 1 & 1 \\ 0 & -2 & 4 & 5 \\ 5 & 1 & 3 & 0 \end{bmatrix}$ pelo teorema de Laplace, escolhe-se, por exemplo, a 1ª linha.

$\det A = a_{11} \cdot C_{11} + a_{12} \cdot C_{12} + a_{13} \cdot C_{13} + a_{14} \cdot C_{14}$

$\begin{bmatrix} -3 & 0 & 0 & 2 \\ 2 & 3 & 1 & 1 \\ 0 & -2 & 4 & 5 \\ 5 & 1 & 3 & 0 \end{bmatrix}$ Como $a_{12} = a_{13} = 0$, temos: $\det A = a_{11} \cdot C_{11} + a_{14} \cdot C_{14}$

Calcula-se separadamente cada uma das parcelas:

$a_{11} \cdot C_{11} = -3 \cdot (-1)^{1+1} \cdot \begin{vmatrix} 3 & 1 & 1 \\ -2 & 4 & 5 \\ 1 & 3 & 0 \end{vmatrix} = -3 \cdot 1 \cdot (-50) = 150$

$a_{14} \cdot C_{14} = 2 \cdot (-1)^{1+4} \cdot \begin{vmatrix} 2 & 3 & 1 \\ 0 & -2 & 4 \\ 5 & 1 & 3 \end{vmatrix} = 2 \cdot (-1) \cdot 50 = -100$

Portanto: $\det A = a_{11} \cdot C_{11} + a_{14} \cdot C_{14} = 150 - 100 = 50$

Observação

É conveniente sempre escolher a coluna ou linha com maior quantidade de zeros para facilitar o cálculo.

Exercícios propostos

19. Considere a matriz $A = (a_{ij})$ de ordem 3 tal que $a_{ij} = i^2 - 3j$.
a) Determine a matriz A.
b) Calcule D_{31}.

20. Utilizando o teorema de Laplace, calcule cada determinante a seguir:

a) $\begin{vmatrix} 4 & 0 & 0 & 0 \\ 2 & 1 & 3 & 2 \\ 9 & 1 & 5 & 2 \\ 8 & 1 & 2 & 0 \end{vmatrix}$

b) $\begin{vmatrix} 2 & 3 & 1 & 0 \\ 1 & 0 & 3 & 4 \\ -4 & 0 & 5 & 6 \\ -1 & 1 & 2 & 1 \end{vmatrix}$

21. Dada a matriz M a seguir, calcule os valores de x para que $\det M = 0$.

$$M = \begin{bmatrix} 1 & 2 & 6 \\ 3 & 4 & -1 \\ x & x^2 & 5 \end{bmatrix}$$

22. Determine o valor de x para que a seguinte igualdade seja válida.

$\begin{vmatrix} 1 & 1 & 9 & 1 \\ x^2 & x & 0 & 1 \\ 2 & 1 & 0 & 1 \\ 1 & 1 & 0 & 1 \end{vmatrix} = 0$

3. Propriedades dos determinantes

A seguir, são apresentadas propriedades que simplificam o cálculo de determinantes de algumas matrizes.

Fila de zeros

É nulo o determinante de uma matriz em que todos os elementos de uma linha (ou coluna) são iguais a zero.

Exemplos

- $\begin{vmatrix} 2 & 0 & 4 \\ 7 & 0 & 1 \\ -3 & 0 & 9 \end{vmatrix} = 0$

- $\begin{vmatrix} 3 & 7 \\ 0 & 0 \end{vmatrix} = 0$

Filas paralelas iguais ou proporcionais

É nulo o determinante de uma matriz em que todos os elementos de duas linhas (ou duas colunas) são iguais ou proporcionais.

Exemplos

- $\begin{vmatrix} 2 & 5 & -1 & 4 \\ 2 & 5 & -1 & 4 \\ 3 & 9 & 8 & -3 \\ 0 & 2 & 7 & 6 \end{vmatrix} = 0$ (os elementos da 1ª e da 2ª linhas são iguais)

- $\begin{vmatrix} 1 & 2 & -7 \\ 4 & 8 & 19 \\ 5 & 10 & -3 \end{vmatrix} = 0$ (os elementos da 2ª coluna são o dobro dos elementos da 1ª coluna)

Multiplicação de uma fila por uma constante

Ao multiplicar todos os elementos de uma única linha (ou coluna) de uma matriz por um mesmo número real k, o determinante da matriz também fica multiplicado por k.

Exemplo

Sejam as matrizes $A = \begin{bmatrix} 2 & 5 \\ 1 & 6 \end{bmatrix}$ e $B = \begin{bmatrix} 6 & 5 \\ 3 & 6 \end{bmatrix}$. A 1ª coluna da matriz B é o triplo da 1ª coluna da matriz A; logo: $\det B = 3 \cdot \det A$

Como $\det A = 12 - 5 = 7$, tem-se: $\det B = 3 \cdot \det A = 3 \cdot 7 = 21$

De fato, calculando-se $\det B$ pela definição, obtém-se: $\det B = 36 - 15 = 21$

Determinante da transposta

O determinante de uma matriz é igual ao determinante de sua transposta.

Exemplo

Considera-se a matriz A e sua transposta A^t:

$A = \begin{bmatrix} 1 & 3 & 2 \\ 0 & -3 & 0 \\ 3 & 1 & 4 \end{bmatrix}$
$A^t = \begin{bmatrix} 1 & 0 & 3 \\ 3 & -3 & 1 \\ 2 & 0 & 4 \end{bmatrix}$

Tem-se: $\det A = -12 + 18 = 6$

Então: $\det A^t = \det A = 6$

De fato, calculando-se $\det A^t$ pela regra de Sarrus, obtém-se:
$\det A^t = -12 + 18 = 6$

Matriz triangular

Uma matriz quadrada com todos os elementos que estão acima ou abaixo da diagonal principal iguais a zero é denominada **matriz triangular**.

O determinante de uma matriz triangular é o produto dos elementos da diagonal principal.

Exemplo

Considera-se a matriz triangular: $A = \begin{bmatrix} 1 & 0 & 0 \\ 2 & -5 & 0 \\ 5 & 4 & 2 \end{bmatrix}$

Então: $\det A = 1 \cdot (-5) \cdot 2 = -10$

De fato, calculando det A pela regra de Sarrus, obtém-se:

$\det A = -10 + 0 + 0 - 0 - 0 - 0 = -10$

Troca de filas paralelas

Ao inverter a posição de duas linhas (ou colunas) de uma matriz, o determinante da matriz obtida é o oposto do determinante da matriz original.

Exemplo

Sejam as matrizes $A = \begin{bmatrix} 2 & 0 & 2 \\ 3 & 4 & 1 \\ 0 & 1 & 1 \end{bmatrix}$ e $B = \begin{bmatrix} 0 & 2 & 2 \\ 4 & 3 & 1 \\ 1 & 0 & 1 \end{bmatrix}$. A matriz B tem a 1ª e a 2ª colunas invertidas em relação à matriz A; logo: $\det B = -\det A$

Tem-se: $\det A = 8 + 6 - 2 = 12$. Então: $\det B = -\det A = -12$

De fato, calculando det B pela regra de Sarrus, obtém-se:

$\det B = 2 - 6 - 8 = -12$

Teorema de Binet

Jacques Philippe Marie Binet foi um matemático francês e um dos precursores no estudo dos fundamentos da teoria matricial. Foi ele quem desenvolveu o teorema que permite calcular o determinante do produto de duas matrizes. Veja:

> O determinante do produto de duas matrizes quadradas de ordens iguais é igual ao produto do determinante de uma matriz pelo determinante da outra.

Assim, sendo A e B duas matrizes quadradas de ordem n, tem-se:

$$\det (A \cdot B) = \det A \cdot \det B$$

Exemplo

Consideram-se as matrizes $A = \begin{bmatrix} 3 & 2 \\ 1 & 3 \end{bmatrix}$ e $B = \begin{bmatrix} 4 & 2 \\ -1 & -2 \end{bmatrix}$. O determinante da matriz $A \cdot B = \begin{bmatrix} 10 & 2 \\ 1 & -4 \end{bmatrix}$ é:

$\det (A \cdot B) = \det A \cdot \det B = (9 - 2) \cdot (-8 + 2) = 7 \cdot (-6) = -42$

De fato, calculando-se $A \cdot B$, obtém-se: $A \cdot B = \begin{bmatrix} 10 & 2 \\ 1 & -4 \end{bmatrix}$

Então: $\det (A \cdot B) = -40 - 2 = -42$

Teorema de Jacobi

Carl Gustav Jacob Jacobi foi um importante matemático alemão que contribuiu para a teoria de funções elípticas, para a teoria das equações diferenciais, para a teoria dos números, entre outros. Além disso, desenvolveu um dos teoremas que facilita o cálculo de determinantes. Observe:

> Ao multiplicar todos os elementos de uma linha (ou coluna) de uma matriz quadrada A por um mesmo número real e adicionar os resultados aos elementos correspondentes de outra linha (ou coluna) paralela, obtém-se uma matriz quadrada B tal que $\det A = \det B$.

Para refletir

- Qual propriedade dos determinantes pode ser utilizada para justificar a afirmação $\det I_n = 1$, em que I_n é a matriz identidade de ordem n?
- É verdadeira a afirmação $\det A = \det B \Rightarrow A = B$? Justifique.

Exemplo

Dada a matriz $A = \begin{bmatrix} 3 & -1 \\ 4 & 2 \end{bmatrix}$, multiplicando a 1ª coluna por 2 e adicionando os produtos aos elementos correspondentes da 2ª coluna, obtém-se: $B = \begin{bmatrix} 3 & 2 \cdot 3 + (-1) \\ 4 & 2 \cdot 4 + (2) \end{bmatrix} = \begin{bmatrix} 3 & 5 \\ 4 & 10 \end{bmatrix}$ e $\det B = \det A$

Tem-se: $\det A = 6 - (-4) = 10$
Então: $\det B = \det A = 10$
De fato, calculando $\det B$ pela definição, obtém-se: $\det B = 30 - 20 = 10$

Observação

O teorema de Jacobi é útil no cálculo de determinantes de matrizes de ordem maior do que 3.

Exercício resolvido

23. Calcule $\det A$, $\det B$ e $\det (A \cdot B)$, dadas as matrizes:

$$A = \begin{bmatrix} 3 & 7 & 4 & 0 \\ 0 & -1 & -5 & 1 \\ 0 & 0 & 2 & 3 \\ 0 & 0 & 0 & -2 \end{bmatrix} \text{ e } B = \begin{bmatrix} 5 & 6 & 2 & -4 \\ -2 & -3 & -1 & 2 \\ 4 & 0 & -1 & 1 \\ 1 & 2 & 0 & 1 \end{bmatrix}$$

Resolução

Como a matriz A é triangular, o determinante de A é o produto dos elementos de sua diagonal principal:
$\det A = 3 \cdot (-1) \cdot 2 \cdot (-2) = 12$

Para calcular o determinante da matriz B, usamos algumas das propriedades e teoremas estudados.

$$\det B = \begin{vmatrix} 5 & 6 & 2 & -4 \\ -2 & -3 & -1 & 2 \\ 4 & 0 & -1 & 1 \\ 1 & 2 & 0 & 1 \end{vmatrix} \underset{\substack{L_1 = 2L_2 + L_1 \\ \text{teorema} \\ \text{de Jacobi}}}{=} \begin{vmatrix} 1 & 0 & 0 & 0 \\ -2 & -3 & -1 & 2 \\ 4 & 0 & -1 & 1 \\ 1 & 2 & 0 & 1 \end{vmatrix} \underset{\substack{\text{teorema de} \\ \text{Laplace} \\ \text{escolhendo} \\ \text{a linha } L_1}}{=} 1 \cdot (-1)^{1+1} \cdot \begin{vmatrix} -3 & -1 & 2 \\ 0 & -1 & 1 \\ 2 & 0 & 1 \end{vmatrix} \underset{\substack{\text{regra de} \\ \text{Sarrus}}}{=}$$

$= 1 \cdot (-1)^2 \cdot (3 - 2 + 0 + 4 + 0 + 0) = 1 \cdot 1 \cdot 5 = 5$

Logo: $\det (A \cdot B) \underset{\substack{\text{teorema} \\ \text{de Binet}}}{=} \det A \cdot \det B = 12 \cdot 5 = 60$

Exercícios propostos

24. Considerando as propriedades vistas, justifique por que os determinantes das matrizes abaixo são nulos.

a) $H = \begin{bmatrix} -3 & 9 & 8 & 1 \\ 0 & -2 & 3 & 6 \\ 0 & 0 & 0 & 0 \\ 2 & 7 & -3 & 4 \end{bmatrix}$

c) $N = \begin{bmatrix} -2 & 11 & 6 & 5 \\ 4 & 7 & 2 & -5 \\ 6 & 8 & -1 & -4 \\ -2 & 11 & 6 & 5 \end{bmatrix}$

b) $P = \begin{bmatrix} -1 & 0 & 0 & 0 \\ 3 & -2 & 0 & 0 \\ 5 & 4 & 0 & 0 \\ 9 & -4 & 2 & 7 \end{bmatrix}$

d) $R = \begin{bmatrix} 2 & 7 & 3 & 10 \\ 3 & 4 & -1 & 15 \\ -1 & 8 & 4 & -5 \\ 5 & 9 & 0 & 25 \end{bmatrix}$

25. Sabendo que $\det M = \begin{vmatrix} x & z \\ y & w \end{vmatrix} = 7$, calcule:

a) $\det B = \begin{vmatrix} x & z \\ y & w \end{vmatrix}$

c) $\det C = \begin{vmatrix} z & w \\ x & y \end{vmatrix}$

b) $\det G = \begin{vmatrix} 4x & 4z \\ y & w \end{vmatrix}$

d) $\det H = \begin{vmatrix} x & y \\ -3z & -3w \end{vmatrix}$

26. Considere as matrizes M e N de ordem t tais que $\det M = -4$ e $\det (M \cdot N) = 1$. Calcule $\det N$.

27. Calcule o determinante da matriz $A = (a_{ij})_{n \times n}$ tal que $\det (A \cdot A^t) = 121$.

28. Sendo A uma matriz de ordem 3 tal que $\det A = 6$, calcule os seguintes determinantes:

a) $\det (A^2)$
b) $\det (2 \cdot A)$

29. Dada uma matriz M invertível de ordem 2, mostre, pelo teorema de Binet, que $\det M \cdot \det (M^{-1}) = 1$.

30. Considere uma matriz M de ordem 4. Sabendo que $\det M = k$, calcule o valor de $\det (3 \cdot M)$ em função de k.

31. Sejam (a_1, a_2, a_3, a_4) uma progressão geométrica de razão 2 e a matriz $M = \begin{bmatrix} a_1 & a_2 \\ a_3 & a_4 \end{bmatrix}$. Calcule $\det M$.

32. Sendo $\begin{vmatrix} a & b & c \\ c & a & b \\ b & c & a \end{vmatrix} = 6$, qual é o valor de $\begin{vmatrix} 2a & b & 3c \\ 2c & a & 3b \\ 2b & c & 3a \end{vmatrix}$?

33. Considere a matriz A de ordem 4 tal que $\det A = \alpha$. Seja B a matriz que resulta da multiplicação das duas primeiras linhas da matriz A por -2 e da divisão das outras duas linhas por -4. Calcule o determinante de B.

4. Determinante da matriz inversa

A existência da matriz inversa pode ser verificada pelo estudo do determinante da matriz, como mostrado a seguir.

Dada uma matriz A de ordem n, se existir a inversa A^{-1}, então $A \cdot A^{-1} = I_n$. Assim: $\det(A \cdot A^{-1}) = \det I_n$. Dessa relação, tem-se:

$$\det(A \cdot A^{-1}) = \det I_n \underset{\text{teorema de Binet}}{\Rightarrow} \det A \cdot \det(A^{-1}) = \det I_n \underset{\text{propriedade da matriz triangular}}{\Rightarrow} \det A \cdot \det(A^{-1}) = 1 \underset{\text{se } \det A \neq 0}{\Rightarrow} \det(A^{-1}) = \frac{1}{\det A}$$

Portanto: $\det(A^{-1}) = \frac{1}{\det A}$, $\det A \neq 0$

Assim, conclui-se que, se $\det A = 0$, então a matriz A não é invertível.

Exemplo

Dada a matriz $A = \begin{bmatrix} 0 & -1 & -2 \\ -3 & 1 & 1 \\ 4 & 0 & 2 \end{bmatrix}$, se existir $\det A \neq 0$, então o determinante da matriz inversa de A é $\frac{1}{\det A}$.

Calculando-se $\det A$ pela regra de Sarrus, obtém-se: $\det A = -4 + 8 - 6 = -2$

Então a matriz A é invertível e tem-se: $\det A^{-1} = \frac{1}{-2} = -\frac{1}{2}$

Exercício resolvido

34. Verificar se as matrizes a seguir são invertíveis.

a) $M = \begin{bmatrix} 2 & -5 \\ 4 & -10 \end{bmatrix}$
b) $N = \begin{bmatrix} -5 & 2 & 1 \\ 0 & 1 & 3 \\ -3 & 2 & -1 \end{bmatrix}$

Resolução
Para que uma matriz seja invertível, é necessário que seu determinante não seja nulo.

a) $\det M = \begin{vmatrix} 2 & -5 \\ 4 & -10 \end{vmatrix} = 0$, pois os elementos da 2ª linha são o dobro dos elementos da 1ª linha. Logo, a matriz M não é invertível.

b) $\det N = \begin{vmatrix} -5 & 2 & 1 \\ 0 & 1 & 3 \\ -3 & 2 & -1 \end{vmatrix} = 5 - 18 + 0 + 3 + 30 + 0 =$
$= 20 \neq 0$. Logo, a matriz N é invertível.

Exercícios propostos

35. Verifique se as matrizes a seguir são invertíveis. Em caso afirmativo, determine a matriz inversa.

a) $N = \begin{bmatrix} 3 & -12 \\ 0 & -4 \end{bmatrix}$

b) $P = \begin{bmatrix} 2 & 14 & 1 \\ 1 & 7 & 3 \\ 0 & 0 & 6 \end{bmatrix}$

c) $M = \begin{bmatrix} 2^3 & 2^0 & 2^0 \\ 2^1 & 2^1 & 2^1 \\ 2^3 & 2^2 & 2^2 \end{bmatrix}$

d) $T = \begin{bmatrix} 0 & 1 & 1 \\ 0 & -1 & 1 \\ 1 & 0 & 0 \end{bmatrix}$

36. Considere duas matrizes A e B de ordem n tais que $\det A = 0{,}2$ e $A \cdot B = I_n$. Qual é o valor de $\det B$?

37. Dada a matriz $M = \begin{bmatrix} 3 & 1 & 3 \\ -2 & 0 & -3 \\ -2 & -1 & -2 \end{bmatrix}$, verifique se as afirmações a seguir são verdadeiras.

a) M é invertível.
b) $M = M^{-1}$

38. Seja $A = \begin{bmatrix} m & 2m \\ m+2 & m \end{bmatrix}$ uma matriz. Para quais valores reais de m a matriz A é invertível?

39. Seja B uma matriz de ordem 2 tal que $\det B = \frac{1}{4}$. Calcule $\det(B^t)$ e $\det(B^{-1})$.

40. Seja A uma matriz invertível tal que $\det A = \det A^{-1}$. Quais são os possíveis valores para o determinante dessa matriz?

41. Considerando as matrizes M e N invertíveis e de ordens iguais, tais que $\det M = 2$ e $\det N = 4$, calcule o valor de E:

$$E = \frac{\det(M \cdot N \cdot M^{-1})}{\det(N \cdot M \cdot N^{-1})}$$

Exercícios complementares

42. Seja $M = (m_{ij})_{2 \times 2}$ uma matriz tal que seus elementos são da seguinte forma:
$$m_{ij} = \log_2\left(\frac{i}{j}\right)$$
Calcule det M.

43. Para quais valores reais de t a matriz A dada a seguir é invertível?
$$A = \begin{bmatrix} -6 & t & 4 \\ t & 0 & 1 \\ -1 & 2 & -1 \end{bmatrix}$$

44. Dada a função $f: \mathbb{R} \to \mathbb{R}$, definida por
$$f(x) = \begin{vmatrix} 0 & x & 1 \\ 3 & x & 2 \\ x & 3 & 2 \end{vmatrix},$$ determine o valor mínimo de f e o ponto de intersecção do gráfico de f com o eixo das abscissas.

45. Sendo $A = \begin{bmatrix} 1 & x \\ -1 & 2 \end{bmatrix}$ e $B = \begin{bmatrix} y & 0 \\ 1 & 1 \end{bmatrix}$ matrizes tais que det $(A + B) = 9$ e det $(A \cdot B) = 2$, determine o valor de y^x.

46. Considere a matriz $A = \begin{bmatrix} 4 & -3 & -2 & -1 \\ 2 & 1 & 5 & 4 \\ 4 & 2 & -2 & -1 \\ 3 & 5 & 7 & 5 \end{bmatrix}$. Pelas propriedades dos determinantes, concluímos que, entre os cofatores C_{12}, C_{22}, C_{32}, C_{41} e C_{14}, há um cofator nulo. Determine esse cofator.

47. Considerando sen $\theta = \begin{vmatrix} \sqrt{2} & 0 & \frac{1}{8} \\ \frac{1}{8} & 4 & \frac{1}{8} \\ \sqrt{2} & 0 & 0 \end{vmatrix}$, com $0 \leq \theta \leq 2\pi$, determine os possíveis valores de θ.

48. Determine todos os valores reais de x para que a matriz M dada a seguir não seja invertível.
$$M = \begin{bmatrix} 0 & 0 & 1 \\ \text{sen } x \cdot \cos\left(\frac{x}{2}\right) & \cos x \cdot \cos\left(\frac{x}{2}\right) & 1 \\ -\cos x & \text{sen } x & 1 \end{bmatrix}$$

49. Dada a matriz A invertível tal que det $A = 4$, calcule o valor de:
$$\sqrt{9 \cdot \det A^{-1} + \frac{1}{\det A^{-1}}}$$

50. Seja $M = (m_{ij})_{3 \times 3}$ uma matriz tal que det $M = -3$. Calcule o valor de y na seguinte expressão:
$$\frac{y}{2} - 20 = \det(2 \cdot M)$$

51. Escreva as matrizes A e B dadas pelas leis de formação abaixo. Depois, calcule seus determinantes.
a) $A = (a_{ij})_{2 \times 2}$, em que $a_{ij} = (i - j) \cdot (i + j)$
b) $B = (b_{ij})_{3 \times 3}$, em que $b_{ij} = i^2 - j^2$

52. Dadas as matrizes $A = \begin{bmatrix} x & y \\ z & w \end{bmatrix}$ e $B = \begin{bmatrix} kx & ky \\ kz & kw \end{bmatrix}$, sabe-se que det $A = 9$ e det $B = 144$. Determine o valor de k.

53. Verifique se a matriz B dada a seguir é invertível. Em caso afirmativo, determine B^{-1}.
$$B = \begin{bmatrix} 0 & 2 & -1 \\ 0 & 1 & 1 \\ -1 & 0 & 0 \end{bmatrix}$$

54. Determine o valor de t sabendo que $\begin{vmatrix} 50 & \log_5 t \\ -1 & 0,1 \end{vmatrix} = 7$.

55. Resolva, em dupla, a seguinte situação.
O quadrado mágico é um antigo jogo chinês que consiste em preencher uma matriz quadrada de modo que a soma dos elementos de cada linha, de cada coluna e de cada diagonal seja uma constante. Observe algumas soluções para o quadrado mágico 3×3:

A
4	9	2
3	5	7
8	1	6

B
6	7	2
1	5	9
8	3	4

C
2	9	4
7	5	3
6	1	8

Considerando os números desses quadrados mágicos como elementos das matrizes A, B e C, tem-se que, em módulo, os determinantes dessas matrizes são todos iguais, pois cada matriz pode ser obtida pela troca de linhas ou colunas de outras delas.
a) Indique as trocas que devem ser feitas na matriz A para obter a matriz C e justifique por que det $A = -$det C.
b) Indique as trocas que devem ser feitas na matriz A para obter a matriz B e justifique por que det $A = $ det B.

56. Verifique se $(\det A)^2 + \det(A^{-1}) = 2 \cdot \det I_3$, considerando a matriz $A = \begin{bmatrix} 1 & 0 & 0 \\ 0 & \frac{\sqrt{3}}{3} & -\frac{2}{3} \\ 0 & 1 & \frac{\sqrt{3}}{3} \end{bmatrix}$.

57. Considere a matriz $M = \begin{bmatrix} a & -b \\ b & -a \end{bmatrix}$, em que a e b são números reais. Qual é o valor do determinante de M, se $\begin{bmatrix} a & 2 & 1 \\ b & 1 & a \end{bmatrix} \cdot \begin{bmatrix} 1 \\ b \\ -2 \end{bmatrix} = \begin{bmatrix} -5 \\ -6 \end{bmatrix}$?

58. Calcule cada determinante indicado abaixo:

a) $\begin{bmatrix} 0 & 3 & 1 & 0 \\ 1 & 0 & 3 & 4 \\ 2 & 5 & 0 & 2 \\ -2 & 1 & 2 & 1 \end{bmatrix}$

b) $\begin{bmatrix} 2 & 0 & 0 & 0 & 0 \\ 1 & 2 & 1 & 2 & 2 \\ 2 & 1 & 0 & 0 & 0 \\ 1 & 2 & 1 & 1 & 2 \\ 2 & 1 & 2 & 1 & 2 \end{bmatrix}$

59. Considere a função $f: \mathbb{R} \to \mathbb{R}$ definida por:

$$f(x) = \begin{vmatrix} 1 & 1 & 0 \\ 1 & \text{sen } x & 0 \\ \cos x & 2 & 1 \end{vmatrix}$$

Determine o valor máximo e o valor mínimo de f.

60. Considere a matriz $B = \begin{bmatrix} 1 & 3 & 1 \\ 2 & x & x \\ x & 1 & x \end{bmatrix}$.

a) Determine os valores de x para que o determinante dessa matriz seja positivo.

b) Determine os valores de x para que o determinante dessa matriz seja negativo.

c) A estratégia que você utilizou no item **b** foi a mesma usada no item **a**? Apresente um argumento que justifique sua estratégia no item **b**.

61. Considere duas matrizes M e N de ordem 3 tais que $\det M = m$, $\det N = n$, $m \neq 0$ e $n \neq 0$. Determine, em função de m e n, o valor de $\det (2 \cdot M \cdot N^{-1})$.

62. O determinante de uma matriz A de ordem 4 é 27. Divide-se cada elemento da 3ª coluna da matriz A por 9 e multiplica-se cada elemento da 1ª coluna por 7. Qual é o determinante da nova matriz?

63. (Uern) Sejam as matrizes $A = \begin{bmatrix} 3 & 1 & 2 \\ x & 4 & 1 \\ -1 & 6 & y \end{bmatrix}$ e

$B = \begin{bmatrix} 6 & y & 2 \\ 1 & 4 & 3 \\ x & -1 & 1 \end{bmatrix}$, cujos determinantes são, respectivamente, iguais a 63 e 49. Sendo $y = x + 3$, então a soma dos valores de x e y é:

a) 7   c) 10
b) 8   d) 12

64. (Ifsul-RS) Sendo o determinante

$D = \begin{vmatrix} 1 - \sqrt{2} \cdot \text{sen } x & -\text{sen } x \\ \cos x & 1 + \sqrt{2} \cdot \text{sen } x \end{vmatrix}$, o valor de

$D\left(\dfrac{\pi}{6}\right)$ está no intervalo:

a) [0, 3]   c) [5, 7]
b) [3, 5]   d) [7, 9]

65. (ESPM-SP) Dadas as matrizes $A = \begin{bmatrix} x & 2 \\ 1 & 1 \end{bmatrix}$ e

$B = \begin{bmatrix} 1 & x \\ -1 & 2 \end{bmatrix}$, a diferença entre os valores de x, tais que $\det (A \cdot B) = 3x$, pode ser igual a:

a) 3   d) −4
b) −2   e) 1
c) 5

66. (UFV-MG) Considere a equação $x = \det A$, onde A é

a matriz $A = \begin{bmatrix} 1 & 2 \cdot \text{sen}^2 x & 0 \\ 0 & 1 & -1 \\ -1 & \cos 2x & 1 \end{bmatrix}$ e x está medido

em radiano. O conjunto solução dessa equação é:

a) $S = \{1\}$ c) $S = \{3\}$
b) $S = \{0\}$ d) $S = \{2\}$

Orientação de estudos

O quadro abaixo apresenta os temas estudados neste capítulo e os exercícios complementares relacionados a cada tema. Se você teve dificuldade na resolução de algum exercício complementar, consulte a orientação de estudos apresentada.

Tema	Exercícios complementares relacionados	Orientação de estudos
Determinantes	42, 44, 46, 47, 48, 51, 54, 55, 57, 58, 59, 60, 63, 64 e 66	Releia o conteúdo das páginas 111, 112, 114 e 115 e retome os exercícios 4, 8, 9 e 13.
Propriedades dos determinantes	50, 52, 62 e 65	Releia o conteúdo das páginas 116, 117 e 118 e retome os exercícios 26, 29 e 33.
Determinante da matriz inversa	43, 49, 53, 56 e 61	Releia o conteúdo da página 119 e retome os exercícios 37, 39 e 40.

Matemática e História

A libertação da álgebra

As operações usuais de adição e multiplicação efetuadas no conjunto dos inteiros positivos são operações binárias: a cada par de inteiros positivos a e b associam-se univocamente inteiros c e d, chamados, respectivamente, soma de a e b e produto de a por b e denotados pelos símbolos:

$$c = a + b \quad \text{e} \quad d = a \cdot b$$

Essas operações no conjunto dos inteiros positivos têm algumas propriedades ou leis básicas. Por exemplo, se a, b e c indicam inteiros positivos arbitrários, temos:

- $a + b = b + a$ (propriedade comutativa da adição)
- $a \cdot b = b \cdot a$ (propriedade comutativa da multiplicação)
- $(a + b) + c = a + (b + c)$ (propriedade associativa da adição)
- $(a \cdot b) \cdot c = a \cdot (b \cdot c)$ (propriedade associativa da multiplicação)
- $a \cdot (b + c) = a \cdot b + a \cdot c$ (propriedade distributiva da multiplicação em relação à adição)

No início do século XIX, a álgebra era considerada simplesmente como a aritmética simbólica. Em outras palavras, em vez de trabalhar com números específicos, como fazemos em aritmética, em álgebra empregamos letras que representam esses números. As cinco propriedades acima são, portanto, afirmações sempre válidas na álgebra dos inteiros positivos. Mas, como se trata de afirmações simbólicas, é imaginável que elas possam se aplicar a outros conjuntos de elementos que não os inteiros positivos, desde que forneçamos definições adequadas para as duas operações envolvidas. [...]

Segue-se que as cinco propriedades básicas dos inteiros positivos há pouco listadas podem também ser consideradas como propriedades de outros sistemas de elementos, inteiramente diferentes. As consequências das cinco propriedades precedentes constituem uma álgebra aplicável aos inteiros positivos, bem como a outros sistemas, isto é, existe uma *estrutura algébrica* (as cinco propriedades básicas e suas consequências) comum ligada a muitos sistemas diferentes. As cinco propriedades básicas podem ser consideradas como os postulados de um tipo particular de estrutura algébrica, e qualquer teorema que decorra formalmente desses postulados será aplicável a qualquer interpretação que se ajuste às cinco propriedades básicas. Vistas as coisas assim, cortam-se então os laços da álgebra com a aritmética, tornando-se aquela um campo de estudos puramente hipotético-dedutivo formal.

[...]

Parecia inconcebível, no início do século XIX, que pudesse haver uma álgebra diferente da álgebra comum da aritmética. Tentar, por exemplo, a construção de uma álgebra consistente na qual não se verificasse a lei comutativa da multiplicação não só provavelmente não ocorria a ninguém na época, como também, se ocorresse, certamente seria descartada por parecer uma ideia ridícula; afinal de contas, como seria possível uma álgebra lógica na qual $a \cdot b$ fosse diferente de $b \cdot a$? Era essa a impressão sobre a álgebra quando, em 1843, William Rowan Hamilton foi forçado, por considerações físicas, a inventar uma álgebra em que a lei comutativa da multiplicação não valia. O passo decisivo, por parte de Hamilton, de abandonar a lei comutativa não foi fácil de dar: só foi dado depois de vários anos de cogitações em torno de um mesmo problema particular.

EVES, H. *Introdução à história da Matemática*. Trad. Hygino H. Domingues. Campinas: Ed. da Unicamp, 2004. p. 545-546, 548.

» Sobre o texto

1. Considere as matrizes $\begin{bmatrix} a & b \\ c & d \end{bmatrix}$ e $\begin{bmatrix} e & f \\ g & h \end{bmatrix}$, em que a, b, c, d, e, f, g e h são números reais. Verifique se a propriedade comutativa é válida para a adição e para a multiplicação de matrizes.

2. De acordo com o texto, "parecia inconcebível, no início do século XIX, que pudesse haver uma álgebra diferente da álgebra comum da aritmética". Esse fato propiciou uma ruptura no pensamento algébrico daquela época. Em sua opinião, como fatos desse tipo podem ajudar no desenvolvimento da Matemática?

CAPÍTULO 6

Sistema linear

Módulos

1. Equação linear
2. Sistema linear
3. Classificação de um sistema linear
4. Resolução de um sistema linear 2 × 2
5. Resolução de um sistema linear qualquer

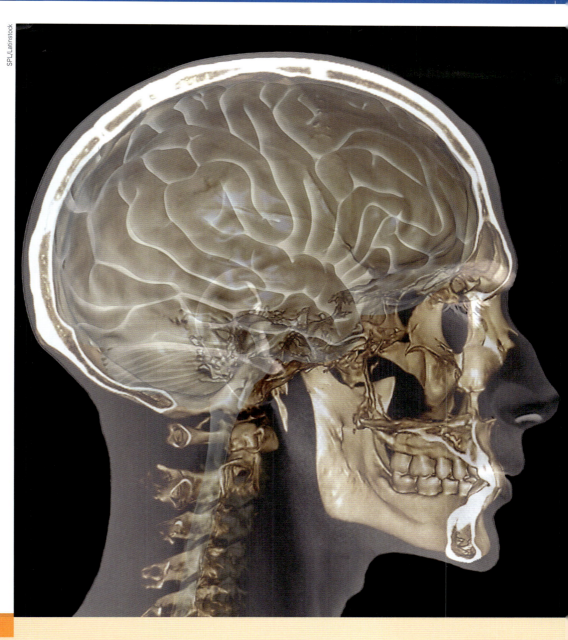

Imagem de um cérebro obtida por meio de uma ressonância magnética e tomografia computadorizada em 3D da cabeça e do pescoço de uma pessoa de 35 anos.

Para começar

A imagem tomográfica é formada por uma matriz de *pixels* (pontos luminosos) que formam imagens na tela do computador. Para ser gerada em três dimensões, essa imagem passa por um processo de reconstrução matemática, realizada por meio de sistemas lineares (conceito que será estudado neste capítulo). Uma imagem-padrão é gerada por um sistema que tem, no mínimo, 262 144 incógnitas.

1. Quantos métodos distintos de resolução de sistemas de duas equações e duas incógnitas você conhece? Cite-os e descreva-os.
2. Discuta com seus colegas se os métodos de resolução de sistemas que vocês conhecem são práticos e eficientes para resolver sistemas em que o número de equações e o número de incógnitas são maiores do que 2.

Estratégias e soluções

Pizza aos pedaços

Um garçom fez a seguinte afirmação:
– Com um corte reto em uma *pizza*, obtenho dois pedaços; com dois cortes retos, posso obter até quatro pedaços; e, com três cortes retos, consigo obter no máximo sete pedaços!

1 corte = 2 pedaços

2 cortes = 4 pedaços

3 cortes = 7 pedaços

Com dez cortes retos, qual é o número máximo de pedaços que podemos obter?

» **Identificação e registro de informações**

1. O que é pedido nesse problema?
2. Que formato de cortes podem ser usados nessa situação?
3. Você consegue fazer uma estimativa da resposta?
4. Você julga que é fácil ou difícil fazer dez cortes e visualizar o máximo de pedaços que podem ser obtidos? Experimente antes de responder.

» **Elaboração de hipóteses e estratégias de resolução**

1. Observe, na figura ao lado, que o terceiro corte poderia ter sido feito de modo que fossem obtidos seis pedaços. Tente fazer uma figura que represente a primeira *pizza* e refaça o segundo e o terceiro cortes para que a *pizza* fique dividida em cinco partes.

2. Com quatro cortes, qual é o número máximo de pedaços que podem ser obtidos? E com cinco cortes?
3. Como devem ser os cortes para que se obtenha o máximo de pedaços? Explique.
4. Complete o quadro abaixo.

Número de cortes	1	2	3	4	5
Número máximo de pedaços obtidos	2	4	7		

5. Sem fazer desenhos e apenas observando os valores do quadro que acabou de preencher, identifique qual é o número máximo de pedaços que podem ser obtidos com seis cortes. Faça um ou vários esquemas para verificar sua resposta.
6. Copie o quadro da atividade 4 no caderno. Acrescente colunas nesse quadro até que o número de cortes seja igual a 10. Tente descobrir um padrão numérico que permita completar o quadro, respondendo à pergunta proposta no problema. Com palavras ou com uma expressão matemática, explique que padrão numérico é esse.

» **Reflexão**

1. Verifique se o padrão que você encontrou satisfaz todas as linhas do quadro.
2. Você conseguiu determinar uma expressão matemática para descrever o padrão observado? Se não o fez, faça agora.
   (**Dica:** chame o número de cortes de *n* e o número máximo de pedaços obtidos de P_n.)
3. Como você descreveria a estratégia de solução desse problema?
4. Você conhece outros problemas que podem ser resolvidos por estratégia semelhante? Se conhece, descreva um deles.

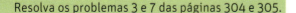
Resolva os problemas 3 e 7 das páginas 304 e 305.

1. Equação linear

Define-se:

> **Equação linear** é toda equação que pode ser expressa na forma
> $a_1x_1 + a_2x_2 + a_3x_3 + a_4x_4 + \ldots + a_nx_n = b$, em que $x_1, x_2, x_3, x_4, \ldots, x_n$ são as **incógnitas**;
> $a_1, a_2, a_3, a_4, \ldots, a_n$ são números reais denominados **coeficientes**; e b é um número real denominado **termo independente**.

Observações
- As incógnitas $x_1, x_2, x_3, \ldots, x_n$ geralmente aparecem como $x, y, z, \ldots$ nas equações lineares.
- Quando o termo independente de uma equação linear é nulo ($b = 0$), ela é denominada **equação linear homogênea**.

Exemplos

- $2x + y - \frac{2}{3}z = 0$ é uma equação linear, com incógnitas x, y, z e coeficientes $2, 1, -\frac{2}{3}$; e é homogênea, pois o termo independente é 0.
- $x - y + z = -\frac{\sqrt{2}}{3}$ é uma equação linear, com incógnitas x, y, z e coeficientes $1, -1, 1$; mas não é homogênea, pois o termo independente não é nulo.
- $3x + y - z^2 = -5$ não é uma equação linear, pois a incógnita z tem expoente diferente de 1.
- $-9xy + z = 2$ não é uma equação linear, pois existe uma multiplicação entre as incógnitas x e y.

■ Solução de uma equação linear

Dada uma equação linear $a_1x_1 + a_2x_2 + a_3x_3 + \ldots + a_nx_n = b$, toda sequência de números reais $(\alpha_1, \alpha_2, \alpha_3, \ldots, \alpha_n)$, denominada **ênupla ordenada**, é solução dessa equação se, e somente se, $a_1\alpha_1 + a_2\alpha_2 + a_3\alpha_3 + \ldots + a_n\alpha_n = b$.

Exemplo
São soluções da equação linear $2x + y = 5$ os seguintes pares ordenados: $(1, 3)$, pois $2 \cdot 1 + 3 = 5$; $(4, -3)$, pois $2 \cdot 4 + (-3) = 5$; e $(3, -1)$, pois $2 \cdot 3 + (-1) = 5$.
Já o par ordenado $(2, 3)$ não é solução dessa equação linear, pois $2 \cdot 2 + 3 = 7 \neq 5$.

Exercícios propostos

1. Considerando a, b, c, x, y e z as incógnitas das equações a seguir, classifique-as em lineares ou não lineares. No caso das equações lineares, identifique se são lineares homogêneas.
   a) $3x + y = 0$
   b) $-x + 2y - 7z = 8$
   c) $a^2 + b = 1$
   d) $ax + b = 2$

2. Calcule os valores de m para que a equação linear $3x + 5y = m^2 - \frac{1}{4}$, de incógnitas x e y, seja homogênea.

3. Determine, entre os pares ordenados destacados no quadro abaixo, qual é solução de cada equação linear.

$(-1, 3)$	$(2, 1)$	$(3, 10)$	$\left(\frac{1}{3}, \frac{1}{2}\right)$

   a) $3x + 5y = 11$
   b) $7x - 5y = -29$
   c) $4x + 2y = 2$
   d) $6x = 4y$

4. Calcule o valor de m para que o terno ordenado $(1, m, 2 - m)$ seja solução da seguinte equação:
$$2x - 3y + \frac{1}{2}z = -\frac{15}{2}$$

5. Considere a equação $3x + 4y - 2z = -2$.
   a) O terno $(2, 1, 6)$ é solução dessa equação? Justifique.
   b) Escreva uma solução para essa equação, sabendo que $x = 1$.

6. Verifique qual das alternativas abaixo apresenta o valor real de m para que o terno $(-1, 2, 4)$ seja solução da equação linear $mx + 5y + 3z = 21$.
   a) -1
   b) 2
   c) 1
   d) 0
   e) 3

7. Para quais valores reais de a o terno $(-1, 1, a + 1)$ não é solução da equação linear $3x - y + 2z = 6$?

2. Sistema linear

Isabela fez duas avaliações de Matemática em um trimestre. A diferença entre a maior e a menor nota que ela obteve foi 2 pontos, e a soma das duas notas foi 18 pontos.

Sendo x a maior nota de Isabela e y a menor, a soma das duas notas pode ser representada pela equação linear $x + y = 18$, e a diferença entre a maior e a menor nota pode ser representada pela equação linear $x - y = 2$. Juntas, essas duas equações formam um **sistema linear** 2×2, composto de duas equações e duas incógnitas, como representado a seguir:

$$\begin{cases} x + y = 18 \\ x - y = 2 \end{cases}$$

> **Sistema linear** é um conjunto L de m equações lineares, com n incógnitas, expresso na forma
> $$L = \begin{cases} a_{11} \cdot x_1 + a_{12} \cdot x_2 + a_{13} \cdot x_3 + \ldots + a_{1n} \cdot x_n = b_1 \\ a_{21} \cdot x_1 + a_{22} \cdot x_2 + a_{23} \cdot x_3 + \ldots + a_{2n} \cdot x_n = b_2 \\ a_{31} \cdot x_1 + a_{32} \cdot x_2 + a_{33} \cdot x_3 + \ldots + a_{3n} \cdot x_n = b_3 \\ \vdots \qquad \vdots \qquad \vdots \qquad \vdots \qquad \vdots \\ a_{m1} \cdot x_1 + a_{m2} \cdot x_2 + a_{m3} \cdot x_3 + \ldots + a_{mn} \cdot x_n = b_m \end{cases}$$
> em que $x_1, x_2, x_3, \ldots, x_n$ são as incógnitas; $a_{11}, a_{12}, a_{13}, \ldots, a_{mn}$ são os coeficientes; e $b_1, b_2, b_3, \ldots, b_m$ são os termos independentes.

Observações

- Como um sistema linear é composto de equações lineares, as incógnitas $x_1, x_2, x_3, \ldots, x_n$ de cada equação geralmente aparecem como $x, y, z, \ldots$
- Quando um sistema linear é composto de equações lineares homogêneas, ou seja, quando o termo independente de cada equação linear é nulo ($b_1 = b_2 = b_3 = \ldots = b_n = 0$), o sistema é denominado **sistema linear homogêneo**.

Exemplo

$L = \begin{cases} x - 3y + 2z = 0 \\ - 5y + 3z = 0 \\ -x + 2y = 0 \end{cases}$ é um sistema linear de três equações com três incógnitas, x, y e z,

e é homogêneo, pois todos os termos independentes das equações são iguais a 0.

■ Solução de um sistema linear

Uma ênupla ordenada $(\alpha_1, \alpha_2, \alpha_3, \ldots, \alpha_n)$ é solução de um sistema linear com n incógnitas se for solução de cada uma das equações desse sistema.

Um sistema linear homogêneo tem, pelo menos, a ênupla $(0, 0, 0, \ldots, 0)$ como solução. Essa solução é denominada **solução trivial** do sistema.

Exemplo 1

$L_1 = \begin{cases} 2x + 4y - 7z = -34 \\ -3x - 8y + 4z = 29 \\ 8x + y - z = 2 \end{cases}$

O terno ordenado $(1, -2, 4)$ é solução de L_1, pois é solução de todas as equações do sistema.

$\begin{cases} 2 \cdot 1 + 4 \cdot (-2) - 7 \cdot 4 = -34 \quad \text{(é solução da equação)} \\ -3 \cdot 1 - 8 \cdot (-2) + 4 \cdot 4 = 29 \quad \text{(é solução da equação)} \\ 8 \cdot 1 + (-2) - 4 = 2 \quad \text{(é solução da equação)} \end{cases}$

Exemplo 2

$L_2 = \begin{cases} x + 2y - 7z = 0 \\ -x + 4y + 3z = 0 \\ 5x + y + z = 0 \end{cases}$

O terno ordenado $(0, 0, 0)$ é solução de L_2, pois é solução de todas as equações do sistema.

■ Sistemas lineares equivalentes

Define-se:

> Dois ou mais sistemas lineares são **equivalentes** quando têm soluções iguais.

Assim, dois sistemas L_1 e L_2 são equivalentes quando toda solução de L_1 é solução de L_2 e, reciprocamente, toda solução de L_2 é solução de L_1. Indica-se essa equivalência por: $L_1 \sim L_2$.

Exemplo

$$L_1 = \begin{cases} 3x + 8y = 20 \\ 7x - y = 2 \end{cases} \qquad L_2 = \begin{cases} 2x - 15y = 5 \\ 5x + 19y = 1 \end{cases}$$

- Os sistemas L_1 e L_2 são equivalentes porque o par ordenado (4, 1) é solução comum para os dois.

Exercícios resolvidos

8. Verifique se os pares ordenados (3, 4) e (6, 2) são soluções do seguinte sistema:

$$\begin{cases} 2x + 3y = 18 \\ 4x - y = 8 \\ x + y = 7 \end{cases}$$

Resolução

Para verificar se o par ordenado (3, 4) é solução do sistema, substituímos x por 3 e y por 4 em todas as equações.

- 1ª equação: $2x + 3y = 2 \cdot 3 + 3 \cdot 4 = 6 + 12 = 18$

  Logo, o par ordenado (3, 4) é solução dessa equação.

- 2ª equação: $4x - y = 4 \cdot 3 - 4 = 12 - 4 = 8$

  Logo, o par ordenado (3, 4) é solução dessa equação.

- 3ª equação: $x + y = 3 + 4 = 7$

  Logo, o par ordenado (3, 4) é solução dessa equação. Como o par ordenado (3, 4) é solução de todas as equações, ele é solução do sistema.

Verificamos o par (6, 2) da mesma maneira.

- 1ª equação: $2x + 3y = 2 \cdot 6 + 3 \cdot 2 = 12 + 6 = 18$

  Logo, o par ordenado (6, 2) é solução dessa equação.

- 2ª equação: $4x - y = 4 \cdot 6 - 2 = 24 - 2 = 22 \neq 8$

  Logo, o par ordenado (6, 2) não é solução dessa equação.

Como o par ordenado (6, 2) não é solução da segunda equação, ele não é solução do sistema, não sendo necessário verificar se é par ordenado da terceira equação.

9. Determine os valores de m e n para que o terno ordenado (m, n + 1, 3) seja solução do seguinte sistema:

$$\begin{cases} x + y + z = 4 \\ 2x - z = -1 \end{cases}$$

Resolução

Substituindo x por m, y por n + 1 e z por 3 nas duas equações do sistema, obtemos:

$x + y + z = 4 \Rightarrow m + n + 1 + 3 = 4 \Rightarrow m + n = 0$

$2x - z = -1 \Rightarrow 2m - 3 = -1 \Rightarrow 2m = 2 \Rightarrow m = 1$

Então, substituímos m por 1 na primeira equação obtida:

$m + n = 0 \Rightarrow 1 + n = 0 \Rightarrow n = -1$

Logo, o valor de m é 1 e o de n é −1.

10. Determine os valores de r e s para que o sistema a seguir, de incógnitas x e y, seja homogêneo:

$$L = \begin{cases} 3x - 5y = 2r - s \\ 4x + y = r + 3 \end{cases}$$

Resolução

Para o sistema ser homogêneo, os termos independentes têm de ser nulos. Assim, temos um novo sistema de equações, com as incógnitas r e s:

$$\begin{cases} 2r - s = 0 \\ r + 3 = 0 \end{cases}$$

Pela equação $r + 3 = 0$, obtemos: $r = -3$

Substituindo r por −3 na equação $2r - s = 0$, obtemos:

$2 \cdot (-3) - s = 0 \Rightarrow s = -6$

Portanto, o valor de r é −3 e o de s é −6.

Exercícios propostos

11. Verifique se cada afirmação a seguir é verdadeira.

a) O par ordenado (1, 2) é solução do sistema:
$$\begin{cases} 2x + y = 4 \\ x - 3y = -5 \\ 4x + y = 6 \end{cases}$$

b) O terno ordenado (0, −3, 4) é solução do sistema:
$$\begin{cases} x + y - z = -7 \\ 2x - y + 3z = 15 \end{cases}$$

12. Determine os valores reais de a e b para que o par ordenado (0,25; 1,25) seja solução do sistema linear:
$$L = \begin{cases} ax + y = 2,25 \\ 2x - by = -3,25 \end{cases}$$

13. Determine os valores de a e b para que o terno ordenado $(a, 7, 2b)$ seja solução de: $\begin{cases} x - y + 2z = 3 \\ x - 3z = -1 \end{cases}$

14. Considerando o sistema linear homogêneo a seguir, de incógnitas x, y e z, determine os valores reais de r, s e t.
$$\begin{cases} 3x + 2y + 8z = r + 3 \\ 2x - 3y + z = r + s + 2 \\ -x + 4y + 2z = r + s + t \end{cases}$$

15. Verifique se o par ordenado é solução de ambos os sistemas lineares de cada item. Depois, sabendo que esses sistemas têm apenas uma solução, indique se são equivalentes ou não.

a) $\left(\dfrac{14}{11}, -\dfrac{2}{11}\right)$; $\begin{cases} 3x - y = 4 \\ 2x + 3y = 2 \end{cases}$ e $\begin{cases} 6x - 2y = 8 \\ 4x + 6y = 4 \end{cases}$

b) (1, 1); $\begin{cases} 5x + 3y = 8 \\ 9x - y = 8 \end{cases}$ e $\begin{cases} 6x - y = 7 \\ 2x + 3y = 11 \end{cases}$

16. Para quais valores reais de m e n os sistemas a seguir têm a mesma solução?
$$\begin{cases} 5x - y = 0 \\ 2x + 3y = 0 \end{cases} \text{ e } \begin{cases} x + y = m + 4 \\ 3x - 4y = n - 1 \end{cases}$$

17. Verifique se cada um dos itens a seguir apresenta um par de sistemas equivalentes.

a) $\begin{cases} 3x - y = 4 \\ 2x + 3y = 2 \end{cases}$ e $\begin{cases} 6x - 2y = 8 \\ 4x + 6y = 4 \end{cases}$

b) $\begin{cases} x - 5y = -1 \\ 2x + 2y = 10 \end{cases}$ e $\begin{cases} x - 1 = 5y \\ x + y = 10 \end{cases}$

18. Determine os valores de a e b para que os sistemas a seguir sejam equivalentes.
$$\begin{cases} -3x + 2y = 1 \\ 4x - 3y = -2 \end{cases} \text{ e } \begin{cases} ax - 5y = 12 \\ x + by = -7 \end{cases}$$

19. Escreva um sistema equivalente ao sistema:
$$\begin{cases} 3x - 4y = 6 \\ 5x + 2y = 1 \end{cases}$$

20. Relacione cada sistema à sua solução.

a) $\begin{cases} -x + 2y = \dfrac{7}{15} \\ 2x - y = \dfrac{4}{15} \end{cases}$

b) $\begin{cases} -3x - 4y + 2z = -\dfrac{1}{20} \\ -2x + y - 5z = -\dfrac{6}{5} \end{cases}$

c) $\begin{cases} 2x + 4y = -16 \\ -x - 2y = 8 \end{cases}$

d) $\begin{cases} 2x + 3y - z = \dfrac{19}{10} \\ 5x - y + 2z = \dfrac{4}{3} \end{cases}$

I. (0,25; 0,3; 0,2)   III. (−2, −3)

II. $\left(\dfrac{1}{5}, \dfrac{2}{3}, \dfrac{1}{2}\right)$ IV. $\left(\dfrac{1}{3}, \dfrac{2}{5}\right)$

21. Verifique qual alternativa apresenta o valor de a, b e c, respectivamente, para que o terno ordenado $\left(\dfrac{1}{2}, \dfrac{2}{3}, \dfrac{3}{4}\right)$ seja solução do sistema.
$$\begin{cases} ax + y - cz = \dfrac{5}{12} \\ 2x - by + 4z = 11 \\ -x - 6y + cz = -\dfrac{17}{4} \end{cases}$$

a) 6, 2, 1
b) 1, 2, 6
c) 1, 6, 2
d) 2, 6, 1
e) 0, $-\dfrac{21}{2}$, $\dfrac{1}{3}$

22. Determine os valores de t, u e v para que os sistemas a seguir sejam homogêneos.

a) $\begin{cases} x + 3y - 5z = t \\ 2x - y + 4z = t + u + 3 \\ -x + 2y - 3z = 2v - t + 3u - 4 \end{cases}$

b) $\begin{cases} x + y = t^2 \\ 2x - y + z = t + u + 4 \\ -x + 2y - 3z = 2t - ut + v - 1 \end{cases}$

3. Classificação de um sistema linear

A classificação de um sistema linear depende da quantidade de soluções que ele apresenta.

Classificação de um sistema linear		
Sistema impossível (SI)	Sistema possível e indeterminado (SPI)	Sistema possível e determinado (SPD)
Um sistema é **impossível (SI)** quando não tem solução, ou seja, quando seu conjunto solução é o conjunto vazio ($S = \varnothing$).	Um sistema é **possível e indeterminado (SPI)** quando tem infinitas soluções.	Um sistema é **possível e determinado (SPD)** quando tem uma única solução.

Ao resolver um sistema linear, determina-se a quantidade de soluções que ele tem.
Os métodos de resolução de sistemas lineares são apresentados a seguir.

4. Resolução de um sistema linear 2 × 2

Um sistema linear 2 × 2 pode ser resolvido algebricamente, por exemplo, pelo método da substituição ou pelo método da adição. Pode-se utilizar a resolução algébrica de sistemas para verificar a representação geométrica da solução.

Exemplo 1

Resolva o sistema linear: $\begin{cases} x + y = 3 \\ x + 2y = 4 \end{cases}$

Resolução algébrica pelo método da substituição
Isola-se x na primeira equação: $x + y = 3 \Rightarrow x = 3 - y$ (I)
Substituindo (I) em $x + 2y = 4$, obtém-se: $(3 - y) + 2y = 4 \Rightarrow y = 1$
Substituindo y por 1 em (I), determina-se o valor de x: $x = 3 - 1 \Rightarrow x = 2$
Logo, a solução do sistema é: $S = \{(2, 1)\}$, ou seja, o sistema é possível e determinado (SPD).

Interpretação geométrica
As equações lineares $x + y = 3$ e $x + 2y = 4$ podem ser escritas na forma $y = ax + b$. Para isso, basta isolar a incógnita y:
$x + y = 3 \Rightarrow y = 3 - x$
$x + 2y = 4 \Rightarrow 2y = 4 - x \Rightarrow y = 2 - \dfrac{x}{2}$
Como $y = 3 - x$ e $y = 2 - \dfrac{x}{2}$ são leis de correspondência de funções afins, suas representações no plano cartesiano são retas.

Em seguida, determinam-se as coordenadas de dois pontos de cada reta:

x	$y = 3 - x$	$y = 2 - \dfrac{x}{2}$
0	$0 + y = 3 \Rightarrow y = 3$	$0 + 2y = 4 \Rightarrow y = 2$
2	$2 + y = 3 \Rightarrow y = 1$	$2 + 2y = 4 \Rightarrow 2y = 2 \Rightarrow y = 1$

Representam-se essas retas no mesmo plano cartesiano:

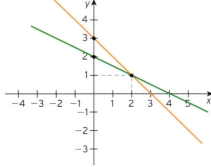

Note que essas retas têm apenas um ponto comum. Esse ponto, que é o par ordenado (2, 1), é a solução do sistema linear.

Exemplo 2

Resolva o sistema linear: $\begin{cases} x - 2y = 2 \text{ (I)} \\ 2x + 2y = 4 \text{ (II)} \end{cases}$

Resolução algébrica pelo método da adição

Nesse caso, os coeficientes de y nas equações (I) e (II) são opostos; portanto, basta adicionar membro a membro as duas equações e obtém-se o valor de x.

$$\begin{cases} x - 2y = 2 \text{ (I)} \\ \underline{2x + 2y = 4 \text{ (II)}} \end{cases} +$$
$$3x + 0y = 6 \implies 3x = 6 \implies x = 2$$

Substituindo x por 2 em (I), obtém-se o valor de y: $2 - 2y = 2 \implies 2y = 0 \implies y = 0$

Portanto, a solução do sistema é: $S = \{(2, 0)\}$ e o sistema é possível e determinado (SPD).

Interpretação geométrica

As equações lineares $x - 2y = 2$ e $2x + 2y = 4$ podem ser escritas como leis de correspondência de funções afins, $y = \frac{1}{2}x - 1$ e $y = 2 - x$, que são representadas no plano cartesiano por retas.

Em seguida determinam-se as coordenadas de dois pontos dessas retas:

x	$y = \frac{1}{2}x - 1$	$y = 2 - x$
0	$y = \frac{1}{2} \cdot 0 - 1 = -1$	$y = 2 - 0 = 2$
2	$y = \frac{1}{2} \cdot 2 - 1 = 0$	$y = 2 - 2 = 0$

Representam-se as retas em um mesmo plano cartesiano:

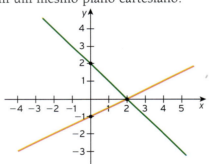

Note que essas retas têm apenas um ponto comum, o par ordenado (2, 0), que é a solução do sistema linear.

Para recordar

Método da adição

Quando as equações de um sistema linear 2 × 2 não apresentam uma incógnita com coeficientes opostos, pode-se adequar o sistema usando uma multiplicação.

$$\begin{cases} x + y = -2 \text{ (I)} \\ 2x + 3y = 9 \text{ (II)} \end{cases}$$

Pode-se: multiplicar a equação (I) por -2 para que o coeficiente de x na equação (I) seja oposto ao coeficiente de x na equação (II); ou multiplicar a equação (I) por -3 para que o coeficiente de y na equação (I) seja oposto ao coeficiente de y na equação (II).

O sistema $\begin{cases} x + y = -2 \\ 2x + 3y = 9 \end{cases} \cdot (-2)$ é equivalente ao sistema $\begin{cases} -2x - 2y = 4 \\ 2x + 3y = 9 \end{cases}$

ou

O sistema $\begin{cases} x + y = -2 \\ 2x + 3y = 9 \end{cases} \cdot (-3)$ é equivalente ao sistema $\begin{cases} -3x - 3y = 6 \\ 2x + 3y = 9 \end{cases}$

■ Classificação de um sistema 2 × 2

A seguir tem-se a classificação de um sistema linear 2 × 2, utilizando as interpretações algébrica e geométrica.

Classificação de um sistema linear 2 × 2		
Sistema impossível (SI)	**Sistema possível e indeterminado (SPI)**	**Sistema possível e determinado (SPD)**
Algebricamente, um sistema 2 × 2 é impossível quando os coeficientes das incógnitas nas duas equações são proporcionais e os termos independentes não são proporcionais. **Exemplo** $\begin{cases} 2x - y = 2 \\ 4x - 2y = 3 \end{cases}$ Ao multiplicar a primeira equação por -2 e adicionar membro a membro as duas equações, obtém-se uma equação com nenhuma solução. $\begin{cases} -4x + 2y = -4 \\ 4x - 2y = 3 \end{cases} +$ $\overline{0x + 0y = -1}$ Não há valores para x e y que satisfazem essa equação: $S = \varnothing$. Logo, o sistema não tem solução.	Algebricamente, um sistema 2 × 2 é possível e indeterminado quando os coeficientes das incógnitas nas duas equações são proporcionais e os termos independentes também são proporcionais. **Exemplo** $\begin{cases} x + y = 2 \\ 3x + 3y = 6 \end{cases}$ Ao multiplicar a primeira equação por -3 e adicionar membro a membro as duas equações, obtém-se uma equação com infinitas soluções. $\begin{cases} -3x - 3y = -6 \\ 3x + 3y = 6 \end{cases} +$ $\overline{0x + 0y = 0}$ Há infinitos valores para x e y que satisfazem essa equação. Logo, o sistema tem infinitas soluções.	Algebricamente, um sistema 2 × 2 é possível e determinado quando os coeficientes das incógnitas nas duas equações não são proporcionais. **Exemplo** $\begin{cases} x - y = 2 \\ -x + 2y = 1 \end{cases}$ Ao adicionar membro a membro as duas equações, obtém-se uma equação com uma única solução. $\begin{cases} x - y = 2 \\ -x + 2y = 1 \end{cases} +$ $\overline{y = 3}$ Substituindo y por 3 na primeira equação, obtém-se o valor de x: $x - 3 = 2 \Rightarrow x = 2 + 3 \Rightarrow x = 5$ Então: $S = \{(5, 3)\}$ Logo, o sistema tem uma única solução.
Geometricamente, um sistema 2 × 2 é impossível quando as retas que representam as funções associadas às equações não têm ponto comum. *As retas não têm ponto comum.*	Geometricamente, um sistema 2 × 2 é possível e indeterminado quando as retas que representam as funções associadas às equações têm infinitos pontos comuns. *As retas têm infinitos pontos comuns.*	Geometricamente, um sistema 2 × 2 é possível e determinado quando as retas que representam as funções associadas às equações têm um único ponto comum. (a, b) é solução do sistema *As retas têm um único ponto comum.*

Exercícios resolvidos

23. Classifique o sistema a seguir e represente-o geometricamente em um plano cartesiano.

$$\begin{cases} x + y = 2 \\ 2x + 2y = 4 \end{cases}$$

Resolução

Utilizando o método da substituição, isolamos x na primeira equação:

$x + y = 2 \Rightarrow x = 2 - y$ (I)

Substituindo (I) em $2x + 2y = 4$, obtemos:

$2 \cdot (2 - y) + 2y = 4 \Rightarrow 4 - 2y + 2y = 4 \Rightarrow 0y = 0$

Essa equação é verdadeira para qualquer valor de y, ou seja, tem infinitas soluções; logo, o sistema é possível e indeterminado (SPI).

Geometricamente, a reta que representa a função associada à primeira equação é coincidente à reta que representa a função associada à segunda equação.

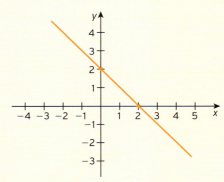

Logo, as retas têm infinitos pontos comuns.

24. Verifique se o sistema a seguir é impossível, possível e indeterminado ou possível e determinado. Depois, represente-o geometricamente em um plano cartesiano.

$$\begin{cases} x - y = 0 \\ x - y = 2 \end{cases}$$

Resolução

Utilizando o método da substituição, isolamos x na equação $x - y = 0$:
$x - y = 0 \Rightarrow x = y$ (I)
Substituindo (I) em $x - y = 2$, obtemos:
$y - y = 2 \Rightarrow 0y = 2$
Essa equação é falsa para qualquer valor de y, ou seja, não tem solução; logo, o sistema é impossível (SI) e sua solução é o conjunto vazio.
Geometricamente, não há ponto comum entre as retas que representam as funções associadas às equações $x - y = 0$ e $x - y = 2$.

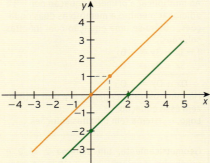

Exercícios propostos

25. Resolva os sistemas a seguir utilizando o método que preferir.

a) $\begin{cases} 2x - y = 1 \\ x + 3y = 4 \end{cases}$

b) $\begin{cases} -3x + y = -2 \\ 9x - 3y = 6 \end{cases}$

c) $\begin{cases} 7x + 2y = -33 \\ 2x - 3y = -8 \end{cases}$

d) $\begin{cases} x + 3y = 2 \\ -2x - 6y = 3 \end{cases}$

26. As retas em cada plano cartesiano a seguir representam as funções associadas às equações de um sistema linear. Observe-as e depois responda.

I.
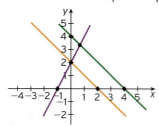

II.
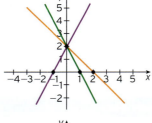

III.
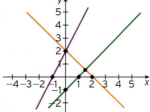

IV.
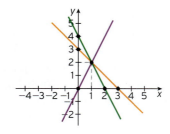

a) Qual das representações anteriores pode ser associada ao sistema $\begin{cases} x + y = 2 \\ 2x - y = -2 \\ 4x + 2y = 4 \end{cases}$?

b) Classifique esse sistema.

c) Escreva o conjunto solução desse sistema.

27. Cada uma das retas do plano cartesiano a seguir é a representação gráfica de uma das equações de um sistema linear.

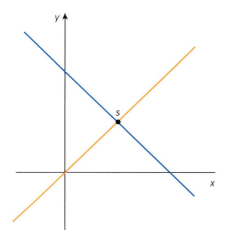

a) De acordo com essa representação gráfica, como esse sistema pode ser classificado?

b) O que representam as coordenadas do ponto S marcado no plano cartesiano?

28. No plano cartesiano abaixo estão representadas as retas:

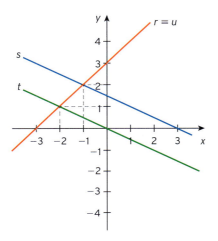

r: $x - y = -3$
s: $-x - 2y = -3$
t: $-2x - 4y = 0$
u: $3x - 3y = -9$

Considere essas informações para classificar cada um dos sistemas a seguir.

a) $\begin{cases} x - y = -3 \\ -x - 2y = -3 \end{cases}$

b) $\begin{cases} -x - 2y = -3 \\ -2x - 4y = 0 \end{cases}$

c) $\begin{cases} -2x - 4y = 0 \\ 3x - 3y = -9 \end{cases}$

d) $\begin{cases} x - y = -3 \\ 3x - 3y = -9 \end{cases}$

29. Resolva os sistemas lineares a seguir, utilizando um dos métodos de resolução. Em seguida, classifique os sistemas e represente-os geometricamente.

a) $\begin{cases} x - y = -3 \\ -x - 2y = -3 \end{cases}$

b) $\begin{cases} -2x - 4y = 0 \\ 3x - 3y = -9 \end{cases}$

c) $\begin{cases} -x - 2y = -3 \\ -2x - 4y = 0 \end{cases}$

d) $\begin{cases} x - y = -3 \\ 3x - 3y = -9 \end{cases}$

30. As equações de um sistema estão representadas geometricamente no plano cartesiano abaixo.

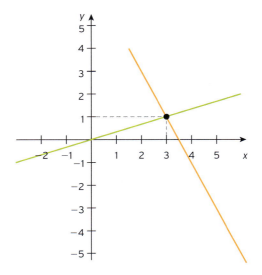

Responda:
a) Como esse sistema pode ser classificado?
b) Qual é a solução desse sistema?

5. Resolução de um sistema linear qualquer

Qualquer sistema linear em que o número de equações é igual ao número de incógnitas pode ser resolvido pela regra de Cramer ou por escalonamento.

■ Regra de Cramer

Antes de apresentar esse método de resolução, define-se a matriz incompleta de um sistema (que possibilita sua classificação), a matriz completa do sistema e a representação matricial de um sistema.

A **matriz incompleta do sistema** é a matriz formada por seus coeficientes. Por exemplo, a matriz incompleta do sistema $\begin{cases} -2x + 3y = 5 \\ x + 2y = -3 \end{cases}$ é $\begin{bmatrix} -2 & 3 \\ 1 & 2 \end{bmatrix}$

Pelo determinante dessa matriz é possível classificá-lo:
- Se o determinante da matriz incompleta é diferente de zero, então o sistema é possível e determinado (SPD).
- Se o determinante da matriz incompleta é igual a zero, então o sistema é possível e indeterminado (SPI) ou é impossível (SI).

No exemplo dado, $D = \begin{vmatrix} -2 & 3 \\ 1 & 2 \end{vmatrix} = -4 - 3 = -7 \neq 0$. Logo, o sistema linear é possível e determinado (SPD).

A **matriz completa do sistema** é a matriz formada por seus coeficientes e termos independentes. Por exemplo, considerando o mesmo sistema linear dado acima, sua matriz completa é $\begin{bmatrix} -2 & 3 & 5 \\ 1 & 2 & -3 \end{bmatrix}$.

A **representação matricial de um sistema** é o produto da matriz incompleta do sistema e da matriz coluna das incógnitas, que é igual à matriz coluna dos termos independentes. Por exemplo, a representação matricial do sistema $\begin{cases} -2x + 3y = 5 \\ x + 2y = -3 \end{cases}$ é $\begin{bmatrix} -2 & 3 \\ 1 & 2 \end{bmatrix} \cdot \begin{bmatrix} x \\ y \end{bmatrix} = \begin{bmatrix} 5 \\ -3 \end{bmatrix}$

De fato: $\begin{bmatrix} -2 & 3 \\ 1 & 2 \end{bmatrix} \cdot \begin{bmatrix} x \\ y \end{bmatrix} = \begin{bmatrix} 5 \\ -3 \end{bmatrix} \Rightarrow \begin{bmatrix} -2x + 3y \\ 1x + 2y \end{bmatrix} = \begin{bmatrix} 5 \\ -3 \end{bmatrix} \Rightarrow \begin{cases} -2x + 3y = 5 \\ x + 2y = -3 \end{cases}$

Resolução pela regra de Cramer

Dado um sistema linear possível e determinado (SPD), ou seja, um sistema linear cujo determinante da matriz incompleta é diferente de zero, a regra de Cramer fornece o valor de cada incógnita por meio do quociente de dois determinantes.

$$L = \begin{cases} a_{11} \cdot x_1 + a_{12} \cdot x_2 + a_{13} \cdot x_3 + \ldots + a_{1n} \cdot x_n = b_1 \\ a_{21} \cdot x_1 + a_{22} \cdot x_2 + a_{23} \cdot x_3 + \ldots + a_{2n} \cdot x_n = b_2 \\ a_{31} \cdot x_1 + a_{32} \cdot x_2 + a_{33} \cdot x_3 + \ldots + a_{3n} \cdot x_n = b_3 \\ \vdots \quad \vdots \quad \vdots \quad \vdots \quad \vdots \quad \vdots \\ a_{n1} \cdot x_1 + a_{n2} \cdot x_2 + a_{n3} \cdot x_3 + \ldots + a_{nn} \cdot x_n = b_n \end{cases}$$

A regra de Cramer estabelece que cada incógnita x_i do sistema linear, $1 \leq i \leq n$, é determinada pelo quociente $\frac{D_{xi}}{D}$, em que D_{xi} é o determinante da matriz resultante da substituição dos coeficientes de x_i da matriz incompleta do sistema pelos respectivos termos independentes, e D é o determinante da matriz incompleta. Por exemplo, no sistema de duas equações com duas incógnitas $S = \begin{cases} ax + by = e \\ cx + dy = f \end{cases}$, tem-se o determinante de sua matriz incompleta: $D = \begin{vmatrix} a & b \\ c & d \end{vmatrix}$

Se esse determinante for diferente de zero, então, pela regra de Cramer, tem-se:

$D_x = \begin{vmatrix} e & b \\ f & d \end{vmatrix}$ e $D_y = \begin{vmatrix} a & e \\ c & f \end{vmatrix}$

Logo: $x = \frac{D_x}{D}$ e $y = \frac{D_y}{D}$

Exercícios resolvidos

31. Escreva a representação matricial do seguinte sistema linear:
$$\begin{cases} -2x + 3y + 4z = 2 \\ -3x + 5y - 4z = -1 \\ 2x + 2y + 3z = 5 \end{cases}$$

Resolução

A matriz incompleta do sistema é: $\begin{bmatrix} -2 & 3 & 4 \\ -3 & 5 & -4 \\ 2 & 2 & 3 \end{bmatrix}$

Assim, a representação matricial desse sistema é:
$$\begin{bmatrix} -2 & 3 & 4 \\ -3 & 5 & -4 \\ 2 & 2 & 3 \end{bmatrix} \cdot \begin{bmatrix} x \\ y \\ z \end{bmatrix} = \begin{bmatrix} 2 \\ -1 \\ 5 \end{bmatrix}$$

32. Se possível, resolva o seguinte sistema pela regra de Cramer.
$$\begin{cases} x + y + z = -2 \\ 2x + y + z = -1 \\ 2x - y + 2z = 2 \end{cases}$$

Resolução

A matriz incompleta associada ao sistema é:
$$\begin{bmatrix} 1 & 1 & 1 \\ 2 & 1 & 1 \\ 2 & -1 & 2 \end{bmatrix}$$

Calculando, pela regra de Sarrus, o determinante D dessa matriz, obtemos:
$D = 2 + 2 - 2 - 2 + 1 - 4 = -3$

Como o determinante D é diferente de 0, o sistema é SPD e pode, portanto, ser resolvido pela regra de Cramer.

- Para a incógnita x:
$D_x = \begin{vmatrix} -2 & 1 & 1 \\ -1 & 1 & 1 \\ 2 & -1 & 2 \end{vmatrix} = -4 + 2 + 1 - 2 - 2 + 2 = -3$

$x = \dfrac{D_x}{D} = \dfrac{-3}{-3} = 1$

- Para a incógnita y:
$D_y = \begin{vmatrix} 1 & -2 & 1 \\ 2 & -1 & 1 \\ 2 & 2 & 2 \end{vmatrix} = -2 - 4 + 4 + 2 - 2 + 8 = 6$

$y = \dfrac{D_y}{D} = \dfrac{6}{-3} = -2$

- Para a incógnita z:
$D_z = \begin{vmatrix} 1 & 1 & -2 \\ 2 & 1 & -1 \\ 2 & -1 & 2 \end{vmatrix} = 2 - 2 + 4 + 4 - 1 - 4 = 3$

$z = \dfrac{D_z}{D} = \dfrac{3}{-3} = -1$

Logo, o conjunto solução do sistema é:
$S = \{(1, -2, -1)\}$

Exercícios propostos

33. Resolva os sistemas pela regra de Cramer, quando possível.

a) $\begin{cases} x + y + z = -2 \\ 2x + y + z = -1 \\ 2x - y + 2z = 2 \end{cases}$

b) $\begin{cases} 4x + 2y = 3 \\ 2x + y = 2 \end{cases}$

c) $\begin{cases} 5x - y = 8 \\ 3x + 2y = 5 \end{cases}$

34. Escreva o sistema linear correspondente à seguinte representação matricial:
$$\begin{bmatrix} 1 & 2 \\ 2 & -3 \end{bmatrix} \cdot \begin{bmatrix} x \\ y \end{bmatrix} = \begin{bmatrix} 3 \\ 5 \end{bmatrix}$$

35. Escreva a representação matricial de cada sistema linear:

a) $\begin{cases} 2x + 3y = 4 \\ x - y = 2 \end{cases}$

b) $\begin{cases} 5x + 2y - z = 3 \\ 2x - 3y + 4z = 1 \end{cases}$

c) $\begin{cases} x - 2y = -1 \\ 3y = 5 \end{cases}$

d) $\begin{cases} x + y - z = 9 \\ 2x - 3z = 7 \end{cases}$

36. Verifique se o par ordenado $(7, 3)$ é solução do sistema representado por $\begin{bmatrix} 2 & -3 \\ 1 & -1 \end{bmatrix} \cdot \begin{bmatrix} x \\ y \end{bmatrix} = \begin{bmatrix} 5 \\ 4 \end{bmatrix}$.

37. Calcule o valor de k para que o terno ordenado $(-1, 0, k + 1)$ seja solução do sistema representado por:
$$\begin{bmatrix} 2 & -1 & 3 \\ 1 & 2 & -1 \\ -3 & -2 & 1 \end{bmatrix} \cdot \begin{bmatrix} x \\ y \\ z \end{bmatrix} = \begin{bmatrix} 4k^2 \\ -3 \\ k + 4 \end{bmatrix}$$

38. Identifique quais sistemas lineares a seguir são possíveis e determinados.

a) $\begin{cases} 3x + y = 4 \\ -x + 2y = 7 \end{cases}$

b) $\begin{cases} 3x - 6y = -1 \\ -x + 2y = -7 \end{cases}$

c) $\begin{cases} 4x + 2y = 3 \\ 2x + y = 2 \end{cases}$

d) $\begin{cases} 5x - y = 8 \\ 3x + 2y = 5 \end{cases}$

39. Quando possível, resolva os sistemas lineares a seguir pela regra de Cramer.

a) $\begin{cases} 3x - 6y = 4 \\ -x + 2y = 7 \end{cases}$

b) $\begin{cases} x - y = 2 \\ -x + 2y = 1 \end{cases}$

c) $\begin{cases} 2x + y + z = 0 \\ x - y + z = 3 \\ x + y + z = -1 \end{cases}$

d) $\begin{cases} x + y + z = 1 \\ x - y - z = -1 \\ 2x - 2y - 2z = 2 \end{cases}$

Escalonamento

Antes de apresentar esse método de resolução, é necessário definir sistema escalonado.

Um sistema está na **forma escalonada** ou, simplesmente, está **escalonado** quando as equações apresentam as incógnitas na mesma ordem e o número de coeficientes nulos aumenta de uma equação para a seguinte.

Exemplos de sistemas escalonados:

$$L_1 = \begin{cases} x - y + z = 20 \\ 2y - z = 12 \\ 0z = -1 \end{cases}$$

$$L_2 = \begin{cases} x - 2y + z = 6 \\ y - z = 10 \\ 0z = 0 \end{cases}$$

$$L_3 = \begin{cases} x + y + z = 4 \\ y + z = 2 \\ 2z = 6 \end{cases}$$

É possível classificar um sistema escalonado em que o número de equações é igual ao número de incógnitas pela análise de sua última linha, conforme explicado a seguir.

$$L = \begin{cases} a_{11} \cdot x_1 + a_{12} \cdot x_2 + a_{13} \cdot x_3 + \cdots + a_{1n} \cdot x_n = b_1 \\ a_{22} \cdot x_2 + a_{23} \cdot x_3 + \cdots + a_{2n} \cdot x_n = b_2 \\ a_{33} \cdot x_3 + \cdots + a_{3n} \cdot x_n = b_3 \\ \vdots \\ a_{nn} \cdot x_n = b_n \end{cases}$$

A última linha do sistema linear escalonado de n equações com n incógnitas é da forma $a_{nn} \cdot x_n = b_n$, com a_{nn} e $b_n \in \mathbb{R}$.

- Se $a_{nn} = 0$ e $b_n \neq 0$, a última linha do sistema é da forma $0 \cdot x_n = b_n$, sendo $b_n \neq 0$, o que é uma igualdade falsa; assim, tem-se um **sistema impossível** (SI).
- Se $a_{nn} = 0$ e $b_n = 0$, então a última linha do sistema é da forma $0 \cdot x_n = 0$, o que é uma igualdade verdadeira para qualquer valor real; assim, tem-se um **sistema possível e indeterminado** (SPI).
- Se $a_{nn} \neq 0$, então a última linha do sistema é da forma $a_{nn} \cdot x_n = b_n$, sendo $a_{nn} \neq 0$, o que é uma igualdade com uma única solução; assim, tem-se um **sistema possível e determinado** (SPD).

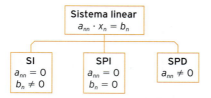

Nos exemplos dados acima:

$$L_1 = \begin{cases} x - y + z = 20 \\ 2y - z = 12 \\ \boxed{0z = -1} \end{cases} \quad L_2 = \begin{cases} x - 2y + z = 6 \\ y - z = 10 \\ \boxed{0z = 0} \end{cases} \quad L_3 = \begin{cases} x + y + z = 4 \\ y + z = 2 \\ \boxed{2z = 6} \end{cases}$$

$\boxed{a_{33} = 0 \text{ e } b_3 \neq 0}$ $\boxed{a_{33} = 0 \text{ e } b_3 = 0}$ $\boxed{a_{33} \neq 0}$

Logo, o sistema linear L_1 é impossível (SI), o sistema linear L_2 é possível e indeterminado (SPI) e o sistema linear L_1 é possível e determinado (SPD).

Resolução de um sistema escalonado

Um sistema escalonado é resolvido de baixo para cima. A seguir tem-se a resolução dos sistemas escalonados L_1, L_2 e L_3.

Sistema impossível (SI)	Sistema possível e indeterminado (SPI)	Sistema possível e determinado (SPD)
$L_1 = \begin{cases} x - y + z = 20 \\ 2y - z = 12 \\ 0z = -1 \end{cases}$	$L_2 = \begin{cases} x - 2y + z = 6 \\ y - z = 10 \\ 0z = 0 \end{cases}$	$L_3 = \begin{cases} x + y + z = 4 \\ y + z = 2 \\ 2z = 6 \end{cases}$
Um sistema impossível tem conjunto solução vazio. De fato, pela última linha do sistema, independentemente do valor real que z assuma, a igualdade é falsa. Assim, é impossível determinar um número real para que a incógnita z satisfaça a última linha do sistema. Portanto, o conjunto solução desse sistema é o conjunto vazio: $S = \varnothing$	Um sistema possível e indeterminado tem infinitas soluções. Pela última linha do sistema, para qualquer valor real de z, a igualdade $0z = 0$ é verdadeira. Nesse caso, adota-se: $z = k, k \in \mathbb{R}$ Substituindo z por k na equação $y - z = 10$, obtêm-se os valores de y em função de k: $y - k = 10 \Rightarrow y = 10 + k$ Substituindo-se z por k e y por $10 + k$ na equação $x - 2y + z = 6$, obtêm-se os valores de x em função de k: $x - 2(10 + k) + k = 6 \Rightarrow x = 26 + k$ Assim, os ternos ordenados da forma $(26 + k, 10 + k, k)$, $k \in \mathbb{R}$, são soluções do sistema. Portanto: $S = \{(26 + k, 10 + k, k) \mid k \in \mathbb{R}\}$	Um sistema possível e determinado tem uma única solução. Pela última linha do sistema, obtém-se o valor de z: $2z = 6 \Rightarrow z = 3$ Substituindo z por 3 na equação $y + z = 2$, obtém-se o valor de y: $y + 3 = 2 \Rightarrow y = -1$ Substituindo z por 3 e y por -1 na equação $x + y + z = 4$, obtém-se o valor de x: $x - 1 + 3 = 4 \Rightarrow x = 2$ Assim, o terno ordenado $(2, -1, 3)$ é solução do sistema. Então: $S = \{(2, -1, 3)\}$

Exercícios resolvidos

40. Classifique o sistema escalonado de cada item e resolva-o.

a) $L_1 = \begin{cases} 3x + 4y - 5z + w = 0 \quad (I) \\ y + z + w = -3 \quad (II) \\ 3w = 9 \quad (III) \end{cases}$

b) $L_2 = \begin{cases} -x + y + 2z = 7 \quad (I) \\ 5y - z = 2 \quad (II) \\ 2z = 6 \quad (III) \end{cases}$

c) $L_3 = \begin{cases} x + y + z = 4 \quad (I) \\ 0z = 3 \quad (II) \end{cases}$

Resolução

a) O sistema $\begin{cases} 3x + 4y - 5z + w = 0 \quad (I) \\ y + z + w = -3 \quad (II) \\ 0z + 3w = 9 \quad (III) \\ 0z = 0 \quad (IV) \end{cases}$

é equivalente ao sistema L_1 dado.

Analisando a equação (IV) desse sistema, concluímos que ele é possível e indeterminado (SPI).
Pela equação (III), temos: $w = 3$

Adotando $z = k$, $k \in \mathbb{R}$, e substituindo w por 3 na equação (II), obtemos o valor de y em função de k:
$y + k + 3 = -3 \Rightarrow y = -6 - k$

Por fim, substituindo z por k e y por $-6 - k$ na equação (I), obtemos o valor de x em função de k:
$3x - 4 \cdot (-6 - k) - 5k + 3 = 0 \Rightarrow$
$\Rightarrow 3x - 24 - 4k - 5k = -3 \Rightarrow$
$\Rightarrow 3x = 9k + 21 \Rightarrow x = 3k + 7$

Portanto, o conjunto solução do sistema é:
$S = \{(3k + 7, -6 - k, k, 3) \mid k \in \mathbb{R}\}$

b) Analisando a equação (III), concluímos que o sistema é possível e determinado (SPD) e que $z = 3$. Substituindo z por 3 na equação (II), obtemos:
$5y - 3 = 2 \Rightarrow y = 1$

Substituindo z por 3 e y por 1 na equação (I), obtemos:
$-x + 1 + 2 \cdot 3 = 7 \Rightarrow x = 0$

Logo, o conjunto solução do sistema é:
$S = \{(0, 1, 3)\}$

c) Como não existem valores reais para z que satisfaçam a igualdade $0z = 3$, esse é um sistema impossível (SI). Logo: $S = \varnothing$

41. Determine um terno ordenado que seja solução do sistema: $\begin{cases} x + 2y + 3z = 24 \\ y - 4z = 0 \end{cases}$

Resolução

O sistema $\begin{cases} x + 2y - 3z = 24 \text{ (I)} \\ y - 4z = 0 \text{ (II)} \\ 0z = 0 \text{ (III)} \end{cases}$, equivalente ao sistema apresentado, está escalonado e tem a quantidade de incógnitas igual à quantidade de equações. O sistema é possível e indeterminado (SPI), pois a equação (III) é $0z = 0$.

Adotando $z = k$, $k \in \mathbb{R}$, e substituindo z por k em (II), obtemos:
$y - 4k = 0 \Rightarrow y = 4k$

Substituindo z por k e y por $4k$ em (I), obtemos:
$x + 2 \cdot 4k + 3 \cdot k = 24 \Rightarrow x = 24 - 11k$

Logo, a solução desse sistema são os ternos ordenados da forma $(24 - 11k, 4k, k)$.

Como o sistema é possível e indeterminado, ele tem infinitas soluções. Para determinar uma dessas soluções, basta adotar, por exemplo, $k = 1$:
$(24 - 11 \cdot 1, 4 \cdot 1, 1) = (13, 4, 1)$

Logo, um terno ordenado que é solução desse sistema é $(13, 4, 1)$.

Exercícios propostos

42. Classifique os seguintes sistemas escalonados:

a) $\begin{cases} x - 2y + z = 5 \\ 3y - 4z = 3 \\ 5z = 10 \end{cases}$

b) $\begin{cases} 2x - 3y + z = 4 \\ 2y - z = 3 \\ 0z = 5 \end{cases}$

c) $\begin{cases} 3x + y - 5z = 0 \\ 2y + z = 2 \\ 0z = 0 \end{cases}$

d) $\begin{cases} x + y - z = 0 \\ y + 2z = 0 \\ z = 0 \end{cases}$

43. Classifique cada sistema e escreva seu conjunto solução.

a) $\begin{cases} x - y + z = 6 \\ y - 2z = -7 \\ 3z = 9 \end{cases}$

b) $\begin{cases} 2x - 4y + z = 10 \\ y - z = 6 \\ 0z = 2 \end{cases}$

44. Determine, se existir, um terno ordenado que é solução de cada sistema.

a) $\begin{cases} x + y - z = 7 \\ y + 2z = 1 \\ 0z = 2 \end{cases}$

b) $\begin{cases} -x + 3y - z = -3 \\ 2y + 4z = 8 \end{cases}$

c) $\begin{cases} x - 2y + z = 5 \\ 2y + 4z = 6 \end{cases}$

d) $\begin{cases} x + 5y + 4z = 0 \\ -y + z = 0 \end{cases}$

45. Determine o conjunto solução de cada sistema escalonado.

a) $\begin{cases} x + y + z = 3 \\ 3y + 2z = 1 \\ -z = 2 \end{cases}$

b) $\begin{cases} 2x - 2y + z = -4 \\ y - 2z = 3 \\ 3z = 9 \end{cases}$

Resolução por escalonamento

Qualquer sistema linear em que o número de equações é igual ao número de incógnitas pode ser escalonado para então ser resolvido. O **processo de escalonamento** de um sistema, ou método da eliminação de Gauss-Jordan, consiste em determinar um sistema escalonado equivalente ao sistema linear dado, ou seja, um sistema com conjunto solução igual.

Para isso, adotam-se, total ou parcialmente, os seguintes procedimentos:
   I. Trocam-se as equações de posição.
   II. Multiplica-se uma das equações do sistema por uma constante k real e não nula.
   III. Substitui-se uma equação pelo resultado da adição dela à outra equação do sistema.

Exemplo

Para resolver o sistema $\begin{cases} 2x + y + z = 3 \\ x - y - z = 0 \\ 3x + 2y + z = 2 \end{cases}$, observe os procedimentos.

Procedimentos	Resolução
I. Trocam-se as duas primeiras equações de posição, pois convém que o primeiro coeficiente da primeira equação seja 1.	$\begin{cases} 2x + y + z = 3 \\ x - y - z = 0 \\ 3x + 2y + z = 2 \end{cases} \sim \begin{cases} x - y - z = 0 \\ 2x + y + z = 3 \\ 3x + 2y + z = 2 \end{cases}$
II. Multiplica-se a primeira equação por -2 e adiciona-se membro a membro à segunda equação. Substitui-se a segunda equação pela equação obtida.	$\begin{cases} x - y - z = 0 \quad \cdot(-2) \\ 2x + y + z = 3 \\ 3x + 2y + z = 2 \end{cases} \sim \begin{cases} x - y - z = 0 \\ 3y + 3z = 3 \\ 3x + 2y + z = 2 \end{cases}$
III. Multiplica-se a primeira equação por -3 e adiciona-se membro a membro à terceira equação. Substitui-se a terceira equação pela equação obtida.	$\begin{cases} x - y - z = 0 \quad \cdot(-3) \\ 3y + 3z = 3 \\ 3x + 2y + z = 2 \end{cases} \sim \begin{cases} x - y - z = 0 \\ 3y + 3z = 3 \\ 5y + 4z = 2 \end{cases}$
IV. Multiplica-se a segunda equação por $-\dfrac{5}{3}$ e adiciona-se membro a membro à terceira equação. Substitui-se a terceira equação pela equação obtida.	$\begin{cases} x - y - z = 0 \\ 3y + 3z = 3 \quad \cdot\left(-\dfrac{5}{3}\right) \\ 5y + 4z = 2 \end{cases} \sim \begin{cases} x - y - z = 0 \\ 3y + 3z = 3 \\ -z = -3 \end{cases}$
V. Resolve-se o sistema escalonado.	Como a última equação do sistema escalonado é $-z = -3$, o sistema é possível e determinado (SPD). Da terceira equação, tem-se: $z = 3$ Da segunda equação, obtém-se: $3y + 3 \cdot 3 = 3 \Rightarrow y = -2$ Da primeira equação, obtém-se: $x - (-2) - 3 = 0 \Rightarrow x = 1$ Logo, o conjunto solução do sistema é: $S = \{(1, -2, 3)\}$

Em resumo, o processo de escalonamento consiste, basicamente, nos seguintes procedimentos:
   I. Escolhe-se para primeira equação aquela em que o coeficiente da primeira incógnita não seja nulo e seja, de preferência, igual a 1 ou -1.
   II. Anula-se, por meio de operações semelhantes às do exemplo, o coeficiente da primeira incógnita das demais equações.
   III. Escolhe-se para segunda equação aquela em que o coeficiente da segunda incógnita não seja nulo e seja, de preferência, igual a 1 ou -1.
   IV. Anula-se, por meio de operações adequadas, o coeficiente da segunda incógnita das demais equações.
   E assim sucessivamente.

Saiba mais

Escalonamento

Nota-se que não é possível predeterminar todos os procedimentos para escalonar um sistema linear, porque a escolha dos procedimentos mais adequados depende do sistema linear que se deseja escalonar.

Exercício resolvido

46. Em uma compra, um comerciante pagou R$ 30,00 por camiseta e R$ 60,00 por calça. Se ele comprou 90 peças e gastou R$ 4 200,00 ao todo, então qual é a quantidade de camisetas e a quantidade de calças adquiridas?

Resolução

Vamos adotar as seguintes incógnitas:

- quantidade de camisetas: x
- quantidade de calças: y

Se o comerciante comprou 90 peças, então:
$x + y = 90$ (I)

Cada camiseta custou R$ 30,00; cada calça, R$ 60,00; e o gasto total foi R$ 4 200,00.

Portanto: $30x + 60y = 4\,200$ (II)

Temos então o sistema formado pelas equações (I) e (II):

$$\begin{cases} x + y = 90 \\ 30x + 60y = 4\,200 \end{cases}$$

Para resolver esse sistema, o escalonamos. Para isso, multiplicamos a equação (I) por -30, e adicionando membro a membro à equação (II) obtemos o seguinte sistema:

$$\begin{cases} x + y = 90 \\ 30y = 1\,500 \end{cases}$$

Da segunda equação, obtemos o valor de y:
$30y = 1\,500 \Rightarrow y = 50$

Substituindo y por 50 em (I), obtemos o valor de x:
$x + y = 90 \Rightarrow x = 90 - 50 = 40$

Portanto, foram adquiridas 40 camisetas e 50 calças.

Exercícios propostos

47. Identifique quais dos sistemas apresentados estão escalonados, classifique-os e escreva sua solução.

a) $\begin{cases} -2x + y + 2z = 9 \\ 3x - 5y = 1 \\ 3z = 8 \end{cases}$
d) $\begin{cases} -x + 3y + z = 9 \\ -4z = 4 \\ z = 3 \end{cases}$

b) $\begin{cases} 4x - 2y + z = 1 \\ 3y - z = 10 \\ 2z = -2 \end{cases}$
e) $\begin{cases} 3y - 2z = 4 \\ 2x + 4y - 3z = 6 \\ x = 7 \end{cases}$

c) $\begin{cases} x - y + 2z = 4 \\ 2y + 4z = 6 \end{cases}$
f) $\begin{cases} 5x - 2y + 3z = 9 \\ 2y - 4z = 5 \\ 0z = 4 \end{cases}$

48. Escalone, classifique e dê a solução de cada sistema linear a seguir.

a) $\begin{cases} -x + y = 0 \\ 2x + 2y = 1 \end{cases}$
b) $\begin{cases} 3x + 4y = 2 \\ x + 3y = 1 \end{cases}$

49. Relacione os sistemas lineares (à esquerda) com a respectiva forma escalonada (à direita) e classifique cada par de sistemas quanto à quantidade de soluções.

a) $\begin{cases} x + y = 3 \\ 2x + 2y = 6 \end{cases}$
I. $\begin{cases} 3x + 2y = 5 \\ 0y = 30 \end{cases}$

b) $\begin{cases} x - 3y = 4 \\ 2x + y = 3 \end{cases}$
II. $\begin{cases} x + y = 3 \\ 0y = 0 \end{cases}$

c) $\begin{cases} -x + 2y = 1 \\ -2x + 4y = 3 \end{cases}$
III. $\begin{cases} x - 3y = 4 \\ 7y = -5 \end{cases}$

d) $\begin{cases} 3x + 2y = 5 \\ -6x - 4y = 20 \end{cases}$
IV. $\begin{cases} -x + 2y = 1 \\ 0y = 1 \end{cases}$

e) $\begin{cases} x + y = 3 \\ -2x - y = 0 \end{cases}$
V. $\begin{cases} x + y = 3 \\ y = 6 \end{cases}$

50. Resolva por escalonamento os sistemas a seguir e classifique-os.

a) $\begin{cases} 5x + 10y = 40 \\ x + 5y = 8 \end{cases}$
e) $\begin{cases} x + y + 2z = 4 \\ 2x + 3y + 5z = 15 \\ 3x + 3y + 6z = 8 \end{cases}$

b) $\begin{cases} 2x + y = 4 \\ 6x + 3y = 10 \end{cases}$
f) $\begin{cases} x + y + z = 6 \\ 2x + y + z = 8 \\ 3x + 3y - 3z = 6 \end{cases}$

c) $\begin{cases} -3x + 4y = 7 \\ -6x + 8y = 14 \end{cases}$
g) $\begin{cases} x + y - z = 1 \\ 2x - y + z = 2 \\ 3x - 2y + z = 2 \end{cases}$

d) $\begin{cases} x + y + z = 10 \\ 2x + y + z = 12 \\ 3x + 2y + z = 17 \end{cases}$
h) $\begin{cases} 2x - y = 5 \\ x + 3y = -1 \end{cases}$

51. Resolva o sistema: $\begin{cases} 2x + y + z + w = 3 \\ x + 2y + z + w = 6 \\ x + y + 2z + w = 2 \\ x + y + z + 2w = 4 \end{cases}$

sem usar o processo de escalonamento. (Dica: adicione membro a membro todas as equações.)

52. Em uma papelaria, há os modelos A, B e C de kits escolares em promoção. Cada kit é assim composto:

> kit A: 3 lápis, 2 borrachas e 2 canetas
> kit B: 5 lápis, 2 borrachas e 1 caneta
> kit C: 1 lápis, 1 borracha e 1 caneta

Calcule o preço de cada item, sabendo que o kit A custa R$ 13,50; o kit B custa R$ 13,00; e o kit C é R$ 7,00 mais barato do que o kit B.

Discussão de um sistema linear

Discutir um sistema linear, em função de um ou mais parâmetros, é estabelecer para quais valores desses parâmetros esse sistema é possível e determinado (SPD), possível e indeterminado (SPI) ou impossível (SI).

Quando um sistema tem n equações com n incógnitas, pode-se discuti-lo por meio do determinante D de sua matriz incompleta: se o determinante é diferente de zero ($D \neq 0$), então o sistema é SPD; se o determinante é igual a zero ($D = 0$), então o sistema é SPI ou SI.

Exemplo

Para discutir o sistema linear $\begin{cases} 2x - 2y = 8 \\ x - my = 4 \end{cases}$ em função do parâmetro m, escreve-se a expressão do determinante da matriz incompleta do sistema em função de m e determina-se para quais valores de m têm-se $D \neq 0$ e $D = 0$.

$$D = \begin{vmatrix} 2 & -2 \\ 1 & -m \end{vmatrix}$$

- Se $D \neq 0$, então o sistema é possível e determinado (SPD): $D \neq 0 \Rightarrow -2m + 2 \neq 0 \Rightarrow m \neq 1$
- Se $D = 0$, então o sistema é impossível (SI) ou possível e indeterminado (SPI): $D = 0 \Rightarrow m = 1$
Nesse caso, para classificar o sistema, é preciso escaloná-lo. Para isso, substitui-se m por 1 no sistema.

$$\begin{cases} 2x - 2y = 8 \cdot \left(-\frac{1}{2}\right) \\ x - y = 4 \end{cases} + \sim \begin{cases} 2x - 2y = 8 \\ 0y = 0 \end{cases}$$

Como a última equação do sistema escalonado é verdadeira para qualquer valor real de y, o sistema é possível e indeterminado (SPI).

Portanto: $m \neq 1 \Rightarrow$ SPD e $m = 1 \Rightarrow$ SPI

Exercícios propostos

53. Discuta os sistemas lineares a seguir, de incógnitas x, y e z, em função do parâmetro m.

a) $\begin{cases} 3x + my = 4 \\ -x + 2y = m \end{cases}$

b) $\begin{cases} 3x - my + z = 21 \\ -x + 2y = -7 \\ (m-1)y + z = 3 \end{cases}$

c) $\begin{cases} 4x + 2y = m - 2 \\ 2x + my = 2 \end{cases}$

d) $\begin{cases} x - y + z = 8 \\ 3x + 2y + 2z = 5 \\ mx + y + z = 3m \end{cases}$

54. Determine os valores reais de k para que os sistemas abaixo, de incógnitas x, y e z, sejam SPD.

a) $\begin{cases} 2x - y = -7 \\ -x + ky = 1 \end{cases}$

b) $\begin{cases} 3x - y + z = 5 \\ x + y - 2z = 3 \\ kx + 3y - z = 7 \end{cases}$

55. Determine para quais valores reais de k os sistemas lineares a seguir, de incógnitas x, y e z, são SI.

a) $\begin{cases} 2x + ky = 6 \\ kx + 8y = 5 \end{cases}$

b) $\begin{cases} 2x + 2y + 3z = 1 \\ x + y + kz = 5 \\ -x + y + 2z = 10 \end{cases}$

56. Determine para quais valores reais de m e n o sistema abaixo, de incógnitas x, y e z, é possível e indeterminado (SPI) ou é impossível (SI).

$$\begin{cases} 3x + 2y + 2z = 12 \\ 2x + 3y + 2z = 18 \\ 2x + 2y + mz = n \end{cases}$$

57. Considerando o sistema $\begin{cases} x + y = 2 \\ 2x + 2y = k \end{cases}$, classifique as afirmações a seguir em verdadeiras ou falsas.

a) Se $k = 2$, então o sistema é impossível.

b) Se $k = 4$, então o sistema é possível e indeterminado.

c) Se $k = 5$, então o sistema é possível e determinado.
d) Se $k = 4$, então $(1, 1)$ é a única solução do sistema.
e) Não existe número real k tal que $(-1, 2)$ é solução do sistema.

58. Considere os sistemas lineares de incógnitas x e y:

$$L_1 = \begin{cases} x - y = 3 \\ 4x + my = n \end{cases}$$

e

$$L_2 = \begin{cases} x + my = 10 \\ 6x + 6y = 2n \end{cases}$$

Verifique para quais valores de m e n os sistemas são possíveis e determinados, possíveis e indeterminados e impossíveis.

59. Para cada item, verifique o que acontece com o sistema quando k assume o valor indicado.

a) $\begin{cases} 2x - ky = 6 \\ x + 2y = 5 \end{cases}$ e $k = -4$

b) $\begin{cases} 3x - y + z = 5 \\ x + y - 2z = 3 \\ kx + 3y - z = 7 \end{cases}$ e $k = -17$

60. Para qual valor real de a o sistema é possível e determinado?

$$\begin{cases} 2x - ay = 6 \\ x + 2y = 5 \end{cases}$$

61. Classifique o sistema abaixo quando o valor do parâmetro a for igual a -4.

$$\begin{cases} 2x - ay = 6 \\ x + 2y = 5 \end{cases}$$

62. Para qual valor real de m o sistema abaixo é possível e determinado?

$$\begin{cases} 2x - 2y + 3z = m \\ x + y + mz = 5 \\ -x - y - 2z = 10 \end{cases}$$

63. Determine os valores reais de k para que o sistema seja possível e determinado.

$$\begin{cases} 2x - y = -6 \\ -x + ky = 1 \end{cases}$$

64. Encontre o valor de k para que o sistema seja possível e determinado.

$$\begin{cases} 3x - y + z = 5 \\ x + y - 2z = 3 \\ kx + 3y - z = 7 \end{cases}$$

65. O que acontece com o sistema quando o valor do parâmetro k é igual a -17?

$$\begin{cases} 3x - y + z = 5 \\ x + y - 2z = 3 \\ kx + 3y - z = 7 \end{cases}$$

66. Descubra os valores de m e n para que os sistemas sejam possíveis e determinados.

a) $\begin{cases} 2x - 2y = 6 \\ 4x + my = n \end{cases}$

b) $\begin{cases} x + my = 10 \\ 3x + 3y = n \end{cases}$

67. Encontre os valores de m e n para que os sistemas sejam possíveis e indeterminados.

a) $\begin{cases} 2x - 2y = 6 \\ 4x + my = n \end{cases}$

b) $\begin{cases} x + my = 10 \\ 3x + 3y = n \end{cases}$

68. Determine os valores de m e n para que os sistemas sejam impossíveis.

a) $\begin{cases} 2x - 2y = 6 \\ 4x + my = n \end{cases}$

b) $\begin{cases} x + my = 10 \\ 3x + 3y = n \end{cases}$

69. Determine para quais valores de k os seguintes sistemas lineares não são possíveis e determinados.

a) $\begin{cases} 2x + ky = 6 \\ ky + 8y = 5 \end{cases}$

b) $\begin{cases} 2x + 2y + 3z = m \\ x + y + kz = 5 \\ -x - y + 2z = 10 \end{cases}$

c) $\begin{cases} 4x - ky = 6 \\ 3x + 6y = 5 \end{cases}$

d) $\begin{cases} x + y + z = 3 \\ x - y - z = 8 \\ 2x - 2ky + z = 15 \end{cases}$

70. O que acontece com o sistema quando o parâmetro k é igual a 4?

$$\begin{cases} 2x + ky = 6 \\ ky + 8y = 5 \end{cases}$$

71. Quando o parâmetro k é igual a 2, o que acontece com o sistema?

$$\begin{cases} 3x + 3y = 9 \\ 2x + ky = 6 \end{cases}$$

72. Discuta os sistemas lineares a seguir quanto a sua classificação.

a) $\begin{cases} 4x - 4y = 12 \\ 4x + my = n \end{cases}$

b) $\begin{cases} 2x + 2y + 3z = 1 \\ x + y + kz = 5 \\ -x - y + 2z = 10 \end{cases}$

c) $\begin{cases} 2x + 6y = 10 \\ 3x + my = n \end{cases}$

d) $\begin{cases} x + y + z = 3 \\ x - y - z = 8 \\ 2x + 2ky + z = r \end{cases}$

73. Resolva o sistema.

$$\begin{cases} 3x + 2y + 2z + 2w = 12 \\ 2x + 3y + 2z + 2w = 18 \\ 2x + 2y + 3z + 2w = 13 \\ 2x + 2y + 2z + 3w = 11 \end{cases}$$

Em sua opinião, a regra de Cramer é um método prático para resolver esse sistema?

74. O dono de um restaurante italiano pretende reformular o cardápio e otimizar o preço de custo de suas refeições. Ele está pensando em montar 3 combinações de pasta e salada em porções suficientes para 5 pessoas. Seus clientes poderão montar suas combinações, escolhendo a quantidade de salada e de pasta que desejam, desde que não haja variação na massa total e no preço de custo da combinação. Por exemplo, se a combinação A for composta por salada de rúcula e espaguete, o cliente poderá escolher as quantidades de rúcula e de espaguete de acordo com a sua vontade, desde que o preço de custo total da porção não ultrapasse R$ 10,00 e que a massa total não ultrapasse os 2 kg.

Combinação	Preço de custo	Massa total	Salada (100 g)	Pasta (100 g)
A	R$ 10,00	2 kg	R$ 0,40	R$ 0,80
B	R$ 8,00	2 kg	R$ 0,40	R$ 0,60
C	R$ 6,00	2 kg	R$ 0,40	R$ 0,40

a) Representando cada 100 g de salada por x e cada 100 g de pasta por y, escreva um sistema para representar cada combinação.
b) Classifique cada um dos sistemas do item anterior em SPD, SPI ou SI.
c) De acordo com a classificação feita no item anterior, verifique quantas variações será possível fazer em cada uma das combinações.

75. Considere quatro números naturais a, b, c e d que quando adicionados, três a três, dão como resultados os números 8, 10, 13 e 11.

a) Escreva um sistema para representar essa situação.
b) Resolva o sistema e determine esses números.

76. Em uma barraca de pastel de uma feira livre, registrou-se a quantidade de pastéis vendidos durante quatro semanas seguidas. Na primeira semana, foram vendidos 100 pastéis de carne, 200 de queijo, 100 de frango e 100 de palmito, rendendo R$ 300,00 de lucro. Na segunda semana, foram vendidos 100 pastéis de carne, 100 de queijo, 200 de frango e 100 de palmito, totalizando R$ 700,00 de lucro. Na terceira semana foram vendidos 100 pastéis de carne, 100 de queijo, 100 de frango e 200 de palmito, obtendo-se um lucro de R$ 900,00. Na quarta semana foram vendidos 200 pastéis de carne, 100 de queijo, 100 de frango e 100 de palmito, contabilizando-se um lucro de R$ 600,00.

a) Organize essas informações em uma tabela.
b) Utilize um sistema para representar essa situação.
c) Se, na quinta semana, forem vendidos 100 pastéis de cada tipo, qual será o lucro registrado?

77. Assim como a representação geométrica de uma equação de duas incógnitas é uma reta, a representação de uma equação com três incógnitas é um plano. Considere que na figura o plano π_1 é a representação da equação r, o plano π_2 é a representação da equação s e o plano π_3 é a representação da equação t.

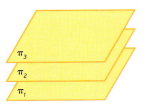

$r: x + y + z = 1$
$s: 2x + 2y + 2z = 3$
$t: 2x + 2y + 3z = 4$

Responda:
a) Observando a figura, conclui-se que os três planos são paralelos ou possuem algum tipo de intersecção?
b) Com base na figura e na resposta do item **a**, classifique o sistema composto pelas três equações. Justifique sua resposta.

Exercícios complementares

78. Veja os itens que formam os tipos de *kit* montados por uma empresa de brindes para hotéis:
- tipo I: 2 sabonetes, 1 escova de dentes e 2 cremes dentais;
- tipo II: 3 sabonetes, 1 escova de dentes e 1 creme dental;
- tipo III: 2 sabonetes, 2 escovas de dentes e 2 cremes dentais.

Se o *kit* do tipo I custa R$ 8,70; o do tipo II, R$ 8,20; e o do tipo III, R$ 10,40; então, qual é o valor que a empresa cobra por item?

79. Determine a quantidade de figurinhas que Murilo, José e Arnaldo têm juntos, sabendo que Murilo tem 40 figurinhas a mais do que José, José tem o dobro de figurinhas de Arnaldo e Arnaldo tem 56 figurinhas a menos do que Murilo.

80. Nos planos cartesianos a seguir, cada reta é a representação de uma função afim cuja lei de formação é uma equação linear.

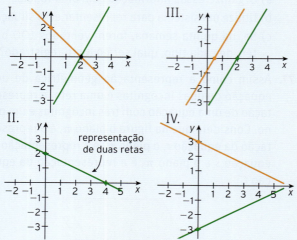

Considere que cada par de equações lineares forma um sistema linear.
a) Qual é a classificação de cada sistema?
b) Dê as características da solução de cada sistema.

81. O quadro abaixo mostra o que foi consumido em três mesas de uma lanchonete e o total gasto em cada uma.

	Nº de lanches	Nº de sucos	Nº de sorvetes	Total (R$)
Mesa A	2	3	2	20,50
Mesa B	4	3	3	33,50
Mesa C	3	2	4	30,00

Dados fictícios.

Determine o custo de um lanche, de um suco e de um sorvete.

82. Escalone, classifique e escreva o conjunto solução de cada sistema linear.

a) $\begin{cases} x + y + z = 6 \\ x - y + z = 0 \\ -x + y + z = 4 \end{cases}$

b) $\begin{cases} 2x + y - 2z + w = -1 \\ 3x - 2y + z - w = -2 \\ x - y + 3z + 2w = -1 \\ 4x + 3y - 2z + w = 3 \end{cases}$

c) $\begin{cases} 2x - 3y = 11 \\ x + 5y = -1 \end{cases}$

83. O aço é uma das ligas metálicas mais importantes na fabricação de uma infinidade de produtos manufaturados, e é produzido em grande variedade de tipos e formas. Um tipo de aço produzido é o aço-carbono, cuja quantidade de carbono em sua composição determina sua classificação. A seguir, têm-se essa classificação e suas utilizações.

Classificação	Concentração de carbono	Utilização
Aço de baixo carbono	menos de 0,3%	Geralmente utilizado em chapas automotivas e placas usadas na fabricação de tubos destinados à construção civil.
Aço de médio carbono	de 0,3% a 0,6%	Geralmente utilizado em componentes mecânicos, como virabrequins e engrenagens.
Aço de alto carbono	acima de 0,6%	Geralmente utilizado em componentes sujeitos a desgaste, como pequenas ferramentas e molas.

Fonte de pesquisa: Faculdade de Engenharia – PUC-RS. Disponível em: <http://www.feng.pucrs.br/~eleani/Protegidos/classificacaoacos.ppt>. Acesso em: 5 abr. 2015.

Considere que uma indústria siderúrgica pretende produzir 3,5 toneladas de aço à concentração de 0,4% de carbono, por meio de uma mistura de aço de médio carbono à concentração de 0,5% e aço de médio carbono à concentração de 0,325%.

a) De quantas toneladas de cada tipo de aço-carbono essa indústria precisará?

b) Considerando os dois tipos de aço utilizados, seria possível essa indústria produzir 3,5 toneladas de aço com a concentração máxima de carbono para ser utilizado na fabricação de componentes mecânicos? Justifique.

84. Verifique quais situações podem ser representadas por uma equação linear e escreva essa equação.
   a) Para fazer uma experiência, Camila comprou alguns tubos de ensaio e gastou R$ 25,00.
   b) Ivo pagou R$ 5,00 por 3 pães e 2 copos de suco.
   c) Em um mês, uma empresa produziu pregos e parafusos, totalizando 2 500 peças.

85. Considere a equação linear $3x + 4y - 2z = -2$.
   a) O terno ordenado (2, 1, 6) é solução da equação?
   b) Escreva uma solução para a equação, sendo $x = 1$.

86. A tabela mostra a quantidade de parafusos e pregos que uma fábrica de móveis usa para a montagem de três modelos de armário, A, B e C.

Quantidade	A	B	C
Pregos	50	170	250
Parafusos	10	30	50

Dados fictícios.

Calcule a quantidade de móveis de cada modelo que podem ser montados, sabendo que a empresa montará no mínimo 95 e no máximo 99 móveis do modelo A e que dispõe de 12 730 pregos e 2 450 parafusos.

87. Determine os valores de r e s para que o sistema a seguir, de incógnitas x, y e z, seja SPD ou SPI/SI.

$$\begin{cases} 2x + y - z = 5 \\ 3x - y + 2z = 4 \\ x + 3y + rz = s \end{cases}$$

88. Para pintar uma casa, misturaram-se dois tipos de tinta: um com 3% de corante amarelo e outro com 4% do mesmo corante. Resultaram 50 litros de tinta com concentração de 3,4% de corante amarelo. Quantos litros de cada tipo de tinta foram usados nessa mistura?

89. Neste plano cartesiano, estão representadas as funções afins associadas à equação linear $y + rx = 1$ (laranja) e à equação linear $sy + x = \frac{7}{2}$ (verde).

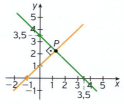

   a) Determine os valores de r e s.
   b) Classifique o conjunto solução do sistema linear formado por essas equações lineares.
   c) Quais são as coordenadas do ponto P, que é intersecção das duas retas?

90. Explique por que as equações $xy = 4$ e $x^2 + a = 6$, de incógnitas x e y, não são lineares.

91. (UEA-AM) Em uma loja de venda de cerâmicas marajoaras, o salário mensal do vendedor é composto de uma parte fixa, em reais, mais uma comissão correspondente a 5% do valor total das vendas que ele efetua no mês. Sabe-se que em junho as suas vendas totalizaram R$ 14 000,00 e que no mês seguinte, devido ao afluxo de turistas, suas vendas totalizaram R$ 41 000,00, e o seu salário foi igual ao dobro do salário do mês anterior. Dessa maneira, pode-se afirmar que a parte fixa do salário mensal desse vendedor é igual a:
   a) R$ 650,00
   b) R$ 800,00
   c) R$ 700,00
   d) R$ 750,00
   e) R$ 850,00

Orientação de estudos

O quadro abaixo apresenta os temas estudados neste capítulo e os exercícios complementares relacionados a cada tema. Se você teve dificuldade na resolução de algum exercício complementar, consulte a orientação de estudos apresentada.

Tema	Exercícios complementares relacionados	Orientação de estudos
Equação linear	84, 85 e 90	Releia o conteúdo da página 125 e retome os exercícios 2 e 3.
Sistema linear	82, 83, 88 e 89	Releia o conteúdo da página 126 e 127 e retome os exercícios 11, 13 e 14.
Classificação e resolução de sistemas lineares	78, 79, 81, 84, 86, 87 e 91	Releia o conteúdo das páginas 129 a 131, 134, 136, 137, 139 e 141 e retome os exercícios 26, 37, 38, 42, 43, 50, 52, 53, 55 e 57.

145

Compartilhando

Regra de Cramer

O objetivo deste trabalho é comparar a regra de Cramer com o método da adição na resolução de um sistema linear de duas equações e duas incógnitas.

» **Organização do trabalho**

1. **Participantes:** grupos de três alunos
2. **Material:** lápis e papel para anotações

» **Coleta de dados**

Todo o desenvolvimento do trabalho, proposto nas etapas a seguir, precisa ser registrado em uma folha de papel. É importante que esses registros sejam feitos de maneira organizada.

1ª etapa

A primeira etapa consiste em expressar algebricamente os valores das incógnitas de um sistema linear 2 × 2 pela regra de Cramer. Para isso, precisam ser realizados os seguintes procedimentos:

1. Considera-se o sistema linear: $\begin{cases} ax + by = e \\ cx + dy = f \end{cases}$

2. Representa-se a matriz incompleta desse sistema. Depois, calcula-se o determinante D dessa matriz.

3. Os determinantes D_x e D_y são calculados tais que: $D_x = \begin{vmatrix} e & b \\ f & d \end{vmatrix}$ e $D_y = \begin{vmatrix} a & e \\ c & f \end{vmatrix}$

4. Pela regra de Cramer, calculam-se os valores das incógnitas pelas relações a seguir. O valor de cada uma delas deve ser expresso algebricamente.

$$x = \frac{D_x}{D} \text{ e } y = \frac{D_y}{D}$$

2ª etapa

Essa etapa consiste em resolver o mesmo sistema linear resolvido pelo método da adição. Para isso, os procedimentos abaixo devem ser seguidos.

1. Considera-se o mesmo sistema linear:

$$\begin{cases} ax + by = e & \text{(1ª equação)} \\ cx + dy = f & \text{(2ª equação)} \end{cases}$$

2. Ao multiplicar os dois membros da 1ª equação por $-c$ e, em seguida, multiplicar os dois membros da 2ª equação por a, obtém-se o seguinte sistema:

$$\begin{cases} ax + by = e \cdot (-c) \\ cx + dy = f \cdot (a) \end{cases} \Rightarrow \begin{cases} -cax - cby = -ce \\ acx + ady = af \end{cases}$$

Adicionam-se, membro a membro, as duas equações do novo sistema.

3. No resultado da adição, a incógnita y deve ser isolada. Observa-se que: $cax = acx$

4. Substitui-se o valor de y na 1ª equação do sistema e isola-se a incógnita x.

» **Comunicação dos resultados e reflexão**

1. Os valores das incógnitas x e y determinados na 1ª etapa são iguais aos valores das incógnitas x e y determinados na 2ª etapa?

2. Existe alguma relação entre a regra de Cramer e o método da adição? Justifique.

3. O que acontece com o sistema quando o produto dos coeficientes a e d é igual ao produto dos coeficientes b e c? Analise essa situação para a regra de Cramer e para o método da adição.

Vestibular e Enem

1. (Fatec-SP) Considere a matriz $M = \begin{bmatrix} 0 & \operatorname{sen} x \\ \cos x & 0 \end{bmatrix}$.
   A soma dos elementos da matriz M^2 é:
   a) sen $2x$
   b) sen $\left(\dfrac{x}{2}\right)$
   c) sen x^2
   d) cos $2x$
   e) sen $\left(\dfrac{x}{2}\right)$

2. (Ibmec-RJ) Seja a matriz $A = \begin{bmatrix} a & c & -1 \\ 2 & d & 3 \\ b & e & f \end{bmatrix}$; denotemos por A^t a matriz transposta da matriz A. A única afirmativa correta é:
   a) Se $A = -A^t$, então o elemento a é um número diferente de zero.
   b) Se $A = A^t$, então os elementos a, d e f são todos iguais a zero.
   c) Se $A = A^t$, então o determinante de A é igual a zero.
   d) Se $A = -A^t$, então o determinante de A é igual a zero.
   e) Se $A = -A^t$, então $c = 2$.

3. (Unicamp-SP) As companhias aéreas costumam estabelecer um limite de peso para a bagagem de cada passageiro, cobrando uma taxa por quilograma de excesso de peso. Quando dois passageiros compartilham a bagagem, seus limites são considerados em conjunto. Em determinado voo, tanto um casal como um senhor que viajava sozinho transportaram 60 kg de bagagem e foram obrigados a pagar pelo excesso de peso. O valor que o senhor pagou correspondeu a 3,5 vezes o valor pago pelo casal.
   Para determinar o peso excedente das bagagens do casal (x) e do senhor que viajava sozinho (y), bem como o limite de peso que um passageiro pode transportar sem pagar qualquer taxa (z), pode-se resolver o seguinte sistema linear:
   a) $\begin{cases} x + 2z = 60 \\ y + z = 60 \\ 3{,}5x - y = 0 \end{cases}$
   b) $\begin{cases} x + z = 60 \\ y + 2z = 60 \\ 3{,}5x - y = 0 \end{cases}$
   c) $\begin{cases} x + 2z = 60 \\ y + z = 60 \\ 3{,}5x + y = 0 \end{cases}$
   d) $\begin{cases} x + z = 60 \\ y + 2z = 60 \\ 3{,}5x + y = 0 \end{cases}$

4. (FGV-SP) Sendo M uma matriz, M^{-1} sua inversa, M^t sua transposta, D o determinante de M, e P o determinante de M^t, é correto afirmar que, necessariamente:
   a) $D = P$
   b) M pode não ser uma matriz quadrada.
   c) M^{-1} e M^t podem não ser de mesma ordem.
   d) M possui ao menos duas filas paralelas linearmente dependentes.
   e) o determinante de $M \cdot M^{-1}$ é igual ao produto de P por D.

5. (Fatec-SP) Considere a matriz A, quadrada de ordem 2, cujo termo geral é dado por $a_{ij} = \log_2 (i \cdot j)$. Então o determinante da matriz A é igual a:
   a) -2
   b) -1
   c) 0
   d) 1
   e) 2

6. (Fuvest-SP) Sejam α e β números reais com $-\dfrac{\pi}{2} < \alpha < \dfrac{\pi}{2}$ e $0 < \beta < \pi$.
   Se o sistema de equações, dado em notação matricial, $\begin{bmatrix} 3 & 6 \\ 6 & 8 \end{bmatrix} \cdot \begin{bmatrix} \operatorname{tg} \alpha \\ \cos \beta \end{bmatrix} = \begin{bmatrix} 0 \\ -2\sqrt{3} \end{bmatrix}$, for satisfeito, então $\alpha + \beta$ é igual a:
   a) $-\dfrac{\pi}{3}$
   b) $-\dfrac{\pi}{6}$
   c) 0
   d) $\dfrac{\pi}{6}$
   e) $\dfrac{\pi}{3}$

7. (Enem) Algumas pesquisas estão sendo desenvolvidas para se obter arroz e feijão com maiores teores de ferro e zinco e tolerantes à seca. Em média, para cada 100 g de arroz cozido, o teor de ferro é de 1,5 mg e o de zinco é de 2,0 mg. Para 100 g de feijão, é de 7 mg o teor de ferro e de 3 mg o de zinco. Sabe-se que as necessidades diárias dos dois micronutrientes para uma pessoa adulta são de aproximadamente 12,25 mg de ferro e 10 mg de zinco.

   Fonte de pesquisa: <http://www.embrapa.br>.
   Acesso em: 29 abr. 2010 (adaptado).

   Considere que uma pessoa adulta deseja satisfazer suas necessidades diárias de ferro e zinco ingerindo apenas arroz e feijão. Suponha que seu organismo absorva completamente todos os micronutrientes oriundos desses alimentos.
   Na situação descrita, que quantidade a pessoa deveria comer diariamente de arroz e feijão, respectivamente?
   a) 58 g e 456 g
   b) 200 g e 200 g
   c) 350 g e 100 g
   d) 375 g e 500 g
   e) 400 g e 89 g

8. (Fuvest-SP) Em uma festa com n pessoas, em um dado instante, 31 mulheres se retiraram e restaram convidados na razão de 2 homens para cada mulher. Um pouco mais tarde, 55 homens se retiraram e restaram, a seguir, convidados na razão de 3 mulheres para cada homem. O número n de pessoas presentes inicialmente na festa era igual a:
   a) 100
   b) 105
   c) 115
   d) 130
   e) 135

Vestibular e Enem

9. (UFPR) Uma bolsa contém 20 moedas, distribuídas entre as de 5, 10 e 25 centavos, totalizando R$ 3,25. Sabendo que a quantidade de moedas de 5 centavos é a mesma das moedas de 10 centavos, quantas moedas de 25 centavos há nessa bolsa?
a) 6
b) 8
c) 9
d) 10
e) 12

10. (UFG-GO) Uma metalúrgica produz parafusos para móveis de madeira em três tipos, denominados *soft*, escareado e sextavado, que são vendidos em caixas grandes, com 2000 parafusos, e pequenas, com 900, cada caixa contendo parafusos dos três tipos. A tabela 1, a seguir, fornece a quantidade de parafusos de cada tipo contida em cada caixa, grande ou pequena. A tabela 2 fornece a quantidade de caixas de cada tipo, produzida em cada mês do primeiro trimestre de um ano.

Tabela 1

Parafuso/Caixa	pequena	grande
soft	200	500
escareado	400	800
sextavado	300	700

Dados fictícios.

Tabela 2

Caixa/Mês	jan.	fev.	mar.
pequena	1500	2200	1300
grande	1200	1500	1800

Dados fictícios.

Associando as matrizes $A = \begin{bmatrix} 200 & 500 \\ 400 & 800 \\ 300 & 700 \end{bmatrix}$ e

$B = \begin{bmatrix} 1500 & 2200 & 1300 \\ 1200 & 1500 & 1800 \end{bmatrix}$ às tabelas 1 e 2, respectivamente, o produto $A \cdot B$ fornece:

a) o número de caixas fabricadas no trimestre.
b) a produção do trimestre de um tipo de parafuso, em cada coluna.
c) a produção mensal de cada tipo de parafuso.
d) a produção total de parafusos por caixa.
e) a produção média de parafusos por caixa.

11. (UPE) Em uma floricultura, é possível montar arranjos diferentes com rosas, lírios e margaridas. Um arranjo com 4 margaridas, 2 lírios e 3 rosas custa 42 reais. No entanto, se o arranjo tiver 1 margarida, 2 lírios e 1 rosa, ele custa 20 reais. Entretanto, se o arranjo tiver 2 margaridas, 4 lírios e 1 rosa, custará 32 reais.

Nessa floricultura, quanto custará um arranjo simples, com 1 margarida, 1 lírio e 1 rosa?
a) 5 reais
b) 8 reais
c) 10 reais
d) 15 reais
e) 24 reais

12. (Enem) O Indicador do CadÚnico (ICadÚnico), que compõe o cálculo do Índice de Gestão Descentralizada do Programa Bolsa Família (IGD), é obtido por meio da **média aritmética** entre a taxa de cobertura qualificada de cadastros (*TC*) e a taxa de atualização de cadastros (*TA*), em que $TC = \frac{NV}{NF}$, $TA = \frac{NA}{NV}$, NV é o número de cadastros domiciliares válidos no perfil do CadÚnico, NF é o número de famílias estimadas como público-alvo do CadÚnico e NA é o número de cadastros domiciliares atualizados no perfil do CadÚnico.

Portaria n. 148, de 27 de abril de 2006 (adaptado).

Suponha que o IcadÚnico de um município específico é 0,6. Porém, dobrando NF o IcadÚnico cairá para 0,5. Se $NA + NV = 3600$, então NF é igual a:
a) 10000
b) 7500
c) 5000
d) 4500
e) 3000

13. (Uerj) A ilustração abaixo mostra seis cartões numerados organizados em três linhas. Em cada linha, os números estão dispostos em ordem crescente, da esquerda para a direita. Em cada cartão, está registrado um número exatamente igual à diferença positiva dos números registrados nos dois cartões que estão imediatamente abaixo dele. Por exemplo, os cartões 1 e Z estão imediatamente abaixo do cartão X.

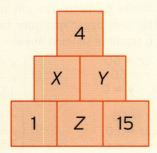

Determine os valores de X, Y e Z.

14. (Mackenzie-SP) Dada a matriz $A = \begin{bmatrix} \cos(x) & \text{sen}(x) \\ \text{sen}(x) & \cos(x) \end{bmatrix}$, o determinante da matriz inversa de A é:
a) cossec (2x)
b) sec (2x)
c) 1
d) sen (2x)
e) cos (2x)

Para explorar

- **Devlin, K.** *O instinto matemático*: por que você é um gênio da Matemática. São Paulo: Record, 2009.
Neste livro, o autor – conhecido por seu empenho em tornar a Matemática mais acessível ao público geral – discute como podemos aprimorar nossas habilidades matemáticas naturais e ensina estratégias fáceis e interessantes para esse desenvolvimento.

- **Duarte Jr., D.** *Matrizes e sistemas algébricos em engenharia*. Rio de Janeiro: Ciência Moderna, 2008.
O livro traz diversos tópicos de matrizes que são constantemente utilizados na resolução de problemas práticos de engenharia. Sem preocupação excessiva com o formalismo matemático, pode ser compreendido por qualquer leitor que tenha conhecimento básico sobre matrizes.

- **Iezzi, G.; Hazzan, S.** *Fundamentos de Matemática elementar*, v. 4: sequências, matrizes, determinantes e sistemas. São Paulo: Atual, 2013.
O livro trata dos conteúdos elementares de matrizes, determinantes, sequências e sistemas. Ao final do volume, apresenta uma seleção de questões de vestibulares, ordenadas por grau de dificuldade.

- **Kühlkamp, N.** *Matrizes e sistemas de equações lineares*. Florianópolis: Ed. da UFSC, 2012.
Escrito em linguagem simples, mas com rigor e clareza. Pode ser utilizado tanto por alunos que precisam dos resultados para aplicá-los como por aqueles que se preocupam com as justificativas de cada resultado.

Filme

- **Carvalho, E.; Cini, P. S. H.** *Vestibulando digital*: operações, álgebra, matrizes e geometria. São Paulo: Multimídia, 2008.
Videoaulas sobre os principais temas que são abordados nos vestibulares.

PROJETO 1

Espaços da escola

Análise da necessidade de mudanças na estrutura física da escola, visando ao maior conforto e segurança da comunidade, e a elaboração de proposta para a realização dessas mudanças.

■ O que você vai fazer

Você e seus colegas apresentarão à direção escolar um projeto para a reforma de algum espaço no prédio ou nas áreas externas da escola.

Será preciso identificar os espaços que precisam ser reformados, analisar os dados referentes a esses espaços e decidir qual deles sofrerá a intervenção planejada. Para isso, serão aplicados conhecimentos matemáticos como os descritos a seguir.

- **Álgebra:** cálculos com valores monetários, utilização de equações para representar algum aspecto da situação analisada, etc.
- **Medidas:** medições lineares e cálculos de áreas, estimativas com medidas, etc.
- **Geometria:** análise do espaço físico da escola, desenhos de plantas, representação do espaço por meio de figuras geométricas, etc.

Além do projeto, vocês vão elaborar um plano de ação que torne viável a reforma.

■ A escolha do espaço a ser reformado

Para identificar as características dos diferentes espaços escolares que precisam de reforma, você e seus colegas podem se organizar em pequenos grupos para vistoriar as salas de aula, os acessos à escola, o pátio, a quadra de esportes, a biblioteca, os banheiros, etc.

Para avaliar a necessidade de obras, cada grupo poderá utilizar, por exemplo, registros, fotografias, plantas e medições, ou entrevistar profissionais da área de construção.

A decisão final sobre o espaço a ser reformado caberá a toda a turma, após a apresentação das análises feitas pelos grupos.

■ A elaboração do projeto de reforma

A turma inteira deverá trabalhar no projeto, podendo se dividir em grupos para redigir os documentos descritos a seguir.

> **Grupo 1. Justificativas.** Será preciso organizar as informações que destaquem a importância da reforma. Para isso, o grupo deverá explicar como foi pensado o projeto, com base na identificação dos espaços que necessitam de melhorias, apontando todos os itens que serão modificados no espaço escolhido.

> **Grupo 2. Informação detalhada da reforma.** O grupo deverá fornecer informações detalhadas prevendo as etapas da reforma, os materiais, a mão de obra e o prazo para a conclusão dos serviços. Para isso, poderá consultar revistas e *sites* especializados em construção civil ou entrevistar profissionais da área.
>
> O grupo deverá criar estratégias para **estimar** a quantidade de cada material e o tempo gasto em cada etapa da obra.

> **Estimativa**
>
> Na estimativa de material, o grupo deve aplicar os conhecimentos de geometria para fazer medições e calcular a quantidade de material necessária para, por exemplo, revestir uma área ou ampliar um ambiente.

Grupo 3. **Orçamento.** O grupo será responsável por apresentar uma planilha de custos para a reforma.

Para fazer o orçamento, deverá pesquisar o preço dos materiais em pelo menos três estabelecimentos diferentes. Além disso, levantará o custo da mão de obra com os respectivos profissionais ou empresas especializadas.

O orçamento deve esclarecer as condições financeiras para compras efetuadas a prazo e à vista, e indicar a melhor opção de compra, justificando a escolha do grupo.

Grupo 4. **Construção de uma maquete.** O grupo se encarregará da construção de uma maquete. A maquete deve transmitir as ideias do projeto e dar-lhes clareza.

Para isso, precisa ser construída em **escala** e deve contrapor o espaço de antes da reforma com o espaço reformado.

Razão e proporção

Para construir a maquete, o grupo deverá aplicar os conhecimentos de razão e proporção para determinar a razão entre as medidas reais e as medidas do espaço representado na maquete, construindo-a, assim, em escala.

Grupo 5. **Plano de ação.** O grupo formulará um plano de ação que deve conter:

- descrição detalhada das ações, que podem ser atividades como festas, rifas, campeonatos, gincanas, etc.;
- estimativa da quantia arrecadada em cada atividade;
- planilha que apresente as tarefas e as respectivas pessoas encarregadas de realizá-las;
- cronograma que explicita o prazo necessário para a realização de cada tarefa.

Estratégias

O plano de ação é um instrumento de planejamento das ações a serem realizadas para a implantação do projeto. Para elaborá-lo, o grupo deve criar estratégias que considerem as seguintes variáveis:
- opções de pagamento previstas no orçamento;
- apoio da comunidade na doação de materiais e/ou no oferecimento de mão de obra;
- patrocínio por empresas do bairro.

■ **Apresentação do projeto**

A turma combinará com o professor uma data para apresentar o projeto à direção escolar.

Você e seus colegas devem organizar a apresentação, fazendo uma breve introdução de como o projeto foi planejado, detalhando as modificações no espaço a ser reformado e procurando esclarecer o plano de ação. Não se esqueçam de explicar sobre a construção da maquete realizada pela turma.

■ **Avaliação**

- Comente sobre a organização do trabalho. A maneira como foi planejado, a divisão de tarefas e as estratégias adotadas dificultaram a realização do projeto? O que poderia ser modificado em outra oportunidade?
- Explique como a Matemática foi utilizada na criação do projeto.

UNIDADE

Geometria

Capítulos

7 Área de figuras planas

8 Geometria espacial de posição

9 Sólidos

Imagem aérea de Pirenópolis, Goiás, obtida por satélite.

A ocupação do solo, antes feita de maneira pouco planejada, é hoje uma das grandes preocupações de ecologistas e de urbanistas. Equilibrar o desenvolvimento de municípios com a manutenção de áreas de preservação ambiental é o desafio.

Diante dessa tarefa, a Matemática é uma ferramenta útil, por exemplo, na determinação das áreas destinadas à expansão urbana e na determinação das áreas que devem ser preservadas.

Nesta unidade vamos apresentar, além do cálculo de áreas de figuras planas, outros aspectos da geometria espacial.

CAPÍTULO 7
Área de figuras planas

Módulos

1. Unidades de área
2. Áreas de polígonos
3. Área de um círculo e de suas partes

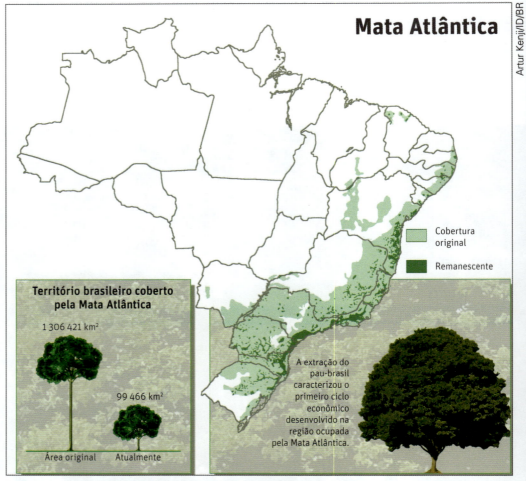

Fonte de pesquisa: CNRBMA Anuário Mata Atlântica. DMA – Conceitos e abrangência. Disponível em: <http://www.rbma.org.br/anuario/mata_02_dma.asp>. Acesso em: 20 mar. 2015.

Para começar

Ao longo dos séculos, vários ciclos econômicos se desenvolveram nas regiões brasileiras cobertas pela Mata Atlântica, como a extração do pau-brasil, a produção de cana-de-açúcar, de algodão, de café, etc. Aliado a intensos processos de urbanização e expansão agrícola, o desenvolvimento registrado nessas regiões devastou grande parte da Mata Atlântica, restando atualmente apenas 99 466 km² da cobertura original, concentrados principalmente nas regiões serranas do Sudeste e do Sul do país.

1. A cobertura original da Mata Atlântica podia ser encontrada em quais estados brasileiros?
2. Qual é a porcentagem aproximada da cobertura original da Mata Atlântica que foi devastada?
3. O governo federal e organizações não governamentais buscam soluções para a questão do desmatamento. Pesquise e registre as possíveis contribuições que você pode dar para ajudar a minimizar esse problema.

1. Unidades de área

A **área** de uma figura plana é a medida da região que ela ocupa no plano. Um método para determinar a área de uma figura plana é compará-la com uma **unidade de área**. A unidade de área usualmente considerada é a área de um quadrado cuja aresta mede 1 u (1 unidade de comprimento). A área dessa unidade é 1 u², ou simplesmente u².

Assim, a área de uma figura é determinada pela quantidade de unidades de área que preenchem essa figura.

Exemplo

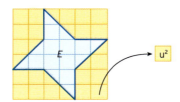

Para determinar a área E da figura plana acima, em azul, compara-se a unidade de área u² com a região ocupada pela figura. Verifica-se que a figura ocupa oito quadrados de área 1 u² e metade de outros oito quadrados, que correspondem a 4 quadrados de área 1 u². Assim, a figura ocupa, no total, a área de 12 quadrados de área 1 u², ou seja, a figura tem 12 unidades de área.

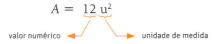

Para cada unidade de comprimento, há uma unidade de área correspondente. Por exemplo, se a unidade de comprimento é o metro (m), então a unidade de área correspondente é o metro quadrado (m²).

O **metro quadrado** é a unidade de área no Sistema Internacional de Unidades (SI). Também podem ser utilizados como unidade de área os múltiplos e submúltiplos do metro quadrado.

Múltiplos do m²				Submúltiplos do m²		
quilômetro quadrado (km²)	hectômetro quadrado (hm²)	decâmetro quadrado (dam²)	m²	decímetro quadrado (dm²)	centímetro quadrado (cm²)	milímetro quadrado (mm²)
10^6 m²	10^4 m²	10^2 m²	1 m²	10^{-2} m²	10^{-4} m²	10^{-6} m²

Para expressar uma área, escolhe-se a unidade de área mais conveniente – em geral, aquela cujo valor numérico contém a menor quantidade de algarismos. Por exemplo, segundo dados do IBGE de 2013, a nova área do território brasileiro é de 8 515 767 049 000 m²; porém, é mais conveniente expressar esse valor em km², pois obtém-se 8 515 767,049 km², um número com menor quantidade de algarismos.

Observação

Existem algumas unidades de área que são usadas com frequência em medições agrárias. Veja algumas delas:
- o **alqueire**, que é uma unidade utilizada no Brasil e cujo valor varia nas regiões do país. O alqueire paulista, por exemplo, equivale a 24 200 m², e o alqueire mineiro, a 48 400 m².
- o **hectare** (ha), que corresponde a 10 000 m².

2. Áreas de polígonos

A área de uma região poligonal é denominada área do polígono. Por exemplo, a área do triângulo corresponde à área da região limitada por esse triângulo.

■ Área do quadrado

O quadrado é um quadrilátero cujos lados e ângulos internos são congruentes.

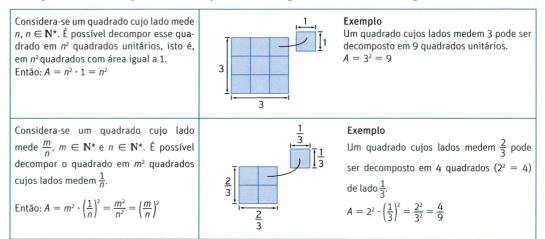

Considera-se um quadrado cujo lado mede n, $n \in \mathbb{N}^*$. É possível decompor esse quadrado em n^2 quadrados unitários, isto é, em n^2 quadrados com área igual a 1. Então: $A = n^2 \cdot 1 = n^2$		Exemplo Um quadrado cujos lados medem 3 pode ser decomposto em 9 quadrados unitários. $A = 3^2 = 9$
Considera-se um quadrado cujo lado mede $\frac{m}{n}$, $m \in \mathbb{N}^*$ e $n \in \mathbb{N}^*$. É possível decompor o quadrado em m^2 quadrados cujos lados medem $\frac{1}{n}$. Então: $A = m^2 \cdot \left(\frac{1}{n}\right)^2 = \frac{m^2}{n^2} = \left(\frac{m}{n}\right)^2$		Exemplo Um quadrado cujos lados medem $\frac{2}{3}$ pode ser decomposto em 4 quadrados ($2^2 = 4$) de lado $\frac{1}{3}$. $A = 2^2 \cdot \left(\frac{1}{3}\right)^2 = \frac{2^2}{3^2} = \frac{4}{9}$

Observe que, nos dois casos acima, a área do quadrado é igual ao quadrado da medida do lado. Pode-se demonstrar que, dado um quadrado de lado medindo ℓ, sendo ℓ um número real positivo, sua área A é dada por:

$$A = \ell^2$$

■ Área do retângulo

O retângulo é um quadrilátero que tem os quatro ângulos internos retos.

Considerando-se um retângulo com altura de medida h e base de medida b, em que b e $h \in \mathbb{R}_+^*$, é possível construir um quadrado de lado medindo $(b + h)$, como mostrado abaixo.

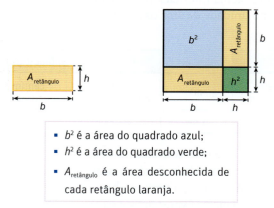

- b^2 é a área do quadrado azul;
- h^2 é a área do quadrado verde;
- $A_{\text{retângulo}}$ é a área desconhecida de cada retângulo laranja.

Algebricamente, calcula-se a área do quadrado de lado $(b + h)$:
$A_{\text{quadrado}} = (b + h)^2 = b^2 + 2 \cdot b \cdot h + h^2$ (I)

Geometricamente, determina-se a área do quadrado de lado $(b + h)$:
$A_{\text{quadrado}} = b^2 + 2 \cdot A_{\text{retângulo}} + h^2$ (II)

Igualando-se (I) e (II), obtém-se:
$\cancel{b^2} + 2 \cdot b \cdot h + \cancel{h^2} = \cancel{b^2} + 2 \cdot A_{\text{retângulo}} + \cancel{h^2} \Rightarrow \cancel{2} \cdot b \cdot h = \cancel{2} \cdot A_{\text{retângulo}} \Rightarrow A_{\text{retângulo}} = b \cdot h$

Então, sendo um retângulo de lados medindo b e h, sua área A é dada por:

$$A = b \cdot h$$

Área do paralelogramo

O paralelogramo é um quadrilátero com dois pares de lados opostos paralelos.

Seja um paralelogramo MNPQ de altura de medida h e base de medida b, conforme a figura 1 ao lado. Considerando como base o lado $\overline{MN}$, traçam-se os segmentos $\overline{QA}$ e $\overline{PB}$ perpendiculares à reta que contém o segmento $\overline{MN}$ e cuja medida é igual à altura do paralelogramo (figura 2). Assim, fica determinado o retângulo ABPQ.

Como $\overline{QM} \equiv \overline{PN}$, $\overline{QA} \equiv \overline{PB}$ e $M\hat{Q}A \equiv N\hat{P}B$, pelo caso de congruência LAL, tem-se $\triangle MAQ \equiv \triangle NBP$. Então, as áreas desses triângulos são iguais.

Geometricamente: $A_{\text{paralelogramo}} = A_{\text{retângulo}} \Rightarrow A_{\text{paralelogramo}} = b \cdot h$

Logo, sendo um paralelogramo de altura de medida h e base de medida b, sua área A é dada por:

$$A = b \cdot h$$

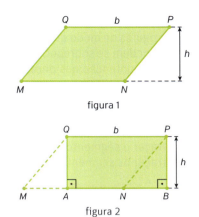

figura 1

figura 2

Exercício resolvido

1. Determine a área do paralelogramo ABDE e do retângulo ACDF representados abaixo.

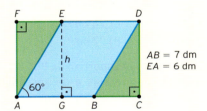

AB = 7 dm
EA = 6 dm

Resolução

Para determinar a área do paralelogramo ABDE, precisamos calcular a medida de sua altura h. Considerando o triângulo retângulo AEG, temos:

$\text{sen } 60° = \dfrac{h}{6} \Rightarrow h = 3\sqrt{3}$

Logo: $A_{\text{paralelogramo}} = AB \cdot h = 7 \cdot 3\sqrt{3} = 21\sqrt{3}$

Para determinar a área do retângulo ACDF, precisamos calcular a medida da base $\overline{AC}$, considerando que: $AC = AB + BC$

Verificamos que $D\hat{B}C = 60°$. Logo, no triângulo retângulo BCD, temos: $\text{tg } 60° = \dfrac{3\sqrt{3}}{BC} \Rightarrow \sqrt{3} = \dfrac{3\sqrt{3}}{BC} \Rightarrow$

$\Rightarrow BC = 3$

Então: $AC = 7 + 3 = 10$

Logo: $A_{\text{retângulo}} = AC \cdot h = 10 \cdot 3\sqrt{3} = 30\sqrt{3}$

Portanto, o paralelogramo ABDE tem $21\sqrt{3}$ dm² de área, e o retângulo ACDF, $30\sqrt{3}$ dm².

Exercícios propostos

2. Calcule a área da sala representada na planta ao lado, sabendo que os ângulos formados pelas paredes medem 90°.

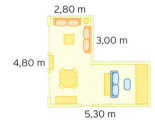

3. Determine o valor de x em cada figura, sabendo que a área do retângulo é 48 cm² e a do paralelogramo é 8 mm².

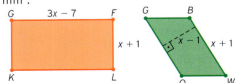

4. Um paralelogramo cuja base mede 12,5 m tem 75 m² de área. Qual é a altura desse paralelogramo?

5. Calcule a área da região colorida em cada item.

a)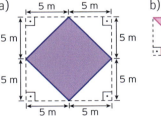

b)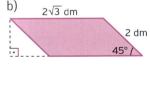

6. Determine a área do paralelogramo DMNP, sabendo que a área do retângulo ABCD é 56 cm².

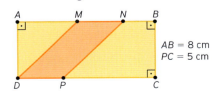

AB = 8 cm
PC = 5 cm

7. (Fatec-SP) O *tangram* é um quebra-cabeça composto por um quadrado dividido em sete peças: cinco triângulos retângulos, um quadrado e um paralelogramo. Utilizando todas as peças, podem-se formar milhares de figuras de modo que as peças devem se tocar, mas não podem se sobrepor.
Para a obtenção das peças do *tangram*, deve-se, no quadrado ABCD,
- traçar a diagonal $\overline{BD}$ e marcar seu ponto médio O;
- marcar os pontos médios, P de $\overline{BO}$ e T de $\overline{OD}$;
- marcar os pontos médios, Q de $\overline{BC}$ e S de $\overline{DC}$;
- traçar o segmento $\overline{QS}$ e marcar o seu o médio R;
- traçar os segmentos $\overline{PQ}$, $\overline{AR}$ e $\overline{RT}$.

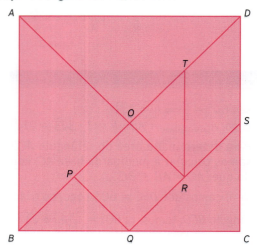

No *tangram* cortado na figura, considere que a medida do lado do quadrado ABCD é 6. Nessas condições, a área do quadrado OPQR é:
a) 7
b) 6
c) $\frac{11}{2}$
d) 5
e) $\frac{9}{2}$

8. (Mackenzie-SP)

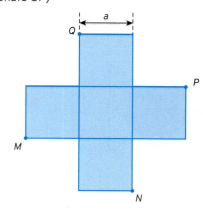

A figura acima é formada por quadrados de lados a. A área do quadrilátero convexo de vértices M, N, P e Q é:
a) $6a^2$
b) $5a^2$
c) $4a^2$
d) $4\sqrt{3}a^2$
e) $2\sqrt{5}a^2$

9. (Insper-SP) Um retângulo tem comprimento X e largura Y, sendo X e Y números positivos menores do que 100. Se o comprimento do retângulo aumentar Y% e a largura aumentar X%, então a sua área aumentará:
a) $\left(X + Y + \frac{XY}{100}\right)\%$
b) $\left(XY + \frac{X+Y}{100}\right)\%$
c) $\left(\frac{X+Y+XY}{100}\right)\%$
d) $(X+Y)\%$
e) $(XY)\%$

10. (ESPM) Os retângulos ABCD e AEFG são congruentes e seus perímetros medem 18 cm.

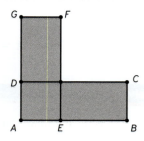

O maior valor que a área cinza pode ter é:
a) 18 cm²
b) 30 cm²
c) 24 cm²
d) 27 cm²
e) 36 cm²

11. (PUC-RS) O Parque Esportivo da PUC-RS possui quatro piscinas, dentre elas a de aprendizagem, com superfície retangular de 18 m por 6 m, e a terapêutica, com superfície também retangular de 300 m². As dimensões da superfície da piscina terapêutica, supondo que suas medidas sejam proporcionais às da superfície da piscina de aprendizagem, são:
a) 60 m × 5 m
b) 40 m × 7,5 m
c) 30 m × 10 m
d) 24 m × 12,5 m
e) 20 m × 15 m

12. (FGV-RJ) O monitor de um *notebook* tem formato retangular com a diagonal medindo d.
Um lado do retângulo mede $\frac{3}{4}$ do outro. A área do monitor é dada por:
a) $0,44\,d^2$
b) $0,46\,d^2$
c) $0,48\,d^2$
d) $0,50\,d^2$
e) $0,52\,d^2$

13. Na figura ao lado os vértices do quadrado ABCD são os pontos médios dos lados do quadrado EFGH. Os vértices EFGH são os pontos médios dos lados do quadrado IJKL. Sabendo que a área do quadrado ABCD é 2 cm², determine a área do quadrado IJKL.

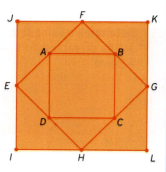

Área do triângulo

Seja um triângulo ABC de altura de medida h e base de medida b, conforme a figura 1 ao lado. Traçando a reta paralela ao lado $\overline{BC}$ e que passa por A, e a reta paralela ao lado $\overline{AB}$ e que passa por C, obtém-se o ponto D na intersecção dessas retas. Assim, determina-se o paralelogramo ABCD (figura 2).

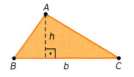

figura 1

Nota-se que $\overline{AB} \equiv \overline{CD}$, $\overline{BC} \equiv \overline{DA}$ e $\hat{B} \equiv \hat{D}$. Pelo caso de congruência LAL, tem-se $\triangle ABC \equiv \triangle CDA$. Então, esses triângulos têm áreas iguais.

$A_{\text{paralelogramo}} = 2 \cdot A_{\text{triângulo}} \Rightarrow A_{\text{triângulo}} = \dfrac{A_{\text{paralelogramo}}}{2} \Rightarrow A_{\text{triângulo}} = \dfrac{b \cdot h}{2}$

Logo, sendo um triângulo de altura de medida h e base de medida b, sua área A é dada por:

$$A = \dfrac{b \cdot h}{2}$$

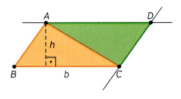

figura 2

Exercício resolvido

14. Calcule a área do triângulo ABC ao lado, em que AB = AC = 10 cm e BC = 12 cm.

Resolução
Primeiro, é preciso determinar a altura h do triângulo ABC. Nesse caso, a altura relativa à base $\overline{BC}$ coincide com a mediana $\overline{AM}$, em que M é o ponto médio de $\overline{BC}$.
Logo: BM = CM = 6 cm
Aplicando o teorema de Pitágoras ao triângulo AMB, obtemos: h = 8 cm
Então: $A = \dfrac{BC \cdot h}{2} = \dfrac{12 \cdot 8}{2} = 48$

Logo, a área do triângulo ABC é 48 cm².

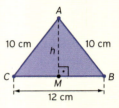

Exercícios propostos

15. Dado o triângulo retângulo ABC, determine o valor de x e calcule a área do triângulo.

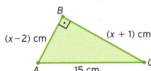

16. Determine a área de cada triângulo abaixo.

a)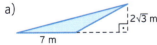

b)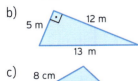

c)
8 cm
30°
11 cm

d)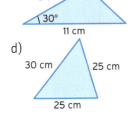

17. Dado o triângulo isósceles ABC, de base $\overline{BC}$, com AB = 12 cm e BC = 6 cm, determine a área desse triângulo.

18. Determine a área de um triângulo retângulo com cateto medindo 2 cm e hipotenusa medindo $2\sqrt{2}$ cm.

19. O comprimento da hipotenusa de um triângulo retângulo é 17 cm, e um de seus catetos mede 8 cm. Determine a área desse triângulo.

20. Calcule as medidas dos segmentos $\overline{AN}$, $\overline{BP}$ e $\overline{CQ}$, sabendo que eles representam as alturas do triângulo ABC.
Considere: $A_{ABC} = 108$ cm²;
AB = AC = 15 cm; BC = 18 cm

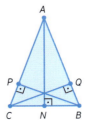

21. Determine a área do triângulo ADC abaixo, sabendo que a área do triângulo ABC é 70 m².

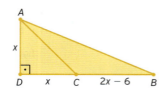

22. (FGV) Dois triângulos são semelhantes. O perímetro do primeiro é 24 m e o do segundo é 72 m. Se a área do primeiro for 24 m², a área do segundo será:
a) 108 m² c) 180 m² e) 252 m²
b) 144 m² d) 216 m²

23. (Mackenzie) No triângulo retângulo ABC, AB = 4 cm e AD = BC = 3 cm.

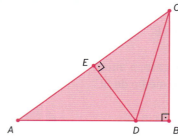

A área do triângulo CDE é:

a) $\frac{117}{50}$ cm²   c) $\frac{9\sqrt{10}}{10}$ cm²   e) $\frac{9}{2}$ cm²

b) $\frac{9}{4}$ cm²   d) $\frac{54}{25}$ cm²

24. (Unicamp-SP) O perímetro de um triângulo retângulo é igual a 6,0 m e as medidas dos lados estão em progressão aritmética (P.A.). A área desse triângulo é igual a:
a) 1,5 m² c) 2,0 m²
b) 3,0 m² d) 3,5 m²

25. (Unicamp-SP) A área do triângulo OAB esboçado na figura abaixo é:

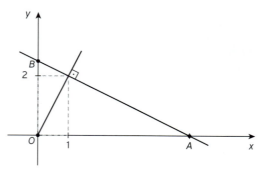

a) $\frac{21}{4}$ c) $\frac{25}{4}$

b) $\frac{23}{4}$ d) $\frac{27}{4}$

26. (ESPM-SP) Os triângulos ABC e BCD da figura abaixo são retângulos. A área do triângulo BCE, em centímetros quadrados, é igual a:

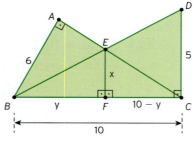

a) 12,5 b) 15 c) 20 d) 17,5 e) 10

27. (ESPM) No triângulo ABC abaixo, os segmentos x, y, z e w possuem medidas inteiras de centímetros e são todos distintos entre si.

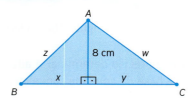

A área desse triângulo, em cm², vale:
a) 64 b) 48 c) 92 d) 84 e) 108

28. (PUC-RS) Um jardim de forma retangular com medidas 6 m × 8 m possui dois canteiros em forma de triângulos isósceles e um passeio no centro, como na figura a seguir.

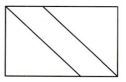

A área do passeio, em metros quadrados, é:
a) 64 b) 36 c) 24 d) 12 e) 2

29. (Ufal) Na ilustração abaixo, ABCD é um quadrado e DEF um triângulo equilátero. Se o quadrado tem lado 1, qual a área do triângulo DEF?

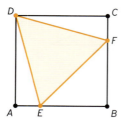

a) $2 - \sqrt{4 - 2\sqrt{3}}$ d) $\sqrt{3} - 1$
b) 0,68   e) $\sqrt{3} - \sqrt{4 - 2\sqrt{3}}$
c) $2\sqrt{3} - 3$

■ Área do losango

O losango é um quadrilátero com dois pares de lados opostos paralelos. Os quatro lados de um losango são congruentes, e seus ângulos internos opostos também são congruentes.

Seja MNPQ um losango cujas medidas das diagonais $\overline{MP}$ e $\overline{NQ}$ são D e d, conforme mostra a figura ao lado. As diagonais se cruzam no ponto O, e o losango fica dividido em quatro triângulos retângulos. Pelo caso de congruência LAL, tem-se: $\triangle MOQ \equiv \triangle MON \equiv \triangle POQ \equiv \triangle PON$. Geometricamente, verifica-se a seguinte relação:

$$A_{\text{losango}} = 4 \cdot A_{\text{triângulo}} = 4 \cdot \frac{\frac{D}{2} \cdot \frac{d}{2}}{2} = 4 \cdot \frac{D \cdot d}{4} \cdot \frac{1}{2} = \frac{D \cdot d}{2}$$

Logo, a área A de um losango de diagonais medindo D e d é dada por:

$$A = \frac{D \cdot d}{2}$$

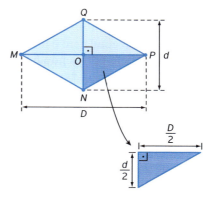

■ Área do trapézio

O trapézio é um quadrilátero com um par de lados opostos paralelos, denominados base maior e base menor.

Seja DEFG um trapézio, de altura de medida h, base menor $\overline{EF}$ de medida b e base maior $\overline{DG}$ de medida B, conforme a figura ao lado.

Pode-se decompor esse trapézio em dois triângulos, DEF e DFG, de mesma altura de medida h e com bases medindo b e B. Geometricamente, verifica-se a seguinte relação:

$$A_{\text{trapézio}} = A_{\triangle DEF} + A_{\triangle DFG} = \frac{b \cdot h}{2} + \frac{B \cdot h}{2} = \frac{bh + Bh}{2} = \frac{(b+B) \cdot h}{2}$$

Logo, sendo um trapézio de altura de medida h e bases medindo b e B, sua área A é dada por:

$$A = \frac{(b+B) \cdot h}{2}$$

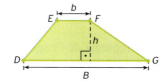

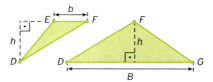

Exercício resolvido

30. Determine o valor de t nas figuras abaixo, de modo que a área do trapézio seja igual à área do losango.

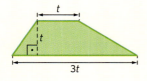

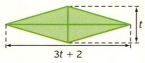

Resolução

As áreas das figuras devem ser iguais. Então:

$A_{\text{trapézio}} = A_{\text{losango}} \Rightarrow \frac{(3t+t) \cdot t}{2} = \frac{(3t+2) \cdot t}{2} \Rightarrow$

$\Rightarrow (3t+t) \cdot t = (3t+2) \cdot t \Rightarrow 4t = 3t+2 \Rightarrow t = 2$

Logo, as figuras têm áreas iguais, quando $t = 2$.

Exercícios propostos

31. Calcule a área dos quadriláteros representados abaixo.

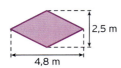

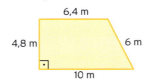

32. Em um losango de 64 m² de área, uma das diagonais mede o dobro da medida da outra. Qual é a medida do lado desse losango?

33. Em um trapézio, a altura mede o dobro da medida da base menor, e a medida da base maior é o dobro da medida da altura. Sabendo que a área desse trapézio é 810 cm², determine a medida de sua altura e as medidas de suas bases.

34. Em um trapézio isósceles, os lados não paralelos têm medidas iguais. Sabendo que esses lados medem 10 cm e que as bases medem 15 cm e 33 cm, determine a área do trapézio.

Área de polígonos regulares

Em um polígono regular, os lados são congruentes e os ângulos internos têm medidas iguais.

Área de um triângulo equilátero

O triângulo equilátero é um polígono regular de três lados, cujos ângulos internos medem 60°. Sendo b a medida de sua base e h a medida de sua altura, a área do triângulo pode ser calculada por $A = \dfrac{b \cdot h}{2}$.

Sendo ℓ as medidas dos lados do triângulo equilátero, como na figura abaixo, sua área também pode ser determinada em função da medida de ℓ.

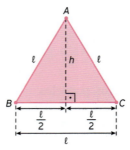

Pelo teorema de Pitágoras, tem-se:

$$\ell^2 = h^2 + \left(\dfrac{\ell}{2}\right)^2 \Rightarrow h^2 = \ell^2 - \dfrac{\ell^2}{4} = \dfrac{3\ell^2}{4} \Rightarrow h = \dfrac{\ell\sqrt{3}}{2}$$

Então: $A = \dfrac{\ell \cdot h}{2} = \dfrac{\ell \cdot \dfrac{\ell\sqrt{3}}{2}}{2} = \dfrac{\ell^2 \cdot \sqrt{3}}{4}$

Logo, sendo um triângulo equilátero de lado de medida ℓ, sua área A é dada por:

$$A = \dfrac{\ell^2\sqrt{3}}{4}$$

Área de um hexágono regular

O hexágono regular é um polígono regular de seis lados, cujos ângulos internos medem 120°. Um hexágono regular, cujo lado mede ℓ, pode ser decomposto em seis triângulos equiláteros congruentes, cujos lados também medem ℓ, como mostra a figura abaixo.

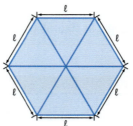

Como $A_{\triangle \text{equilátero}} = \dfrac{\ell^2\sqrt{3}}{4}$ e o hexágono regular pode ser decomposto em seis triângulos equiláteros, tem-se:

$A_{\text{hexágono regular}} = 6 \cdot A_{\triangle \text{equilátero}} = \dfrac{6\ell^2\sqrt{3}}{4} \Rightarrow A_{\text{hexágono regular}} = \dfrac{3\ell^2\sqrt{3}}{2}$

Logo, sendo um hexágono equilátero de lado de medida ℓ, sua área A é dada por:

$$A = \dfrac{3\ell^2\sqrt{3}}{2}$$

Para recordar

Razão entre as áreas de dois polígonos semelhantes

Considere os triângulos semelhantes ABC e $A'B'C'$:

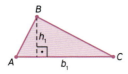

A razão de semelhança, representada por k, é calculada da seguinte maneira: $k = \dfrac{b_2}{b_1} = \dfrac{h_2}{h_1}$

Seja A_1 a área de ABC e A_2 a área de $A'B'C'$. Calculando a razão entre as áreas, obtém-se:

$\dfrac{\frac{1}{2}b_2 \cdot h_2}{\frac{1}{2}b_1 \cdot h_1} = \dfrac{b_2}{b_1} \cdot \dfrac{h_2}{h_1} = k \cdot k = k^2$

Logo, a razão entre as áreas de dois triângulos semelhantes é igual ao quadrado de sua razão de semelhança.

Esse resultado é válido para dois polígonos semelhantes quaisquer, bastando decompor esses polígonos em triângulos semelhantes.

Área de um polígono regular de *n* lados

Todo polígono regular pode ser inscrito em uma circunferência e, por isso, pode ser decomposto em triângulos isósceles com lados congruentes ao raio da circunferência que o circunscreve.

Um polígono regular de *n* lados de medida ℓ pode ser decomposto em *n* triângulos isósceles, de tal modo que a base corresponde ao lado do polígono. Pelo caso LAL, esses *n* triângulos são congruentes.

> **Para recordar**
>
> **Apótema de um polígono regular**
>
> O apótema de um polígono regular é o segmento que une o centro do polígono ao ponto médio de um de seus lados. O centro do polígono coincide com o centro das circunferências nele inscrita e a ele circunscrita. Assim, pode-se dizer que o apótema de um polígono regular é o raio da circunferência inscrita nele.

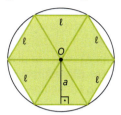

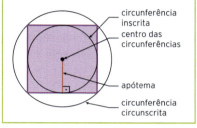

Na figura acima, *a* é a altura do triângulo e o apótema do polígono. Então:
$$A_{\text{polígono regular}} = n \cdot \frac{\ell \cdot a}{2} = \frac{n \cdot \ell \cdot a}{2}$$

Logo, sendo um polígono regular de *n* lados de medida ℓ e sendo *a* a medida de seu apótema, a área *A* do polígono é dada por:

$$A = \frac{n \cdot \ell \cdot a}{2}$$

Exercícios resolvidos

35. Determine a área dos seguintes polígonos regulares:

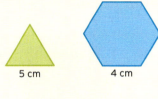

36. Calcule a medida do apótema de um hexágono regular cuja área é $12\sqrt{3}$ dm².

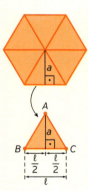

Resolução
- Área do triângulo equilátero:
$$A = \frac{\ell^2\sqrt{3}}{4} = \frac{5^2\sqrt{3}}{4} = \frac{25\sqrt{3}}{4}$$
- Área do hexágono regular:
$$A = \frac{3\ell^2\sqrt{3}}{2} = \frac{3 \cdot 4^2 \cdot \sqrt{3}}{2} = 24\sqrt{3}$$
- Área do octógono regular:
$$A = \frac{n \cdot \ell \cdot a}{2} = \frac{8 \cdot 3 \cdot 3{,}6}{2} = 43{,}2$$

Logo, a área do triângulo é $\frac{25\sqrt{3}}{4}$ cm², a do hexágono é $24\sqrt{3}$ cm² e a do octógono é 43,2 cm².

Resolução

Um hexágono regular pode ser decomposto em seis triângulos equiláteros congruentes.

$$A_{\triangle\text{equilátero}} = \frac{A_{\text{hexágono regular}}}{6} \Rightarrow \frac{\ell^2\sqrt{3}}{4} = \frac{12\sqrt{3}}{6} \Rightarrow \frac{\ell^2\sqrt{3}}{4} =$$
$$= 2\sqrt{3} \Rightarrow \Rightarrow \ell^2 = 8 \Rightarrow \Rightarrow \ell = 2\sqrt{2} \text{ (pois } \ell > 0)$$

Como os triângulos são equiláteros, a medida do apótema é igual à altura do triângulo.

$$a = \frac{\ell\sqrt{3}}{2} = \frac{2\sqrt{2} \cdot \sqrt{3}}{2} = \sqrt{6}$$

Logo, o apótema mede $\sqrt{6}$ dm.

Exercícios propostos

37. Qual é a área de um triângulo equilátero cujo lado mede 4 m?

38. Determine a área de um hexágono regular inscrito em uma circunferência cujo raio mede 10 cm.

39. Calcule a área de um triângulo equilátero cuja altura mede $3\sqrt{3}$ cm.

40. Sabendo que a área de um triângulo equilátero é $49\sqrt{3}$ cm², determine a medida:
a) do lado do triângulo;
b) da altura do triângulo.

41. Determine a área de cada polígono regular inscrito em uma circunferência de raio $r = 10$ cm.

a)
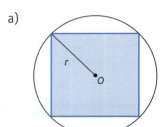

b)
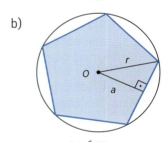
$a = 6$ cm

c)
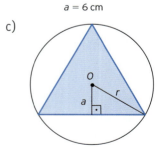
$a = 5$ cm

d)
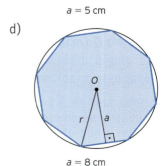
$a = 8$ cm

42. As figuras regulares a seguir têm áreas iguais.

Qual é a relação entre as medidas x e y dos lados?

43. Uma fábrica usa placas de alumínio para a confecção de seus produtos. A figura abaixo mostra a marcação de 28 triângulos equiláteros, cada um com 20 cm de lado, que serão cortados de uma placa retangular.

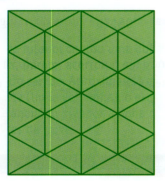

Quais são as dimensões aproximadas da placa?

44. O lado do hexágono regular ABCDEF a seguir mede 12 cm.

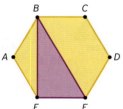

Determine a área do triângulo BEF.

45. Determine a medida do lado de um hexágono regular que tem $54\sqrt{3}$ cm² de área.

46. (Mackenzie-SP) Unindo-se os pontos médios dos lados de um hexágono regular H_1, obtém-se um hexágono regular H_2. A razão entre as áreas de H_1 e H_2 é:

a) $\dfrac{4}{3}$

b) $\dfrac{6}{5}$

c) $\dfrac{7}{6}$

d) $\dfrac{3}{2}$

e) $\dfrac{5}{3}$

47. (Fuvest-SP) A figura representa sete hexágonos regulares de lado 1 e um hexágono maior, cujos vértices coincidem com os centros de seis dos hexágonos menores. Então, a área do pentágono hachurado é igual a:

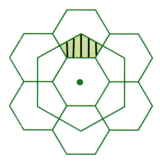

a) $3\sqrt{3}$
b) $2\sqrt{3}$
c) $\dfrac{3\sqrt{3}}{2}$
d) $\sqrt{3}$
e) $\dfrac{\sqrt{3}}{2}$

48. (UFABC)

Aquecimento global

O desmatamento é responsável por $\dfrac{3}{4}$ das emissões brasileiras de dióxido de carbono (CO_2), o principal gás do aquecimento global. Assim, a redução do desmatamento reduz também a emissão de CO_2, segundo o governo, para cada hectare de floresta que ficou de pé, 360 toneladas de CO_2 deixaram de ser lançadas na atmosfera.

(*O Estado de S. Paulo*, 14 maio de 2008).

A figura mostra uma área de floresta com a forma de um losango, cujas dimensões estão em quilômetros, e cujo perímetro mede 40 km. Se essa área não for desmatada, deixarão de ser lançados na atmosfera, segundo os dados utilizados pelo governo (360 t / ha), aproximadamente,
Dado: 1 ha = 10 000 m²

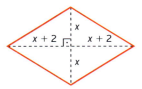

a) 4,5 milhões de t de CO_2.
b) 4,2 milhões de t de CO_2.
c) 3,8 milhões de t de CO_2.
d) 3,5 milhões de t de CO_2.
e) 2,9 milhões de t de CO_2.

49. (PUC-RS) Abelhas fabricam um favo com células de formato hexagonal. Sendo R o raio da circunferência circunscrita ao hexágono regular, a área do favo é dada por:

a) $3R^2$
b) $\dfrac{3R^2\sqrt{3}}{2}$
c) $\dfrac{R^2\sqrt{3}}{2}$
d) $\dfrac{R^2\sqrt{3}}{4}$
e) $\dfrac{3R^2\sqrt{3}}{4}$

50. Uma caixa de papelão de base hexagonal é formada por um hexágono regular e seis quadrados de lado 12 cm, como indica a planificação abaixo. Determine a área dessa planificação.

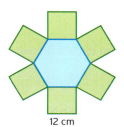

12 cm

51. (Fuvest-SP) Uma das piscinas do Centro de Práticas Esportivas da USP tem o formato de três hexágonos regulares congruentes, justapostos, de modo que cada par de hexágonos tem um lado em comum, conforme representado na figura abaixo. A distância entre lados paralelos de cada hexágono é de 25 metros.

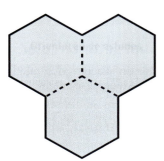

Assinale a alternativa que mais se aproxima da área da piscina.
a) 1 600 m²
b) 1 800 m²
c) 2 000 m²
d) 2 200 m²
e) 2 400 m²

3. Área de um círculo e de suas partes

■ Área de um círculo

O **círculo** é formado por uma circunferência e pela região interna a essa circunferência.

Observando a sequência ao lado, de polígonos regulares inscritos em circunferências de raio medindo r, nota-se que, conforme o número n de lados do polígono aumenta, ocorrem dois fatos:

- a região ocupada pelo polígono se aproxima da região interna da circunferência;
- o perímetro p do polígono se aproxima do comprimento da circunferência, e a medida a do apótema do polígono se aproxima da medida r.

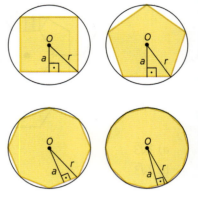

À medida que o número n de lados desse polígono aumenta, mais a área do polígono se aproxima da área do círculo. Assim, aumentando-se indefinidamente um número n, de modo que n tenda ao infinito, tem-se:

$$A_{\text{círculo}} \cong A_{\text{polígono regular}} = \frac{n \cdot \ell \cdot a}{2}$$

Como $n \cdot \ell$ é o perímetro p do polígono regular, e esse perímetro se aproxima do comprimento da circunferência $p = 2\pi r$, tem-se:

$$A_{\text{círculo}} = \frac{2\pi r}{2} \cdot r = \pi r^2$$

Logo, sendo um círculo de raio medindo r, sua área A é dada por:

$$A = \pi r^2$$

■ Área de uma coroa circular

A região destacada entre dois círculos concêntricos de raios medindo r (raio de medida menor) e R (raio de medida maior) é denominada **coroa circular**.

A área de uma coroa circular é igual à diferença entre a área do círculo maior (de raio medindo R) e a área do círculo menor (de raio medindo r):
$A = \pi R^2 - \pi r^2$

Logo:

$$A = \pi(R^2 - r^2)$$

■ Área de um setor circular

Uma região do círculo delimitada por dois raios, como a destacada ao lado, é denominada **setor circular**. A área de um setor circular é diretamente proporcional à medida α de seu ângulo central.

Para calcular a área de um setor circular, pode-se utilizar uma regra de três simples:

Medida α do ângulo central em grau	Medida α do ângulo central em radiano
medida do ângulo central → área α → A 360 → πr^2 $\frac{\alpha}{360} = \frac{A}{\pi r^2} \Rightarrow A = \frac{\alpha \pi r^2}{360}$	medida do ângulo central → área α → A 2π → πr^2 $\frac{\alpha}{2\pi} = \frac{A}{\pi r^2} \Rightarrow A = \frac{\alpha r^2}{2}$

> **Saiba mais**
>
> **Segmento circular**
>
> Segmento circular é uma região limitada por uma corda e um arco do círculo.
>
> A região destacada na figura abaixo é denominada **segmento circular**.
>
>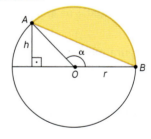
>
> Para calcular a área do segmento circular acima, basta determinar a diferença entre a área do setor circular cujo ângulo central mede α e a área do triângulo isósceles AOB.
>
> Considerando α em grau:
>
> $A_{\text{segmento circular}} = A_{\text{setor}} - A_{\text{triângulo}} =$
>
> $= \frac{\alpha \pi r^2}{360} - \frac{r \cdot h}{2}$
>
> Considerando α em radiano:
>
> $A_{\text{segmento circular}} = A_{\text{setor}} - A_{\text{triângulo}} =$
>
> $= \frac{\alpha r^2}{2} - \frac{r \cdot h}{2}$

Exercício resolvido

52. Determine a área da região destacada em cada figura, sendo O_1 e O_2 os centros das circunferências.

a)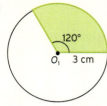
b)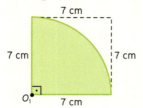
c)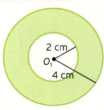

Resolução

a) A região colorida em verde é um setor circular, em que $\alpha = 120°$ e $r = 3$ cm. Então:
$$A = \frac{\alpha \pi r^2}{360} = \frac{120 \cdot \pi \cdot 3^2}{360} = \frac{1\,080\pi}{360} = 3\pi$$
Logo, a área dessa região é 3π cm².

b) Nesse caso, a região colorida em verde equivale a $\frac{1}{4}$ da área do círculo cujo raio mede 7 cm, pois o ângulo central mede 90°. Assim:
$$A = \frac{1}{4} \cdot \pi \cdot r^2 = \frac{1}{4} \cdot \pi \cdot 7^2 = \frac{49\pi}{4}$$
Logo, a área dessa região é $\frac{49\pi}{4}$ cm².

c) A região colorida em verde é uma coroa circular cujos raios medem $r = 2$ cm e $R = 4$ cm. Então:
$$A = \pi(R^2 - r^2) = \pi(4^2 - 2^2) = \pi(16 - 4) = 12\pi$$
Logo, a área dessa região é 12π cm².

Exercícios propostos

53. O gráfico de setores abaixo indica o resultado da análise de uma amostra do solo de uma região montanhosa. Supondo que o raio do círculo meça 4 cm, calcule a área de cada setor circular.

Dados obtidos depois da análise.

54. A secretaria de obras de um município trocou o piso da calçada de uma das praças da cidade. O canteiro central da praça é um círculo cujo diâmetro mede 12 m, e a calçada tem 2 m de largura, conforme a figura ao lado.

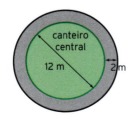

Determine o custo da reforma da calçada sabendo que foram gastos R$ 25,00 por metro quadrado. (Use $\pi = 3{,}14$.)

55. Considerando que o quadrado ABCD representado ao lado tem lados medindo 10 cm, calcule a área da região colorida em vermelho, sabendo que A e C são centros de circunferências que contêm os pontos B e D.

56. A figura ao lado é limitada por três semicircunferências. Determine a área da região colorida em roxo.

57. O esquema mostra as dimensões de uma pista de corrida com seu canteiro central, limitado por duas semicircunferências e por segmentos de reta.

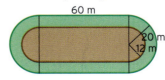

Considerando $\pi = 3{,}14$, determine:
a) a extensão da pista quando percorrida pela raia mais interna;
b) a extensão da pista quando percorrida pela raia mais externa;
c) a área do canteiro central e da pista de corrida.

58. Calcule a área do segmento circular representado abaixo.

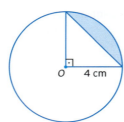

59. (FGV) Na figura abaixo, o ângulo $\hat{A}$ do triângulo ABC inscrito na circunferência é reto. O lado $\overline{AB}$ mede 4, e o lado $\overline{AC}$ mede 5.

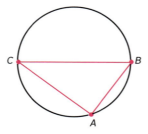

A área do círculo da figura é:
a) $9,75\pi$ c) $10,25\pi$ e) $10,75\pi$
b) 10π d) $10,50\pi$

60. (FGV) Cada um dos 7 círculos menores da figura a seguir tem raio 1 cm. Um círculo pequeno é concêntrico com o círculo grande, e tangencia os outros 6 círculos pequenos. Cada um desses 6 outros círculos pequenos tangencia o círculo grande e 3 círculos pequenos.

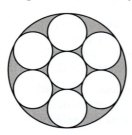

Na situação descrita, a área da região sombreada na figura, em cm², é igual a:
a) π c) 2π e) 3π
b) $\dfrac{3\pi}{2}$ d) $\dfrac{5\pi}{2}$

61. (Mackenzie-SP)

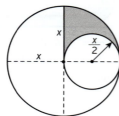

O valor da área sombreada na figura é:
a) $\dfrac{\pi x^2}{4}$ c) $\dfrac{\pi x^2}{8}$ e) $\dfrac{\pi x^2}{6}$
b) $\dfrac{\pi x^2}{2}$ d) $\dfrac{\pi x^2}{12}$

62. (UFSCar-SP) A figura representa três semicírculos, mutuamente tangentes dois a dois, de diâmetros $\overline{AD}$, $\overline{AC}$ e $\overline{CD}$.

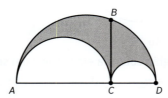

Sendo $\overline{CB}$ perpendicular a $\overline{AD}$, e sabendo-se que AB = 4 cm e DB = 3 cm, a medida da área da região sombreada na figura, em cm², é igual a:
a) $1,21\pi$
b) $1,25\pi$
c) $1,36\pi$
d) $1,44\pi$
e) $1,69\pi$

63. (Unicamp-SP) Um vulcão que entrou em erupção gerou uma nuvem de cinzas que atingiu rapidamente a cidade de Rio Grande, a 40 km de distância. Os voos com destino a cidades situadas em uma região circular com centro no vulcão e com raio 25% maior que a distância entre o vulcão e Rio Grande foram cancelados. Nesse caso, a área da região que deixou de receber voos é:
a) maior que 10 000 km².
b) menor que 8 000 km².
c) maior que 8 000 km² e menor que 9 000 km².
d) maior que 9 000 km² e menor que 10 000 km².

64. (ESPM) Na figura abaixo, cada quadrícula tem área igual a $\dfrac{1}{\pi}$ m². A corda $\overline{AB}$ é tangente à circunferência interna da coroa circular de centro O. A área dessa coroa vale:

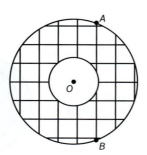

a) 11 m²   d) 8 m²
b) 7 m²   e) 9 m²
c) 10 m²

Exercícios complementares

65. A construtora KTO encomendou um letreiro de alumínio para colocar na entrada de sua sede, conforme o modelo abaixo.

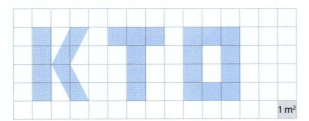

Calcule o custo do letreiro, sabendo que a empresa contratada para executar o serviço cobra R$ 105,00 por metro quadrado.

66. A área do triângulo ABC representado abaixo é 48 cm².

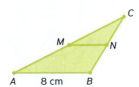

Calcule a área do triângulo MNC, sabendo que M e N são pontos médios dos segmentos $\overline{AC}$ e $\overline{BC}$.

67. A estrela da figura abaixo foi construída com 12 triângulos equiláteros congruentes.

Determine a medida do lado desses triângulos, sabendo que a área colorida em amarelo é igual a $81\sqrt{3}$ cm².

68. Considere as regiões destacadas a seguir, formadas por regiões quadradas de lados medindo 4 cm, e por circunferências centradas nos vértices dos quadrados.

Verifique qual é a diferença entre as áreas coloridas das figuras.

69. (Fatec-SP) A pintura ao lado, de Kazimir Malevich, tem como título "Retângulo preto, Triângulo azul" e é um exemplo do abstracionismo geométrico do início do século XX, conhecido na Rússia como Suprematismo.

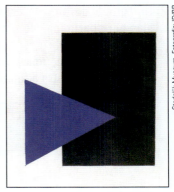

É correto afirmar que a área da pintura ocupada pela composição das figuras "Retângulo preto" e "Triângulo azul" é, em cm², igual a:
a) $1\,800 + 64\sqrt{3}$
d) $1\,800 + 512\sqrt{3}$
b) $1\,800 + 128\sqrt{3}$
e) $1\,800 + 1\,024\sqrt{3}$
c) $1\,800 + 192\sqrt{3}$

70. O desenho a seguir representa uma piscina retangular que será revestida de azulejos também retangulares.

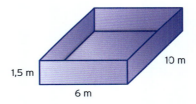

a) Quantos metros quadrados de azulejo serão necessários para revestir o interior da piscina? Desconsidere a espessura dos azulejos.
b) O preço do azulejo escolhido é R$ 27,00 por metro quadrado. Qual será o custo dos azulejos para revestir a piscina?

71. A sequência de quadrados da figura a seguir foi construída tomando-se os pontos médios dos lados de cada quadrado. As áreas dos quadrados obtidos formam uma progressão geométrica.

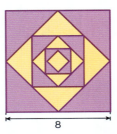

a) Calcule a área dos dois primeiros quadrados da sequência e determine a razão da P.G.
b) Determine a área do 10º quadrado da sequência.

Exercícios complementares

72. Um grupo de amigos está confeccionando fantasias para participar de um baile de carnaval. Para fazer uma cartola de papelão, eles utilizam três peças: um círculo, uma coroa circular e um retângulo, conforme mostra a figura a seguir.

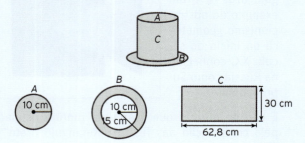

Determine a área de papelão necessária para confeccionar cada uma das peças.

73. A seguir tem-se o gráfico da função $f: \mathbb{R} \to \mathbb{R}$, $f(x) = x^2 + 3x - 4$.

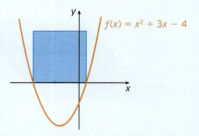

Calcule a área do quadrado destacado.

74. Na produção de peças metálicas, uma máquina corta discos de uma placa de metal. A figura abaixo mostra o que sobra nesse processo (partes azuis).

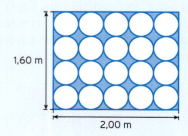

(Adote: $\pi = 3{,}14$)

a) Quantos centímetros quadrados de placa metálica são utilizados para produzir os discos?

b) Qual é a área do metal que sobra?

c) Qual é o percentual de perda de material em cada placa de metal?

75. (FGV) No triângulo retângulo abaixo, os catetos $\overline{AB}$ e $\overline{AC}$ medem, respectivamente, 2 e 3. A área do quadrado $ARST$ é que porcentagem da área do triângulo ABC?

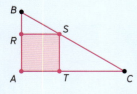

a) 42%
b) 44%
c) 46%
d) 48%
e) 50%

76. (Fuvest-SP) Na figura, o triângulo ABC é equilátero de lado 1, e $ACDE$, $AFGB$ e $BHIC$ são quadrados. A área do polígono $DEFGHI$ é:

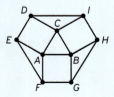

a) $1 + \sqrt{3}$
b) $2 + \sqrt{3}$
c) $3 + \sqrt{3}$
d) $3 + 2\sqrt{3}$
e) $3 + 3\sqrt{3}$

77. Em uma feira de artesanato, foram montadas barracas para expor os produtos. A base de cada barraca tem a forma de um hexágono regular, conforme indica a figura ao lado.

Calcule a área aproximada que cada base das barracas ocupa. (Considere: $\sqrt{3} = 1{,}7$)

78. Os *designers* estão sempre em busca de novos produtos. Um projeto curioso é a mesa de centro construída com dois círculos de madeira cujos diâmetros medem 1,40 m e 0,60 m. O círculo superior tem uma abertura, que também é um círculo de diâmetro 0,60 m, como mostra a figura.

Determine a área da superfície de cada nível da mesa.

79. Calcule a área do trapézio ABCD representado a seguir, sabendo que a área do triângulo ABC é 6 m².

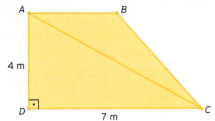

80. (Insper-SP) As disputas de MMA (*Mixed Martial Arts*) ocorrem em ringues com a forma de octógonos regulares com lados medindo um pouco menos de 4 metros, conhecidos como "Octógonos". Medindo o comprimento exato de seus lados, pode-se calcular a área de um "Octógono" decompondo-o, como mostra a figura a seguir, em um quadrado, quatro retângulos e quatro triângulos retângulos e isósceles.

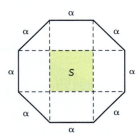

A medida do lado do quadrado destacado no centro da figura é igual à medida α do lado do "Octógono". Se a área desse quadrado é S, então a área do "Octógono" vale:

a) $S(2\sqrt{2} + 1)$
b) $S(\sqrt{2} + 2)$
c) $2S(\sqrt{2} + 1)$
d) $2S(\sqrt{2} + 2)$
e) $4S(\sqrt{2} + 1)$

81. (FGV) A figura indica um retângulo ABCD, com AB = 10 cm e AD = 6 cm. Os pontos M, N e P estão nos lados do retângulo, sendo que M é ponto médio de $\overline{BC}$, e AN = 8 cm.

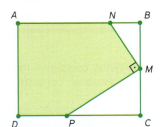

Sabendo que $\overline{NM}$ é perpendicular a $\overline{MP}$, a área do pentágono verde na figura, em cm², é igual a:

a) 38,25.
b) 50,00.
c) 50,25.
d) 51,00.
e) 53,75.

82. (Uerj) Para confeccionar uma bandeirinha de festa junina, utilizou-se um pedaço de papel com 10 cm de largura e 15 cm de comprimento, obedecendo-se às instruções abaixo.

I. Dobrar o papel ao meio, para marcar o segmento $\overline{MN}$, e abri-lo novamente:

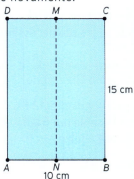

II. Dobrar a ponta do vértice B no segmento $\overline{AB'}$, de modo que B coincida com o ponto P do segmento $\overline{MN}$:

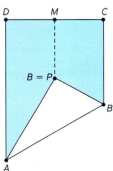

III. Desfazer a dobra e recortar o triângulo ABP.

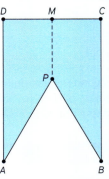

A área construída da bandeirinha APBCD, em cm², é igual a:

a) $25(4 - \sqrt{3})$
b) $25(6 - \sqrt{3})$
c) $50(2 - \sqrt{3})$
d) $50(3 - \sqrt{3})$

83. Para estimar o público presente em estádios de futebol, comícios e passeatas, considera-se que, em média, 4 pessoas ocupam 1 m². Qual é a estimativa de público para uma área de 6 500 m² totalmente ocupada?

Exercícios complementares

84. O piso de um quintal retangular tem 9 m de comprimento por 1,50 m de largura. Ele será totalmente revestido com peças quadradas de cerâmica cujos lados medem 30 cm. Foram compradas 12 caixas de peças de cerâmica, cada uma contendo 10 peças.

a) Qual é a área do quintal?
b) Quantas peças são necessárias para revestir todo o quintal?
c) A cerâmica comprada é suficiente para esse revestimento? Justifique.

85. (Unicamp) O segmento $\overline{AB}$ é o diâmetro de um semicírculo e a base de um triângulo isósceles ABC, conforme a figura abaixo.

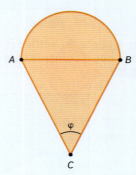

Denotando as áreas das regiões semicircular e triangular, respectivamente, por $S(\varphi)$ e $T(\varphi)$, podemos afirmar que a razão entre $\frac{S(\varphi)}{T(\varphi)}$, quando $\varphi = \frac{\pi}{2}$ radiano, é:

a) $\frac{\pi}{2}$
b) 2π
c) π
d) $\frac{\pi}{4}$

86. Um dodecágono regular, polígono regular de 12 lados, tem 240 cm de perímetro. Sabendo que a medida do apótema desse polígono é 37 cm, calcule sua área.

87. A figura abaixo é formada por hexágonos regulares congruentes.

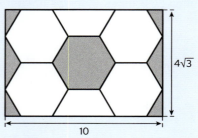

Em dupla, determine:
a) a medida do apótema do hexágono;
b) a medida do lado do hexágono;
c) a área da região cinza.

88. O logotipo de uma empresa é composto de um paralelogramo azul e de um trecho vermelho obtido de semicírculos, como mostra a figura abaixo.

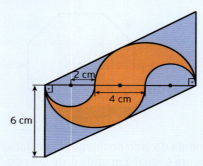

a) Qual é a área da região vermelha?
b) Qual é a área da região azul?

89. Determine a área do losango representado abaixo.

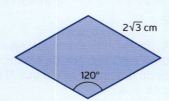

Orientação de estudos

O quadro abaixo apresenta os temas estudados neste capítulo e os exercícios complementares relacionados a cada tema. Se você teve dificuldade na resolução de algum exercício complementar, consulte a orientação de estudos apresentada.

Tema	Exercícios complementares relacionados	Orientação de estudos
Áreas de polígonos	65, 66, 67, 69, 70, 71, 73, 75, 76, 77, 79, 80, 81, 82, 83, 84, 86, 87, 89	Releia o conteúdo das páginas 156, 157, 159, 161 a 163 e retome os exercícios 2, 3, 16, 18, 19, 20, 21, 37, 38, 40 e 41.
Área de um círculo e de suas partes	68, 72, 74, 78, 85, 88	Releia o conteúdo da página 166 e retome os exercícios 53, 54, 55 e 56.

Matemática e Geografia

Maiores países do mundo

Sabemos que o nosso planeta, em sua crosta terrestre, é dividido, naturalmente, em continentes e, politicamente, em países (nações) que surgiram, se formaram e se delinearam por meio de acontecimentos históricos, culturais e sociais. Cada país tem sua extensão territorial definida pela quantidade de quilômetros quadrados de seu território.

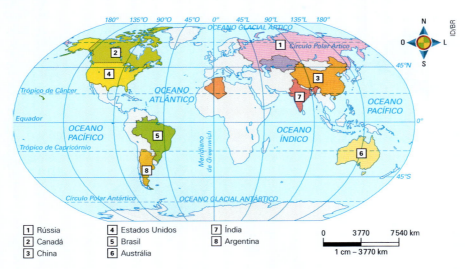

No planeta Terra, os oceanos ocupam mais de 70% de toda a área, o restante, cerca de 29,1%, é referente às regiões continentais estimadas em 149,3 milhões de quilômetros quadrados. [...]

Todo estudante, quando inicia os estudos em geografia na escola, logo fica curioso em saber qual o maior país do mundo e, não somente pela curiosidade, poderemos considerar que a extensão territorial de uma nação interfere diretamente na sua história, composição cultural, densidade populacional, estrutura de serviços públicos e no seu potencial econômico de produção e consumo.

Os antes 22 milhões de km² da URSS [União Soviética] foram herdados, em grande parte, pela atual Rússia que, após a dissolução do bloco soviético, manteve-se como o maior país do mundo em extensão territorial. Sendo um país euroasiático, cuja porção europeia é de 4 238 500 km². [...]

Leia, a seguir, a lista dos oito maiores países do mundo em extensão territorial:

1. Rússia: 17 098 242 km²
2. Canadá: 9 984 670 km²
3. China: 9 640 011 km²
4. Estados Unidos: 9 629 091 km²
5. Brasil: 8 514 877 km²
6. Austrália: 7 692 024 km²
7. Índia: 3 287 263 km²
8. Argentina: 2 780 400 km²

REBOUÇAS, F. Disponível em: <http://www.infoescola.com/geografia/maiores-paises-do-mundo/>. Acesso em: 25 mar. 2013.

» Sobre o texto

1. Usando informações do texto, calcule a porcentagem aproximada da atual área da Rússia em relação ao território da antiga União Soviética.

2. Pesquise sobre os países da lista e colete dados sobre a situação econômica e social deles. Analise, em pequenos grupos, tópicos como: Será que todo país de grande território pode ser considerado rico? Que outros fatores podem influenciar na qualidade de vida que as pessoas levam em cada um desses países? Existem países de pequeno território na lista dos países mais ricos do mundo? Como explicar isso?
Organize a pesquisa e um debate e, se possível, consulte o professor de Geografia.

CAPÍTULO 8
Geometria espacial de posição

Módulos

1. Conceitos primitivos e postulados
2. Posição relativa de elementos do espaço
3. Paralelismo
4. Perpendicularismo
5. Distâncias e ângulos

A peça sólida e a placa vazada (ao fundo) são partes de uma exposição artística interativa. A interatividade se dá quando o visitante posiciona a peça sólida na abertura da placa, de modo que se encaixem. A peça sólida lembra uma composição com dois paralelepípedos retos de dimensões iguais. Na fotografia, por um efeito de perspectiva, os paralelepípedos aparentam ser de tamanhos diferentes – e o mesmo ocorre com a forma vazada na placa.

Para começar

1. Suponha que a mulher da foto pretenda encaixar a peça sólida na placa vazada. Isso parece possível?
2. "A mulher girou a peça algumas vezes. Ela conseguiu encaixá-la na placa vazada em duas posições distintas." Essa afirmação pode ser verdadeira? Justifique sua resposta.
3. Na fotografia, a mão direita da mulher está próxima de um dos vértices da peça. Abaixo, tem-se a representação da peça em uma nova posição, com alguns de seus vértices nomeados.

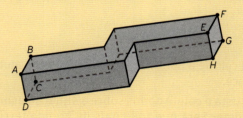

Faça uma representação da peça semelhante a essa, mas adotando a posição da fotografia. Identifique os vértices como nomeados acima.

4. Se você fosse artista plástico, faria obras interativas? Justifique.

1. Conceitos primitivos e postulados

Você já conhece alguns conceitos lógicos e sua aplicação nas demonstrações matemáticas. Para o desenvolvimento do estudo de geometria a partir deste capítulo, alguns desses conceitos serão retomados e ampliados.

- **Axiomas** (ou **postulados**): são sentenças aceitas como verdadeiras, que não são provadas ou demonstradas. É uma hipótese inicial do qual outros enunciados são logicamente derivados. Por exemplo: duas retas distintas não se intersectam em mais de um ponto.
- **Noções primitivas** (ou **conceitos primitivos**): são ideias de entes matemáticos, aceitas sem serem usadas definições. Por exemplo: o conceito de ponto.
- **Definições**: são afirmações que designam entes matemáticos, estabelecidas por conceitos primitivos ou por outras definições, sem demonstrações.
- **Teoremas**: são proposições que são demonstradas por processos lógicos. Por exemplo: ângulos opostos pelo vértice são congruentes.

Em geometria é necessário que, inicialmente, algumas declarações (admitidas como verdadeiras) sejam a origem das demais, para que delas possam ser obtidas outras afirmações verdadeiras. Isso caracteriza a geometria como um **sistema axiomático**. Por isso, para desenvolver ideias da geometria, é preciso escolher algumas noções primitivas e alguns postulados e, com base nessas escolhas e por meio de processos lógicos, demonstrar os teoremas.

A forma textual de um teorema é constituída de duas partes: a primeira, **hipótese**, e a segunda, **tese**. A hipótese apresenta o que é dado (o conhecimento que se tem a respeito de algum objeto ou de outro fato matemático). A tese é a conclusão e indica o que deve ser demonstrado.

Grande parte dos teoremas pode ser enunciada na forma "**se [hipótese], então [tese]**". Assim, explicitam-se o que é dado e o que se quer demonstrar. Embora um teorema possa ser escrito de outra maneira, essa é a estrutura mais usual.

Exemplos

Teorema: Dois ângulos opostos pelo vértice têm medidas iguais.

Esse teorema pode ser reescrito na seguinte estrutura:

Se dois ângulos são opostos pelo vértice, então eles têm medidas iguais.

Hipótese: Dois ângulos são opostos pelo vértice.

Tese: Os ângulos têm medidas iguais.

> **Saiba mais**
>
> **As demonstrações em geometria**
>
> As demonstrações em geometria representam uma cadeia de argumentações que pode ser trilhada no sentido inverso, até que se chegue aos postulados.
>
> As demonstrações servem, ao mesmo tempo, para **comunicar** um resultado e para **validar** uma sentença. Há na demonstração, portanto, dois aspectos que se destacam, seja por expressar um pensamento, seja por avaliar a veracidade de uma sentença.
>
> Isso reforça o fato de que uma demonstração geométrica não tem validade se, por exemplo, seus argumentos foram fundamentados na percepção do olho humano ao observar um esquema ou uma figura. As imagens podem servir de apoio para representar o que se deseja demonstrar, mas nunca para provar tal ideia. Não se deve abandonar o uso de esboços ou desenhos para auxiliar na compreensão de uma demonstração, mas eles não devem ser tomados como a própria demonstração.

Os conceitos primitivos e suas representações

Os conceitos primitivos da geometria espacial são o **ponto**, a **reta** e o **plano**. Para melhor compreensão desses conceitos, costuma-se associar a eles objetos do mundo real, como mostram as fotografias abaixo.

Cada grão de areia de uma praia dá a ideia de ponto.

Um barbante esticado nos dois sentidos dá a ideia de reta.

A superfície de um assoalho perfeitamente liso dá a ideia de plano.

Neste livro, os pontos são representados por letras latinas maiúsculas (A, B, ...); as retas, por letras latinas minúsculas (r, s, ...); e os planos, por letras gregas minúsculas (α, β, ...).

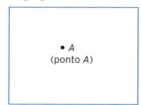
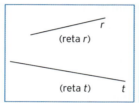
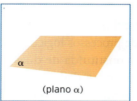

Para recordar

Notações

- Para um segmento de reta de extremidades A e B: segmento $\overline{AB}$.

- Para uma semirreta de origem em A que passa por B: semirreta $\overrightarrow{AB}$.

- Para uma reta que passa pelos pontos A e B: reta $\overleftrightarrow{AB}$.

A linguagem da geometria espacial apoia-se na teoria dos conjuntos, sendo o espaço o conjunto universo, cujos elementos são os pontos; as retas e os planos são subconjuntos desse conjunto universo.

Para descrever as relações entre pontos, retas e planos, são utilizados os seguintes símbolos:

- $\in$: pertence
- $\not\subset$: não está contido
- $\cup$: união
- $\notin$: não pertence
- $\supset$: contém
- $\cap$: intersecção
- $\subset$: está contido
- $\not\supset$: não contém

Exemplos

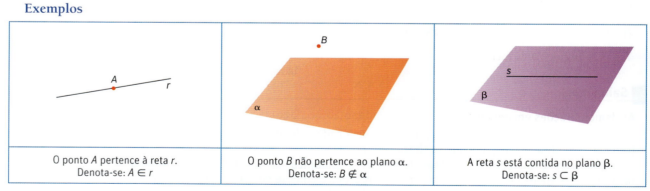

| O ponto A pertence à reta r. Denota-se: $A \in r$ | O ponto B não pertence ao plano α. Denota-se: $B \notin \alpha$ | A reta s está contida no plano β. Denota-se: $s \subset \beta$ |

No terceiro exemplo, também se pode dizer que o plano β contém a reta s, e, nesse caso, denota-se: $\beta \supset s$

Para este estudo, também serão consideradas as definições a seguir.

Pontos colineares são pontos que pertencem à mesma reta.
Pontos coplanares são pontos que pertencem ao mesmo plano.

■ Postulados

Todos os postulados admitidos na construção da geometria plana continuam válidos na construção da geometria espacial. A seguir, são apresentados alguns postulados adotados para a construção da geometria espacial.

> **Postulado 1:** Dados dois pontos distintos do espaço, existe uma única reta que os contém.

Por exemplo, dados os pontos distintos A e B representados ao lado, existe uma única reta r que contém esses pontos.

> **Postulado 2:** Dada uma reta no espaço, existem infinitos pontos que pertencem à reta e infinitos pontos que não pertencem a ela.

Por exemplo, dados os pontos distintos A, B, C e D representados ao lado, os pontos A e B pertencem à reta s, e os pontos C e D não pertencem à reta s.

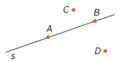

> **Postulado 3:** Dado um plano do espaço, existem infinitos pontos que pertencem ao plano e infinitos pontos que não pertencem a ele.

Por exemplo, dados os pontos distintos A, B, C e D representados ao lado, os pontos A e B pertencem ao plano α, e os pontos C e D não pertencem a α.

Os postulados 2 e 3 garantem que as retas e os planos são elementos próprios do espaço, ou seja, sempre é possível considerar pontos que não pertencem a eles.

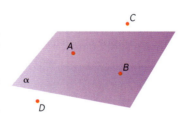

> **Postulado 4:** Dados três pontos no espaço, não pertencentes à mesma reta, existe um único plano que os contém.

Por exemplo, dados os pontos distintos e não colineares A, B e C representados ao lado, o plano β é o único plano que contém esses pontos. Também se pode denotar o plano β por plano ABC.

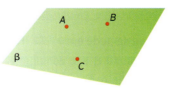

> **Postulado 5:** Se uma reta tem dois pontos em comum com um plano, então ela está contida nesse plano.

Por exemplo, dados os pontos distintos A e B pertencentes à reta r, representados ao lado, uma vez que esses pontos pertencem ao plano α, a reta r está contida no plano α.

Para recordar

Postulados da geometria plana

Em anos anteriores, você já aprendeu alguns postulados da geometria plana referentes a conjuntos de pontos e às relações entre eles. Veja alguns desses postulados estudados:

- Em uma reta, e fora dela também, há infinitos pontos.
- Por um ponto passam infinitas retas.
- Por dois pontos distintos passa uma, e apenas uma, reta.

Semiespaços

Assim como uma reta separa um plano em dois semiplanos, um plano separa o espaço em dois semiespaços. Define-se:

> Dado um plano α, um **semiespaço de origem** α é o conjunto dos pontos de α e dos pontos A do espaço que pertencem ao mesmo lado do plano α.

Os postulados enunciados anteriormente estabelecem relações entre pontos, retas e planos. O postulado a seguir estabelece uma relação entre um plano e o espaço.

> **Postulado 6:** Todo plano divide o espaço em dois semiespaços.

Por exemplo, o plano α representado ao lado divide o espaço em dois semiespaços. Cada um dos semiespaços tem origem em α e contém o plano α.

O postulado 6 apresenta a característica de separação do espaço ilustrada abaixo.

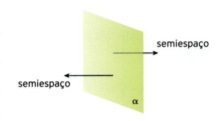

Se A e B são pontos de semiespaços diferentes, ambos de origem α, tal que A e B não pertencem ao plano α, então o segmento $\overline{AB}$ tem um ponto comum com o plano α.	Se A e B são pontos do mesmo semiespaço de origem α, tal que A e B não pertencem ao plano α, então o segmento $\overline{AB}$ não tem ponto comum com o plano α.
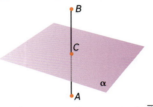	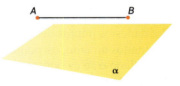
Nesse caso, C é o ponto comum entre o segmento $\overline{AB}$ e o plano α.	Nesse caso, não há ponto comum entre o segmento $\overline{AB}$ e o plano α.

Convém destacar que um ponto separa uma reta em duas semirretas, mas não separa um plano em dois semiplanos. Uma reta separa um plano em dois semiplanos, mas não separa o espaço em dois semiespaços. Além disso, uma única reta separa o espaço em infinitos semiplanos, enquanto um único plano o separa em apenas dois semiespaços.

Exercícios propostos

1. Observe a fotografia abaixo e faça o que se pede em cada item.

a) Faça um desenho esboçando o armário da fotografia.
b) Indique partes do desenho que possam ser associadas às ideias de ponto, de reta e de plano.

2. Faça um desenho que represente a seguinte situação:

> O ponto A não pertence à reta r, mas pertence ao plano α. Os pontos B e C pertencem à reta r e ao plano α.

As retas $\overleftrightarrow{AB}$ e $\overleftrightarrow{BC}$ estão contidas no plano α?

3. Considere os pontos A, B, C e D. Determine quantas retas podem ser formadas conforme as descrições a seguir.
a) A, B e C colineares;
   A, B, C e D não colineares.
b) A, B e C não colineares;
   A, B e D não colineares.

2. Posição relativa de elementos do espaço

A posição relativa de dois elementos do espaço refere-se às possibilidades de intersecção entre eles.

Para estudar esse assunto, vamos dividi-lo da seguinte maneira:

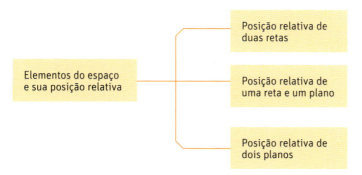

■ Posição relativa de duas retas

Quando duas retas têm todos os pontos comuns, diz-se que são retas **coincidentes**.

Quando duas retas são distintas, a intersecção entre elas e o plano em que estão contidas determinam a posição relativa delas. Define-se:

> **Retas coplanares** são retas que estão contidas em um mesmo plano.

Quanto à intersecção de duas retas distintas, há duas possibilidades, como descrito a seguir.

- Quando as retas têm um ponto comum, diz-se que são retas **concorrentes**. Nesse caso, as retas sempre são coplanares (pois determinam um plano, como será visto adiante).
- Quando as retas não têm ponto comum, elas podem ser **paralelas** (quando são coplanares) ou **reversas** (quando não admitem um plano comum, ou seja, todo plano que contém uma delas não contém a outra).

Saiba mais

Postulado das retas paralelas (postulado de Euclides)

Por um ponto não pertencente a uma reta, pode-se traçar uma, e apenas uma, reta paralela à reta dada.

Exemplos

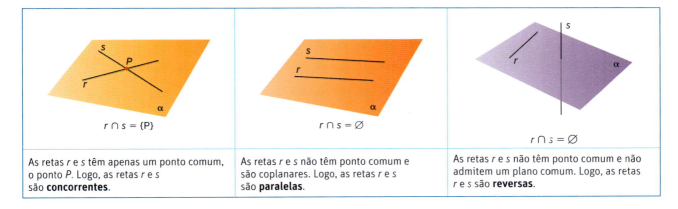

$r \cap s = \{P\}$	$r \cap s = \varnothing$	$r \cap s = \varnothing$
As retas *r* e *s* têm apenas um ponto comum, o ponto *P*. Logo, as retas *r* e *s* são **concorrentes**.	As retas *r* e *s* não têm ponto comum e são coplanares. Logo, as retas *r* e *s* são **paralelas**.	As retas *r* e *s* não têm ponto comum e não admitem um plano comum. Logo, as retas *r* e *s* são **reversas**.

Observação

Quando a intersecção de duas retas é vazia, ou seja, as retas não têm ponto comum, é preciso saber se as retas são coplanares ou não, para que se possa identificar se são paralelas ou reversas.

Determinação de um plano

Conhecidas as possíveis posições relativas de duas retas, podem ser estudadas as maneiras de se determinar um plano.

O postulado 4 apresenta uma possibilidade para determinar um plano envolvendo apenas pontos. Com auxílio dos postulados vistos até aqui, é possível estabelecer outras maneiras de determinar planos, envolvendo também retas.

> **Teorema 1:** Uma reta e um ponto que não pertence a ela determinam um plano.

Demonstração

Considere uma reta r e um ponto A não pertencente à reta. Sejam B e C dois pontos distintos pertencentes à reta r. Como A não pertence a r, os pontos A, B e C não são colineares; portanto, pelo postulado 4, existe um único plano α que contém os três pontos. Como α contém B e C, pelo postulado 5, a reta r está contida nesse plano; portanto, o ponto A e a reta r determinam um plano.

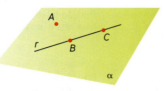

> **Teorema 2:** Duas retas concorrentes determinam um plano.

Demonstração

Seja P o ponto de intersecção das retas s e r representadas ao lado e sejam A e B pontos pertencentes às retas s e r, respectivamente, ambos distintos de P.

O plano determinado por P, A e B contém obrigatoriamente as retas s e r, já que, pelo postulado 5, cada reta contém dois de seus pontos no plano. Portanto, as retas concorrentes s e r determinam um plano.

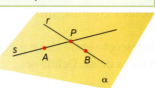

> **Teorema 3:** Duas retas paralelas distintas determinam um único plano que as contém.

Demonstração

Sejam A e B dois pontos distintos em r e C um ponto em s. Temos que A, B e C não são colineares. Pelo postulado 4, existe um único plano que os contém. Portanto, as retas r e s determinam um único plano.

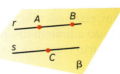

Para refletir

A seguir tem-se um paralelepípedo reto-retângulo.

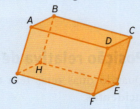

- Qual é o plano determinado pelos pontos A, B e H?
- Qual é o plano determinado pela reta $\overleftrightarrow{BC}$ e pelo ponto E?
- Qual é o plano determinado pelo ponto F e pela reta $\overleftrightarrow{BC}$?
- Qual é o plano determinado pelas retas paralelas $\overleftrightarrow{AD}$ e $\overleftrightarrow{HE}$?
- O plano determinado pela reta $\overleftrightarrow{BF}$ e pelo ponto C é paralelo ao plano determinado pela reta $\overleftrightarrow{DH}$ e pelo ponto E?

Exercício resolvido

4. Explique por que a seguinte afirmação não é verdadeira:
Três pontos distintos determinam um plano.

Resolução
Para que três pontos distintos A, B e C determinem um plano, é necessário que eles não sejam colineares.

Se essa condição estiver satisfeita, então, pelo postulado 4, esses pontos determinam um plano α, como mostra a figura ao lado.

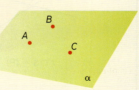

Se essa condição não estiver satisfeita, ou seja, se os pontos A, B e C forem colineares, então esses pontos determinam apenas uma reta r, como mostra a figura abaixo.

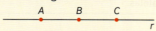

Sendo assim, basta acrescentar **uma** das condições a seguir para que seja determinado um plano:
- um ponto não pertencente à reta r (pelo teorema 1);
- uma reta concorrente à reta r (pelo teorema 2);
- uma reta paralela à reta r (pelo teorema 3).

Posição relativa de uma reta e um plano

O postulado 5 afirma: "Se dois pontos de uma reta estão em um plano, então a reta está contida nesse plano". Esse postulado é a base para o estudo da posição relativa de uma reta e um plano. Há três possibilidades para a intersecção desses elementos, e elas estão descritas a seguir.

- Quando a reta e o plano têm dois pontos comuns, diz-se, pelo postulado 5, que a reta está **contida** no plano. Como consequência, todos os pontos da reta pertencem ao plano, ou seja, a intersecção deles é a própria reta.
- Quando a intersecção da reta e o plano é um único ponto, ou seja, quando eles têm apenas um ponto comum, diz-se que a reta é **secante** ao plano.
- Quando a intersecção da reta e o plano é vazia, ou seja, quando eles não têm ponto comum, diz-se que a reta é **paralela** ao plano.

Exemplos

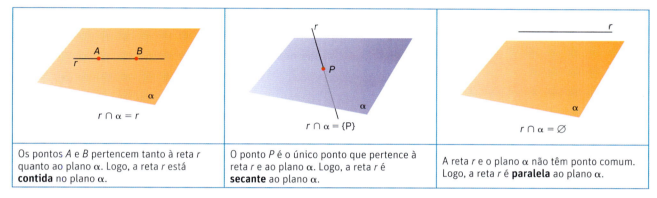

Os pontos A e B pertencem tanto à reta r quanto ao plano α. Logo, a reta r está **contida** no plano α.	O ponto P é o único ponto que pertence à reta r e ao plano α. Logo, a reta r é **secante** ao plano α.	A reta r e o plano α não têm ponto comum. Logo, a reta r é **paralela** ao plano α.

Posição relativa de dois planos

Quando dois planos têm todos os pontos comuns, diz-se que são planos **coincidentes**.

Já quando dois planos são distintos, a intersecção deles determina a posição relativa desses planos, como descrito a seguir.

- A intersecção entre dois planos é uma reta, quando eles têm uma reta comum. Diz-se que são planos **secantes**.
- A intersecção entre dois planos é vazia, quando eles não têm ponto comum. Diz-se que são planos **paralelos**.

Exemplos

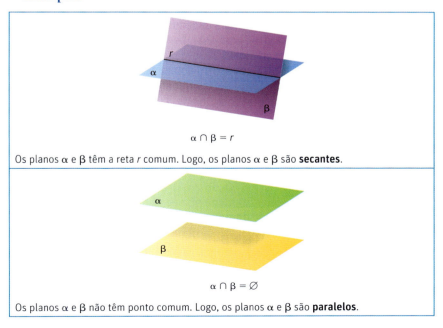

Os planos α e β têm a reta r comum. Logo, os planos α e β são **secantes**.

Os planos α e β não têm ponto comum. Logo, os planos α e β são **paralelos**.

Teorema da intersecção de dois planos

O teorema a seguir mostra que, se a intersecção de dois planos distintos não é vazia, então ela é uma reta.

> **Teorema 4:** Se dois planos distintos têm um ponto comum, então eles têm uma reta comum.

Demonstração

Sejam α e β dois planos distintos e A e B pontos do plano β, situados em semiespaços distintos do plano α.

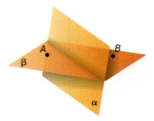

O segmento $\overline{AB}$ tem um ponto P no plano α (postulado 6).

Sendo C outro ponto de β, não colinear com A e B e situado no mesmo semiespaço de B, o segmento $\overline{AC}$ tem um ponto Q no plano α (postulado 6).

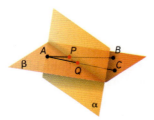

Como os pontos P e Q pertencem ao plano α, a reta $\overleftrightarrow{PQ}$ está contida no plano α (postulado 5).

Dado que os pontos A, B e C pertencem ao plano β, as retas $\overleftrightarrow{AB}$ e $\overleftrightarrow{AC}$ estão contidas no plano β (postulado 5) e, portanto, os pontos P e Q, que pertencem às retas $\overleftrightarrow{AB}$ e $\overleftrightarrow{AC}$, respectivamente, pertencem ao plano β. Logo, a reta $\overleftrightarrow{PQ}$ está contida no plano β (postulado 5).

Se a reta $\overleftrightarrow{PQ}$ está contida no plano α e está contida no plano β, então a reta $\overleftrightarrow{PQ}$ é comum aos planos α e β.

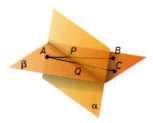

Por fim, basta mostrar que não existe um ponto comum aos planos α e β que não pertença à reta $\overleftrightarrow{PQ}$. Para isso, supõe-se existir um ponto D comum a esses planos que não pertença à reta $\overleftrightarrow{PQ}$. Então, D, P e Q não são colineares, o que implica que esses pontos determinam um plano (postulado 4), o que é um absurdo, pois os pontos D, P e Q pertencem aos planos distintos α e β.

Exercício resolvido

5. Observe a imagem de uma casa, cuja base é um retângulo, e uma figura que a representa.

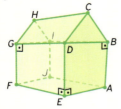

Agora, identifique os elementos pedidos em cada item.
a) Uma reta secante ao plano *ABD*.
b) Uma reta paralela ao plano *ABI*.
c) Um plano paralelo ao plano *JAB*.
d) A intersecção dos planos *ABD* e *GFE*.
e) Dois planos secantes ao plano *AED*.
f) A intersecção dos planos *BIJ* e *DEF*.

Resolução
a) A reta $\overleftrightarrow{IB}$ é secante ao plano *ABD*, pois eles têm apenas um ponto comum, o ponto *B*.
b) A reta $\overleftrightarrow{GD}$ é paralela ao plano *ABI*, pois eles não têm ponto comum.
c) O plano *DEF* é paralelo ao plano *JAB*, pois eles não têm ponto comum.
d) Os planos *ABD* e *GFE* são secantes, pois têm a reta $\overleftrightarrow{DE}$ em comum. Logo, a intersecção desses planos é a reta $\overleftrightarrow{DE}$.
e) Os planos *AEF* e *EDG* são secantes ao plano *AED*, pois a reta $\overleftrightarrow{AE}$ é comum aos planos *AED* e *AEF*, e a reta $\overleftrightarrow{ED}$ é comum aos planos *AED* e *EDG*.
f) Os planos *BIJ* e *DEF* são paralelos, pois não têm ponto comum. Logo, a intersecção desses planos é vazia.

Exercícios propostos

6. Considere as afirmações abaixo:
  I. Se duas retas distintas não são paralelas, então são concorrentes.
  II. Se três retas são paralelas, então existe um plano que as contém.
  III. Uma reta e um plano secantes têm um ponto comum.
  IV. Uma reta e um plano paralelo não têm ponto comum

As afirmações verdadeiras são:
a) I e II   c) II e III   e) III e IV
b) I e III   d) II e IV

7. Considerando a figura abaixo, identifique a posição relativa dos planos:

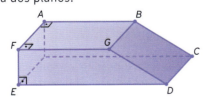

a) *FAB* e *CDG*.   b) *AFE* e *CDG*.

8. Faça um desenho simples para representar a cadeira da fotografia. Indique no desenho um par de:
a) retas paralelas;
b) retas concorrentes;
c) retas reversas;
d) planos paralelos;
e) planos secantes.

9. Dados 5 pontos, sendo 4 deles coplanares, qual é o número máximo de planos que eles determinam?

10. Na figura ao lado, os pontos *A*, *B* e *C* pertencem ao plano α, as retas *r* e *t* são contidas em α e *s* ∩ α = *A*.

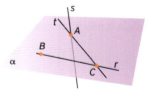

Determine a posição relativa de:
a) *r* e *s*   c) *s* e *t*   e) *s* e α
b) *r* e *t*   d) *r* e α   f) *t* e α

11. Com um colega, verifique se as afirmações são verdadeiras ou falsas. Depois, corrija as falsas.
a) Se duas retas não são concorrentes, então elas são paralelas.
b) Se a intersecção de duas retas é vazia, então elas são reversas.
c) Se uma reta é secante a um plano, então a intersecção deles é um único ponto.
d) Se dois planos são secantes, então toda reta contida em um deles é secante ao outro plano.
e) Três planos distintos podem ter uma única reta comum.

12. Considere uma reta *t* paralela a uma reta *s* e concorrente a uma reta *r*.
a) Faça um desenho que represente essa situação.
b) Considerando que as retas *r*, *s* e *t* pertencem a um mesmo plano, indique a posição relativa de *r* e *s*.

13. Considere as retas *r* e *s*, concorrentes e que determinam o plano α; e o plano β, distinto de α e que contém a reta *s*.
a) Represente com um desenho essa situação.
b) Determine a posição relativa da reta *r* e do plano β.

3. Paralelismo

A seguir são enunciados três teoremas, mas suas respectivas demonstrações serão omitidas. Esses teoremas são utilizados para identificar situações de paralelismo entre elementos no espaço.

> **Teorema 5:** Se uma reta não está contida em um plano e é paralela a uma reta do plano, então ela é paralela ao plano.

Saiba mais

Paralelismo

O símbolo // indica o paralelismo entre dois elementos.

Exemplos
- r // s: a reta r é paralela à reta s.
- r // α: a reta r é paralela ao plano α.
- α // β: o plano α é paralelo ao plano β.

Por exemplo, dadas as retas r e s representadas ao lado, se a reta r não está contida em um plano α e é paralela a uma reta s desse plano, então a reta r é paralela ao plano α.

> **Teorema 6:** Se uma reta de um plano é paralela a um plano secante a ele, então a reta é paralela à intersecção dos dois planos.

Por exemplo, dados os planos secantes α e β e a reta s contida em α e paralela a β, representados ao lado, então a reta s é paralela à reta r, intersecção dos planos α e β.

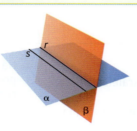

> **Teorema 7:** Se um plano contém duas retas concorrentes, paralelas a outro plano, então esses planos são paralelos.

Por exemplo, dadas as retas r e s concorrentes, contidas em um plano α e paralelas a um plano β, representados ao lado, então os planos α e β são paralelos.

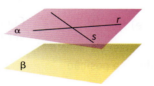

Exercícios propostos

14. Considere o objeto representado à esquerda e o paralelepípedo que o esquematiza (à direita).

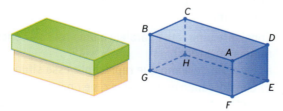

Determine:
a) uma reta paralela à reta $\overleftrightarrow{DF}$;
b) um plano paralelo ao plano GHE;
c) uma reta e um plano paralelos;
d) dois planos paralelos.

15. Verifique se as afirmações a seguir são verdadeiras ou falsas. Corrija as falsas ou faça um desenho que mostre por que são falsas.

a) Se dois planos são paralelos, então qualquer reta contida em um deles é paralela a qualquer reta contida no outro plano.

b) Se duas retas concorrentes são paralelas a um mesmo plano α, então α é paralelo ao plano determinado por essas retas.

c) Se dois planos são paralelos a uma mesma reta, então os planos são paralelos entre si.

d) Se r é a intersecção de dois planos, α e β, e s está contida em α, então r é paralela a s.

4. Perpendicularismo

Na geometria plana, duas retas concorrentes são **perpendiculares** quando formam quatro ângulos iguais, isto é, quatro ângulos retos. Essa definição continua válida para duas retas perpendiculares no espaço. As definições a seguir estendem o conceito de perpendicularismo no espaço.

> Duas retas reversas são **ortogonais** se existir uma reta paralela a uma das retas e perpendicular à outra.

Por exemplo, dadas as retas reversas r e s representadas ao lado, como existe uma reta t, paralela a r, que é perpendicular a s, as retas r e s são ortogonais.

Saiba mais

Perpendicularismo

O símbolo $\perp$ indica o perpendicularismo entre dois elementos do espaço.

Exemplos
- A reta r é perpendicular à reta s: $r \perp s$
- A reta r é perpendicular ao plano α: $r \perp \alpha$
- O plano α é perpendicular ao plano β: $\alpha \perp \beta$

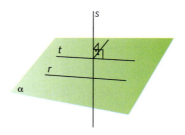

> Uma reta secante a um plano é **perpendicular** a ele se for perpendicular a todas as retas do plano que concorrem com ela.

Por exemplo, dada a reta r secante a um plano α representada ao lado, como a reta r é perpendicular a todas as retas de α que concorrem com ela, a reta r é perpendicular a α.

Para refletir

Considere um ponto de uma reta.
- Quantas são as retas perpendiculares a essa reta que passam por esse ponto?
- Quantos são os planos perpendiculares a essa reta que passam por esse ponto?

> Dois planos são **perpendiculares** se um deles contém uma reta perpendicular ao outro plano.

Por exemplo, dados os planos α e β representados ao lado, como o plano α contém uma reta r perpendicular a β, os planos α e β são perpendiculares.

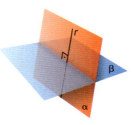

Exercício resolvido

16. Classifique as afirmações a seguir como verdadeiras ou falsas e justifique as respostas.
   a) Se duas retas são reversas, então elas podem ser perpendiculares.
   b) Se duas retas são perpendiculares, então elas são coplanares.
   c) Se duas retas são ortogonais, então elas são reversas.
   d) Se dois planos são secantes, então eles podem ser perpendiculares.

Resolução
a) Falsa. Duas retas são perpendiculares apenas quando são coplanares.
b) Verdadeira. Pela definição, para que duas retas sejam perpendiculares, elas devem ser coplanares.
c) Verdadeira. Pela definição, para que duas retas sejam ortogonais, elas devem ser reversas.
d) Verdadeira. Para que dois planos secantes sejam perpendiculares, basta que um deles contenha uma reta perpendicular ao outro.

A seguir são enunciados alguns teoremas utilizados para identificar situações de perpendicularismo entre elementos no espaço. As demonstrações serão omitidas.

Teorema 8: Se uma reta é perpendicular (ou ortogonal) a duas retas concorrentes de um plano, então ela é perpendicular a esse plano.

Por exemplo, dadas as retas r e s concorrentes e que pertencem a um plano α, representado ao lado, se uma reta t é perpendicular às retas r e s, então t é perpendicular ao plano α.

Outro exemplo: dadas as retas r e s concorrentes e que pertencem a um plano α, representado ao lado, se a reta t é ortogonal às retas r e s, então existe uma reta p paralela à reta r e uma reta q paralela à reta s, ambas contidas no plano α e secantes à reta t. As retas p e q são perpendiculares à reta t; logo, a reta t é perpendicular ao plano α.

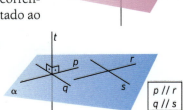

Esse teorema garante que, para uma reta ser perpendicular a um plano, não é necessário verificar se ela é perpendicular a todas as retas do plano que concorrem com ela. Basta que ela seja perpendicular (ou ortogonal) a duas retas concorrentes desse plano. Isso porque duas retas concorrentes determinam um plano. Observa-se, no entanto, que, ainda que a reta seja perpendicular a uma reta do plano, pode ser que ela não seja perpendicular a ele.

Por exemplo, embora a reta r, representada ao lado, seja perpendicular à reta s contida no plano α, a reta r não é perpendicular ao plano α.

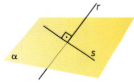

Teorema 9: Por um ponto não pertencente a uma reta, pode-se traçar apenas um plano perpendicular a essa reta.

Por exemplo, dado o ponto A não pertencente à reta r representada ao lado, existe um único plano α perpendicular a r que passa pelo ponto A.

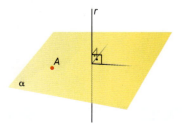

Teorema 10: Se duas retas são perpendiculares a um mesmo plano, então elas são paralelas.

Por exemplo, dadas as retas r e s perpendiculares a um plano α, representadas ao lado, essas retas são paralelas.

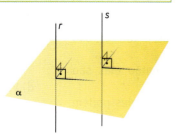

Saiba mais

Representação da construção de uma reta perpendicular a um plano

A seguir tem-se um modo de representar a construção de uma reta perpendicular a um plano utilizando o teorema 8.

- Dobra-se um semicírculo de cartolina ao meio, criando uma dobra que passe por seu centro.

- Coloca-se o semicírculo meio aberto sobre uma mesa.

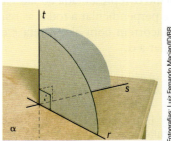

- A dobra (representação da reta t) é perpendicular à mesa (representação do plano α), pois t é perpendicular às retas concorrentes r e s, que estão contidas em α.

Teorema 11: Se uma reta é perpendicular a um plano, então toda reta que é paralela a ela também é perpendicular ao plano.

Por exemplo, dada a reta *r* perpendicular ao plano α, como a reta *s* é paralela a *r*, então *s* também é perpendicular ao plano α.

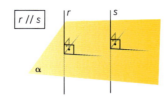

Teorema 12: Por um ponto não pertencente a um plano, pode-se traçar apenas uma reta perpendicular a esse plano.

Por exemplo, dado o ponto *A* não pertencente a um plano α, representado ao lado, existe uma única reta *r* perpendicular ao plano α e que passa por *A*.

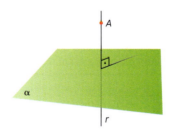

Exercício resolvido

17. Classifique as afirmações a seguir como verdadeiras ou falsas e justifique as respostas.
a) Se uma reta *r* é perpendicular a duas retas concorrentes em um plano α, então a reta *r* é perpendicular ao plano α.
b) Se duas retas são perpendiculares a um mesmo plano, então elas são reversas.

Resolução
a) Verdadeira, pois corresponde ao teorema 8. Na figura a seguir, por exemplo, a reta *r* é perpendicular às retas concorrentes *s* e *t* do plano α.

Logo, *r* é perpendicular a α.
b) Falsa. O teorema 10 afirma que, se duas retas são perpendiculares a um mesmo plano, então elas são paralelas, e não reversas.

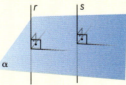

Exercício proposto

18. Considere o cubo representado abaixo.

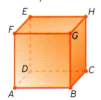

Determine:
a) um par de retas perpendiculares;
b) um par de retas ortogonais;
c) duas retas perpendiculares ao plano *ABC*;
d) um par de planos perpendiculares.

Projeção ortogonal e o teorema das três perpendiculares

Para enunciar o próximo teorema, são necessários alguns conceitos que envolvem **projeção ortogonal**. A projeção ortogonal é muito útil no cálculo de distâncias e na representação de figuras no plano. Definem-se:

> A **projeção ortogonal de um ponto P sobre uma reta r** é o ponto P', que é a intersecção da reta r com a reta perpendicular a r passando por um ponto P.

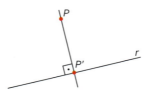

> A **projeção ortogonal de um ponto P sobre um plano** α é o ponto P', que é a intersecção do plano α com a reta perpendicular a α passando por um ponto P.

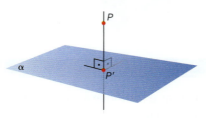

> A **projeção ortogonal de uma reta r sobre um plano** α é o conjunto das projeções ortogonais dos pontos pertencentes à reta r sobre o plano α.

De acordo com a definição, se a reta r estiver contida no plano α, então sua projeção ortogonal sobre α será a própria reta r.

A seguir, são apresentadas outras três situações de projeção ortogonal da reta r sobre o plano α, para os casos em que a reta r não está contida no plano α.

Saiba mais

Casos particulares de projeção ortogonal

Se o ponto P pertence à reta r, então sua projeção ortogonal P' sobre a reta r é o próprio ponto.

Se o ponto P pertence ao plano α, então sua projeção ortogonal P' sobre o plano α é o próprio ponto.

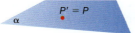

Projeção ortogonal de uma figura qualquer sobre um plano α

A projeção ortogonal de uma figura qualquer sobre um plano é o conjunto das projeções ortogonais dos pontos pertencentes à figura sobre o plano.

Exemplo

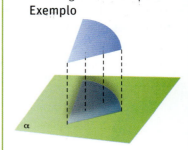

Reta r paralela ao plano α	Reta r secante (não perpendicular) ao plano α	Reta r perpendicular ao plano α
Quando a reta r é paralela ao plano α, sua projeção ortogonal sobre esse plano é uma reta r' paralela à reta r.	Quando a reta r é secante (não perpendicular) ao plano α, sua projeção ortogonal sobre esse plano é uma reta r' concorrente com r no ponto de intersecção da reta r com o plano α.	Quando a reta r é perpendicular ao plano α, sua projeção ortogonal sobre esse plano é o ponto A, que é a intersecção da reta r com o plano α.

Para obter a projeção ortogonal de uma reta r sobre um plano α, basta projetar dois pontos da reta r sobre o plano α. Se os pontos não forem coincidentes, então a projeção ortogonal é a reta determinada por esses dois pontos. Caso contrário, é a projeção ortogonal de um dos pontos de r.

Teorema das três perpendiculares

Teorema 13: Consideram-se uma reta r perpendicular a um plano α no ponto A e uma reta s contida em α e que não passa por A. Se o ponto B é a projeção ortogonal do ponto A sobre a reta s, então, para todo ponto P pertencente à reta r, a reta $\overleftrightarrow{PB}$ é perpendicular à reta s.

Saiba mais

Aplicação da geometria espacial de posição

Em desenho técnico, muitas criações e projetos são feitos com o auxílio do computador. O CAD (sigla em inglês de *computer-aided design*, ou, em português, DAC – desenho auxiliado por computador) é o uso de sistemas de computadores para criar, modificar, analisar ou melhorar processos e produtos.

Na mecânica e na indústria, por exemplo, podem-se aprimorar processos de produção e projetar peças de máquinas levando em conta medidas e padrões físicos adequados.

Em arquitetura e em *design* gráfico, o auxílio de criações digitais trouxe novas perspectivas profissionais, possibilitando, por exemplo, criações tridimensionais (3D) e simulações de ambientes que ainda não foram construídos, como projetos de decoração, reforma e construção.

Demonstração

Para melhor compreensão da hipótese desse teorema, considere a representação ao lado.

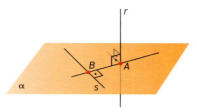

- Se $P = A$, então a reta $\overleftrightarrow{PB}$ é perpendicular à reta s, já que, por hipótese, a reta $\overleftrightarrow{AB}$ é perpendicular a s.
- Se $P \neq A$, então os pontos não colineares A, B e P determinam um plano β que contém as retas r, $\overleftrightarrow{AB}$ e $\overleftrightarrow{PB}$.

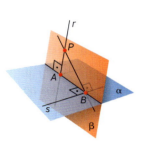

Como B é a projeção ortogonal de A sobre s, as retas $\overleftrightarrow{AB}$ e s são perpendiculares. Como a reta r é perpendicular ao plano α, então as retas r e s são ortogonais. Logo, a reta s é perpendicular ao plano β.

Sabendo que a reta $\overleftrightarrow{PB}$ está contida no plano β e passa pelo ponto B, então, pela perpendicularidade entre reta e plano, conclui-se que a reta $\overleftrightarrow{PB}$ é perpendicular à reta s.

Exercícios propostos

19. Considere as afirmações abaixo:
  I. Se uma reta é paralela a um plano, então ela é paralela a uma reta do plano.
  II. Se uma reta é paralela a um plano, então ela é paralela a infinitas retas do plano.
  III. Se uma reta é paralela a um plano, então ela é paralela a todas as retas do plano.
  IV. Se uma reta é paralela a um plano, então ela é reversa a uma reta do plano.
  V. Se uma reta é paralela a um plano, então ela é ortogonal a uma única reta do plano.
  As afirmações verdadeiras são:
  a) I, II e III
  b) I, II e IV
  c) II, III e IV
  d) III, IV e V
  e) II, III e V

20. Verifique se as afirmações a seguir são verdadeiras ou falsas. Corrija as falsas ou faça um desenho que mostre por que são falsas.
  a) Se duas retas são perpendiculares a um mesmo plano, então elas são coplanares.
  b) Se uma reta está contida em um plano, então toda reta perpendicular a ela também será perpendicular ao plano.
  c) Se uma reta é perpendicular a um plano, então ela é perpendicular a todas as retas que estão contidas nesse plano.
  d) A projeção de uma reta sobre um plano pode ser um ponto.
  e) Se um ponto P não pertence a uma reta r, então há dois planos perpendiculares a r que passam por P.

21. (ITA-SP) Das afirmações:
  I. Duas retas coplanares são concorrentes;
  II. Duas retas que não têm ponto em comum são reversas;
  III. Dadas duas retas reversas, existem dois, e apenas dois, planos paralelos, cada um contendo uma das retas;
  IV. Os pontos médios dos lados de um quadrilátero reverso definem um paralelogramo;

  É (são) verdadeira(s) apenas:
  a) III.
  b) I e III.
  c) II e III.
  d) III e IV.
  e) I e II e IV.

22. (Fuvest-SP) São dados cinco pontos não coplanares A, B, C, D, E. Sabe-se que ABCD é um retângulo, $\overleftrightarrow{AE} \perp \overleftrightarrow{AB}$ e $\overleftrightarrow{AE} \perp \overleftrightarrow{AD}$. Pode-se concluir que são perpendiculares as retas:
a) $\overleftrightarrow{EA}$ e $\overleftrightarrow{EB}$
b) $\overleftrightarrow{EC}$ e $\overleftrightarrow{CA}$
c) $\overleftrightarrow{EB}$ e $\overleftrightarrow{BA}$
d) $\overleftrightarrow{EA}$ e $\overleftrightarrow{AC}$
e) $\overleftrightarrow{AC}$ e $\overleftrightarrow{BE}$

23. (Fatec-SP) A reta r é a intersecção dos planos α e β, perpendiculares entre si. A reta s, contida em α, intercepta r no ponto P. A reta t, perpendicular a β, intercepta-o no ponto Q, não pertencente a r. Nessas condições, é verdade que as retas:
a) r e s são perpendiculares entre si.
b) s e t são paralelas entre si.
c) r e t são concorrentes.
d) s e t são reversas.
e) r e t são ortogonais.

24. (Enem) Representar objetos tridimensionais em uma folha de papel nem sempre é tarefa fácil. O artista holandês Escher (1898-1972) explorou essa dificuldade criando várias figuras planas impossíveis de serem construídas como objetos tridimensionais, a exemplo da litografia Belvedere, reproduzida ao lado.

Considere que um marceneiro tenha encontrado algumas figuras supostamente desenhadas por Escher e deseje construir uma delas com ripas rígidas de madeira que tenham o mesmo tamanho. Qual dos desenhos a seguir ele poderia reproduzir em um modelo tridimensional real?

a)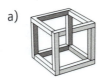
d)

b)
e)

c)

25. (Fuvest-SP) Os segmentos $\overline{VA}$, $\overline{VB}$ e $\overline{VC}$ são arestas de um cubo. Um plano α, paralelo ao plano ABC, divide esse cubo em duas partes iguais. A intersecção do plano α com o cubo é um:
a) triângulo
b) quadrado
c) retângulo
d) pentágono
e) hexágono

26. Considere a seguinte situação.
- Os pontos A, B e C são não colineares e determinam um plano α.
- A reta r é determinada pelos pontos A e B.
- A reta s é determinada pelos pontos B e C.
- A reta t é perpendicular ao plano α no ponto A.
- A reta u é perpendicular ao plano α no ponto C.

a) Faça um desenho que represente essa situação.
b) Qual é a posição relativa entre a reta r e o plano α? E entre a reta s e o plano α?
c) Qual é a posição relativa das retas t e u?
d) É correto afirmar que uma reta a paralela à reta t no ponto B é perpendicular à reta r? Justifique sua resposta.
e) A reta a citada no item anterior é perpendicular à reta s? E ao plano α? Justifique suas respostas.

27. (UEL-PR) A base da gravura Waterfall é a utilização do "Triângulo Impossível" desenvolvido por Roger Penrose e representado a seguir.

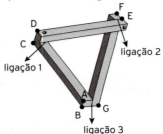

Essa construção consiste de traves retangulares que se sobrepõem perpendicularmente.
Seguindo com os olhos todas as partes dessa construção, não se pode descobrir um único erro. No entanto, é um todo que só tem consistência como desenho. Os três ângulos retos são completamente normais, mas estão ligados uns aos outros de uma forma impossível, de modo a formarem uma espécie de triângulo, cuja soma dos ângulos perfaz 270°. Considerando possíveis apenas as ligações 1 e 2, e, portanto, impossível a ligação 3, considere que na figura anterior os pontos A, B e C pertençam a um plano α; C, D e E pertençam a um plano β; e que E, F e G pertençam a um plano λ. Em relação a esses planos, é correto afirmar:
a) α é paralelo a λ.
b) α é perpendicular a λ.
c) β é paralelo a α.
d) β é paralelo a λ.
e) α e λ possuem uma reta em comum.

5. Distâncias e ângulos

Os últimos conceitos que serão abordados neste capítulo relacionam-se a distâncias e ângulos entre elementos do espaço.

■ Distâncias

A seguir, são apresentadas as definições de distância entre pontos, retas e planos no espaço.

Distância entre pontos

> A **distância entre dois pontos** *A* e *B* é a medida do segmento $\overline{AB}$.

Essa distância é denotada por: $d(A, B)$

Distâncias em relação a uma reta

> A **distância entre um ponto** *P* **e uma reta** *r* é a distância entre esse ponto e sua projeção ortogonal *P'* sobre a reta *r*.

Essa distância é denotada por: $d(P, r)$

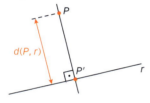

Observação

Se o ponto *P* pertence à reta *r*, então a distância entre *P* e *r* é nula.

> A **distância entre duas retas paralelas** *r* **e** *s* é a distância entre um ponto *P* da reta *r* e sua projeção ortogonal *P'* sobre a reta *s*.

Essa distância é denotada por: $d(r, s)$

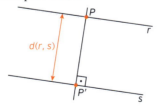

> A **distância entre duas retas reversas** *r* **e** *s* é a distância entre um ponto *P* da reta *r* e sua projeção ortogonal *P'* sobre o plano α que contém a reta *s* e é paralelo à reta *r*.

Essa distância é denotada por: $d(r, s)$

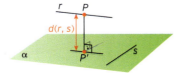

Ação e cidadania

Artes plásticas é a profissão certa para mim?

A geometria, em Matemática, é orientada pelo raciocínio lógico dedutivo. Já as artes são atividades humanas orientadas pela emoção, percepção, interpretação do mundo e pelas ideias do artista. O objetivo em geral é estimular a emoção, a percepção, a reflexão e novas ideias no observador.

A palavra artes vem do latim *ars*, que significa técnica ou habilidade. Há diversas modalidades de artes: música, dança, literatura, teatro, artes plásticas, etc. Cada expressão artística tem seu próprio meio de realização.

Sobre as artes plásticas, também chamadas de belas-artes, pode-se dizer que:

[...] é a criação de obras, como desenhos, pinturas, gravuras, esculturas e colagens, utilizando elementos visuais e táteis para representar o mundo real ou imaginário. O artista plástico lida com papel, tinta, gesso, argila, madeira e metais, programas de computador e outras ferramentas tecnológicas para produzir suas peças. Expõe os trabalhos em galerias, museus ou lugares públicos, ilustra livros e periódicos, além de, por meio de técnicas de animação, editoração eletrônica e digital, produzir vinhetas para TV e *sites*. Também gerencia acervos e mostras em centros culturais e fundações.

Disponível em: <http://guiadoestudante.abril.com.br/profissoes/artes-design/artes-plasticas-602387.shtml>. Acesso em: 3 maio 2015.

- Reflita sobre a pergunta do título. Escreva sua conclusão.
- Pense com os colegas em como mobilizar a escola para uma visita a um museu. Durante a visita, aproveite para observar e indicar os objetos da exposição que lembram as representações apresentadas neste capítulo ou que se parecem com elas.

Distância em relação a um plano

> A **distância entre um ponto P e um plano α** é a distância entre esse ponto e sua projeção ortogonal P' sobre o plano α.

Essa distância é denotada por: $d(P, \alpha)$

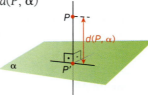

Observação

Se o ponto P pertence ao plano α, então a distância entre P e α é nula.

> A **distância entre uma reta r e um plano α paralelos** é a distância entre um ponto P da reta r e sua projeção ortogonal P' sobre o plano α.

Essa distância é denotada por: $d(r, \alpha)$

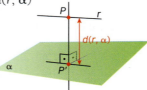

Observação

Se a reta r está contida no plano α, então a distância entre r e α é nula.

> A **distância entre dois planos α e β paralelos** é a distância entre um ponto P do plano α e sua projeção ortogonal P' sobre o plano β.

Essa distância é denotada por: $d(\alpha, \beta)$

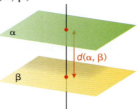

■ Ângulos

Da geometria plana, considera-se que o **ângulo formado por duas retas concorrentes** é o menor dos ângulos formados por elas. Define-se que a medida do ângulo formado por **retas paralelas** ou **coincidentes** é 0°. Essas definições continuam válidas no espaço. Na geometria espacial, para medir o **ângulo entre duas retas reversas**, considera-se um ponto arbitrário A. Define-se:

> A medida do **ângulo entre as retas reversas r e s** é igual à medida do ângulo formado pelas retas coplanares r' e s' tal que r' é a reta paralela a r e que passa por um ponto A e s' é a reta paralela a s e que passa pelo ponto A.

Na figura ao lado, a medida do ângulo entre as retas reversas r e s é igual à medida θ do ângulo entre as retas concorrentes r' e s', em que r' é paralela a r e s' é paralela a s, ambas passando pelo ponto A.

Quando θ = 90°, as retas reversas são ortogonais.

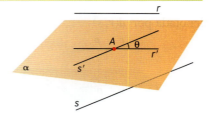

Na geometria espacial, ainda se definem o ângulo entre uma reta e um plano e o ângulo entre dois planos.

> A medida do **ângulo entre uma reta r e um plano α** é:
> - 0° se a reta r é paralela ao plano α ou se a reta r está contida no plano α;
> - 90° se a reta r é perpendicular ao plano α;
> - igual à medida do ângulo formado entre a reta r e sua projeção ortogonal r' sobre o plano α, se a reta r não está contida no plano α nem é paralela ou perpendicular a ele.

Na figura, r' é a projeção ortogonal da reta r sobre o plano α, e θ é a medida do ângulo entre as retas r e r'. Logo, θ é a medida do ângulo entre a reta r e o plano α.

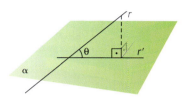

> A medida do **ângulo entre dois planos α e β** é:
> - 0° se os planos são paralelos ou coincidentes;
> - igual à medida do ângulo entre a retas r e s, sendo que r está contida em α e é perpendicular à reta t (intersecção dos planos α e β) e s está contida em β e é perpendicular à reta t.

Na figura, a reta t é a intersecção dos planos α e β, a reta r está contida no plano α, a reta s está contida no plano β e as retas r e s são perpendiculares à reta t. Como θ é a medida do ângulo entre as retas r e s, θ é a medida do ângulo entre os planos α e β.

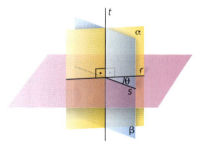

Saiba mais

Diedro

Um **diedro** é uma figura formada por dois semiplanos α e β limitados por uma reta t. Diz-se que α e β são as faces do diedro e que t é sua aresta.

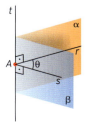

Dado um ponto A da aresta do diedro, define-se o ângulo do diedro como o ângulo de medida θ formado pelas semirretas r e s de mesma origem A, sendo que a reta r está contida no plano α e é perpendicular à aresta do diedro, e a reta s está contida no plano β e também é perpendicular à aresta do diedro.

Exercício resolvido

28. Na representação abaixo, a reta *r* é secante ao plano α e o ponto *Q'* é a projeção ortogonal de um ponto *Q* da reta *r* sobre o plano α.

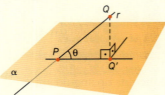

Sabendo que *PQ* = 12 cm e *PQ'* = 6 cm, determine:
a) a distância entre os pontos *Q* e *Q'*;
b) a medida do ângulo entre a reta *r* e o plano α.

Resolução
a) Do enunciado, decorre que o triângulo *PQQ'* é retângulo. Como a distância entre os pontos *Q* e *Q'* é a medida do segmento *QQ'*, podemos utilizar o teorema de Pitágoras:
$(PQ)^2 = (PQ')^2 + (QQ')^2 \Rightarrow 12^2 = 6^2 + (QQ')^2 \Rightarrow$
$\Rightarrow QQ' = \sqrt{144 - 36} = \sqrt{108} = 6\sqrt{3}$
Logo: $d(Q, Q') = 6\sqrt{3}$ cm

b) θ é a medida do ângulo entre a reta *r* e o plano α.
Então: $\cos \theta = \frac{PQ'}{PQ} = \frac{6}{12} = \frac{1}{2} \Rightarrow \theta = 60°$
Logo, a medida do ângulo entre *r* e α é: θ = 60°

Exercícios propostos

29. Considere o cubo representado ao lado. Calcule a distância entre:
a) os pontos *A* e *C*;
b) os pontos *A* e *H*;
c) as retas $\overleftrightarrow{CD}$ e $\overleftrightarrow{EF}$;
d) a reta $\overleftrightarrow{BD}$ e o plano *FGH*.

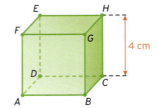

30. Considere os segmentos $\overline{AB}$ e $\overline{BC}$, contidos no plano α, e a reta $\overleftrightarrow{CD}$ perpendicular ao plano α, como mostra a figura abaixo.

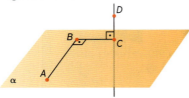

Sabendo que as medidas dos segmentos $\overline{AB}$, $\overline{BC}$ e $\overline{CD}$ são 6 cm, 8 cm e 4 cm, respectivamente, determine a distância entre os pontos *A* e *D*.

31. O ponto *A* dista 9 cm de um plano α, e sua projeção ortogonal sobre esse plano dista 12 cm de um ponto *B* que pertence ao plano α.
a) Faça um desenho que represente essa situação.
b) Determine a distância entre os pontos *A* e *B*.

32. Sejam *r* uma reta secante não perpendicular ao plano α, *P* o ponto de intersecção da reta *r* com o plano α e *Q* um ponto pertencente à reta *r*, distinto de *P*.
a) Faça um desenho que represente essa situação.
b) Inclua, na representação do item anterior, o ponto *Q'*, projeção ortogonal do ponto *Q* sobre o plano α.
c) Supondo que *PQ* = 10 cm e *QQ'* = 5 cm, determine a medida do ângulo entre a reta *r* e o plano α.

33. Verifique se as afirmações a seguir são verdadeiras ou falsas. Depois, corrija as falsas.
a) A distância entre um ponto e um plano é igual à distância desse ponto a qualquer ponto do plano.
b) A distância entre uma reta e um plano paralelos é igual à distância de um ponto qualquer da reta ao plano.
c) A distância entre dois planos paralelos é igual à distância de um ponto qualquer de um deles a um ponto qualquer do outro.
d) A medida do ângulo entre uma reta e um plano é igual à medida do ângulo formado pela reta e sua projeção ortogonal sobre o plano.

34. Considere a seguinte situação.

- A intersecção de dois planos α e β é a reta *r*.
- O ponto *A* pertence à reta *r*.
- O ponto *B* pertence ao plano β tal que $AB = 3\sqrt{2}$ cm
- O ponto *B'* é tal que $BB' = 3\sqrt{2}$ cm, *B* é a projeção de *B'* sobre o plano β e *B'* não pertence ao plano α.

a) Faça um desenho que represente essa situação.
b) Determine a medida do ângulo formado entre os planos α e β.

35. Considere o cubo representado a seguir.

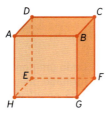

Determine a distância entre o ponto *H* e o plano *DGF*.

Exercícios complementares

36. Considere dois planos secantes α e β, sendo a medida do ângulo entre eles 60°. Seja P um ponto entre os dois planos, cuja projeção ortogonal sobre o plano α é o ponto A e cuja projeção ortogonal sobre o plano β é o ponto B.
Determine a medida do ângulo entre as retas $\overleftrightarrow{PA}$ e $\overleftrightarrow{PB}$.

37. Seja r uma reta contida em um plano α. Considere uma reta t perpendicular à reta r, não contida no plano α e não perpendicular ao plano α.
a) Represente essa situação.
b) Trace a projeção da reta t no plano α.
c) Determine a posição relativa entre a reta r e a projeção da reta t no plano α.

38. Sejam α um plano e P um ponto que não pertence a esse plano. Quantas retas paralelas ao plano α podem ser traçadas pelo ponto P?

39. Faça um desenho que represente a situação a seguir e depois responda às questões.
- Os pontos A, B e C não são colineares e pertencem a um plano α.
- O ponto D não pertence ao plano α.
- A reta r passa pelos pontos A e B.
- A reta s passa pelos pontos B e C.
- A reta t passa pelos pontos C e D.

a) Qual é a posição relativa das retas r e s?
b) Qual é a posição relativa das retas r e t?
c) Qual é a posição relativa da reta t e do plano α?

40. Considere o paralelepípedo reto-retângulo ilustrado abaixo.

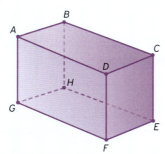

Determine:
a) um par de retas paralelas;
b) uma reta concorrente à reta $\overleftrightarrow{CF}$;
c) uma reta reversa à reta $\overleftrightarrow{BG}$;
d) duas retas secantes ao plano ABC;
e) um par de planos secantes;
f) um par de planos paralelos.

41. Considere três retas distintas no espaço, não coplanares, mas paralelas duas a duas. Quantos são os planos distintos determinados por essas retas?

42. Escreva o postulado que corresponde à representação em cada item.

a)
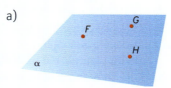

b)
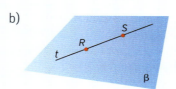

43. Considere três planos distintos α, β e γ. Sabendo que o plano α é paralelo ao plano β e que o plano γ é perpendicular ao plano α, analise a veracidade da seguinte afirmação:
Se a reta r é a intersecção dos planos α e γ, e a reta s é uma reta do plano β, então as retas r e s são paralelas ou reversas.

44. Sejam α e β dois planos e θ a medida do ângulo entre eles, como mostra a figura:

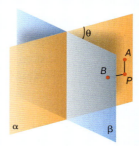

Sabe-se que P é um ponto não pertencente a esses planos e que A e B são as projeções ortogonais do ponto P sobre os planos α e β. Determine a medida do ângulo $A\hat{P}B$ quando θ assume cada valor a seguir:
a) 30°
b) 45°
c) 135°
d) 180°

45. (UEL-PR) Considere uma reta s, contida em um plano α, e uma reta r perpendicular a s. Então, necessariamente:
a) r é perpendicular a α.
b) r e s são coplanares.
c) r é paralela a α.
d) r está contida em α.
e) todas as retas paralelas a r intersectam s.

195

Exercícios complementares

46. Classifique as seguintes afirmações em verdadeiras ou falsas, corrigindo as falsas.
   a) Se uma reta é paralela a um plano, então toda reta paralela a essa reta é paralela a esse plano.
   b) Seja s uma reta contida em um plano α. Se a reta r não está contida no plano α e é paralela à reta s, então r é paralela ao plano α.
   c) Se um plano α contém duas retas paralelas r e s, e essas retas são paralelas a outro plano β, então esses planos são paralelos.

47. Considere o paralelepípedo reto-retângulo representado a seguir.

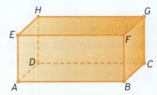

Determine:
   a) uma reta perpendicular à reta $\overleftrightarrow{BC}$;
   b) uma reta ortogonal à reta $\overleftrightarrow{AE}$;
   c) uma reta perpendicular ao plano DHG;
   d) um plano perpendicular ao plano FBC;
   e) um par de retas paralelas que sejam perpendiculares ao plano FGH.

48. Quatro pontos distintos não coplanares determinam, no máximo, quantos planos?

49. Na figura abaixo, as retas r e s estão contidas no plano α, o ponto C pertence à reta t, o ponto D pertence à reta r, o ponto B é a intersecção das retas t e s, e o ponto A é a intersecção das retas r e s.

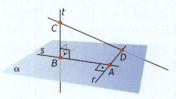

Sabendo que os segmentos $\overline{AB}$, $\overline{BC}$ e $\overline{AD}$ medem $2\sqrt{3}$ cm, 2 cm e 3 cm, em duplas, determine:
   a) a medida do ângulo formado pelas retas $\overleftrightarrow{AC}$ e $\overleftrightarrow{AD}$;
   b) a medida do segmento $\overline{CD}$.

50. Sejam t uma reta contida em um plano α, e m uma reta perpendicular à reta t mas não ao plano α. Sabendo que a reta m não está contida em α, determine a posição relativa entre a projeção da reta m sobre o plano α e a reta t.

51. Uma folha de papel de 20 cm de largura e 12 cm de altura é dobrada ao meio, formando um ângulo de medida θ, conforme as figuras abaixo.

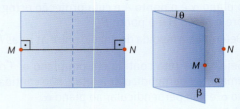

Calcule a distância entre os pontos M e N quando θ assume os seguintes valores:
   a) 30°   c) 135°
   b) 90°   d) 180°

52. Um jogador de futebol chutou uma bola em direção ao gol. A bola, porém, acertou o canto da trave superior e saiu do campo. Aproximando a trajetória da bola a uma reta (linha vermelha), o esquema abaixo mostra a distância do jogador à linha do gol (20 m) e as dimensões da trave.

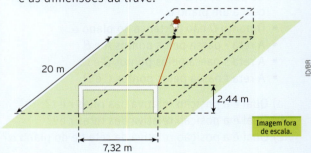

Determine a distância percorrida pela bola, do pé do jogador até a trave.

53. Na figura abaixo, a reta r é perpendicular ao plano α no ponto B, a reta s está contida em α, e os pontos B e C pertencem a α.

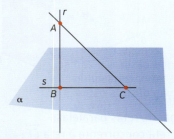

Sabendo que o ponto A pertence à reta r, é possível concluir que o triângulo ABC é equilátero?

54. Sejam A um ponto pertencente a um plano α e B um ponto não pertencente a α. Sabendo que $\overline{AB} = 18$ cm e que a projeção ortogonal do segmento $\overline{AB}$ sobre o plano α mede 8 cm, determine a distância do ponto B ao plano α.

55. (UEM-PR) Sabendo que *r*, *s* e *t* são três retas no espaço tridimensional com *r* e *s* paralelas distintas, assinale o que for correto.

01. Se a reta *r* é perpendicular a um plano α, então a reta *s* também é perpendicular ao plano α.
02. Se a reta *t* é concorrente com a reta *s*, então *t* também é concorrente com a reta *r*.
04. Se um plano β contém a reta *s*, então o plano β também contém a reta *r*.
08. Se a reta *t* é perpendicular à reta *r*, então *t* é perpendicular ou ortogonal à reta *s*.
16. Se as três retas *r*, *s* e *t* são paralelas distintas, então existe um plano α que contém as três retas.

56. Faça um desenho simples do armário representado abaixo.

De acordo com seu desenho, determine:
a) um par de retas concorrentes;
b) um par de retas reversas;
c) um par de planos paralelos;
d) um par de planos secantes.

57. A fotografia a seguir apresenta uma situação prática em que está presente o conceito de paralelismo.

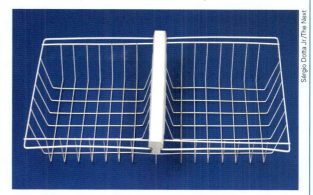

O cesto é montado com arames paralelos.

Se o conceito de paralelismo não fosse respeitado, o cesto perderia a funcionalidade? Explique.

58. Faça um desenho para mostrar que a afirmação a seguir é falsa.

Se uma reta é paralela a dois planos distintos, então esses planos são paralelos.

Orientação de estudos

O quadro abaixo apresenta os temas estudados neste capítulo e os exercícios complementares relacionados a cada tema. Se você teve dificuldade na resolução de algum exercício complementar, consulte a orientação de estudos apresentada.

Tema	Exercícios complementares relacionados	Orientação de estudos
Conceitos primitivos e postulados	42	Releia o conteúdo das páginas 175 a 178 e retome os exercícios 1, 2 e 3.
Posição relativa de elementos do espaço	39, 40, 41, 48 e 56	Releia o conteúdo das páginas 179 a 183 e retome os exercícios 8, 9, 12 e 13.
Paralelismo	38, 45, 46, 57 e 58	Releia o conteúdo da página 184 e retome os exercícios 14 e 15.
Perpendicularismo	37, 43, 47, 50, 52, 53 e 55	Releia o conteúdo das páginas 185 a 189 e retome os exercícios 18, 19, 20 e 26.
Distâncias e ângulos	36, 44, 49, 51 e 54	Releia o conteúdo das páginas 191 a 193 e retome os exercícios 30, 31, 32 e 33.

Estratégias e soluções

As três portas

Este é um problema clássico, que já causou muita polêmica entre os matemáticos. Você certamente vai reconhecer a estrutura dele, que é usada, com algumas variações, em muitos programas de televisão.

Um candidato está em um programa de televisão e deve escolher uma entre três portas. Uma das portas esconde um automóvel, e as outras duas, um bode cada uma. O candidato escolhe uma das portas. Em seguida, o apresentador, que sabe o que está escondido atrás de cada porta, abre uma das outras duas portas e mostra um bode. Então pergunta ao candidato se ele deseja mudar de porta ou manter a escolha.

Qual é a melhor estratégia para ganhar o automóvel: mudar ou manter a escolha inicial?

» Identificação e registro de informações

1. O que o problema pede?
2. Qual das estratégias você adotaria? Justifique seu palpite.
3. Você conhece algum ramo da Matemática que pode auxiliar na justificativa do seu palpite?

» Elaboração de hipóteses e estratégias de resolução

1. Em alguns casos, a situação apresentada em um problema pode ser analisada por meio de simulações, cujos resultados podem orientar a resolução do problema. A situação apresentada no texto é um exemplo desses casos. Vamos fazer, então, a seguinte experiência.

   A classe deve ser dividida em grupos de quatro ou cinco alunos. Metade dos grupos vai testar a estratégia **mudar**, e a outra metade vai testar a estratégia **manter**. Cada grupo, utilizando três cartas de baralho, duas pretas para representar os bodes e uma vermelha para representar o carro, vai fazer exatamente trinta simulações, anotando o resultado obtido em cada uma delas. Depois, cada grupo deve estabelecer a **frequência relativa** do número de vezes em que saiu o automóvel.

   > **Frequência relativa** é o resultado obtido pela divisão entre a quantidade de vezes que determinado fenômeno é verificado e o número de vezes que o experimento foi realizado. No caso das simulações que serão realizadas, por exemplo, se, para um dos grupos que estava testando a estratégia **manter**, saírem vinte bodes e dez carros, a frequência relativa das vezes em que saiu o carro é $\frac{10}{30}$.

2. Compare o resultado do seu grupo com os dos demais grupos. Segundo a experiência realizada, qual é a estratégia que maximiza as chances de ganhar o carro?
3. Copie as tabelas e complete-as, colocando na coluna "Resultado" a palavra "GANHA", se a estratégia fizer com que o participante ganhe o carro, ou "PERDE", caso ocorra o contrário.

ESTRATÉGIA 1
Escolher a porta A e **manter** a escolha

Porta A	Porta B	Porta C	Resultado
carro	bode	bode	
bode	carro	bode	
bode	bode	carro	

ESTRATÉGIA 2
Escolher a porta A e **mudar** a escolha

Porta A	Porta B	Porta C	Resultado
carro	bode	bode	
bode	carro	bode	
bode	bode	carro	

Dados fictícios.

4. Analisando a coluna "Resultado", qual das estratégias potencializa as chances de ganhar o carro?
5. Escreva um breve texto explicando a solução do problema.

» Reflexão

1. Verifique se sua explicação está de acordo com o resultado observado durante as simulações.
2. Você sabe algum outro modo de explicar a solução desse problema? Descreva-o.

Resolva os problemas 5 e 10 das páginas 304 e 305.

CAPÍTULO 9

Sólidos

Módulos

1. Sólidos
2. Prisma
3. Cilindro
4. Pirâmide
5. Cone
6. Esfera
7. Semelhança de sólidos

Para começar

A indústria de embalagens vem apresentando notáveis progressos nas últimas décadas. Além de diversificar a matéria-prima, muitas empresas desenvolveram embalagens com formatos e dimensões diferenciados. Essas mudanças ocorrem, entre outras razões, para chamar a atenção dos consumidores, reduzir o custo de produção e facilitar o manuseio, o transporte e o armazenamento dos produtos.

A tradicional caixa vertical do sabão em pó [...] foi substituída por uma versão horizontal – mantendo a porção de 1 quilo do produto. Como o novo formato permite o melhor aproveitamento da matéria-prima usada nas embalagens e do espaço nos caminhões que transportam o produto, a companhia diminui em 31% o papel-cartão usado na confecção das embalagens.

QUINTANILHA, L. O valor de uma ideia simples. Disponível em: <http://planetasustentavel.abril.com.br/noticia/desenvolvimento/conteudo_265842.shtml>. Acesso em: 11 maio 2015.

1. Suponha que, para produzir uma caixa horizontal do sabão em pó citado acima, sejam gastos 1 800 cm² de papel-cartão. Quantos centímetros quadrados desse material seriam necessários, aproximadamente, para produzir a caixa vertical do mesmo sabão em pó?

2. Ao lado, estão representadas duas diferentes caixas. Desenhe a representação de cada uma dessas caixas desmontadas.

3. Elabore, uma estratégia para calcular a área da superfície de cada caixa apresentada na questão anterior.

caixa vertical

caixa horizontal

1. Sólidos

Sólido é a porção finita do espaço limitada por superfícies, que podem ser planas ou curvas.

Neste capítulo, serão estudados dois tipos de sólido: os **poliedros** e os **corpos redondos**. Todas as superfícies que limitam um poliedro são planas. Já em um corpo redondo, ao menos uma superfície é curva. Serão estudados os poliedros **prisma** e **pirâmide**, e os corpos redondos **cilindro**, **cone** e **esfera**.

Inúmeros objetos produzidos pelo ser humano lembram a forma desses sólidos. Por exemplo, um dado lembra a forma de um cubo e uma bola de futebol lembra a forma de uma esfera.

■ Poliedros

Define-se:

> **Poliedro** é a reunião de um número finito de polígonos planos, e a região do espaço limitada por eles, de tal forma que a intersecção de dois polígonos distintos seja uma aresta comum, um vértice comum, ou é vazia.

Quando a intersecção de duas faces é um lado comum de dois polígonos, esse lado é denominado **aresta** do poliedro. Cada vértice das faces é denominado **vértice** do poliedro.

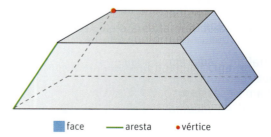

Um poliedro pode ser classificado como convexo ou não convexo. Define-se:

> Um poliedro é **convexo** quando todos os segmentos formados por dois de seus pontos estão inteiramente contidos nele.

Da definição, conclui-se que, se um poliedro é convexo, então qualquer reta que contenha dois pontos de faces distintas intersecta o poliedro em, no máximo, duas faces, como mostrado no exemplo ao lado.

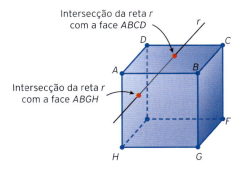

> Um poliedro é **não convexo** quando há pelo menos um segmento formado por dois de seus pontos, o qual não está inteiramente contido nele.

Da definição, conclui-se que, se um poliedro é não convexo, então existe pelo menos uma reta que contém dois pontos de faces distintas e que intersecta o poliedro em mais de duas faces, como mostrado no exemplo ao lado.

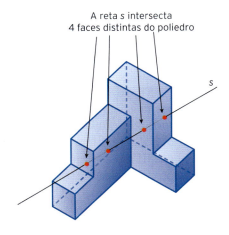

Saiba mais

Nomenclatura dos poliedros convexos

Os poliedros convexos são nomeados de acordo com a quantidade de faces que apresentam. Exemplos:

Quantidade de faces	Nome do poliedro
4	tetraedro
5	pentaedro
6	hexaedro
7	heptaedro
8	octaedro
9	eneaedro
10	decaedro
11	undecaedro
12	dodecaedro
20	icosaedro

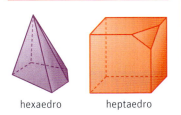

hexaedro   heptaedro

Relação de Euler

Consideram-se os dois poliedros convexos representados abaixo, em que são conhecidas as quantidades F de faces, V de vértices e A de arestas.

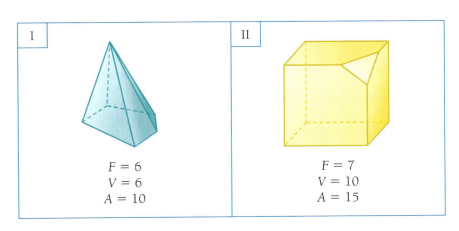

I
$F = 6$
$V = 6$
$A = 10$

II
$F = 7$
$V = 10$
$A = 15$

Apesar de as quantidades de vértices, arestas e faces serem diferentes para dois poliedros convexos distintos, essas quantidades obedecem à **relação de Euler**, teorema enunciado abaixo e admitido neste livro sem demonstração.

> Em todo poliedro convexo, a quantidade de faces adicionada à quantidade de vértices é igual à quantidade de arestas adicionada de duas unidades.

Então, tem-se:

$$F + V = A + 2$$

Verifica-se essa relação para os poliedros convexos representados acima.

Poliedro I: $\begin{cases} F + V = 6 + 6 = 12 \\ A + 2 = 10 + 2 = 12 \end{cases}$ Poliedro II: $\begin{cases} F + V = 7 + 10 = 17 \\ A + 2 = 15 + 2 = 17 \end{cases}$

De acordo com o teorema, todo poliedro convexo satisfaz à relação de Euler. Porém, nem todo poliedro que satisfaz a relação de Euler é um poliedro convexo. É o que ocorre, por exemplo, com o poliedro representado abaixo, que satisfaz a relação de Euler, mas não é um poliedro convexo.

$\begin{aligned} F &= 8 \\ V &= 12 \\ A &= 18 \end{aligned} \Rightarrow \begin{cases} F + V = 8 + 12 = 20 \\ A + 2 = 18 + 2 = 20 \end{cases}$

Exercício resolvido

1. Nos itens abaixo, são fornecidas a quantidade V de vértices e a quantidade A de arestas de dois poliedros convexos. Determinar a quantidade F de faces de cada um deles e desenhar um sólido correspondente à descrição.
   a) Sólido I: 8 vértices e 12 arestas
   b) Sólido II: 5 vértices e 8 arestas

   Resolução
   a) Pela relação de Euler, temos:
   $F + V = A + 2 \Rightarrow F + 8 = 12 + 2 \Rightarrow F = 6$
   Um sólido correspondente a tais condições pode ser dado pela seguinte representação:

   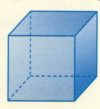

   b) Pela relação de Euler, temos:
   $F + V = A + 2 \Rightarrow F + 5 = 8 + 2 \Rightarrow F = 5$
   Um sólido correspondente a tais condições pode ser dado pela seguinte representação:

   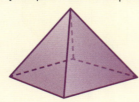

Poliedros regulares

Alguns poliedros convexos podem ser classificados como poliedros regulares, que são assim definidos:

> Um poliedro convexo é **regular** se satisfaz às seguintes condições:
> - todas as suas faces são polígonos regulares e congruentes entre si;
> - em todos os seus vértices, concorre a mesma quantidade de arestas.

De acordo com essa definição, enuncia-se o teorema a seguir, que será admitido sem demonstração.

> Existem apenas cinco e somente cinco poliedros convexos regulares.

A seguir, são apresentadas as características dos cinco poliedros convexos regulares.

Tetraedro regular	Hexaedro regular	Octaedro regular
O tetraedro regular tem 4 faces, 4 vértices e 6 arestas. • Todas as faces são triângulos equiláteros congruentes entre si. • Em todos os vértices, concorrem 3 arestas.	O hexaedro regular (ou cubo) tem 6 faces, 8 vértices e 12 arestas. • Todas as faces são quadrados congruentes entre si. • Em todos os vértices, concorrem 3 arestas.	O octaedro regular tem 8 faces, 6 vértices e 12 arestas. • Todas as faces são triângulos equiláteros congruentes entre si. • Em todos os vértices, concorrem 4 arestas.

Dodecaedro regular	Icosaedro regular
O dodecaedro regular tem 12 faces, 20 vértices e 30 arestas. • Todas as faces são pentágonos regulares congruentes ente si. • Em todos os vértices, concorrem 3 arestas.	O icosaedro regular tem 20 faces, 12 vértices e 30 arestas. • Todas as faces são triângulos equiláteros congruentes entre si. • Em todos os vértices, concorrem 5 arestas.

Exercícios resolvidos

2. Um poliedro convexo regular tem 6 arestas, e a quantidade de faces é igual à quantidade de vértices. Determinar a quantidade de faces desse poliedro e desenhar o poliedro que satisfaz essas condições.

Resolução

Sendo V a quantidade de vértices, F a de faces e A a de arestas, do enunciado temos: $F = V$ e $A = 6$.
Como o poliedro é convexo, satisfaz a relação de Euler:
$F + V = A + 2 \Rightarrow F + F = 6 + 2 \Rightarrow 2F = 8 \Rightarrow F = 4$
Portanto, esse poliedro tem 4 faces.
O poliedro desenhado deve satisfazer as seguintes condições: ser convexo e ter 4 faces, 4 vértices e 6 arestas. Portanto, o poliedro é um tetraedro regular e sua representação é a seguinte:

3. Calcular a quantidade V de vértices de um poliedro convexo que tem 6 faces quadrangulares e 4 faces triangulares.

Resolução

Seja F_3 a quantidade de triângulos do poliedro, F_4 a de quadriláteros, ..., F_n a de polígonos de n lados.
Cada polígono tem tantos lados comuns a outros polígonos quantos são seus lados. Então, para calcular a quantidade de arestas, multiplicamos a quantidade de triângulos por 3, a de quadriláteros por 4, e assim por diante. Depois, calculamos o valor de $3F_3 + 4F_4 + ... + nF_n$. Como cada aresta é comum a duas faces, a soma obtida representa o dobro da quantidade A de arestas do poliedro. Logo:

$$A = \frac{3F_3 + 4F_4 + ... + nF_n}{2}$$

Do enunciado, temos: $F_4 = 6$ e $F_3 = 4$. Então:

$$A = \frac{3F_3 + 4F_4}{2} = \frac{3 \cdot 4 + 4 \cdot 6}{2} = \frac{36}{2} = 18$$

Como o poliedro é convexo, satisfaz a relação de Euler:

$F + V = A + 2 \Rightarrow (6 + 4) + V = 18 + 2 \Rightarrow V = 10$

Portanto, esse poliedro tem 10 vértices.

Exercícios propostos

4. O poliedro representado ao lado é convexo.
Determine as quantidades de faces, vértices e arestas desse poliedro e mostre que os valores obtidos satisfazem a relação de Euler.

5. Em cada item abaixo, são dadas algumas características de dois poliedros regulares. Determine a quantidade de arestas de cada poliedro e faça um desenho no caderno para representá-lo.
a) poliedro I: 8 vértices e 6 faces quadrangulares
b) poliedro II: 4 vértices e 4 faces triangulares

6. Um poliedro tem 2 faces hexagonais e 6 faces quadrangulares. Determine a quantidade de arestas e a de vértices desse poliedro.

7. Em um poliedro convexo, de cada um dos 6 vértices saem 4 arestas. Determine as quantidades de arestas e faces desse poliedro.

8. Em um poliedro convexo, a quantidade de faces é igual à quantidade de vértices, e a quantidade de arestas excede em 3 unidades a quantidade de faces. Determine a quantidade de vértices desse poliedro.

9. A bola de futebol utilizada na Copa do Mundo de 1970 foi inspirada em um poliedro convexo formado por 12 faces pentagonais e 20 faces hexagonais.
Determine a quantidade de vértices e de arestas desse poliedro.

10. Analise a veracidade da afirmação a seguir.

> Se em todos os vértices de um poliedro concorre a mesma quantidade de arestas, então todas as faces têm a mesma quantidade de arestas.

11. No caderno, desenhe um poliedro convexo que tenha mais de 12 arestas e mostre que ele satisfaz a relação de Euler.

12. Um poliedro convexo tem apenas faces hexagonais e quadrangulares. Sabendo que ele tem 30 arestas e 18 vértices, determine a quantidade de faces hexagonais e a quantidade de faces quadrangulares desse poliedro.

Daqui em diante, serão estudados mais detalhadamente os seguintes sólidos: prisma, cilindro, pirâmide, cone e esfera. Esses sólidos são construídos segundo os conceitos estudados no capítulo anterior, de geometria espacial de posição.

2. Prisma

Sejam α e β dois planos paralelos, r uma reta secante a esses planos e P um polígono contido no plano α (figura 1). Consideram-se todos os segmentos de reta paralelos a r, de modo que um dos extremos seja um ponto pertencente ao polígono P e o outro extremo seja um ponto pertencente ao plano β. A união desses segmentos de reta é um poliedro denominado **prisma** (figura 2).

Saiba mais

Nomenclatura dos prismas

Os prismas são nomeados de acordo com o polígono de sua base. Exemplos:

Polígono da base	Nome do prisma
triângulo	prisma triangular
pentágono	prisma pentagonal
hexágono	prisma hexagonal

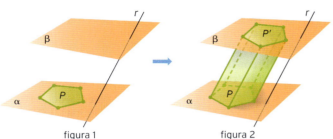

figura 1   figura 2

Prisma é uma figura geométrica maciça, formada pela superfície e seu interior.

■ Elementos de um prisma

- **Bases**: são os polígonos P e P', que estão contidos nos planos α e β, sendo P' o polígono formado pelos extremos de cada segmento que parte dos pontos pertencentes a P e que é paralelo à reta r.
- **Arestas da base**: são os lados das bases do prisma.
- **Arestas laterais**: são os segmentos $\overline{QQ'}$, sendo Q vértice do polígono P e Q' vértice do polígono P', de modo que $\overline{QQ'}$ é paralelo a r.
- **Faces laterais**: são os paralelogramos delimitados por duas arestas laterais consecutivas e pelos planos α e β. Se as bases do prisma são polígonos de n lados, então o prisma tem n faces laterais. As faces laterais, juntamente com as bases, são as **faces do prisma**.
- **Altura**: é a distância entre os planos α e β.
- **Diagonal**: é qualquer segmento de reta cujos extremos são vértices de bases diferentes do prisma e não pertencem à mesma face lateral.

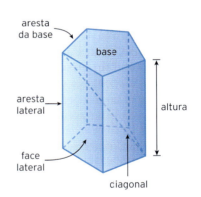

■ Classificação de um prisma

Um prisma é **reto** quando a reta r utilizada em sua construção é perpendicular aos planos α e β, e é **oblíquo** em caso contrário. Um prisma reto cujas bases são polígonos regulares é denominado **prisma regular**.

Paralelepípedo

O **paralelepípedo** é um prisma cujas faces (bases e faces laterais) são paralelogramos. Quando o paralelepípedo é **reto**, ou seja, quando suas faces são retângulos, diz-se que é um **paralelepípedo reto-retângulo**. O **cubo** é um caso particular de paralelepípedo reto-retângulo no qual as faces são quadrados.

paralelepípedo

paralelepípedo reto-retângulo

cubo

Medida da diagonal de um paralelepípedo reto-retângulo

As diagonais de um mesmo paralelepípedo reto-retângulo têm medidas iguais. Acompanhe a dedução de uma expressão que fornece a medida da diagonal de um paralelepípedo reto-retângulo em função de suas dimensões (comprimento, largura e altura).

Considera-se um paralelepípedo reto-retângulo, cujas dimensões são a, b e c. Sejam d a medida de uma diagonal e t a medida da diagonal de uma das bases do paralelepípedo, como mostra a figura abaixo.

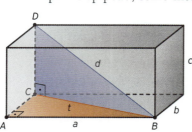

Como o triângulo BCD é retângulo, tem-se a seguinte relação:
$$d^2 = t^2 + c^2 \text{ (I)}$$
Como o triângulo ABC é retângulo, tem-se a seguinte relação:
$$t^2 = a^2 + b^2 \text{ (II)}$$
Substituindo-se (II) em (I), obtém-se a expressão da medida da diagonal:
$$d^2 = a^2 + b^2 + c^2 \Rightarrow \boxed{d = \sqrt{a^2 + b^2 + c^2}}$$

> **Para refletir**
>
> Por que as diagonais do paralelepípedo reto-retângulo têm medidas iguais?

Sendo o cubo um caso particular de paralelepípedo reto-retângulo, se a medida de cada aresta do cubo é a, então tem-se a medida d de sua diagonal:
$$d = \sqrt{a^2 + a^2 + a^2} = \sqrt{3a^2} \Rightarrow \boxed{d = a\sqrt{3}}$$

■ Área da superfície de um prisma reto

Dado um prisma reto qualquer, define-se:
- **Superfície lateral**: é a reunião das faces laterais do prisma. A **área lateral do prisma**, denotada por A_l, é a área de sua superfície lateral, ou seja, é a soma das áreas de suas faces laterais.
- **Superfície total**: é a reunião das faces laterais do prisma e de suas bases. A **área total do prisma**, denotada por A_t, é a área de sua superfície total, ou seja, é a soma de sua área lateral com as áreas de suas bases.

Para visualizar a superfície total de um prisma reto, e com isso compreender melhor o cálculo de sua área, pode-se recorrer à sua **planificação**. A planificação de um prisma consiste em representar sua superfície em um plano de modo que cada face fique ligada, por uma aresta, a pelo menos uma outra face.

Exemplo

Considera-se um paralelepípedo reto-retângulo, cujas dimensões são a, b e c. A seguir tem-se sua representação, sua planificação e o cálculo de sua área total.

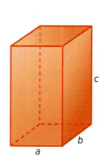 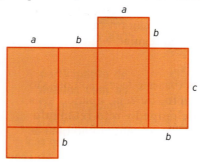

> **Para recordar**
>
> **Área de um triângulo equilátero**
>
> Sendo ℓ a medida do lado do triângulo equilátero, a área desse triângulo é dada por:
>
>
>
> $A = \dfrac{\ell^2 \sqrt{3}}{4}$
>
> **Área de um hexágono regular**
>
> Sendo ℓ a medida do lado do hexágono regular, a área desse hexágono é dada por:
>
>
>
> $A = \dfrac{3\ell^2 \sqrt{3}}{2}$
>
> A área de um hexágono regular de lado ℓ equivale a 6 vezes a área de um triângulo equilátero de lado ℓ.

Observando a planificação (à direita), conclui-se que a área total A_t do paralelepípedo é a soma das áreas de seis retângulos:
$$A_t = ab + ac + bc + ab + ac + bc \Rightarrow \boxed{A_t = 2 \cdot (ab + ac + bc)}$$

No caso do cubo, se a medida de cada aresta é a, então sua área total é dada por:
$$A_t = 2 \cdot (a^2 + a^2 + a^2) \Rightarrow \boxed{A_t = 6a^2}$$

Exercícios resolvidos

13. Em um prisma regular de base hexagonal, a aresta da base mede 4 cm, e a altura mede $3\sqrt{3}$ cm. Calcular a área lateral e a área total desse prisma.

Resolução
Representamos o prisma e sua planificação:

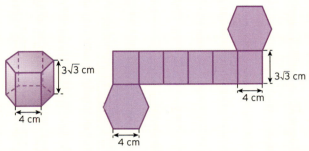

A área lateral A_l do prisma é a soma das áreas de seis retângulos congruentes:
$A_l = 6 \cdot 4 \cdot 3\sqrt{3} = 72\sqrt{3}$
A área total A_t do prisma é a soma de sua área lateral com as áreas de dois hexágonos congruentes.

A área de cada hexágono é:
$$A_{hexágono} = \frac{3 \cdot 4^2 \cdot \sqrt{3}}{2} = \frac{3 \cdot 16\sqrt{3}}{2} = 24\sqrt{3}$$
$A_t = A_l + 2 \cdot A_{hexágono} = 72\sqrt{3} + 48\sqrt{3} = 120\sqrt{3}$

Logo, a área do prisma descrito é $120\sqrt{3}$ cm².

14. Determinar a medida da diagonal e a área total de um cubo, cuja soma das medidas das arestas é 144 cm.

Resolução
O cubo tem 12 arestas. Logo, a medida a de cada aresta desse cubo é:
$12a = 144 \Rightarrow a = 12$
Sabendo que cada aresta mede 12 cm, podemos determinar a medida d da diagonal do cubo e sua área total A_t.
$d = a\sqrt{3} = 12\sqrt{3}$
$A_t = 6a^2 = 6 \cdot 12^2 = 6 \cdot 144 = 864$
Portanto, a diagonal do cubo mede $12\sqrt{3}$ cm, e sua área total é 864 cm².

Exercícios propostos

15. Classifique cada afirmação como verdadeira ou falsa, corrigindo as falsas.
a) Em um prisma regular, as arestas da base e as arestas laterais são congruentes.
b) Em um prisma reto, as faces laterais são sempre quadrados.
c) Um prisma com 8 faces quadrangulares tem 10 faces no total.

16. A base de um prisma é um polígono de n lados.
a) Quantas faces esse prisma tem?
b) Quantas arestas esse prisma tem?
c) Quantos vértices esse prisma tem?

17. A figura abaixo representa a planificação de um paralelepípedo reto-retângulo. Nela estão indicadas as áreas de três das faces desse prisma.

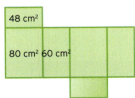

Determine:
a) as dimensões do paralelepípedo;
b) as medidas das diagonais de cada face;
c) a medida da diagonal do paralelepípedo.

18. Calcule a área lateral e a área total de um prisma regular, cuja base é um triângulo, sabendo que a aresta da base mede 8 cm e a aresta lateral mede $5\sqrt{3}$ cm.

19. Uma piscina, construída na forma de um paralelepípedo reto-retângulo, com 30 m de comprimento, 4 m de largura e 2 m de profundidade, será azulejada. Sabe-se que os azulejos escolhidos são vendidos em caixas e em cada caixa há 1,5 m² de azulejos.
a) Determine quantas caixas serão necessárias para azulejar toda a piscina.
b) Se cada caixa de azulejo custa R$ 55,00, qual será o custo total da compra dos azulejos?

20. Um cubo, cujas arestas medem 8 m, está apoiado em um plano α. Esse cubo é intersectado por um plano paralelo a α, a 4 m de distância dele, dividindo-o em dois paralelepípedos.
a) Represente com um desenho a situação descrita.
b) Determine as medidas das diagonais do cubo e dos dois paralelepípedos.
c) Compare a área do cubo com a soma das áreas dos paralelepípedos. São iguais? Por quê?

21. A diagonal de um paralelepípedo reto-retângulo mede $4\sqrt{29}$ cm. Determine a área total desse prisma, sabendo que suas dimensões são proporcionais a 2, 3 e 4.

22. A figura ao lado representa um sólido. A aresta da base do prisma regular hexagonal mede 10 cm, e a aresta lateral mede 15 cm. Sabendo que o furo central, em forma de paralelepípedo reto-retângulo, tem base quadrada de 25 cm² de área, determine a área total do sólido.

■ Volume de um paralelepípedo reto-retângulo

O **volume** de um sólido é a medida da região que ele ocupa no espaço. Antes de mostrar o cálculo do volume de um prisma, é apresentado, a seguir, um método para o cálculo do volume de um sólido.

Um método para determinar o volume de um sólido é compará-lo com uma **unidade cúbica**. A unidade cúbica usualmente considerada é o volume de um cubo, cuja aresta mede 1 u (1 unidade de comprimento). O volume dessa unidade é 1 u³ ou simplesmente u³.

Assim, o volume de um sólido pode ser determinado pela quantidade de unidades cúbicas que preenchem esse sólido. Esse método só é válido para sólidos que podem ser decompostos em cubos de arestas de medidas unitárias.

Exemplos

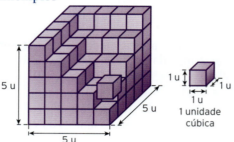

Se o sólido for um cubo, cujas arestas medem 5 u, serão necessárias 125 unidades cúbicas para preenchê-lo completamente. Portanto, o volume desse cubo é 125 u³.

Para cada unidade de comprimento, há uma unidade de volume correspondente. Por exemplo, se a unidade de comprimento é o metro (m), então a unidade de volume correspondente é o metro cúbico (m³).

Para um paralelepípedo reto-retângulo, cujas dimensões são números inteiros – por exemplo, 6 cm de comprimento, 3 cm de largura e 2 cm de altura –, a determinação de seu volume pode ser feita da seguinte maneira:

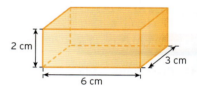

Adota-se 1 cm³ como unidade cúbica e verifica-se a quantidade de unidades cúbicas que preenche completamente o paralelepípedo.	1ª camada: 18 unidades cúbicas. Para preencher completamente o paralelepípedo, são necessárias duas camadas com 18 unidades cúbicas cada.	Como 2 · 18 = 36, o volume do paralelepípedo é 36 unidades cúbicas, ou seja, 36 cm³. 6 · 3 · 2

Para um paralelepípedo reto-retângulo, cujas dimensões são números inteiros, o volume é dado pelo produto dessas dimensões.

É possível demonstrar que, se as dimensões do paralelepípedo são números reais, o volume V também é dado por esse produto; e o mesmo vale para o cubo, que é um caso particular de paralelepípedo reto-retângulo.

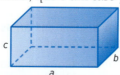 $V = a \cdot b \cdot c$ $V = a \cdot a \cdot a = a^3$

Exercício resolvido

23. Calcular o volume de areia necessário para preencher uma caixa de sapatos, cujas dimensões são 30 cm de comprimento, 18 cm de largura e 12 cm de altura.

Resolução

O volume de areia deve ser igual ao volume da caixa. As unidades de medida apresentadas sugerem que, para calcular esse volume, é mais adequado adotar cubos unitários de 1 cm³.

Em cada camada, são 540 cubos unitários (30 · 18 = 540). Mas, ao todo, são 12 camadas.
Então: 12 · 540 = 6 480
Portanto, são necessários 6 480 cm³ de areia.
Outra maneira de resolver esse problema é usar a expressão que fornece o volume de um paralelepípedo reto-retângulo:
$V = 30 \cdot 18 \cdot 12 = 6\,480 \Rightarrow V = 6\,480 \text{ cm}^3$

Princípio de Cavalieri

O método para determinar o volume de um sólido comparando-o com a unidade cúbica não é eficaz para os sólidos que não têm a forma de um paralelepípedo reto-retângulo. Nesses casos, o volume do sólido é simplificado pelo princípio de Cavalieri. A situação descrita a seguir ilustra esse princípio.

Considera-se, inicialmente, uma pilha de livros devidamente alinhados. Em certo momento, essa pilha tem seu formato modificado, sem que seja acrescentado ou retirado nenhum livro. Uma possível representação da pilha de livros nos dois momentos é esta:

Ao observar as figuras, constata-se que as duas pilhas têm volumes iguais, pois são compostas exatamente dos mesmos livros e, portanto, ocupam regiões iguais do espaço.

Para enunciar o princípio de Cavalieri, é necessário conhecer a seguinte definição:

> É chamada **secção** de um sólido qualquer intersecção não vazia desse sólido com um plano. Se o plano secante (dois planos são secantes quando possuem pelo menos dois pontos em comum) for paralelo ao plano que contém a base do sólido, então se tem uma **secção transversal**.

A seguir, são representadas algumas secções transversais de sólidos.

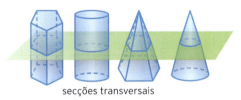

secções transversais

O princípio de Cavalieri pode ser assim enunciado:

> Sejam S_1 e S_2 dois sólidos apoiados em um mesmo plano α e contidos em um mesmo semiespaço de origem α. Se todo plano β paralelo ao plano α intersecta os dois sólidos determinando secções de áreas iguais, então esses sólidos têm volumes iguais.

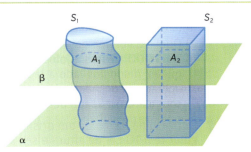

Na situação representada acima, todo plano β, paralelo a α, que intersecta S_1 também intersecta S_2, determinando, respectivamente, secções de área A_1 e A_2. Se $A_1 = A_2$, então o volume V_1 de S_1 é igual ao volume V_2 de S_2.

Saiba mais

Tomografia computadorizada

A tomografia computadorizada é um exame por imagem que consiste em construir imagens internas das estruturas do corpo e dos órgãos. Para isso, são feitos cortes transversais, ou seja, uma série de secções, que são posteriormente montadas em computador para formar um quadro completo da parte do corpo que se deseja analisar.

Baseando-se nos princípios da radiografia convencional, os tecidos com diferentes composições e densidades absorvem a radiação da tomografia de maneiras diversas. Assim, a imagem é obtida em escalas de cinza, dependendo da quantidade de radiação absorvida pelos tipos de tecido.

Aparelho de tomografia.

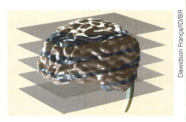

Secções analisadas do cérebro.

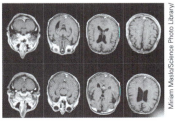

Imagens resultantes.

Volume de um prisma

Considera-se o seguinte teorema:

> Toda secção transversal de um prisma é congruente à sua base.

Pelo princípio de Cavalieri e pelo teorema acima é possível determinar o volume de qualquer prisma. Para isso, consideram-se, em um mesmo semiespaço de origem α, os sólidos descritos a seguir.

- Um prisma S_1 cuja base está contida no plano α, tal que h é a altura do prisma e A_b é a área da base.
- Um paralelepípedo reto-retângulo S_2, cuja base também está contida no plano α, tal que sua altura e área da base também são h e A_b.

Qualquer plano β paralelo a α que intersecta S_1 também intersecta S_2. Como, pelo teorema acima, toda secção transversal de um prisma é congruente à sua base, as secções transversais de S_1 e S_2, determinadas por qualquer plano β nas condições acima, têm a mesma área A_b. Logo, pelo princípio de Cavalieri, S_1 e S_2 têm volumes iguais.

Sabe-se que o volume do paralelepípedo é o produto de suas dimensões. Como o produto das dimensões da base do paralelepípedo é a área de sua base, seu volume V_{S_2} é o produto da área da base A_b pela altura h: $V_{S_2} = A_b \cdot h$

Como $V_{S_1} = V_{S_2}$, tem-se $V_{S_1} = A_b \cdot h$.

O volume de um prisma é igual ao produto da área da base A_b pela altura h:

$$V = A_b \cdot h$$

Exercício resolvido

24. Uma caixa em formato de prisma reto de base hexagonal regular é feita com dobradura de papel. A caixa, sem a tampa, tem 3 cm de altura e as arestas da base medem 4 cm. Determinar o volume da caixa.

Resolução

A base do prisma é um hexágono regular. Sabendo que a área do hexágono regular em função do lado de medida ℓ é dada por $A = \dfrac{3\ell^2\sqrt{3}}{2}$, podemos calcular a área da base do prisma:

$$A_b = \dfrac{3 \cdot 4^2\sqrt{3}}{2} = 24\sqrt{3}$$

Como a altura do prisma é $h = 3$ cm, seu volume é:

$$V = A_b \cdot h = 24\sqrt{3} \cdot 3 = 72\sqrt{3}$$

Portanto, o volume da caixa é: $72\sqrt{3}$ cm³

Exercícios propostos

25. (Enem) Um carpinteiro fabrica portas retangulares maciças, feitas de um mesmo material. Por ter recebido de seus clientes pedidos de portas mais altas, aumentou sua altura em $\dfrac{1}{8}$, preservando suas espessuras. A fim de manter o custo com o material de cada porta, precisou reduzir a largura. A razão entre a largura da nova porta e a largura da porta anterior é:

a) $\dfrac{1}{8}$ c) $\dfrac{8}{7}$ e) $\dfrac{9}{8}$

b) $\dfrac{7}{8}$ d) $\dfrac{8}{9}$

26. Um tijolo tem a forma de um paralelepípedo reto-retângulo, com as dimensões 39 cm × 19 cm × 19 cm.
a) Qual é o volume de 5 000 desses tijolos?
b) Se 5 000 desses tijolos forem distribuídos em pilhas, dispostos lado a lado, de 25 tijolos cada, apoiados no chão pela base maior, então qual será a área ocupada pelas pilhas?

27. Um vaso na forma de um prisma reto de base triangular tem 10 cm de altura e seu volume é 480 cm³. Esse vaso é preenchido com terra até a altura de 6 cm e, depois, completado com areia. Qual é o volume de areia necessário para completar o vaso?

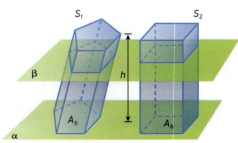

28. (Enem) Uma fábrica produz barras de chocolates no formato de paralelepípedos e de cubos, com o mesmo volume. As arestas da barra de chocolate no formato de paralelepípedo medem 3 cm de largura, 18 cm de comprimento e 4 cm de espessura.
Analisando as características das figuras geométricas descritas, a medida das arestas dos chocolates que têm o formato de cubo é igual a
a) 5 cm.   c) 12 cm.   e) 25 cm.
b) 6 cm.   d) 24 cm.

29. Considere uma caixa na forma de um paralelepípedo reto-retângulo de dimensões 5 cm, 6 cm e 8 cm. Se na caixa for inserido um objeto com forma de um cubo, cujas arestas medem 5 cm, então qual será o volume não ocupado pelo objeto na caixa?

30. Determine o volume de um prisma regular, cuja base é um hexágono, sabendo que a altura do prisma é 3 m e que a aresta da base mede 6 m.

31. (Fuvest-SP) Na figura abaixo, X e Y são, respectivamente, os pontos médios das arestas $\overline{AB}$ e $\overline{CD}$ do cubo. A razão entre o volume do prisma AXFEDYGH e o do cubo é:

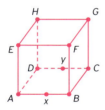

a) $\frac{3}{8}$ c) $\frac{2}{3}$ e) $\frac{5}{6}$

b) $\frac{1}{2}$ d) $\frac{3}{4}$

32. Considere uma caixa-d'água cúbica, de 1 000 L de capacidade, completamente cheia de água. Se 200 L de água forem usados, em quantos centímetros o nível de água baixará? (Considere 1 L = 1 dm³.)

33. (Enem) Conforme regulamento da Agência Nacional de Aviação Civil (Anac), o passageiro que embarcar em voo doméstico poderá transportar bagagem de mão, contudo a soma das dimensões da bagagem (altura + comprimento + largura) não pode ser superior a 115 cm.
A figura mostra a planificação de uma caixa que tem a forma de um paralelepípedo retângulo.

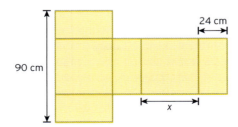

O maior valor possível para x, em centímetros, para que a caixa permaneça dentro dos padrões permitidos pela Anac é
a) 25
b) 33
c) 42
d) 45
e) 49

34. (Enem) Na alimentação de gado de corte, o processo de cortar a forragem, colocá-la no solo, compactá-la e protegê-la com uma vedação denomina-se silagem. Os silos mais comuns são os horizontais, cuja forma é a de um prisma reto trapezoidal, conforme mostrado na figura.

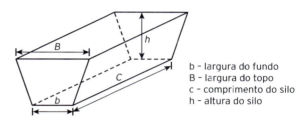

b – largura do fundo
B – largura do topo
c – comprimento do silo
h – altura do silo

EMBRAPA. Gado de corte. Disponível em: <www.cnpgc.embrapa.br>. Acesso em: 8 jul. 2015 (adaptado).

Considere um silo de 2 m de altura, 6 m de largura de topo e 20 m de comprimento. Para cada metro de altura do silo, a largura do topo tem 0,5 m a mais do que a largura do fundo. Após a silagem, 1 tonelada de forragem ocupa 2 m³ desse tipo de silo.
Após a silagem, a quantidade máxima de forragem que cabe no silo, em toneladas, é:
a) 110.   d) 220.
b) 125.   e) 260.
c) 130.

35. (Enem) Uma lata de tinta, com a forma de um paralelepípedo retangular reto, tem as dimensões, em centímetros, mostradas na figura.

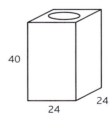

Será produzida uma nova lata, com os mesmos formato e volume, de tal modo que as dimensões de sua base sejam 25% maiores que as da lata atual. Para obter a altura da nova lata, a altura da lata atual deve ser reduzida em
a) 14,4%   d) 36,0%
b) 20,0%   e) 64,0%
c) 32,0%

3. Cilindro

Sejam α e β dois planos paralelos, s uma reta secante a esses planos e C um círculo contido no plano α, de centro O e raio medindo r. Consideram-se todos os segmentos de reta paralelos a r de modo que um dos extremos seja um ponto pertencente ao círculo C e o outro extremo seja um ponto pertencente ao plano β. A união desses segmentos é um corpo redondo denominado **cilindro circular**, que neste livro será denominado apenas **cilindro**.

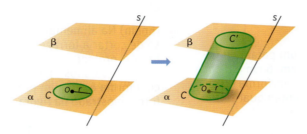

■ Elementos de um cilindro

- **Base**: são os círculos C e C', que estão contidos nos planos α e β, sendo C' o círculo formado pelos extremos de cada segmento que parte dos pontos pertencentes a C e que é paralelo à reta s.
- **Eixo**: é a reta que passa pelos centros das bases do cilindro.
- **Geratriz**: é qualquer segmento de reta, cujos extremos pertencem às circunferências que limitam C e C' tal que esse segmento é paralelo à reta s.
- **Altura**: é a distância entre os planos α e β.

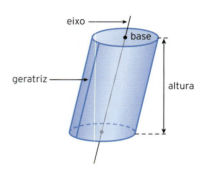

■ Classificação de um cilindro

Um cilindro é **reto** quando a reta s utilizada em sua construção é perpendicular aos planos α e β, e é **oblíquo** em caso contrário.

Cilindro reto

O eixo de um cilindro reto é perpendicular aos planos que contêm suas bases e, portanto, a altura do cilindro é igual à medida de qualquer geratriz.

Na figura ao lado, o cilindro é reto. Logo, a medida da geratriz $\overline{AB}$ é igual à altura h do cilindro.

Por meio da rotação de um retângulo em torno de um eixo que contém um dos seus lados, obtém-se um cilindro reto. Por isso, o cilindro reto também pode ser chamado **cilindro de revolução**. O esquema abaixo mostra esse processo.

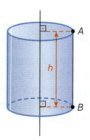

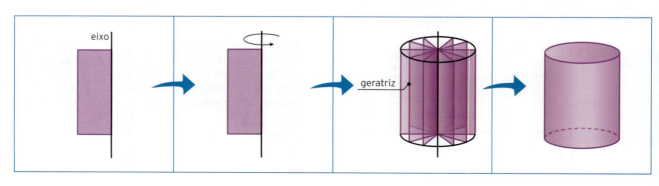

Área da superfície de um cilindro reto

Dado um cilindro reto qualquer, define-se:
- **Superfície lateral**: é o conjunto de todas as geratrizes do cilindro. A **área lateral do cilindro**, denotada por A_l, é a área de sua superfície lateral.
- **Superfície total**: é a reunião da superfície lateral do cilindro e de suas bases.

Para visualizar a superfície total de um cilindro reto, e com isso compreender melhor o cálculo de sua área, pode-se recorrer à planificação, conforme figura abaixo. Para representar a superfície do cilindro no plano, separa-se a superfície lateral das duas bases e "corta-se" a superfície lateral sobre uma geratriz, obtendo-se dois círculos congruentes e um retângulo.

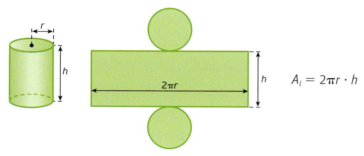

$A_l = 2\pi r \cdot h$

A área lateral A_l de um cilindro reto de altura h e raio da base medindo r é a área de um retângulo, cujas dimensões são o comprimento da circunferência que delimita uma das bases do cilindro, $2\pi r$, e a altura h do cilindro.

A **área total do cilindro**, denotada por A_t, é a área de sua superfície total, ou seja, é a soma de sua área lateral com as áreas das bases.

A área total é dada por: $A_t = A_l + 2A_b$

Para recordar
Área de um círculo

Sendo r a medida do raio de um círculo, a área do círculo é:

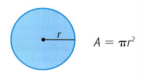

$A = \pi r^2$

Exercício resolvido

36. Determinar a área total de um cilindro reto de altura medindo 5 cm e raio da base medindo 3 cm.

Resolução
As bases desse cilindro são dois círculos de raio medindo 3 cm. A superfície lateral é um retângulo de 5 cm de altura e de comprimento igual ao comprimento da circunferência que delimita uma das bases ($2\pi \cdot 3 = 6\pi$).
A área total é a soma das áreas das bases e da área lateral:
$A_t = 2 \cdot \pi \cdot 3^2 + 6\pi \cdot 5 = 18\pi + 30\pi = 48\pi$
Logo, a área total desse cilindro é 48π cm².

Exercícios propostos

37. Determine a área total de um cilindro reto de 12 cm de altura e raio da base medindo 6 cm.

38. Considere um cilindro de 16 cm de altura cuja base tem 14 cm de diâmetro. Determine a área lateral e a área total desse cilindro.

39. Considere dois cilindros retos de 50 cm de altura. Sabendo que o raio da base de um deles mede 5 cm e que o do outro mede 10 cm, determine as áreas laterais e totais dos dois cilindros.

40. Deseja-se embalar com papel dois objetos que têm formato de cilindro reto. Um deles tem 10 cm de altura e raio da base medindo 5 cm. O outro tem 7 cm de altura e raio da base medindo 6 cm. Para qual deles se utilizará mais papel?

41. Considere um retângulo de dimensões 5 cm e 10 cm. Sabe-se que, mediante rotações em torno de um dos seus lados, obtêm-se cilindros de revolução. Determine as áreas totais dos cilindros obtidos pela rotação desse retângulo em torno do eixo que contém o menor lado e em torno do eixo que contém o maior lado. Compare essas áreas.

42. Uma porca de parafuso tem formato de um prisma hexagonal regular com um furo no centro, como na figura ao lado. A aresta da base desse prisma mede 15 mm e a altura mede 6 mm. O furo tem a forma de um cilindro reto cujo raio da base mede 5 mm. Determine a área total dessa figura. (Adote: $\pi = 3{,}14$ e $\sqrt{3} = 1{,}73$.)

Volume de um cilindro

Para determinar o volume de um cilindro, utiliza-se um processo análogo ao do volume de um prisma. Basta considerar, em um mesmo semiespaço de origem α, os seguintes sólidos:

- Um cilindro S_1 cuja base está contida no plano α, tal que h é a altura do cilindro e A_b é a área da base.

- Um paralelepípedo reto-retângulo S_2 cuja base também está contida no plano α, tal que sua altura e a área de sua base também são h e A_b.

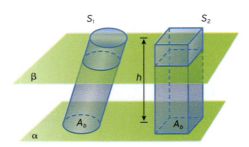

Qualquer plano β paralelo a α que intersecta S_1 também intersecta S_2. Então, analogamente ao que foi visto no volume de um prisma, qualquer secção transversal do cilindro é congruente à sua base e, pelo princípio de Cavalieri, os sólidos S_1 e S_2 têm volumes iguais. Logo: $V_{S_1} = A_b \cdot h$

O volume de um cilindro é igual ao produto da área da base A_b por sua altura h:

$$V = A_b \cdot h$$

Exercício resolvido

43. Determinar o volume do cilindro reto representado ao lado.

Resolução
Pela figura, verificamos que a altura do cilindro mede 10 cm e o diâmetro da base mede 8 cm. Logo, o raio da base do cilindro mede 4 cm. Então:
$V = A_b \cdot h = \pi \cdot 4^2 \cdot 10 = 160\pi$
Portanto, o volume desse cilindro é 160π cm³.

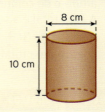

Exercícios propostos

44. A área da base de um cilindro reto é 100π cm² e o volume é $1\,500\pi$ cm³. Determine a medida do raio da base e a altura do cilindro.

45. Ao lado, estão representados dois recipientes cilíndricos retos. O recipiente 1 tem o dobro da altura e metade do raio do recipiente 2. Qual recipiente tem maior volume?

46. A figura ao lado representa uma peça composta de dois cilindros retos.
Se o raio do cilindro menor é dois terços do raio do cilindro maior e a altura do cilindro menor é metade da altura do cilindro maior, então qual é o volume dessa peça?

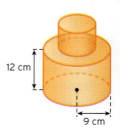

4. Pirâmide

Seja P um polígono contido em um plano α e V um ponto não pertencente ao plano α. Consideram-se todos os segmentos de reta tais que um dos extremos seja um ponto pertencente ao polígono P e o outro extremo seja o ponto V. A união desses segmentos é um poliedro denominado **pirâmide**.

Saiba mais

Tetraedro

O tetraedro é uma pirâmide cuja base é um triângulo.

tetraedro regular

Quando o tetraedro é regular, suas faces são triângulos equiláteros congruentes.

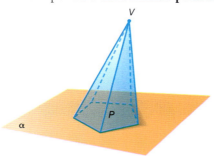

■ Elementos de uma pirâmide

- **Vértice**: é o ponto V.
- **Base**: é o polígono P contido no plano α.
- **Arestas da base**: são os lados da base da pirâmide.
- **Arestas laterais**: são os segmentos $\overline{QV}$, sendo Q vértice da base.
- **Faces laterais**: são as regiões delimitadas por duas arestas laterais consecutivas e pelo plano α. As faces laterais, juntamente com a base, são as **faces da pirâmide**. Se a base da pirâmide é um polígono de n lados, então a pirâmide tem n faces laterais.
- **Altura**: é a distância entre o vértice V e o plano α.

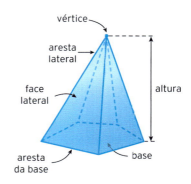

■ Classificação de uma pirâmide

Uma pirâmide é **reta** quando todas as faces laterais são triângulos congruentes, e é **oblíqua** em caso contrário. Uma pirâmide reta cuja base é um polígono regular é denominada **pirâmide regular**. Nesse caso, a projeção ortogonal de seu vértice sobre o plano que contém a base é o centro dessa base.

Pirâmide regular

Em uma pirâmide regular, as arestas laterais são congruentes e as faces laterais são triângulos isósceles.

Seja uma pirâmide regular como a representada ao lado. Seja M o ponto médio de uma das arestas da base e O o centro da base. Define-se:

- **Apótema da pirâmide:** é o segmento de reta que tem um extremo no ponto M e o outro extremo no vértice V da pirâmide.
- **Apótema da base:** é o segmento de reta que tem um extremo no ponto M e o outro extremo no centro O da base da pirâmide.

Sendo h a medida da altura, r a medida do apótema da base, b a medida do apótema da pirâmide, c a medida de uma aresta da base, e a a medida de uma aresta lateral, pelo teorema de Pitágoras, decorrem as seguintes relações:

$$b^2 = h^2 + r^2 \qquad a^2 = b^2 + \left(\frac{c}{2}\right)^2$$

■ Área da superfície de uma pirâmide regular

Dada uma pirâmide regular qualquer, define-se:
- **Superfície lateral**: é a reunião das faces laterais da pirâmide. A **área lateral da pirâmide**, denotada por A_l, é a área de sua superfície lateral, ou seja, é a soma das áreas das faces laterais.
- **Superfície total**: é a reunião das faces laterais da pirâmide e de sua base. A **área total da pirâmide**, denotada por A_t, é a área de sua superfície total, ou seja, é a soma da sua área lateral com a área de sua base.

Para visualizar a superfície total de uma pirâmide regular e com isso compreender melhor o cálculo de sua área, pode-se recorrer à planificação. Para representar a superfície da pirâmide no plano, separam-se suas faces de modo que cada uma delas fique ligada, por uma aresta, a pelo menos uma outra face.

Exercício resolvido

47. A figura abaixo corresponde à planificação de uma pirâmide regular.

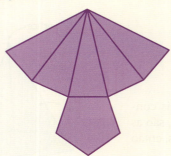

Determinar a área lateral da pirâmide, sabendo que a aresta da base mede 8 cm e que a aresta lateral mede 14 cm.

Resolução

A área lateral A_l da pirâmide é a soma das áreas de suas faces laterais. Como a pirâmide é regular, cada face lateral é um triângulo isósceles, cujas medidas estão indicadas na figura ao lado.

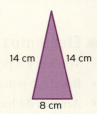

Para calcular a área de uma face lateral, é necessário determinar a altura b do triângulo, que corresponde à medida do apótema da pirâmide.

Pelo teorema de Pitágoras, temos:
$14^2 = 4^2 + b^2 \Rightarrow b^2 = 180 \Rightarrow b = 6\sqrt{5}$

Então: $A_l = 5 \cdot \left(\dfrac{8 \cdot 6\sqrt{5}}{2}\right) = 5 \cdot 24\sqrt{5} = 120\sqrt{5}$

Portanto, a área lateral dessa pirâmide é $120\sqrt{5}$ cm².

Exercícios propostos

48. A figura ao lado representa a planificação de uma pirâmide regular. Considerando os valores indicados, determine a área total dessa pirâmide.

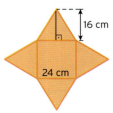

49. Em uma pirâmide regular de base heptagonal, a aresta da base mede 10 cm e o apótema da pirâmide mede 12 cm. Calcule a área lateral dessa pirâmide.

50. Determine a área total de um tetraedro regular cuja aresta lateral mede 4 cm.

51. Considere uma pirâmide regular de base hexagonal. Sabendo que o apótema da base mede $\sqrt{3}$ cm e que o apótema da pirâmide mede 2 cm, determine a área total dessa pirâmide.

52. Calcule a área total de uma pirâmide de base quadrada tal que a aresta da base mede 10 cm e a altura é 12 cm.

53. Analise a veracidade da afirmação a seguir.

> Uma pirâmide que tem como base um polígono de n lados tem $n + 1$ vértices.

54. O telhado de uma casa tem a forma da superfície lateral de uma pirâmide regular de base quadrada. A aresta da base da pirâmide mede 16 m, e sua altura é 4 m. Sabe-se que as telhas utilizadas para cobrir esse telhado são vendidas em lotes que cobrem 2 m², ao custo de R$ 18,00 por lote. Supondo que sejam comprados 10 lotes de telhas além do mínimo necessário para cobrir o telhado, determine o valor gasto nessa compra.

55. A figura ao lado representa uma obra de um artesão que, para fazê-la, extraiu uma pirâmide regular de um cubo. Sabendo que a aresta da base do cubo e a aresta da base da pirâmide medem 70 cm e que o vértice da pirâmide pertence a uma face do cubo, calcule a área total da superfície da obra.

Volume de uma pirâmide

O cálculo do volume de uma pirâmide é fundamentado no seguinte teorema, que pode ser demonstrado utilizando-se o princípio de Cavalieri:

> Se duas pirâmides têm alturas iguais e áreas das bases iguais, então elas têm volumes iguais.

Volume de uma pirâmide de base triangular

A seguir, é demonstrado que o volume de uma pirâmide de base triangular é um terço do volume de um prisma de base triangular que tenha a área da base e a altura iguais às da pirâmide. Para isso, basta mostrar que todo prisma de base triangular pode ser decomposto em três pirâmides de base triangular de volumes iguais, como é feito abaixo.

Considera-se um prisma de base triangular (primeira figura), decomposto nas pirâmides I, II e III, como representado a seguir:

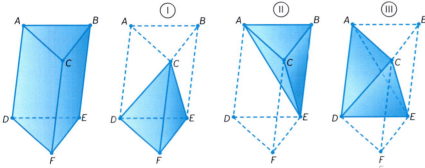

- As áreas das bases das pirâmides I e II são iguais. De fato, a base DEF (de I) é congruente à base ABC (de II), pois DEF e ABC são as bases do prisma. Além disso, as alturas das pirâmides I e II são iguais, pois o vértice de uma pertence ao plano que contém a base da outra. Então, pelo teorema acima, as pirâmides I e II têm volumes iguais.
- As áreas das bases das pirâmides II e III são iguais. De fato, a base ABE (de II) é congruente à base ADE (de III), pois cada uma delas é metade do paralelogramo $ABED$. Além disso, as alturas das pirâmides II e III são iguais, pois são a distância do vértice C ao plano ABE. Então, pelo teorema acima, as pirâmides II e III têm volumes iguais.

Logo, as pirâmides I, II e III têm mesmo volume V.

Como o prisma foi decomposto nas pirâmides I, II e III, seu volume V_{prisma} é a soma dos volumes dessas pirâmides:

$$V_{prisma} = V + V + V = 3V$$

Sabe-se, porém, que o volume de um prisma é igual ao produto da área da base A_b pela altura h.

$$V_{prisma} = A_b \cdot h \Rightarrow 3V = A_b \cdot h \Rightarrow \boxed{V = \frac{A_b \cdot h}{3}}$$

O volume de uma pirâmide de base triangular é igual a um terço do volume do prisma de mesma base e mesma altura, ou seja, o volume de uma pirâmide de base triangular é igual a um terço do produto de sua área da base pela sua altura.

Esse resultado pode ser generalizado para uma pirâmide qualquer. Assim, uma pirâmide, cuja área da base é A_b e cuja altura é h, tem volume $V = \frac{A_b \cdot h}{3}$. A seguir, é feita a demonstração.

Para refletir

Um cubo foi decomposto de modo que foram obtidas três pirâmides, como mostram as figuras abaixo.

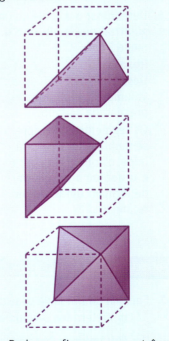

Pode-se afirmar que as três pirâmides têm volumes iguais? Por quê?

Volume de uma pirâmide qualquer

Considera-se uma pirâmide P qualquer. É possível decompô-la em pirâmides de bases triangulares com o mesmo vértice. Para determinar essas pirâmides, escolhe-se um vértice do polígono que é sua base e traçam-se todas as diagonais do polígono que passam por esse ponto.

A base poligonal de n lados da pirâmide gera $n - 2$ triângulos formados pelas diagonais e pelas arestas e, consequentemente, $n - 2$ pirâmides de bases triangulares, que têm o mesmo vértice V e a altura h igual à da pirâmide P.

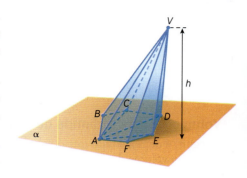

Por exemplo, na pirâmide de base hexagonal ao lado, escolheu-se o vértice A da base e traçaram-se as três diagonais do hexágono que passam por A, dividindo-se a base, que tem seis lados, em $(6 - 2 = 4)$ quatro triângulos. Assim, a pirâmide hexagonal pode ser decomposta em quatro pirâmides triangulares.

Em uma pirâmide de n lados, a área da base A_b é a soma das áreas das bases $A_1, A_2, ..., A_{n-2}$ das pirâmides obtidas por essa construção, e o volume V da pirâmide também é a soma dos volumes $V_1, V_2, ..., V_{n-2}$ dessas pirâmides construídas. Então:

$$V = V_1 + V_2 + ... + V_{n-2} = \frac{A_1 \cdot h}{3} + \frac{A_2 \cdot h}{3} + ... + \frac{A_{n-2} \cdot h}{3} = \frac{(A_1 + A_2 + ... + A_{n-2}) \cdot h}{3} = \frac{A_b \cdot h}{3}$$

O volume de uma pirâmide qualquer também é igual a um terço do produto da área da base A_b pela altura h:

$$V = \frac{A_b \cdot h}{3}$$

Exercício resolvido

56. Determinar o volume de uma pirâmide hexagonal regular tal que a altura é 4 cm e o apótema da base mede 3 cm.

Resolução

Deseja-se determinar o volume da pirâmide representada ao lado.

Os segmentos que representam a altura da pirâmide, o apótema da base e o apótema da pirâmide formam um triângulo retângulo.

Então, pelo teorema de Pitágoras, temos:
$m^2 = 4^2 + 3^2 \Rightarrow m = 5$

O apótema da base representa a altura de um triângulo equilátero. Então, o lado da base mede:

$h = \frac{\ell\sqrt{3}}{2} = 3 \Rightarrow \ell = 2\sqrt{3}$

A área da base é a área do hexágono regular:

$A_b = 6 \cdot \frac{(2\sqrt{3})^2 \cdot \sqrt{3}}{4} = 18\sqrt{3}$

Como a altura da pirâmide é 4 cm, seu volume é:

$V = \frac{18\sqrt{3} \cdot 4}{3} = 24\sqrt{3}$

Portanto, o volume da pirâmide é $24\sqrt{3}$ cm³.

Exercícios propostos

57. Em uma pirâmide de base quadrada, a medida do apótema da base é 12 cm e a medida do apótema da pirâmide é 37 cm. Determine o volume dessa pirâmide.

58. Uma pirâmide de base hexagonal regular tem $180\sqrt{3}$ cm³ de volume e 10 cm de altura. Calcule a medida da aresta da base dessa pirâmide.

59. O volume de uma pirâmide de base quadrada é 21 cm³, e a aresta de sua base mede 3 cm. Determine a altura dessa pirâmide.

5. Cone

Sejam C um círculo contido em um plano α, de centro O e raio medindo r, e V um ponto não pertencente ao plano α. Consideram-se todos os segmentos de reta tais que um dos extremos seja um ponto pertencente ao círculo C e o outro extremo seja o ponto V. A união desses segmentos é o corpo redondo denominado **cone circular**, que, neste livro, será denominado apenas **cone**.

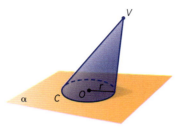

Elementos de um cone

- **Vértice**: é o ponto V.
- **Base**: é o círculo C contido no plano α.
- **Eixo**: é a reta que passa por V e pelo centro da base do cone.
- **Geratriz**: é qualquer segmento de reta cujos extremos são o ponto V e os pontos da circunferência que limita a base.
- **Altura**: é a distância entre o ponto V e o plano α.

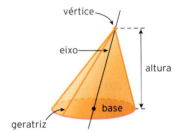

Classificação de um cone

Um cone é **reto** quando seu eixo é perpendicular ao plano α que contém sua base, e é **oblíquo** em caso contrário.

Cone reto

Quando um cone é reto, todas as geratrizes têm medidas iguais.

Por meio da rotação de um triângulo retângulo em torno de um eixo que contenha um de seus catetos, obtém-se um cone reto. Por isso, o cone reto também pode ser chamado **cone de revolução**. O esquema abaixo mostra esse processo.

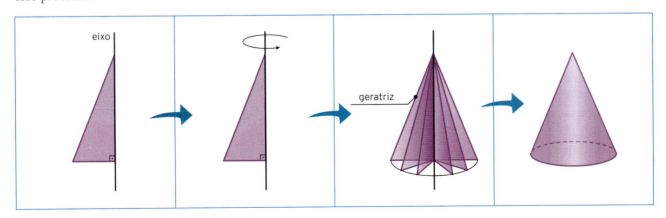

Sendo h a altura do cone, r a medida do raio de sua base e g a medida de uma geratriz, do teorema de Pitágoras decorre a seguinte relação:

$$g^2 = h^2 + r^2$$

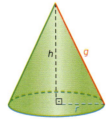

Área da superfície de um cone reto

Dado um cone reto qualquer, define-se:
- **Superfície lateral**: é o conjunto de todas as geratrizes do cone. A **área lateral do cone**, denotada por A_l, é a área de sua superfície lateral.
- **Superfície total**: é a reunião da superfície lateral do cone e de sua base. A **área total do cone**, denotada por A_t, é a área de sua superfície total, ou seja, é a soma de sua área lateral com a área da base.

Para visualizar a superfície total de um cone reto, e com isso compreender melhor o cálculo de sua área, pode-se recorrer à planificação. Para representar a superfície do cone reto no plano, separa-se a superfície lateral da base e "corta-se" a superfície lateral sobre uma geratriz, obtendo-se um círculo e um setor circular.

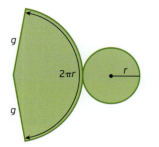

Seja o setor circular de raio medindo g e arco de comprimento $2\pi r$ da figura acima. Pode-se determinar a área desse setor circular em função de r e g, por uma regra de três simples:

Comprimento do arco do setor circular	⇒	Área do setor circular
$2\pi g$	—	πg^2
$2\pi r$	—	A

Então: $A_l = \dfrac{2\pi r \cdot \pi g^2}{2\pi g} = \pi r g$.

Portanto, a área da superfície de um cone reto é: $A_t = \pi r g + \pi r^2 = \pi r (g + r)$

Exercício resolvido

60. Determinar a área lateral de um cone que tem 12 cm de altura e raio da base medindo 5 cm.

Resolução
A medida do arco do setor circular que corresponde à superfície lateral do cone é igual ao comprimento da circunferência da base do cone, cujo raio mede 5 cm: $2\pi r = 2 \cdot \pi \cdot 5 = 10\pi$
Sendo g a medida da geratriz do cone, as figuras ao lado representam o cone e sua planificação.
Para determinar a área lateral do cone pela expressão $A_l = \pi r g$, precisamos determinar a medida da geratriz do cone. Para isso, utilizamos a relação $g^2 = h^2 + r^2$:
$g^2 = 12^2 + 5^2 = 169 \Rightarrow g = 13$
Então:
$A_l = \pi \cdot 5 \cdot 13 = 65\pi$
Portanto, a área lateral do cone descrito é 65π cm².

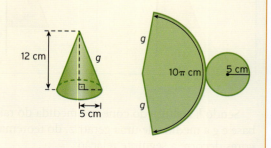

Exercícios propostos

61. A figura ao lado é a representação de um cone reto. Determine:
a) a área lateral do cone;
b) a área total do cone.

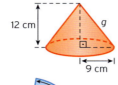

62. A figura ao lado representa a planificação de um cone reto. Determine a área total desse cone.

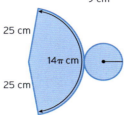

63. Considere um triângulo retângulo cujos catetos medem 24 cm e 10 cm.

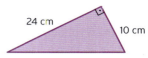

Por meio da rotação em torno de um dos catetos desse triângulo obtém-se um cone de revolução.
a) Qual é a área total do cone obtido pela rotação desse triângulo em torno do eixo que contém o menor cateto?
b) Qual é a área total do cone obtido pela rotação desse triângulo em torno do eixo que contém o maior cateto?

■ Volume de um cone

Para determinar o volume de um cone, utiliza-se processo análogo aos do volume de um prisma e de um cilindro. Pelo princípio de Cavalieri, verifica-se que um cone e uma pirâmide, cujas alturas e áreas da base são iguais, têm volumes iguais.

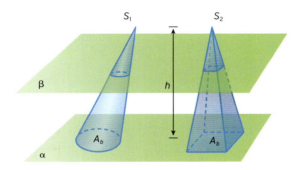

Então, o volume de um cone qualquer também é igual a um terço do produto da área da base A_b pela altura h.

$$V = \frac{A_b \cdot h}{3}$$

Exercício resolvido

64. Determinar o volume de um cone de revolução obtido pela rotação de um triângulo retângulo em torno do eixo que contém o maior cateto, sabendo que os catetos medem 9 cm e 12 cm.

Resolução

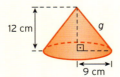

De acordo com os dados do enunciado, desejamos determinar o volume do cone representado.
Como o raio da base mede 9 cm, a área da base do cone é:
$A_b = \pi \cdot 9^2 = 81\pi$

Como a altura do cone é 12 cm, o volume é:

$$V = \frac{81\pi \cdot 12}{3} = 324\pi$$

Portanto, o volume do cone de revolução é 324π cm³.

Exercícios propostos

65. Considere um triângulo retângulo cujo cateto maior mede 20 cm e cuja hipotenusa mede 25 cm. Determine o volume de um cone de revolução obtido pela rotação desse triângulo retângulo em torno do eixo que contém o maior cateto.

66. Calcule o volume de um cone obtido pela rotação de um triângulo retângulo em torno de um eixo que contém um cateto de medida 5 cm, sabendo que a hipotenusa mede 12 cm.

67. Determine a medida do raio da base de um cone que tem 45 cm de altura e 135π cm³ de volume.

68. Um cone reto tem 400π cm² de área da base e $1\,600\pi$ cm³ de volume. Calcule a medida do raio da base e a altura desse cone.

69. (Fatec-SP) Um prego é constituído por 3 partes: uma cabeça cilíndrica, um corpo também cilíndrico e uma ponta cônica. Em um prego inteiramente constituído de aço, temos as seguintes especificações:

	Raio (mm)	Altura (mm)
cabeça	4	1
corpo	3	60
ponta	3	2

O volume mínimo de aço necessário para produzir 100 pregos é, em mm³,

a) $57\,400\,\pi$.
b) $56\,200\,\pi$.
c) $54\,800\,\pi$.
d) $48\,600\,\pi$.
e) $45\,400\,\pi$.

70. Um cone reto está inscrito em um cubo, como mostra a figura abaixo.

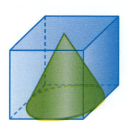

Sabendo que a aresta do cubo mede 5 cm, determine o volume do cone.

71. Um cone de revolução tem 60 dm de altura e raio medindo 11 dm. Determine sua área total.

72. (ITA-SP) A área total da superfície de um cone circular reto, cujo raio da base mede R cm, é igual à terça parte da área de um círculo de diâmetro igual ao perímetro da seção meridiana do cone. O volume deste cone, em cm³, é igual a

a) πR^3
b) $\pi \sqrt{2} R^3$
c) $\dfrac{\pi}{\sqrt{2}} R^3$
d) $\pi \sqrt{3} R^3$
e) $\dfrac{\pi}{\sqrt{3}} R^3$

73. (Fatec-SP) Considere o losango cujos lados medem 6 cm e um dos ângulos internos mede 60°. A rotação desse losango em torno de um de seus lados gera um sólido cujo volume, em centímetros cúbicos, é

a) $146\sqrt{3}\pi$
b) 162π
c) $162\sqrt{3}\pi$
d) 178π
e) $178\sqrt{3}\pi$

74. (Unicamp-SP) Depois de encher de areia um molde cilíndrico, uma criança virou-o sobre uma superfície horizontal. Após a retirada do molde, a areia escorreu, formando um cone cuja base tinha raio igual ao dobro do raio da base do cilindro.

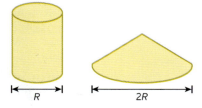

A altura do cone formado pela areia era igual a

a) $\dfrac{3}{4}$ da altura do cilindro.

b) $\dfrac{1}{2}$ da altura do cilindro.

c) $\dfrac{2}{3}$ da altura do cilindro.

d) $\dfrac{1}{3}$ da altura do cilindro.

75. (Fatec-SP) Uma estrada em obra de ampliação tem no acostamento três montes de terra, todos na forma de um cone circular reto de mesma altura e mesma base. A altura do cone mede 1,0 metro e o diâmetro da base 2,0 metros. Sabe-se que a quantidade total de terra é suficiente para preencher completamente, sem sobra, um cubo cuja aresta mede x metros. O valor de x é:

Adote $\pi = 3$

a) $\sqrt[3]{2}$.
b) $\sqrt[3]{3}$.
c) $\sqrt[3]{4}$.
d) $\sqrt[3]{5}$.
e) $\sqrt[3]{6}$.

6. Esfera

Sejam O um ponto e R um número real positivo. O conjunto dos pontos do espaço cujas distâncias ao ponto O são menores ou iguais a R é o corpo redondo denominado **esfera**.

■ Elementos de uma esfera

- **Centro**: é o ponto O.
- **Superfície esférica**: é o conjunto dos pontos da esfera cujas distâncias ao ponto O são iguais ao número real R.
- **Raio**: é qualquer segmento de reta cujos extremos são o centro O e um ponto da superfície esférica. Por construção, o raio da esfera mede R.

■ Secção de uma esfera

Quando um plano intersecta uma esfera de centro O e raio medindo R, a secção obtida é um ponto ou é um círculo cuja medida r do raio é menor ou igual a R. O raio desse círculo aumenta à medida que a distância d do centro da esfera ao plano diminui. Quando o plano passa pelo centro da esfera, a secção obtida é um círculo de centro O e raio r igual ao raio da esfera ($r = R$), denominado **círculo máximo** da esfera. O círculo máximo da esfera separa-a em dois sólidos, denominados **hemisférios**.

Abaixo, tem-se a representação de uma esfera de centro O e raio medindo R e de um plano α cuja distância ao ponto O é d, com $0 < d < R$.

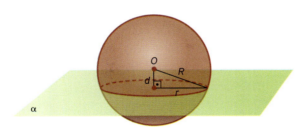

A intersecção do plano e da esfera é um círculo de raio medindo r, tal que, pelo teorema de Pitágoras, tem-se a seguinte relação: $\boxed{R^2 = d^2 + r^2}$

A esfera também pode ser obtida por meio da rotação de um semicírculo em torno do eixo que contém o segmento que representa seu diâmetro. O esquema abaixo mostra esse processo.

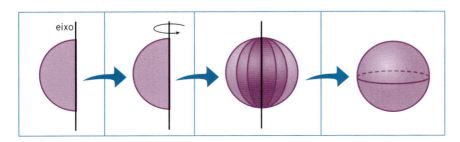

Saiba mais

A intersecção de um plano e uma esfera é um ponto ou é um círculo

Dados um plano α que intersecta uma esfera de centro O e raio medindo R.

Os pontos de intersecção da esfera e do plano α são os pontos B pertencentes a α cuja distância ao centro da esfera é R. Sejam A a projeção ortogonal do centro O sobre o plano α e d a distância entre o centro O e o plano α (que também é a distância entre o centro O e sua projeção ortogonal A).

Para $d < R$, o triângulo OAB é retângulo. Então:
$(OB)^2 = (OA)^2 + (AB)^2$

Assim, para $OB = R$, tem-se $(AB)^2 = R^2 - d^2$ e, então, os pontos da intersecção do plano α e da esfera formam um círculo de centro A e raio medindo $AB = \sqrt{R^2 - d^2}$.

Para $d = R$, os pontos O, A e B não formam um triângulo retângulo, pois os pontos A e B são coincidentes. Então, a intersecção do plano α e da esfera é o ponto B.

Exercícios propostos

76. Considere uma esfera de centro O e raio medindo 10 cm, e um plano cuja distância ao ponto O é 6 cm.

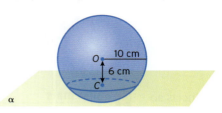

Determine a área do círculo que é a intersecção da esfera e do plano.

77. A figura a seguir representa uma esfera que é intersectada por um plano.

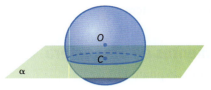

O raio do círculo obtido nessa intersecção é 2 cm menor do que o raio da esfera, e a distância do centro O da esfera ao plano α é 12 cm. Determine o raio dessa esfera.

■ Volume de uma esfera

Pelo princípio de Cavalieri, determina-se o volume de uma esfera. Para isso, consideram-se uma esfera de raio medindo R e um cilindro reto de raio da base medindo R e altura $2R$, ambos apoiados sobre um plano α. Seja S o sólido formado quando se retiram do cilindro dois cones retos congruentes, de altura R e mesmo vértice O, cujas bases coincidem com as bases do cilindro.

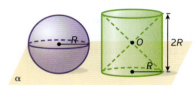

Um plano β, paralelo ao plano α, que intersecta a esfera à distância d de seu centro, determina uma secção circular cuja área é $\pi(R^2 - d^2)$.

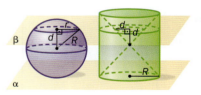

O mesmo plano β intersecta o sólido S determinando uma secção que é uma coroa circular, cujos raios medem R e d, como mostra a figura abaixo.

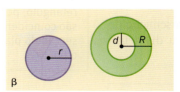

Secções dos sólidos obtidas pela intersecção com o plano β (vista de cima).

A área da coroa circular é a diferença entre a área do círculo maior e a área do círculo menor:

$$A_{coroa} = A_{círculo\ maior} - A_{círculo\ menor} = \pi R^2 - \pi d^2$$

Portanto:

$$A_{coroa} = \pi(R^2 - d^2)$$

O sólido S foi escolhido exatamente para que, ao seccioná-lo com qualquer plano β, paralelo a α, a área da secção transversal fosse igual à área da secção transversal da esfera. Como qualquer plano β intersecta os sólidos, determinando secções de áreas iguais, conclui-se, pelo princípio de Cavalieri, que a esfera e o sólido S têm volumes iguais:

$$V_{esfera} = V_{sólido\ S} = V_{cilindro} - 2 \cdot V_{cone} = \pi \cdot R^2 \cdot 2R - 2 \cdot \frac{\pi \cdot R^2 \cdot R}{3} = \frac{4}{3} \cdot \pi R^3$$

Portanto, o volume de uma esfera de raio medindo R é:

$$V = \frac{4}{3} \cdot \pi R^3$$

Exercícios resolvidos

78. Duas bexigas de forma esférica estão cheias de água. Se todo o volume das bexigas for despejado em um recipiente cilíndrico reto, como mostrado na figura ao lado, que nível a água atingirá no recipiente?

Resolução

Para determinar a quantidade de água que foi despejada no recipiente, calculamos os volumes, em cm³, das duas esferas:

$$V_{esfera\ 1} = \frac{4}{3} \cdot \pi (R_1)^3 = \frac{4 \cdot \pi \cdot 4^3}{3} = \frac{256\pi}{3}$$

$$V_{esfera\ 2} = \frac{4}{3} \cdot \pi (R_2)^3 = \frac{4 \cdot \pi \cdot 3^3}{3} = 36\pi$$

A água contida nas bexigas preencherá o recipiente até a altura h. Então, o volume de água ocupado no recipiente é igual ao volume de um cilindro S de altura h cujo raio da base mede 8 cm.

$$V_{cilindro\ S} = V_{esfera\ 1} + V_{esfera\ 2} \Rightarrow \pi \cdot 8^2 \cdot h = \frac{256\pi}{3} + 36\pi \Rightarrow 64\pi h = \frac{364\pi}{3} \Rightarrow h = \frac{364\pi}{3 \cdot 64\pi} \cong 1,9$$

Portanto, a água atingirá aproximadamente 1,9 cm de altura no recipiente.

Como h é menor do que a altura do recipiente (10 cm), então toda a água caberá dentro dele.

79. Uma pedra de naftalina tem formato esférico de raio igual a 2 cm. Com o tempo, a naftalina sofre sublimação, de modo que o raio da pedra diminui à taxa de 1 mm por mês. Considerando que a pedra de naftalina mantenha o formato esférico por todo o processo, determine seu volume, em cm³, após 11 meses.

Resolução

Como o raio da pedra de naftalina diminui à taxa de 1 mm por mês, em 11 meses o raio diminuirá:

11 · 0,1 cm = 1,1 cm

Assim, após 11 meses, o raio da pedra de naftalina será igual a:

2 cm − 1,1 cm = 0,9 cm

Então: $V = \frac{4}{3} \cdot \pi \cdot (0,9)^3 \cong 0,972$

Portanto, o volume V da pedra de naftalina após 11 meses será aproximadamente 0,972 cm³.

■ Área da superfície de uma esfera

A área de uma esfera de raio medindo R é:

$$A = 4\pi R^2$$

Exemplo

Determinar a área de uma esfera cujo raio mede 5 cm.

$$A = 4 \cdot \pi \cdot 5^2 = 100\pi$$

Logo, a área dessa esfera é 100π cm².

Exercícios propostos

80. Determine a área e o volume de uma esfera cujo raio mede 10 cm.

81. Determine o volume da esfera obtida por meio da rotação de um semicírculo, cujo raio mede 4 cm, em torno de seu diâmetro.

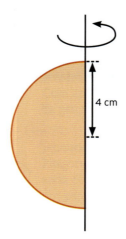

82. Um tanque na forma de paralelepípedo reto-retângulo contém água até 12 m de altura. A base do paralelepípedo é um quadrado com lados medindo 3 m. Uma esfera, mergulhada no recipiente, afunda por completo e faz o nível da água subir $0,5\pi$ m de altura. Qual é a medida do raio da esfera?

83. O volume de uma esfera é $36\,000\pi$ cm³. Um plano α intersecta essa esfera a 24 cm de seu centro.
   a) Qual é a área da esfera?
   b) Qual é a área da secção formada pela intersecção do plano α com a esfera?

84. (Enem) Uma empresa farmacêutica produz medicamentos em pílulas, cada uma na forma de um cilindro com uma semiesfera com o mesmo raio do cilindro em cada uma de suas extremidades. Essas pílulas são moldadas por uma máquina programada para que os cilindros tenham sempre 10 mm de comprimento, adequando o raio de acordo com o volume desejado. Um medicamento é produzido em pílulas com 5 mm de raio. Para facilitar a deglutição, deseja-se produzir esse medicamento diminuindo o raio para 4 mm, e, por consequência, seu volume. Isso exige a reprogramação da máquina que produz essas pílulas. Use 3 como valor aproximado para π.

A redução do volume da pílula, em milímetros cúbicos, após a reprogramação da máquina, será igual a
a) 168
b) 304
c) 306
d) 378
e) 514

85. Calcule o volume do sólido obtido pela rotação de um semicírculo de 15 cm de raio em torno do eixo que contém o segmento correspondente ao diâmetro.

86. Um tanque na forma de cilindro reto, de raio da base medindo 2 dm, contém água até certo nível. Se uma esfera de aço, de 1,5 dm de raio, for inserida no tanque, então qual será a variação do nível da água?

87. (Unesp) Diferentes tipos de nanomateriais são descobertos a cada dia, viabilizando produtos mais eficientes, leves, adequados e, principalmente, de baixo custo. São considerados nanomateriais aqueles cujas dimensões variam entre 1 e 100 nanômetros (nm), sendo que 1 nm equivale a 10^{-9} m, ou seja, um bilionésimo de metro. Uma das características dos nanomateriais refere-se à relação entre seu volume e sua área superficial total. Por exemplo, em uma esfera maciça de 1 cm de raio, a área superficial e o volume valem $4 \cdot \pi$ cm² e $\left(\frac{4}{3}\right) \cdot \pi$ cm³, respectivamente. O conjunto de nanoesferas de 1 nm de raio, que possui o mesmo volume da esfera dada, tem a soma de suas áreas superficiais:
a) 10 vezes maior que a da esfera.
b) 10^3 vezes maior que a da esfera.
c) 10^5 vezes maior que a da esfera.
d) 10^7 vezes maior que a da esfera.
e) 10^9 vezes maior que a da esfera.

88. A figura abaixo representa um hemisfério.

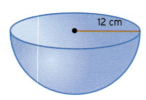

a) Qual é a área de sua superfície?
b) Qual é o volume?

89. Uma esfera tem raio medindo R. Se o raio da esfera dobrar, o que acontecerá com a área da esfera? E com o volume?

90. (Fuvest-SP) Um fabricante de cristais produz três tipos de taças para servir vinho. Uma delas tem o bojo no formato de uma semiesfera de raio r; a outra, no formato de um cone reto de base circular de raio 2r e altura h; e a última, no formato de um cilindro reto de base circular de raio x e altura h. Sabendo-se que as taças dos três tipos, quando completamente cheias, comportam a mesma quantidade de vinho, é correto afirmar que a razão $\frac{h}{x}$ é igual a

a) $\frac{\sqrt{3}}{6}$

b) $\frac{\sqrt{3}}{3}$

c) $\frac{3\sqrt{3}}{3}$

d) $\sqrt{3}$

e) $\frac{4\sqrt{3}}{3}$

91. Um dos temas de estudo da Química e da Física são os estados físicos das substâncias: sólido, líquido ou gasoso. O processo de passagem do estado sólido ao estado líquido é denominado fusão.
Considere uma substância cuja densidade no estado líquido corresponde a 90% da densidade no estado sólido, ou seja, dada certa massa dessa substância, seu volume no estado líquido é 90% do seu volume no estado sólido. Têm-se três esferas dessa substância no estado sólido, cujos raios medem 1 cm, 2 cm e 3 cm. A substância das três esferas sofre processo de fusão, e as antigas esferas, no estado líquido, passam a preencher completamente um recipiente de forma esférica. Determine a medida do raio desse recipiente.

Utilize as informações a seguir para as questões 92 e 93. Considere uma esfera de raio medindo R e um plano que a tangencia. Pode-se associar a ela um outro sólido, obtido da seguinte maneira:

- constrói-se um cilindro equilátero de raio R com uma das bases contida no plano;
- retiram-se desse cilindro dois cones circulares, sendo que a base de cada um deles coincide com uma das bases do cilindro e os vértices coincidem em V, no centro desse cilindro.

O sólido que resta após a retirada dos cones é chamado de anticlepsidra e tem o mesmo volume da esfera. Ambos os sólidos estão representados na figura a seguir.

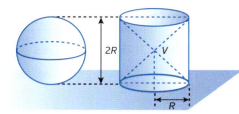

92. (Insper-SP) Apesar de terem o mesmo volume, a esfera e a anticlepsidra associada não têm a mesma área superficial. A razão entre a área da superfície esférica e a área da superfície da anticlepsidra é

a) $2(\sqrt{2} - 1)$

b) 2

c) $2\sqrt{2}$

d) $2 - \sqrt{2}$

e) $\sqrt{2} + 1$

93. (Insper-SP) Uma anticlepsidra tem volume igual a π. O raio da esfera associada tem medida

a) $\frac{\sqrt[3]{12}}{4}$

b) $\frac{\sqrt[3]{6}}{2}$

c) $\frac{\sqrt[3]{4}}{3}$

d) $\frac{\sqrt{3}}{2}$

e) $\frac{\sqrt{3}}{4}$

94. (ITA-SP) Um diedro mede 120°. A distância da aresta do diedro ao centro de uma esfera de volume que tangencia as faces do diedro é, em cm, igual a

a) $3\sqrt{3}$

b) $3\sqrt{2}$

c) $2\sqrt{3}$

d) $2\sqrt{2}$

e) 2

95. (Fuvest-SP) A esfera ε, de centro O e raio r ⩾ 0, é tangente ao plano α. O plano β é paralelo a α e contém O. Nessas condições, o volume da pirâmide que tem como base um hexágono regular inscrito na intersecção de ε com β e, como vértice, um ponto em α, é igual a

a) $\frac{\sqrt{3}r^3}{7}$

b) $\frac{5\sqrt{3}r^3}{16}$

c) $\frac{3\sqrt{3}r^3}{8}$

d) $\frac{7\sqrt{3}r^3}{16}$

e) $\frac{\sqrt{3}r^3}{2}$

7. Semelhança de sólidos

■ Semelhança de pirâmides

Ao seccionar uma pirâmide de altura H por um plano paralelo à base, obtêm-se dois sólidos:

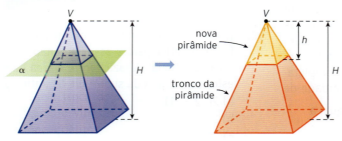

- O sólido que contém o vértice V é uma nova pirâmide de altura h.
- O sólido que contém a base da pirâmide e não contém o vértice V é denominado **tronco de pirâmide** e tem altura $H - h$.

Pode-se relacionar a pirâmide de altura h com a pirâmide de altura H:

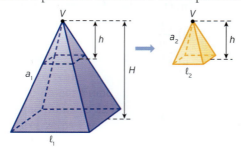

As bases das duas pirâmides são polígonos semelhantes, os ângulos correspondentes são congruentes e as arestas têm medidas proporcionais às alturas. Logo, as pirâmides são **semelhantes**.

A razão entre as medidas de elementos lineares correspondentes (medidas das arestas da base, medidas das arestas das faces laterais e alturas) é k, denominada **razão de semelhança** das pirâmides:

$$\frac{\ell_2}{\ell_1} = \frac{a_2}{a_1} = \frac{h}{H} = k$$

Área de pirâmides semelhantes

Como as bases de pirâmides semelhantes são polígonos semelhantes, sendo k a razão de semelhança, a razão de semelhança de suas áreas é k^2. As faces laterais correspondentes da pirâmide também são polígonos semelhantes; então a razão de semelhança de suas áreas também é k^2.

Por exemplo, consideram-se as pirâmides com as áreas laterais e as áreas das bases indicadas abaixo:

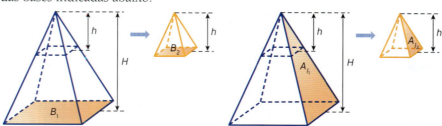

Tem-se:

$$\frac{A_{l_2}}{A_{l_1}} = \frac{B_2}{B_1} = k^2$$

Para recordar

Polígonos semelhantes

Dois ou mais polígonos são **semelhantes** se seus ângulos internos correspondentes são congruentes e se as medidas dos lados correspondentes são proporcionais.

A razão entre as medidas de quaisquer dois lados correspondentes é um número k, denominado **razão de semelhança** dos polígonos.

Se os polígonos são semelhantes e a razão entre as medidas lineares correspondentes é k, então a **razão** entre as suas **áreas** é k^2.

Volume de pirâmides semelhantes

A **razão entre os volumes** de pirâmides semelhantes é o cubo da razão de semelhança dessas pirâmides.

De fato, consideram-se as pirâmides representadas abaixo:

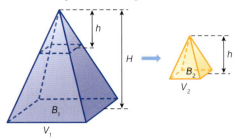

Como $\dfrac{h}{H} = k$ e $\dfrac{B_2}{B_1} = k^2$, tem-se:

$$\dfrac{V_2}{V_1} = \dfrac{\frac{1}{3}B_2 h}{\frac{1}{3}B_1 H} = \dfrac{B_2 h}{B_1 H} = \dfrac{B_2}{B_1} \cdot \dfrac{h}{H} = k \cdot k^2 = k^3$$

Então:

$$\dfrac{V_2}{V_1} = k^3$$

■ Tronco de pirâmide regular

Um dos sólidos obtidos após uma pirâmide regular ser seccionada por um plano paralelo à base é o tronco de pirâmide. Esse sólido tem duas bases paralelas, base maior e base menor, que são polígonos regulares semelhantes.

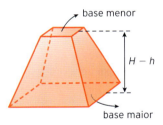

O volume de um tronco de pirâmide de bases paralelas é obtido pela diferença entre os volumes de duas pirâmides, a de base B_1 e a de base B_2.

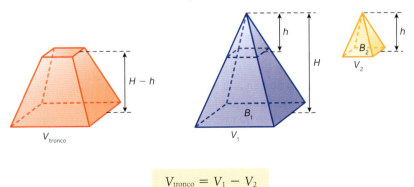

$$V_{tronco} = V_1 - V_2$$

Observação

Esse estudo pode ser estendido para os **cones**.

Ação e cidadania

Sinalização de trânsito

A sinalização de trânsito informa e orienta os usuários das vias. O respeito à sinalização garante um trânsito mais organizado e seguro para os condutores e pedestres.

Placas, inscrições nas vias, sinais luminosos, gestos e sons compõem o código da sinalização de trânsito. Essas informações que regulamentam o trânsito advertem os usuários das vias, indicam serviços, sentidos e distâncias, sendo classificadas pelo CTB [Código de Trânsito Brasileiro] em sinalização vertical, sinalização horizontal, dispositivos de sinalização auxiliar, sinalização semafórica, sinais sonoros e gestos.

Disponível em: <http://www.pmf.sc.gov.br/entidades/defesa/index.php?cms=Sinalizaacaao&menu=5>. Acesso em: 13 maio 2015.

Nos dispositivos de sinalização auxiliar, que são divididos em algumas categorias, têm-se os dispositivos temporários; por exemplo: cone, cilindro, balizador móvel, tambores, cavaletes, entre outros. Esses dispositivos são utilizados em situações especiais e temporárias, como obras ou situações de emergência ou perigo.

- Com dois colegas, descrevam as sinalizações de trânsito que existem na região da sua escola, identificando o significado de cada uma. Vocês consideram necessário aumentar as sinalizações de trânsito na região?
- Um cone de sinalização de trânsito é o tronco de cone e, pelas normas da ABNT (Associação Brasileira de Normas Técnicas), o diâmetro superior mede 5,71 cm, o diâmetro inferior, 27,4 cm, e a altura é 70,9 cm. Determinem aproximadamente a medida da geratriz do cone do qual é obtido esse tronco de cone.

Exercícios resolvidos

96. Determinar o volume do sólido obtido pela rotação de 360° do trapézio representado ao lado em torno do eixo dado.

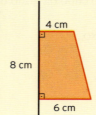

Resolução

Ao rotar o trapézio em torno do eixo, obtemos um tronco de cone:

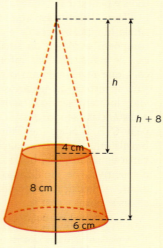

A altura h é dada por:
$$\frac{h}{h+8} = \frac{4}{6} \Rightarrow 6h = 4h + 32 \Rightarrow h = 16$$

O volume do tronco de cone é:
$$V_{\text{tronco de cone}} = V_{\text{cone maior}} - V_{\text{cone menor}} =$$
$$= \frac{\pi \cdot 6^2 \cdot 24}{3} - \frac{\pi \cdot 4^2 \cdot 16}{3} = \frac{608\pi}{3}$$

Logo, o volume desse sólido é $\frac{608\pi}{3}$ cm³.

97. Em uma pirâmide de altura h e base de área b, é traçado um plano paralelo à base, cuja distância ao vértice da pirâmide é $\frac{\sqrt{2}}{3}h$ cm. A secção plana obtida tem 3 cm² de área. Calcular a área da base da pirâmide dada.

Resolução

A pirâmide obtida pela intersecção do plano é semelhante à pirâmide dada. Exemplo de representação do enunciado:

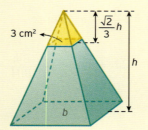

A razão entre as alturas é k; então:
$$\frac{\frac{\sqrt{2}}{3}h}{h} = k \Rightarrow k = \frac{\sqrt{2}}{3}$$

A razão entre as áreas das bases é o quadrado da razão das alturas, ou seja, k^2; então:
$$\frac{3}{b} = k^2 \Rightarrow \frac{3}{b} = \left(\frac{\sqrt{2}}{3}\right)^2 = \frac{2}{9} \Rightarrow b = \frac{27}{2} = 13,5$$

Logo, a área da base dessa pirâmide é 13,5 cm².

Exercícios propostos

98. Um cone de altura h e 64 m³ de volume é seccionado por um plano paralelo à base a $\frac{1}{4}h$ m de seu vértice. Determine o volume do tronco de cone obtido.

99. Uma caneca tem formato de tronco de cone reto, conforme a figura ao lado. Determine o volume máximo aproximado de líquido que a caneca pode conter.

100. A razão entre os volumes de dois cilindros semelhantes é 343. Determine a medida do raio do cilindro maior, sabendo que o raio do cilindro menor mede 3 cm.

101. Uma pirâmide de 14 cm de altura é intersectada por um plano paralelo à base a uma distância de 5 cm do vértice. Calcule a razão entre as áreas das bases da pirâmide dada e da pirâmide obtida pela intersecção do plano.

102. Calcule o volume do sólido obtido pela rotação de 360° do trapézio a seguir em torno do eixo indicado.

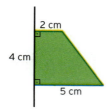

Exercícios complementares

103. Segundo a Sabesp (companhia responsável pelo abastecimento de água do estado de São Paulo), um banho de 15 minutos, com o chuveiro sempre aberto, consome 135 litros de água.

<small>Disponível em: <http://site.sabesp.com.br/uploads/file/asabesp_doctos/manual_usuario_sabesp.pdf>. Acesso em: 13 maio 2015.</small>

Considere uma residência com um reservatório de água de forma cúbica cujas arestas medem 1 m cada. (Dado: 1 m³ = 1 000 litros.)

a) Qual é o volume desse reservatório?
b) Se uma pessoa tomar banho durante 15 min com o chuveiro sempre aberto, quanto o nível da água baixará no reservatório? (Considere que nesse período não ocorram outros gastos de água.)
c) O volume de 135 litros gastos em um banho de ducha com o chuveiro sempre aberto pode ser diminuído? Como isso poderia ser feito?

104. As figuras abaixo são as planificações de dois poliedros.

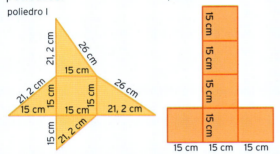

a) Quais são os poliedros que estão planificados? (Sugestão: copie os desenhos em uma folha de papel, recorte o contorno e monte cada um dos modelos de sólidos.)
b) Qual é a relação entre os volumes desses sólidos?

105. Os fulerenos são a terceira forma mais estável do carbono, após o diamante e o grafite. Sua forma é semelhante à de uma bola de futebol, composta de 12 pentágonos e 20 hexágonos. Sua fórmula é C_{60}.

Estrutura do fulereno.

Qual é a quantidade de vértices dessa estrutura?

106. Considere um triângulo retângulo com catetos de 15 cm e 20 cm. Esse triângulo sofre rotação em torno de um eixo que contém o maior cateto.

a) Qual é o sólido gerado?
b) Qual é a medida do raio da base desse sólido?
c) Qual é a altura desse sólido?
d) Qual é a medida da geratriz desse sólido?

107. Um octaedro foi formado pela união de duas pirâmides regulares, como mostra a figura a seguir.

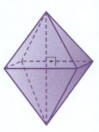

Sabendo que a base dessas pirâmides é um quadrado cujo lado mede 10 cm e que cada pirâmide tem 12 cm de altura, calcule a área da superfície desse octaedro.

108. Um prisma de base hexagonal tem volume V. Se a área da base desse prisma aumentar 40% e a altura diminuir 20%, então qual é o volume do prisma formado?

109. Considere o recipiente cilíndrico reto representado pela figura abaixo, que tem 12 cm de altura e 6 cm de raio da base.

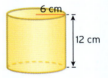

Certo fabricante utiliza esse tipo de recipiente para vender extrato de tomate. Entretanto, para readequar seu produto ao mercado, o fabricante decidiu mudar a forma do recipiente para que caiba metade da quantidade de extrato de tomate. Foram propostos dois novos recipientes, conforme ilustração abaixo, numerados com 1 e 2.

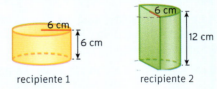

recipiente 1   recipiente 2

a) Sem fazer contas, explique se os dois recipientes atendem à nova exigência.
b) Agora, faça as contas necessárias para comprovar a resposta dada no item anterior.
c) O custo de produção é um fator importante no processo produtivo. Considerando que o gasto principal na fabricação desse produto é com a quantidade de material utilizado nos recipientes, qual deles tem um custo menor de fabricação?

231

Exercícios complementares

110. Considere um cilindro reto de 10 cm de altura, cujo raio da base mede 5 cm. Desse cilindro é extraído um cilindro reto de 10 cm de altura, cujo raio da base mede 2 cm, como mostrado na figura abaixo.

Determine a área da superfície do sólido obtido após a extração do cilindro.

111. Determine o volume, em função de x e de y, do sólido obtido pela rotação da figura abaixo em torno de um eixo que contém o segmento $\overline{AB}$.

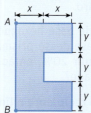

112. Um artista plástico fez uma escultura de concreto, no formato mostrado na figura a seguir.

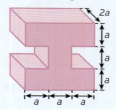

Sabendo que $a = 1$ m, qual foi o volume de concreto utilizado na construção dessa escultura?

113. Determine a quantidade de vértices de um poliedro convexo que tem 80 faces triangulares e 12 faces pentagonais.

114. Considere um prisma triangular cujas arestas são congruentes, de medidas x. Calcule a área total desse prisma.

115. A figura a seguir é a planificação de um prisma.

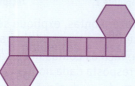

Sabendo que todas as arestas são congruentes e medem 4 cm, determine:
a) a área lateral do prisma;
b) a área total do prisma.

116. Três tipos de vela, representados nas figuras a seguir, são vendidos em uma loja especializada, embrulhados com uma embalagem de papel que tem o mesmo formato das velas.

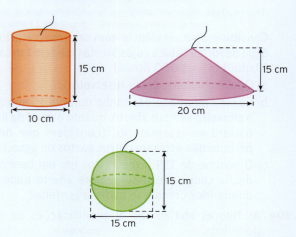

Sabe-se que o preço das velas está relacionado com a quantidade de parafina utilizada.
a) Qual é a vela mais cara?
b) Em qual vela se utiliza mais papel na embalagem?

117. Um poliedro convexo tem 3 faces triangulares, 4 faces quadrangulares e x faces pentagonais. Se o poliedro tem 15 vértices, então qual é o valor de x?

118. Um galpão foi montado com as dimensões indicadas a seguir. A parte mais alta do galpão tem 12 m de altura.

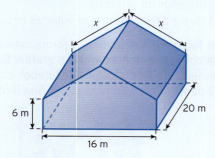

Para a cobertura do galpão, serão utilizadas telhas galvanizadas. O restante da área externa do galpão será pintado.
a) Determine a área em que serão instaladas as telhas galvanizadas.
b) Calcule a área que será pintada.

119. Considere uma pirâmide regular de base quadrada. Sabendo que o apótema da base mede 5 cm e que a altura da pirâmide é 12 cm, calcule a área total dessa pirâmide.

120. Uma torneira despeja 10 litros de água por minuto em um reservatório que tem a forma de prisma hexagonal.

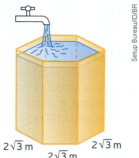

a) Qual é a elevação do nível da água no reservatório após 60 minutos? (Arredonde a resposta para o número inteiro mais próximo.)

b) Para que o nível da água se eleve 20 cm, quanto tempo, aproximadamente, a torneira deve ficar aberta?

121. Um octaedro é construído de maneira que seus vértices coincidam com os centros das faces da superfície de um cubo, como representado a seguir.

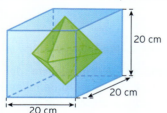

Qual é o volume do octaedro?

122. Resolva a seguinte situação em dupla.

Uma torneira com vazamento pode provocar grande desperdício de água. De determinada torneira, pingam 50 gotas por minuto. Supondo que cada gota possa ser representada por uma esfera de 6 mm de diâmetro, em quanto tempo será possível encher uma panela de pressão, de formato cilíndrico, com 25 cm de altura e raio da base medindo 30 cm?

123. Considere um cubo em que todas as arestas têm medida a. Esse cubo é dividido em quatro sólidos, de dimensões iguais, por dois planos perpendiculares entre si e paralelos a duas faces.

Determine, em função de a:

a) a área total de um dos sólidos formados;

b) a medida da diagonal de um dos sólidos formados.

124. Determine a quantidade de faces quadrangulares de um poliedro convexo, sabendo que ele tem 3 faces triangulares, 1 face pentagonal, 2 faces hexagonais e 10 vértices.

125. Considere a representação de cubo a seguir.

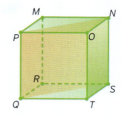

Se a região PQSN tem $36\sqrt{2}$ cm² de área, determine a área total do cubo.

126. Considere o cone representado abaixo.

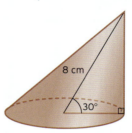

O segmento cujas extremidades são o vértice do cone e o centro de sua base tem 8 cm de comprimento e forma um ângulo de 30° com a horizontal. Calcule o volume desse cone, sabendo que a medida do raio da base é $\frac{1}{4}$ da altura do cone.

127. Considere um paralelepípedo de dimensões 6 cm, 10 cm e 4 cm. Dele é subtraído um paralelepípedo menor, cujas dimensões são metade das dimensões do paralelepípedo maior, como representado abaixo.

Determine o volume do sólido resultante.

128. A base do prisma representado abaixo é um triângulo retângulo. Os pontos G, H e I são os pontos médios das arestas $\overline{FD}$, $\overline{FE}$ e $\overline{FA}$.

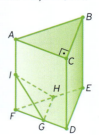

Sabendo que os segmentos $\overline{AC}$ e $\overline{BC}$ medem 8 cm e 6 cm, respectivamente, e que a altura do prisma é 10 cm, determine o volume da pirâmide FGHI.

Exercícios complementares

129. Um cubo tem arestas de medidas *x*. Se as arestas aumentarem 50%, então quanto aumentará a área total do cubo?

130. Considere um prisma triangular em que as bases são triângulos retângulos. Se a altura do prisma é 20 cm e os catetos da base medem 6 cm e 8 cm, determine a área total do prisma.

131. O eixo de um cilindro oblíquo forma 45° com a horizontal. Sabendo que a distância entre os centros das bases é $4\sqrt{2}$ m e a medida do raio da base é metade da medida da altura, determine o volume do cilindro.

132. A figura a seguir representa uma arruela de ferro.

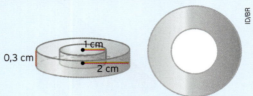

arruela vista de cima

Calcule o volume de ferro necessário para a fabricação de 1 000 dessas arruelas.

133. Um tipo de antisséptico bucal é vendido em tubos cilíndricos retos de 500 ml. Para utilizar o líquido, uma pessoa pode usar a tampa como dosador.
De acordo com os dados da figura, determine quantas lavagens bucais poderão ser feitas, aproximadamente, utilizando essa tampa como dosador. Considere que para cada lavagem é usada uma tampa.

134. Uma pirâmide regular de base hexagonal tem aresta da base medindo 4 cm e 5 cm de altura. Determine a área total dessa pirâmide.

135. Um reservatório de forma cúbica está totalmente preenchido com água, e suas dimensões estão indicadas na figura.

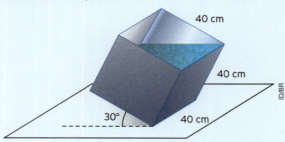

Se o reservatório for inclinado em 30°, parte da água será lançada para fora. Qual seria o volume de água lançado para fora?

136. Uma pirâmide de 512 m³ de volume é seccionada por um plano paralelo à base a $\frac{1}{3}$ da altura em relação a seu vértice. Determine o volume do tronco de pirâmide obtido.

137. (UEG-GO) Uma coluna de sustentação de determinada ponte é um cilindro circular reto. Sabendo-se que na maquete que representa essa ponte, construída na escala 1:100, a base da coluna possui 2 cm de diâmetro e 9 cm de altura, o volume, em m³, de concreto utilizado na coluna é:
(Use $\pi = 3{,}14$.)
a) 2,826
b) 28,26
c) 282,6
d) 2 826

138. A figura abaixo representa a planificação de um cone reto.

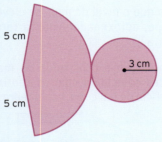

Determine a área total do cone.

139. (Unicamp-SP) A embalagem de certo produto alimentício, em formato de cilindro circular, será alterada para acomodar um novo rótulo com informações nutricionais mais completas. Mantendo o mesmo volume da embalagem, a sua área lateral precisa ser aumentada. Porém, por restrições de custo do material utilizado, este aumento da área lateral não deve ultrapassar 25%.
Sejam *r* e *h* o raio e a altura da embalagem original, e *R* e *H* o raio e a altura da embalagem alterada. Nessas condições, podemos afirmar que:
a) $\frac{R}{r} \geqslant \frac{3}{4}$ e $\frac{H}{h} \leqslant \frac{16}{9}$
b) $\frac{R}{r} \geqslant \frac{9}{16}$ e $\frac{H}{h} \leqslant \frac{4}{3}$
c) $\frac{R}{r} \geqslant \frac{4}{5}$ e $\frac{H}{h} \leqslant \frac{25}{16}$
d) $\frac{R}{r} \geqslant \frac{16}{25}$ e $\frac{H}{h} \leqslant \frac{5}{4}$

140. Um copo de vidro tem formato de cone com 6 cm de altura e 4 cm de diâmetro.
Para enchê-lo com quantidades iguais de suco de limão e de suco de uva, o primeiro líquido colocado deve atingir uma altura *x* de quantos centímetros?

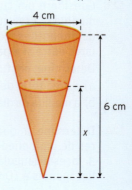

141. Resolva em dupla a seguinte situação.

Por causa do alto custo da gasolina, alguns motoristas instalam o chamado "*kit* gás" em seus automóveis e passam a utilizar o gás natural veicular (GNV) como combustível.

A figura abaixo representa um dos cilindros de gás que podem ser instalados nos veículos, com suas dimensões e com a capacidade de armazenamento de gás.

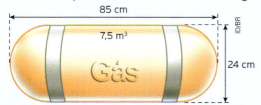

Apesar de esse reservatório ser chamado de "cilindro", ele é a representação de um cilindro composto de duas metades de esfera, uma em cada extremidade, como mostrado na figura a seguir.

a) Qual é o volume desse recipiente?
b) O volume encontrado no item anterior equivale à capacidade de gás? Justifique.
c) Determine a razão entre o volume do reservatório e o volume do gás.
d) Explique o porquê das diferenças de volumes.

142. Um recipiente cheio de areia seca tem a forma de um cubo com arestas de medidas iguais a 20 cm. A massa do conjunto   é de 12 kg. Entretanto, mesmo cheio de areia, é possível adicionar 2 litros de água, sem alterar o volume do recipiente.

Para responder às perguntas abaixo, considere que 1 litro de água é equivalente a 1 kg de água.

a) Represente em seu caderno, de forma ampliada, o modo como, em sua opinião, os grãos de areia estão dentro da caixa.
b) Sabe-se que dois corpos não ocupam o mesmo espaço ao mesmo tempo. Então, como é possível adicionar água ao recipiente, se ele já estava cheio de areia?
c) Qual é a massa do sistema, após o recipiente ser preenchido com água?
d) Se toda a areia e a água do cubo forem retiradas, e o mesmo volume de água for adicionado no recipiente, qual será a altura do nível da água dentro do recipiente?

Orientação de estudos

O quadro abaixo apresenta os temas estudados neste capítulo e os exercícios complementares relacionados a cada tema. Se você teve dificuldade na resolução de algum exercício complementar, consulte a orientação de estudo apresentada.

Tema	Exercícios complementares relacionados	Orientação de estudos
Sólidos	105, 113, 117 e 124	Releia o conteúdo das páginas 200 a 203 e retome os exercícios 5, 6, 7 e 8.
Prisma	103, 108, 111, 112, 114, 115, 118, 121, 123, 125, 127, 128, 129, 130, 135 e 142	Releia o conteúdo das páginas 205, 206, 208 a 210 e retome os exercícios 16, 18, 20, 26 e 27.
Cilindro	109, 110, 122, 131, 132, 133, 137 e 139	Releia o conteúdo das páginas 212 a 214 e retome os exercícios 37, 39, 44 e 46.
Pirâmide	104, 107, 119, 121 e 134	Releia o conteúdo das páginas 215 a 218 e retome os exercícios 49, 51, 57 e 58.
Cone	106, 126 e 138	Releia o conteúdo das páginas 219 a 221 e retome os exercícios 61, 62, 66 e 67.
Esfera	116 e 141	Releia o conteúdo das páginas 223 a 225 e retome os exercícios 83 e 91.
Semelhança de sólidos	136 e 140	Releia o conteúdo das páginas 229 e 230 e retome os exercícios 99 e 101.

Matemática e História

Poliedros de Platão

Por que são assim chamados e qual a razão de serem apenas cinco os poliedros regulares?

Pelo menos três dos cinco sólidos geométricos regulares (tetraedro, cubo, dodecaedro) foram estudados pelos pitagóricos, e os outros dois (octaedro e icosaedro) tornaram-se conhecidos através de Teaetetus, um amigo de Platão. No entanto, frequentemente são chamados "sólidos platônicos" devido à maneira pela qual Platão os aplicou à explicação de fenômenos científicos.

[...] Platão acreditava que a essência da realidade era a eternidade das formas geométricas e das relações numéricas, em contraste com a transitoriedade das coisas materiais, e desenvolveu a teoria das formas ideais.

[...] As ideias pitagóricas sobre poliedros regulares foram adotadas por Platão. Há somente cinco poliedros regulares (poliedros cujas faces são polígonos regulares congruentes e que têm ângulos iguais em todos os vértices).

[...] É fácil entender por que há somente cinco poliedros regulares, se, usando sólidos construídos com cartolina, fizermos sua planificação. Nivelando os cantos de um poliedro, a soma dos ângulos dos polígonos unidos em cada vértice será menor do que 360°. Considere as possibilidades de união de polígonos regulares. É claro, necessitamos, no mínimo, de três faces unidas em cada vértice para formar um sólido.

PEDONE, N. M. D. Poliedros de Platão. *Revista do Professor de Matemática*. São Paulo: SBM, n. 15. p. 42-45.

Triângulos equiláteros

3 triângulos
Soma das medidas dos ângulos em cada vértice: 180°

tetraedro

4 triângulos
Soma das medidas dos ângulos em cada vértice: 240°

octaedro

5 triângulos
Soma das medidas dos ângulos em cada vértice: 300°

icosaedro

Para 6 triângulos, a soma dos ângulos seria 360°, e a construção do poliedro é impossível.

Quadrados

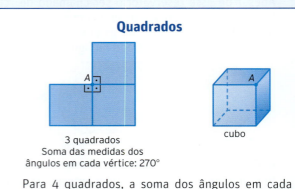

3 quadrados
Soma das medidas dos ângulos em cada vértice: 270°

cubo

Para 4 quadrados, a soma dos ângulos em cada vértice seria 360°, e a construção do poliedro é impossível.

Pentágonos

3 pentágonos
Soma das medidas dos ângulos em cada vértice: 324°

dodecaedro

Para 4 pentágonos, a soma dos ângulos em cada vértice seria maior que 360°, e a construção do poliedro é impossível.

Esquemas gráficos adaptados do texto "Poliedros de Platão", de N. M. D. Pedone.

» Sobre o texto

1. Por que os poliedros de Platão recebem esse nome?
2. É possível construir um poliedro regular com faces de 6 lados ou mais? Justifique.
3. Descreva como você construiria um octaedro – se preferir, construa um com cartolina.

Compartilhando

Planificação de um dodecaedro regular

O objetivo deste trabalho é montar um dodecaedro regular a partir de uma planificação elaborada com a construção de polígonos regulares e com o auxílio de régua e compasso.

» Organização do trabalho

1. **Participantes:** grupos de três alunos.
2. **Materiais e equipamentos individuais**
   - régua de 30 cm
   - compasso
   - cartolina

Cada um dos integrantes deverá fazer a construção de um pentágono regular conforme os passos indicados a seguir.

» Construção de um pentágono regular

1º passo: Traçar uma reta *s* e marcar nela um ponto *O*.

2º passo: Construir uma circunferência com centro em *O* cujo raio meça 2 cm. Marcar os pontos *M* e *N* nas intersecções entre a reta *s* e a circunferência.

3º passo: Traçar um segmento que seja diâmetro e perpendicular ao segmento $\overline{MN}$, passando pelo centro da circunferência. Marcar os pontos *P* e *S* nas intersecções da circunferência com o segmento construído.

4º passo: Determinar o ponto médio do segmento $\overline{OM}$ (ponto *R*).

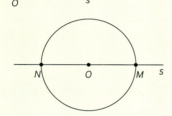
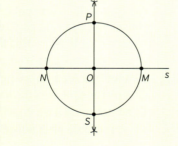
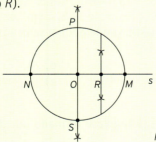

5º passo: Construir um arco com centro em *R* e raio $\overline{RP}$, determinando o ponto *Q* na intersecção do arco com o segmento $\overline{NO}$.

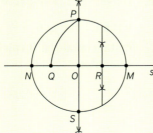

6º passo: A partir do ponto *P*, marcar segmentos de medida *PQ* sobre a circunferência.

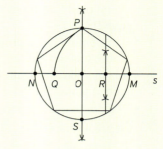

» Coleta de dados

1. Verifique quantos pentágonos são necessários para construir a planificação de um dodecaedro regular.
2. Todo pentágono regular pode ser dividido em cinco triângulos isósceles. Identifique esses triângulos no pentágono construído.

» Processamento de dados

1. Analise a construção e identifique como determinar o ponto *O'*, que é o centro do segundo pentágono.

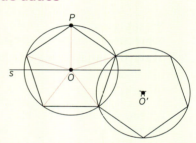

2. Elabore uma estratégia para construir o segundo pentágono.
3. Construa a planificação do dodecaedro regular na folha de cartolina de acordo com a estratégia elaborada na questão anterior. Confeccione as abas para a colagem.
4. Monte o dodecaedro regular.

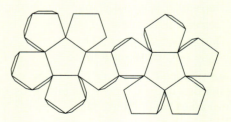

» Comunicação de resultados e reflexões

1. A montagem da planificação deu certo? O desenho geométrico envolve imprecisões? Justifique.
2. Quais procedimentos minimizariam as diferenças e os erros cometidos durante a construção?

Vestibular e Enem

1. (Fatec-SP) No cubo ABCDEFGH da figura, cuja aresta tem medida a, $a > 1$, sejam:
   - P um ponto pertencente ao interior do cubo, tal que $DP = 1$;
   - Q o ponto que é a projeção ortogonal do ponto P sobre o plano ABCD;
   - α a medida do ângulo agudo que a reta $\overleftrightarrow{DP}$ forma com o plano ABCD;
   - R o ponto que é a projeção ortogonal do ponto Q sobre a reta $\overleftrightarrow{AD}$;
   - β a medida do ângulo agudo que a reta $\overleftrightarrow{DQ}$ forma com a reta $\overleftrightarrow{AD}$.

   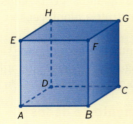

   Nessas condições, a medida do segmento $\overline{DR}$, expressa em função de α e β, é:
   a) sen α · sen β
   b) sen α · tg β
   c) cos α · sen β
   d) cos α · cos β
   e) tg α · cos β

2. (Enem) Em uma certa cidade, os moradores de um bairro carente de espaços de lazer reivindicam à prefeitura municipal a construção de uma praça. A prefeitura concorda com a solicitação e afirma que irá construí-la em formato retangular devido às características técnicas do terreno. Restrições de natureza orçamentária impõem que sejam gastos, no máximo, 180 m de tela para cercar a praça. A prefeitura apresenta aos moradores desse bairro as medidas dos terrenos disponíveis para a construção da praça:
   - Terreno 1: 55 m por 45 m
   - Terreno 2: 55 m por 55 m
   - Terreno 3: 60 m por 30 m
   - Terreno 4: 70 m por 20 m
   - Terreno 5: 95 m por 85 m

   Para optar pelo terreno de maior área, que atenda às restrições impostas pela prefeitura, os moradores deverão escolher o terreno:
   a) 1
   b) 2
   c) 3
   d) 4
   e) 5

3. (UEPG-PR) Se a superfície de uma esfera é igual à área total de um cilindro cujo raio da base é igual ao raio da esfera, assinale o que for correto.
   01. O cilindro é equilátero.
   02. A razão entre a área da superfície esférica e a área lateral do cilindro é igual a 2.
   04. Se o raio é igual a 6 cm, o volume do cilindro é superior a 600 cm³.
   08. A razão entre o volume da esfera e o volume do cilindro é maior que 1.
   16. A altura do cilindro é igual ao diâmetro da esfera.

4. (Enem) Em canteiros de obras de construção civil, é comum perceber trabalhadores realizando medidas de comprimento e de ângulos e fazendo demarcações por onde a obra deve começar ou se erguer. Em um desses canteiros foram feitas algumas marcas no chão plano.

   Foi possível perceber que, das seis estacas colocadas, três eram vértices de um triângulo retângulo, e as outras três eram os pontos médios dos lados desse triângulo, conforme pode ser visto na figura, em que as estacas foram indicadas por letras.

   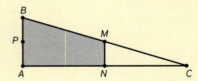

   A região demarcada pelas estacas A, B, M e N deveria ser calçada com concreto.
   Nessas condições, a área a ser calçada corresponde:
   a) à mesma área do triângulo AMC.
   b) à mesma área do triângulo BNC.
   c) à metade da área formada pelo triângulo ABC.
   d) ao dobro da área do triângulo MNC.
   e) ao triplo da área do triângulo MNC.

5. (Enem) Uma empresa que fabrica esferas de aço, de 6 cm de raio, utiliza caixas de madeira, na forma de um cubo, para transportá-las. Sabendo que a capacidade da caixa é de 13 824 cm³, então o número máximo de esferas que podem ser transportadas em uma caixa é igual a:
   a) 4
   b) 8
   c) 16
   d) 24
   e) 32

6. (Fuvest-SP) O ângulo θ formado por dois planos α e β é tal que $tg\ \theta = \dfrac{\sqrt{5}}{5}$. O ponto P pertence a α e a distância de P a β vale 1. Então, a distância de P à reta intersecção de α e β é igual a:
   a) $\sqrt{3}$
   b) $\sqrt{5}$
   c) $\sqrt{6}$
   d) $\sqrt{7}$
   e) $\sqrt{8}$

7. (Unioeste-PR) Dados dois planos paralelos e distintos no espaço, podemos afirmar que:
a) toda reta paralela a um desses planos está obrigatoriamente contida no outro.
b) uma reta que compartilha dois pontos distintos com um desses planos é paralela ao outro plano.
c) uma reta contida em um desses planos é paralela a qualquer reta que esteja contida no outro plano.
d) se um terceiro plano intercepta esses dois planos, então essa intersecção são duas retas ortogonais.
e) existem infinitas retas que interceptam um desses planos em apenas um ponto e não interceptam o outro plano.

8. (Unit-SE) A figura abaixo apresenta o trapézio retângulo ABCD, em que a reta suporte da base $\overline{AD}$ é tangente, no ponto A, à circunferência cujo diâmetro $\overline{BC}$ mede 16 cm.

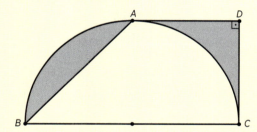

[...] É correto concluir que a área da superfície sombreada, em centímetros, é:
a) $24 - \pi$
b) 24
c) $32 - \pi$
d) 32
e) $36 - \pi$

9. (Enem) Uma fábrica produz barras de chocolates no formato de paralelepípedos e de cubos, com o mesmo volume. As arestas da barra de chocolate no formato de paralelepípedo medem 3 cm de largura, 18 cm de comprimento e 4 cm de espessura.
Analisando as características das figuras geométricas descritas, a medida das arestas dos chocolates que têm o formato de cubo é igual a:
a) 5 cm
b) 6 cm
c) 12 cm
d) 24 cm
e) 25 cm

10. (UEM-PR) Considerando o espaço tridimensional, suponha que r e s sejam retas perpendiculares em um ponto A, e que s seja concorrente com uma reta t em um ponto B diferente de A.
Com relação ao exposto, assinale o que for correto.
01. Se a reta s é perpendicular à reta t, então a reta r também é perpendicular à reta t.
02. Se a reta t é concorrente com a reta r, então as retas r, s e t são coplanares.
04. Se a reta t é paralela à reta r, então as retas r, s e t estão contidas em um mesmo plano.
08. Se as retas r e t são reversas, então r e t não são ortogonais.
16. Se a reta t é perpendicular ao plano que contém r e s, então a reta r é ortogonal à reta t.

11. (Enem) A siderúrgica "Metal Nobre" produz diversos objetos maciços utilizando o ferro. Um tipo especial de peça feita nessa companhia tem o formato de um paralelepípedo retangular, de acordo com as dimensões indicadas na figura que segue.

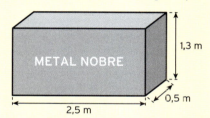

O produto das três dimensões indicadas na peça resultaria na medida da grandeza:
a) massa
b) volume
c) superfície
d) capacidade
e) comprimento

12. (PUC-RJ) A área de um triângulo retângulo é 30 cm². Sabendo que um dos catetos mede 5 cm, quanto vale a hipotenusa?
a) 5 cm
b) 8 cm
c) 12 cm
d) 13 cm
e) 25 cm

13. (UEPG-PR) Sobre perpendicularidade, assinale o que for correto.
01. Os planos α e β são paralelos. A reta r é perpendicular a α e a reta s é perpendicular a β. Então r e s são perpendiculares.
02. A intersecção de dois planos secantes perpendiculares a um terceiro plano é uma reta perpendicular a esse.
04. Duas retas perpendiculares a uma terceira são paralelas entre si.
08. Se dois planos forem perpendiculares, toda reta paralela a um deles será perpendicular ao outro.
16. Se uma reta é perpendicular a um plano existem infinitas retas desse plano perpendiculares a ela.

Vestibular e Enem

14. (Ifal) A figura a seguir mostra um quadrado ABCD e um triângulo equilátero BEF, ambos com lado de medida 1 cm. Os pontos A, B e E são colineares, assim como os pontos A, G e F.

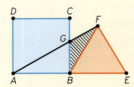

A área do triângulo BFG é, em cm²:

a) $\frac{1}{4}$ c) $\frac{\sqrt{3}}{4}$ e) $\frac{3}{10}$

b) $\frac{1}{3}$ d) $\frac{\sqrt{3}}{12}$

15. (Fuvest-SP) No paralelepípedo reto-retângulo ABCDEFGH da figura, têm-se AB = 2, AD = 3 e AE = 4.

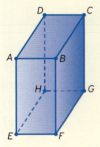

a) Qual é a área do triângulo ABD?
b) Qual é o volume do tetraedro ABDE?
c) Qual é a área do triângulo BDE?
d) Sendo Q o ponto do triângulo BDE mais próximo do ponto A, quanto vale AQ?

16. (Insper-SP) De cada vértice de um prisma hexagonal regular, foi retirado um tetraedro, como exemplificado para um dos vértices do prisma desenhado a seguir.

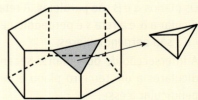

O plano que definiu cada corte feito para retirar os tetraedros passa pelos pontos médios das três arestas que concorrem num mesmo vértice do prisma. O número de faces do poliedro obtido depois de terem sido retirados todos os tetraedros é:

a) 24 c) 18 e) 12
b) 20 d) 16

17. (Unesp) Para confeccionar um porta-joias a partir de um cubo maciço e homogêneo de madeira com 10 cm de aresta, um marceneiro dividiu o cubo ao meio, paralelamente às duas faces horizontais. De cada paralelepípedo resultante, extraiu uma semiesfera de 4 cm de raio, de modo que seus centros ficassem localizados no cruzamento das diagonais da face de corte, conforme mostra a sequência de figuras.

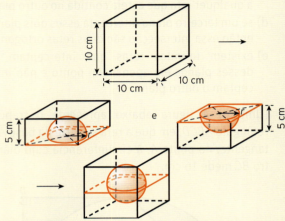

Sabendo que a densidade da madeira utilizada na confecção do porta-joias era de 0,85 g/cm³ e admitindo p ≥ 3, a massa aproximada do porta-joias, em gramas, é:

a) 636 d) 632
b) 634 e) 638
c) 630

18. (Fuvest-SP) Os vértices de um tetraedro regular são também vértices de um cubo de aresta 2. A área de uma face desse tetraedro é:

a) $2\sqrt{3}$ d) $3\sqrt{3}$
b) 4 e) 6
c) $3\sqrt{2}$

19. (UFPA) Uma indústria de cerâmica localizada no município de São Miguel do Guamá, no estado do Pará, fabrica tijolos de argila (barro) destinados à construção civil. Os tijolos de 6 furos possuem medidas externas: 9 × 14 × 19 centímetros e espessura uniforme de 8 milímetros, conforme a figura abaixo.

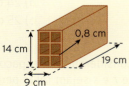

Utilizando 1 metro cúbico de argila, o número de tijolos inteiros que podem ser fabricados é, aproximadamente:

a) 740 c) 1 020 e) 1 280
b) 960 d) 1 090

20. (UFPR) Em relação a um prisma com 39 arestas, todas com o mesmo comprimento c, considere as seguintes afirmativas:

I. A pirâmide com mesma base e altura desse prisma possui $\frac{1}{3}$ do volume do prisma.

II. As bases inferior e superior do prisma são polígonos com 13 lados.

III. O prisma possui 26 vértices.

IV. A área lateral do prisma é $15c^2$.

Assinale a alternativa correta.
a) Somente as afirmativas I e III são verdadeiras.
b) Somente as afirmativas II e IV são verdadeiras.
c) As afirmativas I, II, III e IV são verdadeiras.
d) Somente as afirmativas II, III e IV são verdadeiras.
e) Somente as afirmativas I, II e III são verdadeiras.

21. (Fuvest-SP) O mapa de uma região utiliza a escala de 1:200 000. A porção desse mapa, contendo uma Área de Preservação Permanente (APP), está representada na figura, na qual $\overline{AF}$ e $\overline{DF}$ são segmentos de reta, o ponto G está no segmento $\overline{AF}$, o ponto E está no segmento $\overline{DF}$, ABEG é um retângulo e BCDE é um trapézio.

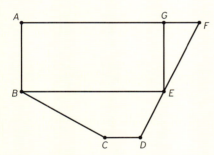

Se $AF = 15$, $AG = 12$, $AB = 6$, $CD = 3$ e $DF = 5\sqrt{5}$ indicam valores em centímetros no mapa real, então a área da APP é:

a) 100 km²   d) 240 km²
b) 108 km²   e) 444 km²
c) 210 km²

22. (Uern) Uma livraria recebeu caixas cúbicas contendo duas pilhas de livros cada, que preenchem totalmente o espaço no seu interior. Se o total de caixas é igual a 45 e cada livro possui 12 cm de largura e 3 cm de espessura, então o total de livros recebidos é:

a) 540
b) 450
c) 810
d) 720

23. (Uerj) Um cristal com a forma de um prisma hexagonal regular, após ser cortado e polido, deu origem a um sólido de 12 faces triangulares congruentes. Os vértices desse poliedro são os centros das faces do prisma, conforme representado na figura.

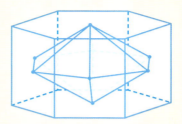

Calcule a razão entre os volumes do sólido e do prisma.

24. (Uerj) Dois terrenos, A e B, ambos com a forma de trapézio, têm as frentes de mesmo comprimento voltadas para a Rua Alfa. Os fundos dos dois terrenos estão voltados para a Rua Beta.
Observe o esquema:

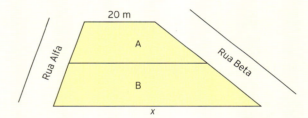

As áreas de A e B são, respectivamente, proporcionais a 1 e 2, e a lateral menor do terreno A mede 20 m. Calcule o comprimento x, em metros, da lateral maior do terreno B.

25. (Insper-SP) A figura abaixo representa uma peça de vidro recortada de um retângulo de dimensões 12 cm por 25 cm. O lado menor do triângulo extraído mede 5 cm.

A área da peça é igual a:

a) 240 cm²   c) 260 cm²   e) 280 cm²
b) 250 cm²   d) 270 cm²

Para explorar

Livros

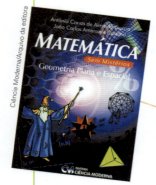

- BERLOQUIN, P. *100 jogos geométricos*. Lisboa: Gradiva, 1999.
  Para resolver as atividades propostas nesse livro, não é necessário ter grande conhecimento geométrico ou ser especialista em enigmas. Porém, as atividades, que evoluem em grau de dificuldade, exigem do leitor muita reflexão e persistência.

- GARCIA, A. C. de A. *Matemática sem mistérios: geometria plana e espacial*. Rio de Janeiro: Ciência Moderna, 2006.
  Com linguagem acessível e clara, o autor exemplifica cada subtema da geometria espacial e da geometria plana a fim de auxiliar os leitores para a melhor absorção do conteúdo.

- JACQUEMARD, S. *Pitágoras e a harmonia das esferas*. Lisboa: Difel, 2007.
  Pitágoras, que foi sacerdote e místico, criou uma comunidade de estudos cujos adeptos eram conhecidos como pitagóricos. Nesse livro, você conhecerá um pouco mais da vida e dos pensamentos dessa personagem tão importante da história da Matemática.

- MACHADO, N. J. *A geometria na sua vida*. São Paulo: Ática, 2003.
  O autor conduz o leitor a refletir sobre os modos como a geometria está presente no dia a dia. Com desafios, testes e informações fascinantes, o livro apresenta o tema geometria de maneira descontraída e interessante.

- MACHADO, N. J. *Os poliedros de Platão e os dedos da mão*. São Paulo: Scipione, 1992.
  Com linguagem simples e acessível a qualquer idade, o autor apresenta pontos interessantes e curiosos do estudo dos poliedros de Platão.

- PATILLA, P. *Círculos, cilindros & esferas*. São Paulo: Moderna, 1995.
  Este livro, com imagens atraentes, apresenta curiosidades sobre círculos, cilindros e esferas.

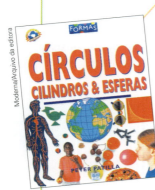

- PENNCIK, N. *Geometria sagrada*. São Paulo: Pensamento, 2002.
  O livro narra as utilizações da geometria, arte considerada transcendental, ao longo da história.

- SMOOTHEY, M. *Áreas e volumes*. São Paulo: Scipione, 1997.
  O livro, com suas atividades, proporciona ao leitor a possibilidade de aplicar e compreender os significados dos conteúdos relativos a áreas e volumes.

Site

- <http://www.profcardy.com>. Acesso em: 25 jun. 2015.
  O portal educativo traz diversos conteúdos, como desafios, curiosidades, biografia, simulados, entre outros.

No final das contas

Dos réis ao real: as moedas do Brasil

As moedas no Brasil e no mundo

A história do dinheiro no Brasil é cheia de reviravoltas.

A gente sempre quis ter. Comida, roupas, terras – e coisas que pertenciam a outras pessoas. Há 10 mil anos, como não existia dinheiro, a solução era darmos algo que tínhamos de bastante valor em troca do que queríamos. De lá para cá, muita coisa foi usada para fazer essas negociações: bois (provavelmente a primeira forma de moeda), conchas (muito usadas na China e na Austrália), sal (que os gregos trocavam por escravos), sementes de cacau (adotadas pelos maias e pelos incas) e até tulipas (dadas na Holanda como dote de casamento).

No Brasil, já usamos açúcar, tabaco e até notas estrangeiras (no século 17, o florim holandês foi fabricado em Recife), além de um sem-número das nossas próprias moedas, que perdiam valor rapidamente. [...]

Trocas malucas
Até concha já foi usada por aqui
1500 – Tostão

Ao chegar ao Brasil, os portugueses encontram cerca de 3 milhões de índios vivendo em economia de subsistência. Já os colonizadores usam moedas de cobre e ouro, que têm diversos nomes de acordo com a origem: tostão, português, cruzado, vintém e são-vicente.

Disponível em: <http://www.portugalmoedas.com.pt/default.aspx>. Acesso em: 7 jul. 2015.

Século 16 – Jimbo e réis

A pequena concha era usada como moeda no Congo e em Angola. Chegando ao Brasil, os escravos a encontram no litoral da Bahia e mantêm a tradição. Desde o descobrimento, porém, a moeda mais usada é o real português, mais conhecido em seu plural "réis", que valeu até 1942.

1614 – Açúcar

Por ordem do governador do Rio de Janeiro, Constantino Menelau, o açúcar é aceito como moeda oficial no Brasil. De acordo com a lei, comerciantes eram obrigados a aceitar o produto para pagar compras.

1695 – Cara e coroa

A Casa da Moeda do Brasil, inaugurada na Bahia um ano antes, cunha suas primeiras moedas de ouro. Em 1727, surgem as primeiras moedas brasileiras com a figura do governante de um lado e as armas do reino do outro, conforme a tradição europeia. Os termos "cara" e "coroa" vêm daí.

Museu Herculano Pires de Itaú Numismática, São Paulo. Fotografia: ID/BR

1942 – Cruzeiro

Na primeira troca de moeda do Brasil, os réis são substituídos pelo cruzeiro durante o governo de Getúlio Vargas. Mil réis passam a valer 1 cruzeiro; é o primeiro corte de três zeros da história monetária do país. É aí que surge também o centavo.

1967 – Cruzeiro novo

O cruzeiro novo é criado para substituir o cruzeiro, que levou outro corte de três zeros. Mais uma vez, isso ocorre por causa da desvalorização da moeda. Para adaptar as antigas cédulas que estavam em circulação, o governo manda carimbá-las.

Disponível em: <http://www.colecaodecedulas.com.br/>. Acesso em: 7 jul. 2015.

No final das contas

1970 – Cruzeiro

A moeda troca de nome e volta a se chamar cruzeiro. Dessa vez, porém, só muda o nome, mas não o valor. Ou seja, 1 cruzeiro novo vale 1 cruzeiro.

1986 – Cruzado

Por causa da inflação, que alcança 200% ao ano, o governo de José Sarney lança o cruzado. Mil cruzeiros passam a valer 1 cruzado em fevereiro deste ano. No fim do ano, os preços seriam congelados, assim como os salários dos brasileiros.

1989 – Cruzado novo

Por causa de inflação de 1 000% ao ano, ocorre uma nova troca de moeda. O cruzado perde três zeros e vira cruzado novo. A mudança é decorrência de um plano econômico chamado Plano Verão, elaborado pelo então ministro da Fazenda, Maílson da Nóbrega.

1990 – Cruzeiro

O cruzado novo volta a se chamar cruzeiro, durante o governo de Fernando Collor de Mello. O mesmo plano econômico decreta o bloqueio das cadernetas de poupança e das contas correntes de todos os cidadãos brasileiros por 18 meses.

1993 – Cruzeiro real

No governo de Itamar Franco, com Fernando Henrique Cardoso como ministro da Fazenda, o cruzeiro sofre outro corte de três zeros e vira cruzeiro real. No fim do ano, o ministro cria um indexador único, a unidade real de valor (URV).

1994 – Real

Após uma inflação de 3 700% em 11 meses de existência do cruzeiro real, entra em vigor a Unidade Real de Valor (URV). Em julho, a URV, equivalendo a 2 750 cruzeiros reais, passa a valer 1 real.

Disponível em: <http://guiadoestudante.abril.com.br/aventuras-historia/reis-ao-real-moedas-brasil-436234.shtml>. Acesso em: 25 jun. 2015.

Inflação

Inflação é um conceito econômico que representa o aumento de preços dos produtos num determinado país ou região, durante um período. Num processo inflacionário o poder de compra da moeda cai.

Exemplo: num país com inflação de 10% ao mês, um trabalhador compra cinco quilos de arroz num mês e paga R$ 10,00. No mês seguinte, para comprar a mesma quantidade de arroz, ele necessitará de R$ 11,00. Como o salário deste trabalhador não é reajustado mensalmente, o poder de compra vai diminuindo. Após um ano, o salário deste trabalhador perdeu 120% do valor de compra.

A inflação é muito ruim para a economia de um país. Quem geralmente perde mais são os trabalhadores mais pobres que não conseguem investir o dinheiro em aplicações que lhes garantam a correção inflacionária.

Podemos citar as seguintes causas da inflação:
- emissão exagerada e descontrolada de dinheiro por parte do governo;
- demanda por produtos (aumento no consumo) maior do que a capacidade de produção do país;
- aumento nos custos de produção (máquinas, matéria-prima, mão de obra) dos produtos.

No Brasil, existem vários índices que medem a inflação. Os principais são: IGP ou Índice Geral de Preços (calculado pela Fundação Getúlio Vargas), IPC ou Índice de Preços Ao Consumidor (medido pela FIPE – Fundação Instituto de Pesquisas Econômicas), INPC ou Índice Nacional de Preços ao Consumidor (medido pelo IBGE) e IPCA ou Índice de Preços ao Consumidor Amplo (também calculado pelo IBGE).

Você sabia?

No ano de 2014, a inflação brasileira foi de 6,41% (IPCA – Índice Nacional de Preços ao Consumidor Amplo). É importante ressaltar que a meta estabelecida pelo Banco Central Brasileiro é de 4,5%, com margem de dois pontos para mais ou para menos.

Disponível em: <http://www.suapesquisa.com/o_que_e/inflacao.htm>. Acesso em: 25 jun. 2015.

» Hora do debate

Após a leitura dos textos, converse com os colegas e com o professor sobre as questões abaixo:

1. Os textos "As moedas no Brasil e no mundo" e "Inflação" apontam um dos fatores mais importantes que, historicamente, têm provocado as diversas trocas de moedas no Brasil: a inflação. Quais as moedas que surgiram devido, principalmente, à inflação?

2. Explique, com suas palavras, o que é inflação e quais os principais prejuízos de uma inflação muito alta para a população de baixa renda.

3. A inflação alta também provoca a desvalorização da moeda, isto é, aumento na taxa cambial. Isso significa que a perda de valor do real frente ao dólar provoca aumento nos preços e, consequentemente, perda do poder aquisitivo. Você sabe o que é taxa cambial? Junto com seus colegas e o professor, conversem sobre esse conceito e elaborem uma explicação sobre ele.

» Agora, é com vocês!

1. Pesquise qual é a taxa de câmbio do real em relação ao dólar, hoje. Uma pessoa que efetuar uma compra de R$ 100,00, qual é o valor dessa compra, hoje, em dólar? (Considere a taxa de câmbio que você pesquisou.)

2. Se uma pessoa fizer uma compra hoje pela internet com cartão de crédito, em dólar, ela pagará o valor correspondente ao valor da taxa cambial do dia de sua fatura. Por exemplo, se a compra for de U$ 50 e a fatura vencer em 10/03, ela pagará o valor da taxa cambial desse dia, não do dia em que efetuou a compra. Se no dia da compra a taxa de câmbio do dólar era R$ 2,80 e no dia da fatura a taxa de câmbio era R$ 2,98, a compra ficou mais cara ou mais barata? De quanto foi a diferença daquela compra, entre o valor do dia da compra e o valor do dia do pagamento da fatura?

3. Se você observar nos cadernos de economia dos jornais, ou na televisão, verá que existem diferentes cotações para o dólar: dólar turismo, dólar comercial e dólar paralelo. Essas cotações diferenciam-se pela sua finalidade. Pesquise qual a finalidade de cada uma dessas cotações.

UNIDADE 4
Análise combinatória e probabilidade

Capítulos

10 Análise combinatória

11 Probabilidade

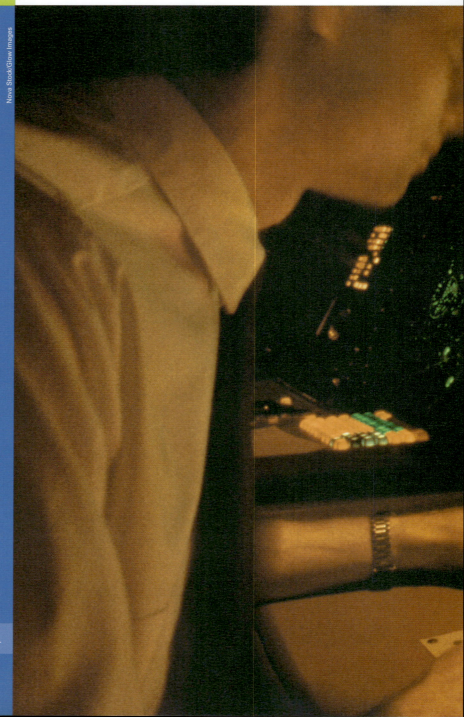

Controle de tráfego aéreo por radar.

CAPÍTULO 10
Análise combinatória

Módulos
1. Problemas de contagem
2. Coeficiente binomial
3. Binômio de Newton

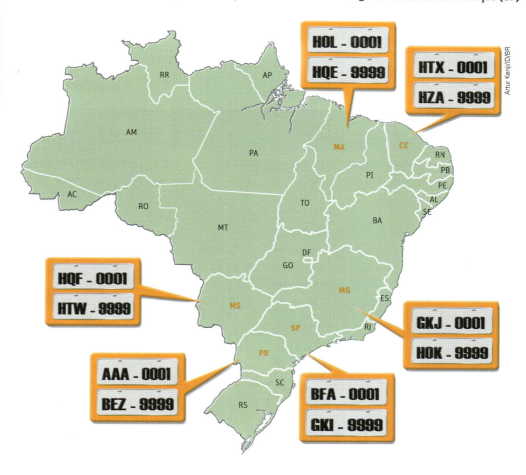

Série inicial e final de letras e algarismos das placas de automóveis de algumas unidades da federação (UF)

Fonte de pesquisa: *Superinteressante*. Disponível em: <http://super.abril.com.br/cotidiano/qual-logica-letras-placas-carros-444465.shtml>. Acesso em: 9 jul. 2015.

Para começar

Um automóvel pode ser identificado pela placa, que traz uma sequência de 3 letras e 4 algarismos e pela tarjeta que indica a cidade e o estado ou unidade da federação (UF). A cada UF corresponde uma série inicial de letras e algarismos, e outra final, conforme indicado acima.

1. Uma empresa de Minas Gerais deseja montar sua frota de veículos com placas que tenham a sequência de letras GKJ e apenas com os algarismos 5 e 6. Quantos veículos, no máximo, poderão ser licenciados por essa empresa? Quais serão as placas?

2. De 2009 a 2013, foi instituída na cidade de São Paulo a inspeção veicular, com o objetivo de reduzir a emissão de poluentes e, assim, melhorar a qualidade do ar na cidade. A cada mês, eram convocados os automóveis com placas que terminam com um algarismo diferente. Em janeiro, era iniciada a convocação dos automóveis com placa de final 1; em fevereiro, placa de final 2; e assim sucessivamente, até setembro, quando era iniciada a convocação de automóveis com placa de final 0. No máximo, quantos automóveis poderiam ser convocados em abril com placas do tipo BFA 45_ _?

3. Você considera a inspeção veicular uma boa alternativa para reduzir a emissão de poluentes? Pesquise outras providências que podem ser adotadas para melhorar a qualidade do ar em sua cidade.

Supermercados, bancos e aeroportos, entre outros estabelecimentos, recebem grande número de clientes todos os dias. As grandes filas nos atendimentos costumam ser motivo de desconforto e irritação para os usuários. Para sanar esse tipo de problema, uma das questões é determinar o número adequado de funcionários para o atendimento que garanta um ritmo satisfatório sem haver trabalhadores ociosos.

A solução para problemas desse tipo é objeto de estudo da teoria das filas – ramo da probabilidade que desenvolve métodos destinados a reduzir tempo de espera, empregando a quantidade ideal de recursos associada ao modo de organizá-los.

1. Problemas de contagem

A contagem constitui um dos primeiros contatos do ser humano com a Matemática. O estudo das técnicas de contagem é conhecido como **análise combinatória**.

Exemplo 1

Em um restaurante, o cardápio apresenta algumas opções para a composição dos pratos. Além do arroz e do feijão, o cliente pode escolher um acompanhamento de um tipo de carne e uma salada, entre as opções apresentadas na imagem ao lado.

Podemos determinar quantas composições diferentes de pratos esse restaurante oferece. Um modo de fazer essa contagem é listar todas as possíveis combinações de pratos, organizando os dados em um diagrama como este:

Cardápio de um restaurante, no qual, além de arroz e feijão, são oferecidas opções de acompanhamento e de salada.

É possível compor cada opção de acompanhamento com quatro opções de salada.

- A1
  - S1 → Arroz, feijão, carne suína e salada de alface e tomate.
  - S2 → Arroz, feijão, carne suína e salada de rúcula.
  - S3 → Arroz, feijão, carne suína e salada de batata e cenoura.
  - S4 → Arroz, feijão, carne suína e salada de maionese.
- A2
  - S1 → Arroz, feijão, carne bovina e salada de alface e tomate.
  - S2 → Arroz, feijão, carne bovina e salada de rúcula.
  - S3 → Arroz, feijão, carne bovina e salada de batata e cenoura.
  - S4 → Arroz, feijão, carne bovina e salada de maionese.
- A3
  - S1 → Arroz, feijão, peixe e salada de alface e tomate.
  - S2 → Arroz, feijão, peixe e salada de rúcula.
  - S3 → Arroz, feijão, peixe e salada de batata e cenoura.
  - S4 → Arroz, feijão, peixe e salada de maionese.

Portanto, o restaurante oferece 12 diferentes composições de pratos.

Cálculo mental

Se, no cardápio do restaurante, forem inseridas duas novas opções de acompanhamento, quantas composições diferentes de pratos o restaurante passará a oferecer?

Exemplo 2

Quantos números de três algarismos distintos é possível escrever apenas com os algarismos 2, 4 e 6?

O número 246, por exemplo, é formado por algarismos distintos; já os números 226 ou 244 têm algarismos repetidos. Para facilitar a contagem da quantidade de números solicitada, considerando o fato de não se repetir algarismos, pode-se fazer um diagrama como este:

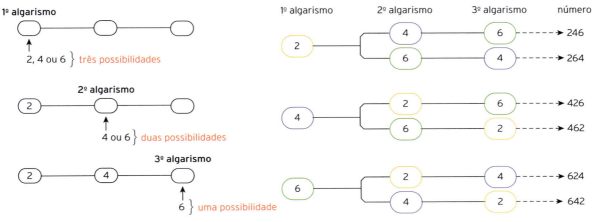

Logo, com os algarismos 2, 4 e 6, é possível escrever 6 números com três algarismos distintos.

Exercícios resolvidos

1. Uma moeda tem duas faces: cara (Ca) e coroa (Co). Determine quantos são os possíveis resultados quando se lança uma moeda quatro vezes seguidas e o terceiro lançamento resulta em coroa.

   Resolução
   Para cada lançamento, existem as possibilidades de o resultado ser cara ou coroa. Temos, então, o diagrama de lançamentos possíveis:

   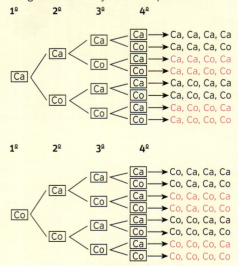

2. Com as letras da palavra METAL, é possível formar, por exemplo, os agrupamentos LETAM e TEMLA, apenas mudando a ordem das letras. Considerando todos os agrupamentos que podem ser formados com as cinco letras da palavra METAL, responda às questões a seguir.
   a) Quantos agrupamentos é possível formar com as letras dessa palavra?
   b) Quantos desses agrupamentos começam com a letra T?
   c) Quantos desses agrupamentos começam com uma vogal?
   d) Quantos desses agrupamentos começam com uma consoante?

   Resolução
   a) Vamos considerar todos os possíveis agrupamentos das cinco letras.
   Para a letra inicial, há **5 possibilidades**: M, E, T, A e L

   Escolhida a letra inicial, há **4 possibilidades** para a 2ª letra: todas as letras, exceto a escolhida como inicial.

   Escolhidas as 2 primeiras letras, há **3 possibilidades** para a 3ª letra: todas as letras, exceto as escolhidas nas posições anteriores.

   Escolhidas as 3 primeiras letras, há **2 possibilidades** para a 4ª letra: todas as letras, exceto as escolhidas nas posições anteriores.

   Escolhidas as 4 primeiras letras, há **1 possibilidade** para a última letra: todas as letras, exceto as escolhidas nas posições anteriores.

   Exemplo com a letra inicial M:

   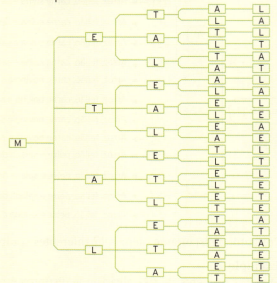

   Para cada letra inicial, há 24 possibilidades de agrupamento. Como há 5 possíveis letras para iniciar o agrupamento: 5 · 24 = 120
   Logo, é possível formar 120 agrupamentos com as letras da palavra METAL.

   b) Como, para cada letra inicial, há 24 possibilidades de agrupamento, é possível formar 24 agrupamentos que começam com a letra T.

   c) Na palavra METAL, há duas vogais. Como, para cada letra inicial, há 24 possibilidades de agrupamento, é possível formar 48 agrupamentos que começam com uma vogal.

   d) No item a, calculamos que há 120 agrupamentos no total. No item c, calculamos que há 48 agrupamentos que começam com vogais. Então, os agrupamentos que começam com uma consoante será a diferença entre todos os agrupamentos e os agrupamentos que começam por uma vogal: 120 − 48 = 72.
   Portanto, 72 agrupamentos começam com uma consoante.

Exercícios propostos

3. Carlos deseja tomar um suco misturando dois sabores. Estão à disposição as seguintes opções:
- Tamanho: pequeno, médio e grande
- 1º sabor: laranja, limão e maracujá
- 2º sabor: acerola e abacaxi

Considerando o tamanho do copo e os sabores, de quantas maneiras diferentes Carlos pode escolher um suco de dois sabores?

4. Quantos e quais são os resultados possíveis no lançamento simultâneo de três moedas?

5. OBLA e LOBA são exemplos de agrupamentos que podem ser formados com as quatro letras da palavra BOLA, apenas mudando a ordem das letras.
a) Quantos e quais agrupamentos podem ser formados com as letras da palavra BOLA?
b) Quantos desses agrupamentos começam com a letra B?
c) Quantos desses agrupamentos começam com uma vogal?
d) Quantos desses agrupamentos terminam com uma consoante?
e) Quantos desses agrupamentos têm as letras B e O juntas?
f) Quantos desses agrupamentos têm as letras O e A juntas e nessa ordem?

6. Cinco amigos, Amanda, Bruno, Camila, Danilo e Eduardo, vão viajar juntos no mesmo carro (com dois assentos dianteiros e três assentos traseiros).

a) De quantas maneiras eles podem ocupar os assentos no carro, sendo Danilo o motorista e Amanda a passageira ao seu lado?
b) Sendo Eduardo o motorista, de quantas maneiras os cinco amigos podem ocupar os assentos do carro para que as duas mulheres fiquem nos assentos traseiros?

7. Em um jogo de tabuleiro, cada jogador deve lançar dois dados e adicionar os pontos obtidos. Determine de quantas maneiras é possível obter a soma de pontos maior ou igual a 6.

8. Utilizando os algarismos 3, 4, 5 e 6, formam-se números de dois algarismos.
a) Quantos números são formados?
b) Quantos desses números são pares?
c) Quantos desses números são divisíveis por 3?

9. Um homem tem as seguintes peças de vestuário.
- Quatro camisetas:

branca   azul
amarela   preta

- Três calças:

preta   marrom   *jeans*

- Dois pares de sapatos:

marrom   preto

a) De quantas maneiras diferentes esse homem pode se vestir usando uma camisa, uma calça e um par de sapatos?
b) Compare sua resposta com a de um colega e verifique se existem outras maneiras de obter a mesma resposta.

10. Considere os números naturais de três algarismos distintos.
a) Quantos desses números são menores do que 200 e divisíveis por 10?
b) Quantos desses números são menores do que 150 e divisíveis por 5?

■ Princípio multiplicativo

Os problemas que envolvem contagem podem ser resolvidos pelo **princípio multiplicativo**, também conhecido como **princípio fundamental da contagem** (PFC). Esse princípio permite determinar a quantidade de maneiras de um acontecimento ocorrer, sem necessidade de descrever todas elas.

Considerando um acontecimento que ocorre em duas etapas sucessivas e independentes (E_1 e E_2), o princípio multiplicativo determina que se o número de possibilidades da etapa E_1 ocorrer é m e para cada possibilidade da etapa E_1, o número de possibilidades da etapa E_2 é n, então o número de possibilidades de o acontecimento ocorrer é $m \cdot n$.

O mesmo se aplica para três ou mais etapas.

Exemplo 1

Três estradas ligam as cidades A e B, e duas estradas ligam as cidades B e C.

Determinam-se pelo princípio multiplicativo quantas são as maneiras de ir da cidade A à cidade C passando pela cidade B.

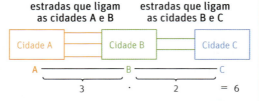

Há 3 maneiras de ir da cidade A à cidade B e 2 maneiras de ir da cidade B à cidade C. Logo, pelo princípio multiplicativo, há 6 maneiras de ir da cidade A à cidade C passando pela cidade B.

Exemplo 2

Um campeonato de voleibol é disputado por 7 equipes, de modo que uma equipe joga contra todas as outras equipes uma única vez. Pelo princípio multiplicativo, é possível determinar quantas são as sequências possíveis de resultado para uma equipe ao final desse campeonato.

Durante o campeonato, uma equipe jogará 6 partidas, tendo duas possibilidades de resultado para cada uma delas: a vitória e a derrota. Os resultados de uma equipe ao final do campeonato formam uma sequência composta dos resultados das 6 partidas: $2 \cdot 2 \cdot 2 \cdot 2 \cdot 2 \cdot 2 = 2^6 = 64$.

Assim, há 64 possíveis resultados para uma equipe.

▌ Cálculo mental

No armário de Marcelo, há as seguintes peças de roupas:

Marcelo tem 4 opções de se vestir usando uma camiseta e uma calça, pois: $2 \cdot 2 = 4$.

- Se Marcelo ganhar uma nova camiseta, quantas serão as maneiras possíveis de se vestir usando uma camiseta e uma calça?
- Marcelo também tem 3 pares de meias com cores distintas. Quantas são as maneiras possíveis de ele se vestir usando uma camiseta, uma calça e um par de meias?

▌ Para refletir

O exemplo 1 poderia ser resolvido de outra maneira? Avalie se essa maneira também seria eficaz para resolver o exemplo 2.

Exercícios resolvidos

11. Determine de quantos modos diferentes 5 homens e 3 mulheres podem se colocar em uma fila de modo que o 1º lugar seja ocupado por um homem e o último lugar seja ocupado por uma mulher ou o 1º lugar seja ocupado por uma mulher e o último lugar seja ocupado por um homem.

Resolução

A restrição do problema impõe duas situações que precisamos estudar, pois o 1º lugar pode ser ocupado por um homem ou por uma mulher. Se um homem ocupar o 1º lugar, então há 5 modos de escolha para o 1º lugar e 3 modos para o último. Se uma mulher ocupar o 1º lugar, então há 3 modos de escolha para o 1º lugar e 5 modos para o último.

Nas duas situações, os lugares restantes serão ocupados por homens e mulheres que não foram escolhidos nem para o 1º nem para o último lugares, ou seja, 6 pessoas para os 6 lugares restantes.

Pelo princípio multiplicativo, obtemos o total de modos de escolha em cada situação:

$$10\,800 + 10\,800 = 21\,600$$

Portanto, há 21 600 modos de essas pessoas se colocarem em fila.

12. Deseja-se escolher 4 dos 20 atletas de um clube para representar 4 estados brasileiros em um desfile. Quantas são as maneiras de escolher um representante para cada estado?

Resolução

O número de possibilidades por estado é:
1º estado: 20 possibilidades; 2º estado: 19; 3º estado: 18; 4º estado: 17.
Pelo princípio multiplicativo, temos:
20 · 19 · 18 · 17 = 116 280
Portanto, há 116 280 maneiras para a escolha dos atletas.

13. Quantos números pares de 3 algarismos distintos podem ser formados com os algarismos 0, 3, 4, 5, 6 e 9?

Resolução

Há 3 possibilidades para o último algarismo que satisfazem a condição de o número formado ser par: 0, 4 e 6.

Para o 1º algarismo do número, temos um impasse, pois se o 0 foi usado como último algarismo, então há 5 modos de escolha do 1º; mas, se o 0 não foi usado, então há 4 modos. Isso porque não podemos repetir os algarismos e o 0 não pode ser o 1º algarismo. Uma maneira de resolver esse impasse é contar separadamente os números que terminam em 0 e os números que não terminam em 0.

algarismos: 1º 2º 3º
5 · 4 · 1 = 20

algarismos: 1º 2º 3º
□ □ [4 ou 6]
4 · 4 · 2 = 32

20 + 32 = 52

Portanto, podem ser formados 52 números pares de 3 algarismos.

Outra maneira de resolver é ignorar uma das condições do problema. Assim, contamos os números que não atendem à condição escolhida e, depois, esses números são excluídos da contagem inicial.

Supondo que o 0 possa ser usado como 1º algarismo, há 3 modos de escolha para o último algarismo, 5 para o 1º e 4 para o 2º.

algarismos: 1º 2º 3º
5 · 4 · 3 = 60

Agora, precisamos excluir da contagem inicial os números que começam com 0. Assim, há 2 modos de escolher o último algarismo, 1 modo de escolher o 1º e 4 modos de escolher o algarismo central.

algarismos: 1º 2º 3º
[0] □ □
1 · 4 · 2 = 8

60 − 8 = 52

Logo, podem ser formados 52 números pares de 3 algarismos.

Outra maneira ainda é pensar também em contar todos os números de 3 algarismos e excluir da contagem os números ímpares.

Assim, são (5 · 5 · 4 = 100) 100 números de 3 algarismos e (4 · 4 · 3 = 48) 48 números ímpares.

100 − 48 = 52

Portanto, obtemos o mesmo resultado. Podem ser formados 52 números pares de 3 algarismos.

Exercícios propostos

14. Para montar seus lanches, uma lanchonete oferece aos clientes 2 tipos de pão, 3 tipos de recheio e 1 tipo de salada. Os clientes devem optar por um tipo de pão para colocar um dos recheios e podem escolher se querem o lanche com ou sem salada.
De quantas maneiras diferentes um cliente pode montar seu lanche?

15. Lucas toca 4 instrumentos diferentes: flauta, violão, teclado e guitarra. Ele pretende organizar uma agenda para praticar um instrumento por dia, de segunda a quinta-feira. De quantas maneiras diferentes ele pode organizar a agenda, se na terça-feira ele sempre pratica flauta?

16. Quantos são os divisores positivos do número 800? (Dica: escreva o número 800 como produto de fatores primos.)

17. Diego tem 4 bermudas, 3 camisetas e 2 pares de tênis, um branco e outro preto.
a) De quantas maneiras ele pode se vestir compondo 1 bermuda, 1 camiseta e 1 par de tênis?
b) De quantas maneiras ele pode se vestir se optar pelo par de tênis preto?

18. Uma prova é constituída de 4 questões de múltipla escolha, com 5 alternativas por questão. Há quantas opções de escolha para as 4 questões?

19. Em uma sala de cinema, há 8 lugares vagos. De quantas maneiras 3 amigas podem ocupar esses lugares?

20. As placas de automóveis são compostas de 3 letras, das 26 do alfabeto, e 4 algarismos. Quantas placas podem ser confeccionadas iniciando-se pela letra A e tendo 9 como último algarismo?

21. A seleção brasileira de futebol disputará 5 amistosos contra diferentes seleções. Se 7 seleções são candidatas a jogar esses amistosos, de quantas maneiras a sequência de jogos pode ser formada?

22. Em um automóvel, há 3 assentos vagos. Quantas maneiras diferentes existem para que 3 de 6 amigos ocupem esses assentos?

23. Em uma competição musical, há 10 cantores finalistas concorrendo aos prêmios de 1º, 2º e 3º lugares. De quantas maneiras os prêmios podem ser atribuídos aos ganhadores?

24. Quantos números de 5 algarismos distintos podem ser formados com os algarismos 0, 1, 2, 3 e 4?

25. Uma sala de teatro tem 4 portas de entrada e 3 de saída. De quantas maneiras diferentes uma pessoa pode entrar e sair dessa sala?

26. Em uma turma de 2º ano do Ensino Médio, deseja-se escolher 3 alunos para formar parte da equipe responsável pelo jornal da escola. De todos os alunos da turma, 8 se candidataram para disputar as vagas de editor, fotógrafo e repórter. De quantas maneiras distintas é possível compor a equipe?

27. Considere os algarismos não nulos do sistema de numeração decimal. Determine quantos números:
    a) de 3 algarismos distintos podem ser formados;
    b) de 4 algarismos distintos podem ser formados;
    c) de 3 algarismos distintos são divisíveis por 2;
    d) de 4 algarismos distintos são divisíveis por 5.

28. Em uma festa serão sorteados, entre 40 convidados, um aparelho de DVD, uma bicicleta e um MP3. Sabendo que cada convidado pode ganhar apenas um prêmio, de quantas maneiras diferentes esses prêmios podem ser sorteados?

29. Considere os algarismos do sistema de numeração decimal. Determine quantos números:
    a) de 4 algarismos podem ser formados;
    b) pares de 3 algarismos distintos podem ser formados;
    c) de 4 algarismos distintos são maiores do que 1 200 e menores do que 3 100?

30. Uma corrida de automóveis terá a participação de 18 pilotos, dos quais 3 serão premiados com as medalhas de ouro, prata e bronze. De quantas maneiras distintas é possível formar o trio vencedor?

31. Para formar as sequências numéricas que compõem os prefixos das linhas telefônicas de uma cidade, a companhia responsável pela telefonia usa os algarismos do sistema decimal, sendo que os prefixos nunca começam com os algarismos 0, 1, 2, 7, 8 e 9. Sabendo que todas as sequências são compostas de 4 algarismos distintos, determine quantos prefixos a companhia telefônica pode disponibilizar.

32. Quantos são os números de 2 algarismos em que um deles é o algarismo 3?

33. Considere os algarismos 0, 1, 2, 3, 4, 5, 6, 7, 8 e 9. Determine quantos números:
    a) de 4 algarismos distintos que começam com 2 podem ser formados;
    b) de 5 algarismos distintos que começam com 3 e terminam com 1 podem ser formados;
    c) de 3 algarismos distintos são divisíveis por 5.

34. Utilizando os algarismos do número 147 852, formam-se números de 3 algarismos distintos. Dispostos esses números em ordem crescente, qual é a posição do último número? Que número é esse?

35. Márcia tem 4 blusas (branca, vermelha, amarela e bege), 3 saias (preta, branca e verde) e 5 pares de sapatos. De quantas maneiras distintas Márcia pode compor as peças de seu vestuário escolhendo uma blusa, uma saia e um par de sapatos?

36. Em uma empresa, há uma vaga para gerente de vendas, uma para gerente de *marketing* e uma para gerente comercial. Doze funcionários se candidataram para ocupar esses postos. De quantas maneiras distintas as vagas podem ser preenchidas?

37. Em uma urna, há 10 bolas numeradas de 1 a 10. De quantas maneiras distintas 2 bolas podem ser retiradas simultaneamente de modo que a soma de seus valores seja um número ímpar?

38. Os estados e regiões brasileiros são tema de estudo da Geografia. Por exemplo, a Região Norte tem 7 estados, enquanto a Região Sul tem 3 estados. Para facilitar a visualização em um mapa, costuma-se pintar com cores diferentes os estados que fazem fronteira um com o outro.
    Ao receber um mapa da Região Norte do Brasil, um aluno precisa pintar seus estados. Para tanto, ele dispõe de 12 lápis de cores distintas. De quantas maneiras diferentes ele pode pintar esses estados sem repetir nenhuma cor?

39. Três homens e três mulheres formarão uma fila. Verifique de quantas maneiras distintas essa fila pode ser formada no caso em que as mulheres são as primeiras da fila e no caso em que os homens fiquem todos juntos.

40. O disco de um cofre é marcado com os algarismos de 0 a 9. De quantas maneiras distintas é possível compor esses algarismos formando uma sequência de 4 algarismos para o segredo do cofre?

41. Em um edifício, existem 2 portões para carros na entrada principal e, na garagem, 4 portas de acesso de pedestres aos elevadores. De quantas maneiras distintas uma pessoa pode ter acesso aos andares do edifício ao entrar de carro pela garagem?

Fatorial

Na resolução de muitos problemas de análise combinatória, é comum surgir expressões envolvendo o produto de números naturais consecutivos. Como ferramenta de auxílio no cálculo dessas expressões, define-se:

> O **fatorial** de um número natural n, $n \geq 2$, é o produto dos números naturais de 1 a n.

O fatorial de n é denotado por $n!$ e lê-se "n fatorial".
$$n! = 1 \cdot 2 \cdot 3 \cdot ... \cdot (n-2) \cdot (n-1) \cdot n$$
Definem-se também: $0! = 1$ e $1! = 1$

Pela propriedade associativa da multiplicação de números naturais, também se pode escrever o fatorial de n da seguinte maneira:
$$n! = n \cdot (n-1) \cdot (n-2) \cdot ... \cdot 3 \cdot 2 \cdot 1$$

Exemplos

- O fatorial de 3 é: $3! = 3 \cdot 2 \cdot 1 = 6$
- O produto $6 \cdot 5 \cdot 4 \cdot 3 \cdot 2 \cdot 1$ é igual ao fatorial de 6, pois: $6 \cdot 5 \cdot 4 \cdot 3 \cdot 2 \cdot 1 = 6!$
- O fatorial de 7 pode ser representado, por exemplo, por $7! = 7 \cdot 6!$ e $7! = \frac{8}{8} \cdot 7! = \frac{8!}{8}$. Representações como essas são úteis nas simplificações de expressões que envolvem fatoriais.

> **Para refletir**
>
> Muitos *sites* da internet pedem que você elabore senhas compostas de oito ou mais algarismos e letras, alegando que é para melhor segurança.
>
> O que você acha dessas recomendações? Senhas apenas com letras são mais seguras do que senhas apenas com algarismos?

Exercícios resolvidos

42. Calcule o valor da expressão: $\frac{7! \cdot 3!}{9!}$

Resolução

Para calcular o valor de $\frac{7! \cdot 3!}{9!}$, usamos a definição de fatorial de um número natural:

$$\frac{7! \cdot 3!}{9!} = \frac{7 \cdot 6 \cdot 5 \cdot 4 \cdot 3 \cdot 2 \cdot 1 \cdot 3 \cdot 2 \cdot 1}{9 \cdot 8 \cdot 7 \cdot 6 \cdot 5 \cdot 4 \cdot 3 \cdot 2 \cdot 1} =$$
$$= \frac{3 \cdot 2 \cdot 1}{9 \cdot 8} = \frac{6}{72} = \frac{1}{12}$$

Outro modo de simplificar essa expressão é escrever o produto $9 \cdot 8 \cdot 7 \cdot 6 \cdot 5 \cdot 4 \cdot 3 \cdot 2 \cdot 1$ como $9 \cdot 8 \cdot 7!$.

$$\frac{7! \cdot 3!}{9!} = \frac{7! \cdot 3!}{9 \cdot 8 \cdot 7!} = \frac{3!}{9 \cdot 8} = \frac{6}{72} = \frac{1}{12}$$

Note que essa maneira é mais simples, pois são simplificados os fatoriais do numerador e do denominador, o que é útil em expressões que envolvem muitos fatoriais ou fatoriais de números grandes.

43. Simplifique a expressão $\frac{(n+2)! \cdot n}{(n-1)!}$, sendo n um número natural maior ou igual a 1.

Resolução

Uma das maneiras de simplificar essa expressão é escrever $(n+2)!$ em função de $(n-1)!$.

$$\frac{(n+2)! \cdot n}{(n-1)!} = \frac{(n+2) \cdot (n+1) \cdot n \cdot (n-1)! \cdot n}{(n-1)!} =$$
$$= (n+2) \cdot (n+1) \cdot n^2 = n^4 + 3n^3 + 2n^2$$

Quando escrevemos $(n+2)!$ em função de $(n-1)!$ simplificamos os fatoriais do numerador e do denominador, assim como foi feito numericamente no exercício anterior.

Exercícios propostos

44. Calcule o valor de cada expressão envolvendo fatoriais.
 a) $7!$ b) $5!$ c) $-(3!)$ d) $2 \cdot 4!$

45. Simplifique as expressões a seguir.
 a) $\frac{10!}{8! \cdot 3!}$ b) $\frac{13! \cdot 10!}{15!}$ c) $\frac{n \cdot (n+3)!}{(n+1)!}$, $n \in \mathbb{N}^*$

46. Supondo satisfeitas as condições de existência dos fatoriais, determine o valor de x em cada caso.
 a) $\frac{(x+3)!}{(x+1)!} = 12$ c) $\frac{x \cdot (x-2)!}{(x+1)!} \geq 0$
 b) $(x+4)! + 2 \cdot (x+4)! = 12 \cdot (x+3)!$

47. Responda usando fatoriais.
 a) Quantos números de 3 algarismos distintos podem ser escritos com os algarismos 3, 4 e 5?
 b) Quantos números de 7 algarismos distintos podem ser escritos com os algarismos 1, 2, 3, 4, 5, 6 e 7?
 c) De quantas maneiras distintas 14 pessoas podem ser dispostas em uma fila?
 d) De quantas maneiras distintas 10 pessoas podem sentar-se lado a lado de modo que a primeira pessoa à esquerda seja a pessoa mais alta?

Nos problemas de contagem, é interessante que a disposição dos dados facilite a contagem dos resultados possíveis. O princípio multiplicativo é a base para a resolução desses problemas. Outros problemas, embora sejam aplicações do princípio multiplicativo, apresentam características específicas, como é o caso das permutações e das combinações, apresentadas a seguir.

■ Permutação

Com os algarismos 3, 6, 7 e 9, é possível formar números de 4 algarismos distintos, por exemplo, os números 3 679, 3 796 e 9 367.

É possível também calcular quantos números de 4 algarismos distintos são formados com os algarismos dados.

Para o 1º algarismo, há 4 possibilidades. → 4   3   2   1 ← Escolhidos todos os demais algarismos, resta apenas 1 possibilidade para o último algarismo.
Escolhido o 1º algarismo, restam 3 possibilidades para o 2º algarismo. — Escolhidos os dois primeiros algarismos, restam 2 possibilidades para o 3º algarismo.

$$4 \cdot 3 \cdot 2 \cdot 1 = 4! = 24$$

Logo, pelo princípio multiplicativo, podem ser formados, com os algarismos dados, 24 números de 4 algarismos distintos.

Define-se:

> A **permutação** de n elementos é cada agrupamento ordenado formado por esses n elementos.

Assim, no exemplo dado, os números 3 679, 3 796 e 9 367 são permutações dos algarismos 3, 6, 7 e 9.

Observa-se que cada permutação formada difere de outra permutação pela ordem dos elementos, ou seja, a ordem em que os elementos dados são dispostos nas permutações interfere no seu significado. Por exemplo, as permutações 3 679 e 3 796 representam números naturais diferentes.

Permutação simples

Quando os elementos de uma permutação são distintos, como no exemplo dos algarismos 3, 6, 7 e 9, ocorre uma **permutação simples**.

Considerando n elementos distintos, é possível determinar o número de agrupamentos formados por esses elementos, ou seja, o número de permutações desses elementos.

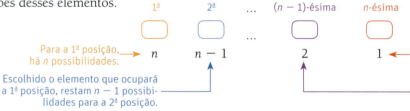

$$n \cdot (n - 1) \cdot \ldots \cdot 2 \cdot 1 = n!$$

Logo, pelo princípio multiplicativo, há $n!$ permutações dos n elementos distintos dados.

Assim, o número de permutações de n elementos distintos, denotado por P_n, é: $\boxed{P_n = n!}$

Exemplo

Para determinar o número de permutações das letras da palavra BRASIL, usa-se o conceito de permutação simples, pois as letras são distintas.

$$P_6 = 6! = 720$$

Assim, têm-se 720 permutações das letras da palavra BRASIL.

Observação

Do ponto de vista matemático, uma permutação é denominada **anagrama** quando seus elementos são letras do alfabeto – independentemente de os anagramas constituírem palavras, ou seja, de terem significado.

■ Saiba mais

Com os algarismos 1, 3 e 7, é possível formar 6 permutações: 137, 173, 317, 371, 713 e 731. Todas essas permutações são números naturais.

Com as letras A, I e L, também é possível formar 6 permutações: AIL, ALI, IAL, ILA, LAI, LIA. Em Matemática, agrupamentos que são permutações de letras são denominados **anagramas**.

Na Língua Portuguesa, a ideia de anagrama está ligada ao conceito de palavra. Um anagrama é, então, a permutação das letras de uma palavra ou frase que permite formar outras palavras ou frases (*Iracema* é um anagrama de *América*). No exemplo acima, apenas os agrupamentos ALI, LAI e LIA seriam anagramas para a língua Portuguesa. Segundo o *Dicionário Houaiss da língua portuguesa*:

- ALI: em lugar diferente daquele em que está a pessoa que fala e a que ouve; naquele lugar; etc.

- LAI: gênero de poema narrativo ou lírico.

- LIA: resquício sujo; borra sedimento; etc.

Permutação com repetição

Consideram-se, por exemplo, os anagramas das letras da palavra ELE.

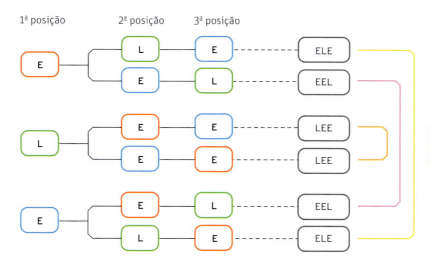

$$3! = 3 \cdot 2 \cdot 1 = 6$$

Ao permutar as letras da palavra ELE, formam-se 6 anagramas. Porém, como a letra E se repete duas vezes na palavra ELE, a permutação dessas letras gera anagramas iguais.

Portanto, o número de anagramas formados, desconsiderando-se os anagramas iguais, pode ser obtido pela razão entre o número de permutações das 3 letras e o número de permutações da letra repetida.

$$\frac{3!}{2!} = \frac{6}{2} = 3$$

Logo, há 3 anagramas das letras da palavra ELE.

Quando os elementos de uma permutação não são todos distintos, ou seja, quando alguns se repetem, ocorre uma **permutação com repetição**, como no exemplo acima, dos anagramas das letras da palavra ELE.

Considerando n elementos, sendo que k desses elementos se repetem n_k vezes, é possível determinar o número de agrupamentos formados por esses elementos, ou seja, o número de permutações desses elementos.

Assim como foi feito na permutação simples, o número de agrupamentos obtidos é $P_n = n!$. Porém, como alguns dos elementos do conjunto se repetem, há n_k agrupamentos iguais para cada elemento que se repete.

Logo, para determinar o número de permutações desse conjunto, determina-se a razão entre P_n e o produto $P_{n_1} \cdot P_{n_2} \cdot \ldots \cdot P_{n_k}$. Assim, o número de permutações de n elementos, em que k desses elementos se repetem n_k vezes, denotado por $P_n^{n_1, n_2, \ldots n_k}$, é: $P_n^{n_1, n_2, \ldots n_k} = \dfrac{P_n}{P_{n_1} \cdot P_{n_2} \cdot \ldots \cdot P_{n_k}}$

Exemplo

Para determinar o número de anagramas das letras de MATEMÁTICA, desconsiderando o acento agudo, utiliza-se o conceito de permutação com repetição.

Tem-se uma permutação de 10 letras, em que a letra M se repete duas vezes, a letra A, três vezes, e a letra T, duas vezes. Então:

$$P_{10}^{2,3,2} = \frac{10!}{2! \cdot 3! \cdot 2!} = \frac{10 \cdot 9 \cdot 8 \cdot 7 \cdot 6 \cdot 5 \cdot 4}{2 \cdot 2} = 151\,200$$

Assim, existem 15 120 anagramas das letras da palavra MATEMÁTICA.

> A permutação de letras iguais não gera novos anagramas.

> **Calculadora**
>
> Quantos anagramas podem ser formados com as letras da palavra MATEMÁTICA, se a letra A com acento agudo for considerada diferente da letra A sem acento?

Exercícios resolvidos

48. Sete pessoas distribuídas em três grupos devem se organizar em uma fila. O primeiro grupo é formado por um casal, o segundo, por dois irmãos, e o terceiro, por três irmãs. De quantas maneiras distintas a fila pode ser organizada de modo que as pessoas do mesmo grupo permaneçam juntas?

Resolução

Os três grupos podem se organizar na fila de 3! maneiras distintas. Além disso, o casal pode trocar de lugar entre si de 2! maneiras, os irmãos, de 2! maneiras, e as irmãs, de 3! maneiras.
Utilizando o princípio multiplicativo, obtemos o total de maneiras como a fila pode ser organizada:
$3! \cdot 2! \cdot 2! \cdot 3! = 144$
Portanto, a fila pode ser organizada de 144 maneiras distintas.

49. Uma pessoa esqueceu a ordem em que os seis algarismos de sua senha numérica devem ser posicionados. Ela sabe que a senha é composta dos algarismos 4, 5 e 6, que o algarismo 5 se repete três vezes na senha e que o algarismo 6 se repete duas vezes. Determine o número máximo de tentativas que essa pessoa pode realizar para digitar a senha correta, considerando que seu acesso não seja bloqueado após tentativas incorretas.

Resolução

Os seis algarismos geram 6! senhas possíveis. Porém, há três algarismos iguais a 5 que geram a mesma senha, quando trocam de posição entre si; o mesmo ocorre com o algarismo 6, que se repete duas vezes. Isso significa que, na contagem de 6! senhas, foram contadas $3! \cdot 2!$ senhas iguais.

Logo, o número máximo de tentativas é:
$\dfrac{6!}{3! \cdot 2!} = 60$

Outra maneira de resolver o exercício é diretamente pela expressão do número de permutações com repetição: $P_6^{2,3} = \dfrac{6!}{3! \cdot 2!} = 60$

Portanto, a pessoa fará, no máximo, 60 tentativas para digitar a senha correta.

Exercícios propostos

50. Calcule os valores a seguir:

a) P_7

b) $\dfrac{P_8}{P_5}$

c) $P_8^{2,3}$

d) $P_{12}^{4,3,2}$

51. Determine o valor de n em cada caso.

a) $P_n^{3,4} = 35$

b) $\dfrac{P_{n-4}}{P_{n-2}} = \dfrac{1}{20}$

52. No brinquedo de um parque de diversões, há uma fileira de 10 assentos desocupados. Dez amigos (4 homens e 6 mulheres) vão ocupar esses assentos.

a) De quantas maneiras distintas os amigos podem se distribuir para ocupar esses assentos?

b) De quantas maneiras distintas os amigos podem sentar-se de modo que as mulheres sempre fiquem juntas e os homens também?

53. Considere os algarismos 1, 2, 3, 4, 5, 6, 7 e 8. Quantos agrupamentos de 8 algarismos distintos podem ser formados intercalando-se algarismos pares e ímpares?

54. Em uma prateleira há 11 livros, sendo 2 de Língua Portuguesa, 3 de Química, 5 de Biologia e 1 de Física.

a) De quantas maneiras distintas os livros podem ser organizados na prateleira para que os de mesma disciplina fiquem sempre juntos?

b) De quantas maneiras distintas os livros podem ser dispostos de modo que os de Biologia e os de Física sempre fiquem nas extremidades?

55. Considere as letras da palavra ENTRETENIMENTO.

a) Quantos anagramas começados por vogal podem ser formados?

b) Quantos anagramas começados pela letra E e terminados pela letra I podem ser formados?

c) Quantos anagramas têm as letras N, T e R juntas, nessa ordem?

56. Uma caixa contém 12 bolas, sendo:
- 5 pretas
- 2 azuis
- 3 vermelhas
- 2 amarelas

De quantas maneiras distintas é possível retirar uma a uma, sem reposição, as 12 bolas dessa caixa?

57. De quantas maneiras é possível formar uma senha de computador com 8 dígitos usando uma sequência com 6 sinais # e 2 sinais @?

Combinação

Para formar uma equipe cirúrgica em um hospital, serão escolhidos 2 entre 3 médicos, sendo que todos têm as atribuições necessárias para ocupar esses cargos. É possível determinar o número de agrupamentos possíveis para a formação dessa equipe por meio de um diagrama.

> **Saiba mais**
>
> **Combinação completa**
>
> Quando os elementos de uma combinação não são todos distintos, ou seja, quando alguns podem se repetir, ocorre uma **combinação completa**.
>
> Por exemplo, uma sorveteria dispõe de 5 sabores de picolés. Ana e Flávia irão comprar um picolé cada uma. Quantas combinações diferentes de sabores elas podem comprar?
>
> Nessa situação, as duas garotas podem ou não comprar o mesmo sabor de picolé, ou seja, tem-se uma combinação em que alguns elementos podem se repetir.

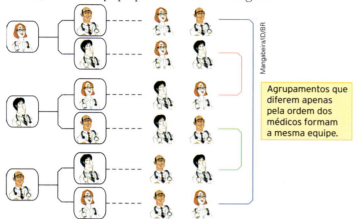

Agrupamentos que diferem apenas pela ordem dos médicos formam a mesma equipe.

Portanto, há 3 diferentes agrupamentos possíveis para essa equipe. Define-se:

> A **combinação** de k elementos escolhidos entre n elementos dados é cada subconjunto formado por k elementos.

Assim, no exemplo dado, os agrupamentos possíveis, considerando os 3 médicos, são combinações de 2 dos 3 médicos, ou seja, cada agrupamento possível é um subconjunto formado por 2 dos 3 médicos.

A ordem em que os elementos do subconjunto são dispostos não altera o subconjunto; por exemplo, o primeiro e o último agrupamentos mostrados no diagrama representam o mesmo subconjunto. De fato, como uma combinação é um subconjunto, não há ordem entre seus elementos.

Combinação simples

Quando os elementos de uma combinação são distintos, como no exemplo acima, ocorre uma **combinação simples**.

Considerando n elementos distintos, é possível determinar o número de subconjuntos formados por k desses elementos distintos, ou seja, o número de combinações simples de k elementos distintos desse conjunto.

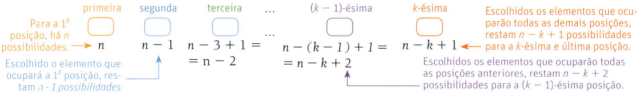

Pelo princípio multiplicativo, têm-se: $\dfrac{n!}{(n-k)!}$ agrupamentos possíveis.

Porém, agrupamentos formados com os mesmos k elementos permutados determinam o mesmo subconjunto; então, o número de agrupamentos formados é $k!$ vezes maior do que o número de subconjuntos, pois: $P_k = k!$

Assim, o número de combinações simples de k elementos distintos, escolhidos entre n elementos distintos, denotado por $C_{n,k}$, é: $\quad C_{n,k} = \dfrac{n!}{k! \cdot (n-k)!}$

Exemplo

Para determinar o número de combinações de 4 elementos distintos entre 7 elementos dados: $C_{7,4} = \dfrac{7!}{4! \cdot (7-4)!} = \dfrac{7 \cdot 6 \cdot 5 \cdot 4!}{4! \cdot 3!} = 35$

Logo, têm-se 35 combinações simples de 4 elementos escolhidos entre 7 dados.

Exercícios resolvidos

58. Quantas comissões de 5 pessoas podem ser formadas escolhendo-se 2 homens de um grupo de 8 e 3 mulheres de um grupo de 10?

Resolução

Para formar a comissão, precisamos escolher 2 homens entre 8 pessoas e 3 mulheres entre 10. Pelo princípio multiplicativo, temos:
($8 \cdot 7 = 56$) 56 maneiras de escolher os 2 homens. Porém, essa contagem inclui a troca de posições entre os 2 homens, 2!. Logo, o número de maneiras de escolha dos 2 homens é: $\frac{56}{2!} = 28$

De modo similar, o número de maneiras de escolha das 3 mulheres é: $\frac{10 \cdot 9 \cdot 8}{3!} = 120$

$28 \cdot 120 = 3\,360$

Portanto, podem ser formadas 3 360 comissões.
Também podemos resolver o exercício utilizando a expressão do número de combinações simples:

Homens: $C_{8,2} = \frac{8!}{2! \cdot 6!} = \frac{8 \cdot 7 \cdot 6!}{2! \cdot 6!} = 28$

Mulheres: $C_{10,3} = \frac{10!}{3! \cdot 7!} = \frac{10 \cdot 9 \cdot 8 \cdot 7!}{3! \cdot 7!} = 120$

Logo: $28 \cdot 120 = 3\,360$

59. Sejam r e s duas retas paralelas. Sobre r marcam-se 4 pontos e, sobre s, marcam-se 5 pontos. Determine quantos triângulos com vértices nesses pontos é possível formar.

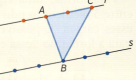

Resolução

Para construir um triângulo, é necessário que 2 pontos estejam sobre uma das retas e que o outro ponto esteja sobre a outra reta. A ordem dos pontos não interfere na construção do triângulo.
Assim, há duas situações possíveis:

- $\underbrace{\text{dois pontos sobre } r}$ e $\underbrace{\text{um ponto sobre } s}$

$C_{4,2} = \frac{4!}{2! \cdot 2!} = \frac{4 \cdot 3 \cdot 2!}{2! \cdot 2 \cdot 1} = 6 \quad C_{5,1} = \frac{5!}{1! \cdot 4!} = 5$

Temos então: $6 \cdot 5 = 30$

- $\underbrace{\text{um ponto sobre } r}$ e $\underbrace{\text{dois pontos sobre } s}$

$C_{4,1} = \frac{4!}{1! \cdot 3!} = 4 \quad C_{5,2} = \frac{5!}{2! \cdot 3!} = 10$

Temos então: $4 \cdot 10 = 40$

$30 + 40 = 70$

Logo, podemos formar 70 triângulos com vértices nos pontos dados.

Exercícios propostos

60. De um grupo de 10 alunos de uma turma, deseja-se escolher 4 para formar uma comissão de representantes da classe. Determine de quantas maneiras essa comissão pode ser formada.

61. Em uma floricultura, há 9 tipos de flor para montar um buquê. Para certo evento, cada buquê deve conter 4 tipos de flor. Quantos buquês diferentes podem ser montados?

62. Um treinador tem à sua disposição 7 jogadoras de basquete para compor um time de 5 jogadoras. Determine de quantas maneiras distintas ele pode escalar esse time:
a) se não houver restrições entre as jogadoras, ou seja, se todas elas puderem jogar em qualquer posição no time;
b) se somente Ana, uma das jogadoras, puder jogar como armadora.

63. Considere uma caixa com 11 bolas: 5 azuis, 2 brancas e 4 pretas. Sendo retiradas todas as bolas, uma por vez e sem reposição, determine de quantas maneiras podem ser obtidas:
a) as quatro primeiras bolas azuis;
b) as duas primeiras bolas azuis e as três últimas bolas pretas.

64. Em um salão de festas, há 8 pontos de iluminação. Sabe-se que, em hipótese alguma, todos os pontos podem ser acionados simultaneamente e que pelo menos 2 devem estar sempre ligados. Determine o número de possibilidades de acionar:
a) exatamente 5 pontos de iluminação;
b) pelo menos 5 pontos de iluminação.

65. Uma urna contém exatamente 20 bilhetes, dos quais 8 são premiados. Uma pessoa retira 5 bilhetes. Qual é o número de maneiras de terem saído pelo menos 3 bilhetes premiados?

66. Quantas diagonais tem um octógono?

67. Experimentos realizados por cientistas para verificar a ação de compostos químicos sobre diversos vírus são objeto de estudo da Biologia.
Buscando elaborar um coquetel para a eliminação de um vírus, um cientista realiza testes em laboratório associando pelo menos 3 dos 8 compostos químicos de que dispõe. Quantos coquetéis esse cientista pode obter?

2. Coeficiente binomial

O número de combinações simples $C_{n,k}$, de k elementos distintos escolhidos entre n elementos distintos dados, também pode ser representado por $\binom{n}{k}$.

Essa representação é denominada **coeficiente binomial**, ou número binomial, em que n é o índice superior e k é o índice inferior desse coeficiente. Assim:

$$\binom{n}{k} = \frac{n!}{k! \cdot (n-k)!}$$

Regularidades nos coeficientes binomiais

Os coeficientes binomiais $\binom{n}{k}$ e, consequentemente, as combinações simples $C_{n,k}$, apresentam algumas regularidades, dependendo do valor de k.

- Para $k = 0$, tem-se: $\binom{n}{0} = C_{n,0} = \frac{n!}{0! \cdot (n-0)!} = \frac{n!}{1! \cdot n!} = 1$

  De fato, ao selecionar zero elemento entre n elementos distintos dados, qualquer que seja o valor de n, o único subconjunto formado é o conjunto vazio: $\binom{n}{0} = C_{n,0} = 1$

- Para $k = 1$, tem-se: $\binom{n}{1} = C_{n,1} = \frac{n!}{1! \cdot (n-1)!} = \frac{n! \cdot (n-1)!}{1! \cdot (n-1)!} = n$

  De fato, ao selecionar um único elemento entre n elementos distintos dados, qualquer que seja o valor de n, cada um dos n subconjuntos formados tem um dos elementos distintos dados: $\binom{n}{1} = C_{n,1} = n$

- Para $k = n$, tem-se: $\binom{n}{n} = C_{n,n} = \frac{n!}{n! \cdot (n-n)!} = \frac{1}{1 \cdot 0!} = 1$

  De fato, ao selecionar exatamente os n elementos dados, qualquer que seja o valor de n, o único subconjunto formado é o próprio conjunto dos n elementos distintos dados: $\binom{n}{n} = C_{n,n} = 1$

Propriedades dos coeficientes binomiais

A seguir são apresentadas duas propriedades dos coeficientes binomiais e, consequentemente, das combinações simples.

Coeficientes binomiais complementares

Uma combinação simples de k elementos distintos, escolhidos entre n elementos distintos dados, gera $\frac{n!}{k! \cdot (n-k)!}$ subconjuntos possíveis. Calculando o número de subconjuntos formados pelos $n - k$ elementos que não foram escolhidos na situação anterior, tem-se:

$$C_{n,(n-k)} = \frac{n!}{(n-k)! \cdot [n-(n-k)]!} = \frac{n!}{(n-k)! \cdot [n-n+k]!} = \frac{n!}{(n-k)! \cdot k!}$$

Logo, também há $\frac{n!}{k! \cdot (n-k)!}$ subconjuntos formados por $n - k$ elementos: $C_{n,k} = C_{n,(n-k)}$ ou $\binom{n}{k} = \binom{n}{n-k}$

Exemplo

Entre 5 frutas disponíveis, é possível fazer 10 composições de suco usando 3 delas: $\binom{5}{3} = C_{5,3} = 10$. Também é possível fazer 10 composições de suco com as 2 frutas que não foram escolhidas: $\binom{5}{2} = C_{5,2} = 10$. Logo: $\binom{5}{3} = \binom{5}{2} = 10$

Ação e cidadania

Educação financeira, cidadania e meio ambiente

No mundo todo, o consumo consciente vem sendo adotado por pessoas preocupadas com a qualidade de vida, a sustentabilidade do planeta e a redução dos efeitos negativos do consumismo sobre o meio ambiente, entre os quais estão a sobrecarga dos aterros sanitários. Isso ocorre devido ao grande aumento do descarte de embalagens e da produção de lixo orgânico e à redução dos recursos naturais não renováveis do planeta (como petróleo e minério de ferro), usados como matéria-prima na confecção de produtos variados.

- O consumo consciente é prática de cidadania? Explique.
- O que você entende por sustentabilidade ou desenvolvimento sustentável de uma região?
- O consumo consciente também contribui para a economia doméstica. Pense na situação de uma casa com 5 lâmpadas, com interruptores independentes, sendo que há uma lâmpada na sala, uma na cozinha, uma em cada um dos 2 quartos e uma no banheiro. Calcule as maneiras distintas em que a casa se encontra com, no mínimo, uma lâmpada acesa. Depois, considerando que na casa se pratica o consumo consciente, mantendo-se, no máximo, duas lâmpadas acesas, indique em quantas dessas maneiras a casa está em situação adequada.

Coeficientes binomiais consecutivos (ou relação de Stifel)

É possível separar em dois grupos os subconjuntos formados por uma combinação de k elementos distintos, escolhidos entre n elementos distintos dados, com $n \neq 0$ e $k < n$.

- Grupo que contém determinado elemento: o número de combinações desse grupo é dado pela escolha desse elemento e de mais $k - 1$ elementos distintos entre os $n - 1$ elementos distintos que restam: $C_{n-1, k-1}$
- Grupo que não contém o elemento escolhido: o número de combinações desse grupo é dado pela escolha de k elementos distintos entre os $n - 1$ elementos distintos que restam, além do elemento escolhido: $C_{n-1, k}$

Assim:

$$C_{n-1, k-1} + C_{n-1, k} = C_{n, k} \quad \text{ou} \quad \binom{n-1}{k-1} + \binom{n-1}{k} = \binom{n}{k}$$

Exemplo

Entre 5 frutas disponíveis, sendo uma delas laranja, é possível fazer 10 composições de suco usando 3 delas: $\binom{5}{3} = 10$

Das combinações possíveis, algumas contêm laranja e outras não contêm.

- Nas composições em que há laranja, variam as outras 2 frutas escolhidas entre as 4 ainda disponíveis: $\binom{4}{2} = 6$

Então, há 6 combinações de suco com laranja.

- Nas combinações em que não há laranja, escolhem-se 3 frutas entre as 4 disponíveis: $\binom{4}{3} = 4$

Então, há 4 combinações de suco sem laranja.

Logo: $\binom{4}{2} + \binom{4}{3} = 6 + 4 = 10 = \binom{5}{3}$

■ Triângulo de Pascal

O **triângulo de Pascal** é a disposição ordenada dos coeficientes binomiais, ou números binomiais, de modo que os de mesmo índice superior fiquem dispostos em uma mesma linha e os de mesmo índice inferior em uma mesma coluna. Esses coeficientes binomiais são os elementos do triângulo de Pascal.

$\binom{n}{k}$ — Coeficientes binomiais com o mesmo n são colocados na mesma linha.

Coeficientes binomiais com o mesmo k são colocados na mesma coluna.

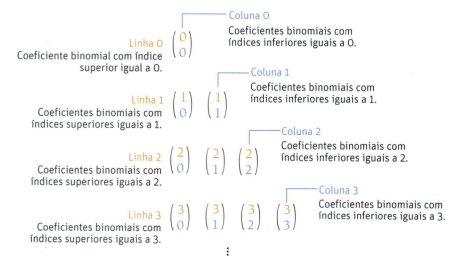

Exercícios resolvidos

68. Calcule os valores dos coeficientes binomiais:

a) $\binom{10}{5}$ b) $\binom{12}{0}$ c) $\binom{15}{15}$ d) $\binom{21}{1}$ e) $\binom{7}{2}$

Resolução

a) $\binom{10}{5} = \dfrac{10!}{5! \cdot (10-5)!} = \dfrac{10 \cdot 9 \cdot 8 \cdot 7 \cdot 6 \cdot 5!}{5! \cdot 5!} =$
$= \dfrac{10 \cdot 9 \cdot 8 \cdot 7 \cdot 6}{5 \cdot 4 \cdot 3 \cdot 2 \cdot 1} = 252$

b) Como o índice inferior desse coeficiente binomial é nulo, o coeficiente binomial é igual a 1: $\binom{12}{0} = 1$

c) Como os índices superior e inferior desse coeficiente binomial são iguais, o coeficiente binomial é igual a 1: $\binom{15}{15} = 1$

d) Como o índice inferior desse coeficiente binomial é igual a 1, o coeficiente binomial é igual ao seu índice superior: $\binom{21}{1} = 21$

e) $\binom{7}{2} = \dfrac{7!}{2! \cdot (7-2)!} = \dfrac{7 \cdot 6 \cdot 5!}{2! \cdot 5!} = 21$

69. Determine o valor de x para que cada igualdade seja verdadeira.

a) $\binom{9}{3x} = \binom{9}{2x+4}$ b) $\binom{14}{x} = \binom{12}{4} + \binom{12}{5} + \binom{13}{6}$

Resolução

a) Se dois coeficientes binomiais e seus índices superiores são iguais, então há duas possibilidades em relação aos seus índices inferiores.

- Eles são iguais:
$3x = 2x + 4 \Rightarrow x = 4$
Substituindo x por 4 na equação inicial, obtemos: $\binom{9}{3 \cdot 4} = \binom{9}{2 \cdot 4 + 4} = \binom{9}{12}$
Esse coeficiente binomial não existe, já que seu índice inferior é maior do que seu índice superior. Logo, a solução $x = 4$ não é válida.

- A soma deles é igual ao índice superior:
$3x + 2x + 4 = 9 \Rightarrow 5x = 5 \Rightarrow x = 1$
Substituindo x por 1 na equação inicial, obtemos: $\binom{9}{3 \cdot 1} = \binom{9}{2 \cdot 1 + 4} \Rightarrow \binom{9}{3} = \binom{9}{6} = 84$
Portanto, $x = 1$ é a solução dessa igualdade.

b) Pela relação de Stifel: $\binom{12}{4} + \binom{12}{5} = \binom{13}{5}$

Logo: $\binom{14}{x} = \binom{12}{4} + \binom{12}{5} + \binom{13}{6} = \binom{13}{5} + \binom{13}{6}$

Novamente, pela relação de Stifel:
$\binom{13}{5} + \binom{13}{6} = \binom{14}{6}$

Então: $\binom{14}{x} = \binom{13}{5} + \binom{13}{6} = \binom{14}{6} \Rightarrow \binom{14}{x} = \binom{14}{6}$

Como os índices superiores são iguais, ou seus índices inferiores são iguais ou a soma de seus valores é igual ao valor do índice superior.
$x + 6 = 14 \Rightarrow x = 14 - 6 = 8$
Portanto: $x = 6$ ou $x = 8$

Exercícios propostos

70. Determine o valor de cada coeficiente binomial:

a) $\binom{7}{0}$ d) $\binom{0}{0}$ g) $\binom{10}{7}$

b) $\binom{1}{0}$ e) $\binom{328}{328}$ h) $\binom{5}{2}$

c) $\binom{1}{1}$ f) $\binom{8}{4}$ i) $\binom{1\,027}{0}$

71. Resolva em $\mathbb{N}$ a equação $\dfrac{C_{2x,\,(x-1)}}{C_{(2x-2),\,x}} = \dfrac{132}{35}$.

72. Determine o valor de x em cada igualdade a seguir.

a) $\binom{21}{2x} = \binom{21}{8}$ c) $\binom{13}{x} = \binom{13}{2x-4}$

b) $\binom{17}{x+4} = \binom{17}{2}$ d) $\binom{5}{x^2-1} = \binom{5}{x+1}$

73. Calcule o valor de a para que cada igualdade seja verdadeira.

a) $\binom{10}{4} + \binom{10}{a+1} = \binom{11}{4}$ b) $\binom{a}{1} + \binom{a}{2} = \dfrac{a^2 + 10}{2}$

74. Calcule o valor de x para que os coeficientes binomiais de cada item sejam iguais.

a) $\binom{5}{x}$ e $\binom{5}{x+2}$ c) $\binom{x-1}{2}$ e $\binom{x+1}{4}$

b) $\binom{20}{x-3}$ e $\binom{20}{17}$ d) $\binom{12}{3x-1}$ e $\binom{12}{x+1}$

75. Calcule os valores de x e y tal que:

$$\dfrac{C_{x,\,(y-1)}}{2} = \dfrac{C_{x,\,y}}{3} = \dfrac{C_{x,\,(y+1)}}{4}$$

76. Qual é o número de raízes da equação $\binom{15}{x^2} = \binom{15}{2x}$?

77. Um professor representou no quadro alguns dos elementos de três linhas do triângulo de Pascal.

```
1   9   36   84   126   126   84   36   9   1
__  10  __   120  __    252   __   __   __      1
1   __  __   __   330   __    __   __   __   __  1
```

Quais linhas foram escritas pelo professor? Determine os elementos que não foram representados.

Propriedades do triângulo de Pascal

Pela maneira como os coeficientes binomiais são dispostos no triângulo de Pascal e pelas propriedades dos coeficientes binomiais, identificam-se as propriedades do triângulo de Pascal.

I. Todos os coeficientes binomiais que compõem a coluna 0 são da forma $\binom{n}{0} = 1$.

II. O último coeficiente binomial de cada linha é da forma $\binom{n}{n} = 1$.

III. Em todas as linhas, os coeficientes binomiais complementares, ou seja, equidistantes dos extremos, são iguais, pois: $\binom{n}{k} = \binom{n}{n-k}$

IV. A soma de dois coeficientes binomiais localizados lado a lado em uma mesma linha do triângulo de Pascal, ou seja, de dois coeficientes binomiais consecutivos, é igual ao coeficiente binomial localizado abaixo do da direita, pois, pela relação de Stifel:

$$\binom{n-1}{k-1} + \binom{n-1}{k} = \binom{n}{k}$$

Representação por meio de coeficientes binomiais $\binom{n}{k}$

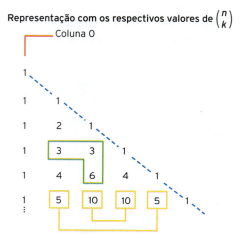

Representação com os respectivos valores de $\binom{n}{k}$

Construção do triângulo de Pascal

Conhecendo os elementos de uma linha do triângulo de Pascal, é possível determinar os elementos da linha seguinte pelas propriedades do triângulo de Pascal.

Pelas propriedades I e II, o primeiro e o último coeficientes binomiais de cada linha são iguais a 1.

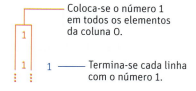

Pelas propriedades III e IV (ou relação de Stifel), determinam-se as linhas seguintes.

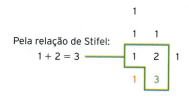

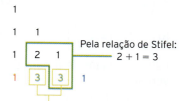

Ou porque são números binomiais equidistantes dos extremos.

3. Binômio de Newton

Este estudo apresentará as ferramentas necessárias para desenvolver o binômio $(x + y)^n$, em que n é um número natural qualquer, e x e y são números reais.

Para os primeiros valores de n, é fácil determinar o desenvolvimento do binômio pela propriedade distributiva da multiplicação, como é o caso de $(x + y)^2$:

$$(x + y)^2 = (x + y) \cdot (x + y) = x^2 + 2xy + y^2$$

Porém, quando n aumenta, a dificuldade em utilizar a propriedade distributiva também aumenta, como é o caso do binômio $(x + y)^5$.

Então, para desenvolver o binômio $(x + y)^n$ são estudadas as possibilidades de obter cada termo referente ao desenvolvimento do binômio por meio de combinações simples, da seguinte maneira:

$$(x + y)^n = \underbrace{(x + y) \cdot (x + y) \cdot \ldots \cdot (x + y)}_{n \text{ fatores}}$$

Cada termo do desenvolvimento do binômio é obtido escolhendo-se, em cada um dos n fatores, um x ou um y e multiplicando-se os escolhidos.

- y é escolhido em k fatores, tal que $0 \leq k \leq n$.
- x é escolhido em $n - k$ fatores.

O produto será: $y^k \cdot x^{n-k}$

O produto $y^k \cdot x^{n-k}$ pode ser escolhido de $C_{n,k}$ maneiras, ou seja, de $\binom{n}{k}$ maneiras.

Logo, $(x + y)^n$ é a soma das $\binom{n}{k}$ parcelas iguais a $y^k \cdot x^{n-k}$, denominada **binômio de Newton**.

$$(x + y)^n = \binom{n}{0} \cdot y^0 \cdot x^{n-0} + \binom{n}{1} \cdot y^1 \cdot x^{n-1} + \ldots + \binom{n}{n} \cdot y^n \cdot x^0$$

Outra maneira de escrever a fórmula do binômio de Newton é utilizando o operador somatório, representado por Σ, que indica a soma de todas as $\binom{n}{k}$ parcelas iguais a $y^k \cdot x^{n-k}$.

$$(x + y)^n = \sum_{k=0}^{n} \left[\binom{n}{k} \cdot y^k \cdot x^{n-k} \right]$$

Saiba mais

A simbologia $\sum_{k=m}^{n} f(k)$ para o somatório

A simbologia $\sum_{k=m}^{n} f(k)$, expressa com a letra maiúscula grega sigma, é um operador matemático utilizado para representar a soma de uma quantidade grande de termos ou de uma quantidade infinita de termos.

Define-se:
$$\sum_{k=m}^{n} f(k) = f(m) + f(m+1) + f(m+2) + \ldots + f(n-1) + f(n)$$

A variável k percorre os valores inteiros de m a n. Essa variável é o índice do somatório, que marca o valor inicial m, também denominado **limite inferior**, e o valor final n, também denominado **limite superior**.

Exercício resolvido

78. Desenvolva o binômio $(x + y)^5$.

Resolução

Cada termo desse binômio pode ser escrito substituindo-se o valor de k em $\binom{5}{k} \cdot y^k \cdot x^{5-k}$, de $k = 0$ até $k = 5$.

$(x + y)^5 = \sum_{k=0}^{5} \left[\binom{5}{k} \cdot y^k \cdot x^{5-k} \right] = \binom{5}{0} \cdot y^0 \cdot x^{5-0} + \binom{5}{1} \cdot y^1 \cdot x^{5-1} + \binom{5}{2} \cdot y^2 \cdot x^{5-2} + \binom{5}{3} \cdot y^3 \cdot x^{5-3} +$

$+ \binom{5}{4} \cdot y^4 \cdot x^{5-4} + \binom{5}{5} \cdot y^5 \cdot x^{5-5} = \binom{5}{0} \cdot y^0 \cdot x^5 + \binom{5}{1} \cdot y^1 \cdot x^4 + \binom{5}{2} \cdot y^2 \cdot x^3 + \binom{5}{3} \cdot y^3 \cdot x^2 + \binom{5}{4} \cdot y^4 \cdot x^1 +$

$+ \binom{5}{5} \cdot y^5 \cdot x^0 = 1 \cdot y^0 \cdot x^5 + 5 \cdot y^1 \cdot x^4 + 10 \cdot y^2 \cdot x^3 + 10 \cdot y^3 \cdot x^2 + 5 \cdot y^4 \cdot x^1 + 1 \cdot y^5 \cdot x^0 =$

$= x^5 + 5x^4y + 10x^3y^2 + 10x^2y^3 + 5xy^4 + y^5$

Características do binômio de Newton

A expressão do binômio de Newton apresenta as seguintes características.

$$(x + y)^n = \underbrace{\binom{n}{0} \cdot x^n \cdot y^0}_{1º \text{ termo}} + \underbrace{\binom{n}{1} \cdot x^{n-1} \cdot y^1}_{2º \text{ termo}} + \underbrace{\binom{n}{2} \cdot x^{n-2} \cdot y^2}_{3º \text{ termo}} + \ldots + \underbrace{\binom{n}{n-1} \cdot x^1 \cdot y^{n-1}}_{n\text{-ésimo termo}} + \underbrace{\binom{n}{n} \cdot x^0 \cdot y^n}_{(n+1)\text{-ésimo termo}}$$

Número de termos

O número de termos de $(x + y)^n$ é $n + 1$.

Termo geral

Escrevendo os termos do desenvolvimento do binômio na ordem decrescente das potências de x, um termo qualquer desse ordenamento é dado por $T_{k+1} = \binom{n}{k} \cdot x^{n-k} \cdot y^k$ e é denominado **termo geral do binômio**.

Exemplo

Para determinar o valor do penúltimo termo no desenvolvimento de $(x + 2)^{15}$, pode-se utilizar a expressão do termo geral do binômio, em vez de se determinar todos os termos do desenvolvimento.

Como $(x + 2)^{15}$ e $n = 15$, o desenvolvimento tem 16 termos. Deseja-se determinar o valor do penúltimo termo, ou seja, do 15º termo.

$$T_{15} = \binom{15}{14} \cdot x^{15-14} \cdot 2^{14} = 1 \cdot x^1 \cdot 16\,384 = 16\,384x$$

Logo, o 15º termo do desenvolvimento de $(x + 2)^{15}$ é $16\,384x$.

> **Saiba mais**
>
> **Caso particular**
>
> O desenvolvimento de $(x - y)^n$ é dado por analogia ao de $(x + y)^n$. No entanto, deve-se considerar que, em $(x - y)^n$, tem-se $(x - y)^n = [x + (-y)]^n$ e, desse modo, basta que se considere:
>
> $$T_{k+1} = \binom{n}{k} \cdot x^{n-k} \cdot (-y)^k$$
>
> Ou, de outra maneira:
>
> $$T_{k+1} = (-1)^k \cdot \binom{n}{k} \cdot x^{n-k} \cdot y^k$$

Relação com o triângulo de Pascal

Os coeficientes dos termos do desenvolvimento do binômio $(x + y)^n$ são os elementos da linha n do triângulo de Pascal.

$(x + y)^0 =$	1				
$(x + y)^1 =$	$1x$	$+ \ 1y$			
$(x + y)^2 =$	$1x^2$	$+ \ 2xy$	$+ \ 1y^2$		
$(x + y)^3 =$	$1x^3$	$+ \ 3x^2y$	$+ \ 3xy^2$	$+ \ 1y^3$	
$(x + y)^4 =$	$1x^4$	$+ \ 4x^3y$	$+ \ 6x^2y^2$	$+ \ 4xy^3$	$+ \ 1y^4$

Linha 0 → 1
Linha 1 → 1 1
Linha 2 → 1 2 1
Linha 3 → 1 3 3 1
Linha 4 → 1 4 6 4 1

A soma dos coeficientes dos termos do desenvolvimento do binômio $(x + y)^n$ é igual a 2^n.

Demonstração

Fazendo $x = y = 1$ no desenvolvimento do binômio, conclui-se que todos os termos $\binom{n}{k} \cdot x^n \cdot y^{n-k}$ são iguais a $\binom{n}{k}$.

$$(x + y)^n = \binom{n}{0} \cdot x^n \cdot y^0 + \binom{n}{1} \cdot x^{n-1} \cdot y^1 + \ldots + \binom{n}{n} \cdot x^0 \cdot y^n \Rightarrow$$

$$\Rightarrow (1 + 1)^n = \binom{n}{0} \cdot 1^n \cdot 1^0 + \binom{n}{1} \cdot 1^{n-1} \cdot 1^1 + \ldots + \binom{n}{n} \cdot 1^0 \cdot 1^n \Rightarrow$$

$$\Rightarrow 2^n = \binom{n}{0} + \binom{n}{1} + \ldots + \binom{n}{n}$$

Exemplo

Linha 0 → 1 —————— $1 = 2^0$
Linha 1 → 1 1 —————— $1 + 1 = 2 = 2^1$
Linha 2 → 1 2 1 —————— $1 + 2 + 1 = 4 = 2^2$
Linha 3 → 1 3 3 1 —————— $1 + 3 + 3 + 1 = 8 = 2^3$
Linha 4 → 1 4 6 4 1 —————— $1 + 4 + 6 + 4 + 1 = 16 = 2^4$

Exercícios resolvidos

79. Calcule o valor de $\sum_{a=0}^{8}(2a+3)$.

Resolução

$\sum_{a=0}^{8}(2a+3) = (2\cdot 0+3)+(2\cdot 1+3)+(2\cdot 2+3)+$
$+(2\cdot 3+3)+(2\cdot 4+3)+(2\cdot 5+3)+(2\cdot 6+3)+$
$+(2\cdot 7+3)+(2\cdot 8+3)=3+5+7+9+11+$
$+13+15+17+19=\underbrace{\dfrac{(3+19)\cdot 9}{2}}_{\text{expressão da soma dos termos da P.A.}}=99$

80. Calcule o valor da seguinte expressão:

$\binom{3}{0}\cdot 2^3\cdot 5^0+\binom{3}{1}\cdot 2^2\cdot 5^1+\binom{3}{2}\cdot 2^1\cdot 5^2+\binom{3}{3}\cdot 2^0\cdot 5^3$

Resolução

Os coeficientes binomiais que aparecem na expressão são os elementos que formam a linha 3 do triângulo de Pascal. Então:
$1\cdot 2^3\cdot 5^0+3\cdot 2^2\cdot 5^1+3\cdot 2^1\cdot 5^2+1\cdot 2^0\cdot 5^3=$
$= 8 + 60 + 150 + 125 = 343$

Existe um modo mais rápido de chegar ao resultado. Basta observar que a expressão dada equivale ao desenvolvimento do binômio: $(2+5)^3 = 7^3 = 343$

81. Determine o valor do coeficiente do termo independente do desenvolvimento do binômio $\left(\dfrac{1}{x}-x\right)^4$.

Resolução

O desenvolvimento do binômio é dado por:

$\binom{4}{0}\cdot\left(\dfrac{1}{x}\right)^4\cdot(-x)^0+\binom{4}{1}\cdot\left(\dfrac{1}{x}\right)^3\cdot(-x)^1+$

$+\binom{4}{2}\cdot\left(\dfrac{1}{x}\right)^2\cdot(-x)^2+\binom{4}{3}\cdot\left(\dfrac{1}{x}\right)^1\cdot(-x)^3+$

$+\binom{4}{4}\cdot\left(\dfrac{1}{x}\right)^0\cdot(-x)^4$

No 3º termo, a incógnita x se anula:

$\binom{4}{2}\cdot\left(\dfrac{1}{x}\right)^2\cdot(-x)^2=6$

Assim, o coeficiente do termo independente desse binômio é 6.

Exercícios propostos

82. Calcule o valor da expressão $\sum_{k=1}^{10}(3k+1)$.

83. Escreva o desenvolvimento de $(-x+2)^2$.

84. Determine o valor da seguinte expressão:

$\binom{5}{0}\cdot 3^5+\binom{5}{1}\cdot 3^4+\binom{5}{2}\cdot 3^3+\binom{5}{3}\cdot 3^2+\binom{5}{4}\cdot 3^1+\binom{5}{5}\cdot 3^0$

85. Resolva os seguintes binômios de Newton por meio de seu desenvolvimento.

a) $(x-1)^5$

b) $(a+2b)^6$

c) $(x^2-y^3)^7$

d) $(3m^2+2n^3)^8$

e) $\left(2+\dfrac{ab}{4}\right)^5$

f) $\left(\dfrac{1}{a^2}+a\right)^3$

86. Considere o desenvolvimento do binômio $(-2ab+c^2)^8$.
a) Determine o termo independente de c.
b) Qual é o 6º termo desse binômio?

87. Calcule o valor do termo independente de a no desenvolvimento de $\left(\dfrac{1}{a}+\sqrt{a}\right)^9$.

88. Determine o termo em x^6 no desenvolvimento do binômio $(x+3)^7$.

89. Qual é o termo central do desenvolvimento de $(5-xy)^{10}$?

90. Sabe-se que a igualdade a seguir é válida.

$\binom{4}{0}\cdot(3x+4)^4+\binom{4}{1}\cdot(3x+4)^3+\binom{4}{2}\cdot(3x+4)^2+$
$+\binom{4}{3}\cdot(3x+4)^1+\binom{4}{4}\cdot(3x+4)^0=81$

Quais os valores que o binômio $(3x+4)^6$ pode assumir?

91. Considere o desenvolvimento do binômio $(a+b)^{p+7}$, ordenado segundo as potências decrescentes de a. Sabendo que o quociente entre os termos de ordem $p+4$ e $p+2$ é $\dfrac{b^2}{a^2}$, determine o valor de p.

92. Qual é o valor da expressão $\sum_{m=0}^{20}\left[\binom{20}{k}\cdot 3^m\right]$?

93. Determine os valores de x e y que satisfazem o sistema a seguir.

$\begin{cases}x-y=7\\ \binom{3}{0}\cdot x^3y^0+\binom{3}{1}\cdot x^2y^1+\binom{3}{2}\cdot x^1y^2+\binom{3}{3}\cdot x^0y^3=2\,197\end{cases}$

94. Calcule o valor de cada expressão utilizando o desenvolvimento dos binômios.
a) $(3+\sqrt{5})^3$
b) $(1+\sqrt{2})^4$

95. Qual é o valor de n no binômio $\left(x^2+\dfrac{2}{x}\right)^n$, se $160x^3$ é o 4º termo do desenvolvimento?

96. Qual é o último termo do desenvolvimento do binômio $(2p-q)^{12}$?

97. Determinar o antepenúltimo termo do desenvolvimento do seguinte binômio: $(3x+y^2)^8$

267

Exercícios complementares

98. Uma pessoa em viagem notou que para ir da cidade A à cidade B havia 3 rodovias, e para ir da cidade B à cidade C havia 5 rodovias.
De quantas maneiras distintas essa pessoa pode viajar da cidade A à cidade C passando pela cidade B?

99. Cada linha telefônica de uma cidade é identificada por uma sequência numérica com 8 dígitos.
a) Considerando que nenhuma das linhas telefônicas se inicia por 0 e 1, quantas linhas podem ser formadas?
b) Além disso, se nenhuma linha telefônica tem um algarismo que se repete oito vezes, quantas linhas telefônicas podem ser formadas?

100. Um baralho comum tem 52 cartas, distribuídas em quatro naipes, cada qual com 13 cartas organizadas de ás a rei.

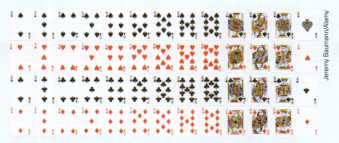

Se 4 cartas são retiradas simultaneamente de um baralho, determine de quantas maneiras elas podem sair, de acordo com os itens a seguir.
a) Cada carta é de um naipe diferente.
b) Entre as cartas sorteadas, há 3 damas.
c) Há pelo menos 2 valetes entre elas.

101. Considere o desenvolvimento do binômio $(2a + b)^n = ... + 60a^2b^4 + 12ab^5 + b^6$, em que foram dados os três últimos termos. Sabe-se que n é um número inteiro, tal que $2 < n < 20$ e que os termos foram ordenados segundo as potências decrescentes de a. Qual é o 3º termo desse desenvolvimento?

102. Uma criança deseja pintar uma figura usando 5 cores distintas. Quantas composições diferentes de cores ela pode fazer, se dispõe de uma caixa de lápis com 12 cores?

103. Considere todos os anagramas da palavra LEGADO.
a) Quantos anagramas começam com a letra G?
b) Quantos terminam com a letra O?
c) Quantos têm todas as vogais juntas, em ordem alfabética?
d) Em quantos anagramas aparecem as letras D, O e A juntas e nessa ordem?

104. Resolva a situação a seguir em dupla.

Antes de uma partida de futebol, o treinador costuma organizar o "esquema tático" da sua equipe definindo a posição dos jogadores em campo. Os esquemas táticos mais usados atualmente são os chamados 3-5-2, 4-4-2 e 4-3-3. Os algarismos desses esquemas indicam o número de jogadores que podem atuar na defesa, no meio de campo e no ataque.

Suponha que o treinador tenha à sua disposição 25 jogadores para a próxima partida, dos quais 12 jogam na defesa, 8 no meio de campo e 5 no ataque.
a) De quantas maneiras o treinador pode escalar o time utilizando o esquema tático 3-5-2?
b) Sabendo que um dos atacantes deve necessariamente ser escalado, de quantas maneiras o treinador pode escalar o time utilizando o esquema 4-3-3?
c) Sabendo que 2 jogadores de defesa e 1 atacante devem ser necessariamente escalados e que o esquema tático utilizado será o 4-4-2, de quantas maneiras o treinador pode escalar o time?

105. Sendo $n > 10$, qual é a razão entre o 4º termo do desenvolvimento do binômio $(3x + b)^n$ e o 4º termo do desenvolvimento de $(3x - b)^n$?

106. Considere os anagramas da palavra COMPLEXA.
a) Quantos anagramas podem ser formados?
b) Quantos desses anagramas começam e terminam com uma vogal?
c) Quantos desses anagramas começam com C e terminam com A?

107. Com as letras da palavra ANTIBIÓTICO, sem considerar o acento agudo, calcule:
 a) quantos anagramas podem ser formados;
 b) quantos anagramas têm as letras que se repetem juntas e em ordem alfabética.

108. Determine quantos números de 4 algarismos distintos podem ser formados com os algarismos 2, 3, 4 e 5.

109. Desenvolvendo o binômio $\left(\dfrac{\sqrt{5}}{2}x + \dfrac{9}{7}y\right)^{3m}$, obtém-se um polinômio de 22 termos. Qual é o valor de m?

110. Quantos números de 3 algarismos distintos podem ser formados com os algarismos 1, 2, 3, 4, 5, 6 e 7?

111. Em uma escola, 12 equipes formadas pelos alunos do 2º ano do Ensino Médio participaram de uma gincana. De quantas maneiras pode ser formado o pódio com os três primeiros lugares?

112. Considere duas retas paralelas em que estão dispostos 6 pontos em uma delas e 5 pontos na outra. Quantos triângulos podem ser formados com vértices nesses pontos?

113. Uma empresa vai criar 5 vagas para o cargo de auxiliar administrativo. Dessas vagas, 2 serão ocupadas por funcionários da própria empresa e as demais serão preenchidas por meio de uma seleção externa. De quantas maneiras as vagas podem ser preenchidas se, das 13 pessoas que se candidataram, 5 são funcionárias da empresa?

114. Sabendo que no desenvolvimento do binômio $(a + b)^n$ o coeficiente do 3º termo é igual ao coeficiente do 6º termo, determine o valor de n.

115. Uma empresa de alimentos deseja distribuir cestas básicas para pessoas carentes, vítimas de uma enchente. A empresa dispõe de 15 produtos, entre eles arroz e feijão, dos quais selecionará 8 produtos para a montagem de cada cesta.
Quantos tipos de cesta poderão ser formados, se todas deverão conter 1 pacote de arroz e 1 pacote de feijão?

116. (Unesp) Quantos são os números naturais que podem ser decompostos em um produto de quatro fatores primos, positivos e distintos, considerando que os quatro sejam menores que 30?

117. (Uerj) Um sistema luminoso, constituído de oito módulos idênticos, foi montado para emitir mensagens em código. Cada módulo possui três lâmpadas de cores diferentes – vermelha, amarela e verde. Observe a figura:

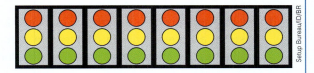

Considere as seguintes informações.
- Cada módulo pode acender apenas uma lâmpada por vez.
- Qualquer mensagem é configurada pelo acendimento simultâneo de três lâmpadas vermelhas, duas verdes e uma amarela, permanecendo dois módulos com as três lâmpadas apagadas.
- Duas mensagens são diferentes quando pelo menos uma das posições dessas cores acesas é diferente.

Calcule o número de mensagens distintas que esse sistema pode emitir.

Orientação de estudos

O quadro abaixo apresenta os temas estudados neste capítulo e os exercícios complementares relacionados a cada tema. Se você teve dificuldade na resolução de algum exercício complementar, consulte a orientação de estudos apresentada.

Tema	Exercícios complementares relacionados	Orientação de estudos
Problemas de contagem	98, 99, 100, 102, 103, 104, 106, 107, 108, 110, 111, 112, 113, 115, 116 e 11	Releia o conteúdo das páginas 249, 252, 255 a 257 e 259 e retome os exercícios propostos 4, 5, 6, 7, 14, 15, 17, 20, 22, 27, 34, 39, 45, 50, 52, 55, 56, 60, 61, 66 e 67.
Coeficiente binomial e binômio de Newton	101, 105, 109 e 114	Releia o conteúdo das páginas 261, 262 e 264 a 266 e retome os exercícios propostos 70, 72, 74, 75, 82, 83, 86, 88, 90 e 95.

Compartilhando

Contagem e análise combinatória

Nesta atividade, serão estudadas situações em que a análise combinatória se faz útil. Para isso, será verificado que os resultados obtidos por contagem e agrupamento manuais devem ser os mesmos que os provenientes do uso das expressões do número de permutação e do número de combinação. Neste trabalho também se pretende desenvolver habilidades de listagem, organização e comunicação da informação.

» Organização do trabalho

1. **Participantes:** grupos de três alunos
2. **Materiais necessários**
   - Cartolinas para cartazes e cartões
   - Bolas de gude, saquinhos, canetinhas coloridas
   - Tesoura

   O material a ser utilizado dependerá da escolha de cada grupo.

» Seleção de problemas e dinâmica da apresentação

1. A turma será dividida em grupos, que deverão escolher três situações do cotidiano que ilustrem a necessidade de contagem e agrupamento. Cada grupo deverá propor três problemas que envolvam as situações escolhidas para que outro grupo os resolva.

2. A resolução dos problemas recebidos será feita com a utilização dos materiais sugeridos, que representarão os objetos a ser agrupados.

   Exemplo: Quantas são as maneiras de 3 carros serem estacionados em 3 vagas de garagem?

   Resolvendo com o material concreto:

   Os carros podem ser representados pelas bolas de gude e as garagens pelos saquinhos, ou os carros podem ser desenhados em cartões recortados e as garagens em uma cartolina, como mostra a figura ao lado.

   Em seguida, basta posicionar cada carro sobre uma vaga e anotar, na folha a ser entregue, cada maneira de estacionar os carros. Depois verifica-se quantas são as diferentes maneiras.

   Nota-se que, em cada maneira, os carros estão apenas trocando de lugar. Isso caracteriza uma permutação.

   Resolvendo o exemplo com contas:

   O primeiro carro tem 3 opções para estacionar, o segundo tem 2 opções, e o terceiro, 1 opção. Então:

   $3! = 3 \cdot 2 \cdot 1 = 6$

   Logo, há 6 maneiras diferentes de os carros serem estacionados.

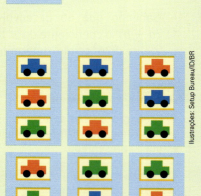

Ilustrações: Setup Bureau/ID/BR

3. Cada grupo registrará a resolução dos problemas, destacando qual caso de análise combinatória (permutação ou combinação) se adequa ao problema proposto e anotando seus comentários durante toda a resolução.

» Comunicação de resultados e reflexão

Durante um breve debate, os alunos deverão comparar situações propostas que forem parecidas e apontar as diferenças entre as demais, justificando seus comentários.

Estratégias e soluções

Os cortes de um cubo

Uma das especialidades do artista plástico Carlos é fazer esculturas em madeira. Para isso, ele parte de um cubo de madeira maciço e vai retirando partes dele por meio de cortes planos.

Antes de cortar o cubo de madeira, Carlos faz um desenho representando o cubo e um plano imaginário que indica como será feito o corte, obtendo assim um esboço da região plana que vai se formar, como mostrado na figura abaixo. Dependendo da maneira como posiciona esse plano, Carlos obtém uma região plana diferente. Essas regiões planas obtidas são polígonos.

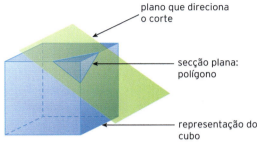

Que polígonos Carlos consegue obter por meio de um desses cortes? Ele poderia, por exemplo, obter hexágonos regulares, retângulos ou losangos?

» Identificação e registro de informações

1. Elabore uma tabela para registrar o nome e o número de lados dos polígonos que você conhece.
2. Pelo desenho de Carlos, já se pode perceber um dos polígonos que é possível obter por meio de um corte plano. Qual é esse polígono?

» Elaboração de hipóteses e estratégias de resolução

1. Observe o desenho e responda: para obter um triângulo, quantas faces do cubo precisam ser cortadas pelo plano?
2. Faça tantos desenhos quantos achar necessário para simular os cortes no cubo, verificando quais dos polígonos a seguir podem ser obtidos, e como isso pode ser feito.
   - quadrilátero
   - hexágono
   - pentágono
   - heptágono
3. Fazendo mais alguns desenhos, simule cortes no cubo que formem quadriláteros. Verifique quais tipos de quadrilátero é possível formar. Para isso, você pode utilizar algumas noções de geometria do quadro ao lado.
4. Analise os quadriláteros que você conseguiu formar e descreva como obteve cada um desses resultados.
5. Afinal, que polígonos podem ser obtidos por meio de cortes planos em um cubo?

» Reflexão

1. Compare sua resposta com a dos colegas. Será que alguém deixou alguma possibilidade de lado?
2. Você conseguiu explicar os tipos de quadrilátero que é possível obter e como eles podem ser obtidos?
3. Crie um problema semelhante, tente resolvê-lo e depois compare os dois problemas.

Resolva os problemas 4 e 9 das páginas 304 e 305.

Noções de geometria importantes para esta atividade

- Por dois pontos distintos, passa uma única reta.

  A ———— B

- Por três pontos não colineares, passa um único plano.

  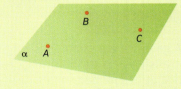

- Se uma reta tem dois pontos comuns a um plano, então ela está contida nesse plano.

  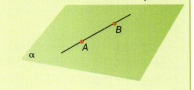

CAPÍTULO 11 — Probabilidade

Módulos
1. Experimentos aleatórios
2. Probabilidade
3. Método binomial

Para começar

A genética é o ramo da Biologia que estuda fenômenos relacionados à hereditariedade, como o mecanismo de transferência das informações contidas nos genes, compartilhados de geração em geração. Para isso, a genética utiliza modelos matemáticos relacionados com a teoria das probabilidades.

Em Matemática, a teoria das probabilidades é responsável por elaborar e pesquisar modelos que permitem o estudo de experimentos que, mesmo repetidos sob as mesmas condições, geralmente apresentam resultados diferentes.

1. Cite três experimentos que você conhece com as características dos experimentos estudados pela teoria das probabilidades.

2. "Segundo os meteorologistas, a probabilidade de chuva para o sábado é 50%, e a probabilidade de chuva para o domingo também é 50%."

   Ao ler essa previsão do tempo, um aluno pensou: "A chance de chover neste final de semana é 100%."

   Discuta com os colegas se essa conclusão é correta. Em seguida, registre a justificativa para essa opinião.

1. Experimentos aleatórios

Você já estudou algumas aplicações do Princípio Fundamental da contagem e algumas ferramentas para facilitar o cálculo de quantas maneiras uma dada situação pode ocorrer. Por exemplo, no lançamento de uma moeda, o resultado pode ser cara ou coroa, ou seja, há 2 resultados possíveis; no sorteio de um número inteiro entre 1 e 10, incluindo esses números, há 10 resultados possíveis; no lançamento de um dado comum, há 6 resultados possíveis para a face voltada para cima.

Situações como essas podem apresentar diferentes resultados mesmo quando repetidas sob as mesmas condições. No exemplo do lançamento da moeda, sabe-se que o resultado será cara ou coroa, mas não se sabe qual desses resultados será obtido antes que a moeda seja lançada, ou seja, trata-se de um resultado não predeterminado. Experimentos que, repetidos sob as mesmas condições, não apresentam os mesmos resultados são denominados **experimentos aleatórios**.

Observação

No lançamento de uma moeda, considera-se que a moeda é honesta, isto é, que as chances de ocorrência de cada um dos resultados são iguais. Como é possível obter cara ou coroa, a chance de o resultado ser cara é igual à chance de ser coroa.

O mesmo vale para o lançamento de um dado comum não viciado (também chamado honesto, simétrico ou perfeito), ou seja, um dado em que a chance de o resultado ser 1 é igual à chance de ser 2, ou 3, ou 4, ou 5, ou 6.

Neste livro, salvo menção em contrário, sempre são considerados lançamentos de moedas honestas e de dados não viciados, e, no caso de um dado, sempre é considerado um dado de 6 faces, numeradas de 1 a 6.

■ Espaço amostral

Apesar de o resultado de um experimento aleatório não ser predeterminado, normalmente é possível identificar todos os resultados possíveis do experimento. Assim, define-se:

> **Espaço amostral** de um experimento aleatório é o conjunto formado por todos os resultados possíveis do experimento.

Sendo S o espaço amostral de um experimento aleatório, indica-se o **número de elementos** desse espaço por $n(S)$.

Exemplos

- O espaço amostral do lançamento de um dado é $S = \{1, 2, 3, 4, 5, 6\}$, e o número de elementos desse espaço amostral é $n(S) = 6$.
- No nascimento de um bebê, o espaço amostral em relação ao sexo do bebê é $S = \{masculino, feminino\}$, e o número de elementos desse espaço é $n(S) = 2$.

Espaço amostral equiprovável

No espaço amostral S do lançamento de um dado, $S = \{1, 2, 3, 4, 5, 6\}$, é natural admitir que todos esses números têm chances iguais de ser obtidos, ou seja, é igualmente provável a ocorrência de cada um dos 6 elementos desse espaço amostral. Então, esse espaço amostral é um **espaço amostral equiprovável**. Define-se:

> Um espaço amostral finito é **equiprovável** quando todos os seus elementos têm chances iguais de ocorrer.

A escolha do espaço amostral

Um experimento aleatório pode ter mais de um espaço amostral, dependendo do que se deseja estudar.

Por exemplo, em uma urna, há 3 bolas vermelhas e 1 bola azul. No experimento aleatório de retirada de uma bola dessa urna, os resultados possíveis são retirar uma bola vermelha ou uma bola azul. Assim, o espaço amostral desse experimento é $S = \{$vermelha, azul$\}$.

É natural admitir que a chance de retirar uma bola vermelha dessa urna é maior do que a chance de retirar uma bola azul, pois há mais bolas vermelhas do que bolas azuis. Ou seja, o espaço amostral S não é equiprovável.

Para determinar um espaço amostral equiprovável para esse experimento, pode-se numerar cada bola vermelha: vermelha-1, vermelha-2, vermelha-3.

Então, os resultados possíveis são retirar a bola vermelha-1, ou a vermelha-2, ou a vermelha-3 ou a bola azul. Assim, tem-se o espaço amostral $S' = \{$vermelha-1, vermelha-2, vermelha-3, azul$\}$, em que é natural admitir que as chances de retirada de cada bola são iguais.

Observação

Os estudos da teoria das probabilidades desenvolvidos neste capítulo consideram sempre espaços amostrais finitos e equiprováveis.

■ Evento

Nem sempre o estudo de um experimento aleatório envolve todos os resultados possíveis desse experimento, ou seja, nem sempre envolve todo o espaço amostral. Define-se:

> **Evento** é todo subconjunto do espaço amostral de um experimento aleatório.

Sendo E um dos eventos do espaço amostral de um experimento aleatório, indica-se o **número de elementos** desse evento por $n(E)$.

Exemplos

- No lançamento de um dado, o espaço amostral é $S = \{1, 2, 3, 4, 5, 6\}$. Um evento possível desse experimento é obter um número maior do que 4. Então, tem-se o evento $E = \{5, 6\}$, e o número de elementos desse evento é $n(E) = 2$.
- No nascimento de um bebê, o espaço amostral em relação ao sexo do bebê é $S = \{$masculino, feminino$\}$. Um evento possível desse experimento é $E = \{$menina$\}$, e o número de elementos desse evento é $n(E) = 1$.

Cálculo mental

Foram lançadas duas moedas. Considerando o evento E "sair faces iguais nas duas moedas", determine $n(E)$.

Classificação de um evento

Todo subconjunto unitário do espaço amostral é um **evento simples** (ou elementar). Por exemplo, no nascimento de um bebê, o evento $E = \{$menina$\}$ é um evento simples, pois o único resultado possível para esse evento é "ser menina".

Todo subconjunto que coincide com o espaço amostral é um **evento certo**. Por exemplo, considera-se o lançamento de um dado e o evento "obter um número menor do que 7". Esse evento é certo, pois todos os elementos do espaço amostral do experimento pertencem a esse evento.

Todo subconjunto vazio do espaço amostral é um **evento impossível**. Por exemplo, considera-se o sorteio de dois números inteiros distintos entre 1 e 10 e o evento "obter a soma dos números sorteados maior do que 25". Esse evento é impossível, pois não há elementos do espaço amostral que pertençam a esse evento, visto que a soma de quaisquer dois números desse espaço amostral nunca é maior do que 25.

Exercícios resolvidos

1. Escreva o espaço amostral referente à escolha de um número quadrado perfeito de dois algarismos.

   Resolução
   Um quadrado perfeito é um número natural que pode ser expresso na forma de potência de expoente 2. Assim: $16 = 4^2$ é o primeiro número de dois algarismos que é um quadrado perfeito, pois $3^2 = 9$ (um algarismo); e $81 = 9^2$ é o último número de dois algarismos que é um quadrado perfeito, pois $10^2 = 100$ (três algarismos).
   Portanto: $S = \{16, 25, 36, 49, 64, 81\}$

2. Para o experimento aleatório referente à escolha de um número natural menor do que 10, represente os eventos descritos a seguir e determine o número de elementos de cada um deles.
   a) Escolher um número ímpar.
   b) Escolher um número primo.

   Resolução
   a) $E = \{1, 3, 5, 7, 9\}$ e $n(E) = 5$
   b) $E = \{2, 3, 5, 7\}$ e $n(E) = 4$

3. Considerando as faces superiores no lançamento simultâneo de 3 dados, classifique os eventos a seguir em simples, certo ou impossível.
   a) A soma dos números das faces ser menor do que ou igual a 18.
   b) Obter três faces com o número 5.
   c) O produto dos números das faces ser igual a zero.

   Resolução
   a) O maior número da face de um dado é 6. Logo, o maior valor possível para a soma das faces superiores dos três dados é $6 + 6 + 6 = 18$. Portanto, o evento é certo.
   b) Esse evento é representado pelo conjunto unitário $E = \{(5, 5, 5)\}$. Portanto, o evento é simples.
   c) O produto de três números é igual a zero quando pelo menos um dos números é igual a zero. Nos dados, não existe face com o número zero; portanto, o evento é impossível.

4. São retiradas simultaneamente três bolas de uma urna que contém dez bolas numeradas de 1 a 10. Determine o número de elementos do espaço amostral desse experimento aleatório.

   Resolução
   Como há dez bolas na urna e retiramos três bolas simultaneamente, o número de elementos do espaço amostral S é determinado pelo número de subconjuntos de 3 elementos, escolhidos dentre os 10 elementos dados.
   $$n(S) = C_{10,3} = \frac{10!}{3! \cdot (10-3)!} = \frac{10 \cdot 9 \cdot 8 \cdot 7!}{3! \cdot 7!} = 120$$
   Portanto: $n(S) = 120$

5. Em uma urna, há 4 bolas de cores diferentes: verde, branca, azul e preta. Duas bolas são retiradas, de modo que a primeira bola não é recolocada na urna para a retirada da próxima.
   a) Quantos elementos tem o espaço amostral S desse experimento?
   b) Represente o evento E "retirar uma bola verde".
   c) Determine a quantidade de eventos simples desse experimento aleatório.
   d) Dê um exemplo de evento impossível para a retirada das duas bolas.

   Resolução
   Para facilitar a escrita, consideramos que as letras v, b, a e p indicam as cores verde, branca, azul e preta das bolas; e que o par ordenado (x, y) representa a cor x da primeira bola e a cor y da segunda bola retiradas.
   a) Podemos determinar o número de elementos do espaço amostral S considerando que, para a primeira bola, temos 4 possibilidades e, retirada a primeira bola, temos 3 possibilidades para a segunda. Então: $4 \cdot 3 = 12$
   Logo, há 12 elementos no espaço amostral S.
   Outra maneira de determinar a quantidade de elementos do espaço amostral é representar todos os elementos e, então, contá-los:

   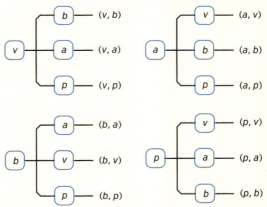

   O espaço amostral é: $S = \{(v, b); (v, a); (v, p); (b, a); (b, v); (b, p); (a, v); (a, b); (a, p); (p, v); (p, a); (p, b)\}$. Então: $n(S) = 12$
   b) O evento E é composto de todos os pares ordenados que indicam a retirada de uma bola verde: $E = \{(v, b); (v, a); (v, p); (b, v); (a, v); (p, v)\}$
   c) Os eventos simples são todos os subconjuntos unitários de S. Como um subconjunto unitário U de S é da forma $U = \{(x, y)\}$, então há 12 eventos simples nesse experimento aleatório.
   d) A retirada de duas bolas de mesma cor é um evento impossível; por exemplo, obter o par ordenado (v, v).

Exercícios propostos

6. Um experimento é **determinístico** quando seus resultados são essencialmente iguais nas mesmas condições. Por exemplo: se um objeto for abandonado diversas vezes, da mesma altura e da mesma maneira, o tempo de queda será essencialmente o mesmo; a medição da largura de um livro realizada várias vezes, sob as mesmas condições, apresentará resultados essencialmente iguais.

   Considerando a definição de experimento determinístico e a definição de experimento aleatório, classifique cada experimento descrito a seguir.
   a) Contar o número de chamadas telefônicas recebidas em determinado intervalo de tempo.
   b) Verificar a temperatura de ebulição de uma substância.
   c) Observar o tempo de duração de uma lâmpada.
   d) Identificar se a soma de dois números naturais ímpares sorteados é par.

7. Identifique quais dos itens apresentam fenômenos aleatórios e quais apresentam fenômenos determinísticos.
   a) O número que será sorteado ao se girar uma roleta honesta.
   b) A sequência de estações nas quais uma composição de trens terá que parar ao longo de suas viagens, considerando que em todas as viagens o percurso será sempre o mesmo.
   c) A quantidade de grãos de feijão contidos em 1 kg.
   d) Resultado de um exame de sangue para verificar se um paciente está com determinada doença, considerando-se que os procedimentos para a elaboração desse exame estejam de acordo com um procedimento padrão.

8. Um meteorologista está verificando qual será a previsão do tempo durante o final de semana para uma cidade. Ele terá que classificar sua previsão em uma das seguintes opções:
   - sol com céu aberto;
   - sol com céu parcialmente nublado;
   - sol com eventuais pancadas de chuva;
   - nublado;
   - nublado com pancadas de chuva;
   - chuvoso;

   a) No estudo de probabilidade, qual é o nome dado ao conjunto formado pelas opções de classificação que poderão ser utilizadas pelo meteorologista?
   b) Considerando que cada um dos dias de um final de semana está com uma previsão do tempo diferente, escreva três opções possíveis de previsão para esse final de semana.
   c) No estudo de probabilidade, como se chama cada um dos conjuntos que você escreveu no item anterior?
   d) Como pode ser chamado o conjunto formado pela previsão para um dia desse final de semana, considerando que o meteorologista só pode usar uma das opções listadas acima para classificar a previsão do tempo para esse dia?

9. Um casal pretende ter dois filhos. Com relação ao sexo das crianças, responda.
   a) Qual é o espaço amostral nesse caso?
   b) Apenas observando o espaço amostral do item anterior, pode-se considerar que é mais provável o casal ter dois filhos de sexos diferentes ou ter as duas crianças do sexo masculino?

10. Considere cinco fichas numeradas de 4 a 8.

    | 4 | 5 | 6 | 7 | 8 |

    Ao escolher aleatoriamente uma dessas fichas, obtém-se um número par ou um número ímpar.
    Para essa situação, pode-se determinar, por exemplo, os seguintes espaços amostrais:
    S_1 = {par, ímpar}
    S_2 = {4, 5, 6, 7, 8}
    Junto com um colega, responda: esses espaços amostrais são equiprováveis? Justifique.

11. Ao sortear um aluno de sua turma, é possível obter um aluno do sexo feminino ou um aluno do sexo masculino? Se a resposta for sim, faça um levantamento dos números de alunos do sexo feminino e do sexo masculino de sua turma e escreva dois espaços amostrais para o experimento descrito, um deles equiprovável e o outro não. Se a resposta for não, classifique o evento "sortear um aluno de sua turma".

12. Considerando a face voltada para cima no lançamento de um dado, classifique cada evento a seguir.
    a) Sair um número natural menor do que ou igual a 6.
    b) Sair um número primo maior do que 5.
    c) Sair um número que não é divisor do número 12.

13. Uma bola é sorteada de uma urna que contém trinta bolinhas numeradas de 1 a 30.
    a) Qual é o espaço amostral S que descreve esse experimento aleatório?
    b) Quantos eventos simples existem no espaço amostral S?
    c) Represente o evento E "retirar uma bola cujo número é divisor de 36".
    d) Quantos elementos tem o evento E?

14. Na figura a seguir estão apresentados dois alvos utilizados para praticar arco e flecha.

Durante um treinamento, a cada rodada, o atleta tinha o direito de disparar duas flechas.

Considerando os seguintes eventos A: acertar a primeira flecha na parte branca do alvo e B: acertar a segunda flecha na parte branca do alvo, determine:

a) o conjunto A
b) o conjunto B
c) $A \cup B$
d) $A \cap B$

15. Uma loja de animais está com os seguintes filhotes para serem vendidos: 2 filhotes de cachorro, 1 filhote de gato e 1 filhote de passarinho.

a) Suponha que uma família deseje comprar dois desses filhotes. Qual será o número de elementos do espaço amostral que representa esse experimento?
b) Qual é o número de elementos do evento A: um dos filhotes será um cachorro.
c) Qual é o número de elementos do evento B: os dois filhotes serão do mesmo tipo de animal.
d) Qual é o número de elementos do evento C: os dois filhotes serem de pássaro.

16. Duas moedas são lançadas simultaneamente. Representando por c a ocorrência de cara e por k a ocorrência de coroa, determine:

a) o número de elementos do espaço amostral que descreve essa situação;
b) o evento correspondente à ocorrência de apenas uma cara;
c) o evento correspondente à obtenção de pelo menos uma coroa;
d) o evento correspondente ao resultado cara em ambas as moedas.

17. Cinco pedaços de papel de mesmo tamanho foram numerados de 1 a 5, dobrados e colocados em uma caixa. São retirados ao acaso, um após o outro, dois desses papéis.

a) Descreva o espaço amostral S desse experimento aleatório, considerando que o primeiro papel retirado não é recolocado na caixa para a segunda retirada.
b) Esse espaço amostral S tem quantos eventos simples?
c) Descreva o espaço amostral U desse experimento aleatório, considerando que o primeiro papel retirado é recolocado na caixa para a segunda retirada.
d) Quantos elementos tem o espaço amostral U?

18. Um restaurante oferece 8 tipos de fruta para compor a sobremesa. Determine o número de elementos do espaço amostral que representa todas as maneiras de compor uma sobremesa, utilizando 2 tipos de fruta.

19. Em determinado jogo, são usados dois dados: um de seis faces, numeradas de 1 a 6, e um de oito faces, numeradas de 1 a 8.

Considere o lançamento simultâneo dos dados sobre uma mesa, em que o resultado são os números das faces em contato com a mesa.

a) Determine o número de eventos simples do espaço amostral.
b) Descreva o evento A "a soma dos números das faces em contato com a mesa ser maior do que 1 e menor do que 14".
c) Descreva o evento B "a soma dos números das faces em contato com a mesa ser maior do que 13".
d) Classifique o evento B.

277

2. Probabilidade

Ao lançar um dado, como não é possível prever o resultado, é natural expressar as chances de certo resultado utilizando a expressão "mais provável". Por exemplo, é "mais provável" obter um número diferente de 5 do que o número 5 no lançamento de um dado.

Nesse exemplo, a expressão "mais provável" denota uma incerteza e expressa um grau maior de confiança no evento "obter um número diferente de 5" do que no evento "obter o número 5". A **probabilidade** de um evento é a medida da certeza da ocorrência desse evento. Trata-se de um número que expressa a possibilidade de um resultado ocorrer. Define-se:

> A **probabilidade** de um evento de um espaço amostral finito e equiprovável é a razão entre o número de elementos do evento e o número de elementos do espaço amostral.

Assim, sendo E um evento do espaço amostral finito e equiprovável S, a probabilidade $P(E)$ desse evento é $P(E) = \dfrac{n(E)}{n(S)}$, em que $n(E)$ é o número de elementos do evento e $n(S)$ é o número de elementos do espaço amostral. Então, a probabilidade de um evento pode ser interpretada como a razão entre o número de casos favoráveis e o número de casos possíveis. É usual apresentar o resultado da razão calculada como uma porcentagem.

Exemplos

- No lançamento de uma moeda, tem-se o espaço amostral equiprovável $S = \{\text{cara}, \text{coroa}\}$. Considerando o evento A "obter cara como resultado" e o evento B "obter coroa como resultado", tem-se $A = \{\text{cara}\}$ e $B = \{\text{coroa}\}$. Então, a probabilidade de ocorrer cada evento é:

$$P(A) = \frac{n(A)}{n(S)} = \frac{1}{2} = 50\%$$

$$P(B) = \frac{n(B)}{n(S)} = \frac{1}{2} = 50\%$$

Logo, a probabilidade de obter cara no lançamento de uma moeda é 50%, e a probabilidade de obter coroa também é 50%.

- Um casal deseja saber qual é a chance de nascer pelo menos uma menina, ao ter três filhos. No nascimento de três filhos, tem-se o seguinte espaço amostral S:

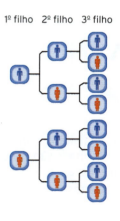

Evento simples	1º filho	2º filho	3º filho
1º	♂	♂	♂
2º	♂	♂	♀
3º	♂	♀	♂
4º	♂	♀	♀
5º	♀	♂	♂
6º	♀	♂	♀
7º	♀	♀	♂
8º	♀	♀	♀

O espaço amostral tem 8 elementos. Em 7 deles, ocorre o nascimento de pelo menos uma menina. Supondo que os 8 elementos do espaço amostral têm chances iguais de ocorrência, ou seja, que o espaço amostral é equiprovável, a probabilidade do evento E "nascer pelo menos uma menina" é:

$$P(E) = \frac{n(E)}{n(S)} = \frac{7}{8} = 87{,}5\%$$

Logo, a probabilidade de nascer pelo menos uma menina ao ter três filhos é 87,5%.

Observação

Como a probabilidade expressa a possibilidade de ocorrência de um resultado, quando se determina a probabilidade de um evento, considera-se que, se o experimento for realizado muitas vezes, a quantidade real de ocorrências do evento se aproxima da probabilidade calculada.

Por exemplo, ao sortear um número natural entre os números 1, 2, 3, 5 e 7, a probabilidade de esse número ser ímpar é maior do que a probabilidade de ser par. Porém, realizando o experimento três vezes, por exemplo, pode ocorrer de sair o número 2 nos três sorteios. Já repetindo o experimento mais vezes, por exemplo, mil vezes, a quantidade de vezes que se sorteia o número 2 deve ser próxima de 200 vezes, pois a probabilidade de se sortear o número 2 é $\frac{1}{5} = 20\%$.

Consequências da definição de probabilidade

Seja E um evento qualquer de um espaço amostral equiprovável S, em que S é um conjunto finito e não vazio. É possível estabelecer a seguinte relação de inclusão entre o conjunto vazio, o subconjunto E e o conjunto S:

$$\varnothing \subset E \subset S$$

Por essa relação, pode-se comparar o número de elementos desses conjuntos, pois o conjunto vazio não tem elementos, e, como E está contido em S, o número de elementos de E é menor ou igual ao número de elementos de S:

$$0 \leq n(E) \leq n(S)$$

Dividindo-se os membros dessa inequação simultaneamente por $n(S)$, obtém-se:

$$\frac{0}{n(S)} \leq \frac{n(E)}{n(S)} \leq \frac{n(S)}{n(S)} \Rightarrow 0 \leq \frac{n(E)}{n(S)} \leq 1$$

Como $P(E) = \frac{n(E)}{n(S)}$, decorrem as seguintes consequências da definição de probabilidade:

- A probabilidade $P(E)$ de um evento E assume valores maiores ou iguais a 0 e menores ou iguais a 1.
- Se o evento é impossível, então $P(E) = 0$, $E = \varnothing \Leftrightarrow P(E) = 0$
- Se o evento é certo, então $P(E) = 1$, $E = S \Leftrightarrow P(E) = 1$

Para refletir

Dado um espaço amostral finito e equiprovável S, consideremos um evento E, cuja probabilidade $P(E) = \frac{1}{4}$, e um evento U, cuja probabilidade é $P(U) = \frac{1}{2}$.

- Pode-se afirmar que há 25% de chances de o evento E ocorrer?
- O que é mais provável ocorrer: o evento E ou o evento U?

Exercícios resolvidos

20. Em uma urna, há dez bolas numeradas de 1 a 10. Calcule a probabilidade dos seguintes eventos:
a) sortear uma bola com um número primo;
b) sortear duas bolas com números pares, uma após a outra e sem reposição.

Resolução

a) O número de elementos do espaço amostral S desse experimento aleatório é $n(S) = 10$. O evento E que descreve a retirada de uma bola contendo um número primo é $E = \{2, 3, 5, 7\}$. Assim:

$$P(E) = \frac{n(E)}{n(S)} = \frac{4}{10} = \frac{2}{5}$$

Logo, a probabilidade de sortear um número primo é $\frac{2}{5}$.

b) Ao sortear duas bolas da urna, uma após a outra, temos 10 opções para o primeiro sorteio e, como não ocorre reposição, 9 opções para o segundo. Assim, calculamos o número de elementos do espaço amostral S desse experimento pelo Princípio Fundamental da Contagem:

$n(S) = 10 \cdot 9 = 90$

De maneira análoga, obtemos o número de casos favoráveis ao evento E desejado, considerando que, no primeiro sorteio, temos 5 opções de bolas com números pares e, no segundo, 4 opções:

$n(E) = 5 \cdot 4 = 20$

Logo, a probabilidade de sortear duas bolas com números pares, sem reposição, é:

$$P(E) = \frac{20}{90} = \frac{2}{9}$$

21. Em um grupo, há 3 mulheres e 3 homens. Ao se formar uma fila aleatória com essas pessoas organizadas lado a lado, qual é a probabilidade de que pessoas do mesmo sexo não fiquem lado a lado?

Resolução

Para determinar de quantas maneiras é possível formar uma fila sem restrição de lugar, usamos o Princípio Fundamental da Contagem, e multiplicamos o número de opções que há em cada posição dessa fila.

Assim, o número de casos possíveis é: 6! = 720
Para que nunca haja duas mulheres juntas nem dois homens juntos na fila, é necessário que ocorra uma das seguintes disposições:

Então:

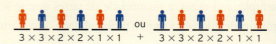

Assim, o número de casos favoráveis é:
36 + 36 = 72

Portanto: $\frac{72}{720} = \frac{1}{10} = 10\%$

Logo, a probabilidade de que pessoas do mesmo sexo não fiquem lado a lado nessa fila é 10%.

Exercícios propostos

22. No lançamento simultâneo de duas moedas, determine a probabilidade dos seguintes eventos:
a) sair duas faces iguais;
b) sair pelo menos uma face cara.

23. Foi feito um levantamento sobre a idade dos funcionários de uma empresa de *telemarketing*.
Obteve-se a seguinte tabela:

Idade	Homens	Mulheres
de 16 a 18 anos	185	172
de 19 a 25 anos	193	187
acima de 25 anos	120	140

Dados fictícios.

a) Qual é o total de funcionários dessa empresa?
b) Escolhendo-se um funcionário ao acaso, qual a probabilidade de ser uma mulher?
c) Escolhendo-se um funcionário ao acaso, qual a probabilidade de ele ser um homem acima de 25 anos?

24. Em uma caixa, foram colocados 4 cartões vermelhos, 3 cartões azuis e 6 cartões verdes. Retirando-se um desses cartões aleatoriamente, determine a probabilidade de retirar um cartão da cor:
a) vermelha   b) azul   c) verde

25. Na gaveta de Cláudia, há 4 pares de meias vermelhas e 7 pares de meias brancas. À noite, a lâmpada do quarto queimou e ela precisou retirar um par de meias dessa gaveta sem distinguir a cor. O que é mais provável: ela retirar um par de meias vermelhas ou um par de meias brancas? Justifique.

26. Um casal pretende ter 4 filhos, e gostaria que fossem 3 meninos e 1 menina, exatamente nessa ordem.

a) Determine o número de elementos desse espaço amostral.
b) Determine a probabilidade de o casal ter seu desejo realizado.
c) Se o casal desejasse ter 3 meninos e 1 menina sem considerar a ordem dos nascimentos, então qual seria a probabilidade de isso ocorrer?

27. Dois irmãos foram colocados aleatoriamente em uma fila totalizando 10 pessoas. Calcule a probabilidade de eles ficarem juntos.

28. Em um lago podem ser encontrados os seguintes tipos de peixe: lambari, traíra, bagre e carpa. Considere as situações:
Situação *A*: utilizando uma rede de pesca, retirar do lago, simultaneamente, três peixes, sendo cada um de um tipo.

21. Em um grupo, há 3 mulheres e 3 homens. Ao se formar uma fila aleatória com essas pessoas organizadas lado a lado, qual é a probabilidade de que pessoas do mesmo sexo não fiquem lado a lado?

Resolução

Para determinar de quantas maneiras é possível formar uma fila sem restrição de lugar, usamos o Princípio Fundamental da Contagem, e multiplicamos o número de opções que há em cada posição dessa fila.

1ª posição	2ª posição	3ª posição	4ª posição	5ª posição	6ª posição
6 opções	5 opções	4 opções	3 opções	2 opções	1 opção

Assim, o número de casos possíveis é: $6! = 720$

Para que nunca haja duas mulheres juntas nem dois homens juntos na fila, é necessário que ocorra uma das seguintes disposições:

Então:

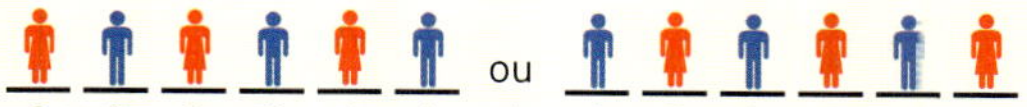

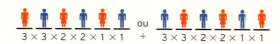

$3 \times 3 \times 2 \times 2 \times 1 \times 1 + 3 \times 3 \times 2 \times 2 \times 1 \times 1$

Assim, o número de casos favoráveis é:
$36 + 36 = 72$

Portanto: $\frac{72}{720} = \frac{1}{10} = 10\%$

Logo, a probabilidade de que pessoas do mesmo sexo não fiquem lado a lado nessa fila é 10%.

Exercícios propostos

22. No lançamento simultâneo de duas moedas, determine a probabilidade dos seguintes eventos:

a) sair duas faces iguais;

b) sair pelo menos uma face cara.

23. Foi feito um levantamento sobre a idade dos funcionários de uma empresa de *telemarketing*.
Obteve-se a seguinte tabela:

Idade	Homens	Mulheres
de 16 a 18 anos	185	172
de 19 a 25 anos	193	187
acima de 25 anos	120	140

Dados fictícios.

a) Qual é o total de funcionários dessa empresa?

b) Escolhendo-se um funcionário ao acaso, qual a probabilidade de ser uma mulher?

c) Escolhendo-se um funcionário ao acaso, qual a probabilidade de ele ser um homem acima de 25 anos?

24. Em uma caixa, foram colocados 4 cartões vermelhos, 3 cartões azuis e 6 cartões verdes. Retirando-se um desses cartões aleatoriamente, determine a probabilidade de retirar um cartão da cor:

a) vermelha b) azul c) verde

25. Na gaveta de Cláudia, há 4 pares de meias vermelhas e 7 pares de meias brancas. À noite, a lâmpada do quarto queimou e ela precisou retirar um par de meias dessa gaveta sem distinguir a cor. O que é mais provável: ela retirar um par de meias vermelhas ou um par de meias brancas? Justifique.

26. Um casal pretende ter 4 filhos, e gostaria que fossem 3 meninos e 1 menina, exatamente nessa ordem.

a) Determine o número de elementos desse espaço amostral.

b) Determine a probabilidade de o casal ter seu desejo realizado.

c) Se o casal desejasse ter 3 meninos e 1 menina sem considerar a ordem dos nascimentos, então qual seria a probabilidade de isso ocorrer?

27. Dois irmãos foram colocados aleatoriamente em uma fila totalizando 10 pessoas. Calcule a probabilidade de eles ficarem juntos.

28. Em um lago podem ser encontrados os seguintes tipos de peixe: lambari, traíra, bagre e carpa. Considere as situações:

Situação *A*: utilizando uma rede de pesca, retirar do lago, simultaneamente, três peixes, sendo cada um de um tipo.

Composições de eventos

Os eventos são subconjuntos do espaço amostral e, portanto, podem ser estudados por meio das operações entre conjuntos.

Probabilidade de eventos complementares

Considera-se o espaço amostral $S = \{1, 2, 3, 4, 5, 6\}$ do lançamento de um dado e os eventos A e B descritos a seguir.

Evento A: a face superior do dado ser o número 6.
$$A = \{6\}$$
Evento B: a face superior do dado ser um número diferente de 6.
$$B = \{1, 2, 3, 4, 5\}$$

O conjunto B é o complementar do conjunto A em relação ao espaço amostral S, ou seja, $B = A^C$. Então, os eventos A e B são **eventos complementares** e todo elemento do espaço amostral S ou está em A ou está em B.

De fato, no lançamento do dado, com certeza apenas um desses dois eventos sempre ocorre, ou seja, o evento B ocorre quando não ocorre o evento A e vice-versa. Isso significa que a união dos eventos A e B é o próprio espaço amostral, ou seja, $A \cup B = S$. Então: $A \cup A^C = S$

Como consequência, tem-se $n(A) + n(A^C) = n(S)$. Dividindo cada membro dessa igualdade por $n(S)$, obtém-se:

$$\frac{n(A)}{n(S)} + \frac{n(A^C)}{n(S)} = \frac{n(S)}{n(S)} \Rightarrow \boxed{P(A) + P(A^C) = 1}$$

De fato, no exemplo do lançamento de um dado, $P(A) = \frac{1}{6}$ e $P(B) = \frac{5}{6}$.
Então: $P(A) + P(A^C) = P(A) + P(B) = \frac{1}{6} + \frac{5}{6} = 1$

Probabilidade da intersecção de dois eventos

A tabela ao lado mostra a distribuição, por ano (1º, 2º e 3º) e por sexo (masculino e feminino), dos alunos do Ensino Médio de uma escola.

Ano	Sexo Masculino	Sexo Feminino
1º	14	18
2º	20	14
3º	16	16

Dados fictícios.

Consideram-se os seguintes eventos para o sorteio de um desses alunos.
Evento A: escolher ao acaso um aluno do 1º ano.
Evento B: escolher ao acaso um aluno do sexo masculino.
Evento C: escolher ao acaso um aluno do 1º ano do sexo masculino.

Se o evento C ocorrer, então os eventos A e B também ocorrem simultaneamente, pois o conjunto C é a intersecção dos conjuntos A e B: $C = A \cap B$

A probabilidade da intersecção de dois eventos A e B de um espaço amostral S é indicada por $P(A \cap B)$. Pela definição de probabilidade, tem-se:

$$P(A \cap B) = \frac{n(A \cap B)}{n(S)}$$

No exemplo acima, a probabilidade de ocorrer o evento C é:
$$P(C) = \frac{n(C)}{n(S)} = \frac{14}{98} = \frac{1}{7}$$

Observação

Se a intersecção de dois eventos A e B é vazia, ou seja, $A \cap B = \varnothing$, então os eventos A e B são **eventos mutuamente exclusivos**. Por exemplo, a intersecção dos eventos "escolher ao acaso um aluno do 1º ano do sexo masculino" e "escolher ao acaso um aluno do 3º ano do sexo feminino" é vazia, pois não há alunos que pertencem ao conjunto intersecção desses eventos. Então, esses eventos são mutuamente exclusivos.

Para recordar

Operações entre conjuntos

Dados os subconjuntos A e B do conjunto universo U, definem-se as operações a seguir.

- **Complementação**

  Se $B \subset A$, então o **complementar** do conjunto B em relação ao conjunto A, representado por C_A^B, é o conjunto formado por todos os elementos de A que não pertencem ao conjunto B.

  $C_A^B = \{x \in U \mid x \in A \text{ e } x \notin B\}$

  O complementar do conjunto A em relação ao conjunto universo U pode ser representado por A^C ou A'.

- **União**

  A **união** dos conjuntos A e B é o conjunto formado pelos elementos que pertencem a A ou pertencem a B.

  $A \cup B = \{x \in U \mid x \in A \text{ ou } x \in B\}$

- **Intersecção**

  A **intersecção** dos conjuntos A e B é o conjunto formado pelos elementos que pertencem ao conjunto A e ao conjunto B.

  $A \cap B = \{x \in U \mid x \in A \text{ e } x \in B\}$

- **Número de elementos da união de dois conjuntos**

  Dados os conjuntos finitos A e B, tem-se:

  $n(A \cup B) = n(A) + n(B) - n(A \cap B)$

  Se a intersecção entre esses conjuntos é vazia, ou seja, $A \cap B = \varnothing$, então:

  $n(A \cup B) = n(A) + n(B)$

Probabilidade da união de dois eventos

Dados dois eventos A e B de um espaço amostral S, determina-se a probabilidade do evento $A \cup B$ da seguinte maneira:

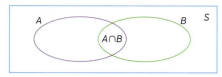

Pela teoria dos conjuntos, o conjunto $A \cup B$ é formado pelos elementos que estão no conjunto A ou no conjunto B, e o número de elementos do conjunto $A \cup B$ é: $n(A \cup B) = n(A) + n(B) - n(A \cap B)$

Dividindo cada membro dessa igualdade por $n(S)$, obtém-se:

$$\frac{n(A \cup B)}{n(S)} = \frac{n(A)}{n(S)} + \frac{n(B)}{n(S)} - \frac{n(A \cap B)}{n(S)} \Rightarrow P(A \cup B) = P(A) + P(B) - P(A \cap B)$$

Observação

Se os eventos A e B são mutuamente exclusivos, ou seja, $A \cap B = \emptyset$, então: $n(A \cap B) = 0$ e $P(A \cup B) = P(A) + P(B)$

Exemplos

- No lançamento de um dado, consideram-se os seguintes eventos.
  Evento A: a face voltada para cima ser um número par.
  Evento B: a face voltada para cima ser um número primo.
  Determinar a probabilidade de obter um número par ou um número primo.

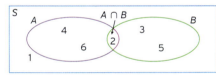

Tem-se: $A = \{2, 4, 6\}$, $B = \{2, 3, 5\}$ e $(A \cap B) = \{2\}$

Então: $P(A) = \frac{3}{6}$, $P(B) = \frac{3}{6}$ e $P(A \cap B) = \frac{1}{6}$

Portanto: $P(A \cup B) = P(A) + P(B) - P(A \cap B) = \frac{3}{6} + \frac{3}{6} - \frac{1}{6} = \frac{5}{6}$

Logo, a probabilidade de obter um número par ou um número primo é $\frac{5}{6}$.

- No lançamento de um dado, consideram-se os seguintes eventos:
  Evento A: a face voltada para cima ser o número 5.
  Evento B: a face voltada para cima ser o número 3.
  Determinar a probabilidade de obter o número 5 ou o número 3.

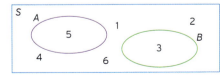

Tem-se: $A = \{5\}$, $B = \{3\}$ e $(A \cap B) = \emptyset$

Então: $P(A) = \frac{1}{6}$, $P(B) = \frac{1}{6}$ e $P(A \cap B) = 0$

Portanto: $P(A \cup B) = P(A) + P(B) = \frac{1}{6} + \frac{1}{6} = \frac{1}{3}$

Logo, a probabilidade de obter o número 5 ou o número 3 é $\frac{1}{3}$.

Ação e cidadania

Qualquer um pode ser inventor?

Para o cientista [estadunidense] Tony MacCaffrey [...] a resposta é um sonoro "sim!". Basta, para isso, que se aprenda a usar a criatividade [...]. O segredo, defende o pesquisador, está em duvidar da função mais evidente dos objetos e tentar enxergar as partes que os compõem (e as possíveis utilidades dessas partes).

[...] MacCaffrey quer desconstruir a ideia de que invenções são achados geniais precedidos por um momento de "eureka" – o que, para ele, pode ser aplicado apenas a uma minoria de inventos. "Na maior parte das vezes, não há esse momento. Em todas as invenções, a pessoa percebe uma característica obscura, que é algo que está ali, mas não percebemos porque estamos acostumados a olhar para o objeto já limitando sua funcionalidade", disse MacCaffrey [...].

"Tem muito ainda a ser inventado. Do mesmo modo que todo mundo aprende a ler e a fazer contas, as pessoas precisam aprender a inventar", diz o engenheiro Hani Camille Yehia, coordenador da Inova, incubadora de projetos da Universidade Federal de Minas Gerais.

COSTA, R. O "X" da invenção. Revista Istoé, n. 2210, p. 72-73, 21 mar. 2012. Disponível em: <http://www.istoe.com.br/reportagens/195027_O+X+DA+INVENCAO>. Acesso em: 25 jun. 2015.

- Com um grupo de colegas, pense em algo simples que se pode inventar para resolver alguma situação na sala de aula ou na escola.
- Em um grupo de 60 pessoas, há 24 inventores. Determine a probabilidade de sortear aleatoriamente um inventor desse grupo. Em seguida, identifique qual é a relação entre o evento "sortear um inventor" e o evento "sortear uma pessoa desse grupo que não é inventor". Justifique.

Exercícios resolvidos

36. Em um grupo de 50 turistas, 40 têm cidadania francesa, 25 têm cidadania brasileira e alguns têm as duas cidadanias. Escolhendo-se ao acaso um desses turistas, qual é a probabilidade de ele ter dupla cidadania?

Resolução
Para facilitar a resolução, podemos considerar o conjunto F dos turistas com cidadania francesa, o conjunto B dos turistas com cidadania brasileira e a quantidade x de turistas com as duas cidadanias.

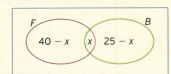

Como o grupo é formado por 50 turistas, a soma dos turistas só com cidadania francesa, só com cidadania brasileira e com as duas cidadanias é igual a 50.
$40 - x + 25 - x + x = 50 \Rightarrow x = 15$
Pela definição de probabilidade, obtemos:

$P(B \cap F) = \dfrac{n(B \cap F)}{n(S)} = \dfrac{15}{50} = \dfrac{3}{10}$

Portanto, a probabilidade de se escolher um turista com dupla cidadania é $\dfrac{3}{10}$.

37. Em uma cidade, de cada 10 habitantes 4 já foram picados pelo mosquito da dengue. Escolhendo-se ao acaso um habitante dessa cidade, qual é a probabilidade de ele não ter sido picado pelo mosquito da dengue?

Resolução
Consideramos o evento A "ter sido picado pelo mosquito da dengue" e o evento complementar A^C "não ter sido picado pelo mosquito da dengue".

Temos $P(A) = \dfrac{4}{10}$. Então, pela relação de eventos complementares $P(A^C) + P(A) = 1$, obtemos:

$P(A^C) = 1 - \dfrac{4}{10} = \dfrac{10 - 4}{10} = \dfrac{6}{10} = \dfrac{3}{5}$

Portanto, a probabilidade de se escolher um habitante que não tenha sido picado pelo mosquito é $\dfrac{3}{5}$.

Exercícios propostos

38. Um levantamento mundial aponta que, em 2009, aproximadamente 36,1% dos trabalhadores do mundo ocupavam postos de trabalho na área da agricultura. Escolhendo-se ao acaso um trabalhador que pode estar em qualquer lugar do mundo, qual a probabilidade de seu trabalho não estar na área da agricultura?

39. Em um processo seletivo de uma empresa, a probabilidade de que Rafael seja contratado para o cargo A é de 25%, e a probabilidade de ocupar o cargo B é de 30%. Além disso, existem 5% de probabilidade de ele acumular os dois cargos. Qual a probabilidade de ele:
a) ocupar ao menos um dos cargos?
b) ocupar exatamente um dos cargos?

40. Dos 130 alunos de uma escola de dança, 70 frequentam as aulas aos sábados, 50 frequentam as aulas aos domingos, 20 frequentam as aulas aos sábados e aos domingos, e alguns não frequentam as aulas nos finais de semana.
Escolhendo-se um dos alunos ao acaso, determine a probabilidade de ele frequentar as aulas de dança aos sábados ou aos domingos.

41. No lançamento simultâneo de dois dados, determine a probabilidade de as faces voltadas para cima serem números pares e a soma desses números ser um número ímpar.

42. Uma urna contém quinze bolinhas numeradas de 1 a 15. Ao retirar uma bolinha ao acaso, determine a probabilidade, em porcentagem, de ela ter um número ímpar ou múltiplo de 5.

43. Em determinada região, há 40,25% de probabilidade de não chover nos próximos 5 dias. Determine a probabilidade da ocorrência de chuvas nos próximos 5 dias nessa região.

44. Em uma cidade, serão realizados dois *shows*: um no período da manhã e outro no período da tarde. No total, foram vendidos ingressos para 1 050 pessoas, sendo que 500 ingressos foram para assistir ao *show* da manhã e 600 ingressos foram para o *show* da tarde, e algumas pessoas compraram ingressos para os dois *shows*. Escolhendo-se ao acaso um dos compradores, calcule a probabilidade de essa pessoa ter adquirido ingresso para:
a) o *show* do período da manhã;
b) os *shows* dos períodos da manhã e da tarde.

■ Probabilidade condicional

Sendo A e B eventos de um espaço amostral S, é possível determinar a probabilidade de o evento A ocorrer sabendo-se que o evento B já ocorreu, ou seja, determinar a **probabilidade condicional** do evento A, dado que o evento B já ocorreu.

No cálculo da probabilidade condicional, considera-se que o espaço amostral para a ocorrência do evento A fica reduzido em relação ao espaço amostral inicial S, pois alguns casos possíveis inicialmente são descartados com a informação de que um evento B já ocorreu.

Exemplo

Em uma urna, há sete bolas numeradas de 1 a 7, sendo 4 vermelhas e 3 roxas. Antes da retirada de uma bola, têm-se as seguintes condições:
- Espaço amostral S:

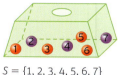

$S = \{1, 2, 3, 4, 5, 6, 7\}$
$n(S) = 7$

- Evento A: retirar uma bola vermelha.

$A = \{1, 3, 5, 6\}$
$n(A) = 4$

- Evento B: retirar uma bola com um número ímpar.

$B = \{1, 3, 5, 7\}$
$n(B) = 4$

- Evento $A \cap B$: retirar uma bola vermelha com um número ímpar.

$A \cap B = \{1, 3, 5\}$
$n(A \cap B) = 3$

Imagine que uma bola com número ímpar foi retirada da urna. Como o evento B é "retirar uma bola com um número ímpar", conclui-se que o evento B já ocorreu. Assim, qual é a probabilidade de essa bola ser vermelha?

Como o evento A é "retirar uma bola vermelha", conclui-se que a probabilidade de a bola retirada ser vermelha equivale à ocorrência do evento A. Para determinar a probabilidade do evento A, considera-se o novo espaço amostral, que é constituído pelas bolas com números ímpares.

O evento A, considerando-se o novo espaço amostral, é composto de apenas 3 bolas e coincide com o evento $A \cap B$.

Pela definição de probabilidade, a probabilidade de ocorrência desse evento é $\frac{3}{4}$.

Ação e cidadania

Trabalho em equipe

Os textos e as questões do boxe *Ação e cidadania* abordam, direta ou indiretamente, a cidadania em seu conceito amplo, ou seja: a ação do indivíduo que, além de cumprir seus deveres e exercer seus direitos, participa da organização da comunidade e alcança a igualdade social através do acesso ao conhecimento.

Agora é sua vez. Em grupo, crie um boxe *Ação e cidadania*, elaborando um texto sobre o tema escolhido e finalizando com duas ou mais questões relacionadas a ele. Troque ideias com os colegas e faça leituras e pesquisas sobre o assunto. É conveniente já preparar as respostas, reservando-as para o fim da tarefa.

No dia combinado previamente, os grupos trocam os trabalhos entre si e cada um responderá às questões elaboradas por outro grupo. Depois, as respostas devem ser avaliadas pela equipe de criação.

Define-se:

> Dados dois eventos A e B, com P(B) ≠ 0, a **probabilidade condicional** do evento A, dado que o evento B já ocorreu, é a razão entre a probabilidade da intersecção dos eventos A e B, e a probabilidade do evento B.

Denota-se a probabilidade condicional do evento A, dado que o evento B já ocorreu, por P(A|B). Então:

$$P(A|B) = \frac{P(A \cap B)}{P(B)}$$

Observação

P(A|B) é lido como a probabilidade de B dado A.

No exemplo anterior, tem-se:

$$P(A \cap B) = \frac{n(A \cap B)}{n(S)} = \frac{3}{7} \text{ e } P(B) = \frac{n(B)}{n(S)} = \frac{4}{7}$$

Pela definição de probabilidade condicional, obtém-se:

$$P(A|B) = \frac{P(A \cap B)}{P(B)} = \frac{\frac{3}{7}}{\frac{4}{7}} = \frac{3}{7} \cdot \frac{7}{4} = \frac{3}{4}$$

Essa resolução comprova o resultado mostrado anteriormente.

Saiba mais

Outra maneira de calcular a probabilidade condicional

Sejam A e B eventos de um espaço amostral S.

Os casos em que é possível ocorrer o evento A, dado que o evento B já ocorreu, estão descritos na intersecção dos eventos A e B. Assim, P(A|B) pode ser calculada por: $\frac{n(A \cap B)}{n(B)}$

De fato: $P(A|B) = \frac{P(A \cap B)}{P(B)} =$

$= \frac{\frac{n(A \cap B)}{n(S)}}{\frac{n(B)}{n(S)}} = \frac{n(A \cap B)}{n(B)}$

Exercício resolvido

45. A tabela abaixo relaciona dados sobre os funcionários de uma empresa.

Setor	Sexo	
	masculino (M)	feminino (F)
vendas (V)	7	18
criação (C)	23	17

Dados fornecidos pela empresa.

Um funcionário será sorteado ao acaso. Determine a probabilidade de o funcionário ser:

a) do setor de criação;

b) do setor de criação e do sexo feminino;

c) do sexo feminino, sabendo-se que é do setor de criação;

d) do sexo masculino, sabendo-se que é do setor de vendas.

Resolução

a) Pela tabela, há 40 funcionários do setor de criação, n(C) = 23 + 17 = 40, e 65 funcionários no total, n(S) = 7 + 18 + 23 + 17 = 65.
Logo, a probabilidade de o funcionário sorteado ser do setor de criação é: $P(C) = \frac{40}{65} = \frac{8}{13}$.

b) Pela tabela, há 17 funcionários do setor de criação e do sexo feminino: n(F ∩ C) = 17.
Logo, a probabilidade da intersecção dos eventos F e C é: $P(F \cap C) = \frac{17}{65}$.

c) Esse é um caso de probabilidade condicional. Pela definição, temos: $P(F|C) = \frac{P(F \cap C)}{P(C)}$. Logo, a probabilidade de o funcionário sorteado ser do sexo feminino, dado que é do setor de criação, é:

$$P(F|C) = \frac{P(F \cap C)}{P(C)} = \frac{\frac{17}{65}}{\frac{8}{13}} = \frac{17}{65} \cdot \frac{13}{8} = \frac{17}{40}$$

d) Uma maneira de calcular a probabilidade condicional P(M|V) é determinar n(M ∩ V), ou seja, a quantidade de funcionários do sexo masculino e que trabalham no setor de vendas, e n(V), isto é, a quantidade total de funcionários que trabalham no setor de vendas.
Pela tabela, temos: n(M ∩ V) = 7 e n(V) = 25.

Portanto: $P(M|V) = \frac{n(M \cap V)}{n(V)} = \frac{7}{25}$.

Exercícios propostos

46. Para atender a uma encomenda, uma empresa produziu ovos de chocolate branco e ovos de chocolate ao leite nos tamanhos P e G. No total foram produzidos 30 000 ovos, distribuídos da seguinte maneira:

Tamanho	Quantidade de ovos por sabor	
	branco	ao leite
P	6 500	10 000
G	5 500	8 000

Dados fornecidos pela empresa.

Durante o transporte dessa encomenda, um ovo se quebrou. Determine a probabilidade de o ovo quebrado corresponder ao evento descrito em cada item.
a) Ser do tamanho P e de chocolate ao leite.
b) Ser do tamanho G e de chocolate branco.
c) Ser do tamanho P, sabendo-se que é de chocolate ao leite.
d) Ser de chocolate ao leite, sabendo-se que é do tamanho P.
e) Ser do tamanho G, sabendo-se que é de chocolate branco.

47. Uma urna contém 5 bolas amarelas, 4 bolas vermelhas e 8 bolas azuis. Retirando-se três bolas sucessivamente ao acaso e sem reposição, qual a probabilidade de:
a) a primeira bola ser vermelha?
b) a terceira bola ser azul?
c) a primeira bola ser vermelha e a terceira ser azul?
d) a terceira bola ser azul, dado que a primeira bola é vermelha?
e) a segunda bola ser amarela, dado que a primeira bola é vermelha?

48. Um atleta de triatlo, esporte em que as provas são compostas por natação, ciclismo e corrida, fez um levantamento e verificou que nas provas que compete com chuva seu desempenho cai e sua chance de ter uma boa classificação fica em torno de 30%; já quando não chove, sua chance sobe para 70%. O serviço de Meteorologia do local onde será realizada a próxima prova informou que há 20% de chance de chover durante a prova. Calcule a probabilidade de esse atleta conseguir uma boa classificação nessa prova.

49. Em um restaurante há quatro opções de salada: alface, tomate, agrião e rúcula; três opções de massa: espaguete, lasanha e nhoque; e duas opções de carne: bife e filé de frango. Para montar um prato nesse restaurante, o cliente pode escolher um tipo de salada, um tipo de massa e um tipo de carne. Sabendo que um cliente escolheu a carne de frango, determine a probabilidade de que o prato montado por esse cliente tenha salada de rúcula.

50. Uma loja de camisetas organiza sua produção em três montes, cada um com um tamanho de camiseta que pode ser P, M ou G. No monte referente ao tamanho P, há 15 camisetas brancas e 25 coloridas. No monte referente ao tamanho M, há 10 camisetas brancas e 32 camisetas coloridas. No monte referente ao tamanho G há 13 camisetas brancas e 15 camisetas coloridas. Sem olhar, Marcelo escolheu qualquer um dos montes e retirou uma camiseta.
a) Qual a probabilidade de ele ter retirado uma camiseta colorida tamanho M?
b) Se de repente os montes se misturassem, qual seria a probabilidade de retirar uma camiseta branca tamanho G?

51. Ao final da apresentação de uma orquestra, será sorteado o número de um ingresso para presentear o portador com um DVD.

A probabilidade de sortear o ingresso com o número 325 é $\frac{1}{2\,000}$, e a probabilidade de sortear um número múltiplo de 5 é $\frac{1}{25}$. Determine a probabilidade de ser sorteado o ingresso de número 325, sabendo que o número sorteado é múltiplo de 5.

52. Um condomínio apresenta 4 modelos de casa, conforme apresentados na tabela abaixo.

Quantidade de vagas na garagem	Quantidade de dormitórios	
	2	3
1	15	10
2	25	30

Dados fornecidos pela administração do condomínio.

a) Ao ser sorteada uma das casas de 3 dormitórios, é mais provável que ela tenha 1 ou 2 vagas na garagem?
b) Ao ser sorteada uma das casas com 2 vagas na garagem, determine a probabilidade de ela ter 2 dormitórios.

Dependência de eventos

Dois eventos podem ser **dependentes** ou **independentes**, de acordo com a interferência que o resultado de um evento exerce no resultado do outro.

Para o estudo da dependência de dois eventos, utiliza-se a expressão da probabilidade condicional:

$$P(A|B) = \frac{P(A \cap B)}{P(B)} \Rightarrow \boxed{P(A \cap B) = P(B) \cdot P(A|B)}$$

Por exemplo, considera-se novamente uma urna com 7 bolas, sendo 4 vermelhas e 3 roxas, e os eventos descritos a seguir.
- Evento A: retirar ao acaso uma bola vermelha.
- Evento B: retirar ao acaso uma bola roxa.

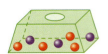

São retiradas sucessivamente 2 bolas da urna. Para determinar a probabilidade de a primeira bola retirada ser roxa (evento B) e de a segunda bola ser vermelha (evento A), é preciso analisar duas situações no espaço amostral S de 7 bolas.

Bolas retiradas sem reposição	Bolas retiradas com reposição
A primeira bola é retirada e não é recolocada na urna. 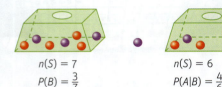 $n(S) = 7$ $\quad$ $n(S) = 6$ $P(B) = \frac{3}{7}$ $\quad$ $P(A\|B) = \frac{4}{6}$ Pela expressão da probabilidade condicional, obtém-se: $P(A \cap B) = P(B) \cdot P(A\|B) = \frac{3}{7} \cdot \frac{4}{6} = \frac{12}{42} = \frac{2}{7}$ Neste caso, a primeira retirada (evento B) **interfere** no resultado da segunda retirada (evento A), pois, após retirar a primeira bola roxa, há uma bola roxa a menos no espaço amostral. Essa situação é um exemplo de **eventos dependentes**.	A primeira bola é retirada e, depois, é recolocada na urna para a retirada da segunda bola. 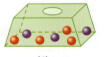  $n(S) = 7$ $\quad$ $n(S) = 7$ $P(B) = \frac{3}{7}$ $\quad$ $P(A\|B) = \frac{4}{7}$ Pela expressão da probabilidade condicional, obtém-se: $P(A \cap B) = P(B) \cdot P(A\|B) = \frac{3}{7} \cdot \frac{4}{7} = \frac{12}{49}$ Nesse caso, a primeira retirada (evento B) **não interfere** no resultado da segunda retirada (evento A), ou seja, a probabilidade do evento A é independente da ocorrência do evento B. De fato, após a retirada da primeira bola, ela é recolocada na urna e, portanto, o espaço amostral para a segunda retirada é igual ao espaço amostral inicial. Essa situação é um exemplo de **eventos independentes**. Nesse caso: $P(A\|B) = P(A)$

Define-se:

> Dois eventos são **dependentes** quando a ocorrência de um evento interfere no resultado do outro. Dois eventos são **independentes** quando a ocorrência de um evento não interfere no resultado do outro.

Em um espaço amostral finito e equiprovável, dados dois eventos A e B, tem-se:
- se A e B são eventos dependentes, então: $P(A \cap B) = P(B) \cdot P(A|B)$
- se A e B são eventos independentes, então: $P(A \cap B) = P(B) \cdot P(A)$

Observação

Dados dois ou mais eventos independentes, a probabilidade da intersecção desses eventos é igual ao produto da probabilidade de cada um deles. Assim, se $A_1, A_2, A_3, \ldots A_n$ são eventos independentes, então:

$$P(A_1 \cap A_2 \cap A_3 \cap \ldots \cap A_n) = P(A_1) \cdot P(A_2) \cdot P(A_3) \cdot \ldots \cdot P(A_n)$$

Exercício resolvido

53. A probabilidade de um casal ter um filho de olhos claros é $\frac{1}{4}$ e de ter um filho de olhos escuros é $\frac{3}{4}$. Sabendo que o casal terá 3 filhos, calcule a probabilidade de nascerem:
a) todos os filhos de olhos claros;
b) todos os filhos de olhos escuros;
c) exatamente 2 filhos de olhos escuros;
d) exatamente 2 filhos de olhos claros.

Resolução

O diagrama de probabilidades facilita a resolução, pois permite calcular, de maneira organizada, a probabilidade de cada evento de um espaço amostral. Nessa situação, temos eventos independentes, pois a cor dos olhos do 1º filho não interfere na cor dos olhos do 2º filho. E o mesmo vale para o 3º filho. Então, no diagrama, representamos cada evento por um caminho e determinamos sua probabilidade multiplicando as probabilidades que estão ao longo desse caminho.

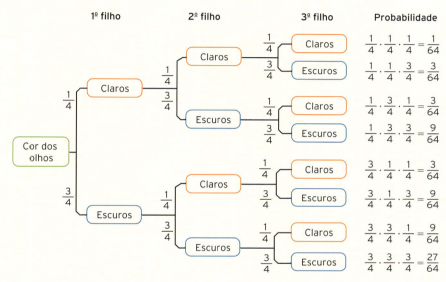

a) Pelo diagrama, a probabilidade de nascerem todos os filhos de olhos claros é $\frac{1}{64}$.

b) Pelo diagrama, a probabilidade de nascerem todos os filhos de olhos escuros é $\frac{27}{64}$.

c) Em 3 dos caminhos representados no diagrama, há exatamente 2 filhos de olhos escuros. Adicionando as probabilidades desses eventos, determinamos a probabilidade desejada: $\frac{9}{64} + \frac{9}{64} + \frac{9}{64} = \frac{27}{64}$

d) Em 3 dos caminhos representados no diagrama, há exatamente 2 filhos de olhos claros. Adicionando as probabilidades desses eventos, determinamos a probabilidade desejada: $\frac{3}{64} + \frac{3}{64} + \frac{3}{64} = \frac{9}{64}$

Exercícios propostos

54. Uma urna contém 4 bolas brancas e 3 bolas vermelhas. Serão sorteadas 2 bolas dessa urna. Determine a probabilidade dos eventos descritos a seguir.
a) Sortear 1 bola vermelha e, em seguida, 1 bola branca, sem reposição da 1ª bola sorteada.
b) Sortear 1 bola vermelha e, em seguida, 1 branca, com reposição da 1ª bola antes do sorteio da 2ª.
c) As 2 bolas sorteadas, sem reposição, serem brancas.
d) As 2 bolas sorteadas, com reposição, serem vermelhas.

55. São lançados uma moeda e um dado. Determine a probabilidade de sair:
a) cara e um número par;
b) coroa e um número maior do que 2.

56. Em um pacote de bolas, a probabilidade de retirar uma bola azul é $\frac{2}{5}$ e a de uma bola verde é $\frac{3}{5}$. Considere que serão retiradas 3 bolas, com reposição.
a) Construa um diagrama de probabilidades.
b) Determine a probabilidade, em porcentagem, de serem retiradas todas as bolas de cores iguais.

3. Método binomial

O método binomial é usado para calcular a probabilidade de um experimento que apresenta as seguintes características.

- O experimento admite apenas dois resultados possíveis, denominados sucesso e fracasso.
  Sucesso: obter o resultado esperado.
  Fracasso: não obter o resultado esperado.
- O experimento é repetido um número fixo n de vezes. As repetições do experimento são denominadas **provas**.
- Para cada prova, existem apenas duas possibilidades de resultados: a probabilidade p de sucesso ou a probabilidade q de fracasso, em que $q = 1 - p$.
- Deseja-se determinar qual é a probabilidade de se obter m vezes um resultado, fracasso ou sucesso, em n provas, $m \leq n$.

Em um experimento binomial, as provas são independentes, ou seja, o resultado de uma prova não influencia o resultado da outra. Assim, para determinar a probabilidade de um experimento pelo método binomial, utiliza-se a expressão apresentada pelo seguinte teorema:

> A probabilidade de se obter exatamente m vezes um resultado esperado em uma sequência de n provas independentes é:
>
> $$P(E) = \binom{n}{m} \cdot p^m \cdot q^{n-m}$$
>
> em que p é a probabilidade de sucesso do evento, q é a probabilidade de fracasso, e a soma de p e q é 1, ou seja, $p + q = 1$.

Exemplo

Um dado é lançado 3 vezes consecutivas. Deseja-se determinar a probabilidade de sair o número 1 em 2 desses lançamentos.

Nesse caso, o fato de sair um número diferente de 1 no primeiro lançamento do dado não altera a probabilidade dos outros dois lançamentos. Assim, em cada lançamento, sucesso é obter o número 1, cuja probabilidade é $\frac{1}{6}$, e fracasso é obter um número diferente de 1, cuja probabilidade é $\frac{5}{6}$. Então:

- número de provas: $n = 3$
- número de vezes que se espera obter sucesso: $m = 2$
- probabilidade de sucesso: $p = \frac{1}{6}$
- probabilidade de fracasso: $q = \frac{5}{6}$

Pelo método binomial, obtém-se:

$$P(E) = \binom{n}{m} \cdot p^m \cdot q^{n-m} = \binom{3}{2} \cdot \left(\frac{1}{6}\right)^2 \cdot \left(\frac{5}{6}\right)^{3-2} = \frac{3!}{2! \cdot (3-2)!} \cdot \frac{1}{36} \cdot \frac{5}{6} = \frac{3 \cdot 2!}{2! \cdot 1!} \cdot \frac{1}{36} \cdot \frac{5}{6}$$

$$= \frac{15}{216} = \frac{5}{72}$$

Logo, ao se lançar um dado comum 3 vezes consecutivas, a probabilidade de sair o número 1 em 2 desses lançamentos é $\frac{5}{72}$.

■ A ideia do método binomial

O problema de obter m sucessos em n provas de um experimento binomial pode ser estudado pelo desenvolvimento do binômio de Newton $(p + q)^n$, da seguinte maneira:

- Cada coeficiente do desenvolvimento do binômio $(p + q)^n$ fornece o número de possibilidades de se obter o evento E_n.
- Cada termo $p^k \cdot q^{n-k}$, $k \in \mathbb{N}$, $k \leq n$, multiplicado pelo coeficiente, fornece a probabilidade $P(E_n)$ de ocorrência do evento E_n, em que p é a probabilidade de sucesso e q é a probabilidade de fracasso.

Exemplo

Considera-se o diagrama de probabilidades a seguir, para um experimento binominal realizado 3 vezes. Como as provas são independentes, calcula-se a probabilidade de cada evento multiplicando-se as probabilidades de sucesso $\left(p = \frac{1}{2}\right)$ ou as de fracasso $\left(q = 1 - \frac{1}{2} = \frac{1}{2}\right)$.

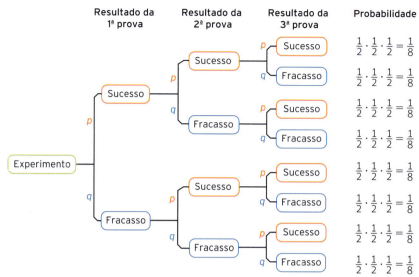

Pelo diagrama, o espaço amostral S desse experimento tem 8 elementos:
$S = \{(p,p,p), (p,p,q), (p,q,p), (p,q,q), (q,p,p), (q,p,q), (q,q,p), (q,q,q)\}$
Considerando os eventos possíveis, têm-se as seguintes probabilidades.

- A probabilidade do evento E_0 "obter fracasso nas 3 provas" é:
$P(E_0) = \dfrac{n(E_0)}{n(S)} = \dfrac{1}{8}$

- A probabilidade do evento E_1 "obter sucesso em uma das provas" é:
$P(E_1) = \dfrac{n(E_1)}{n(S)} = \dfrac{3}{8} \left(\text{ou } P(E_1) = \dfrac{1}{2} + \dfrac{1}{2} + \dfrac{1}{2} = \dfrac{1}{8}\right)$

- A probabilidade do evento E_2 "obter sucesso em 2 das provas" é:
$P(E_2) = \dfrac{n(E_2)}{n(S)} = \dfrac{3}{8} \left(\text{ou } P(E_2) = \dfrac{1}{2} + \dfrac{1}{2} + \dfrac{1}{2} = \dfrac{1}{8}\right)$

- A probabilidade do evento E_3 "obter sucesso nas 3 provas" é:
$P(E_3) = \dfrac{n(E_3)}{n(S)} = \dfrac{1}{8}$

Os valores de $n(E_3)$, $n(E_2)$, $n(E_1)$ e $n(E_0)$ são os coeficientes do desenvolvimento do binômio de Newton $(p + q)^3$.

$$(p + q)^3 = 1p^3 + 3p^2q + 3pq^2 + 1q^3$$

Então, a probabilidade de um evento E_n é calculada de acordo com os termos do binômio.

- $1p^3$ é a probabilidade do evento E_3, três sucessos: $P(E_3) = 1p^3$
- $3p^2q$ é a probabilidade do evento E_2, dois sucessos: $P(E_2) = 3p^2q$
- $3pq^2$ é a probabilidade do evento E_1, um sucesso: $P(E_1) = 3pq^2$
- $1q^3$ é a probabilidade do evento E_0, nenhum sucesso: $P(E_0) = 1q^3$

Substituindo p por $\dfrac{1}{2}$ e q por $\dfrac{1}{2}$, obtém-se:

- $P(E_3) = 1p^3 = 1 \cdot \left(\dfrac{1}{2}\right)^3 = \dfrac{1}{8}$
- $P(E_1) = 3pq^2 = 3 \cdot \left(\dfrac{1}{2}\right) \cdot \left(\dfrac{1}{2}\right)^2 = \dfrac{3}{8}$
- $P(E_2) = 3p^2q = 3 \cdot \left(\dfrac{1}{2}\right)^2 \cdot \left(\dfrac{1}{2}\right) = \dfrac{3}{8}$
- $P(E_0) = 1q^3 = 1 \cdot \left(\dfrac{1}{2}\right)^3 = \dfrac{1}{8}$

Observação

As probabilidades vistas na página anterior também podem ser calculadas pela expressão $P(E) = \binom{n}{m} \cdot p^m \cdot q^{n-m}$, em que $n = 3$, p é a probabilidade de sucesso e q é a probabilidade de fracasso.

Exercício resolvido

57. Em uma urna, foram colocadas 5 bolas vermelhas, 4 bolas azuis e 1 bola branca. Retirando-se ao acaso 4 bolas dessa urna, com reposição, calcular a probabilidade de retirar:

a) exatamente 2 bolas vermelhas;
b) as 4 bolas azuis.

Resolução

a) Na urna, há 10 bolas ao todo. Como recolocamos a bola retirada na urna, a probabilidade de retirar 1 bola vermelha sempre é $p = \frac{5}{10} = \frac{1}{2}$, e a probabilidade de não retirar 1 bola vermelha é $q = 1 - \frac{1}{2} = \frac{1}{2}$. Como retiramos 4 bolas e esperamos que exatamente 2 sejam vermelhas, então, pelo método binomial, obtemos:

$P(E) = \binom{n}{m} \cdot p^m \cdot q^{n-m} = \binom{4}{2} \cdot \left(\frac{1}{2}\right)^2 \cdot \left(\frac{1}{2}\right)^{4-2} =$

$= \frac{4!}{2! \cdot (4-2)!} \cdot \frac{1}{4} \cdot \frac{1}{4} = \frac{4 \cdot 3 \cdot 2!}{2! \cdot 2!} \cdot \frac{1}{4} \cdot \frac{1}{4} = \frac{3}{8}$

Portanto, a probabilidade de retirar exatamente 2 bolas vermelhas é $\frac{3}{8}$.

b) A probabilidade de sair 1 bola azul é $p = \frac{4}{10} = \frac{2}{5}$, e a probabilidade de não sair é $q = 1 - \frac{2}{5} = \frac{3}{5}$.

Como retiramos 4 bolas e desejamos que as 4 sejam azuis, temos: $n = m = 4$

Pelo método binomial, obtemos:

$P(E) = \binom{n}{m} \cdot p^m \cdot q^{n-m} = \binom{4}{4} \cdot \left(\frac{2}{5}\right)^4 \cdot \left(\frac{3}{5}\right)^{4-4} =$

$= 1 \cdot \frac{16}{625} \cdot 1 = \frac{16}{625}$

Portanto, a probabilidade de retirar as 4 bolas azuis é $\frac{16}{625}$.

Exercícios propostos

58. Um casal planeja ter 5 filhos. Determine a probabilidade de nascerem:

a) 2 meninas e 3 meninos;
b) 1 menina e 4 meninos;
c) pelo menos 4 meninas.

59. Crianças com idade entre três e quatro anos de uma cidade apresentavam peso abaixo do normal com muita frequência. Para tentar resolver esse problema foi desenvolvido um projeto ensinando os adultos a elaborar uma alimentação saudável utilizando hortaliças produzidas naquela região. Depois de 3 meses de implantado o projeto, foi feito um levantamento e verificou-se que de cada 100 crianças, apenas uma ainda apresentava um peso inferior ao esperado para a idade. Qual é a probabilidade de se escolher, ao acaso:

a) três crianças dessa cidade e nenhuma delas apresentar o peso abaixo do esperado?
b) duas crianças dessa cidade e ambas apresentar o peso abaixo do esperado?
c) cinco crianças dessa cidade e três delas apresentar o peso abaixo do esperado?

60. Em uma urna foram colocadas 6 bolas verdes e 9 bolas vermelhas. Ao sortear 4 bolas com reposição, qual a probabilidade de se retirar uma bola verde exatamente duas vezes?

61. Numa rede de supermercados, cada cliente que comprar pelo menos uma embalagem de sabão em pó, de qualquer marca ou tamanho, ganha um cupom para participar de um sorteio. Durante essa promoção, também foi feita uma pesquisa de mercado onde se verificou que 40% dos seus clientes dão preferência para o sabão em pó da marca A. Considerando que serão sorteados 5 cupons, qual a probabilidade de que apenas 3 deles sejam usuários do sabão em pó da marca A?

62. Considerando quatro lançamentos seguidos de um dado, determine a probabilidade de cada evento descrito a seguir.

a) Sair o número 6 na face voltada para cima em dois lançamentos.
b) Sair o número 3 na face voltada para cima em quatro lançamentos.
c) Sair um número diferente de 3 na face voltada para cima em pelo menos um lançamento.

63. A probabilidade de um jogador de voleibol fazer ponto de saque é 5%. Calcule a probabilidade de esse jogador fazer 4 desses pontos em 10 saques.

Exercícios complementares

64. Uma empresa que fura poços artesianos foi contratada para fazer um poço em uma região em que a probabilidade de se encontrar água gira em torno de 0,6. Considerando que a empresa escolhe aleatoriamente o local para fazer o furo e que faz até três tentativas de encontrar água, calcule a probabilidade de:
a) encontrar água na primeira tentativa;
b) encontrar água nas duas primeiras tentativas.

65. Dois amigos, Carlos e Fábio, irão iniciar um jogo e decidiram apostar no par ou ímpar para saber quem irá jogar primeiro. Eles definiram que só poderá ser usada uma das mãos com a qual cada jogador poderá indicar apenas os números zero (com todos os dedos fechados), um, dois, três, quatro ou cinco. Além disso, Carlos ganhará caso a quantidade total de dedos apresentados pelos dois jogadores for um número par; caso contrário, Fábio ganhará. Carlos precisa decidir o que é mais vantajoso: colocar uma quantidade par de dedos ou colocar uma quantidade ímpar?

66. A polidactilia é uma anomalia genética dominante caracterizada pela presença de mais de 5 dedos no pé (pododáctilos) ou na mão (quirodáctilos).

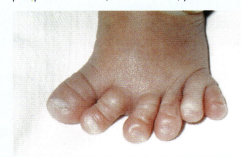

Considere o esquema a seguir, que apresenta três gerações de uma família e indica a ocorrência de polidactilia.

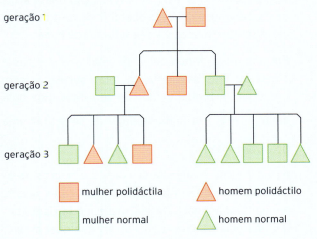

a) Considerando as três gerações, determine o número de indivíduos que compõem essa família.
b) Escolhendo uma mulher dessa família ao acaso, qual é a probabilidade de ela ser polidáctila?
c) Escolhendo-se um homem dessa família ao acaso, qual é a probabilidade de ele não apresentar polidactilia?
d) Escolhendo-se um indivíduo polidáctilo dessa família, qual é a probabilidade de ele ser do sexo masculino?

67. De cada 10 assinantes de uma revista, apenas 4 têm interesse em assinar uma segunda revista. Sorteando-se um assinante ao acaso, qual é a probabilidade de ele ter interesse em assinar uma segunda revista?

68. Em uma urna, há bolas amarelas, vermelhas e pretas. Ao retirar 3 bolas ao acaso, a probabilidade de sair:
- a primeira bola vermelha e a segunda e a terceira de qualquer cor, inclusive vermelha, é 80%.
- a primeira bola vermelha, a segunda de qualquer cor e a terceira preta é 20%.

Ao repetir esse experimento sob as mesmas condições, qual é a probabilidade de a terceira bola retirada ser preta, sendo a primeira bola retirada vermelha?

69. Foram lançados simultaneamente 3 dados, 1 amarelo, 1 branco e 1 vermelho. Calcule o número de elementos do espaço amostral referente ao resultado desse lançamento.

70. A idade dos funcionários de uma empresa de *telemarketing* está organizada na tabela a seguir.

	Sexo	
Idade	masculino	feminino
de 18 a 20 anos	185	172
de 21 a 24 anos	193	187
acima de 25 anos	120	140

Dados fictícios.

a) Qual é o total de funcionários dessa empresa?
b) Escolhendo-se um funcionário ao acaso, qual é a probabilidade de ele ser do sexo feminino?
c) Escolhendo-se um funcionário ao acaso, qual é a probabilidade de ele ser do sexo masculino e ter mais de 25 anos?

Exercícios complementares

71. Doze pessoas formarão aleatoriamente uma fila. Entre elas estão duas amigas. Determine a probabilidade de as 2 amigas ficarem:
a) juntas na fila;
b) separadas na fila.

72. No lançamento simultâneo de dois dados, verifica-se que a soma dos pontos das faces voltadas para cima é 6. Qual é a probabilidade de ter saído a face 4 em um dos dados?

73. Em um grupo de 40 pessoas selecionadas por uma empresa, 20 falam espanhol, 25 falam inglês, 10 falam espanhol e inglês, e o restante não fala nenhuma das duas línguas. Uma dessas pessoas será escolhida ao acaso. Qual é a probabilidade de a pessoa escolhida:
a) falar inglês e espanhol?
b) falar inglês ou espanhol?
c) não falar inglês nem espanhol?

74. Um endocrinologista fez um levantamento para verificar quantos de seus pacientes, entre 30 e 50 anos, apresentam diabetes do tipo 1 ou do tipo 2, e começou a organizar os dados em uma tabela.

Diabetes	Sexo masculino	Sexo feminino
tipo 1		23
tipo 2	26	
Total	57	43

Dados fictícios.

a) Complete a tabela com os dados que estão faltando.
b) Ao escolher um paciente desse grupo, é mais provável que ocorra qual dos eventos a seguir? Justifique.
- Ter diabetes tipo 1.
- Ser do sexo masculino com diabetes tipo 2.
- Ter diabetes tipo 1 ou tipo 2.
- Ser do sexo feminino.

75. Vitor e Raul chegaram juntos ao final do percurso descrito no tabuleiro de um jogo. Para determinar quem vencerá a partida, cada um deles terá de girar uma roleta com dez números de 1 a 10. Aquele que tirar o maior número vence. Qual deles tem maior chance de ganhar, considerando-se que, ao girar a roleta, Vitor tirou o número 6? Justifique.

76. Em dupla, resolva a seguinte situação:

Em um grupo de professores, há 25 mulheres e 30 homens. Nesse grupo, 15 mulheres usam óculos e 18 homens não usam óculos. Considere os eventos a seguir referentes à escolha ao acaso de uma pessoa desse grupo.

I. Ser um homem ou uma mulher.
II. Ser um homem que usa óculos.
III. Ser uma mulher que usa óculos.
IV. Ser um homem, sabendo que usa óculos.
V. Usar óculos, sabendo que é um homem.
VI. Ser uma mulher, sabendo que usa óculos.
VII. Usar óculos, sabendo que é uma mulher.

a) Quais eventos se referem ao cálculo de probabilidade condicional? Justifique.
b) Qual evento tem maior chance de ocorrer?

77. Em uma caixa de bombons, há 13 bombons recheados com coco, 10 recheados com creme de amendoim e 17 recheados com cereja.

Escolhendo-se 4 bombons ao acaso e sem reposição, determine a probabilidade dos eventos descritos a seguir.

a) Os dois primeiros bombons escolhidos serem de coco, o terceiro de cereja, e o último de creme de amendoim.
b) Os quatro bombons escolhidos serem de cereja.

78. Um baralho comum é composto de 52 cartas, sendo 13 cartas de cada um dos 4 naipes: copas, espadas, ouros e paus.

Retirando-se ao acaso e sem reposição duas cartas desse baralho, qual é a probabilidade de a primeira carta ser de espadas e a segunda ser de copas?

79. Em uma urna, foram colocadas bolas vermelhas e amarelas. Três dessas bolas serão sorteadas com reposição. A probabilidade de se retirar uma bola amarela é $\frac{2}{3}$, e a probabilidade de se retirar uma bola vermelha é $\frac{1}{3}$.

Apostando na sequência de cores das bolas sorteadas, Giovana disse que todas teriam cores iguais, enquanto sua irmã, Gabriela, disse que sairiam 2 bolas amarelas e 1 bola vermelha, em qualquer ordem. Qual das duas fez o melhor palpite? Justifique.

80. No estudo de genética e das leis de Mendel, distingue-se genótipo e fenótipo. Genótipo é a constituição dos genes de um organismo, herdados de seus pais. Fenótipo é a característica observável de um organismo que resulta da interação entre o genótipo do organismo e o ambiente ao qual ele pertence. Por exemplo, os tipos de crista das galinhas são determinados pela interação dos genótipos Rr e Ee. Essa interação resulta em 9 genótipos diferentes e 4 tipos de crista, ou seja, 4 fenótipos diferentes, como mostrado a seguir.

Tipo de crista	Genótipo
rosa	RRee / Rree
ervilha	rrEE / rrEe
noz	RREE / RREe / RrEE / RrEe
simples	rree

Os possíveis resultados do cruzamento de 2 indivíduos com genótipos RrEe, ou seja, com a crista do tipo noz, estão apresentados na tabela a seguir.

	RE	Re	rE	re
RE	RREE	RREe	RrEE	RrEe
Re	RREe	RRee	RrEe	Rree
rE	RrEE	RrEe	rrEE	rrEe
re	RrEe	Rree	rrEe	rree

Fonte de pesquisa: IFRN. Disponível em: <http://docente.ifrn.edu.br/joseamaral/apresentacoes-de-aula-3o-integrado/Genetica%20V%202012.ppt>. Acesso em: 1º jun. 2013.

a) Considerando que desse cruzamento nasça um único filhote, qual é a probabilidade de ele ter cada tipo de crista?
b) Se desse cruzamento nascerem cinco filhotes, qual é a probabilidade de três deles apresentarem a crista do tipo noz e os demais terem qualquer um dos outros três tipos de crista?

81. Pedro está participando de um jogo com seus colegas, no qual deve abrir um dos 25 armários da sala de aula. Cada armário tem uma chave e todas as chaves estão misturadas e sem identificação.
Em cada tentativa, Pedro deve escolher uma das chaves, testá-la em um dos armários e retorná-la ao monte das chaves misturadas.
a) Em 5 tentativas, qual é a probabilidade de Pedro abrir 3 armários?
b) Em 4 tentativas, qual é a probabilidade de Pedro não abrir nenhum dos armários?

82. (FGV-SP) Um médico atende diariamente, de segunda-feira a sexta-feira, os postos de saúde de 4 pequenos povoados próximos, A, B, C e D, indo de A a D e de volta a A. Em determinado dia, ele decide sortear o percurso que vai seguir.

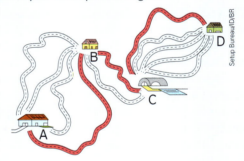

Qual é a probabilidade de ele ir e voltar pelo mesmo caminho assinalado na figura?

Orientação de estudos

O quadro abaixo apresenta os temas estudados neste capítulo e os exercícios complementares relacionados a cada tema. Se você teve dificuldade na resolução de algum exercício complementar, consulte a orientação de estudos apresentada.

Tema	Exercícios complementares relacionados	Orientação de estudos
Experimentos aleatórios	64, 65 e 69	Releia o conteúdo das páginas 273 e 274 e retome os exercícios 6, 16 e 19.
Probabilidade	66, 67, 68, 70, 71, 72, 73, 74, 75, 76, 77, 78 e 82	Releia o conteúdo das páginas 278, 279, 282, 283, 285 e 288 e retome os exercícios 24, 30, 35, 40, 41, 46 a 52, 54 a 56.
Método binomial	79, 80 e 81	Releia o conteúdo das páginas 290 e 291 e retome os exercícios 58 e 63.

Matemática e História

O problema dos pontos

Embora os filósofos gregos da Antiguidade discutissem necessidade [aquilo que é indispensável] e contingência [possibilidade de algo acontecer ou não] longa e detalhadamente, talvez seja correto dizer que não houve nenhum tratamento matemático da probabilidade até por volta do final do século XV e início do século XVI, quando alguns matemáticos italianos tentaram avaliar as probabilidades de alguns jogos de azar, como o de dados. [...]

Cardano [matemático italiano, 1501-1576] escreveu um breve manual do jogador que envolvia alguns aspectos da probabilidade matemática. Mas em geral se concorda que a questão à qual está ligada a origem da ciência da probabilidade é o **problema dos pontos**. Esse problema pede que se determine a divisão das apostas de um jogo de azar interrompido, entre dois jogadores igualmente hábeis, supondo-se conhecida a contagem no momento da interrupção e o número de pontos necessários para se ganhar o jogo [veja o quadro acima].

> **Situação: Jogo dos dados**
>
> Dois jogadores, A e B, na sua vez, devem lançar um dado honesto.
> - Se sair um número par, apenas o jogador A ganha 1 ponto;
> - Se sair um número ímpar, apenas o jogador B ganha 1 ponto.
>
> Vence o jogo o primeiro jogador que atingir 10 pontos.
>
> **Problema**
>
> Imagine que esse jogo precise ser interrompido. Se nesse momento o jogador A tem 8 pontos e o jogador B tem 7 pontos, como dividir o dinheiro das apostas de maneira justa entre os dois jogadores?

Pacioli [matemático italiano, 1445-1517] foi um dos primeiros autores a introduzir o problema dos pontos num trabalho de matemática. O problema foi também discutido por Cardano e Tartaglia [matemático italiano, c. 1500-1557]. Mas só se verificou um avanço efetivo quando, em 1654, Chevalier de Méré, um hábil e experiente jogador, cujo raciocínio teórico sobre o problema não coincidia com suas observações, o propôs a Pascal [pensador francês, 1623-1662]. Este interessou-se pelo problema e o levou ao conhecimento de Fermat [matemático francês, 1601-1665]. Seguiu-se uma notável correspondência entre os dois matemáticos, na qual o problema foi resolvido correto mas diferentemente por cada um deles. Pascal resolveu o caso geral, obtendo muitos resultados através do uso do triângulo aritmético. Essa correspondência lançou os fundamentos da moderna teoria das probabilidades.

[...] Já mencionamos que a correspondência Pascal-Fermat levou à fundação da ciência da probabilidade. Lembre-se de que a matéria começou com o chamado problema dos pontos. [...] Fermat discutiu o caso em que o jogador A precisava de dois pontos para ganhar e o jogador B, de 3. Eis a solução de Fermat para este caso particular. Como é claro que mais quatro partidas decidem o jogo, seja a uma partida ganha por A e seja b uma partida ganha por B; consideramos então os dezesseis arranjos completos, de ordem 4 das letras a e b:

aaaa	aaab	abba	bbab
baaa	bbaa	abab	babb
abaa	baba	aabb	abbb
aaba	baab	bbba	bbbb

Os casos em que a aparece duas ou mais vezes são favoráveis a A, e há onze deles. Os casos em que b aparece três ou mais vezes são favoráveis a B, e há cinco deles. Portanto, as apostas devem ser divididas na razão 11:5. Para o caso geral, em que A precisa de m pontos para ganhar e B precisa de n, anotam-se os 2^{m+n-1} arranjos completos, de ordem $m+n-1$, das letras a e b. Procura-se o número α de casos em que a aparece m ou mais vezes e o número β de casos em que b aparece n ou mais vezes. As apostas devem ser divididas então na razão $\alpha:\beta$.

Eves, H. *Introdução à história da matemática*. Trad. Hygino H. Domingues. Campinas: Ed. da Unicamp, 2004. p. 365-366, 393.

» **Sobre o texto**

1. Quais matemáticos e quais tipos de registro histórico foram citados no texto?
2. Descreva o que era o problema dos pontos. Em seguida, elabore um problema semelhante e resolva-o.
3. Discuta com os colegas se eles acham justa a maneira que Fermat propôs para a divisão das apostas no caso particular do problema dos pontos. Em seguida, elabore uma conclusão sobre esse assunto.

Compartilhando

O número π e o problema da agulha

A finalidade deste trabalho é calcular um valor aproximado de **π** por meio da probabilidade calculada no **problema da agulha**. No lugar de agulhas, a simulação será feita utilizando palitos de fósforo lançados sobre uma folha de papel A4.

O problema da agulha

O matemático francês conhecido como conde de Buffon (1707-1788) determinou, em 1777, que a probabilidade *p* de uma agulha, quando solta horizontalmente de determinada altura sobre uma folha de papel com traços paralelos equidistantes, cruzar um desses traços é:

$$p = \frac{2 \cdot a}{\pi \cdot d}$$

em que *a* é o comprimento da agulha, *d* é a distância entre os traços paralelos na folha de papel e *d* é maior do que *a*.

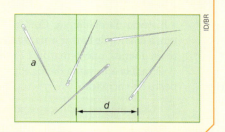

» **Organização do trabalho**
1. **Participantes:** três alunos
2. **Materiais e instrumentos necessários**
   - 1 caixa de palitos de fósforo
   - 1 folha de papel sulfite
   - régua
   - calculadora
3. **Organização do trabalho**
   Dividida em grupos, a turma deve fazer um total de, no mínimo, 500 lançamentos de palitos de fósforo. Um representante de cada grupo deve reunir-se com os representantes dos demais grupos e, juntos, devem decidir o total de lançamentos que serão feitos pela turma, assim como a quantidade de lançamentos que cada grupo fará. Devem também elaborar um quadro geral para registrar as informações que cada grupo vai coletar.

» **Desenvolvimento e coleta dos dados**
1. Medir e registrar o comprimento *a* dos palitos de fósforo.
2. Preparar uma folha de papel sulfite, traçando retas paralelas equidistantes, de modo que a distância *d* entre essas retas seja maior do que o comprimento *a* dos palitos de fósforos. (Sugestão: $d = 2 \cdot a$.)
3. Elaborar uma tabela para registrar os dados. O número de colunas dependerá do total de lançamentos que cada grupo deve efetuar.

Lançamento	1º	...
Total de palitos de fósforo lançados		
Número de fósforos que **não encostaram** ou **não cruzaram** nenhuma reta paralela		
Número de fósforos que **encostaram** ou **cruzaram** uma reta paralela		

4. Um dos integrantes do grupo deve pegar 5 palitos de fósforo e lançá-los horizontalmente sobre a folha de papel sulfite onde foram traçadas as retas paralelas.
5. Repetir o procedimento anterior até atingir o número de lançamentos estipulado para cada grupo. Deve ser mantida a mesma altura em todos os lançamentos.

» **Processamento dos dados**
1. Calcular o total de palitos de fósforo lançados, o número de palitos que encostaram ou cruzaram uma das retas paralelas da folha e o total de palitos que não encostaram ou cruzaram nenhuma reta.
2. Calcular a probabilidade *p*, dividindo o número total de palitos que encostaram ou cortaram uma reta paralela pelo total de palitos lançados.
3. Substituir os valores de *p*, *a* e *d* na igualdade $p = \frac{2 \cdot a}{\pi \cdot d}$ e isolar **π** para calcular seu valor aproximado.
4. Um integrante de cada grupo deve apresentar os valores calculados no item 1 dessa etapa e registrá-los no quadro.
5. Os alunos devem refazer os cálculos efetuados nos itens 2 e 3 dessa etapa, considerando os dados dos outros grupos, registrados no quadro.

» **Comunicação de resultados e reflexão**
1. Considerando os dados coletados por seu grupo, responda aos itens a seguir e justifique.
   a) O resultado obtido para **π** no experimento é próximo do valor conhecido?
   b) Calcule o valor da probabilidade *p* pela fórmula de Buffon e compare-o com o resultado obtido na experiência. O que se pode concluir?
2. Considerando os dados apresentados no quadro, responda novamente aos itens **a** e **b** dessa etapa.

297

Vestibular e Enem

1. (Enem)

Todo o país passa pela primeira fase de campanha de vacinação contra a gripe suína (H1N1). Segundo um médico infectologista do Instituto Emílio Ribas, de São Paulo, a imunização "deve mudar", no país, a história da epidemia. Com a vacina, [...] o Brasil tem a chance de barrar uma tendência do crescimento da doença, que já matou 17 mil no mundo.

A tabela apresenta dados específicos de um único posto de vacinação.

Campanha de vacinação contra a gripe suína		
Datas de vacinação	Público-alvo	Quantidade de pessoas vacinadas
8 a 19 de março	trabalhadores da saúde e indígenas	42
22 de março a 2 de abril	portadores de doenças crônicas	22
5 a 23 de abril	adultos saudáveis entre 20 e 29 anos	56
24 de abril a 7 de maio	população com mais de 60 anos	30
10 a 21 de maio	adultos saudáveis entre 30 e 39 anos	50

Disponível em: <http://img.terra.com.br>.
Acesso em: 26 abr. 2010. (adaptado)

Escolhendo-se aleatoriamente uma pessoa atendida nesse posto de vacinação, a probabilidade de ela ser portadora de doença crônica é:
a) 8% c) 11% e) 22%
b) 9% d) 12%

2. (Enem)

O gráfico mostra a velocidade de conexão à internet utilizada em domicílios no Brasil. Esses dados são resultado da [...] pesquisa, de 2009, realizada pelo Comitê Gestor da Internet (CGI).

Disponível em: <http://agencia.ipea.gov.br>.
Acesso em: 28 abr. 2010 (adaptado).

Escolhendo-se, aleatoriamente, um domicílio pesquisado, qual a chance de haver banda larga de conexão de pelo menos 1 Mbps neste domicílio?
a) 0,45 c) 0,30 e) 0,15
b) 0,42 d) 0,22

3. (Fuvest-SP) Maria deve criar uma senha de 4 dígitos para sua conta bancária. Nessa senha, somente os algarismos 1, 2, 3, 4, 5 podem ser usados e um mesmo algarismo pode aparecer mais de uma vez. Contudo, supersticiosa, Maria não quer que sua senha contenha o número 13, isto é, o algarismo 1 seguido imediatamente pelo algarismo 3.

De quantas maneiras distintas Maria pode escolher sua senha?
a) 551 d) 554
b) 552 e) 555
c) 553

4. (ITA-SP) A expressão $(2\sqrt{3} + \sqrt{5})^5 - (2\sqrt{3} - \sqrt{5})^5$ é igual a:
a) $2\,630\sqrt{5}$ d) $1\,584\sqrt{15}$
b) $2\,690\sqrt{5}$ e) $1\,604\sqrt{15}$
c) $2\,712\sqrt{5}$

5. (Uerj) Em uma escola, 20% dos alunos de uma turma marcaram a opção correta de uma questão de múltipla escolha que possui quatro alternativas de resposta. Os demais marcaram uma das quatro opções ao acaso.

Verificando-se as respostas de dois alunos quaisquer dessa turma, a probabilidade de que exatamente um tenha marcado a opção correta equivale a:
a) 0,48 c) 0,36
b) 0,40 d) 0,25

6. (FGV-SP) Um hospital dispõe de três médicos e de quatro enfermeiras para formar uma Comissão de Ética (CE) e uma Comissão de Controle de Infecções Hospitalares (CCIH). Cada comissão deve ser composta de um médico e duas enfermeiras, e ninguém pode pertencer às duas comissões. Juntas, uma CE e uma CCIH constituem uma "formação".

O número de "formações" distintas que podem ser constituídas é:
a) 36 d) 144
b) 18 e) 6
c) 324

7. (UEL-PR) Os clientes de um banco, ao utilizarem seus cartões nos caixas eletrônicos, digitavam uma senha numérica composta de cinco algarismos.

Com o intuito de melhorar a segurança da utilização desses cartões, o banco solicitou a seus clientes que cadastrassem senhas numéricas com seis algarismos. Se a segurança for definida pela quantidade de possíveis senhas, em quanto aumentou percentualmente a segurança na utilização dos cartões?
a) 10% d) 900%
b) 90% e) 1 900%
c) 100%

298

8. (Uerj) Três modelos de aparelhos de ar-condicionado, I, II e III, de diferentes potências, são produzidos por determinado fabricante.

Uma consulta sobre intenção de troca de modelo foi realizada com 1 000 usuários desses produtos. Observe a matriz A, na qual cada elemento a_{ij} representa o número daqueles que pretendem trocar do modelo i para o modelo j.

$$A = \begin{pmatrix} 50 & 150 & 200 \\ 0 & 100 & 300 \\ 0 & 0 & 200 \end{pmatrix}$$

Escolhendo-se aleatoriamente um dos usuários consultados, a probabilidade de que ele não pretenda trocar seu modelo de ar-condicionado é igual a:

a) 20%   c) 40%
b) 35%   d) 65%

9. (UFSCar-SP) Em seu trabalho, João tem 5 amigos, sendo 3 homens e 2 mulheres. Já sua esposa Maria tem, em seu trabalho, 4 amigos (distintos dos de João), sendo 2 homens e 2 mulheres.

Para uma confraternização, João e Maria pretendem convidar 6 dessas pessoas, sendo exatamente 3 homens e 3 mulheres. Determine de quantas maneiras eles podem convidar essas pessoas:

a) dentre todos os seus amigos no trabalho;
b) de forma que cada um deles convide exatamente 3 pessoas, dentre seus respectivos amigos.

10. (Enem) Em um jogo disputado em uma mesa de sinuca, há dezesseis bolas: uma branca e quinze coloridas, as quais, de acordo com a coloração, valem de 1 a 15 pontos (um valor para cada bola colorida).

O jogador acerta o taco na bola branca de forma que esta acerte as outras, com o objetivo de acertar duas das quinze bolas em quaisquer caçapas. Os valores dessas duas bolas são somados e devem resultar em um valor escolhido pelo jogador antes do início da jogada.

Arthur, Bernardo e Caio escolhem os números 12, 17 e 22 como sendo resultados de suas respectivas somas. Com essa escolha, quem tem a maior probabilidade de ganhar o jogo é:

a) Arthur, pois a soma que escolheu é menor.
b) Bernardo, pois há 7 possibilidades de compor a soma escolhida por ele, contra 4 possibilidades para a escolha de Arthur e 4 possibilidades para a escolha de Caio.
c) Bernardo, pois há 7 possibilidades de compor a soma escolhida por ele, contra 5 possibilidades para a escolha de Arthur e 4 possibilidades para a escolha de Caio.
d) Caio, pois há 10 possibilidades de compor a soma escolhida por ele, contra 5 possibilidades para a escolha de Arthur e 8 possibilidades para a escolha de Bernardo.
e) Caio, pois a soma que escolheu é maior.

11. (Mackenzie-SP) Uma faculdade possui 11 professores titulares, dos quais 7 são homens e 4 mulheres. O número de bancas distintas de avaliação que podem ser formadas, contendo cada uma apenas 3 homens e 3 mulheres é:

a) 4   c) 80   e) 180
b) 70 d) 140

12. (Fuvest-SP) Francisco deve elaborar uma pesquisa sobre dois artrópodes distintos. Eles serão selecionados ao acaso, da seguinte relação: aranha, besouro, barata, lagosta, camarão, formiga, ácaro, caranguejo, abelha, carrapato, escorpião e gafanhoto.

Qual é a probabilidade de que ambos os artrópodes escolhidos para a pesquisa de Francisco não sejam insetos?

a) $\frac{49}{144}$ c) $\frac{7}{22}$ e) $\frac{15}{144}$

b) $\frac{14}{33}$ d) $\frac{5}{22}$

13. (Enem) Rafael mora no centro de uma cidade e decidiu se mudar, por recomendações médicas, para uma das regiões: rural, comercial, residencial urbano ou residencial suburbano. A principal recomendação médica foi com as temperaturas das "ilhas de calor" da região, que deveriam ser inferiores a 31 °C.

Tais temperaturas são apresentadas no gráfico:

Fonte: EPA

Escolhendo, aleatoriamente, uma das outras regiões para morar, a probabilidade de ele escolher uma região que seja adequada às recomendações médicas é:

a) $\frac{1}{5}$ c) $\frac{2}{5}$ e) $\frac{3}{4}$

b) $\frac{1}{4}$ d) $\frac{3}{5}$

Vestibular e Enem

14. (Unicamp-SP) Para acomodar a crescente quantidade de veículos, estuda-se mudar as placas, atualmente com três letras e quatro algarismos numéricos, para quatro letras e três algarismos numéricos, como está ilustrado abaixo.

ABC 1234   ABCD 123

Considere o alfabeto com 26 letras e os algarismos de 0 a 9. O aumento obtido com essa modificação em relação ao número máximo de placas em vigor seria:
a) inferior ao dobro.
b) superior ao dobro e inferior ao triplo.
c) superior ao triplo e inferior ao quádruplo.
d) mais que o quádruplo.

15. (Uepa)

Os números alarmantes relativos à violência doméstica levaram a Organização Mundial de Saúde (OMS) a reconhecer a gravidade que o fenômeno representa para a saúde pública e recomendar a necessidade de efetivação de campanhas nacionais de alerta e prevenção. No Brasil, apesar de não haver estatísticas oficiais, algumas organizações não governamentais de apoio às mulheres e crianças vítimas de maus-tratos apresentam números assustadores da violência doméstica. Estima-se que, a cada 4 (quatro) minutos uma mulher seja vítima de violência doméstica. Dos 850 inquéritos policiais instaurados na 1ª e 3ª Delegacia de Defesa da Mulher de São Paulo, 82% se referem a lesões corporais dolosas.

Fonte: <http://jus.com.br/revista/texto/7753/a-violencia-domestica-como-violacao-dos-direitos-humanos>. Acesso em: 9 set. 2011. (Texto adaptado.)

A probabilidade de ser escolhido aleatoriamente um desses inquéritos policiais e de ele não se referir a lesões corporais dolosas é de:
a) 0,18
b) 0,19
c) 0,20
d) 0,21
e) 0,22

16. (PUC-RJ) Em uma caixa, existem 10 bolas vermelhas numeradas de 1 a 10 e também 10 bolas verdes numeradas de 1 a 10.
a) Ivonete retira uma bola da caixa. Qual a probabilidade de que a bola retirada seja uma de número 3?
b) Marcos retira duas bolas da caixa. Qual a probabilidade de ele obter 2 bolas com o mesmo número?
c) Joana retira uma bola da caixa. Qual a probabilidade de que a bola retirada seja uma verde com um número par?

17. (UEPG-PR) Para formar uma senha, devem ser escolhidos três elementos distintos do conjunto {a, b, c, d, 1, 2, 3, 4, 5}.
Nesse contexto, [verifique] o que for correto.
01. O número de senhas formadas por dois algarismos e uma letra, nessa ordem, é menor do que 60.
02. O número de senhas formadas somente por algarismos é 60.
04. O número de senhas formadas por letras e algarismos é 140.
08. Podem ser formadas mais de 500 senhas.

18. (UFTM-MG) Os seis números naturais positivos marcados nas faces de um dado são tais que:
 I. não existem faces com números repetidos;
 II. a soma dos números em faces opostas é sempre 20;
 III. existem 4 faces com números ímpares e 2 faces com números pares.

O total de conjuntos distintos com os seis números que podem compor as faces de um dado como o descrito é:
a) 20
b) 28
c) 36
d) 38
e) 40

19. (Fuvest-SP) Vinte times de futebol disputam a série A do Campeonato Brasileiro, sendo seis deles paulistas. Cada time joga duas vezes contra cada um dos seus adversários.
A porcentagem de jogos nos quais os dois oponentes são paulistas é:
a) menor que 7%.
b) maior que 7%, mas menor que 10%.
c) maior que 10%, mas menor que 13%.
d) maior que 13%, mas menor que 16%.
e) maior que 16%.

20. (PUC-RJ) Jogamos uma moeda comum e um dado comum. A probabilidade de sair um número par e a face coroa é:
a) 0,1
b) 0,2
c) 0,25
d) 0,33
e) 0,5

Para explorar

Livros

▪ DASSIE, B. A. et al. *Curso de análise combinatória e probabilidade*: aprendendo com a resolução de problemas. São Paulo: Ciência Moderna, 2009.
Além de apresentar os conceitos básicos de análise combinatória e de probabilidade, esse livro direciona os alunos para a resolução de variadas situações, com tópicos complementares acerca de aplicações diversas do tema (loterias, genética, paradoxos, etc). Contém ainda exercícios resolvidos e questões de vestibulares.

▪ MELLO, M. P. et al. *Introdução à análise combinatória*. São Paulo: Ciência Moderna, 2008.
O livro apresenta noções de teoria de conjuntos e desenvolve as ferramentas básicas de contagem (princípios aditivo e multiplicativo, arranjos, permutações, combinações, princípio da inclusão e exclusão, entre outras). A teoria é fixada utilizando exemplos e exercícios.

▪ MORGADO, A. C. de O. et al. *Análise combinatória e probabilidade*. São Paulo: Publicação SBM, 2004.
Apresenta a teoria seguida de exemplos. Ao final do livro constam as respostas e as soluções dos exercícios propostos.

▪ SANTOS, J. P. O. dos; ESTRADA, E. L. *Problemas resolvidos de combinatória*. São Paulo: Ciência Moderna, 2007.
Para ser utilizado como apoio no ensino de análise combinatória, esse livro contém exercícios com soluções. É indicado como leitura complementar de *Introdução à análise combinatória*, da mesma editora, citado acima.

Sites

▪ <http://gfm.cii.fc.ul.pt/people/jrezende/jr_poliedros-jogos.pdf>. Acesso em: 25 jun. 2015.
Apresenta jogos envolvendo poliedros e permutações. Mostra também como construir as peças de seu próprio jogo. Há, ainda, exemplos de *puzzles* com poliedros e um método de resolução de alguns dos *puzzles* propostos.

▪ <http://www.bussolaescolar.com.br/matematica.htm>. Acesso em: 25 jun. 2015.
Site dividido entre as principais áreas da Matemática; apresenta conteúdos, exercícios propostos e resolvidos, além de comentários para auxiliar nos estudos.

Vídeo

▪ **Qual é a probabilidade**. Disponível em: <http://www.youtube.com/watch?v=81Tb-DHHNws>. Acesso em: 25 jun. 2015. Esse vídeo mostra algumas probabilidades envolvendo temas curiosos; por exemplo, com que probabilidade determinado evento pode ser considerado impossível. Útil para o conhecimento de aplicações da probabilidade no cotidiano.

PROJETO 2

Orçamento doméstico

Tomada de consciência sobre a importância de gerenciar um orçamento doméstico.

■ O que você vai fazer

Você e seus colegas vão explicar à comunidade como elaborar e gerenciar um orçamento doméstico, apresentando as orientações em um folheto informativo.

Planejar como gastar o dinheiro e onde empregá-lo não é tarefa fácil, principalmente diante dos inúmeros apelos publicitários e das ofertas de crédito fácil. Nesse sentido, o orçamento doméstico é uma ferramenta que auxilia a família no controle das receitas e das despesas, na medida em que propicia uma visão geral das finanças familiares.

Com o orçamento doméstico, fica mais fácil interferir no consumo familiar para saldar eventuais dívidas, alcançar determinados objetivos, criar um fundo de reserva para eventualidades, ou seja, planejar o futuro financeiro da família.

Para elaborar o folheto, você e seus colegas administrarão o orçamento doméstico de uma família fictícia por um período de seis meses. O objetivo dessa gestão será, a cada mês, manter positivo o saldo do orçamento da família e, ainda, poupar determinada quantia. Para isso, serão aplicados conhecimentos matemáticos como cálculos exatos, estimativas, proporções, etc.

■ A família fictícia

A família fictícia vive no mesmo bairro da escola em que você estuda. O perfil dessa família será definido por seu grupo conforme os passos abaixo.

- Primeiramente, seu grupo deve elaborar um perfil dessa família. Podem auxiliar nessa tarefa perguntas deste tipo: Quantas pessoas compõem a família? Qual é a idade e o grau de escolaridade de cada pessoa? Qual é a profissão delas? A casa é própria ou alugada? Os filhos (se houver) estudam em escola pública ou particular? Quais são os gastos fixos mensais (água, luz, telefone, gás, alimentação, escola, transporte, etc.)? Há dívidas a pagar? Há alguma meta financeira que a família gostaria de atingir (saldar dívidas, poupar determinada quantia para uma aquisição ou eventualidade, etc.)?

- Em seguida, o grupo deve elaborar o orçamento doméstico dessa família, e cada aluno do grupo representará um membro da família. Cada grupo deverá definir com detalhes e registrar em uma ficha individual o perfil e as necessidades de cada membro da família.

Nome:*
Fulano de Tal

Perfil geral
Idade: _____
Profissão: _____
Renda mensal: _____

Perfil social e cultural
Trabalha? Estuda? Pratica esportes? Tem plano de saúde? Etc.

*Sugestão de ficha individual.

■ Investigação e coleta de dados

Uma vez definidos o perfil e as necessidades de cada membro da família, é preciso fazer uma pesquisa no mercado de trabalho e no comércio do bairro para descobrir os valores relativos às receitas e às despesas da família. Tais valores devem ser condizentes com o perfil definido.

> **Receita**
> Receita é toda entrada de dinheiro. Em um orçamento doméstico, as receitas são: os salários, os ganhos extras, as pensões, etc.

Cada integrante do grupo é responsável por pesquisar os valores referentes ao membro da família que está representando. É importante levantar todas as despesas mensais referentes a alimentação, moradia, transporte, educação e lazer no período de seis meses.

Gestão do orçamento

O grupo deve reunir, em uma única planilha, os valores pesquisados referentes aos seis meses que serão analisados. Para isso, a planilha deve ser organizada em duas partes: uma para as receitas e outra para as despesas, que podem ser classificadas nas seguintes categorias:

- **Despesas fixas**: moradia, transporte, educação, assistência médica, alimentação, etc.
- **Despesas eventuais**: medicamentos, consertos em geral, taxas, cabeleireiro, lazer, etc.
- **Despesas sazonais**: materiais escolares, impostos, datas comemorativas, férias, etc.

Feito o orçamento, cada grupo deve **analisar** o saldo mensal e avaliar, entre as despesas, aquelas que representam gastos excessivos.

Cada grupo deve elaborar estratégias de **controle das despesas** mensais para manter o saldo positivo.

> **Para analisar o orçamento**
>
> Segundo pesquisas de orçamentos familiares realizadas pelo IBGE em 2008 e 2009, o gasto médio da família brasileira corresponde a aproximadamente: 36% em habitação; 7% em assistência à saúde, 3% em educação, 20% em transporte, 20% em alimentação e 14% em despesas diversas.
>
> Fonte de pesquisa: IBGE. Disponível em: <http://www.ibge.gov.br/home/presidencia/noticias/noticia_visualiza.php?id_noticia=1648&id_pagina=1>. Acesso em: 4 fev. 2013.

Comunicação dos resultados

Cada grupo deve apresentar para a turma os resultados numéricos, as conclusões e as tomadas de decisões a respeito da vida da família representada durante os seis meses estudados.

O grupo deve esclarecer as estratégias e os métodos de controle das despesas que foram adotados para alcançar o objetivo.

Caso o grupo não tenha alcançado o objetivo, deve apresentar uma avaliação de seu desempenho, apontando as possíveis mudanças de estratégias que poderiam ser adotadas para alcançá-lo.

> **Controle das despesas**
>
> Para controlar as despesas, é aconselhável considerar algumas atitudes, como: dialogar e decidir, em família, o uso consciente do dinheiro; repensar hábitos e atitudes relacionados ao consumo no cotidiano; evitar que a família fique impossibilitada de honrar os compromissos financeiros; debater e refletir sobre a responsabilidade de cada um no cumprimento dos acordos.

Elaboração do folheto

Para essa fase do projeto, a turma pode se dividir em três novos grupos, de acordo com as informações que serão apresentadas no folheto.

> **Grupo 1 – Justificativa.** O grupo será responsável por justificar a importância de se fazer um orçamento doméstico e esclarecer os objetivos alcançados com ele.

> **Grupo 2 – Como fazer o orçamento.** O grupo será responsável por orientar a elaboração de um orçamento doméstico.

> **Grupo 3 – Controle de despesas.** O grupo será responsável por orientar possíveis estratégias para o controle de despesas.

Para enriquecer as informações do folheto, cada grupo pode apresentar dicas, com base nas experiências vivenciadas na gestão do orçamento da família representada.

Avaliação

- A maneira como foi organizado o projeto, a divisão de tarefas e as estratégias adotadas facilitaram a realização do projeto? O que poderia ser modificado em outra oportunidade?
- Como a Matemática contribuiu para a análise e para a administração do orçamento?

Estratégias e soluções — Mais problemas

1. Em um jogo de tabuleiro, o trajeto que os jogadores precisam percorrer para finalizar o jogo está dividido em partes. Ao final de cada parte, o jogador só poderá passar para a próxima se resolver um desafio proposto pelos outros jogadores.

   Rosana está jogando com seus primos e, para passar para a última fase, ela terá de determinar o valor de cada letra da adição a seguir.

   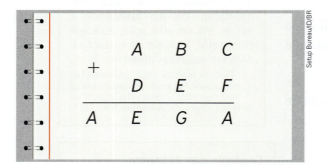

   Considere as seguintes afirmações.
   I. Cada letra representa apenas um dos algarismos de 0 a 9.
   II. $C - F = G$
   III. C é um número par.

   Determine o valor de cada letra da adição apresentada.

2. Um grupo de amigos decidiu fazer uma viagem para uma cidade no interior do estado em que vivem. Considere que a viagem ocorreu de acordo com as seguintes afirmações.

   - Eles partiram da capital do estado às 6 horas da manhã de um sábado.
   - Chegando ao seu destino, passaram o final de semana na cidade.
   - Na segunda-feira, às 6 horas da manhã, o grupo retornou para a capital.
   - Tanto o caminho de ida quanto o de volta foram feitos pela mesma estrada.

   É possível que esse grupo tenha passado em certo ponto do trajeto de volta no mesmo horário em que passou na ida? Justifique.

3. A torre de Hanói é um quebra-cabeça composto por uma base contendo três pinos. Em um desses pinos, são colocados alguns discos uns sobre os outros, em ordem crescente de raio, de cima para baixo, conforme a imagem a seguir.

   Modelo de torre de Hanói.

   O quebra-cabeça consiste em passar todos os discos de um pino para outro qualquer, usando um dos pinos como auxiliar, de maneira que um disco maior nunca fique em cima de outro menor em nenhuma situação. Além disso, a cada movimento, apenas um disco pode ser deslocado.

   a) Faça um esquema para movimentar apenas três discos do pino da direita para o pino da esquerda, utilizando o pino central como auxiliar.
   Verifique que, para fazer esse deslocamento, o número mínimo de movimentos necessários é 7.
   b) Determine o número mínimo de movimentos necessários para deslocar quatro discos.
   c) Determine o número mínimo de movimentos para deslocar n discos.

4. A figura abaixo representa um sólido geométrico denominado tetraedro.

   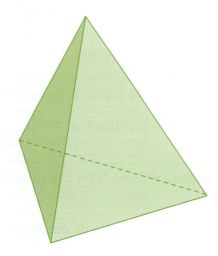

   Quais polígonos podem ser obtidos seccionando-se esse tetraedro?

5. Para um final de semana, foram feitas as seguintes previsões do tempo:
   - há 10% de chance de não chover no sábado;
   - há 30% de chance de não chover no domingo.

Ronaldo pretende fazer uma viagem nesse final de semana e, após ouvir essa previsão na tarde da sexta-feira, decidiu que, mesmo com a probabilidade de chuva, ele não irá adiar a viagem.

Considerando que os pontos turísticos da cidade só podem ser visitados se não estiver chovendo, Ronaldo fez a melhor escolha? Justifique.

6. Ana Carolina resolveu propor um desafio para sua amiga. Para isso, ela substituiu alguns algarismos de uma adição pelos símbolos ♣, ♦, ♥, ♠, ♪, * e ☽, como mostra a figura abaixo.

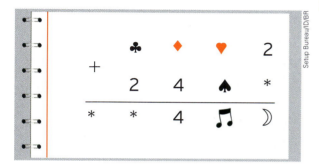

Determine o algarismo de 0 a 9 que cada símbolo representa, considerando que cada símbolo representa um algarismo diferente.

7. Uma bola de borracha foi solta de uma altura de 500 metros. Cada vez que toca o chão, a bola sobe 10% da altura que havia percorrido durante a queda anterior.
   a) Quantos metros essa bola subiu após tocar o chão pela segunda vez?
   b) Quantos metros a bola subirá após o n-ésimo toque no chão?
   c) Quantos metros a bola terá percorrido ao tocar o chão pela segunda vez?
   d) Quantos metros a bola terá percorrido ao tocar o chão pela n-ésima vez?

8. Em um clube de tênis será realizado um campeonato. Cada atleta participante jogará com cada um dos outros nove atletas uma única vez. Quantos jogos serão disputados nesse campeonato?

9. Imagine que sua casa esteja situada no ponto A da figura a seguir e que a escola esteja situada no ponto B. Para ir de sua casa para a escola, você teria de passar obrigatoriamente por um ponto C, situado na margem de um rio.

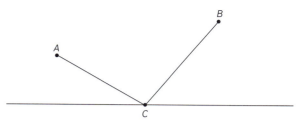

Elabore um esquema que mostre como determinar a localização do ponto C de modo que a distância percorrida para ir de sua casa até a escola seja a menor possível.

10. Ao participar de um programa de televisão, Juliana tinha de escolher uma entre três urnas que estavam no palco e retirar a bolinha de seu interior.

Após Juliana escolher a urna número 1, antes de ela retirar a bolinha, o apresentador, que sabia onde estava a bolinha vermelha, retirou uma bolinha amarela da urna número 3.

Em seguida, ele perguntou a Juliana: Você fica com a urna 1 ou quer trocar? Juliana pensou e decidiu ficar com a urna número 1.

Para responder à questão, considere que as seguintes afirmações são verdadeiras.

- Se saísse a bolinha vermelha da urna escolhida por Juliana, ela seria a vencedora do programa.
- Se saísse uma bolinha amarela da urna escolhida por Juliana, ela não seria a vencedora do programa.
- Há apenas uma bolinha dentro de cada urna.
- Apenas uma urna contém a bola vermelha.

Agora, responda: ela tomou a melhor decisão? Justifique.

Apêndice

Alfabeto grego

Letra	Minúscula	Maiúscula
alfa	α	A
beta	β	B
gama	γ	Γ
delta	δ	Δ
épsilon	ε	E
zeta	ζ	Z
eta	η	H
teta	θ	Θ
iota	ι	I
capa	κ	K
lambda	λ	Λ
mi	μ	M

Letra	Minúscula	Maiúscula
ni	ν	N
xi	ξ	Ξ
ômicron	o	O
pi	π	Π
rô	ρ	P
sigma	σ	Σ
tau	τ	T
úpsilon	υ	Y
fi	φ	Φ
chi	χ	X
psi	ψ	Ψ
ômega	ω	Ω

Unidades de medida
Sistema Internacional de Unidades — SI

O Sistema Internacional de Unidades (SI), um sistema prático e único, é utilizado mundialmente nas relações internacionais, no ensino, em trabalhos científicos, etc. São sete as unidades definidas e independentes do SI, denominadas unidades de base, conforme indicadas a seguir.

Unidades SI de base		Grandeza
Nome	**Símbolo**	
metro	m	comprimento
quilograma	kg	massa
segundo	s	tempo
ampere	A	corrente elétrica
kelvin	K	temperatura termodinâmica
mol	mol	quantidade de matéria
candela	cd	intensidade luminosa

Além das unidades de base, há as unidades derivadas, que podem ser expressas a partir das unidades de base, utilizando-se símbolos matemáticos de divisão e multiplicação. **Exemplo**: a unidade de medida metro por segundo (símbolo: m/s), cuja grandeza é velocidade.

Muitas unidades derivadas possuem nome e símbolo especiais. Por exemplo, a unidade de medida newton (símbolo: N), cuja grandeza é força.

O símbolo da unidade SI é invariável.

- Não é abreviatura

metro	m		m.	mtr.	
quilograma	kg		kg.	kgr.	errado
hora	h		h.	hr.	

- Não tem plural

cinco metros	5 m		5 ms	
dois quilogramas	2 kg		2 kgs	errado
oito horas	8 h		8 hs	

- Não é expoente

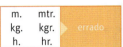

Múltiplo de uma unidade (de medida)
Unidade de medida maior formada a partir de uma unidade dada, de acordo com convenções de escalonamento. **Exemplos**: um dos múltiplos decimais do metro é o quilômetro; um dos múltiplos não decimais do segundo é a hora.

Submúltiplo de uma unidade (de medida)
Unidade de medida menor formada a partir de uma unidade, de acordo com convenções de escalonamento. **Exemplo**: um dos submúltiplos decimais do metro é o milímetro.

Fonte de pesquisa: Instituto de Pesos e Medidas do Estado de São Paulo (Ipem-SP). Disponível em: <http://www.ipem.sp.gov.br>. Acesso em: 18 maio 2013.

Potências de base 10

Quadro Geral de Unidades, aprovado pela Resolução do Conmetro nº 12/88:

Múltiplo	Prefixo	Símbolo do prefixo	Valor
10^{15}	peta	P	1 000 000 000 000 000
10^{12}	tera	T	1 000 000 000 000
10^{9}	giga	G	1 000 000 000
10^{6}	mega	M	1 000 000
10^{3}	quilo	k	1 000
10^{2}	hecto	h	100
10^{1}	deca	da	10

Múltiplo	Prefixo	Símbolo do prefixo	Valor
10^{-1}	deci	d	0,1
10^{-2}	centi	c	0,01
10^{-3}	mili	m	0,001
10^{-6}	micro	μ	0,000 001
10^{-9}	nano	n	0,000 000 001
10^{-12}	pico	p	0,000 000 000 001
10^{-15}	femto	f	0,000 000 000 000 001

Para formar o múltiplo ou submúltiplo de uma unidade, basta colocar o nome do prefixo desejado na frente do nome dessa unidade. O mesmo se dá com o símbolo.

Exemplos: Para multiplicar e dividir a unidade volt por mil:
- 1 quilovolt = 1 000 volts (1 kV = 10^3 V)
- 1 milivolt = 0,001 volt (1 mV = 10^{-3} V)

Os prefixos SI também podem ser utilizados com unidades fora do SI. **Exemplos**: milibar, quilocaloria, megatonelada.

Por motivos históricos, o nome da unidade SI de massa contém um prefixo: quilograma. Por isso, os múltiplos e submúltiplos da unidade são feitos a partir do grama. **Exemplos**: micrograma, centigrama, miligrama, decagrama, hectograma.

Sinais e símbolos matemáticos

	Símbolo	Significado
Operadores aritméticos	$+$	mais, adição, positivo
	$-$	menos, subtração, negativo, oposto
	$\times$ ou $\cdot$	multiplicação, vezes
	$\div$ ou $:$	divisão
	$\pm$	mais ou menos
Símbolos sentenciais	$=$	igual a
	$\neq$	diferente de
	$\equiv$	identidade trigonométrica
	$>$	maior do que
	$<$	menor do que
	$\geq$	maior do que ou igual a
	$\leq$	menor do que ou igual a
	$\cong$	aproximadamente igual a
	$:$	razão
	Σ	somatório
Símbolos de lógica	$\sim$	sistemas equivalentes, semelhança
	$\wedge$	conectivo "e"
	$\vee$	conectivo "ou"
	$\exists$	existe
	$\nexists$	não existe
	$\forall$	para todo, para todos
	$\equiv$	congruente a
	$\mid$	tal que
	$\propto$ ou $::$	proporcional a
	$\therefore$	portanto
	$\Rightarrow$	implica
	$\Leftrightarrow$	equivalência
	$'$ ou $\sim$	modificador, negação de
Funções	$f: A \to B$	função f de A em B
	$x \mapsto y$	função transforma x em y
	$D(f)$	domínio da função f
	$CD(f)$	contradomínio da função f
	$Im(f)$	conjunto imagem da função f
	$g \circ f$ ou $g(f(x))$	função composta da função g com a função f
	f^{-1}	função inversa da função f
	$\dfrac{\Delta y}{\Delta x}$	taxa média de variação de y em relação a x
Teoria dos conjuntos	$\in$	pertence
	$\notin$	não pertence
	$\cap$	intersecção
	$\cup$	união
	$n(A)$	número de elementos do conjunto A
	$\{a, b\}$	conjunto dos elementos a e b
	$\subset$	está contido, subconjunto de
	$\supset$	contém
	$\not\subset$	não está contido, não é subconjunto
	$\not\supset$	não contém

	Símbolo	Significado
Teoria dos conjuntos	$\varnothing$ ou $\{\}$	conjunto vazio
	$\mathbb{N}$	conjunto dos números naturais
	$\mathbb{Z}$	conjunto dos números inteiros
	$\mathbb{Q}$	conjunto dos números racionais
	$\mathbb{I}$	conjunto dos números irracionais
	$\mathbb{R}$	conjunto dos números reais
	$\mathbb{C}$	conjunto dos números complexos
	$[a, b]$	intervalo fechado
	$]a, b[$	intervalo aberto
	$[a, b[$ ou $a \vdash b$	intervalo fechado à esquerda e aberto à direita
	$]a, b]$ ou $a \dashv b$	intervalo aberto à esquerda e fechado à direita
Outros	$|a|$	módulo ou valor absoluto de a
	$\log_a b$	logaritmo de b na base a
	$\log b$	logaritmo de b na base 10 (logaritmo decimal)
	$\ln$	logaritmo natural ou neperiano
	∞	infinito
	π	número pi
	e	número neperiano ou de Euler
	i	unidade imaginária que representa $\sqrt{-1}$
	sen	seno
	cos	cosseno
	tg	tangente
	sec	secante
	cossec	cossecante
	cotg	cotangente
	$\sqrt[n]{a}$	raiz n-ésima de a
	$!$	fatorial
	$\%$	porcentagem, por cento
	$\llcorner$	ângulo reto
	$r \angle s$	reta r forma ângulo com reta s
	$r \perp s$	reta r perpendicular ou ortogonal à reta s
	$r /\!/ s$	reta r paralela à reta s
	$\triangle ABC$	triângulo ABC
	$\hat{A}$ ou $B\hat{A}C$	ângulo $\hat{A}$
	segmento AB	segmento de extremidades A e B
	AB	medida do segmento AB
	reta AB	reta que contém os pontos A e B
	semirreta AB	semirreta de origem A e que contém o ponto B

Apêndice

Tabela de razões trigonométricas
(Valores aproximados.)

Medida do ângulo	sen	cos	tg
0°	0,0000	1,0000	0,0000
1°	0,0175	0,9998	0,0175
2°	0,0349	0,9994	0,0349
3°	0,0523	0,9986	0,0524
4°	0,0698	0,9976	0,0699
5°	0,0872	0,9962	0,0875
6°	0,1045	0,9945	0,1051
7°	0,1219	0,9925	0,1228
8°	0,1392	0,9903	0,1405
9°	0,1564	0,9877	0,1584
10°	0,1736	0,9848	0,1763
11°	0,1908	0,9816	0,1944
12°	0,2079	0,9781	0,2126
13°	0,2250	0,9744	0,2309
14°	0,2419	0,9703	0,2493
15°	0,2588	0,9659	0,2679
16°	0,2756	0,9613	0,2867
17°	0,2924	0,9563	0,3057
18°	0,3090	0,9511	0,3249
19°	0,3256	0,9455	0,3443
20°	0,3420	0,9397	0,3640
21°	0,3584	0,9336	0,3839
22°	0,3746	0,9272	0,4040
23°	0,3907	0,9205	0,4245
24°	0,4067	0,9135	0,4452
25°	0,4226	0,9063	0,4663
26°	0,4384	0,8988	0,4877
27°	0,4540	0,8910	0,5095
28°	0,4695	0,8829	0,5317
29°	0,4848	0,8746	0,5543
30°	0,5000	0,8660	0,5774
31°	0,5150	0,8572	0,6009
32°	0,5299	0,8480	0,6249
33°	0,5446	0,8387	0,6494
34°	0,5592	0,8290	0,6745
35°	0,5736	0,8192	0,7002
36°	0,5878	0,8090	0,7265
37°	0,6018	0,7986	0,7536
38°	0,6157	0,7880	0,7813
39°	0,6293	0,7771	0,8098
40°	0,6428	0,7660	0,8391
41°	0,6561	0,7547	0,8693
42°	0,6691	0,7431	0,9004
43°	0,6820	0,7314	0,9325
44°	0,6947	0,7193	0,9657
45°	0,7071	0,7071	1,0000

Medida do ângulo	sen	cos	tg
46°	0,7193	0,6947	1,0355
47°	0,7314	0,6820	1,0724
48°	0,7431	0,6691	1,1106
49°	0,7547	0,6561	1,1504
50°	0,7660	0,6428	1,1918
51°	0,7771	0,6293	1,2349
52°	0,7880	0,6157	1,2799
53°	0,7986	0,6018	1,3270
54°	0,8090	0,5878	1,3764
55°	0,8192	0,5736	1,4281
56°	0,8290	0,5592	1,4826
57°	0,8387	0,5446	1,5399
58°	0,8480	0,5299	1,6003
59°	0,8572	0,5150	1,6643
60°	0,8660	0,5000	1,7321
61°	0,8746	0,4848	1,8040
62°	0,8829	0,4695	1,8807
63°	0,8910	0,4540	1,9626
64°	0,8988	0,4384	2,0503
65°	0,9063	0,4226	2,1445
66°	0,9135	0,4067	2,2460
67°	0,9205	0,3907	2,3559
68°	0,9272	0,3746	2,4751
69°	0,9336	0,3584	2,6051
70°	0,9397	0,3420	2,7475
71°	0,9455	0,3256	2,9042
72°	0,9511	0,3090	3,0777
73°	0,9563	0,2924	3,2709
74°	0,9613	0,2756	3,4874
75°	0,9659	0,2588	3,7321
76°	0,9703	0,2419	4,0108
77°	0,9744	0,2250	4,3315
78°	0,9781	0,2079	4,7046
79°	0,9816	0,1908	5,1446
80°	0,9848	0,1736	5,6713
81°	0,9877	0,1564	6,3138
82°	0,9903	0,1392	7,1154
83°	0,9925	0,1219	8,1443
84°	0,9945	0,1045	9,5144
85°	0,9962	0,0872	11,4301
86°	0,9976	0,0698	14,3007
87°	0,9986	0,0523	19,0811
88°	0,9994	0,0349	28,6363
89°	0,9998	0,0175	57,2900
90°	1,0000	0,0000	∄

Respostas dos exercícios

■ Capítulo 1 - Circunferência trigonométrica

Página 10 – Para começar
1. 14
2. 5
3. 360°, 180°, 120°, 90°, 72°, 60°, 45°, 40°, 36° e 30°.

Página 13 – Cálculo mental
540′

Página 15 – Exercícios propostos
4. aproximadamente 1 cm
5. Alternativa **d**
6. 3 rad
7. 1 hora e 14 minutos.
8. $\frac{5\pi}{6}$ rad
9. 36° e 324°
10. Alternativa **c**
11. Alternativa **c**
12. Sendo A um ponto da circunferência de centro O e sendo B_1, B_2, B_3 e B_4 a outra extremidade dos arcos de media $\alpha_1, \alpha_2, \alpha_3$ e α_4, temos a seguinte resposta possível:
    a) $\alpha_1 = 114°$
    b) $\alpha_2 = 120°$
    c) $\alpha_3 = 200°$
    d) $\alpha_4 = 210°$

13. 18 cm
14. 277,5ᶜ
15. 2 276,5 km
16. 11 200 km
17. a) 8,74 m/s
    b) 25,06%
18. Respostas pessoais.

Página 18 – Exercícios propostos
20. a) 3º quadrante
    b) 2º quadrante
    c) 4º quadrante
    d) 1º quadrante
    e) 2º quadrante
    f) 3º quadrante
    g) 4º quadrante
    h) 1º quadrante
    i) 3º quadrante
21.

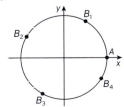

22. $m(\widehat{AB}) = \frac{\pi}{5}$ rad, $m(\widehat{AC}) = \frac{2\pi}{5}$ rad, $m(\widehat{AD}) = \frac{3\pi}{5}$ rad, $m(\widehat{AE}) = \frac{4\pi}{5}$ rad, $m(\widehat{AF}) = \pi$ rad, $m(\widehat{AG}) = \frac{6\pi}{5}$ rad, $m(\widehat{AH}) = \frac{7\pi}{5}$ rad, $m(\widehat{AI}) = \frac{8\pi}{5}$ rad e $m(\widehat{AJ}) = \frac{9\pi}{5}$ rad.

23. Resposta possível:

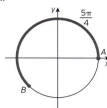

24. a) $m(\widehat{AB}) = 60°, m(\widehat{AC}) = 120°, m(\widehat{AD}) = 180°, m(\widehat{AE}) = 240°$ e $m(\widehat{AF}) = 300°$.
    b) $m(\widehat{AB}) = 18°, m(\widehat{AC}) = 90°, m(\widehat{AD}) = 162°, m(\widehat{AE}) = 234°$ e $m(\widehat{AF}) = 306°$.
    c) $m(\widehat{AB}) = 22,5°, m(\widehat{AC}) = 67,5°, m(\widehat{AD}) = 112,5°, m(\widehat{AE}) = 157,5°, m(\widehat{AF}) = 202,5°, m(\widehat{AG}) = 247,5°, m(\widehat{AH}) = 292,5°$ e $m(\widehat{AI}) = 337,5°$.

Página 20 – Exercícios propostos
27. a) São côngruos.
    b) São côngruos.
28. a) $\alpha = 40° + k \cdot 360°$, com $k \in \mathbb{Z}$
    b) $\alpha = 167° + k \cdot 360°$, com $k \in \mathbb{Z}$
    c) $\alpha = \frac{3\pi}{4} + k \cdot 2\pi$, com $k \in \mathbb{Z}$
    d) $\alpha = \frac{5\pi}{3} + k \cdot 2\pi$, com $k \in \mathbb{Z}$
29. a) 300° e −60°
    b) $\frac{4\pi}{3}$ rad e $-\frac{2\pi}{3}$ rad
    c) 120° e −240°
    d) $\frac{\pi}{4}$ rad e $-\frac{7\pi}{4}$ rad
    e) 30° e −330°
    f) $\frac{11\pi}{6}$ e $-\frac{\pi}{6}$
30. a)

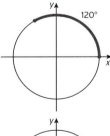

    b)

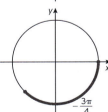

31. Para o arco $\widehat{AB}$: $45° + k \cdot 360°$, com $k \in \mathbb{Z}$
    Para o arco $\widehat{AC}$: $90° + k \cdot 360°$, com $k \in \mathbb{Z}$
    Para o arco $\widehat{AD}$: $135° + k \cdot 360°$, com $k \in \mathbb{Z}$
    Para o arco $\widehat{AE}$: $180° + k \cdot 360°$, com $k \in \mathbb{Z}$
    Para o arco $\widehat{AF}$: $225° + k \cdot 360°$, com $k \in \mathbb{Z}$
    Para o arco $\widehat{AG}$: $270° + k \cdot 360°$, com $k \in \mathbb{Z}$
    Para o arco $\widehat{AH}$: $315° + k \cdot 360°$, com $k \in \mathbb{Z}$

Respostas dos exercícios

32. $\alpha = 240° + k \cdot 360°$, com $k \in \mathbb{Z}$

33. 11 voltas

Página 23 – Exercícios propostos

38. a) aproximadamente 2,96
b) aproximadamente 0,14
c) aproximadamente 1,87
d) aproximadamente 38,69

39. a) $\frac{1}{2}$
b) $-\frac{\sqrt{3}}{2}$
c) $\frac{\sqrt{2}}{2}$
d) 0

40. Alternativa d

41. $k \in \left[\frac{4}{3}, 2\right]$

42. a) 2,34
b) $-\frac{10}{9}$
c) 4,05

43. a) $\alpha = \frac{\pi}{6} + 2k\pi$ ou $\alpha = \frac{5\pi}{6} + 2k\pi$, $k \in \mathbb{Z}$
b) $\alpha = \frac{4\pi}{3} + 2k\pi$ ou $\alpha = \frac{5\pi}{3} + 2k\pi$, $k \in \mathbb{Z}$

44. a) 1 225 indivíduos
b) −150
c) 275 indivíduos

Página 26 – Exercícios propostos

49. a) aproximadamente 3,11
b) aproximadamente −0,36
c) aproximadamente −2,76
d) aproximadamente 2,25

50. a) 1
b) $\frac{\sqrt{2}}{2}$
c) −1
d) $\frac{\sqrt{2}}{2}$

51. $m \in [2, 3]$

52. $S = \left\{ k \in \mathbb{R} \mid -1 \leq k \leq 1 - \sqrt{2} \text{ ou } 1 + \sqrt{2} \leq k \leq 3 \right\}$

53. a) $\left\{\frac{\pi}{4}, \frac{7\pi}{4}, \frac{9\pi}{4} \text{ e } \frac{15\pi}{4}\right\}$
b) $\left\{\frac{8\pi}{3}, \frac{10\pi}{3}\right\}$

54. a) $\frac{\sqrt{3}}{3} - 4$
b) $2 + \frac{\sqrt{3}}{2}$
c) $2\sqrt{2} - \frac{\sqrt{3}}{2}$

55. a) $\alpha = \frac{\pi}{3} + 2k\pi$ ou $\alpha = \frac{5\pi}{3} + 2k\pi$, $k \in \mathbb{Z}$
b) $\alpha = \frac{5\pi}{6} + 2k\pi$ ou $\alpha = \frac{7\pi}{6} + 2k\pi$, $k \in \mathbb{Z}$

56. −1

57. Alternativa b

58. Haverá lucro de 23 mil reais na produção de quatro centenas de frascos de creme hidratante, pois o custo de quatro centenas de frascos é 9 mil reais e o valor de venda é 32 mil reais.

Página 27 – Ação e cidadania

- Resposta pessoal.
- Resposta pessoal.

Página 28 – Exercícios propostos

59. a) aproximadamente −1,15
b) aproximadamente 0,73

60. a) Não existe.
b) $\sqrt{3}$
c) −1
d) $\frac{\sqrt{3}}{3}$
e) 0
f) 1

Página 32 – Exercícios propostos

64. a) aproximadamente 1,15
b) aproximadamente 1,74
c) aproximadamente −0,57

65. a) $\frac{\sqrt{5}}{3}$
b) $\frac{3}{2}$
c) $\frac{\sqrt{5}}{2}$
d) $\frac{3\sqrt{5}}{5}$

66. $\frac{21 - 10\sqrt{21}}{25}$

67. $-\frac{\sqrt{5}}{3}$ ou $\frac{\sqrt{5}}{3}$

68. $\frac{\sqrt{5}}{3}$

69. $\frac{6 + 2\sqrt{3}}{3}$

70. $\frac{5}{3}$

71. $-\frac{3\sqrt{2}}{2}$

72. 1 ou $-\frac{3}{5}$

73. Apesar de o cosseno estar no intervalo [−1, 1], a secante não está restrita a esse intervalo.

Página 34 – Exercícios propostos

76. a) $\frac{34}{9}$
b) $\frac{9}{25}$
c) $\frac{34}{25}$
d) $\frac{25}{34}$

77. $\frac{26}{21}$

78. $\frac{1}{4}$

79. $-\frac{1}{3}$

80. a) 1
b) 2
c) $\frac{1}{2}$
d) 3

81. $\frac{1}{2}$

82. $\frac{25}{3}$

83. $\frac{\sqrt{6}}{2}$

84. Alternativa **e**

85. $-\frac{3\sqrt{3}}{4}$

86. Alternativa **a**

87. $\sqrt{3}$

88. Alternativa **e**

Página 35 – Exercícios propostos

89. a) aproximadamente −3,24
b) aproximadamente −3,07
c) aproximadamente −0,03
d) aproximadamente 2,20
e) aproximadamente 1,04
f) aproximadamente −3,07

90. a) I. 1º quadrante
II. 2º quadrante
III. 3º quadrante
IV. 4º quadrante
V. 2º quadrante
VI. 4º quadrante

b) I. positiva, positiva e positiva
II. negativa, positiva e negativa
III. negativa, negativa e positiva
IV. positiva, negativa e negativa
V. negativa, positiva e negativa
VI. positiva, negativa e negativa

c) Sim. Como $\sec \alpha = \frac{1}{\cos \alpha}$, o sinal da secante de um arco é o mesmo do cosseno desse arco. Como $\operatorname{cossec} \alpha = \frac{1}{\operatorname{sen} \alpha}$, o sinal da cossecante de um arco é o mesmo do seno desse arco. E como $\operatorname{cotg} \alpha = \frac{1}{\operatorname{tg} \alpha}$, o sinal da cotangente de um arco é o mesmo da tangente desse arco.

Página 36 – Exercícios complementares

91. 20°

92. 3 336,25 km

93. a) Falsa. Os arcos de 225° e de 215° estão no 3º quadrante da circunferência trigonométrica. Nesse quadrante, o cosseno varia de −1 a 0, conforme a medida do arco aumenta. Assim, quanto maior a medida do arco nesse quadrante, maior é o valor de seu cosseno.

b) Verdadeira. Os arcos de 160° e de 172° estão no 2º quadrante da circunferência trigonométrica. Nesse quadrante, o seno varia de 1 a 0, conforme a medida do arco aumenta. Assim, quanto maior a medida do arco nesse quadrante, menor é o valor de seu seno.

c) Verdadeira. Temos 495° = 360° + 135°. Então, 135° é a primeira determinação positiva do arco de 495°. Assim:
sen 495° = sen 135° = sen (180° − 45°) = sen 45°

d) Falsa. Temos $\frac{8\pi}{7} = \frac{7\pi}{7} + \frac{\pi}{7} = \frac{\pi}{7} + \pi$. Então, o arco de $\frac{8\pi}{7}$ rad está no 3º quadrante. Nesse quadrante, a tangente assume valores positivos.

e) Falsa. Os arcos de $\frac{\pi}{5}$ rad e $\frac{\pi}{6}$ rad estão no 1º quadrante da circunferência trigonométrica. Nesse quadrante, o seno varia de 0 a 1, conforme a medida do arco aumenta.
Como $\frac{\pi}{5} > \frac{\pi}{6}$, temos: sen $\left(\frac{\pi}{5}\right)$ > sen $\left(\frac{\pi}{6}\right)$
Assim, como sen $\left(\frac{\pi}{6}\right) = \frac{1}{2}$, temos sen $\left(\frac{\pi}{5}\right) > \frac{1}{2}$ e, então:
sen $\left(\frac{\pi}{5}\right)$ + sen $\left(\frac{\pi}{5}\right) > 1$.
Pela afirmação dada, sen $\left(\frac{\pi}{5}\right)$ + sen $\left(\frac{\pi}{5}\right)$ = sen $\left(\frac{2\pi}{5}\right)$. Então, temos sen $\left(\frac{2\pi}{5}\right) > 1$, o que é falso, pois o seno de um arco assume valor máximo igual a 1.

f) Falsa. No intervalo dado, cos α varia de 1 a $\frac{\sqrt{2}}{2}$, e sen α varia de 0 a $\frac{\sqrt{2}}{2}$.

94. Entre 1 h 05 min e 1 h 06 min.

95. $3 \leq m \leq 5$

96. a) iguais
b) opostos
c) opostos
d) iguais
e) iguais
f) opostos

97. $-\frac{3}{4}$

98. a) A distância entre os pontos P e Q é $4\sqrt{3}$ e o seno do ângulo $B\hat{P}Q$ é $\frac{\sqrt{13}}{13}$
b) 60°
c) 120 voltas

99. a) $\frac{\pi}{4}$ rad ou 45°
b) $\frac{6\pi}{5}$ rad ou 216°

100. aproximadamente 0,19.

101. Todas são corretas. As alamedas têm comprimento r igual ao raio da circunferência que forma a praça. Além disso, como a praça é dividida em partes iguais por 12 alamedas, o arco formado entre cada alameda mede $\frac{\pi}{6}$ rad $\left(2\pi : 12 = \frac{\pi}{6}\right)$. Assim, o comprimento desses arcos é: $\ell = \alpha \cdot r = \frac{\pi}{6} \cdot r = \frac{\pi r}{6}$.
Assim:
I. Carmem se desloca do ponto E ao ponto R pelo centro da praça, percorrendo duas alamedas (2r) e, depois disso vai ao ponto L, percorrendo pela calçada $\frac{\pi r}{6}$. Portanto, Carmem percorre uma distância total de $2r + \frac{\pi r}{6}$.

Respostas dos exercícios

Sérgio se desloca do ponto E ao ponto C pelo centro da praça, percorrendo duas alamedas (2r) e, depois disso, vai ao ponto L, percorrendo pela calçada $\frac{\pi r}{6}$. Portanto, Sérgio percorre uma distância total de $2r + \frac{\pi r}{6}$.

II. Maria percorre 4 arcos de comprimento $\frac{\pi r}{6}$, em uma distância total de $4 \cdot \frac{\pi r}{6}$.
Como calculado anteriormente, Sérgio percorre $2r + \frac{\pi r}{6}$.
Simplificando essa expressão, obtemos:
$2r + \frac{\pi r}{6} = \frac{12r + \pi r}{6} = \frac{(12 + \pi) \cdot r}{6}$

III. Carmem se desloca por duas alamedas, percorrendo 2r. Sérgio se desloca por duas alamedas e por dois arcos pela calçada, percorrendo $2r + 2 \cdot \frac{\pi r}{6}$, e Maria se desloca por cinco arcos pela calçada, percorrendo $5 \cdot \frac{\pi r}{6}$.
Comparando essas distâncias, temos:
$2r < 2r + 2 \cdot \frac{\pi r}{6}$ e $2r < 5 \cdot \frac{\pi r}{6}$

102. a)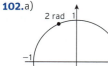

b)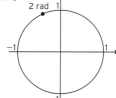

103. a) Negativa.
b) Negativa.
c) Não existe.
d) Positiva.

104. a) Negativa.
$\operatorname{cossec} 3\,015° = \frac{1}{\operatorname{sen} 3\,015°} = \frac{1}{\operatorname{sen}(8 \cdot 360° + 135°)} = \frac{1}{\operatorname{sen} 135°}$,
$\operatorname{cotg} 45° = \frac{1}{\operatorname{tg} 45°}$, $\sec 200° = \frac{1}{\cos 200°}$ e $\sec 30° = \frac{1}{\cos 30°}$
Como o arco de 135° está no 2º quadrante, o seno desse arco é positivo e cossec 3 015° é positiva. Como o arco de 45° está no 1º quadrante, a tangente desse arco é positiva e cotg 45° é positiva. Como o arco de 200° está no 3º quadrante, o cosseno desse arco é negativo e sec 200° é negativa. Como o arco de 30° está no 1º quadrante, o cosseno desse arco é positivo e sec 30° é positiva.

Assim, o numerador da expressão dada é negativo, pois é um produto entre dois valores positivos e um valor negativo, enquanto o denominador é um valor positivo.

b) Não existe um valor para a expressão dada.
$\cos 4\,050° = \cos(11 \cdot 360° + 90°) = \cos 90° = 0$

105. a) 12 h 02 min
b) 12 h 24 min
c) 12 h 26 min
d) 12 h 36 min

106. a) Verdadeira.
b) Verdadeira.
c) Falsa. O correto é $\alpha < \beta$.
d) Verdadeira.

107. $-0,76$

108. $\cos 1 < \operatorname{sen} 1 < \operatorname{tg} 1$

109. $-\frac{\sqrt{15}}{20}$

110. $\frac{k}{1+k}$

111. 67,8 km/h

112. 5 004 km

113. $\frac{25}{4}$

114. $\frac{1 - \cos^2 \alpha + \cos \alpha - \cos^3 \alpha}{\cos \alpha}$

115. $\frac{12}{5}$

116. $\frac{5\sqrt{7}}{7}$

117. 2 e -1

118. aproximadamente 6 horas.

119. $\frac{11}{3}$

120. $-\frac{5}{3}$

121. $\frac{33}{4}$

122. 2t

123. Alternativa **e**

124. 02, 08 e 16.

Página 40 – Estratégias e soluções
Identificação e registro de informações

1. "Mande mais dinheiro".
2. Não. Cada letra deve corresponder a um algarismo.
3. Não. Cada algarismo deve corresponder a uma letra.
4. A quantidade de dinheiro que falta para Selma comprar os livros encomendados por Júlia.
5. 20 e 198.
6. Quando o resultado parcial de uma coluna é maior do que 10, escrevemos a unidade dessa soma nessa coluna e levamos as outras unidades para a próxima coluna, fazendo as devidas transformações. Por exemplo:

```
      C   D   U
     ¹2  ¹8   7
  +       3   9
     ─────────
      3   2   6
```

Ao adicionar 7 e 9 unidades, obtemos 16 unidades. Então, registramos 6 nessa coluna e levamos para a próxima coluna as 10 unidades restantes, que correspondem a 1 dezena.

Ao adicionar 1, 8 e 3 dezenas, obtemos 12 dezenas. Então, registramos 2 nessa coluna e levamos para a próxima coluna as 10 dezenas restantes, que correspondem a 1 centena.

Elaboração de hipóteses e estratégias de resolução

1. 19 998 O valor máximo da adição de dois números de quatro algarismos se dá quando os números são os maiores números de quatro algarismos, ou seja: 9 999 + 9 999 = 19 998

2. A letra M vale 1, pois a soma de dois números de quatro algarismos é no máximo igual a 19 998.

3. 8 ou 9.

4. Para saber o valor de S, deve-se analisar os possíveis valores de M. De acordo com esse valor, é possível determinar o valor de S.

5. Considerando o valor de S para cada situação determinada na questão anterior, podemos determinar o valor de O.
   I. $S + M = 10 + O \Rightarrow 9 + 1 = 10 + O \Rightarrow O = 10 - 10 = 0$
   II. Para $S = 8$, temos:
   $S + M + 1 = 10 + O \Rightarrow 8 + 1 + 1 = 10 + O \Rightarrow O = 10 - 10 = 0$
   Para $S = 9$, temos:
   $S + M + 1 = 10 + O \Rightarrow 9 + 1 + 1 = 10 + O \Rightarrow O = 11 - 10 = 1$
   Mas já sabemos que $M = 1$; então, O não pode ser 1.
   Logo, em qualquer das situações, temos $O = 0$.
   Observamos agora a coluna das centenas. A soma $E + O = N$ não é possível, pois, como $O = 0$, teríamos $E = N$, o que não é válido, já que cada letra representa um algarismo diferente.
   Então, temos que a soma da coluna das dezenas gera uma centena a ser adicionada nessa coluna e, então, temos $E + O + 1 = N$, ou seja, $E + 1 = N$. Nessa situação, temos também que a soma da coluna das centenas não gera uma unidade de milhar para a próxima coluna; então, a situação II descrita anteriormente não ocorre e, assim, temos $S = 9$.
   Observamos agora a coluna das dezenas, em que temos duas situações que dependem do resultado da coluna das unidades.
   III. $N + R = 10 + E \Rightarrow E + 1 + R = 10 + E \Rightarrow R = 9$
   Essa situação não é válida, pois já sabemos que $S = 9$.
   IV. $N + R + 1 = 10 + E \Rightarrow E + 1 + R + 1 = 10 + E \Rightarrow R = 8$
   Assim, $R = 8$ e a soma da coluna das unidades deve gerar uma dezena para a coluna das dezenas, ou seja, $D + E \geq 10$ e $D + E = 10 + Y$.
   Analisamos então os valores que E pode assumir. Os algarismos 0, 1, 8 e 9 já foram atribuídos às letras.
   - Para $E = 2$, então o maior valor que D pode assumir é 7 e, então, $D + E \leq 9$, o que não condiz com $D + E \geq 10$.
   - Para $E = 3$, então o maior valor que D pode assumir é 7 e, assim, $D + E \leq 10$. Como $D + E \geq 10$, deveríamos ter $D + E = 10$; mas, nesse caso, pela igualdade $D + E = 10 + Y$, teríamos $Y = 0$, o que não é possível pois já sabemos que $O = 0$.
   - Se $E = 4$, então o único valor de D tal que a desigualdade $D + E > 10$ é verdadeira é $D = 7$. Com isso, teríamos $Y = 1$, o que não é válido, pois já sabemos que $M = 1$.
   - Se $E = 5$, então a desigualdade $D + E \geq 10$ é satisfeita para $D = 6$ ou $D = 7$. Mas também já sabemos que $E + 1 = N$; então, $N = 5 + 1 = 6$ e D não pode ser 6. Por fim, sabemos que $D + E = 10 + Y$; então, $Y = 7 + 5 - 10 = 2$. Logo, nessa situação, $E = 5$, $D = 7$, $N = 6$ e $Y = 2$.
   - Se $E = 6$, então a desigualdade $D + E \geq 10$ é satisfeita para $D = 5$ ou $D = 7$. Mas também já sabemos que $E + 1 = N$; então, $N = 6 + 1 = 7$ e D não pode ser 7. Por fim, sabemos que $D + E = 10 + Y$; então, $Y = 5 + 6 - 10 = 1$, o que não é possível, pois já sabemos que $M = 1$.
   - Se $E = 7$, então a desigualdade $D + E \geq 10$ é satisfeita para $D = 3$, $D = 4$, $D = 5$ ou $D = 6$. Mas também já sabemos que $E + 1 = N$; então, $N = 7 + 1 = 8$, o que não é possível, pois já sabemos que $R = 8$.
   Portanto: $S = 9$, $E = 5$, $N = 6$, $D = 7$, $M = 1$, $O = 0$, $R = 8$ e $Y = 2$.

Reflexão

1. Resposta pessoal.
2. Resposta pessoal.
3. Resposta pessoal.
4. Resposta pessoal.

■ Capítulo 2 – Funções trigonométricas

Página 41 – Para começar

1. 27 dias
2. 24 horas
3. Resposta pessoal.

Página 43 – Para refletir

maior período de translação: Netuno; menor período de translação: Mercúrio

Página 45 – Exercícios propostos

2. a) periódica, 2
   b) não periódica
   c) periódica, 4
   d) periódica, 3
   e) não periódica

3. Não é periódica.

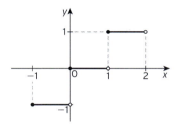

4. A – IV, B – V, C – I, D – II e E – III

5. A função não é periódica.

6. a) π
   b) π
   c) $\dfrac{\pi}{2}$

Página 48 – Para refletir

Sim.

Página 48 – Exercícios propostos

9. a) aproximadamente 0,84
   b) aproximadamente $-0,55$
   c) aproximadamente 0
   d) aproximadamente 0,66

10. a) 1
    b) $\dfrac{\sqrt{3}}{2}$
    c) -1
    d) $-\dfrac{\sqrt{2}}{2}$
    e) $-\dfrac{1}{2}$
    f) $\dfrac{1}{2}$

313

Respostas dos exercícios

11.

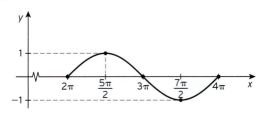

A função f é crescente nos intervalos $\left[2\pi, \dfrac{5\pi}{2}\right]$ e $\left[\dfrac{7\pi}{2}, 4\pi\right]$, e é decrescente no intervalo $\left[\dfrac{5\pi}{2}, \dfrac{7\pi}{2}\right]$.

12. a) $0 \leq m \leq \dfrac{1}{2}$
b) $-8 \leq m \leq 0$
c) $-1 \leq m \leq 0$ ou $1 \leq m \leq 2$
d) $1 - \sqrt{2} \leq m \leq 1 + \sqrt{2}$

Página 50 – Exercícios propostos

14. a) gráfico III
b) gráfico I
c) gráfico II
d) gráfico IV

15. $\dfrac{\pi}{6}$

16. a)

b)

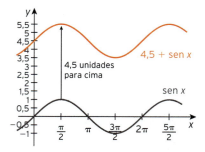

c)

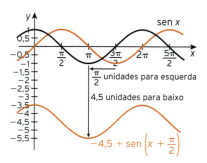

d)

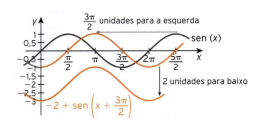

Página 53 – Exercícios propostos

21. a)

b)

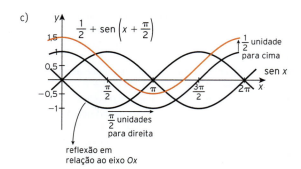

c)

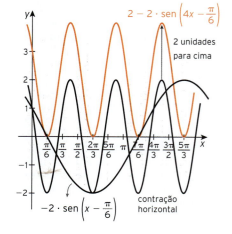

d)

314

22. custo máximo: 100 reais; custo mínimo: 60 reais

23. a) $\frac{8\pi}{3}$ e 1

b) 2π e 1

24. a) π, 2 e $f(x) = 3 + 2 \cdot \text{sen}(2x)$

b) 4π, 3 e $f(x) = 1 - 3 \cdot \text{sen}\left(\frac{1}{2}x + \frac{\pi}{2}\right)$

25. a) $f(x) = 3,5\,\text{sen}(x)$

b) $f(x) = -2 + \text{sen}(x)$

26. 2π, 1,5 e $a = 1,5$

27. a)
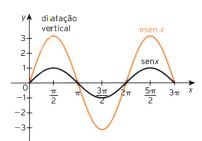

b)
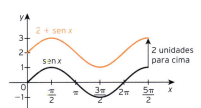

c)
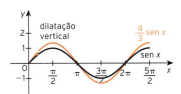

d)
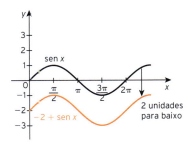

e)
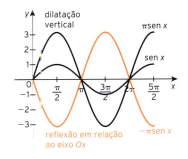

f)
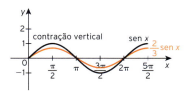

28. a) III

b) I

c) II

d) IV

29. a) II

b) I

30. $\frac{\pi}{6}$

31. a) amplitude 1; período $\frac{8\pi}{3}$

b) amplitude 1; período $\frac{2\pi}{3}$

c) amplitude 1; período 2π

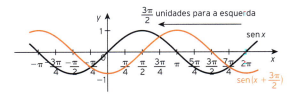

d) amplitude 1; período π

32. Alternativa c

Página 55 – Calculadora

- aproximadamente 0,54
- aproximadamente $-0,84$
- aproximadamente -1
- aproximadamente 0,752

315

Respostas dos exercícios

Página 56 – Exercícios propostos

34. a) $-\frac{\sqrt{2}}{2}$

b) 0

c) $-\frac{\sqrt{2}}{2}$

d) 0

e) $-\frac{\sqrt{2}}{2}$

f) -1

g) $-\frac{1}{2}$

h) $\frac{\sqrt{2}}{2}$

i) 1

35. A função f assume valores positivos nos intervalos $\left[0, \frac{\pi}{2}\right[$ e $\left]\frac{3\pi}{2}, 2\pi\right]$ e valores negativos no intervalo $\left]\frac{\pi}{2}, \frac{3\pi}{2}\right[$.

36. a) $-1 \leq m \leq 0$

b) $3 \leq m \leq 6$

c) $-\sqrt{2} \leq m \leq \sqrt{2}$

d) $1 \leq m \leq 2$ ou $3 \leq m \leq 4$

37.

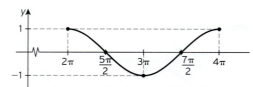

O período da função f é 2π, e a amplitude é 1. A função é crescente no intervalo $[3\pi, 4\pi]$ e decrescente no intervalo $[2\pi, 3\pi]$.

Página 57 – Exercícios propostos

39. a)

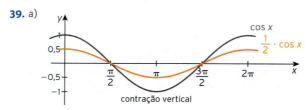

b)

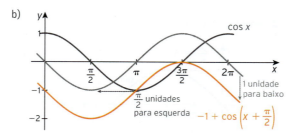

c)

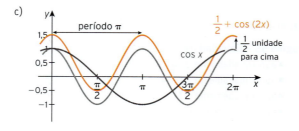

d)

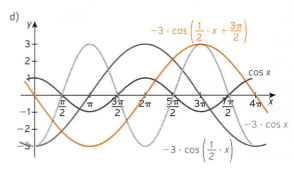

40. $Im(f) = [-1,5; 1,5]$; 2π; 1,5 e $b = -1,5$

41. a) III

b) II

c) IV

d) I

42. a) 5 metros

b) 8 metros

43. a) $f(x) = 2,5 + \cos x$

b) $g(x) = 2 \cdot \cos x$

44. a)

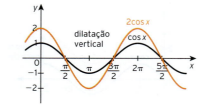

b)

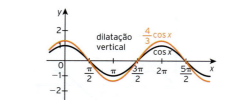

c)

d)

e)

f)

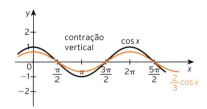

45. Gráfico do item **b**

46. $-\pi$ e π

47. $a = \frac{1}{2}$ e $b = 2$

Página 59 – Calculadora

- aproximadamente 1,56
- aproximadamente 0,66
- aproximadamente 0
- aproximadamente 0,88

Página 59 – Exercícios propostos

48. a) -1
b) $\frac{\sqrt{3}}{3}$
c) 1
d) 1
e) $\sqrt{3}$
f) $\sqrt{3}$

49. a) $\frac{\pi}{3}$
b) $\frac{\pi}{6}$
c) $\frac{3\pi}{4}$
d) 0 ou π

Página 56 – Exercícios propostos

50.

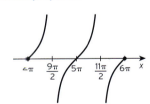

51. $D(f) = \mathbb{R} - \left\{\frac{3\pi}{2}, \frac{5\pi}{2}, \frac{7\pi}{2}\right\}$; $Im(f) = \mathbb{R}$; $CD(f) = \mathbb{R}$

52. a) IV
b) VI
c) II
d) V
e) I
f) III

53. a) $f(x) = 2,5 \cdot \text{tg } x$
b) $f(x) = 3 + \text{tg } x$

54. $D(f) = \mathbb{R} - \left\{\frac{\pi}{2} + k\pi, k \in \mathbb{Z}\right\}$; $p = \pi$; $c = -2$

55. Gráfico do item **d**

56. $a = 3$ e $b = -1$

Página 62 – Exercícios propostos

59. Alternativa **d**

60. a) 3 metros e 1 metro
b) 12 horas
c) À 0 hora e às 12 horas ocorreram as marés altas. Às 6 horas e às 18 horas ocorreram as marés baixas.

61. Alternativa **e**

Página 63 – Exercícios complementares

62. a) 2
b) 4

63. a) 40 litros
b) 30 litros

64. a) IV   c) II
b) III   d) I

65. $a = 1$ e $b = 2$

66. $f(x) = 100 - 20 \cdot \cos\left(\frac{8\pi}{3}x\right)$

67. $f(x) = \cos(2x)$

68. $a = 3$ e $b = -1$

69. a)

Tempo (s)	0	$\frac{\pi}{2}$	π	$\frac{3\pi}{2}$	2π
Comprimento da mola (cm)	2	4	2	4	2

b) π, 1 e $C(t) = 3 - \cos(2x)$

70. $a = 2$; $b = 0,5$ e $d = -\frac{\pi}{2}$

71. a) $\left[-\frac{1}{2}, \frac{1}{2}\right]$, $\frac{1}{2}$ e $\frac{2\pi}{3}$
b) [0, 2], 1 e 2π

72. a) 40,3 metros
b) 2 minutos
c) 20 e 2
d) $f(t) = 20,3 - 20 \cdot \cos(\pi \cdot t)$

73. Alternativa **d**

Página 65 – Estratégias e soluções

Identificação e registro de informações

1. O problema pede um parecer sobre a situação: João necessariamente teria de passar por algum ponto do percurso em ambos os dias no mesmo horário ou foi uma coincidência.

2. Resposta pessoal.

3. Sim. Ser coincidência ou não ser coincidência a situação de passar por algum ponto do percurso em ambos os dias no mesmo horário.

4. Resposta pessoal.

5. Resposta pessoal.

6. Resposta pessoal.

Elaboração de hipóteses e estratégias de resolução

1. a) O mesmo horário de partida (subida e descida), o mesmo trajeto a ser percorrido e o ritmo variado ao percorrer o trajeto.
b) Resposta pessoal.
c) Resposta pessoal.

2. Resposta pessoal.

3. Resposta pessoal.

Reflexão

1. Resposta pessoal. **2.** Resposta pessoal. **3.** Resposta pessoal.

Respostas dos exercícios

■ Capítulo 3 – Relações e transformações trigonométricas

Página 66 – Para começar
1. 0,1 segundo
2. $c = \omega$, para $c \geq 0$; ou $c = -\omega$, para $c < 0$
3. Resposta pessoal.

Página 68 – Exercício proposto

1. a) $(\text{sen } x + \cos x)^2 + (\text{sen } x - \cos x)^2 =$
   $= \text{sen}^2 x + 2 \cdot \text{sen } x \cdot \cos x + \cos^2 x + \text{sen}^2 x - 2 \cdot \text{sen } x \cdot \cos x +$
   $+ \cos^2 x = 2 \cdot \text{sen}^2 x + 2 \cdot \cos^2 x = 2 \cdot (\text{sen}^2 x + \cos^2 x) = 2 \cdot 1 = 2$

   b) $\dfrac{1 + \cotg^2 x}{\sec x \cdot (1 - \cos^2 x)} = \dfrac{1 + \dfrac{\cos^2 x}{\text{sen}^2 x}}{\dfrac{1}{\cos x} \cdot \text{sen}^2 x} =$
   $= \dfrac{\dfrac{\text{sen}^2 x + \cos^2 x}{\text{sen}^2 x}}{\dfrac{\text{sen}^2 x}{\cos x}} = \dfrac{1}{\text{sen}^2 x} \cdot \dfrac{\cos x}{\text{sen}^2 x} = \dfrac{\cos x}{\text{sen}^4 x}$

   c) $\cotg x \cdot \sec x + \tg x = \dfrac{\cos x}{\text{sen } x} \cdot \dfrac{1}{\cos x} + \dfrac{\text{sen } x}{\cos x} = \dfrac{1}{\text{sen } x} + \dfrac{\text{sen } x}{\cos x} =$
   $= \cossec x + \dfrac{\text{sen } x}{\cos x}$

   d) $\dfrac{\sec x \cdot \text{sen } x}{\cotg x \cdot \cossec x} = \dfrac{\dfrac{1}{\cos x} \cdot \text{sen } x}{\dfrac{\cos x}{\text{sen } x} \cdot \dfrac{1}{\text{sen } x}} = \dfrac{\text{sen } x}{\cos x} \cdot \dfrac{\text{sen}^2 x}{\cos x} =$
   $= \text{sen } x \cdot \dfrac{\text{sen}^2 x}{\cos^2 x} = \text{sen } x \cdot \tg^2 x$

   e) $(\cotg x + \tg x) \cdot \text{sen } x \cdot \cos x = \cotg x \cdot \text{sen } x \cdot \cos x +$
   $+ \tg x \cdot \text{sen } x \cdot \cos x = \dfrac{\cos x}{\text{sen } x} \cdot \text{sen } x \cdot \cos x + \dfrac{\text{sen } x}{\cos x} \cdot \text{sen } x \cdot \cos x =$
   $= \cos^2 x + \text{sen}^2 x = \dfrac{1}{\dfrac{1}{\cos^2 x}} + \dfrac{1}{\dfrac{1}{\text{sen}^2 x}} = \dfrac{1}{\sec^2 x} + \dfrac{1}{\cossec^2 x}$

Página 70 – Para refletir

■ $\text{sen}^2 30° + \cos^2 30° = \left(\dfrac{1}{2}\right)^2 + \left(\dfrac{\sqrt{3}}{2}\right)^2 = \dfrac{1}{4} + \dfrac{3}{4} = \dfrac{4}{4} = 1$

$\text{sen}^2 45° + \cos^2 45° = \left(\dfrac{\sqrt{2}}{2}\right)^2 + \left(\dfrac{\sqrt{2}}{2}\right)^2 = \dfrac{2}{4} + \dfrac{2}{4} = \dfrac{4}{4} = 1$

$\text{sen}^2 60° + \cos^2 60° = \left(\dfrac{\sqrt{3}}{2}\right)^2 + \left(\dfrac{1}{2}\right)^2 = \dfrac{3}{4} + \dfrac{1}{4} = \dfrac{4}{4} = 1$

$\text{sen}^2 90° + \cos^2 90° = 1^2 + 0^2 = 1 + 0 = 1$

■ Respostas possíveis:
- Dado $\cos x = 0{,}671$, temos $0{,}36 < \cos^2 x < 0{,}49$. Então, pela relação fundamental da trigonometria, temos:
  $1 - 0{,}49 < 1 - \cos^2 x < 1 - 0{,}36 \Rightarrow 0{,}51 < \text{sen}^2 x < 0{,}64$
  Assim, $0{,}72 < \text{sen } x < 0{,}8$ e uma possível aproximação para $\text{sen } x$ é $0{,}76$.
- Dado $\cos x = 0{,}671$, sabemos que $\cos 45° = \dfrac{\sqrt{2}}{2} \cong 0{,}7$ e que $\text{sen } 45° = \dfrac{\sqrt{2}}{2} \cong 0{,}7$. Então, como $\cos x < \cos 45°$, temos $\text{sen } x > \text{sen } 45°$ e uma possível aproximação para $\text{sen } x$ é $0{,}71$.

Página 70 – Cálculo mental
■ 2
■ 2
■ 1

Página 72 – Exercícios propostos

5. a) $S = \left\{\dfrac{7\pi}{6}, \dfrac{11\pi}{6}\right\}$
   b) $S = \left\{\dfrac{2\pi}{3}, \dfrac{5\pi}{3}\right\}$
   c) $S = \left\{\dfrac{5\pi}{4}, \dfrac{7\pi}{4}\right\}$
   d) $S = \left\{\dfrac{5\pi}{6}, \dfrac{7\pi}{6}\right\}$
   e) $S = \left\{x \in \mathbb{R} \mid x = \dfrac{\pi}{3} + k\pi, k \in \mathbb{Z}\right\}$
   f) $S = \left\{x \in \mathbb{R} \mid x = \dfrac{3\pi}{4} + k\pi, k \in \mathbb{Z}\right\}$
   g) $S = \{x \in \mathbb{R} \mid x = 2\pi + 4k\pi, k \in \mathbb{Z}\}$
   h) $S = \left\{x \in \mathbb{R} \mid x = \dfrac{5\pi}{6} + k\pi, k \in \mathbb{Z}\right\}$

6. a) $S = \left\{\dfrac{\pi}{2}, \dfrac{3\pi}{2}\right\}$
   b) $S = \left\{x \in \mathbb{R} \mid x = \dfrac{\pi}{2} + k\pi, k \in \mathbb{Z}\right\}$

7. a) $S = \left\{\dfrac{\pi}{6}, \dfrac{5\pi}{6}\right\}$
   b) $S = \left\{\dfrac{7\pi}{6}, \dfrac{11\pi}{6}\right\}$
   c) $S = \left\{x \in \mathbb{R} \mid x = \dfrac{\pi}{6} + k\pi \text{ ou } x = \dfrac{5\pi}{6} + k\pi, k \in \mathbb{Z}\right\}$

8. a) $S = \left\{x \in \mathbb{R} \mid x = \dfrac{\pi}{4} + 2k\pi \text{ ou } x = \dfrac{3\pi}{4} + 2k\pi, k \in \mathbb{Z}\right\}$
   b) $S = \left\{x \in \mathbb{R} \mid x = \dfrac{2\pi}{3} + 2k\pi \text{ ou } x = \dfrac{4\pi}{3} + 2k\pi, k \in \mathbb{Z}\right\}$
   c) $S = \left\{x \in \mathbb{R} \mid x = \dfrac{\pi}{6} + k\pi, k \in \mathbb{Z}\right\}$
   d) $S = \left\{x \in \mathbb{R} \mid x = \dfrac{\pi}{4} + k\pi, k \in \mathbb{Z}\right\}$

9. a) $S = \left\{x \in \mathbb{R} \mid x = \dfrac{5\pi}{6} + k\pi \text{ ou } x = \dfrac{7\pi}{6} + k\pi, k \in \mathbb{Z}\right\}$
   b) $S = \left\{x \in \mathbb{R} \mid x = \dfrac{5\pi}{4} + k\pi \text{ ou } x = \dfrac{11\pi}{12} + k\pi, k \in \mathbb{Z}\right\}$
   c) $S = \left\{x \in \mathbb{R} \mid x = \dfrac{7\pi}{12} + k\pi, k \in \mathbb{Z}\right\}$
   d) $S = \left\{x \in \mathbb{R} \mid x = \dfrac{\pi}{4} + 2k\pi \text{ ou } x = \dfrac{7\pi}{4} + 2k\pi, k \in \mathbb{Z}\right\}$
   e) $S = \left\{x \in \mathbb{R} \mid x = \dfrac{9\pi}{20} + k\pi \text{ ou } x = \dfrac{39\pi}{20} + k\pi, k \in \mathbb{Z}\right\}$
   f) $S = \left\{x \in \mathbb{R} \mid x = \dfrac{\pi}{3} + k\pi, k \in \mathbb{Z}\right\}$

10. Resposta possível: $\cos x = \dfrac{1}{2}$

11. a) $S = \left\{x \in \mathbb{R} \mid x = \dfrac{\pi}{7} + 2k\pi \text{ ou } x = \dfrac{6\pi}{27} + 2k\pi, k \in \mathbb{Z}\right\}$
    b) $S = \left\{x \in \mathbb{R} \mid x = -\dfrac{3\pi}{10} + 2k\pi, k \in \mathbb{Z}\right\}$
    c) $S = \left\{x \in \mathbb{R} \mid x = \dfrac{\pi}{9} + 2k\pi \text{ ou } x = \dfrac{17\pi}{9} + 2k\pi, k \in \mathbb{Z}\right\}$
    d) $S = \left\{x \in \mathbb{R} \mid x = \dfrac{4\pi}{5} + k\pi, k \in \mathbb{Z}\right\}$

12. a) $S = \left\{\dfrac{9\pi}{8}, \dfrac{15\pi}{8}\right\}$
    b) $S = \left\{\dfrac{19\pi}{10}, \dfrac{21\pi}{10}\right\}$

13. a) $S = \left\{\dfrac{\pi}{3}, \dfrac{5\pi}{3}\right\}$

b) $S = \left\{\dfrac{\pi}{3}, \dfrac{2\pi}{3}\right\}$

c) $S = \left\{\dfrac{\pi}{2}, \dfrac{3\pi}{2}\right\}$

d) $S = \left\{\dfrac{3\pi}{4}, \dfrac{7\pi}{4}\right\}$

14. a) $S = \left\{0, \dfrac{\pi}{4}, \pi\right\}$

b) $S = \left\{\pi, \dfrac{\pi}{2}\right\}$

15. a) $S = \left\{0, \dfrac{\pi}{4}, \pi, \dfrac{3\pi}{4}, 2\pi\right\}$

b) $S = \left\{\dfrac{3\pi}{4}, \dfrac{7\pi}{4}\right\}$

c) $S = \left\{\dfrac{\pi}{3}, \dfrac{2\pi}{3}, \dfrac{4\pi}{3}, \dfrac{5\pi}{3}\right\}$

16. a) $S = \left\{x \in \mathbb{R} \mid x = \dfrac{\pi}{3} + k\pi \text{ ou } x = \dfrac{2\pi}{3} + k\pi \text{ ou } x = \dfrac{4\pi}{3} + k\pi \text{ ou } x = \dfrac{5\pi}{3} + k\pi, k \in \mathbb{Z}\right\}$

b) $S = \left\{x \in \mathbb{R} \mid x = \dfrac{\pi}{4} + \dfrac{k\pi}{2}, k \in \mathbb{Z}\right\}$

c) $S = \left\{x \in \mathbb{R} \mid x = \dfrac{\pi}{4} + \dfrac{k\pi}{2}, k \in \mathbb{Z}\right\}$

d) $S = \left\{x \in \mathbb{R} \mid x = \dfrac{\pi}{2} + 2k\pi \text{ ou } x = k\pi, k \in \mathbb{Z}\right\}$

17. Alternativa d

Página 77 – Exercícios propostos

20. a) $S = \left\{x \in \mathbb{R} \mid \dfrac{\pi}{3} + 2k\pi < x < \dfrac{2\pi}{3} + 2k\pi, k \in \mathbb{Z}\right\}$

b) $S = \left\{x \in \mathbb{R} \mid \dfrac{5\pi}{4} + 2k\pi < x < \dfrac{7\pi}{4} + 2k\pi, k \in \mathbb{Z}\right\}$

c) $S = \left\{x \in \mathbb{R} \mid 2k\pi \leq x < \dfrac{\pi}{3} + 2k\pi \text{ ou } \dfrac{5\pi}{3} + 2k\pi < x \leq 2\pi + 2k\pi, k \in \mathbb{Z}\right\}$

d) $S = \left\{x \in \mathbb{R} \mid \dfrac{5\pi}{6} + 2k\pi \leq x \leq \dfrac{7\pi}{6} + 2k\pi, k \in \mathbb{Z}\right\}$

e) $S = \left\{x \in \mathbb{R} \mid \dfrac{\pi}{6} + 2k\pi \leq x < \dfrac{\pi}{2} + 2k\pi \text{ ou } \dfrac{7\pi}{6} + 2k\pi \leq x < \dfrac{3\pi}{2} + 2k\pi, k \in \mathbb{Z}\right\}$

f) $S = \left\{x \in \mathbb{R} \mid \dfrac{\pi}{2} + 2k\pi < x < \dfrac{2\pi}{3} + 2k\pi \text{ ou } \dfrac{3\pi}{2} + 2k\pi < x < \dfrac{5\pi}{3} + 2k\pi, k \in \mathbb{Z}\right\}$

21. a) $S = \left\{x \in \mathbb{R} \mid 0 \leq x < \dfrac{\pi}{6} \text{ ou } \dfrac{11\pi}{6} < x < 2\pi\right\}$

b) $S = \left\{x \in \mathbb{R} \mid \dfrac{\pi}{4} < x < \dfrac{\pi}{2} \text{ ou } \dfrac{5\pi}{4} < x < \dfrac{3\pi}{2}\right\}$

c) $S = \{x \in \mathbb{R} \mid \pi < x < 2\pi\}$

d) $S = \left\{x \in \mathbb{R} \mid \dfrac{\pi}{2} < x < \dfrac{3\pi}{2}\right\}$

e) $S = \left\{x \in \mathbb{R} \mid 0 \leq x \leq \dfrac{5\pi}{4} \text{ ou } \dfrac{7\pi}{4} \leq x < 2\pi\right\}$

f) $S = \left\{x \in \mathbb{R} \mid \dfrac{\pi}{2} < x \leq \dfrac{5\pi}{6} \text{ ou } \dfrac{3\pi}{2} < x \leq \dfrac{11\pi}{6}\right\}$

22. $S = \left\{x \in \mathbb{R} \mid 2k\pi < x < \dfrac{\pi}{2} + 2k\pi \text{ ou } \pi + 2k\pi < x < \dfrac{3\pi}{2} + 2k\pi, k \in \mathbb{Z}\right\}$

23. a) $S = \left\{x \in \mathbb{R} \mid -\dfrac{\pi}{2} + 2k\pi \leq x < \dfrac{\pi}{4} + 2k\pi \text{ ou } \dfrac{3\pi}{4} + 2k\pi < x < \dfrac{3\pi}{2} + 2k\pi\right\}$

b) $S = \left\{x \in \mathbb{R} \mid -\dfrac{\pi}{2} + 2k\pi \leq x \leq \dfrac{\pi}{4} + 2k\pi \text{ ou } \dfrac{3\pi}{4} + 2k\pi \leq x \leq \dfrac{3\pi}{2} + 2k\pi\right\}$

c) $S = \left\{x \in \mathbb{R} \mid \dfrac{\pi}{4} + 2k\pi \leq x \leq \dfrac{7\pi}{12} + 2k\pi \text{ ou } \dfrac{11\pi}{12} + 2k\pi \leq x < \dfrac{9\pi}{4} + 2k\pi\right\}$

d) $S = \left\{x \in \mathbb{R} \mid \dfrac{7\pi}{12} + 2k\pi \leq x \leq \dfrac{11\pi}{12} + 2k\pi\right\}$

24. a) $S = \left\{x \in \mathbb{R} \mid \dfrac{\pi}{6} + 2k\pi \leq x \leq \dfrac{\pi}{3} + 2k\pi \text{ ou } \dfrac{2\pi}{3} + 2k\pi \leq x \leq \dfrac{5\pi}{6} + 2k\pi, k \in \mathbb{Z}\right\}$

b) $S = \left\{x \in \mathbb{R} \mid \dfrac{\pi}{4} + 2k\pi \leq x \leq \dfrac{7\pi}{4} + 2k\pi, k \in \mathbb{Z}\right\}$

c) $S = \left\{x \in \mathbb{R} \mid 2k\pi \leq x < \dfrac{\pi}{3} + 2k\pi \text{ ou } \dfrac{3\pi}{4} + 2k\pi < x < \dfrac{4\pi}{3} + 2k\pi \text{ ou } \dfrac{7\pi}{4} + 2k\pi < x < 2\pi + 2k\pi, k \in \mathbb{Z}\right\}$

d) $S = \left\{x \in \mathbb{R} \mid 2k\pi \leq x < \dfrac{\pi}{4} + 2k\pi \text{ ou } \dfrac{3\pi}{4} + 2k\pi < x \leq \dfrac{7\pi}{6} + 2k\pi \text{ ou } \dfrac{11\pi}{6} + 2k\pi \leq x < 2\pi + 2k\pi, k \in \mathbb{Z}\right\}$

Página 78 – Ação e cidadania

- Resposta pessoal.
- 0,8 e aproximadamente 0,993

Página 79 – Exercícios propostos

27. a) $\dfrac{\sqrt{6} - \sqrt{2}}{4}$ c) $\sqrt{6} + \sqrt{2}$

b) $\dfrac{-\sqrt{6} - \sqrt{2}}{4}$ d) $2 + \sqrt{3}$

28. a) $\dfrac{\sqrt{6} - \sqrt{2}}{4}$ e) $\sqrt{3} + 2$

b) $\dfrac{\sqrt{2} + \sqrt{6}}{4}$ f) $-2 - 2\sqrt{3}$

c) $\dfrac{\sqrt{2} - \sqrt{6}}{4}$ g) $\dfrac{\sqrt{2} - \sqrt{6}}{4}$

d) $\dfrac{\sqrt{6} - \sqrt{2}}{4}$ h) $\dfrac{\sqrt{6} + \sqrt{2}}{4}$

29. a) $\dfrac{4 + 3\sqrt{3}}{10}$ c) $\dfrac{48 + 25\sqrt{3}}{11}$

b) $\dfrac{3\sqrt{3} + 4}{10}$ d) $\dfrac{-40 - 30\sqrt{3}}{11}$

30. a) aproximadamente $-0{,}151$

b) aproximadamente $-6{,}533$

c) aproximadamente $0{,}1315$

d) aproximadamente $0{,}1327$

31. a) Verdadeira.

b) Falsa.

c) Verdadeira.

Respostas dos exercícios

32. a) $\dfrac{\sqrt{6}+\sqrt{2}}{4}$ e) $\sqrt{6}-\sqrt{2}$

b) $\dfrac{\sqrt{2}+\sqrt{6}}{4}$ f) $\sqrt{6}-\sqrt{2}$

c) $2-\sqrt{3}$ g) $\sqrt{3}-2$

d) $\dfrac{\sqrt{2}-\sqrt{6}}{4}$ h) $\sqrt{6}-\sqrt{2}$

33. a) $\cos c \cdot [\operatorname{sen} a \cdot \cos b + \operatorname{sen} b \cdot \cos a] + \operatorname{sen} c \cdot [\cos a \cdot \cos b + \operatorname{sen} b \cdot \operatorname{sen} a]$

b) $\cos c \cdot [\cos a \cdot \cos b - \operatorname{sen} b \cdot \operatorname{sen} a] - \operatorname{sen} c \cdot [\operatorname{sen} a \cdot \cos b + \operatorname{sen} b \cdot \cos a]$

34. $\operatorname{sen} 105° = \dfrac{\sqrt{6}+\sqrt{2}}{4}$ e $\operatorname{sen} 60° + \operatorname{sen} 45° = \dfrac{\sqrt{3}+\sqrt{2}}{2}$

$\operatorname{sen}(105°) \neq \operatorname{sen} 60° + \operatorname{sen} 45°$

35. a) $-0{,}43$

b) $\dfrac{0{,}9\sqrt{3}-0{,}43}{2}$

c) $\dfrac{0{,}9\sqrt{3}-0{,}3}{2}$

d) $\dfrac{0{,}9\sqrt{3}+0{,}3}{2}$

36. a) $\dfrac{\sqrt{13}}{4}$

b) $\dfrac{\sqrt{39}}{13}$

c) $\dfrac{\sqrt{6}+\sqrt{26}}{8}$

d) $\dfrac{\sqrt{3}}{4}$

e) $-\dfrac{4\sqrt{13}}{13}$

f) $-2(3-\sqrt{3})$

37. $y = -\sqrt{3}\,\operatorname{sen} x$

38. $y = -1$

39. $\dfrac{1}{2}$

40. a) $8 + 3\sqrt{7}$ d) $\dfrac{3\sqrt{7}}{7}$

b) $\dfrac{16}{9}$ e) $\dfrac{3\sqrt{7}-4\sqrt{3}}{3}$

c) $\dfrac{2(3+\sqrt{21})}{3}$ f) $\dfrac{4}{3}$

41. Alternativa **c**

42. Alternativa **a**

43. $\dfrac{1}{4}(26 - 15\sqrt{3})$

44. $y = 2\operatorname{sen}^2 x + 2\operatorname{sen} x - 1$

45. a) Adotando $b = a$ na expressão do seno da soma de dois arcos, obtemos:
$\operatorname{sen}(2a) = \operatorname{sen}(a+a) = \operatorname{sen} a \cdot \cos a + \operatorname{sen} a \cdot \cos a = 2 \cdot \operatorname{sen} a \cdot \cos a$
Portanto, $\operatorname{sen}(2a) = 2 \cdot \operatorname{sen} a \cdot \cos a$ é uma identidade em $U = \mathbb{R}$.

b) Adotando $b = a$ na expressão da tangente da soma de dois arcos, obtemos:
$\operatorname{tg}(2a) = \operatorname{tg}(a+a) = \dfrac{\operatorname{tg} a + \operatorname{tg} a}{1 - \operatorname{tg} a \cdot \operatorname{tg} a} = \dfrac{2\cdot \operatorname{tg} a}{1 - \operatorname{tg}^2 a}$
Portanto, $\operatorname{tg}(2a) = \dfrac{2 \cdot \operatorname{tg} a}{1 - \operatorname{tg}^2 a}$ é uma identidade em
$U = \{a \in \mathbb{R} \mid \cos(2a) \neq 0,\ \cos a \neq 0,\ \text{e}\ \operatorname{tg} a \neq \pm 1\}$.

c) Sendo c a medida de um arco, pela relação fundamental da trigonometria, temos:
$\operatorname{sen}^2 c + \cos^2 c = 1 \Rightarrow \cos^2 c = 1 - \operatorname{sen}^2 c$ (I)
Substituindo (I) em $\cos(2c) = \cos^2 c - \operatorname{sen}^2 c$ e manipulando a equação, obtemos:
$\cos(2c) = 1 - \operatorname{sen}^2 c - \operatorname{sen}^2 c \Rightarrow \cos(2c) = 1 - 2 \cdot \operatorname{sen}^2 c \Rightarrow$
$\Rightarrow \operatorname{sen}^2 c = \dfrac{1 - \cos(2c)}{2}$
Ao adotar $c = \dfrac{a}{2}$, obtemos: $\operatorname{sen}^2\left(\dfrac{a}{2}\right) = \dfrac{1-\cos a}{2}$
Portanto, $\operatorname{sen}^2\left(\dfrac{a}{2}\right) = \dfrac{1 - \cos a}{2}$ é uma identidade em $U = \mathbb{R}$.

d) $\operatorname{tg}^2\left(\dfrac{a}{2}\right) = \dfrac{\operatorname{sen}^2\left(\dfrac{a}{2}\right)}{\cos^2\left(\dfrac{a}{2}\right)} = \dfrac{\dfrac{1-\cos a}{2}}{\dfrac{1+\cos a}{2}} =$
$= \dfrac{(1-\cos a)}{2} \cdot \dfrac{2}{(1+\cos a)} = \dfrac{1-\cos a}{1+\cos a}$
Portanto, $\operatorname{tg}^2\left(\dfrac{a}{2}\right) = \dfrac{1-\cos a}{1+\cos a}$ é uma identidade em
$U = \left\{a \in \mathbb{R} \mid \cos\left(\dfrac{a}{2}\right) \neq 0\ \text{e}\ \cos a \neq -1\right\}$.

46. Alternativa **d**

47. $\operatorname{tg}(3a) = \dfrac{3\operatorname{tg} a - \operatorname{tg}^3 a}{1 - 3\operatorname{tg}^2 a}$

Página 81 – Exercícios complementares

48. Alternativa **b**

49. a) $S = \left\{x \in \mathbb{R} \mid x = \dfrac{\pi}{3} + 2k\pi\ \text{ou}\ x = \dfrac{2\pi}{3} + 2k\pi,\ k \in \mathbb{Z}\right\}$

b) $S = \left\{x \in \mathbb{R} \mid x = \dfrac{\pi}{6} + 2k\pi\ \text{ou}\ x = \dfrac{11\pi}{6} + 2k\pi,\ k \in \mathbb{Z}\right\}$

c) $S = \left\{x \in \mathbb{R} \mid x = \dfrac{3\pi}{4} + 2k\pi\ \text{ou}\ x = \dfrac{5\pi}{4} + 2k\pi,\ k \in \mathbb{Z}\right\}$

d) $S = \left\{x \in \mathbb{R} \mid x = \dfrac{\pi}{2} + 2k\pi,\ k \in \mathbb{Z}\right\}$

e) $S = \left\{x \in \mathbb{R} \mid x = \dfrac{\pi}{6} + k\pi,\ k \in \mathbb{Z}\right\}$

50. a) $S = \left\{x \in \mathbb{R} \mid x = \dfrac{\pi}{6} + 2k\pi,\ k \in \mathbb{Z}\right\}$

b) $S = \left\{x \in \mathbb{R} \mid x = \dfrac{3\pi}{2} + 2k\pi\ \text{ou}\ x = \dfrac{11\pi}{6} + 2k\pi,\ k \in \mathbb{Z}\right\}$

c) $S = \left\{x \in \mathbb{R} \mid x = \dfrac{7\pi}{15} + k\pi,\ k \in \mathbb{Z}\right\}$

d) $S = \left\{x \in \mathbb{R} \mid x = \pi + 2k\pi\ \text{ou}\ x = \dfrac{3\pi}{2} + 2k\pi,\ k \in \mathbb{Z}\right\}$

51. a) Associamos cada membro da igualdade a uma função:
$f(x) = \dfrac{\operatorname{tg} x + \operatorname{cotg} x}{\operatorname{cossec} x \cdot \sec x}$ e $g(x) = 1$

Para existir a igualdade $\dfrac{\operatorname{tg} x + \operatorname{cotg} x}{\operatorname{cossec} x \cdot \sec x} = 1$, devemos ter:

$\operatorname{sen} x \neq 0$ $\left(\text{pois}\ \operatorname{cotg} x = \dfrac{\cos x}{\operatorname{sen} x}\ \text{e}\ \operatorname{cossec} x = \dfrac{1}{\operatorname{sen} x}\right)$ e

$\cos x \neq 0$, $\left(\text{pois}\ \operatorname{tg} x = \dfrac{\operatorname{sen} x}{\cos x}\ \text{e}\ \sec x = \dfrac{1}{\cos x}\right)$.

Logo, a função f não está definida em $U = \{x \in \mathbb{R} \mid \cos x \neq 0\}$ e a igualdade não é uma identidade nesse conjunto.

b) Associamos cada membro da igualdade a uma função:
$f(x) = -2 + (1 - \cos x)^2$ e
$g(x) = (\cotg^2 x - 1) \cdot (-\sen^4 x) - 2 \cdot \cos x$
Para existir a igualdade $-2 + (1 - \cos x)^2 = (\cotg^2 x + 1) \cdot (-\sen^4 x) - 2 \cdot \cos x$, devemos ter $\sen x \neq 0$
$\left(\text{pois } \cotg^2 x = \dfrac{\cos^2 x}{\sen^2 x}\right)$.
Logo, a função g não está definida em $U = \mathbb{R}$, e a igualdade não é uma identidade nesse conjunto.

c) Associamos cada membro da igualdade a uma função:
$f(x) = \dfrac{\sec x - \cossec x}{1 - \cotg x}$ e $g(x) = \sec x$
Para existir a igualdade $\dfrac{\sec x - \cossec x}{1 - \cotg x} = \sec x$, devemos ter $\cos x \neq 0 \left(\text{pois } \sec x = \dfrac{1}{\cos x}\right)$, $\sen x \neq 0 \left(\text{pois } \cossec x = \dfrac{1}{\sen x}\right.$ e $\left.\cotg x = \dfrac{\cos x}{\sen x}\right)$ e $\cot x \neq 1$.
Portanto, as funções f e g não estão definidas em $U = \{x \in \mathbb{R} \mid \sen x \neq 0\}$ e a igualdade não é uma identidade nesse conjunto.

d) Associamos cada membro da igualdade a uma função:
$f(x) = \dfrac{\tg x}{1 + \tg^2 x}$ e $g(x) = \dfrac{\sen x}{\sec x}$
Para existir a igualdade $\dfrac{\tg x}{1 + \tg^2 x} = \dfrac{\sen x}{\sec x}$, devemos ter $\cos x \neq 0 \left(\text{pois } \tg x = \dfrac{\sen x}{\cos x} \text{ e } \sec x = \dfrac{1}{\cos x}\right)$ e $\tg x \neq \pm 1$.
Então, para demonstrar a identidade $f(x) = g(x)$, podemos manipular o 1° membro, obtendo o 2° membro.
$f(x) = \dfrac{\tg x}{1 + \tg^2 x} = \dfrac{\dfrac{\sen x}{\cos x}}{1 + \dfrac{\sen^2 x}{\cos^2 x}} = \dfrac{\dfrac{\sen x}{\cos x}}{\dfrac{\cos^2 x + \sen^2 x}{\cos^2 x}} =$
$= \dfrac{\dfrac{\sen x}{\cos x}}{\dfrac{1}{\cos^2 x}} = \dfrac{\sen x}{\cos x} \cdot \cos^2 x = \sen x \cdot \cos x = \dfrac{\sen x}{\sec x}$
Logo, $\dfrac{\tg x}{1 + \tg^2 x} = \dfrac{\sen x}{\sec x}$ é uma identidade em $U = \mathbb{R}$.

52. a) $S = \left\{x \in \mathbb{R} \mid x = \dfrac{\pi}{6} + 2k\pi \text{ ou } x = \dfrac{\pi}{2} + 2k\pi \text{ ou } x = \dfrac{5\pi}{6} + 2k\pi, k \in \mathbb{Z}\right\}$

b) $S = \left\{x \in \mathbb{R} \mid x = \dfrac{\pi}{4} + 2k\pi \text{ ou } x = \dfrac{\pi}{3} + 2k\pi \text{ ou } x = \dfrac{5\pi}{3} + 2k\pi \text{ ou } x = \dfrac{7\pi}{4} + 2k\pi, k \in \mathbb{Z}\right\}$

c) $S = \left\{x \in \mathbb{R} \mid x = \dfrac{\pi}{4} + k\pi \text{ ou } x = \dfrac{\pi}{3} + k\pi, k \in \mathbb{Z}\right\}$

53. a) aproximadamente 0,3927 metros

b) $\dfrac{1}{60}$ e $\dfrac{1}{12}$

54. a) $\sqrt{6} - \sqrt{2}$ d) $\sqrt{2} - \sqrt{6}$

b) $\sqrt{6} - \sqrt{2}$ e) $\sqrt{6} - \sqrt{2}$

c) $2 - \sqrt{3}$ f) $2 - \sqrt{3}$

55. a) $\dfrac{0{,}89\sqrt{3} - 0{,}45}{2}$

b) $\dfrac{0{,}89 - 0{,}45\sqrt{3}}{2}$

c) $\dfrac{0{,}89\sqrt{3} + 0{,}45}{2}$

d) $0{,}89\left(\dfrac{\sqrt{6} - \sqrt{2}}{4}\right) - 0{,}45\left(\dfrac{\sqrt{2} + \sqrt{6}}{4}\right)$

56. $\dfrac{8 - 4\sqrt{3} + \sqrt{2} + \sqrt{6}}{4}$

57. $\dfrac{21}{13}$

58. a) $S = \left\{x \in \mathbb{R} \mid 0 \leq x < \dfrac{\pi}{6} \text{ ou } \dfrac{11\pi}{6} < x < 2\pi\right\}$

b) $S = \left\{x \in \mathbb{R} \mid \dfrac{\pi}{6} < x < \dfrac{\pi}{2} \text{ ou } \dfrac{7\pi}{6} < x < \dfrac{3\pi}{2}\right\}$

c) $S = \{x \in \mathbb{R} \mid \pi < x < 2\pi\}$

d) $S = \left\{x \in \mathbb{R} \mid \dfrac{\pi}{2} < x < \dfrac{3\pi}{2}\right\}$

e) $S = \left\{x \in \mathbb{R} \mid 0 \leq x \leq \dfrac{5\pi}{4} \text{ ou } \dfrac{7\pi}{4} \leq x < 2\pi\right\}$

f) $S = \left\{x \in \mathbb{R} \mid \dfrac{\pi}{2} < x \leq \dfrac{5\pi}{6} \text{ ou } \dfrac{3\pi}{2} < x \leq \dfrac{11\pi}{6}\right\}$

59. Alternativa **c**

60. a) 0 metro

b) 0, 8 e 12 segundos

61. $S = \left\{\dfrac{\pi}{6}, \dfrac{5\pi}{6}, \dfrac{3\pi}{2}\right\}$

62. $\dfrac{2 - 5\sqrt{3}}{12}$ e $\dfrac{2\sqrt{15} - \sqrt{5}}{12}$

63. $\dfrac{\pi}{12}, \dfrac{\pi}{3}$ e $\dfrac{7\pi}{12}$

64. a) $\dfrac{24}{25}$

b) $-\dfrac{527}{625}$

c) $\dfrac{3\sqrt{10}}{10}$

65. Associamos cada membro da igualdade a uma função:
$f(x) = \dfrac{1}{1 + \sen^2 x} + \dfrac{1}{1 + \cossec^2 x}$ e $g(x) = \dfrac{1}{1 + \cos^2 x} + \dfrac{1}{1 + \sec^2 x}$

Para existir a igualdade $\dfrac{1}{1 + \sen^2 x} + \dfrac{1}{1 + \cossec^2 x} = \dfrac{1}{1 + \cos^2 x} +$

$+ \dfrac{1}{1 + \sec^2 x}$, devemos ter $\sen x \neq 0 \left(\text{pois } \cossec x = \dfrac{1}{\sen x}\right)$ e

$\cos x \neq 0 \left(\text{pois } \sec x = \dfrac{1}{\cos x}\right)$.

Logo, as funções f e g estão definidas em $U = \{x \in \mathbb{R} \mid \sen x \neq 0$ e $\cos x \neq 0\}$.

Efetuando $f(x) - g(x)$, obtemos:

$\dfrac{1}{1 + \sen^2 x} + \dfrac{1}{1 + \cossec^2 x} - \left(\dfrac{1}{1 + \cos^2 x} + \dfrac{1}{1 + \sec^2 x}\right) =$

$= \dfrac{1}{1 + \sen^2 x} + \dfrac{1}{1 + \dfrac{1}{\sen^2 x}} - \dfrac{1}{1 + \cos^2 x} - \dfrac{1}{1 + \dfrac{1}{\cos^2 x}} =$

$= \dfrac{1}{1 + \sen^2 x} + \dfrac{1}{\dfrac{\sen^2 x + 1}{\sen^2 x}} - \dfrac{1}{1 + \cos^2 x} - \dfrac{1}{\dfrac{\cos^2 x + 1}{\cos^2 x}} =$

$= \dfrac{1}{1 + \sen^2 x} + \dfrac{\sen^2 x}{\sen^2 x + 1} - \dfrac{1}{1 + \cos^2 x} - \dfrac{\cos^2 x}{\cos^2 x + 1} =$

$= \dfrac{\sen^2 x + 1}{\sen^2 x + 1} - \dfrac{\cos^2 x + 1}{\cos^2 x + 1} = 1 - 1 = 0$

Logo, a igualdade é uma identidade trigonométrica em $U = \{x \in \mathbb{R} \mid \sen x \neq 0 \text{ e } \cos x \neq 0\}$.

66. a) $S = \left\{x \in \mathbb{R} \mid \dfrac{\pi}{4} + 2k\pi \leq x \leq \dfrac{\pi}{3} + 2k\pi \text{ ou } \dfrac{2\pi}{3} + 2k\pi \leq x \leq \dfrac{3\pi}{4} + 2k\pi, k \in \mathbb{Z}\right\}$

b) $S = \left\{x \in \mathbb{R} \mid \dfrac{\pi}{4} + 2k\pi \leq x \leq \dfrac{3\pi}{4} + 2k\pi \text{ ou } \dfrac{5\pi}{4} + 2k\pi \leq x \leq \dfrac{7\pi}{4} + 2k\pi, k \in \mathbb{Z}\right\}$

Respostas dos exercícios

c) $S = \left\{ x \in \mathbb{R} \mid 2k\pi \leq x < \dfrac{\pi}{6} + 2k\pi \text{ ou } \dfrac{3\pi}{4} + 2k\pi < x < \dfrac{7\pi}{6} + 2k\pi \right.$
   $\left. \text{ou } \dfrac{7\pi}{4} + 2k\pi < x < 2\pi + 2k\pi, k \in \mathbb{Z} \right\}$

d) $S = \left\{ x \in \mathbb{R} \mid \dfrac{\pi}{4} + 2k\pi \leq x < \dfrac{\pi}{3} + 2k\pi \text{ ou } \dfrac{5\pi}{4} + 2k\pi \leq x < \dfrac{4\pi}{3} + 2k\pi, k \in \mathbb{Z} \right\}$

67. Alternativa **a**

Página 83 – Matemática e astronomia

1. Resposta possível: a limitação dos instrumentos e métodos de pesquisa, que só permitem a localização de planetas com tamanho maior do que o tamanho da Terra.
2. 4,3 anos
3. 6 maneiras; 61,8 anos-luz ou 20,8 anos-luz
4. Resposta pessoal.

Página 84 – Vestibular e Enem

1. Alternativa **b**
2. Alternativa **a**
3. Alternativa **b**
4. Alternativa **a**
5. a) 12 horas e 48 minutos
   b) 181 dias
6. Alternativa **b**
7. Alternativa **a**
8. Alternativa **c**
9. Alternativa **a**
10. Alternativa **b**
11. Alternativa **d**

■ Capítulo 4 – Matriz

Página 90 – Para começar

1. 4 linhas e 2 colunas
2. Região Sudeste
3. Resposta pessoal.

Página 92 – Exercícios propostos

1. $A = \begin{bmatrix} 12\,000 & 12\,600 & 13\,000 & 11\,000 \\ 8\,750 & 9\,800 & 10\,050 & 9\,200 \\ 6\,400 & 6\,600 & 6\,850 & 6\,200 \\ 11\,000 & 11\,250 & 10\,800 & 10\,400 \end{bmatrix}$

2. a) 4×6
   b) Loja 6
   c) 65 902

3. a) $N = \begin{bmatrix} 6 & 7 & 7,5 & 6,5 \\ 5 & 7,5 & 8,5 & 5 \\ 3,5 & 4,5 & 5,5 & 6,5 \\ 5 & 5,5 & 6 & 6,5 \\ 10 & 10 & 8,5 & 7,5 \end{bmatrix}$

   b) Inglês: 6,5, Geografia: 5 e Língua Portuguesa: 6,5
   c) Sim, de Inglês e Geografia

Página 93 – Ação e cidadania

- Resposta pessoal.
- Resposta pessoal.

Página 95 – Exercícios propostos

5. a) $A = \begin{bmatrix} 3 & -1 \\ -2 & 8 \end{bmatrix}$

   b) $D = \begin{bmatrix} 3 & 2 & 2 & 2 & 2 \\ 3 & 4 & 23 & 60 & 121 \\ 3 & -1 & 18 & 55 & 116 \end{bmatrix}$

6. a) $\begin{bmatrix} 0 & 0 \\ 0 & 0 \\ 0 & 0 \end{bmatrix}$

   b) Resposta possível: $\begin{bmatrix} 1 & 2 & -2 & \dfrac{1}{3} & \sqrt{5} \end{bmatrix}$

   c) Resposta possível: $\begin{bmatrix} 2 & 0 & 0 \\ 0 & 9 & 0 \\ 0 & 0 & 1 \end{bmatrix}$

   d) $\begin{bmatrix} 1 & 0 & 0 & 0 \\ 0 & 1 & 0 & 0 \\ 0 & 0 & 1 & 0 \\ 0 & 0 & 0 & 1 \end{bmatrix}$

7. 10 e 21

8. $\dfrac{3n \cdot (n+1)}{2}$

9. $A = \begin{bmatrix} 1 & 0 & 0 & 0 & 0 \\ 0 & 6 & 0 & 0 & 0 \\ 0 & 0 & 11 & 0 & 0 \\ 0 & 0 & 0 & 16 & 0 \\ 0 & 0 & 0 & 0 & 21 \end{bmatrix}$

10. dia 16 de junho

11. a) 0
    b) Não foi necessário, pois, para determinar o produto dos elementos das diagonais, basta determinar os elementos que pertencem a ela. Assim:

    $A = \begin{bmatrix} 1 & a_{12} & 5 \\ a_{21} & 0 & a_{23} \\ -7 & a_{32} & -3 \end{bmatrix}$

    Nesse caso, durante a determinação dos elementos das diagonais, ao obter $a_{22} = 0$, podemos parar a resolução, pois o produto de quaisquer números por 0 é igual a 0.

12. a) 1 e 1
    b) 4 e 6
    c) 4 e 3

13. Respostas possíveis:

    a) $\begin{bmatrix} 2 & 4 & 6 & 8 & 10 & 12 \end{bmatrix}$

    b) $\begin{bmatrix} 2 \\ 4 \\ 8 \\ 16 \\ 32 \\ 64 \end{bmatrix}$

c) $\begin{bmatrix} 1 & 0 & 0 & 0 & 0 \\ 0 & \frac{3}{4} & 0 & 0 & 0 \\ 0 & 0 & \frac{9}{16} & 0 & 0 \\ 0 & 0 & 0 & \frac{27}{64} & 0 \\ 0 & 0 & 0 & 0 & \frac{81}{256} \end{bmatrix}$

14. π e 0

15. 4 e 3

Página 97 – Exercícios propostos

18. a) ordem 3

b) $-6i - 3j$

19. $\frac{9}{5}$ e $\frac{3}{2}$

20. $C = \begin{bmatrix} -4 & -8 \\ -4 & -8 \end{bmatrix}$

21. $B = \begin{bmatrix} 1 & -\frac{1}{4} \\ -4 & -1 \end{bmatrix}$

22. $\begin{bmatrix} 730\,000 \\ 2\,611\,000 \\ 853\,000 \\ 1\,331\,000 \\ 2\,124\,000 \end{bmatrix}$

Página 98 – Exercícios propostos

23. $R = 3 \cdot P = 3 \cdot \begin{bmatrix} 630 & 840 & 460 \\ 810 & 530 & 720 \end{bmatrix} = \begin{bmatrix} 1\,890 & 2\,520 & 1\,380 \\ 2\,430 & 1\,590 & 2\,160 \end{bmatrix}$,

11 970 bicicletas fabricadas.

24. $\begin{bmatrix} -1 & 0 & -2 \\ 3 & -\frac{1}{5} & -\frac{2}{25} \end{bmatrix}$

25. 7 e 5

26. a) $\begin{bmatrix} 4+9\sqrt{2} & 22 & -17 \\ 20 & \frac{7}{2} & -9 \\ 33 & \sqrt{2} & 3 \end{bmatrix}$

b) $\begin{bmatrix} 6+2\sqrt{2} & -14 & 22 \\ -40 & \frac{61}{2} & 10 \\ 16 & 3\sqrt{2} & 26 \end{bmatrix}$

c) $\begin{bmatrix} 8+4\sqrt{2} & 40 & -20 \\ 44 & -10 & -16 \\ 44 & -4\sqrt{2} & 4 \end{bmatrix}$

d) $\begin{bmatrix} \frac{2+7\sqrt{2}}{5} & \frac{2}{5} & -\frac{3}{5} \\ -\frac{7}{5} & \frac{27}{10} & 0 \\ \frac{17}{5} & \frac{3}{5}\cdot\sqrt{2} & \frac{7}{5} \end{bmatrix}$

27. -4 e 2

Página 99 – Exercícios propostos

28. a) Como a matriz A tem ordem 3×2 e a matriz B tem ordem 2×3, ou seja, são matrizes de ordens diferentes, não é possível calcular $A + B$.

b)
$A + B^t + C = \begin{bmatrix} 0 & -6 \\ 4 & 0 \\ 8 & 8 \end{bmatrix}$

$A^t + B + C^t = \begin{bmatrix} 0 & 4 & 8 \\ -6 & 0 & 8 \end{bmatrix}$

29. $M^t = \begin{bmatrix} 3 & 7 \\ -7 & 6 \end{bmatrix}$

$(-M^t)^t = \begin{bmatrix} -3 & 7 \\ -7 & -6 \end{bmatrix}$

30. 23

31. $A^t = \begin{bmatrix} 0 & 0 \\ 0 & 0 \end{bmatrix}$

Página 101 – Exercícios propostos

33. a) $\begin{bmatrix} -10 & -27 \\ 19 & 21 \\ 2 & 13 \end{bmatrix}$

b) $\begin{bmatrix} 1 & -2 & 0{,}05 \\ -12 & 24 & -0{,}6 \\ 1{,}5 & -3 & 0{,}075 \end{bmatrix}$

c) $\begin{bmatrix} 0{,}25 & 0{,}75+3\sqrt{3} & 2{,}25-9\sqrt{3} & 0{,}075+1{,}25\sqrt{3} \\ -\sqrt{5} & -3\pi-3\sqrt{5} & 9\pi-9\sqrt{5} & -1{,}25\pi-0{,}3\sqrt{5} \end{bmatrix}$

d) A multiplicação não é possível.

34. a) $\begin{bmatrix} 20 & 15 \\ 12 & 29 \end{bmatrix}$

b) $\begin{bmatrix} 30 & 19 & -12 \\ -49 & -27 & 21 \\ -13 & -7 & 10 \end{bmatrix}$

35. -1 e 3

36. a) $\begin{bmatrix} 7 & 0 & 0 \\ 5 & 3 & 0 \\ 5 & 2 & 1 \\ 4 & 1 & 2 \\ 3 & 3 & 1 \end{bmatrix}$

b) $\begin{bmatrix} 3 \\ 1 \\ 0 \end{bmatrix}$

Respostas dos exercícios

c) $\begin{bmatrix} 21 \\ 18 \\ 17 \\ 13 \\ 12 \end{bmatrix}$

37. a) $\begin{bmatrix} 6,10 \\ 6,98 \\ 7,95 \\ 5,54 \\ 7,85 \\ 6,86 \end{bmatrix}$

b) Cecília

c) $N = \begin{bmatrix} 7 & 8 & 5,4 & x & 9 & 7 \\ 9,5 & y & 6,9 & 8,5 & 7 & 4,5 \\ z & 8 & 3,2 & 9 & 8,5 & 6,5 \end{bmatrix} \cdot \begin{bmatrix} 0,45 \\ 0,10 \\ 0,20 \\ 0,10 \\ 0,05 \\ 0,10 \end{bmatrix} = \begin{bmatrix} 6 \\ 6 \\ 6 \end{bmatrix}$

Página 103 – Exercícios propostos

39. a) $\begin{bmatrix} \frac{1}{11} & -\frac{2}{11} \\ \frac{3}{11} & \frac{5}{11} \end{bmatrix}$

b) $\begin{bmatrix} \frac{1}{9} & \frac{2}{9} \\ 0 & -\frac{1}{5} \end{bmatrix}$

c) $\begin{bmatrix} -1 & \frac{10}{11} \\ 7 & -\frac{25}{11} \end{bmatrix}$

40. 1 e 3

41. $\begin{bmatrix} 1 & 0 & 0 \\ 0 & -\frac{1}{2} & 0 \\ -\frac{1}{3} & 0 & \frac{1}{3} \end{bmatrix}$

42. $\begin{bmatrix} -2 & 0 \\ -2 & -1 \end{bmatrix}$

Página 104 – Exercícios propostos

45. $\begin{bmatrix} 1 & 3 \\ -\frac{7}{5} & 1 \\ -\frac{7}{20} & 3 \end{bmatrix}$

46. $\begin{bmatrix} 10 & 3 \\ 4 & 4 \end{bmatrix}$ e $\begin{bmatrix} -1 & -8 \\ -2 & 4 \end{bmatrix}$

47. $\begin{bmatrix} -\frac{2}{3} & -1 \\ -3 & -\frac{8}{3} \end{bmatrix}$ e $\begin{bmatrix} \frac{24}{11} & -\frac{9}{11} \\ -\frac{27}{11} & \frac{6}{11} \end{bmatrix}$

48. 3 e −2

49. $\begin{bmatrix} -15 & 0 \\ 21 & -4 \end{bmatrix}$

50. $\begin{bmatrix} -28 & -42 \\ -\frac{39}{2} & -28 \end{bmatrix}$

51. Alternativa **d**

52. a) Ordem 2 × 1

b) − 5

53. $\frac{71}{25}$

54. $x = \log_4 (3 \pm \sqrt{5})$ $y = 2$, $z = 1$ ou $z = 2$, $a = 5$, $b = -2$ e $c = 0$

55. Alternativa **b**

56. $A^2 = \begin{bmatrix} 1 & 0 \\ 2 & 1 \end{bmatrix}$, $A^3 = \begin{bmatrix} 1 & 0 \\ 3 & 1 \end{bmatrix}$, $A^4 = \begin{bmatrix} 1 & 0 \\ 4 & 1 \end{bmatrix}$, $A^n = \begin{bmatrix} 1 & 0 \\ n & 1 \end{bmatrix}$

b) 4 998 500

57. Alternativa **d**

Página 106 – Exercícios complementares

58. a) 3º bimestre

b) Alexandre: 8, Bruna: 9, Camila: 8, Danilo: 7 e Eduardo: 7

c) Camila

d) ■ 1º bimestre: 7,2
■ 2º bimestre: 7,0
■ 3º bimestre: 7,8
■ 4º bimestre: 7,0

59. −1

60. a) $\begin{bmatrix} 0 & 1 \\ \frac{1}{5} & -\frac{3}{5} \end{bmatrix}$

b) $\begin{bmatrix} \frac{4}{17} & \frac{8}{17} \\ \frac{8}{7} & -\frac{1}{17} \end{bmatrix}$

c) Não existe.

61. R$ 26 565,00

62. 8 523

63. RESPEITE O PRÓXIMO

64. $\begin{bmatrix} 1 & 2 & 3 & 4 & 5 & 6 \\ 6 & 8 & 10 & 12 & 14 & 16 \\ 16 & 19 & 22 & 25 & 28 & 31 \\ 31 & 35 & 39 & 43 & 47 & 51 \\ 51 & 56 & 61 & 66 & 71 & 76 \\ 76 & 82 & 88 & 94 & 100 & 106 \end{bmatrix}$

65. 4 160 botões

66. $\begin{bmatrix} -1 & 5 & 6 \\ 7 & -2 & 9 \end{bmatrix}$

67. a) $10, \frac{74}{3}$ e $\frac{13}{3}$

b) $\begin{bmatrix} 4 & -5,5 & 2 \\ 15,5 & 9 & 9 \\ 26 & 84,5 & 63 \end{bmatrix}$

68. $X = \begin{bmatrix} 3 & \frac{26}{5} \\ -7 & 2 \end{bmatrix}$ e $Y = \begin{bmatrix} -2 & -\frac{3}{5} \\ 0 & -3 \end{bmatrix}$

69. $\begin{bmatrix} \frac{1}{5} & \frac{4}{5} \\ 0 & 1 \end{bmatrix}$

70. a) Verdadeira.
b) Falsa. Se A e B são matrizes tais que $A \cdot B$ é a matriz nula, não é necessário que A ou B seja uma matriz nula.
c) Falsa. A matriz $M_{5 \times 7} \cdot P_{7 \times 5}$ tem 25 elementos.
d) Verdadeira.

71. a) $\begin{bmatrix} 200 & 250 \\ 220 & 230 \\ 260 & 240 \\ 300 & 310 \end{bmatrix}$, $\begin{bmatrix} 32,00 & 40,00 \\ 33,00 & 43,00 \end{bmatrix}$ e $\begin{bmatrix} 14\,650 & 18\,750 \\ 14\,630 & 18\,690 \\ 16\,240 & 20\,720 \\ 19\,830 & 25\,330 \end{bmatrix}$

b) R$ 4 100,00

72. a) 4
b) nenhum
c) $\begin{bmatrix} 9 & 8 & 17 & 27 \\ 12 & 8 & 15 & 24 \end{bmatrix}$
d) $\begin{bmatrix} 1 & 8 & 1 & -3 \\ -4 & -4 & 1 & 2 \end{bmatrix}$

73. 81 e 8

74. Sendo $A_{m \times n} = \begin{bmatrix} a_{11} & \cdots & a_{1n} \\ \vdots & \ddots & \vdots \\ a_{m1} & \cdots & a_{mn} \end{bmatrix}$ uma matriz de ordem $m \times n$,

$I_n = \begin{bmatrix} 1 & \cdots & 0 \\ \vdots & \ddots & \vdots \\ 0 & \cdots & 1 \end{bmatrix}$ a matriz identidade de ordem n e

$I_m = \begin{bmatrix} 1 & \cdots & 0 \\ \vdots & \ddots & \vdots \\ 0 & \cdots & 1 \end{bmatrix}$ a matriz identidade de ordem m, temos:

■ $A \cdot I_n = \begin{bmatrix} a_{11} & \cdots & a_{1n} \\ \vdots & \ddots & \vdots \\ a_{m1} & \cdots & a_{mn} \end{bmatrix} \cdot \begin{bmatrix} 1 & \cdots & 0 \\ \vdots & \ddots & \vdots \\ 0 & \cdots & 1 \end{bmatrix} =$

$= \begin{bmatrix} a_{11} \cdot 1 + \cdots + a_{1n} \cdot 0 & \cdots & a_{11} \cdot 0 + \cdots + a_{1n} \cdot 1 \\ \vdots & \ddots & \vdots \\ a_{m1} \cdot 1 + \cdots + a_{mn} \cdot 0 & \cdots & a_{m1} \cdot 0 + \cdots + a_{mn} \cdot 1 \end{bmatrix} =$

$= \begin{bmatrix} a_{11} & \cdots & a_{1n} \\ \vdots & \ddots & \vdots \\ a_{m1} & \cdots & a_{mn} \end{bmatrix} = A$

■ $I_m \cdot A = \begin{bmatrix} 1 & \cdots & 0 \\ \vdots & \ddots & \vdots \\ 0 & \cdots & 1 \end{bmatrix} \cdot \begin{bmatrix} a_{11} & \cdots & a_{1n} \\ \vdots & \ddots & \vdots \\ a_{m1} & \cdots & a_{mn} \end{bmatrix} =$

$= \begin{bmatrix} 1 \cdot a_{11} + \cdots + 0 \cdot a_{m1} & \cdots & 1 \cdot a_{1n} + \cdots + 0 \cdot a_{mn} \\ \vdots & \ddots & \vdots \\ 0 \cdot a_{11} + \cdots + 1 \cdot a_{m1} & \cdots & 0 \cdot a_{1n} + \cdots + 1 \cdot a_{mn} \end{bmatrix} =$

$= \begin{bmatrix} a_{11} & \cdots & a_{1n} \\ \vdots & \ddots & \vdots \\ a_{m1} & \cdots & a_{mn} \end{bmatrix} = A$

Portanto: $A \cdot I_n = A$ e $I_m \cdot A = A$

75. a) 2×4 e -9
b) -400
c) 972

76. $Y = \begin{bmatrix} 0 & 0 \\ 1 & -2 \end{bmatrix}$, não existe a matriz Y^{-1}.

77. Alternativa **b**

Página 109 – Matemática e Ciências

1. De acordo com as ideias de Carl Sagan, poderíamos captar emissões de sinais de rádio de fontes alienígenas de maneira semelhante à utilizada para captar ondas de rádio de uma estação de FM, por exemplo. Esses sinais seriam captados por radiotelescópios, ou seja, antenas parabólicas gigantescas — sintonizadas para receber sinais de rádio emitidos por fontes extremamente distantes —, como transmissões de ondas de rádio vindas de outros planetas.

2. 93,5 megahertz. A propagação dessa onda não é visível ao olho humano. Embora esse fato possa ser verificado em situações cotidianas, já que existem diversas ondas de rádio sendo propagadas no ar e não é possível visualizá-las, também podemos utilizar as informações da tabela apresentada ao lado do texto e alguns conhecimentos matemáticos para comprovar esse fato. De acordo com a tabela, ondas de $4,3 \cdot 10^{14}$ a $7,5 \cdot 10^{14}$ Hz são visíveis. Como 93,5 MHz = $93,5 \cdot 10^6$ Hz = $9,35 \cdot 10^7$ Hz, essa frequência não é visível ao olho humano.

3. Resposta pessoal.

4. Resposta pessoal.

Respostas dos exercícios

■ Capítulo 5 – Determinante

Página 110 – Para começar
1. triângulo
2. Resposta possível: Projetos arquitetônicos ou projetos de peças mecânicas.
3. Resposta pessoal.

Página 111 – Cálculo mental
- 27
- 50
- −46
- −5

Página 112 – Cálculo mental
2

Página 113 – Exercícios propostos
2. a) −3
   b) 8
   c) −24
3. a) 6
   b) 30
4. 1, 1 e 1
5. 78
6. a) 5
   b) 9
   c) 6
   d) 6
7. $\text{sen}^2 x$
8. a) 17
   b) 17
9. 12
10. a) Não é possível calcular o determinante.
    b) Não é possível calcular o determinante.
    c) 0
    d) 14
11. $A = \begin{bmatrix} 0 & 1 & 4 \\ 1 & 0 & 1 \\ 4 & 1 & 0 \end{bmatrix}$ e 8
12. a) $S = \{2\}$
    b) $S = \left\{\dfrac{\pi}{6}, \dfrac{5\pi}{6}, \dfrac{7\pi}{6}, \dfrac{11\pi}{6}\right\}$
    c) $S = \{-3, 3\}$
13. $t < -2$ ou $t > 2$
14. $\dfrac{\pi}{2}$ ou $\dfrac{3\pi}{2}$
15. $S = \{x \in \mathbb{R} \mid -3 \leq x \leq -2\}$
16. a) 0 ou −1
    b) $-1 \leq x \leq 0$
    c) $x \leq -1$ ou $x \geq 0$

Página 114 – Exercícios propostos
17. a) 1
    b) −8
    c) −2
    d) 0
18. 4, −10 e 2, respectivamente.

Página 115 – Exercícios propostos
19. a) $\begin{bmatrix} -2 & -5 & -8 \\ 1 & -2 & -5 \\ 6 & 3 & 0 \end{bmatrix}$
    b) 9
20. a) −16
    b) 49
21. 0 ou 2
22. 1

Página 117 – Para refletir
- Matriz triangular: o determinante de uma matriz triangular é o produto dos elementos da diagonal principal. Nesse caso: $\det I_n = 1^n = 1$
- Não. Para verificar que a afirmação não é válida basta escolher duas matrizes diferentes, cujo determinante é igual. Por exemplo, considerando a matriz $A = \begin{bmatrix} 1 & 0 & 2 \\ -6 & 0 & 9 \\ 7 & 0 & 13 \end{bmatrix}$ e a matriz $B = \begin{bmatrix} 2 & 4 & 3 \\ 5 & 10 & 7 \\ 1 & 2 & -5 \end{bmatrix}$, essas matrizes são diferentes, pois seus elementos correspondentes são diferentes; mas $\det A = \det B = 0$. Logo, duas matrizes com determinantes iguais não são necessariamente iguais.

Página 118 – Exercícios propostos
24. a) O determinante é nulo, pois todos os elementos da 3ª linha da matriz H são nulos.
    b) A matriz P é triangular; então seu determinante é o produto dos elementos da diagonal principal. Como $a_{33} = 0$, temos que $\det P = 0$.
    c) O determinante é nulo, pois a 1ª e a 4ª linha da matriz N são iguais.
    d) O determinante é nulo, pois a 1ª e a 4ª coluna da matriz R têm elementos proporcionais (a multiplicação dos elementos da 1ª coluna por 5 corresponde aos elementos da 4ª coluna).
25. a) 7
    b) 28
    c) −7
    d) −21
26. $-\dfrac{1}{4}$
27. −11
28. a) 36
    b) 48
29. Pelo teorema de Binet: $\det M \cdot \det (M^{-1}) = \det (M \cdot M^{-1})$
    Como o produto de uma matriz por sua inversa resulta na matriz identidade, temos:
    $\det (M \cdot M^{-1}) = \begin{vmatrix} 1 & 0 \\ 0 & 1 \end{vmatrix} = 1 \cdot 1 - 0 \cdot 0 = 1$
30. $81k$
31. 0
32. 36
33. $\dfrac{\alpha}{4}$

Página 119 – Exercícios propostos

35. a) $\begin{bmatrix} \frac{1}{3} & -1 \\ 0 & -\frac{1}{4} \end{bmatrix}$

b) Não é invertível.

c) Não é invertível.

d) $\begin{bmatrix} 0 & 0 & 1 \\ \frac{1}{2} & -\frac{1}{2} & 0 \\ \frac{1}{2} & \frac{1}{2} & 0 \end{bmatrix}$

36. 5

37. a) Verdadeira.
b) Verdadeira.

38. $m \neq 0$ e $m \neq -4$

39. $\frac{1}{4}$ e 4

40. 1 ou -1

41. 2

Página 120 – Exercícios complementares

42. 1

43. $t \neq -3$ e $t \neq -4$

44. 0 e (3, 0)

45. $\frac{1}{2}$

46. C_{22}

47. $\frac{5\pi}{4}$ ou $\frac{7\pi}{4}$

48. $\pi + 2k\pi, k \in \mathbb{Z}$

49. $\frac{5}{2}$

50. -8

51. a) $\begin{bmatrix} 0 & -3 \\ 3 & 0 \end{bmatrix}$ e 9

b) $\begin{bmatrix} 0 & -3 & -8 \\ 3 & 0 & -5 \\ 8 & 5 & 0 \end{bmatrix}$ e 0

52. ± 4

53. $\begin{bmatrix} 0 & 0 & -1 \\ \frac{1}{3} & \frac{1}{3} & 0 \\ -\frac{1}{3} & \frac{2}{3} & 0 \end{bmatrix}$

54. 25

55. a) Resposta possível: Para obter a matriz C, podemos trocar a 1ª e a 3ª coluna da matriz A. Pela propriedade dos determinantes de troca de filas paralelas, temos det $C = -\det A$, ou seja, det $A = -\det C$.

b) Resposta possível: Para obter a matriz B, podemos determinar a matriz transposta de A; trocar a 1ª e a 3ª coluna da matriz transposta e trocar a 1ª e a 3ª linha dessa matriz. Pela propriedade do determinante da transposta, temos det $A = \det A^t$. E pela troca de filas paralelas, temos det $B = -(-\det A^t) =$ $= -(-\det A) = \det A$.

56. Primeiro, calculamos o determinante da matriz A:

$$\det A = \begin{vmatrix} 1 & 0 & 0 \\ 0 & \frac{\sqrt{3}}{3} & -\frac{2}{3} \\ 0 & 1 & \frac{\sqrt{3}}{3} \end{vmatrix} = \left(\frac{1}{3} + 0 + 0\right) - \left(0 + 0 - \frac{2}{3}\right) = 1$$

Como det $A \neq 0$, a matriz A é invertível e det $A^{-1} = \frac{1}{\det A} = \frac{1}{1} = 1$.

Para verificar a igualdade apresentada, desenvolvemos os dois lados da igualdade separadamente:
$(\det A)^2 + \det A^{-1} = 1^2 + 1 = 2$
$2 \cdot \det I_3 = 2 \cdot 1 = 2$
Portanto: $(\det A)^2 + \det A^{-1} = 2 \cdot \det I$

57. 3

58. a) 69
b) -4

59. -2 e 0

60. a) $x < \frac{1}{3}$ ou $x > 2$

b) $\frac{1}{3} < x < 2$

c) Resposta pessoal.

61. $\frac{8m}{n}$

62. 21

63. Alternativa **a**

64. Alternativa **a**

65. Alternativa **c**

66. Alternativa **d**

Página 122 - Matemática e História

1. A propriedade comutativa para a adição de matrizes é válida. A propriedade comutativa para a multiplicação de matrizes não é válida.

2. Resposta pessoal.

Página 123 – Estratégias e soluções

Identificação e registro de informações

1. O número máximo de pedaços que é possível obter ao cortar uma *pizza* com dez cortes retos.

2. Só é possível usar cortes retos.

3. Resposta pessoal.

4. Resposta pessoal.

Elaboração de hipóteses e estratégias de resolução

1. Resposta possível:

2. 11 e 16

3. Quando o primeiro corte é feito na *pizza*, ela é dividida em dois pedaços. E cada vez que um corte passa por um pedaço, o pedaço é dividido em dois. Assim, para obter o número máximo de pedaços, devemos cortar a *pizza* de modo que o novo corte feito cruze o maior número de pedaços já existentes.

Respostas dos exercícios

4.

Número de cortes	1	2	3	4	5
Número máximo de pedaços	2	4	7	11	16

5. 22 pedaços.

6. Resposta possível: Para obter o maior número de pedaços, sempre se deve procurar a posição em que o corte cruze o maior número de pedaços já existentes. Por exemplo, no caso de dois cortes, o segundo corte é feito de modo a intersectar os dois pedaços já existentes, transformando-os em quatro pedaços. Para três cortes, o terceiro deles é posicionado, cruzando três pedaços e gerando quatro pedaços já existentes mais três novos, totalizando sete pedaços. Assim, concluímos que o número total de pedaços é igual ao número de pedaços obtidos do corte anterior adicionado com o número de novos pedaços criados (o número de pedaços que o novo corte cruza). Mas notamos que o número de novos pedaços é o mesmo do número de cortes da *pizza*. Então temos que o número máximo P_n de pedaços obtidos com n cortes de uma *pizza* é dado por $P_n = P_{n-1} + n$. Por essa expressão, temos:

Número de cortes	1	2	3	4	5	6	7	8	9	10
Número máximo de pedaços	2	4	7	11	16	22	29	37	46	56

Portanto, com dez cortes é possível dividir a *pizza* em, no máximo, 56 pedaços.

Reflexão
1. Resposta pessoal.
2. Resposta pessoal.
3. Resposta pessoal.
4. Resposta pessoal.

■ Capítulo 6 – Sistema linear

Página 124 – Para começar
1. Resposta possível: Sistemas lineares de duas equações e duas incógnitas podem ser resolvidos pelo método da adição ou pelo método da substituição. O método da adição consiste em adicionar, membro a membro, as duas equações, com o objetivo de eliminar uma das incógnitas. O método da substituição consiste em isolar uma das incógnitas em uma das equações e substituir na outra equação, obtendo uma equação com apenas uma incógnita.
2. Resposta pessoal.

Página 125 – Exercícios propostos
1. a) linear homogênea
   b) linear
   c) não linear
   d) não linear
2. $\frac{1}{2}$ ou $-\frac{1}{2}$
3. a) $(2, 1)$
   b) $(3, 10)$
   c) $(-1, 3)$
   d) $\left(\frac{1}{3}, \frac{1}{2}\right)$
4. 3
5. a) É solução, pois substituindo os valores obtemos:
   $3 \cdot 2 + 4 \cdot 1 - 2 \cdot 6 = -2 \Rightarrow -2 = -2$
   b) O terno $(1, -\frac{3}{4}, 1)$ é solução dessa equação.
6. Alternativa **c**
7. $a \neq 4$

Página 128– Exercícios propostos
11. Para um par ordenado ser solução de um sistema, ele deve satisfazer todas as equações do sistema.
    a) Verdadeira.
    b) Verdadeira.
12. 4 e 3
13. 5,6 e 1,1
14. -3, 1 e 2
15. a) São equivalentes.
    b) Não são equivalentes.
16. $m = -4$ e $n = 1$
17. a) São equivalentes.
    b) Não são equivalentes.
18. $a = 2$ e $b = -4$
19. Resposta possível:
    $\begin{cases} 6x - 8y = 12 \\ 10x + 4y = 2 \end{cases}$
20. *a* - IV
    b - I
    c - III
    d - II
21. Alternativa **e**
22. a) $t = 0, u = -3, v = -\frac{13}{2}$
    b) $t = \sqrt{2}, u = -\sqrt{2} - 4, v = -3\sqrt{2} - 3$
    $t = -\sqrt{2}, u = \sqrt{2} - 4, v = 3\sqrt{2} - 3$

Página 132 – Exercícios propostos
25. a) $S = \{(1, 1)\}$
    b) $S = \mathbb{R}$
    c) $S = \left\{\left(-\frac{23}{5}, \frac{17}{5}\right)\right\}$
    d) $S = \varnothing$
26. a) II
    b) possível e determinado
    c) $S = \{(0, 2)\}$
27. a) sistema possível e determinado
    b) As coordenadas do ponto *S* representam a solução do sistema.
28. a) sistema possível e determinado
    b) sistema impossível
    c) sistema possível e determinado
    d) sistema possível e indeterminado
29. a) $S = \{(-1, 2)\}$, possível e determinado

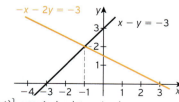

b) $S = \{(-2, 1)\}$, possível e determinado

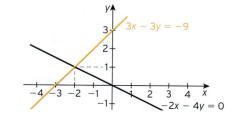

c) $S = \varnothing$, impossível

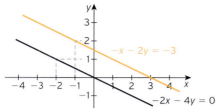

d) $S = \mathbb{R}$, possível e indeterminado

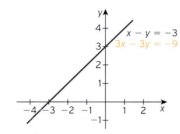

30. a) sistema possível e determinado
b) $S = \{(3, 1)\}$

Página 135 – Exercícios propostos

33. a) $S = \{(1, -2, -1)\}$
b) Não é possível resolver pela regra de Cramer.
c) $S = \left\{\left(\dfrac{21}{13}, \dfrac{1}{13}\right)\right\}$

34. $\begin{cases} x + 2y = 3 \\ 2x - 3y = 5 \end{cases}$

35. a) $\begin{bmatrix} 2 & 3 \\ 1 & -1 \end{bmatrix} \cdot \begin{bmatrix} x \\ y \end{bmatrix} = \begin{bmatrix} 4 \\ 2 \end{bmatrix}$

b) $\begin{bmatrix} 5 & 2 & -1 \\ 2 & -3 & 4 \end{bmatrix} \cdot \begin{bmatrix} x \\ y \\ z \end{bmatrix} = \begin{bmatrix} 3 \\ 1 \end{bmatrix}$

c) $\begin{bmatrix} 1 & -2 \\ 0 & 3 \end{bmatrix} \cdot \begin{bmatrix} x \\ y \end{bmatrix} = \begin{bmatrix} -1 \\ 5 \end{bmatrix}$

d) $\begin{bmatrix} 1 & 1 & -1 \\ 2 & 0 & -3 \end{bmatrix} \cdot \begin{bmatrix} x \\ y \\ z \end{bmatrix} = \begin{bmatrix} 9 \\ 7 \end{bmatrix}$

36. Sim, o par ordenado (7, 3) é solução.

37. 1

38. a) O sistema é possível e determinado.
b) O sistema não é possível e determinado.
c) O sistema não é possível e determinado.
d) O sistema é possível e determinado.

39. a) Não pode ser solucionado pela regra de Cramer.
b) $S = \{(5, 3)\}$
c) $S = \{(1, -2, 0)\}$
d) Não pode ser solucionado pela regra de Cramer.

Página 138 – Exercícios propostos

42. a) possível e determinado
b) impossível
c) possível e indeterminado
d) possível e determinado

43. a) possível e determinado, $S = \{(2, -1, 3)\}$
b) impossível, $S = \varnothing$

44. a) $S = \varnothing$
b) (15, 4, 0)
c) (11, 3, 0)
d) (0, 0, 0)

45. a) $S = \left\{\left(\dfrac{10}{3}, \dfrac{5}{3}, -2\right)\right\}$
b) $S = \left\{\left(\dfrac{11}{2}, 9, 3\right)\right\}$

Página 140 – Exercícios propostos

47. a) O sistema não está escalonado.
b) O sistema está escalonado. É um sistema possível e determinado. $S = \{(2, 3, -1)\}$
c) O sistema está escalonado. É um sistema possível e indeterminado. $S = \{(7 - 4k, 3 - 2k, k)| k \in \mathbb{R}\}$
d) Não está escalonado.
e) Não está escalonado.
f) Está escalonado. É um sistema impossível. $S = \varnothing$

48. a) Sistema impossível. $S = \varnothing$
b) Sistema possível e determinado. $S = \left\{\left(\dfrac{2}{5}, \dfrac{1}{5}\right)\right\}$

49. a) II e possível e indeterminado
b) III e possível e determinado
c) IV e impossível
d) I e impossível
e) V e possível e determinado

50. a) $S = \{(8, 0)\}$ e possível e determinado
b) $S = \varnothing$ e impossível
c) $S = \left\{\left(\dfrac{4k - 7}{3}, k\right) | k \in \mathbb{R}\right\}$ e possível e indeterminado
d) $S = \{(2, 3, 5)\}$ e possível e determinado
e) $S = \varnothing$ e impossível
f) $S = \{(2, 2, 2)\}$ e possível e determinado
g) $S = \{(1, 1, 1)\}$ e possível e determinado
h) $S = \{(2, -1)\}$ e possível e determinado

51. $S = \{(0, 3, -1, 1)\}$

52. lápis – R$ 1,50, borracha – R$ 1,00 e caneta – R$ 3,50

Página 141 – Exercícios propostos

53. a) Para $m \neq -6$, o sistema é possível e determinado e para $m = -6$, o sistema é possível e indeterminado.
b) Para $m \neq 3,5$, o sistema é possível e determinado e para $m = 3,5$, o sistema é impossível.
c) Para $m \neq 1$, o sistema é possível e determinado e para $m = 1$, o sistema é impossível.
d) Para $m \neq 1,5$, o sistema é possível e determinado e para $m = 1,5$, o sistema é impossível.

54. a) $k \neq \dfrac{1}{2}$
b) $k \neq -17$

55. a) 4 e -4
b) 1,5

56. $m = 1,6$ e $n = 12$ para SPI e $m = 1,6$ e $n \neq 12$ para SI.

57. a) Verdadeira.
b) Verdadeira.
c) Falsa.
d) Falsa.
e) Verdadeira.

Respostas dos exercícios

58. Para $m \neq -4$ e qualquer valor real de n o sistema L_1 é possível e determinado.

Para $m = -4$ e $n = 12$ o sistema L_1 é possível e indeterminado e para $m = -4$ e $n \neq 12$ o sistema L_1 é impossível.

Para $m \neq 1$ e qualquer valor real de n o sistema L_2 é possível e determinado.

Para $m = 1$ e $n = 30$ o sistema L_2 é possível e indeterminado e para $m = 1$ e $n \neq 30$ o sistema L_2 é impossível.

59. a) Para $k = -4$ o sistema é impossível.

b) Para $k = -17$ o sistema é impossível.

60. $a \neq -4$

61. sistema impossível

62. $m \neq 2$

63. $k \neq \dfrac{1}{2}$

64. $k \neq -17$

65. O sistema é impossível.

66. a) Para $m \neq -4$ e qualquer valor real de n o sistema é possível e determinado.

b) Para $m \neq 1$ e qualquer valor real de n o sistema é possível e determinado.

67. a) Para $m = -4$ e $n = 12$ o sistema é possível e indeterminado.

b) Para $m = 1$ e $n = 30$ o sistema é possível e indeterminado.

68. a) Para $m = -4$ e $n \neq 12$ o sistema é impossível.

b) Para $m = 1$ e $n \neq 30$ o sistema é impossível.

69. a) -4 ou 4

b) Para qualquer valor real de k esse sistema é possível e indeterminado ou impossível.

c) -8

d) $\dfrac{1}{2}$

70. Para $k = 4$ o sistema é possível e determinado.

71. Para $k = 2$ o sistema é possível e indeterminado.

72. a) Para $m \neq -4$ e qualquer valor real de n o sistema é possível e determinado.

Para $m = -4$ e $n = 12$ o sistema é possível e indeterminado.

Para $m = -4$ e $n \neq 12$ o sistema é impossível.

b) Para qualquer valor real de k o sistema é possível e indeterminado.

c) Para $m \neq 9$ e qualquer valor real de n o sistema é possível e determinado.

Para $m = 9$ e $n = 30$ o sistema é possível e indeterminado.

Para $m = 9$ e $n \neq 30$ o sistema é impossível.

d) Para $k \neq \dfrac{1}{2}$ e qualquer valor real de r o sistema é possível e determinado.

Para $k = \dfrac{1}{2}$ e $r = \dfrac{17}{2}$ o sistema é possível e indeterminado.

Para $m = \dfrac{1}{2}$ e $n \neq \dfrac{17}{2}$ o sistema é impossível.

73. $S = \{(0, 6, 1, -1)\}$

74. a) A: $\begin{cases} 0{,}4x + 0{,}8y = 10 \\ x + y = 20 \end{cases}$, B: $\begin{cases} 0{,}4x + 0{,}6y = 8 \\ x + y = 16 \end{cases}$,

C: $\begin{cases} 0{,}4x + 0{,}4y = 6 \\ x + y = 12 \end{cases}$

b) A é um sistema possível e determinado, B é um sistema possível e determinado e C é um sistema impossível.

c) A combinação A pode ser composta por, no máximo, 500 gramas de massa e 1 500 gramas de salada. A combinação B pode ser composta por, no máximo, 800 gramas de massa e 800 gramas de salada. Não é possível determinar o máximo de gramas para a combinação C.

75. a) $\begin{cases} a + b + c = 8 \\ a + b + d = 10 \\ b + c + d = 13 \\ a + c + d = 11 \end{cases}$

b) $S\{(1, 3, 4, 6)\}$; $a = 1$, $b = 3$, $c = 4$ e $d = 6$

76. a)

Semana	Quantidade de pastéis de carne	Quantidade de pastéis de queijo	Quantidade de pastéis de frango	Quantidade de pastéis de palmito	Lucro
1ª	100	200	100	100	300
2ª	100	100	200	100	700
3ª	100	100	100	200	900
4ª	200	100	100	1000	600

b) $\begin{cases} 100c + 200q + 100f + 100p = 300 \\ 100c + 100q + 200f + 100p = 700 \\ 100c + 100q + 100f + 200p = 900 \\ 200c + 100q + 100f + 100p = 600 \end{cases}$

Onde c representa pastel de carne, q representa pastel de queijo, f representa pastel de frango e p representa pastel de palmito.

c) R$ 500,00

77. a) Observando a figura, é possível perceber que os planos são paralelos.

b) O sistema é impossível, pois não há um único ponto que pertença aos três planos simultaneamente, ou seja, o sistema não possui nenhuma solução real.

Página 144 – Exercícios complementares

78. sabonete – R$ 1,50, escova de dentes – R$ 1,70 e creme dental – R$ 2,00

79. Murilo tem 72 figurinhas, José tem 32 e Arnaldo tem 16.

80. a) I: possível e determinado

II: possível e indeterminado

III: sistema é impossível

IV: possível e determinado

b) I: (2, 0)

II: infinitas soluções

III: não tem solução

IV: A solução do sistema é dada pelas coordenadas do ponto de intersecção das duas retas.

81. lanche – R$ 5,00, suco – R$ 1,50 e sorvete – R$ 3,00

82. a) $\begin{cases} x + y + z = 6 \\ 2y + 2z = 10 \\ -2y = -6 \end{cases}$, possível e determinado e $S = \{(1, 3, 2)\}$

b) $\begin{cases} x - y + 3z + 2w = -1 \\ y - 8z - 7w = 1 \\ z + w = 0 \\ 2w = -2 \end{cases}$, possível e determinado e
$S = \{(0, 2, 1, -1)\}$

c) $\begin{cases} 2x - 3y = 11 \\ -13y = 13 \end{cases}$, possível e determinado e $S = \{(4, -1)\}$

83. a) 1,5 tonelada de aço com concentração de 0,5% de carbono e de 2 toneladas de aço com concentração de 0,325% de carbono.

b) A tabela apresentada mostra que a concentração máxima de carbono no aço destinado à fabricação de componentes mecânicos é 0,6%. Como o aço de maior concentração que a empresa dispõe é o de 0,5%, não é possível essa empresa produzir aço de concentração máxima.

84. a) $n \cdot p = 25$, onde n é o número de tubos de ensaio e p o preço de cada unidade.

b) $3x + 2y = 5$, onde x e y são os preços unitários de um pão e um copo de suco.

c) $x + y = 2\,500$, onde x e y são as quantidades de pregos e parafusos produzidas.

85. a) Sim.
b) Resposta possível: $\left(1, -1, \dfrac{1}{2}\right)$.

86. modelo A – 98 unidades, modelo B – 24 unidades e modelo C – 15 unidades

87. Para $r \neq -4$ e s qualquer número real, o sistema é possível e determinado.
Para $r = -4$ e $s = 6$, o sistema é possível e indeterminado.
Para $r = -4$ e $s \neq 6$, o sistema é impossível.

88. tinta com 3% de corante amarelo – 30 litros e tinta com 4% de corante amarelo – 20 litros

89. a) -1 e 1
b) possível e determinado
c) $\left(\dfrac{5}{4}, \dfrac{9}{4}\right)$

90. A equação $xy = 4$ não é equação linear, pois envolve o produto das incógnitas x e y e a equação $x^2 + a = 6$ também não é linear, pois apresenta a incógnita x com expoente diferente de 1.

91. Alternativa **a**

Página 146 – Compartilhando

Comunicação dos resultados e reflexão

1. Sim.
2. Sim. Ao adicionar as equações, verificamos $y(ad - bc) = af - ce$, que é equivalente a $y \cdot D = D_y$.
3. Se os produtos ad e bc são iguais, a expressão $ad - bc$ é igual a 0 e o sistema é possível e indeterminado ou impossível.
Na regra de Cramer, isso significa que o determinante da matriz incompleta do sistema é nulo. Se $D_y = 0$, o sistema é possível e indeterminado, caso contrário o sistema é impossível.
No método da adição, chegamos a uma equação do tipo $0y = af - ce$. Se o segundo membro da igualdade é nulo, o sistema é possível e indeterminado, caso contrário o sistema é impossível.

Página 147 – Vestibular Enem

1. Alternativa **a**
2. Alternativa **d**
3. Alternativa **a**

4. Alternativa **a**
5. Alternativa **b**
6. Alternativa **b**
7. Alternativa **c**
8. Alternativa **d**
9. Alternativa **d**
10. Alternativa **c**
11. Alternativa **d**
12. Alternativa **c**
13. $X = 5$, $Y = 9$ e $Z = 6$
14. Alternativa **b**

■ Capítulo 7 – Área de figuras planas

Página 154 – Para começar

1. Ceará, Rio Grande do Norte, Paraíba, Pernambuco, Alagoas, Sergipe, Bahia, Piauí, Espírito Santo, Minas Gerais, Rio de Janeiro, São Paulo, Goiás, Mato Grosso do Sul, Paraná, Santa Catarina e Rio Grande do Sul.
2. 92,4%
3. Resposta pessoal.

Página 157 – Exercícios propostos

2. 17,94 m²
3. 5 cm e 3 mm
4. 6 m
5. a) 50 m²
   b) $2\sqrt{6}$ dm²
6. 21 cm²
7. Alternativa **e**
8. Alternativa **b**
9. Alternativa **a**
10. Alternativa **d**
11. Alternativa **c**
12. Alternativa **c**
13. 8 cm²

Página 159 – Exercícios propostos

15. 11 cm e 45 cm²
16. a) $7\sqrt{3}$ m²
    b) 30 m²
    c) 22 cm²
    d) 300 cm²
17. $9\sqrt{15}$ cm²
18. 2 cm²
19. 60 cm²
20. $AN = 12$ cm e $BP = CQ = 14,4$ cm
21. 50 cm²
22. Alternativa **d**
23. Alternativa **a**
24. Alternativa **a**
25. Alternativa **c**
26. Alternativa **b**
27. Alternativa **d**
28. Alternativa **d**
29. Alternativa **c**

Respostas dos exercícios

Página 161 – Exercícios propostos

31. 6 m² e 39,36 m²
32. $4\sqrt{5}$ m
33. $18\sqrt{2}$ cm, $9\sqrt{2}$ cm e $36\sqrt{2}$ cm
34. $24\sqrt{19}$ cm²

Página 164 – Exercícios propostos

37. $4\sqrt{3}$ m²
38. $150\sqrt{3}$ cm²
39. $9\sqrt{3}$ cm²
40. a) 14 cm
    b) $7\sqrt{3}$ cm
41. a) 200 cm²
    b) 240 cm²
    c) $75\sqrt{3}$ cm²
    d) 384 cm²
42. $x = y\sqrt{6}$
43. 80 cm e 70 cm
44. $72\sqrt{3}$ cm²
45. $\ell = 6$ cm
46. Alternativa a
47. Altenativa e
48. Alternativa d
49. Alternativa b
50. $864\left(1 + \frac{\sqrt{3}}{4}\right)$ cm²
51. Alternativa a

Página 167 – Exercícios propostos

53. Setor verde – Ar: $\frac{36}{5}\pi$ cm²
    Setor azul – Água: 4π cm²
    Setor amarelo – Matéria mineral: 4π cm²
    Setor laranja – Matéria orgânica: $\frac{4}{5}\pi$ cm²
54. R$ 2 198,00
55. $(200 - 50\pi)$ cm²
56. 16π cm²
57. a) 195,36 m
    b) 245,6 m
    c) 1 763,84 m²
58. 4,56 cm²
59. Alternativa c
60. Alternativa c
61. Alternativa c
62. Alternativa d
63. Alternativa b
64. Alternativa e

Página 169 – Exercícios complementares

65. R$ 2 520,00
66. 12 cm²
67. 6 cm
68. Não há diferença entre as áreas coloridas das figuras, pois as áreas são iguais.
69. Alternativa c
70. a) 108 m²
    b) R$ 2 916,00

71. a) 64 u² e 32 u², e a razão da P.G. é $\frac{1}{2}$.
    b) $\frac{1}{8}$ u²
72. 100π cm², 125π cm² e 1 884 cm²
73. 25 u²
74. a) 2 512 cm²
    b) 0,688 m²
    c) 21,5%
75. Alternativa d
76. Alternativa c
77. 5,74 m²
78. Nível superior – $0,40\pi$ m²
    Nível inferior – $0,09\pi$ m²
79. 20 m²
80. Alternativa c
81. Alternativa c
82. Alternativa b
83. 26 000 pessoas
84. a) 13,5 m²
    b) 150
    c) Cada caixa contém 10 peças de cerâmica, logo, em 12 caixas há 120 peças (12 · 10 = 120). Porém, são necessárias 150 peças para revestir todo o quintal, logo, a cerâmica comprada não é suficiente para o revestimento de todo o piso, e faltarão 30 peças (150 − 120 = 30).
85. Alternativa a
86. 4 440 cm²
87. a) $\sqrt{3}$ u
    b) 2 u.
    c) $10\sqrt{3}$ u²
88. a) 12π cm²
    b) $(72 - 12\pi)$ cm²
89. $6\sqrt{3}$ cm²

Página 173 – Matemática e Geografia

1. 77,7%
2. Resposta pessoal.

■ Capítulo 8 – Geometria espacial de posição

Página 174 – Para começar

1. Resposta pessoal.
2. Resposta pessoal.
3. Há duas possibilidades.

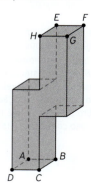 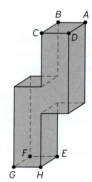

4. Resposta pessoal.

Página 178 – Exercícios propostos

1. a) Resposta possível:

b) As "pontas" do armário, ou seja, o encontro de quaisquer 3 lados do armário (vértices), podem ser associadas a pontos.

Os encontros de quaisquer 2 lados do armário (arestas) podem ser associados a retas.

Qualquer lado do armário — por exemplo, aquele em que as portas estão — pode ser associado a um plano.

2. A situação apresentada pode ser representada pelo seguinte desenho.

As retas $\overleftrightarrow{AB}$ e $\overleftrightarrow{BC}$ estão contidas no plano α, pois cada uma delas tem dois pontos que estão contidos nele.

3. a) Se A, B e C são colineares, mas D não é colinear a esses pontos, então A, B e C formam uma reta e D forma uma reta com cada um desses pontos.

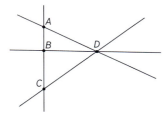

Logo, podem ser formadas 4 retas.

b) Se A, B e C não são colineares, então cada dois desses pontos formam uma reta.

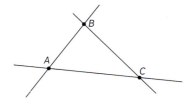

Sabe-se também que D não é colinear a A e B, mas D pode ser colinear a B e C, e a A e C, ou a nenhum desses pontos.

Nos dois primeiros casos, D forma uma reta com o outro ponto.

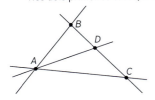 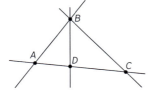

No terceiro caso, se D não for colinear a nenhum dos pontos, então D forma uma reta com cada um dos outros 3 pontos.

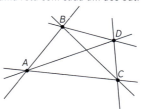

Logo, podem ser formadas 4 ou 6 retas, dependendo da posição de D.

Página 180 – Para refletir

- Os pontos A, B e H determinam o plano que contém a face $ABHG$.

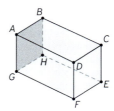

- A reta BC e o ponto E determinam o plano que contém a face $BCEH$.

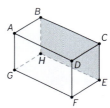

- O ponto F e a reta BC determinam o plano $BCFG$.

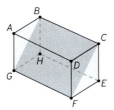

- As retas AD e HE determinam o plano $ADHE$.

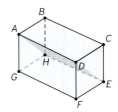

- Os planos se intersectam, determinando uma reta; logo os dois planos não são paralelos.

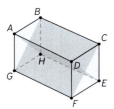

Respostas dos exercícios

Página 183 – Exercícios propostos

6. Alternativa **d**

7. a) Os planos *FAB* e *CDG* são secantes, têm a reta $\overleftrightarrow{BG}$ em comum.
b) Os planos *AFE* e *CDG* são secantes.

8. As respostas dependem do esquema e das denominações adotadas pelo aluno. Uma resposta possível é:
a) As retas $\overleftrightarrow{AF}$ e $\overleftrightarrow{DH}$ são paralelas.
b) As retas $\overleftrightarrow{AD}$ e $\overleftrightarrow{EF}$ são concorrentes.
c) As retas $\overleftrightarrow{BC}$ e $\overleftrightarrow{DH}$ são reversas.
d) Os planos formados pelos pontos *ADH* e *BCI* são paralelos.
e) Os planos *ADH* e *ADC* são secantes.

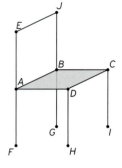

9. Sabe-se apenas que 4 pontos são coplanares. Se o quinto ponto também o for, existirá apenas um plano.

Caso contrário, esse ponto determina um plano com cada dois dos 4 pontos coplanares, ou seja, 6 planos e mais o sétimo entre os 4 pontos. Portanto, o número máximo de planos determinados por eles é 7, se o quinto ponto não for coplanar a eles.

Esse número é válido no caso em que os pontos coplanares não são colineares; caso contrário, existiriam menos planos.

10. a) As retas *r* e *s* são reversas.
b) As retas *r* e *t* são concorrentes.
c) As retas *s* e *t* são concorrentes.
d) A reta *r* está contida em α.
e) A reta *s* é secante a α.
f) A reta *t* está contida em α.

11. a) Falsa, pois duas retas não concorrentes podem ser reversas, caso não sejam coplanares. Logo, se duas retas não são concorrentes, então elas são paralelas ou reversas.
b) Falsa, pois se a intersecção de duas retas é vazia, elas podem ser paralelas, caso sejam coplanares. Logo, se a intersecção de duas retas é vazia, então elas são reversas ou paralelas.
c) Verdadeira. Por definição, a intersecção de uma reta secante a um plano é determinada por um único ponto.
d) Falsa, só é verdade para retas não paralelas à intersecção dos planos. Logo, se dois planos são secantes, então toda reta contida em um deles é secante ou é paralela ao outro plano.
e) Verdadeira. Os planos distintos do desenho abaixo têm uma única reta em comum.

12. a) Resposta possível, para o caso de a reta *r* ser coplanar à reta *s*.

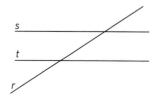

b) Se as retas *r*, *s* e *t* são coplanares, como a reta *t* é paralela à reta *s* e concorrente à reta *r*, então as retas *r* e *s* são concorrentes, assim como o desenho do item **a**.

13. a)

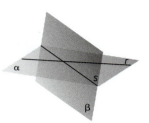

b) Como a reta *r* corta o plano β em apenas um ponto, então *r* é secante a β.

Página 184 – Exercícios propostos

14. Respostas possíveis:
a) A reta $\overleftrightarrow{CG}$ é paralela à reta $\overleftrightarrow{DF}$.
b) O plano *BCD* é paralelo ao plano *GHE*.
c) A reta $\overleftrightarrow{AB}$ é paralela ao plano *GHE*.
d) Os planos *ADE* e *BCH* são paralelos.

15. a) Falsa, pois é possível ter os planos α e β paralelos, e as retas *s* e *r* serem reversas, como representado na figura a seguir.

b) Verdadeira, pelo teorema 7.
c) Falsa, basta tomar dois planos secantes e podemos determinar uma reta *r* paralela aos dois, como representado na figura a seguir.

d) Falsa, pois as retas podem ser concorrentes. A afirmação é verdadeira se *s* não for secante a β.

Página 185 - Para refletir
- No espaço, é possível construir infinitas retas perpendiculares em relação a um ponto de uma reta dada.
- Há apenas um plano perpendicular à reta dada, em um ponto fixado, que é o plano que contém todas as retas perpendiculares a essa reta no mesmo ponto.

Página 187 – Exercício proposto

18. Respostas possíveis:
a) As retas $\overleftrightarrow{FG}$ e $\overleftrightarrow{GB}$.
b) As retas $\overleftrightarrow{AB}$ e $\overleftrightarrow{HC}$.
c) As retas $\overleftrightarrow{GB}$ e $\overleftrightarrow{HC}$.
d) Os planos AFG e EFG.

Página 189 – Exercícios propostos

19. Alternativa **b**

20. a) Verdadeira, pois, pelo teorema 10, se duas retas são perpendiculares a um mesmo plano, então elas são retas paralelas e, consequentemente, coplanares.
b) Falsa, a afirmação é verdadeira se a reta for perpendicular a mais de uma reta desse plano.
c) Falsa, pois, se uma reta é perpendicular a um plano, ela também pode ser ortogonal a todas as retas contidas no plano. Logo, se uma reta é perpendicular a um plano, então ela é perpendicular ou ortogonal a todas as retas que estão contidas nesse plano.
d) Verdadeira. A projeção de uma reta perpendicular ao plano é o ponto de intersecção do plano com a reta.
e) Falsa, pois, pelo teorema 9, por um ponto não pertencente a uma reta, podemos traçar apenas um plano perpendicular a essa reta, e não dois planos.

21. Alternativa **d**
22. Alternativa **d**
23. Alternativa **e**
24. Alternativa **e**
25. Alternativa **e**

26. a)

b) As retas r e s estão contidas no plano α.
c) Pelo teorema 10, as retas t e u são paralelas.
d) Sim. Pelo teorema 11, a é perpendicular a α e, pela definição, uma reta é perpendicular a um plano, se, e somente se, for perpendicular a todas as retas do plano que concorrem com ela. Então, a reta a é perpendicular à reta r.
e) A reta a é perpendicular à reta s, pelo mesmo motivo que é perpendicular à reta r (item **d**). E, pelo teorema 11, a é perpendicular a α.

27. Alternativa **a**

Página 191 – Ação e cidadania
- Resposta pessoal.
- Resposta pessoal.

Página 194 – Exercícios propostos

29. a) Pelo teorema de Pitágoras no triângulo retângulo ABC, temos:
$(AC)^2 = (AB)^2 + (BC)^2 = 4^2 + 4^2 = 32 \Rightarrow AC = \sqrt{32} = 4\sqrt{2}$
($AC = -4\sqrt{2}$ não convém)
Logo: $d(A, C) = 4\sqrt{2}$ cm

b) Pelo teorema de Pitágoras no triângulo retângulo ACH, temos:
$(AH)^2 = (AC)^2 + (CH)^2 = (4\sqrt{2})^2 + 4^2 = 48 \Rightarrow AH = 4\sqrt{3}$
($AH = -4\sqrt{3}$ não convém)
Logo: $d(A, H) = 4\sqrt{3}$ cm

c) Tomando D em $\overline{CD}$, a projeção ortogonal de D sobre $\overline{EF}$ é E. Como $\overline{ED}$ mede 4 cm, a distância de $\overline{CD}$ a EF é 4 cm.

d) Tomando B em $\overline{BD}$, a projeção ortogonal de B sobre FGH é G. Como $\overline{BG}$ mede 4 cm, a distância entre $\overline{BD}$ e FGH é de 4 cm.

30. Aplicamos o teorema de Pitágoras no triângulo ABC.
$(AC)^2 = (AB)^2 + (BC)^2 = 6^2 + 8^2 = 100 \Rightarrow AC = \sqrt{100} = 10$
($AC = -10$ não convém)
Aplicamos novamente o teorema de Pitágoras no triângulo ACD.
$(AD)^2 = (AC)^2 + (CD)^2 = 10^2 + 4^2 = 116 \Rightarrow AD = \sqrt{116} = 2\sqrt{29}$
($AD = -2\sqrt{29}$ não convém)
Logo: $d(A, D) = 2\sqrt{29}$ cm

31. a)

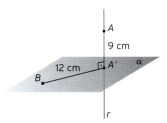

b) Pelo teorema de Pitágoras no triângulo $AA'B$, temos:
$(AB)^2 = (A'B)^2 + (A'A)^2 = 12^2 + 9^2 = 225 \Rightarrow AB = \sqrt{225} = 15$
($AB = -15$ não convém)
Logo: $d(A, B) = 15$ cm

32. a)

b)

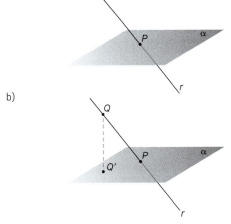

c) θ é a medida do ângulo entre a reta r e o plano α.
Então: $\operatorname{sen} \theta = \dfrac{QQ'}{PQ} = \dfrac{5}{10} = \dfrac{1}{2} \Rightarrow \theta = 30°$
Logo, a medida do ângulo entre a reta r e o plano α é 30°.

33. a) Falsa, pois a distância de um ponto a um plano é a distância do ponto à sua projeção ortogonal sobre o plano.
b) Verdadeira. A afirmação é equivalente à definição de distância entre uma reta e um plano paralelo.
c) Falsa. A distância entre dois planos paralelos é a distância de um ponto qualquer de um dos planos e a sua projeção ortogonal sobre o outro plano.
d) Falsa. A afirmação só será verdadeira se a reta não estiver contida no plano, não for paralela ou perpendicular a ele.

Respostas dos exercícios

34. a) Resposta possível:

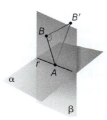

Como B é a projeção ortogonal de B' sobre o plano β, a reta B'B é perpendicular ao plano β. Assim, forma um triângulo retângulo com o ponto A.

b) No triângulo retângulo ABB', temos que a medida do ângulo θ formado pela intersecção dos planos α e β é dada por:

tg $\theta = \frac{3\sqrt{2}}{3\sqrt{2}} = 1 \Rightarrow \theta = 45°$

Portanto, a medida do ângulo entre os planos α e β é 45°.

35. Tomando a aresta do cubo como a e H' como projeção ortogonal de H no plano DGF, temos a seguinte figura:

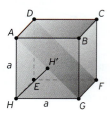

Seja d a distância do ponto H ao plano DGF que é o segmento HH', o qual corresponde à metade do comprimento da diagonal de uma das faces do cubo. Como as faces são quadradas, o comprimento da diagonal é igual $a\sqrt{2}$. Portanto, $d = \frac{a\sqrt{2}}{2}$, ou seja, a distância entre o ponto H e o plano DGF é $\frac{a\sqrt{2}}{2}$.

Página 195 – Exercícios complementares

36. Podemos representar a situação pela seguinte figura plana:

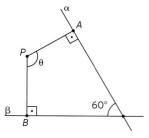

Como a soma das medidas dos ângulos internos de um quadrilátero convexo é 360°, temos:

θ + 60° + 90° + 90° = 360° ⇒ θ = 360° − 240° = 120°

Portanto, a medida do ângulo entre as retas PA e PB é 120°.

37. a)

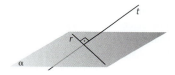

b) Seja a reta t' a projeção da reta t no plano α.

c) As retas t' e r são concorrentes.

38. Por um ponto P não pertencente ao plano α, passam infinitas retas paralelas ao plano α.

39.

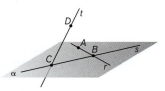

a) As retas r e s são concorrentes.
b) As retas r e t são reversas.
c) A reta t é secante ao plano α.

40. Respostas possíveis:
a) As retas $\overleftrightarrow{AB}$ e $\overleftrightarrow{CD}$ são paralelas.
b) A reta $\overleftrightarrow{GF}$ é concorrente à reta $\overleftrightarrow{CF}$.
c) A reta $\overleftrightarrow{AD}$ é reversa à reta BG.
d) As retas $\overleftrightarrow{AG}$ e $\overleftrightarrow{BH}$ são secantes ao plano ABC.
e) Os planos ABC e BCE são secantes.
f) Os planos ABC e EFG são paralelos.

41. Podemos representar a situação dada pela figura a seguir:

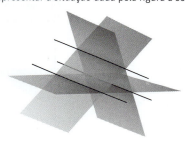

Cada duas retas formam um plano, portanto, há 3 planos distintos formados por essas três retas.

42. a) Postulado 4: Dados três pontos não colineares do espaço, ou seja, três pontos não pertencentes à mesma reta, existe um único plano que os contém.

b) Postulado 5: Se dois pontos de uma reta estão em um plano, então a reta está contida nesse plano.

43. A afirmação é verdadeira, pois as retas pertencem a planos paralelos, logo não podem ser nem perpendiculares ou concorrentes, mas podem ser paralelas ou reversas; de fato, se as retas não são paralelas, então elas não possuem um ponto em comum nem um plano em comum, ou seja, são reversas.

44. Os pontos A, P e B determinam um plano. Tomamos um ponto O que pertence à intersecção dos planos α e β e ao plano gerado pelos pontos A, P e B. Forma-se um quadrilátero APBO, de modo que os ângulos OÂP e PB̂P são retos, pois A e B são projeções ortogonais do ponto P sobre os planos α e β. Sabendo que a soma dos ângulos internos de um quadrilátero convexo é 360°, temos:

OÂP + OB̂P + θ + AP̂B = 360° ⇒ 90° + 90° + θ + AP̂B = 360° ⇒
⇒ AP̂B = 360° − 2 · 90° − θ = 180° − θ

a) Para θ = 30°, temos: $A\hat{P}B = 180° - 30° = 150°$
b) Para θ = 45°, temos: $A\hat{P}B = 180° - 45° = 135°$
c) Para θ = 135°, temos: $A\hat{P}B = 180° - 135° = 45°$
d) Para θ = 180°, temos: $A\hat{P}B = 180° - 180° = 0°$

45. Alternativa **b**

46. a) Falsa, pois se a reta estiver contida no plano, ela não será paralela ao plano.

Logo, se uma reta é paralela a um plano, então toda reta paralela a essa reta é paralela ou contida nesse plano.

b) Verdadeira.

c) Falsa, pois o plano β também pode ser secante ao plano α.

Logo, se um plano α contém duas retas paralelas r e s, e essas retas são paralelas a outro plano β, então esses planos são paralelos ou secantes.

47. Respostas possíveis:
a) A reta $\overleftrightarrow{AB}$ é perpendicular à reta $\overleftrightarrow{BC}$.
b) A reta $\overleftrightarrow{HG}$ é ortogonal à reta $\overleftrightarrow{AE}$.
c) A reta $\overleftrightarrow{EH}$ é perpendicular ao plano DHG.
d) O plano ABF é perpendicular ao plano FBC.
e) As retas $\overleftrightarrow{BF}$ e $\overleftrightarrow{AE}$ são paralelas e perpendiculares ao plano FGH.

48. Teremos o maior número de casos se 3 desses pontos forem coplanares e não colineares. O quarto ponto determina um plano com cada dois dos 3 pontos, ou seja, determinam 3 planos e mais o quarto plano formado entre os 3 pontos não colineares. Portanto, o número máximo de planos determinados por esses pontos é 4, se o quarto ponto não for coplanar e os 3 pontos não colineares.

49. a) Pelo teorema 13, temos que o ângulo formado pelas retas $\overleftrightarrow{AC}$ e $\overleftrightarrow{AD}$ é 90°, pois C pertence à reta t.

b) Pelo teorema de Pitágoras, no triângulo retângulo ABD, temos:
$(BD)^2 = (AD)^2 + (AB)^2 = 9 + 4 \cdot 3 = 21 \Rightarrow BD = \sqrt{21}$
$(BD = -\sqrt{21}$ não convém$)$

Aplicando novamente o teorema de Pitágoras, agora no triângulo BCD, temos:
$(CD)^2 = (BD)^2 + (BC)^2 = 21 + 4 = 25 \Rightarrow \overline{CD} = \sqrt{25} = 5$
$(CD = -5$ não convém$)$

Portanto, a medida do segmento $\overline{CD}$ é 5 cm.

50. Como m não está contido em α e é perpendicular a t, m tem um único ponto em comum com α. Sua projeção ortogonal é concorrente com m nesse ponto e, portanto, concorrente com t também, já que este é o único ponto em comum.

51. Podemos representar a situação com a seguinte figura:

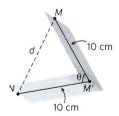

Sendo d a distância entre os pontos M e N, pela lei dos cossenos, temos: $d^2 = 10^2 + 10^2 - 2 \cdot 10 \cdot 10 \cdot \cos θ$

a) Para θ = 30°, temos:
$d^2 = 10^2 + 10^2 - 2 \cdot 10 \cdot 10 \cdot \cos 30° = 200 - 200 \cdot \frac{\sqrt{3}}{2}$
$d^2 \cong 26{,}79 \Rightarrow d \cong 5{,}18$

Logo, a distância entre M e N é, aproximadamente, 5,18 cm.

b) Para θ = 90°, temos:
$d^2 = 10^2 + 10^2 - 2 \cdot 10 \cdot 10 \cdot \cos 90° = 200 - 200 \cdot 0$
$d^2 = 200 \Rightarrow d \cong 14{,}14$

Logo, a distância entre M e N é, aproximadamente, 14,14 cm.

c) Para θ = 135°, temos:
$d^2 = 10^2 + 10^2 - 2 \cdot 10 \cdot 10 \cdot \cos 135° = 200 - 200 \cdot \left(-\frac{\sqrt{2}}{2}\right)$
$d^2 \cong 341{,}42 \Rightarrow d \cong 18{,}48$

Logo, a distância entre M e N é, aproximadamente, 18,48 cm.

d) Para θ = 180°, temos:
$d^2 = 10^2 + 10^2 - 2 \cdot 10 \cdot 10 \cdot \cos 180° = 200 - 200 \cdot (-1)$
$d^2 = 400 \Rightarrow d = 20$

Logo, a distância entre M e N é 20 cm, que corresponde ao comprimento da folha de papel.

52. Tem-se a seguinte representação geométrica do problema:

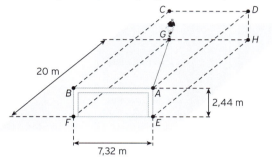

A distância percorrida pela bola é a distância de G a A.

O triângulo GHE é retângulo, então, pelo teorema de Pitágoras:
$(GE)^2 = (GH)^2 + (HE)^2 = 7{,}32^2 + 20^2 = 53{,}5824 + 400 = 453{,}584 \Rightarrow$
$\Rightarrow GE \cong 21{,}29$

O triângulo AEG também é retângulo, então pelo teorema de Pitágoras:
$(AG)^2 = (AE)^2 + (GE)^2 = 2{,}44^2 + 21{,}29^2 = 459{,}536 \Rightarrow AG \cong 21{,}43$

Portanto, a distância percorrida pela bola é de aproximadamente 21,43 m.

53. Não é possível. Para provar isso, vamos supor que o triângulo ABC, nas condições dadas no enunciado, seja equilátero com lado medindo a.

Como r é perpendicular ao plano, temos que B é a projeção ortogonal de A sobre o plano α. Então, o triângulo ABC é retângulo. Um triângulo equilátero possui todos os ângulos congruentes; se o triângulo ABC é retângulo e um dos ângulos mede 90°, então o triângulo terá três ângulos medindo 90°, o que é um absurdo, pois a soma dos ângulos internos de um triângulo é 180°.

Portanto, o triângulo ABC não pode ser equilátero.

54. A situação pode ser representada pela seguinte figura:

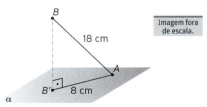

Sendo B' a projeção ortogonal de B no plano α, o triângulo BB'A é retângulo, em B'.

Então, temos pelo teorema de Pitágoras no triângulo BB'A:
$(AB)^2 = (AB')^2 + (BB')^2 \Rightarrow 18^2 = 8^2 + (BB')^2 \Rightarrow$
$\Rightarrow (BB')^2 = 324 - 64 = 260 \Rightarrow BB' = \sqrt{260} = 2\sqrt{65}$

Portanto, a distância do ponto B ao plano α é $2\sqrt{65}$ cm.

Respostas dos exercícios

55. Vamos analisar cada item.
 01. Verdadeiro.
 02. Falso, porque a reta *t* pode ser reversa à reta *r*.
 04. Falso, porque a reta *r* pode ser paralela ao plano β.
 08. Verdadeiro.
 16. Falso, porque as três retas *r*, *s* e *t* podem não ser coplanares.
 Portanto, as alternativas corretas são 01 e 08.

56. Respostas possíveis:

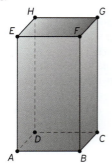

a) As retas $\overleftrightarrow{AB}$ e $\overleftrightarrow{BC}$ são concorrentes.
b) As retas $\overleftrightarrow{AB}$ e $\overleftrightarrow{FG}$ são reversas.
c) Os planos *ABC* e *EFG* são paralelos.
d) Os planos *ABF* e *BFG* são secantes.

57. Resposta possível: O cesto não perde necessariamente sua funcionalidade, porém, com os arames em eixos paralelos, a abertura entre eles é a mesma. Se os arames não forem paralelos, podem formar buracos muito grandes e os objetos caírem. A forma mais prática e econômica é a apresentada na foto.

58. O desenho a seguir mostra uma situação em que uma reta é paralela a dois planos distintos e esses planos não são paralelos, mas secantes.

Página 198 – Estratégias e soluções

Identificação e registro de informações

1. Decidir qual é a melhor opção para que o candidato ganhe o carro: permanecer com a escolha inicial da porta ou mudar para a outra porta.
2. Resposta pessoal.
3. Resposta pessoal.

Elaboração de hipóteses e estratégias de resolução

1. Resposta pessoal.
2. Resposta pessoal.
3.

| ESTRATÉGIA 1 ||||
| Escolher a porta A e manter a escolha ||||
Porta A	Porta B	Porta C	Resultado
carro	bode	bode	GANHA
bode	carro	bode	PERDE
bode	bode	carro	PERDE

| ESTRATÉGIA 2 ||||
| Escolher a porta A e mudar a escolha ||||
Porta A	Porta B	Porta C	Resultado
carro	bode	bode	PERDE
bode	carro	bode	GANHA
bode	bode	carro	GANHA

4. A estratégia 2, que muda a escolha da porta, potencializa as chances de ganhar, pois há duas possibilidades em três, enquanto na estratégia 1, há apenas uma possibilidade em três de ganhar o carro.

5. Inicialmente se tem que a chance de o convidado acertar a porta que contém o carro é de uma em três. Existem três disposições possíveis do carro e dos bodes nas três portas. Como pode ser observado na tabela do item 3, ao utilizar a estratégia de mudar a escolha da porta, existem duas configurações que fazem o convidado vencer, mas, ao manter a escolha, só existe uma disposição na qual o convidado sai com o carro. Portanto, é mais vantajoso ao candidato que troque de porta após o apresentador abrir uma das portas.

Reflexão

1. Resposta pessoal.
2. Resposta pessoal.

■ Capítulo 9 – Sólidos

Página 199 – Para começar

1. 2358 cm²

2. Respostas possíveis:

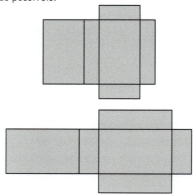

3. Resposta pessoal.

Página 204 – Exercícios propostos

4. $F = 16$, $V = 21$ e $A = 35$
Pela relação de Euler, obtemos:
$F + V = A + 2 \Rightarrow 16 + 21 = 35 + 2 \Rightarrow 37 = 37$

5. a) 12

b) 6

6. 18 e 12
7. 12 e 8
8. 5 vértices
9. 60 e 90
10. Falsa. O poliedro representado a seguir é um contraexemplo da afirmação. Esse poliedro tem 3 arestas saindo de todos os vértices, porém tem faces com 6 arestas e faces com 4 arestas.

11. Resposta possível:

Pela relação de Euler, temos:
$F + V = A + 2 \Rightarrow 7 + 10 = 15 + 2 \Rightarrow 17 = 17$

12. 2 e 12

Página 206 – Para refletir

As diagonais do paralelepípedo reto-retângulo têm medidas iguais, pois ele é simétrico em relação ao eixo vertical central, ou seja, se girarmos um paralelepípedo reto-retângulo para calcular a outra diagonal, obtemos medidas iguais.

Página 207 – Exercícios propostos

15. a) Falsa. Correção possível: Em um prisma regular, as arestas da base e as arestas laterais não são, necessariamente, congruentes.
    b) Falsa. Correção possível: Em um prisma reto, as faces laterais não são, necessariamente, quadrados.
    c) Verdadeira.
16. a) $n + 2$
    b) $3n$
    c) $2n$
17. a) 8 cm × 10 cm × 6 cm
    b) 10 cm, $2\sqrt{41}$ cm e $2\sqrt{34}$ cm
    c) $10\sqrt{2}$ cm
18. $120\sqrt{3}$ cm² e $152\sqrt{3}$ cm²
19. a) 171
    b) R$ 9 405,00
20. a)

   b) $8\sqrt{3}$ cm e 12 cm
   c) A área total de um prisma reto é a soma de sua área lateral com as áreas de suas bases.
   Área total do cubo: $A_c = 6 \cdot (8 \cdot 8) = 384$
   Área total dos paralelepípedos: $A = 2 \cdot (2 \cdot 8 \cdot 8 + 2 \cdot 8 \cdot 4 + 2 \cdot 8 \cdot 4) = 2 \cdot (128 + 64 + 64) = 512$

Portanto, a área total do cubo é 384 cm² e a soma da área total dos paralelepípedos é 512 cm².

A soma das áreas dos paralelepípedos é maior, pois as áreas determinadas pela intersecção do plano secante ao cubo que aparecem nos paralelepípedos não são consideradas na área do cubo.

21. 832 cm²
22. $(1\,150 + 300\sqrt{3})$ cm²

Página 210 – Exercícios propostos

25. Alternativa d
26. a) 70 395 000 cm³
    b) 148 200 cm²
27. 192 cm³
28. Alternativa b
29. 115 cm³
30. $162\sqrt{3}$ cm³
31. Alternativa d
32. 20 cm
33. Alternativa e
34. Alternativa a
35. Alternativa d

Página 213 – Exercícios propostos

37. 216π cm²
38. 224π cm² e 322π cm²
39. cilindro 1: 500π cm² e 550π cm²
    cilindro 2: $1\,000\pi$ cm² e $1\,200\pi$ cm²

    Comparação: A área lateral A_{t2} do cilindro de raio maior é igual ao dobro da área lateral A_{t1} do cilindro de raio menor. A área total A_{t2} do cilindro de raio maior é maior que o dobro da área total A_{t1} do cilindro de raio menor.
40. O objeto com 7 cm de altura e raio de base medindo 6 cm.
41. 300π cm² e 150π cm²

    Comparação: Se rotarmos o retângulo em torno do eixo que contém seu maior lado, a área total do cilindro gerado é a metade da área total do cilindro gerado pela rotação em torno do eixo que contém seu menor lado.
42. 1 739,15 mm²

Página 214 – Exercícios propostos

44. 10 cm e 15 cm
45. recipiente 2
46. $1\,188\pi$ cm³

Página 216 – Exercícios propostos

48. 1 344 cm²
49. 420 cm²
50. $16\sqrt{3}$ cm²
51. $(12 + 6\sqrt{3})$ cm²
52. 360 cm²
53. Verdadeira. Se uma pirâmide tem como base um polígono de n lados, então a base tem n vértices. Sabemos que todas as arestas laterais de uma pirâmide se encontram em um único ponto, que é um vértice da pirâmide. Assim, uma pirâmide cuja base é um polígono de n lados tem $n + 1$ vértices.
54. R$ 2 772,00
55. $(24\,500 + 4\,900\sqrt{5})$ cm²

Respostas dos exercícios

Página 217 – Para refletir

Sim, pois as três pirâmides têm áreas das bases iguais (face do cubo) e alturas iguais (medida da aresta do cubo).

Como o volume da pirâmide é $V = \frac{A_b \cdot h}{3}$, e nos três casos, A_b e h são iguais, as três pirâmides têm volumes iguais.

Página 218 – Exercícios propostos

57. 6 720 cm³
58. 6 cm
59. 7 cm

Página 221 – Exercícios propostos

61. a) 135π cm²
b) 216π cm²
62. 224π cm²
63. a) 1 200π cm²
b) 360π cm²

Página 222 – Exercícios propostos

65. 1 500π cm³
66. aproximadamente 198π cm³
67. 3 cm
68. 20 cm e 12 cm
69. Alternativa b
70. aproximadamente 10,5π cm³
71. 792 dm²
72. Alternativa e
73. Alternativa b
74. Alternativa a
75. Alternativa b

Página 224 – Exercícios propostos

76. 64π cm²
77. 37 cm

Página 226 – Exercícios propostos

80. 400π cm² e $\frac{4\,000\pi}{3}$ cm³
81. $\frac{256\pi}{3}$
82. 1,5 m
83. a) 3 600π cm²
b) 324π cm²
84. Alternativa e
85. 4 500π cm³
86. 1,125 dm
87. Alternativa d
88. a) 432π cm²
b) 1 152π cm³
89. Se dobrar a medida do raio da esfera, o volume ficará 8 vezes maior, enquanto a área ficará 4 vezes maior.
90. Alternativa e
91. aproximadamente 3,19 cm
92. Alternativa d
93. Alternativa b
94. Alternativa e
95. Alternativa e

Página 229 – Ação e cidadania

- Resposta pessoal.
- aproximadamente 90,48 cm

Página 230 – Exercícios propostos

98. 63 cm³
99. 42π cm³
100. 21 cm
101. 7,84
102. 52π cm³

Página 231 – Exercícios complementares

103. a) 1 m³
b) 13,5 cm
c) Sim, podemos economizar água fechando o registro do chuveiro enquanto nos ensaboamos, por exemplo.
104. a) pirâmide de base quadrada e cubo
b) O volume da pirâmide é três vezes menor do que o volume do cubo.
105. 60 vértices
106. a) cone reto
b) 15 cm
c) 20 cm
d) 25 cm
107. 520 cm²
108. 12% maior do que o primeiro prisma.
109. a) Sim, pois o volume dos dois recipientes foi reduzido à metade: no recipiente 1, a altura foi reduzida à metade; no recipiente 2, o sólido foi dividido ao meio.
b) 216π cm³ e 432π cm³
c) recipiente 1
110. 182π cm²
111. $9x^2y\pi$ u³
112. 14 m³
113. 60 vértices
114. $x^2\left(\frac{\sqrt{3}}{2} + 3\right)$ u²
115. a) 96 cm²
b) $(96 + 48\sqrt{3})$ cm²
116. a) vela esférica
b) vela cônica
117. 5
118. a) 400 m²
b) 528 m²
119. 360 cm²
120. a) 2 cm
b) aproximadamente 10 horas
121. $\frac{4\,000}{3}$ cm³
122. 12 500
123. a) $\frac{3a^2}{2}$ cm²
b) $\frac{a}{2}\sqrt{3}$ cm
124. 1
125. 216 cm²
126. $\frac{4\pi}{3}$ cm³
127. 210 cm³

128. 10 cm³
129. 7,5x²
130. 528 cm²
131. 16π m³
132. aproximadamente 2 826 cm³
133. 20
134. $(24\sqrt{3} + 12\sqrt{37})$ cm²
135. $\dfrac{64\,000\sqrt{3}}{3}$ cm³
136. 455 m³
137. Alternativa **b**
138. 24π cm²
139. Alternativas **a** ou **c**
140. aproximadamente 4,76 cm
141. a) 34 816 cm³
b) O volume encontrado (0,034816 m³) é muito menor que a capacidade de gás indicada na figura (7,5 m³).
c) 0,004642176
d) A diferença entre os volumes é justificada pelo fato de o reservatório de gás ser projetado para conter gás em alta pressão, aproveitando a propriedade natural dos gases de se ajustarem ao recipiente que os contém.
142. a) Representação esperada:

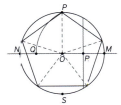

b) sim
c) 14 kg
d) 5 cm

Página 236 – Matemática e História

1. Recebem esse nome devido à maneira pela qual Platão os aplicou à explicação de fenômenos científicos.
2. Se tentássemos construir um poliedro regular com faces de 6 lados ou mais, cada ângulo do polígono da face teria um ângulo maior do que 120°. Considerando que precisamos de pelo menos três faces unidas em cada vértice, a soma dos ângulos é 360°, o que torna a construção impossível.
3. Resposta possível: Desenhar oito triângulos equiláteros e uni-los por suas arestas.

Página 237 – Compartilhando

Coleta de dados

1. 12
2.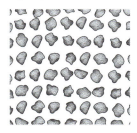

Processamento de dados

1. Resposta pessoal.
2. Resposta pessoal.
3. Resposta pessoal.
4. Resposta pessoal.

Comunicação de resultados e reflexões

1. Sim. O desenho envolve imprecisões, pois os instrumentos utilizados não são precisos o suficiente.
2. Usar instrumentos eletrônicos como os *softwares* de geometria dinâmica.

Página 238 – Vestibular e Enem

1. Alternativa **d**
2. Alternativa **c**
3. 02, 04 e 08
4. Alternativa **e**
5. Alternativa **b**
6. Alternativa **c**
7. Alternativa **b**
8. Alternativa **d**
9. Alternativa **b**
10. 02, 04 e 16
11. Alternativa **b**
12. Alternativa **d**
13. 02 e 16
14. Alternativa **d**
15. a) 3 u²
b) 4 u³
c) $\sqrt{61}$ u²
d) $\dfrac{12\sqrt{61}}{61}$ u
16. Alternativa **b**
17. Alternativa **d**
18. Alternativa **a**
19. Alternativa **b**
20. Alternativa **e**
21. Alternativa **e**
22. Alternativa **d**
23. $\dfrac{1}{4}$
24. 100 m
25. Alternativa **d**

■ Capítulo 10 – Análise combinatória

Página 248 – Para começar

1. 16 veículos. Placas: 5555, 5556, 5565, 5655, 6555, 5566, 5656, 5665, 6556, 6565, 6655, 5666, 6566, 6656, 6665 e 6666.
2. 10 automóveis
3. Resposta pessoal.

Página 249 – Cálculo mental

8

Respostas dos exercícios

Página 251 – Exercícios propostos

3. 18

4. 8; As possibilidades são mostradas no diagrama a seguir, em que Ca é cara e Co é coroa.

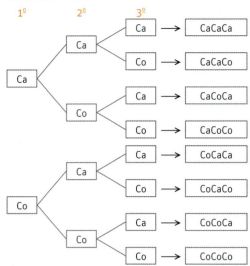

5. a) 24:
BOLA, BOAL, BLOA, BLAO, BALO, BAOL
OBLA, OBAL, OLBA, OLAB, OALB, OABL
LOBA, LOAB, LBOA, LBAO, LABO, LAOB
AOLB, AOBL, ALOB, ALBO, ABLO, ABOL
b) 6
c) 12
d) 12
e) 12
f) 6 têm as letras O e A juntas e nessa ordem: BOAL, BLOA, OALB, OABL, LOAB e LBOA.

6. a) 6
b) 12

7. 26

8. a) 16
b) 8
c) 6

9. a) 24
b) Resposta pessoal.

10. a) 8
b) 7

Página 252 – Cálculo mental
- 6
- 12

Página 252 – Para refletir
Resposta pessoal.

Página 253 – Exercícios propostos

14. 12
15. 6
16. 18
17. a) 24
b) 12
18. 625
19. 336
20. 676 000
21. 2 520
22. 120

23. 720
24. 96
25. 12
26. 336
27. a) 504
b) 3 024
c) 224
d) 336
28. 59 280
29. a) 9 000
b) 328
c) 1 008
30. 4 896
31. 2 016
32. 18
33. a) 504
b) 336
c) 136
34. 120 e 875
35. 60
36. 1 320
37. 25
38. 3 991 680
39. 36 e 144
40. 10 000
41. 8

Página 255 – Para refletir
Resposta pessoal.

Página 255 – Exercícios propostos

44. a) 5 040
b) 120
c) -6
d) 48
45. a) 15
b) 17 280
c) $n^3 + 5n^2 + 5n$
46. a) 1
b) 0
c) $x > 2$
47. a) 3!
b) 7!
c) 14!
d) 9!

Página 257 – Calculadora
453 600

Página 258 – Exercícios propostos

50. a) 5 040
b) 336
c) 3 360
d) 1 663 200
51. a) 7
b) 7
52. a) 3 628 800
b) 34 560
53. 1 152
54. a) 34 560
b) 5 760

55. a) 43 243 200
    b) 2 217 600
    c) 4 989 600
56. 166 320
57. 28

Página 260 – Exercícios propostos
60. 210
61. 126
62. a) 21
    b) 15
63. a) 525
    b) 2 400
64. a) 56
    b) 92
65. 4 592
66. 20
67. 219

Página 261 – Ação e cidadania
- Resposta pessoal.
- Resposta pessoal.
- Resposta pessoal.

Página 263 – Exercícios propostos
70. a) 1
    b) 1
    c) 1
    d) 1
    e) 1
    f) 70
    g) 120
    h) 10
    i) 1
71. 6
72. a) 4 ou $\frac{13}{2}$
    b) -2 ou 11
    c) 4
    d) -1 ou 2
73. a) 2 ou 6
    b) 10
74. a) Não há valor de x.
    b) 20 ou 6
    c) 3
    d) 1 ou 3
75. $x = 34$ e $y = 14$
76. 0, 2 ou 3
77. 9, 10 e 11

1	9	36	84	126	126	84	36	9	1
1	10	45	120	210	252	210	120	45	10	1
1	11	55	165	330	462	462	330	165	55	11	1

Página 267 – Exercícios propostos
82. 175
83. $x^2 - 4x + 4$
84. 1 024
85. a) $x^5 - 5x^4 + 10x^3 - 10x^2 + 5x - 1$
    b) $a^6 + 12a^5b + 60a^4b^2 + 160a^3b^3 + 240a^2b^4 + 192ab^5 + 64b^6$
    c) $x^{14} - 7x^{12}y^3 + 21x^{10}y^6 - 35x^8y^9 + 35x^6y^{12} - 21x^4y^{15} + 7x^2y^{18} - y^{21}$

d) $6\,561m^{16} + 34\,992m^{14}n^3 + 81\,648m^{12}n^6 + 108\,864m^{10}n^9 +$
   $+ 90\,720m^8n^{12} + 48\,384m^6n^{15} + 16\,128m^4n^{18} + 3\,072m^2n^{21} +$
   $+ 256n^{24}$

e) $32 + 20ab + 5a^2b^2 + \frac{5}{8}a^3b^3 + \frac{5}{128}a^4b^4 + \frac{1}{1\,024}a^5b^5$

f) $\frac{1}{a^6} + \frac{3}{a^3} + 3 + a^3$

86. a) $256a^8b^8$
    b) $-448a^3b^3c^{10}$
87. 84
88. $21x^6$
89. $-787\,500x^5y^5$
90. 64 e 4 096
91. 1
92. 2^{40}
93. $x = 10$ e $y = 3$
94. a) $72 + 32\sqrt{5}$
    b) $17 + 12\sqrt{2}$
95. 6
96. q^{12}
97. $252x^2y^{12}$

Página 268 – Exercícios complementares
98. 15
99. a) 80 000 000
    b) 79 999 992
100. a) 685 464
     b) 192
     c) 1 321
101. $240a^4b^2$
102. 95 040
103. a) 120
     b) 120
     c) 24
     d) 24
104. a) 123 200
     b) 166 320
     c) 12 600
105. -1
106. a) 40 320
     b) 4 320
     c) 720
107. a) 1 663 200
     b) 120
108. 24
109. 7
110. 210
111. 1 320
112. 135
113. 560
114. 7
115. 1 716
116. 210
117. 1 680

343

Respostas dos exercícios

Página 271 – Estratégias e soluções

Identificação e registro de informações

1. Resposta possível:

Nome do polígono	Número de lados
triângulo	3
quadrilátero	4
pentágono	5
hexágono	6
heptágono	7
octógono	8
eneágono	9
decágono	10
undecágono	11
dodecágono	12
icoságono	20

2. triângulo

Elaboração de hipóteses e estratégias de resolução

1. 3
2. Resposta pessoal.
3. Quadrados, retângulos, paralelogramos, losangos e trapézios.
4. Resposta pessoal.
5. Quadrados, retângulos, paralelogramos, losangos, trapézios, pentágonos irregulares e hexagonos.

Reflexão

1. Resposta pessoal.
2. Resposta pessoal.
3. Resposta pessoal.

■ Capítulo 11 – Probabilidade

Página 272 – Para começar

1. Resposta possível: Lançamentos sucessivos de uma moeda honesta, sorteio de bolas numeradas em uma urna, contagem de veículos que passam em uma praça de pedágio em determinado intervalo de tempo.
2. O raciocínio do aluno está errado. Justificativa pessoal.

Página 274 – Cálculo mental

2

Página 276 – Exercícios propostos

6. a) aleatório
   b) determinístico
   c) aleatório
   d) determinístico

7. a) aleatório
   b) determinístico
   c) aleatório
   d) aleatório

8. a) espaço amostral
   b) resposta pessoal
   c) evento
   d) evento simples

9. a) $S = \{(F, F), (F, M), (M, M), (M, F)\}$
   b) Dois filhos de sexos diferentes

10. S_1 não é equiprovável, pois a chance de se retirar uma ficha que tenha um número par é maior do que a de retirar uma ficha que tenha número ímpar. S_2 é equiprovável, pois as chances de se retirar uma ficha com o número 4, com o número 5, com o número 6, com o número 7 ou com o número 8 são iguais.

11. Resposta pessoal.

12. a) evento certo
    b) evento impossível
    c) simples ou elementar

13. a) $S = \{1, 2, 3, 4, 5, 6, 7, 8, 9, 10, 11, 12, 13, 14, 15, 16, 17, 18, 19, 20, 21, 22, 23, 24, 25, 26, 27, 28, 29, 30\}$
    b) 30
    c) $E = \{1, 2, 3, 4, 6, 9, 12, 18\}$
    d) 8

14. a) $A = \{$(Branco, Branco), (Branco, Preto), (Branco, Azul), (Branco, Vermelho), (Branco, Amarelo)$\}$
    b) $B = \{$(Branco, Branco), (Preto, Branco), (Azul, Branco), (Vermelho, Branco), (Amarelo, Branco)$\}$
    c) $A \cup B = \{$(Branco, Branco), (Branco, Preto), (Branco, Azul), (Branco, Vermelho), (Branco, Amarelo), (Preto, Branco), (Azul, Branco), (Vermelho, Branco), (Amarelo, Branco)$\}$
    d) $A \cap B = \{$(Branco, Branco)$\}$

15. a) $n(S) = 6$
    b) $n(A) = 5$
    c) $n(B) = 1$
    d) $n(C) = 0$

16. a) 4
    b) $E = \{(c, k), (k, c)\}$
    c) $E = \{(c, k), (k, c), (k, k)\}$
    d) $E = \{(c, c)\}$

17. a) $S = \{(1, 2), (1, 3), (1, 4), (1, 5), (2, 1), (2, 3), (2, 4), (2, 5), (3, 1), (3, 2), (3, 4), (3, 5), (4, 1), (4, 2), (4, 3), (4, 5), (5, 1), (5, 2), (5, 3), (5, 4)\}$
    b) 20
    c) $U = \{(1, 1), (1, 2), (1, 3), (1, 4), (1, 5), (2, 1), (2, 2), (2, 3), (2, 4), (2, 5), (3, 1), (3, 2), (3, 3), (3, 4), (3, 5), (4, 1), (4, 2), (4, 3), (4, 4), (4, 5), (5, 1), (5, 2), (5, 3), (5, 4), (5, 5)\}$
    d) 25

18. 28

19. a) 48
    b) $A = \{(1, 1), (1, 2), (1, 3), (1, 4), (1, 5), (1, 6), (1, 7), (1, 8), (2, 1), (2, 2), (2, 3), (2, 4), (2, 5), (2, 6), (2, 7), (2, 8), (3, 1), (3, 2), (3, 3), (3, 4), (3, 5), (3, 6), (3, 7), (3, 8), (4, 1), (4, 2), (4, 3), (4, 4), (4, 5), (4, 6), (4, 7), (4, 8), (5, 1), (5, 2), (5, 3), (5, 4), (5, 5), (5, 6), (5, 7), (5, 8), (6, 1), (6, 2), (6, 3), (6, 4), (6, 5), (6, 6), (6, 7)\}$
    c) $B = \{(6, 8)\}$
    d) Simples

Página 279 – Para refletir

- sim
- ocorrer o evento U

Página 280 – Exercícios propostos

22. a) $\frac{1}{2}$ ou 50%
    b) $\frac{3}{4}$ ou 75%

23. a) 997
b) $\frac{499}{997}$
c) $\frac{120}{997}$

24. a) $\frac{4}{13}$
b) $\frac{3}{13}$
c) $\frac{6}{13}$

25. par c e meias brancas

26. a) 16
b) $\frac{1}{16}$
c) $\frac{1}{4}$

27. 20%

28. a) Considerando: Lambari (L), Traira (T), Bagre (B) e Carpa (C).

Situação A: A = {(L, B, T); (L, B, C); (L, T, C); (T, B, C)}

Situação B: B = {(L, B, T); (L, T, B); (L, B, C); (L, C, B); (L, T, C); (L, C, T); (B, L, T); (B, T, L); (B, C, L); (B, L, C); (B, T, C); (B, C, T); (C, L, T); (C, T, L); (C, L, B); (C, B, L); (C, T, B); (C, B, T); (T, L, C); (T, C, L); (T, L, B); (T, B, L); (T, C, B); (T, B, C)}

b) $n(C) = 3$
c) $n(D) = 18$
d) Resposta pessoal
e) Qualquer um dos dois métodos, pois a probabilidade de pescar um lambari é a mesma em ambos os métodos.

29. a) Parte verde: 5 000 m²

Parte vermelha: 25 000 m²

Parte azul: 45 000 m²

Parte amarela: 65 000 m²

b) Parte verde: 3,57%

Parte vermelha: 17,86%

Parte azul: 32,14%

Parte amarela: 46,43%

c) Não, a região amarela é a mais provável, pois ocupa a maior área do alvo.

30. a) 36
b) $\frac{1}{6}$
c) $\frac{1}{6}$

31. a) 6
b) $\frac{1}{3}$
c) $\frac{2}{3}$
d) 1

32. a) $\frac{1}{143}$ b) $\frac{8}{429}$ c) $\frac{2}{1\,001}$ d) $\frac{1}{3\,003}$

33. 25%

34. a) 24
b) 50%

35. a) 105
b) $\frac{10}{21}$
c) $\frac{11}{21}$
d) $\frac{11}{21}$
e) Sortear uma mulher ou um homem é um evento certo. Justificativa pessoal.

Página 283 – Ação e cidadania

- Resposta pessoal.
- O espaço amostral S é formado pelas 60 pessoas do grupo, ou seja, $n(S) = 60$. O evento E "sortear um inventor" é formado pelos 24 inventores do grupo, ou seja, $n(E) = 24$. Assim, a probabilidade do evento E ocorrer é: $\frac{n(E)}{n(S)} = \frac{24}{60} = \frac{2}{5}$

O evento I "sortear uma pessoa que não é inventor" é complementar ao evento E; pois, ao sortear uma pessoa das 60 pessoas do grupo, ela pertence a um dos dois eventos e não pertence simultaneamente aos dois eventos.

Página 284 – Exercícios propostos

38. 63,9%

39. a) 50%
b) 45%

40. $\frac{10}{13}$

41. zero

42. 60%

43. 59,75%

44. a) $\frac{3}{7}$
b) $\frac{1}{21}$

Página 287 – Exercícios propostos

46. a) $\frac{1}{3}$
b) $\frac{11}{60}$
c) $\frac{5}{9}$
d) $\frac{20}{33}$
e) $\frac{11}{24}$

47. a) $\frac{4}{7}$
b) $\frac{8}{17}$
c) $\frac{2}{17}$
d) $\frac{1}{2}$
e) $\frac{5}{16}$

48. 62%

49. $\frac{1}{4}$

50. a) $\frac{16}{63}$
b) $\frac{13}{110}$

Respostas dos exercícios

51. $\frac{1}{80}$

52. a) 2 vagas na garagem

b) $\frac{5}{11}$

Página 289 – Exercícios propostos

54. a) $\frac{2}{7}$

b) $\frac{12}{49}$

c) $\frac{2}{7}$

d) $\frac{9}{49}$

55. a) $\frac{1}{4}$

b) $\frac{1}{3}$

56. a)

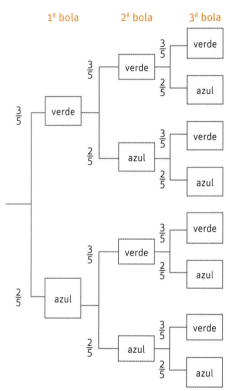

b) 28%

Página 292 – Exercícios propostos

58. a) $\frac{5}{16}$

b) $\frac{5}{32}$

c) $\frac{3}{16}$

59. a) 97,03%

b) 0,01%

c) 0,001%

60. $\frac{216}{625}$

61. $\frac{144}{625}$

62. a) $\frac{25}{216}$

b) $\frac{1}{1\,296}$

c) $\frac{1\,295}{1\,296}$

63. aproximadamente 0,096%

Página 293 – Exercícios complementares

64. a) $\frac{12}{125}$

b) $\frac{18}{125}$

65. Tanto faz, pois a probabilidade de a soma da quantidade de dedos dos 2 jogadores ser par é $\frac{1}{2}$

66. a) 16 pessoas

b) 37,5%

c) 62,5%

d) 50%

67. 40%

68. 25%

69. 216

70. a) 997

b) 50,05%

c) 12,04%

71. a) $\frac{1}{6}$

b) $\frac{5}{6}$

72. $\frac{2}{5}$

73. a) 25%

b) 87,5%

c) 12,5%

74. a)

	Sexo	
Diabetes	masculino	feminino
tipo 1	57 − 26 = 31	23
tipo 2	26	43 − 23 = 20
Total	57	43

b) O evento "ter diabetes tipo 1 ou tipo 2" é o mais provável, pois trata-se de um evento certo, uma vez que o endocrinologista realizou o estudo somente em pacientes que têm diabetes tipo 1 ou tipo 2.

75. Como Vitor tirou o número 6 na roleta, Raul vence se tirar 7, 8, 9 ou 10, empata se tirar 6 e perde se tirar 1, 2, 3, 4 ou 5. Logo, as probabilidades de Raul vencer, empatar e perder são:

$\frac{4}{10} = 0,4 = 40\%$; $\frac{1}{10} = 0,10 = 10\%$ e $\frac{5}{10} = 0,5 = 50\%$

76. a) Os eventos dos itens IV, V, VI e VII se referem ao cálculo de probabilidade condicional, pois pede-se a probabilidade de um evento A, sabendo que o evento B já ocorreu.

b) O evento que tem maior chance de ocorrer é o do item I, pois se trata de um evento certo.

77. a) 1,21%

b) 2,6%

78. 6,37%

79. A probabilidade de o palpite da Giovana ocorrer, isto é, o evento E "retirar três bolas da mesma cor", é:

$P(E) = \frac{2}{3} \cdot \frac{2}{3} \cdot \frac{2}{3} + \frac{1}{3} \cdot \frac{1}{3} \cdot \frac{1}{3} = \frac{9}{27}$

A probabilidade de o palpite da Gabriela ocorrer, isto é, o evento F "sair duas bolas amarelas e uma vermelha, em qualquer ordem", é:

$P(F) = \left(\frac{3}{2}\right) \cdot \left(\frac{2}{3}\right)^2 \cdot \left(\frac{1}{3}\right)^1 = \frac{12}{27}$

Portanto, Gabriela fez o melhor palpite, pois a probabilidade de sua escolha é maior do que a probabilidade da escolha de Giovana.

80. a) Crista rosa: $\frac{3}{16}$

Crista ervilha: $\frac{3}{16}$

Crista simples: $\frac{1}{16}$

Crista noz: $\frac{9}{16}$

b) 34,08%

81. a) aproximadamente 0,059%

b) aproximadamente 84,935%

82. $\frac{1}{1600}$

Página 296 – Matemática e História

1. Foram citados os matemáticos Blaise Pascal, Pierre de Fermat, Girolamo Cardano, Tartaglia e Luca Pacioli. Os registros históricos citados são: cartas entre Blaise Pascal e Pierre de Fermat, um breve manual do jogador escrito por Cardano e o livro Suma, de Pacioli.
2. O problema consiste em determinar a divisão das apostas de um jogo de azar interrompido, entre dois jogadores, supondo-se conhecida a contagem no momento da interrupção e o número de pontos necessários para ganhar o jogo. Elaboração pessoal.
3. Resposta pessoal.

Página 298 – Vestibular e Enem

1. Alternativa **c**
2. Alternativa **d**
3. Alternativa **a**
4. Alternativa **b**
5. Alternativa **a**
6. Alternativa **a**
7. Alternativa **d**
8. Alternativa **b**
9. a) 40
   b) 13
10. Alternativa **c**
11. Alternativa **d**
12. Alternativa **c**
13. Alternativa **e**
14. Alternativa **a**
15. Alternativa **a**
16. a) $\frac{1}{10}$
    b) $\frac{1}{10}$
    c) $\frac{1}{4}$
17. 02 e 08
18. Alternativa **e**
19. Alternativa **b**
20. Alternativa **c**

Página 304 – Estratégias e soluções – Mais problemas

1. A - 1, B - 4, C - 8, D - 9, E - 0, F - 3 e G - 5
2. Sim. Como os caminhos de ida e volta são feitos pela mesma estrada e os horários de partida são os mesmos nos dois dias, podemos imaginar essa situação da seguinte maneira: dois grupos, um deles saindo da capital e o outro retornando a ela, partem no mesmo horário e percorrem a mesma trajetória, cada um em um sentido. Necessariamente esses grupos se encontrarão em algum ponto da trajetória no mesmo instante. Isso significa que o grupo de amigos da situação real certamente passa em dado ponto da trajetória no mesmo horário, tanto na ida quanto na volta.
3. a)

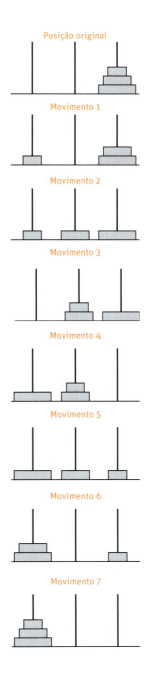

b) 15

c) $2^n - 1$

Respostas dos exercícios

4. triângulos equiláteros, isósceles e escalenos

5. Se no sábado há 10% de chance de não chover, isso significa que há 90% de chance de chover. E se há 30% de chance de não chover no domingo, então há 70% de chance de chover. Diante disso, concluímos que Ronaldo não fez uma boa escolha, pois a chance de chover é grande, bem maior do que 50%.

6. Respostas possíveis:

✱	☽	♣	♦	♥	♠	♪
1	3	8	9	7	5	2
1	3	8	9	5	7	2
1	3	8	9	6	4	0
1	3	8	9	4	6	0
1	3	9	0	2	4	6
1	3	9	0	4	2	6
1	3	9	0	2	5	7
1	3	9	0	5	2	7
1	3	9	0	2	6	8
1	3	9	0	6	2	8

7. a) 5 m
b) $500 \cdot (0,1)^n$ m
c) 600 m
d) 611 m

8. Resposta possível: Uma das maneiras de interpretar o problema é considerar os jogos acontecendo no mesmo instante. Isso significa que é possível uma rodada de cinco jogos com os 10 atletas. Podemos organizar o campeonato em 9 rodadas como essa, em que cada jogador disputa uma partida com os outros 9 jogadores. Portanto, serão realizados 45 jogos nesse campeonato.

9.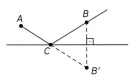

10. Não tomou a melhor decisão. Ao manter a escolha inicial da urna, Juliana tem 1 chance em 3 de ganhar o jogo. Mas, ao trocar de urna, após o apresentador abrir uma urna que não tem a bolinha vermelha, a chance de ela ganhar é de 2 em 3. Abaixo temos as possibilidades de disposição das bolinhas nas urnas:

Urna 1	Urna 2	Urna 3
vermelha	amarela	amarela
amarela	vermelha	amarela
amarela	amarela	vermelha

Siglas de universidades

AFA-SP	Academia da Força Aérea
Enem	Exame Nacional do Ensino Médio
ESPM-SP	Escola Superior de Propaganda e Marketing
Fatec-SP	Faculdade de Tecnologia de São Paulo
FGV-SP	Fundação Getúlio Vargas
Fuvest-SP	Fundação Universitária para o Vestibular
Ibmec-RJ	Instituto Brasileiro de Mercado de Capitais
Ifal	Instituto Federal de Educação, Ciência e Tecnologia de Alagoas
Ifsul-RS	Instituto Federal de Educação, Ciência e Tecnologia Sul-rio-grandense
Insper-SP	Instituto de Ensino e Pesquisa
ITA-SP	Instituto Tecnológico de Aeronáutica
Mackenzie-SP	Universidade Presbiteriana Mackenzie
PUC-RJ	Pontifícia Universidade Católica do Rio de Janeiro
UCS-RS	Universidade de Caxias do Sul
UEA-AM	Universidade do Estado do Amazonas
UEG-GO	Universidade Estadual de Goiás
UEL-PR	Universidade Estadual de Londrina
UEM-PR	Universidade Estadual de Maringá
Uepa	Universidade Estadual do Pará
UEPG-PR	Universidade Estadual de Ponta Grossa
Uerj	Universidade Estadual do Rio de Janeiro
Uern	Universidade do Estado do Rio Grande do Norte
UFG-GO	Universidade Federal de Goiás
UFPA	Universidade Federal do Pará
UFPB	Universidade Federal da Paraíba
UFPR	Universidade Federal do Paraná
UFSCar-SP	Universidade Federal de São Carlos
UFTM-MG	Universidade Federal do Triângulo Mineiro
UFV-MG	Universidade Federal de Viçosa
Unesp	Universidade Estadual Paulista Júlio de Mesquita Filho
Unicamp-SP	Universidade Estadual de Campinas
Unifesp	Universidade Federal de São Paulo
Unioeste-PR	Universidade Estadual do Oeste do Paraná
Unit-SE	Universidade Tiradentes

Referências bibliográficas

ABBOT, P. *Trigonometria*: aplicações e problemas práticos; soluções e respostas. São Paulo: Hemus, 2004.

ALMANAQUE ABRIL: Brasil 2005. São Paulo: Abril, 2005.

ALVES, S.; GALVÃO, M. E. E. L. *Um estudo geométrico das transformações elementares*. São Paulo: IME-USP, 1996.

AMORIN, J.; SEIMETZ, R.; SCHMITT, T. *Trigonometria e números complexos*. Brasília: UnB, 2006.

ANDRADE, N. de. *Matemática descomplicada*. São Paulo: Ferreira, 2009. v. 2.

ASCHER, M. As figuras do *kolam*. *Revista Scientific American Brasil*, n. 11, 2005.

ÁVILA, G. A geometria e as distâncias astronômicas na Grécia Antiga. *Revista do Professor de Matemática*, São Paulo, SBM, v. 1, n. 1.

_____. A hipérbole e os telescópios. *Revista do Professor de Matemática*, São Paulo, SBM, n. 34.

_____. *Variáveis complexas e aplicações*. Rio de Janeiro: LTC, 1990.

_____. *Cálculo I*: funções de uma variável. Rio de Janeiro: LTC, 1994.

_____. *Análise matemática para licenciatura*. São Paulo: Edgard Blücher, 2001-2002.

BACHELARD, G. *A formação do espírito científico*: contribuição para uma psicanálise do conhecimento. Rio de Janeiro: Contraponto, 1996.

BARBOSA, J. A. T. *Noções sobre matrizes e sistemas de equações lineares*. Porto: Feup, 2004.

BARON, M. E. *The origins of the infinitesimal calculus*. New York: Dover, 1987.

BARTLE, R. G. *Elementos de análise real*. Rio de Janeiro: Campus, 1983.

BELL, E. T. *Men of Mathematics*. New York: Touchstone Book-Simon & Schuster, 1986.

_____. *Historia de las matemáticas*. México: Fondo de Cultura Económica, 1995.

BELLOS, A. *Alex no país dos números*: uma viagem ao mundo maravilhoso da matemática. São Paulo: Companhia das Letras, 2011.

BERLOQUIN, P. *100 jogos geométricos*. 2. ed. Lisboa: Gradiva, 1999.

BERTON, I. da C. B.; ITACARAMBI, R. R. *Números*: brincadeiras e jogos. São Paulo: Ed. Livraria da Física, 2009.

BOULOS, P.; WATANABE, R. *Matemática:* 2º grau. São Paulo: Nacional, 1976. v. 1.

BOYER, C. B. *História da matemática*. 2. ed. São Paulo: Edgard Blücher, 1996.

_____. *Tópicos de história da matemática para uso em sala de aula*: cálculo. São Paulo: Atual, 1992.

BRASIL. Ministério da Educação. Secretaria de Educação Média e Tecnológica. *PCN:* Ensino Médio: ciências da natureza, matemática e suas tecnologias. Brasília: MEC, 1999.

_____. Secretaria de Educação Média e Tecnológica. *PCN:* Ensino Médio: orientações educacionais complementares aos Parâmetros Curriculares Nacionais. Brasília: MEC, 1999.

BUSSAB, W. de O.; MORETTIN, P. A. *Estatística básica*. 7. ed. São Paulo: Saraiva, 2011.

CALLIOLI, C. A. *Álgebra linear e aplicações*. 6. ed. São Paulo: Atual, 1990.

CAMARGO, I. de. *Geometria analítica*. 3. ed. São Paulo: Pearson-Prentice Hall, 2005.

CARAÇA, B. de J. *Conceitos fundamentais da matemática*. Lisboa: Sá da Costa, 1978.

CARVALHO, E.; CINI, P. S. H. *Vestibulando digital*: operações, álgebra, matrizes e geometria. São Paulo: Multimídia, 2008. 1 DVD.

CERRI, C.; MONTEIRO, M. S. História dos números complexos. São Paulo: Caem-IME-USP, 2001.

COSTA, S. F. *Introdução ilustrada à estatística*. São Paulo: Harbra, 2005.

COUTINHO, L. *Matemática e mistério em Baker Street*. Rio de Janeiro: Ciência Moderna, 2003.

Referências bibliográficas

CRATO, N. *A matemática das coisas*: do papel A4 aos cordões de sapatos, do GPS às rodas dentadas. São Paulo: Ed. Livraria da Física, 2009.

CRESPO, A. A. *Estatística fácil*. 17. ed. São Paulo: Saraiva, 2002.

D'AMBROSIO, U. *Etnomatemática:* elo entre as tradições e a modernidade. 2. ed. Belo Horizonte: Autêntica, 2002.

DAVIS, P. J.; HERSH, R. *O sonho de Descartes*. Rio de Janeiro: Francisco Alves, 1988.

DEVLIN, K. *Os problemas do milênio*: sete grandes enigmas matemáticos do nosso tempo. Rio de Janeiro: Record, 2004.

_____. *O instinto matemático*: por que você é um gênio da Matemática. São Paulo: Record, 2009.

DOLL JÚNIOR, W. E. *Currículo*: uma perspectiva pós-moderna. Porto Alegre: Artes Médicas, 1997.

DOWNS, M. *Geometria moderna*. Parte 1. São Paulo: Edgard Blücher, 1971.

DRUCK, S. (Org.). *Explorando o ensino da matemática*: artigos. Brasília: MEC-SEB, 2004. v. 1.

_____. *Explorando o ensino da matemática*: artigos. Brasília: MEC-SEB, 2004. v. 2.

DU SAUTOY, M. *A música dos números primos*: a história de um problema não resolvido na matemática. Rio de Janeiro: Jorge Zahar, 2007.

DUARTE JR., D. *Matrizes e sistemas algébricos em engenharia*. Rio de Janeiro: Ciência Moderna, 2008.

EVES, H. *Introdução à história da matemática*. Campinas: Ed. da Unicamp, 1997.

_____. *Geometria*. São Paulo: Atual, 2005 (Coleção Tópicos de História da Matemática para Uso em Sala de Aula).

FEITOSA, H. de A. *Um prelúdio à lógica*. São Paulo: Ed. da Unesp, 2005.

FLAVELL, J. H. *Desenvolvimento cognitivo*. 3. ed. Porto Alegre: Artmed, 1999.

GARBI, G. G. *O romance das equações algébricas*. São Paulo: Ed. Livraria da Física, 2006.

GARCIA, A. C. de A.; CASTILHO, J. C. A. *Geometria plana e espacial*. São Paulo: Ciência Moderna, 2006 (Coleção Matemática sem Mistérios).

_____. *Matemática sem mistérios*: geometria plana e espacial. Rio de Janeiro: Ciência Moderna, 2006.

GERDES, P. *Desenhos da África*. São Paulo: Scipione, 1990.

GOMBRICH, E. H. *A história da arte*. 16. ed. Rio de Janeiro: LTC.

GUEDJ, D. *O teorema do papagaio*: um *thriller* da história da matemática. São Paulo: Companhia das Letras, 2000.

GUELLI, O. *História de potências e raízes*. São Paulo: Ática, 1998 (Coleção Contando a História da Matemática).

_____. *História da equação do 2º grau*. São Paulo: Ática, 2001 (Coleção Contando a História da Matemática).

_____. *Dando a corda na trigonometria*. São Paulo: Ática, 2003 (Coleção Contando a História da Matemática).

GUIDORIZZI, H. L. *Um curso de cálculo*. 2. ed. Rio de Janeiro: LTC, 1987.

GUZMÁN, M. de. *Aventuras matemáticas*. Lisboa: Gradiva, 1991.

HALMOS, P. R. *Teoria ingênua dos conjuntos*. Rio de Janeiro: Ciência Moderna, 2001.

HILBERT, D. *Fundamentos da geometria*. Lisboa: Gradiva, 2003.

IEZZI, G. *Fundamentos de matemática elementar,* v. 3: trigonometria. São Paulo: Atual, 2004.

_____. *Fundamentos de matemática elementar,* v. 7: geometria analítica. São Paulo: Atual, 2005.

_____; HAZZAN, S. *Fundamentos de matemática elementar*, v. 4: sequências, matrizes, determinantes e sistemas. São Paulo: Atual, 2004.

Iezzi, G.; Dolce, O.; Murakami, C. *Fundamentos de matemática elementar,* v. 2: logaritmos. São Paulo: Atual, 2004.

Ifrah, G. *Os números*: história de uma grande invenção. 4. ed. São Paulo: Globo, 1992.

Imenes, L. M. P. *Pra que serve matemática?* – Semelhança. São Paulo: Atual, 1992.

_____. *Descobrindo o teorema de Pitágoras*. São Paulo: Scipione, 2000 (Coleção Vivendo a Matemática).

Jacquemard, S. *Pitágoras e a harmonia das esferas*. Lisboa: Difel, 2007.

Janos, M. *Matemática para pais (e) interessados,* v. 1: fundamentos e álgebra. São Paulo: Ed. Livraria da Física, 2011.

Japiassu, H. A epistemologia histórica de Gaston Bachelard. In: _____. *Introdução ao pensamento epistemológico*. Rio de Janeiro: Francisco Alves, 1992.

_____. A epistemologia "racionalista-crítica" de K. Popper. In: _____. *Introdução ao pensamento epistemológico*. Rio de Janeiro: Francisco Alves, 1992.

Kennedy, E. S. *Trigonometria*. São Paulo: Atual, 1992 (Coleção Tópicos de História da Matemática para Sala de Aula).

Kühlkamp, N. *Matrizes e sistemas de equações lineares*. Santa Catarina: Ed. da UFSC, 2007.

Landau, E. G. H. *Teoria elementar dos números*. Rio de Janeiro: Ciência Moderna, 2002.

Lawson, Terry. *Álgebra linear.* São Paulo: Edgard Blücher, 1997.

Lehmann, C. H. *Geometria analítica*. 9. ed. São Paulo: Globo, 1998.

Levi, B. *Lendo Euclides*: a matemática e a geometria sob o olhar renovador. Rio de Janeiro: Civilização Brasileira, 2008.

Lima, E. L. *Curso de análise*. Rio de Janeiro: Instituto de Matemática Pura e Aplicada-CNPq, 1976.

_____. *Logaritmos*. Rio de Janeiro: Sociedade Brasileira de Matemática, 1991 (Coleção do Professor de Matemática).

_____. *Exame de textos*: análise de livros de matemática para o Ensino Médio. Rio de Janeiro: Sociedade Brasileira de Matemática, 2001 (Coleção do Professor de Matemática).

_____ et al. *A matemática do Ensino Médio*. Rio de Janeiro: Sociedade Brasileira de Matemática, 2001. v. 1 (Coleção do Professor de Matemática).

_____. *A matemática do Ensino Médio*. Rio de Janeiro: Sociedade Brasileira de Matemática, 2001. v. 2 (Coleção do Professor de Matemática).

_____. *A matemática do Ensino Médio*. Rio de Janeiro: Sociedade Brasileira de Matemática, 2001. v. 3 (Coleção do Professor de Matemática).

Lipschutz, S. *Álgebra linear.* São Paulo: McGraw-Hill do Brasil, 1981.

Lívio, M. *Razão áurea*: a história de Fi, um número surpreendente. 3. ed. Rio de Janeiro: Record, 2008.

Machado, N. J. *Os poliedros de Platão e os dedos da mão*. São Paulo: Scipione, 1992.

_____. *Semelhança não é mera coincidência*. São Paulo: Scipione, 2000.

_____. *A geometria na sua vida*. São Paulo: Ática, 2003.

Magalhães, M. N.; Lima, A. C. P. de. *Noções de probabilidade e estatística*. 7. ed. São Paulo: Edusp, 2011.

Maor, E. *e*: a história de um número. Rio de Janeiro: Record, 2003.

Mello, M. P. et al. *Introdução à análise combinatória*. São Paulo: Ciência Moderna, 2008.

Miguel, A. et. al. *História da matemática em atividades didáticas*. 2. ed. rev. São Paulo: Ed. Livraria da Física, 2009.

Referências bibliográficas

Milies, F. C. P. *Números*: uma introdução à matemática. 3. ed. São Paulo: Edusp, 2003 (Coleção Acadêmica, 20).

Monteiro, A. *A matemática e os temas transversais*. São Paulo: Moderna, 2001.

Moore, D. S. *Introdução à prática da estatística*. Rio de Janeiro: LTC, 2002.

Morgado, A. C. de O. et al. *Análise combinatória e probabilidade*. Rio de Janeiro: Sociedade Brasileira de Matemática, 1991 (Coleção do Professor de Matemática).

_____; Wagner, E.; Sheila, C. *Progressões e matemática financeira*. Rio de Janeiro: Sociedade Brasileira de Matemática, 2001.

Patilla, P. *Círculos, cilindros e esferas*. São Paulo: Moderna, 1995.

Pedone, N. M. D. Poliedros de Platão. *Revista do Professor de Matemática*, São Paulo, SBM, n. 15.

Penncik, N. *Geometria sagrada*. São Paulo: Pensamento, 2002.

Petroski, H. *Inovação*: da ideia ao produto. São Paulo: Blücher, 2008.

Queiroz, A. M. N. P de. *Matemática transparente*: ao alcance de todos. São Paulo: Ed. Livraria da Física, 2011.

Raymono, S. *O enigma de Sherazade*: e outros problemas das "Mil e uma noites" à lógica moderna. Rio de Janeiro: Zahar, 2008.

Reis, G. L.; Silva, V. V. *Geometria analítica*. São Paulo: Livros Técnicos e Científicos, 2002.

Rodrigues, M. B. *Exercícios de matemática*: funções e logaritmos. São Paulo: Policarpo, 1998.

Roque, T. *História da matemática*: uma visão crítica, desfazendo mitos e lendas. Rio de Janeiro: Zahar, 2012.

Russel, Bertrand. *Introdução à filosofia matemática*. Rio de Janeiro: Jorge Zahar, 2007.

Salsburg, D. *Uma senhora toma chá*: como a estatística revolucionou a ciência. Rio de Janeiro: Jorge Zahar, 2009.

Santos, F. J. dos. *Geometria analítica*. Porto Alegre: Bookman, 2009.

Santos, J. P. O. dos; Estrada, E. L. *Problemas resolvidos de combinatória*. São Paulo: Ciência Moderna, 2007.

Sasso, L. J. Dal. *Matemática*: lições incompreendidas. Caxias do Sul: Educs, 2010.

Singh, S. *O último teorema de Fermat*: a história do enigma que confundiu as maiores mentes do mundo durante 358 anos. 14. ed. Rio de Janeiro: Record, 2008.

Smoothey, M. *Áreas e volumes*. São Paulo: Scipione, 1997.

_____. *Atividades e jogos com estatística*. São Paulo: Scipione (Coleção Investigação Matemática).

Soares, L. J. *O corpo dos números complexos*. Pelotas: Educat, 2008.

Stewart, J. *Cálculo*. São Paulo: Pioneira Thomson Learning, 2003. v. 1.

Tiner, J. H. *100 cientistas que mudaram a história do mundo*. Trad. Marise Chinetti. Rio de Janeiro: Ediouro, 2004.

Vorderman, C. et. al. *Matemática para pais e filhos*: a maneira mais fácil de compreender e explicar todos os conceitos da disciplina. São Paulo: Publifolha, 2011.

Wells, D. *Dicionário de geometria curiosa*. Lisboa: Gradiva, 1998.

Zaballa, A. *A prática educativa*: como ensinar. Porto Alegre: Artmed, 1998.